MAROKKO

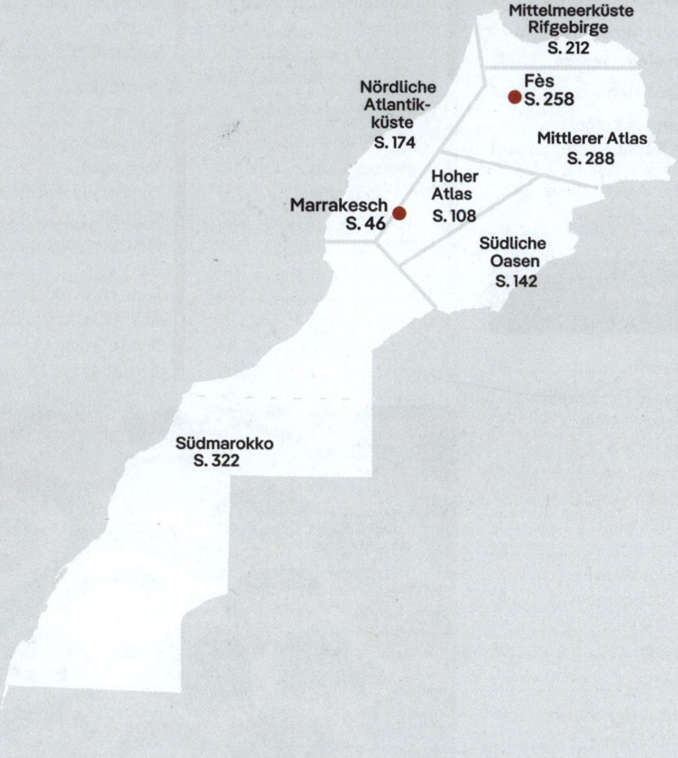

Sarah Gilbert, Sally Kirby, Helen Ranger,
Mandy Sinclair, Tara Stevens

INHALT

Reiseplanung

Reiseziele

OLENA TUR/SHUTTERSTOCK ©

Chouara-Gerberei (S. 276), Fès

RECHTS: ALESSIO CATELLI/SHUTTERSTOCK ©, UNTEN RECHTS: CURIOSO.PHOTOGRAPHY/SHUTTERSTOCK ©

Chefchaouen (S. 236)

Im September 2023 wurde Marokko südlich von Marrakesch von einem Erdbeben erschüttert. Das Beben tötete Tausende von Menschen und verursachte Verwüstungen von der Stadt Marrakesch im Süden bis hin zu Dörfern im Atlasgebirge.

Tajine, Marrakesch (S. 46)

Praktisches

Storybook

Dar Batha-Museumsgarten (S. 283), Fès

WILLKOMMEN IN MAROKKO

Vor über 20 Jahren verliebte ich mich im Garten eines Sultanspalastes in Fès mit seinen Brunnen, Zitrusbäumen und Palmen in Marokko. Umgeben von glitzernden Mosaikfliesen, einer Säulenkolonnade und geschnitztem Zedernholz erlebte ich ein Konzert auf dem Festival of World Sacred Music und war wie verzaubert. Zwei Dinge haben mich in Marokko gehalten: erstens die Vielfalt des Landes mit seinen alten, geschichtsträchtigen Städten, dem grenzenlosen Wüstensand, den abgelegenen Nationalparks, den majestätischen Gebirgszügen, den grünen Weinanbaugebieten, der köstlichen Küche und der wirklich wunderschönen Küste; und zweitens das, was alles einzigartig macht: die Menschen, ob Stadtmenschen, Medina-Handwerker, Landfrauen oder Wüstennomad:innen – sie sind herzlich und gastfreundlich und ungeheuer stolz auf ihr Land.

Helen Ranger

helenranger.com and @conciergemorocco

Helen schreibt für Lonely Planet über afrikanische Reiseziele und leitet ein Beratungsunternehmen für maßgeschneiderte Reisen in Marokko.

Mein Lieblingserlebnis ist es, durch die winzigen Gassen der Medina zu streifen, mir bewusst zu sein, dass ich mich ein wenig verirrt habe, und dann auf ein herrliches altes Monument zu stoßen, das in seiner ganzen Pracht darauf wartet, bestaunt zu werden.

LIEBLINGSPLÄTZE

Hier schlägt für unsere Autor:innen und Expert:innen das Herz Marokkos

LINKS PIERRE-YVES BABELON/SHUTTERSTOCK © RECHTS: EL HAMI ZAKARIA/SHUTTERSTOCK ©

Wenn ich nach **Tanger** (S. 218) zurückkehre, gehe ich als Erstes in eine Dachbar in der Kasbah (s. Bild), wo die weißen Gebäude, das Blau des Himmels und die Meeresbrise berauschen. Ich höre den Leuten um mich herum zu, wie sie zwischen Darija, Französisch, Spanisch und Englisch hin und her wechseln. Tanger ist zwar keine Internationale Zone mehr, aber es bleibt eine Verschmelzung der Kulturen – so nah an Europa und doch so anders.

Sarah Gilbert

@SarahGTravels

Sarah ist freiberufliche Autorin und Fotografin.

Ich bin froh, die **Bucht von Taghazout** (S. 338) mein Zuhause nennen zu können. Die Bucht ist der perfekte Spielplatz mit vielen Surf- und Yoga-Spots. Ich liebe den Charme des Dorfes und seine verwurzelte Gemeinschaft. Der langsame Tagesrhythmus der Menschen, die ein einfaches Leben im Einklang mit dem Meer führen. Die Möglichkeit, dieses Surferleben mit Wanderungen im Atlasgebirge zu verbinden, ist ein wahr gewordener Traum.

Sally Kirby

@sally_kirby and sallykirby.com

Sally ist Yogalehrerin und Autorin mit den Schwerpunkten Reisen, Surfen und Wohlbefinden.

LINKS: MADRUGADA VERDE/SHUTTERSTOCK © RECHTS: CALIN STAN/SHUTTERSTOCK ©

Ich freue mich immer auf einen Ausflug nach Essaouira, aber verliebt habe ich mich in die **Cité Portugaise in El Jadida** (S. 211). Es ist ein besonderes Gefühl, an den Stadtmauern entlang zu schlendern, während die späte Nachmittagssonne die Stadt beleuchtet und die Einheimischen zu einem Spaziergang aufbrechen. Und unterhalb der Stadtmauern brechen die Wellen herein. Beim Anblick der Minarette, des Kirchturms und der Synagoge von oben fragt ich mich, wie diese Stadt unter portugiesischer Herrschaft ausgesehen hat.

Mandy Sinclair

mandyinmorocco.com

Mandy ist Reiseschriftstellerin und Podcasterin bei Why Morocco.

Der Ort, der mich davon überzeugt hat, ein Haus in Fès zu kaufen, war der Markt von **R'cif** (S. 273). Sein tägliches Treiben ist für mich von weitaus größerem Interesse als jedes der örtlichen Museen. Hier spielt sich das Leben in der Medina ab, und ich liebe es, auf der Suche nach Gemüse und Obst durch die Gänge zu schlendern, mit den Verkäufer:innen über die beste Verwendung einer Artischocke zu plaudern und zum Abschluss eine Schale *bissara* mit heißem Minztee zu genießen und zuzusehen, wie die Welt an mir vorbeizieht.

Tara Stevens

@courtyardkitchenfez

Tara ist Food- und Reiseschriftstellerin und Gründerin der Courtyard Kitchen Fez.

Tarfaya
Umstrittene Grenze
Laayoune
Al Mahbas
Smara
Bou Craa
Boujdour
ATLANTIK
Galtat Zemmour
WEST-SAHARA
Dakhla
Bir Anzarane
Imlili
Mijek
Aoussard
Aghoninit
Bir Gandouz
Tichla
Guegarat
Nouâdhibou
La Gouéra
MAURETANIEN
0 200 km
Casablanca
Wunderbare Architektur des 20. Jhs. (S. 201)
Dakhla
Entlegene Wüsten-, Wind- und Wassersportabenteuer (S. 349)
Azemmour
El Jadida
Oualidia
Marrakesch
Die schillernde Medina ist ein Fest der Sinne (S. 46)
Safi
Ben Guéri
Essaouira
Auf den Deichen dieser künstlerischen Hafenstadt spazieren (S. 180)
Marrakesch
Essaouira
Asni
Jbel Toubkal
Tizi n'Test
Taghazout
Taroudant
Agadir
Inezgane
Tioute
Jbel Lkest
ANTI-ATLAS
Taghazout Bay
Malerisches und schickes Surf- und Yogaparadies (S. 338)
Tiznit
Tat
Mirleft
Tafraoute
Akka
Sidi Ifni
Bouizakarne
Guelmim
KANARISCHE INSELN (SPANIEN)
Cap Drâa
Taïdalt
Assa
Tan Tan
Tiglite
s. Detailplan Westsahara
Agadir
Stadt mit Strand für ganzjähriges Sommerurlaubsfeeling (S. 328)
Tafraoute
Bergpanoramen zum Wandern und Klettern (S. 360)
ATLANTIK
Laayoune

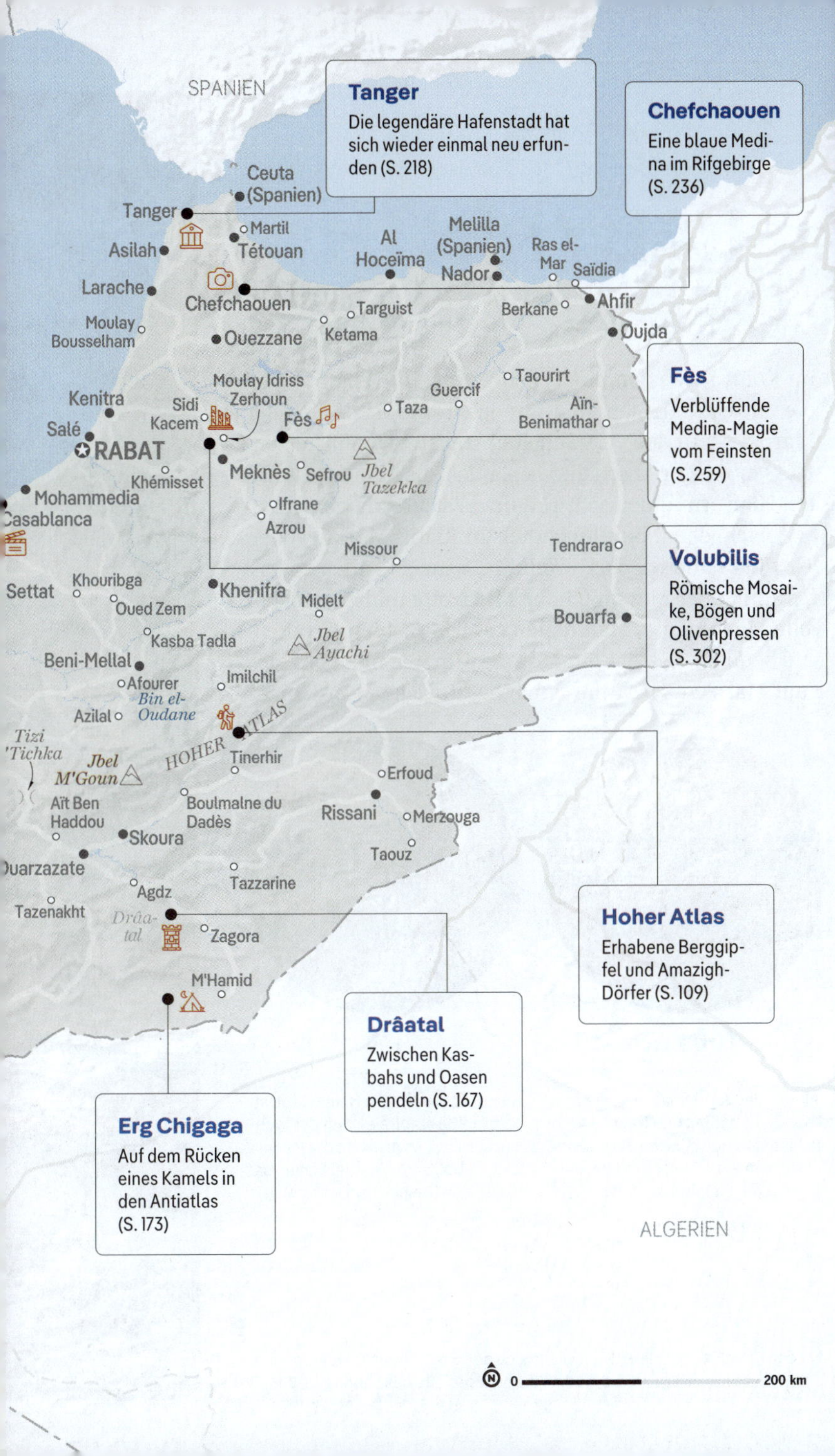
SPANIEN
Tanger
Die legendäre Hafenstadt hat sich wieder einmal neu erfunden (S. 218)
Chefchaouen
Eine blaue Medina im Rifgebirge (S. 236)
Ceuta (Spanien)
Tanger
Martil
Asilah
Tétouan
Al Hoceïma
Melilla (Spanien)
Ras el-Mar
Nador
Saïdia
Larache
Chefchaouen
Ahfir
Targuist
Berkane
Moulay Bousselham
Ouezzane
Ketama
Oujda
Moulay Idriss Zerhoun
Taourirt
Fès
Verblüffende Medina-Magie vom Feinsten (S. 259)
Guercif
Kenitra
Sidi Kacem
Fès
Taza
Aïn-Benimathar
Salé
RABAT
Meknès
Sefrou
Jbel Tazekka
Khémisset
Mohammedia
Casablanca
Ifrane
Azrou
Missour
Tendrara
Volubilis
Römische Mosaike, Bögen und Olivenpressen (S. 302)
Settat
Khouribga
Khenifra
Oued Zem
Midelt
Bouarfa
Kasba Tadla
Jbel Ayachi
Beni-Mellal
Afourer
Imilchil
Bin el-Oudane
Azilal
Tizi 'Tichka
HOHER ATLAS
Jbel M'Goun
Tinerhir
Erfoud
Aït Ben Haddou
Boulmalne du Dadès
Rissani
Merzouga
Skoura
Taouz
Ouarzazate
Agdz
Tazzarine
Tazenakht
Drâa-tal
Zagora
Hoher Atlas
Erhabene Berggipfel und Amazigh-Dörfer (S. 109)
M'Hamid
Drâatal
Zwischen Kasbahs und Oasen pendeln (S. 167)
Erg Chigaga
Auf dem Rücken eines Kamels in den Antiatlas (S. 173)
ALGERIEN
N
0
200 km

LABYRINTH DER MEDINAS

Im Kontrast zu den modernen Städten nebenan zeigen die mittelalterlichen Medinas das traditionelle Gesicht Marokkos. In den verwinkelten kopfsteingepflasterten Gassen mit ihren scheinbar planlos zusammengestellten Häusern finden sich Handwerksleute, die ihrer Arbeit nachgehen, Boutiquehotels in Riads, Märkte voller Gewürze und frischer Produkte, winzige Läden voller Keramik oder Messing, hohe Minarette und eindrucksvolle Monumente. Man macht es sich in einem Straßencafé bequem, bestellt eine Kanne Minztee und lässt sich auf Marokkos berühmte maghrebinische Mystik ein.

Marrakesch

Man erlebt den Jemaa El Fna (siehe Abb.; S. 52) bei Tag und Nacht, taucht in faszinierende Museen ein und unternimmt eine Kutschfahrt um die Wälle der Roten Stadt.

Fès

Marokkos spirituelle Hauptstadt ist die größte autofreie Stadt der Welt und ein Gassengewirr. In der Medina (siehe Abb.; S. 264) entdeckt man das goldene Dreieck der Denkmäler.

Chefchaouen

Mit den roten Dächern ihrer Häuser, die sich den Berg bis zur Kasbah auf dem Platz hinunterziehen, ist die Medina die malerischste des Landes. (S. 236)

Medina von Marrakesch (S. 52)

BESTE MEDINA-ERLEBNISSE

Man schließt sich den Einheimischen zu einem ausgelassenen Abend auf dem **Jemaa El Fna** ❶ an, wählt das Schmackhafteste an den Straßenständen aus und lässt sich von Musik, Tanz und Akrobatik unterhalten. (S. 54)

Beim **Gnaoua World Music Festival** ❷ in Essaouira lässt es sich in die marokkanische Kultur eintauchen. (S. 185)

Sich bei einem Kochkurs im **Cafe Clock** ❸ in Chefchaouen einem Shopping-Ausflug in die Souks anschließen, marokkanisch kochen lernen und ein selbstzubereitetes Mittagessen genießen. (S. 237)

Im beschaulichen **Bahia-Palast** ❹ in Marrakesch die eindrucksvollen *zellij*-Mosaiken, die Stuckornamente und das bemalte Zedernholz bestaunen. (S. 86)

Im alten Hamam des **Riad Laaroussa** ❺ in Fès ein Dampfbad nehmen, sich abschrubben und polieren lassen. (S. 277)

Aït Ben Haddou (S. 150)

DIE KASBAHS ERLEBEN

Aus *pisé* (Stampflehm) gebaute Kasbahs sind in vielen Städten und in den Bergen zu finden. Sie waren einst Festungen und Paläste; einige bieten herrliche Aussicht in die Täler. Viele wurden in Museen, Luxushotels oder Restaurants umgewandelt. Man sollte unbedingt eine davon besuchen oder dort übernachten, um die Atmosphäre der alten Bergkönigreiche zu schnuppern.

Telouet

Die einst prächtige Festung El Glaoui zerfällt zu Wüstensand, aber der 2. Stock kündet noch vom Prestige, das die mächtige Familie einmal genoss.

Drâatal

Von den mächtigen Kasbahs dieses Tals lohnt vor allem die Kasbah des Caids in Tamnougalt die Erkundung. Die Nacht verbringt man in der Kasbah Timidarte.

BESTE KASBAH-ERLEBNISSE

Tangers Kasbah befindet sich auf der Spitze der Medina. Das **Museum der mediterranen Kulturen** ❶ lohnt eine Erkundung. (S. 220)

Wie Jacques Majorelle seine Staffelei in der Kasbah Tigmi N'oufella im Hohen Atlas oder in der Festung El Glaoui in **Telouet** ❷ aufstellen. (S. 152)

Die **Kasbah du Toubkal** ❸ in Imlil zum Wandern und wegen der Aussicht besuchen. (S. 119)

Die **Kasbah Tioute** ❹, 37 km südlich von Taroudant im Antiatlas, erkunden. (S. 336)

Im Museum der **Kasbah von Chefchaouen** ❺ die Kostüme der örtlichen Stämme bewundern. (S. 238)

STRAND-LEBEN AM ATLANTIK

Mit fast 2500 km Atlantikküste bietet Marokko jede Menge Strände und Brecher für alle, die auf den Wellen reiten oder über ihnen schweben wollen. Die Bedingungen zum Surfen sind von September bis März am besten. Lagunen, Nationalparks und Feuchtgebiete machen die Küste ideal zur Vogelbeobachtung. Auch Bootfahren, Angeln und Sandboarden sind im Angebot.

Wellenjagd

Der beste marokkanische Surfspot ist Taghazout (siehe Abb.; S. 338): Hier wagt man sich an die weltberühmte Welle bei Anchor Point, wo eine Etappe der Tour der World Surf League stattfindet.

Windige Stadt

In Essaouira, der windigsten Stadt Marokkos, nutzt man die *alizée* (Küstenwinde) zum Wind- oder Kitesurfen. Die Bedingungen sind gleichermaßen gut für Newbies wie Erfahrene (siehe Abb.; S. 184).

Beschauliche Lagunen & Meeresarme

Die Nationalparks an der Küste und eine Reihe von Lagunen-Naturschutzgebieten zwischen Oualidia und El Jadida sind besonders gute Orte für Vogelbeobachtungen.

BESTE STRAND-ERLEBNISSE

In **Taghazout** ❶ kann man Surfen lernen oder sich in einem Surf- und Yoga-Refugium erholen. Südlich finden sich abgelegene Strände für Routiniers. (S. 337)

Für einen schönen Tag am Meer schließt man sich Rabats Einwohnern an und eilt zur **Plage des Oudaias** ❷. Um den Massen zu entgehen, tut man das am besten werktags. (S. 194)

Wüsten-, Wind- und Wassersportabenteuer kann man im entlegenen **Dakhla** ❸ erleben. (S. 349)

Wer einen Feldstecher mitbringt, kann im Merja-Zerga-Nationalpark in **Moulay Bousselham** ❹ Rosaflamingos, seltene Kap-Ohreulen, Fischadler und Tausende von Watvögeln sehen. (S. 200)

Mit einem Glas marokkanischem Pinot Gris genießt man die berühmten Austern von **Oualidia** ❺ und fügt noch Muscheln, Seeohren und Krabben zu seiner Meeresfrüchte-Schwelgerei hinzu. (S. 211)

ZU FUSS DURCH DIE BERGE

Mit seinen Gebirgszügen ist Marokko ein ideales Terrain zum Wandern und Trekken. Verführerische Ziele sind der Toubkal, der im Hohen Atlas gelegene zweithöchste Berg Afrikas, oder auch die Mondlandschaft des Jbel Saghro am Rand der Sahara. Nördlich bieten das Rif und der Mittlere Atlas sanftere Hänge und Zedernwälder. In den Dörfern warten Kultur und Traditionen der Amazigh (Berber); gelegentlich trifft man auf Nomaden, die in Beduinenzelten und Höhlen leben.

Toubkal Circuit

Bei der einwöchigen Rundwanderung im Hohen Atlas besucht man entlegene Dörfer, etwa Tacheddirt (siehe Abb.; S. 120), lernt die lokale Kultur kennen und genießt die Aussicht, ehe man den Jbel Toubkal besteigt.

Ifrane-Nationalpark

Der leichte Wanderweg führt im wenig bekannten Mittleren Atlas über prächtige Berge, durch Zedernwälder voller Berberaffen (siehe Abb.) und Vögel sowie durch Dörfer der Amazigh.

Jbel Saghro

Die wunderschönen Wüstenwege liegen abseits der beliebten Reiserouten und sind auch im Winter zugänglich, wenn der Hohe Atlas verschneit ist.

Wandern, Jbel Toubkal (S. 116)

BESTE BERGERLEBNISSE

Beim zweitägigen Aufstieg zum Gipfel des **Jbel Toubkal** ❶ kann man seine Kletterfähigkeiten testen. Mit 4167 m ist er Marokkos höchster Gipfel. (S. 116)

Man wohnt in der **Kasbah Bab Ourika** ❷ mit Blick auf das Ourika-Tal, unternimmt kleine Wanderungen, besucht einen Kochkurs und genießt die prächtige Aussicht. (S. 132)

Beim Wandern im **Talassemtane-Nationalpark** ❸ in der Gegend von Chefchaouen bestaunt man seltsame geologische Formationen und badet in eiskalten Bergbächen. (S. 244)

Bei einer Wanderung um den **Jbel Lekst** ❹ im weniger bekannten Antiatlas entdeckt man Gipfel und Schluchten, üppige Täler und Dörfer wie das außergewöhnliche, an einen Klippenhang gebaute Tizgui. (S. 359)

Man wandert durch die Zedernwälder im **Ifrane-Nationalpark** ❺, um Berberaffen zu sehen. Anschließend folgt ein Mittagessen mit einer Familie im Bergdorf Ain Leuh. (S. 309)

DIE KULTUR DER AMAZIGH ENTDECKEN

Die ursprünglichen Stämme Nordafrikas, die Amazigh oder Berber, haben eine eigene Kultur, von der Sprache über die Kunst bis hin zu ihren Kostümen und ihrer Musik. Die Imazighen im Norden sind überwiegend sesshaft, während die Tuareg im Süden häufig als Nomaden leben. Es lohnt sich, einige der ausgezeichneten Museen zu besuchen, die ihrem traditionellen Lebensstil und ihren kulturellen Zeugnissen gewidmet sind.

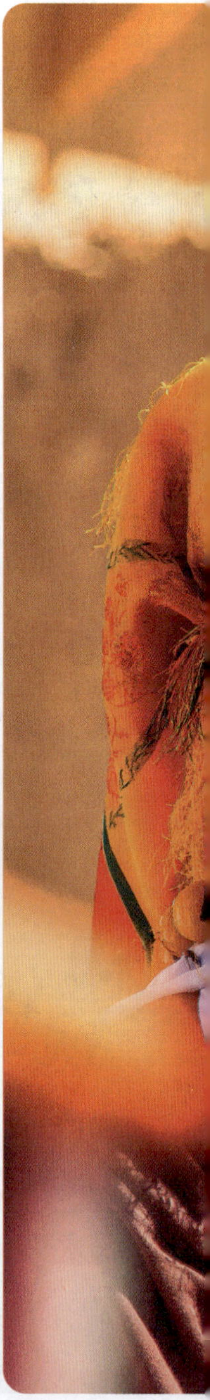

Musée Pierre Bergé des Arts Berbères

Das hervorragende Museum im Jardin Majorelle (siehe Abb.; S. 102) in Marrakesch zeigt ein reiches Panorama von Kunst, Textilien und Schmuck der Amazigh.

La Maison Traditionelle

Das alte, dreistöckige Haus in malerischer Lage in Oumnesnat im Ameln-Tal nahe bei Tafraoute ist ein Museum des Alltagslebens.

Ecomusée Berbère

In dem restaurierten *ksar* (Wehrdorf) Tafza im Ourika-Tal wird das Alltagsleben mit Exponaten und kurzen Dokumentarfilmen gewürdigt.

Amazigh-Frau, Erg Chebbi (S. 166)

BESTE AMAZIGH-KULTUR-ERLEBNISSE

Das **Musée Tiskiwin** ❶ in Marrakesch erläutert die Kultur der Amazigh und Tuareg entlang der Karawanenrouten von Timbuktu nach Marrakesch. Gezeigt werden Lederarbeiten, Schmuck, Zelte und Textilien. (S. 64)

Beste Beispiele von Amazigh-Schmuck findet man in den Läden von Taroudant, Tafraoute und **Tiznit** ❷. (S. 348)

Amazigh-Musik kann man bei einem Dorffest (*moussem*) z. B. in **Imilchil** ❸ im Hohen Atlas erleben. Man kann sich auch ein paar *ahidous*-Songs herunterladen. (S. 140)

Sich nach Amazigh-Mustern in Teppichen umschauen oder die Kooperative Afous Gafous in **Lamdint** ❹ besuchen. (S. 151)

Sich im **Drâatal** ❺ in Alice Morrisons *Walking with Nomads* über ihre Abenteuer mit Tuareg vertiefen. (S. 167)

Toumani Diabaté beim Fes Festival of World Sacred Music (S. 274)

DIE MUSIK FÜHLEN

Überall ist Rhythmus im Hintergrund – vom Gebetsruf des Muezzins bis hin zum *hibhub* (Hip-Hop) und Rap. Amazigh-Musik kann man bei *moussems* hören, bei denen das ganze Dorf tanzt und singt; Sufi-Bruderschaften spielen bei *lilas* (Zeremonien), und in den Städten locken Traditionen aus Andalusien und dem Osten.

Fes Festival of World Sacred Music

Bei diesem bedeutenden neuntägigen Festival, das seit 1992 jeweils im Juni stattfindet, treten internationale Musiker:innen aller Glaubensrichtungen auf.

Gnaoua World Music Festival

Ende Juni steigt in Essaouira dieses Festival mit fröhlich-bluesiger Musik und einem unwiderstehlichen Rhythmus. Die Konzerte sind gratis.

BESTE MUSIKERLEBNISSE

Die Sufi-Nächte beim **Fes Festival of World Sacred Music** ❶ im Juni sind allesamt kostenlos. (S. 274)

Neun Tage, vier Bühnen: Casablanca swingt bei seinem Festival **Jazzablanca** ❷ im Juni. (S. 179)

Glücksgefühle kommen auf beim **Transahara Festival** ❸ im Mai in der Wüste von Merzouga. (S. 165)

Im Oktober feiert das **Festival des Andalousies Atlantiques** ❹ die andalusische Musik. (S. 185)

Bei den Konzerten im **Cafe Clock** ❺ in Fès, Marrakesch sowie Chefchaouen treten sonntags zum Sonnenuntergang Amazigh- oder Gnaoua-Bands auf. (S. 89)

AUF IN DIE SAHARA

Die Chance, die Stille der Sahara und die spektakuläre Pracht ihres Nachthimmels zu erleben, sollte man sich nicht entgehen lassen. Man reitet auf einem Kamel, kurvt auf dem Sandboard eine Düne hinunter, probiert Glamping in einem Luxus-Zeltlager oder übernachtet in einem Kasbah-Hotel und erhält einen Eindruck vom Wüstenleben. Mehrtägige Kameltreks sind eine aufregende Option.

Erg Chebbi

Die rosafarbenen und goldenen Dünen der Erg Chebbi (siehe Abb.; S. 166) erstrecken sich über 28 km von Nord nach Süd. Bei Sonnenuntergang verzaubern Schattenspiele in Orange-, Rosa- und Purpurtönen.

Erg Chegaga

Um das größte Sandmeer Marokkos zu erreichen, braucht man einen Geländewagen oder ein Kamel. Die Strecke hat eine Länge von 56 km und führt südwestlich von M'Hamid zur Erg Chegaga (siehe Abb.; S. 173).

Tiere der Wüste

Man sollte die Augen offenhalten, wenn man die scheuen, nachtaktiven Fenneks (Wüstenfüchse), die winzigen, wie Kängurus hoppelnden Springmäuse oder die durch ihr Fell gut getarnte Sandkatze erspähen will.

BESTE WÜSTEN-ERLEBNISSE

Zweitägige Kamelausflüge in die Sahara veranstaltet die **Maison Merzouga** ❶. (S. 164)

Im Dorf **Khamlia** ❷ am Rand der Dünen von Erg Chebbi folgt man den Rhythmen der Gnaoua. Die Einwohner sind Nachkommen von Sklaven aus Ländern südlich der Sahara. (S. 165)

Man sollte sich für ein Camp entscheiden, dass die Wüste respektiert, z. B. das umweltbewusste **Tiziri Camp** ❸ nahe Merzouga und in dieser sensiblen Umwelt auf das Fahren mit Quads verzichten. (S. 164)

Echten Sahara-Luxus erlebt man in Nick und Bobos abgelegenem **Erg Chigaga Luxury Desert Camp** ❹. (S. 172)

Bereit für den **Marathon des Sables** ❺ – einen sieben Tage dauernden, 250 km langen Ultra-Marathon? Es ist der weltweit längste Wüstenlauf. (S. 149)

SPEISEN VOM FEINSTEN

Der subtile Gebrauch von Gewürzen wie Kreuzkümmel, Koriander und Zimt sowie die Vorliebe für frische Produkte machen die marokkanische Küche zu einer der feinsten der Welt. Man bemerkt darin immer ein besonderes Aroma, zum Beispiel von Orangenblütenwasser, Mandeln, Safran oder eingelegten Zitronen, das selbst alltägliche Gerichte zu etwas Besonderem macht. Man bereitet eine Tajine zu, öffnet eine *pastilla* oder genießt eine Süßigkeit mit Minztee, um einen Eindruck von dieser delikaten Küche zu bekommen.

Tajines

Der kegelförmige Deckel der aus Ton gebrannten marokkanischen Tajine (siehe Abb.) sorgt dafür, dass der Geschmack verstärkt wird und das Essen nicht austrocknet. Man verwendet sie auf einer Herdmulde oder Kohlen.

Geschmackskompositionen

Rindfleisch mit Backpflaumen und Mandeln (siehe Abb.), Hühnchen mit Oliven und Zitronen, Zucker und Zimt auf einer Tauben-*pastilla*: Die marokkanische Küche zeichnet sich durch einen Aromenmix aus.

Weine

Marokko produziert einige sehr gut trinkbare Weine rund um Meknes, Rabat und Essaouira. Besonders ansprechend ist der Gris, ein leichter, blassrosa schimmernder Wein.

Gegrillter Fisch, Agadir (S. 330)

BESTE KULINARISCHE ERLEBNISSE

An den Imbissständen auf dem **Jemaa El Fna** ❶ kann man Schnecken, Grillspeisen, gebratenen Fisch und *tanjia* (Fleischeintopf) probieren. (S. 54)

In **Rissani** ❷ kostet man die berühmte *madfouna*: ein mit Fleisch und Gewürzen gefülltes Brot, das in einer Feuergrube im Sand der Sahara gebacken wird. (S. 166)

Im **Faim d'Epices** ❸, einer Farm außerhalb von Marrakesch, kann man lernen, mit marokkanischen Gewürzen zu kochen. (S. 91)

In **Agadir** ❹ lässt sich ein Mittagessen aus silbrigen Sardinen frisch aus dem Meer genießen, die vor den Augen der Gäste gegrillt werden. (S. 330)

Im **Dar El Mandar** ❺ ein gemütliches Mittagessen am Pool verspeisen und dabei auf die Berge des Mittleren Atlas blicken. (S. 318)

Surfende, Lagune von Dakhla (S. 351)

AUFREGENDE ABENTEUER

Angesichts der vielen Bergketten und der langen Küste ist es kein Wunder, dass es viele Möglichkeiten für Abenteuersport in Marokko gibt. Ob Mountainbiken im Atlas, Gleitschirmfliegen in Dakhla oder Klettern in der Todra-Schlucht – nur die eigene Fantasie setzt dem Abenteuer Grenzen.

Windsurfen

Ocean Vagabond am südlichen Ende des Strands von Essaouira veranstaltet Kurse und vermietet Ausrüstung zum Surfen, Wind- und Kitesurfen.

Klettern

Die Todra-Schlucht ist ein Kletterparadies mit mehr als 400 vollständig gesicherten Routen, mit Ein- und Mehrseillängen und Marokkos erstem Klettersteig.

BESTE ADRENALIN-KICKS

Mountainbiken für alle Niveaus im **Toubkal-Nationalpark** ❶ in Imlil. (S. 114)

Ab **Bio et Bois**, ❷ gleich außerhalb von Fès, eine mehrtägige Reitwanderung unternehmen. (S. 279)

Beim Gleitschirmfliegen vom **Nid D'Aigle** ❸ in der Nähe von Mirleft genießt man den Panoramablick auf den Ozean. (S. 346)

Alle, die steile Gipfel und anspruchsvolle Wanderungen lieben, sind am **Jbel Lekst** ❹ im Antiatlas genau richtig. (S. 359)

Tawada Trekking organisiert Floßfahrten auf dem Fluss **Ahansal** ❺ im Hohen Atlas nördlich von Boumalne Dadès. (S. 130)

FILMMAGIE

Marokko besitzt eine blühende Filmindustrie, die sich alljährlich im November beim Internationalen Filmfestival von Marrakesch präsentiert. Filme laufen auch auf größeren Festivals erfolgreich: im Jahr 2022 gewann Maryam Touzanis Film *Das Blau des Kaftans* neun Auszeichnungen, darunter in Cannes in der Kategorie *Un Certain Regard*. Marokko ist zudem beliebter Drehort für internationale Filme und Fernsehserien.

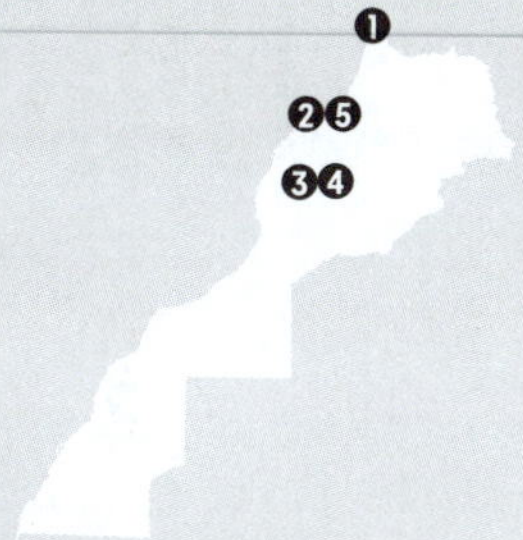

Aït Ben Haddou

Das hinreißende ksar nordwestlich von Ouarzazate diente als Kulisse in Filmen wie *Lawrence von Arabien* bis hin zu *Gladiator* (siehe Abb.; S. 150).

Top-Location

Viele Filme und Fernsehserien werden in Marokko gedreht. Orson Welles wählte 1952 Essaouira (siehe Abb.; S. 180) für seinen *Othello*; 60 Jahre später wurde die Stadt in *Game of Thrones* zu Astapor.

Atlas Film Studios, Ouarzazate

In den historischen Studios, in denen *Babel*, *Prince of Persia* und *Die Mumie* gedreht wurden, kann man sich die Kulissen und Requisiten anschauen. Guides führen einen herum.

BESTE FILMERLEBNISSE

Das **Cinéma Rif** ❶ in Tanger wurde 1938 eröffnet. Es wurde restauriert und beherbergt heute die Cinémathèque de Tanger; das zugehörige Café ist ein Gemeindezentrum. (S. 230)

Im **Cinema Rialto** ❷ in Casablanca reist man in die Vergangenheit: die prächtigen Gebäude aus den 1930er-Jahren dienen auch heute noch als Kinos. (S. 208)

In Marrakesch erlebt man Freiluftkino auf dem Jemaa El Fna und begegnet beim **Internationalen Filmfestival** ❸ Stars. (S. 63)

Im Pierre Bergé Auditorium des **Yves Saint Laurent Museum** ❹ in Marrakesch kann man sich einen Film anschauen. (S. 101)

Man bestellt sich einen Cocktail in **Rick's Café**, ❺ das natürlich auf dem Film *Casablanca* beruht. Worauf sonst? (S. 203)

STÄDTE & REGIONEN

Entdecke dein Sehnsuchtsziel.

Mittlerer Atlas

MEDINAS, MÄRKTE UND NATIONALPARKS

Meknès bietet eine schlichte Medina und majestätische Monumente, umgeben von üppigen Wein- und Oliventälern, den römischen Ruinen von Volubilis und der auf einem Hügel gelegenen Pilgerstadt Moulay Idriss Zerhoun. Man kann in den Nationalparks durch Zedernwälder wandern, in den geschäftigen Suks stöbern und in den Bergdörfern die Kultur der Amazigh entdecken.

S. 288

Nördliche Atlantikküste

KÜSTEN UND KULTUR

Das elegante Rabat und das pulsierende Wirtschaftszentrum Casablanca sind die wichtigsten Städte an der windgepeitschten Küste, während Essaouira mit seiner kleinen Medina, seinem künstlerischen Flair und seiner Surf-Action bezaubert. Die Lagunen von Moulay-Bousselham und Oualidia ziehen Millionen von Vögeln an. Das wenig bekannte El-Jadida bietet eindrucksvolle portugiesische Stadtmauern. Die Kunstschaffenden lieben Azemmour wegen des Lichts.

S. 174

Fès

MAROKKOS SPIRITUELLES ZENTRUM

Hier kann man in den kleinen Werkstätten der Medina den Kunsthandwerker:innen bei der Arbeit zusehen, über die zahlreichen Märkte schlendern und die berühmten Fassi-Keramiken kaufen. In der Medina befinden sich die prächtige Kairaouine-Moschee, die Medersas Attarine und Bou Inania sowie der Schrein von Moulay Idris. Das alte jüdische Viertel befindet sich im nahe gelegenen Fès el-Jdid.

S. 258

Mittelmeerküste & Rifgebirge

MEERBLICK, BERGE UND GESCHICHTE

Tanger strotzt nur so vor neuer Energie und ist eine bezaubernde Mischung aus Geschichte und Moderne. Das unberührte Asilah fasziniert, in den Küstenorten glitzert das Mittelmeer. Die blauen Medinas von Chefchaouen und das kunstvolle Tétouan wetteifern um Aufmerksamkeit, das Rifgebirge lädt zum Wandern ein.

S. 212

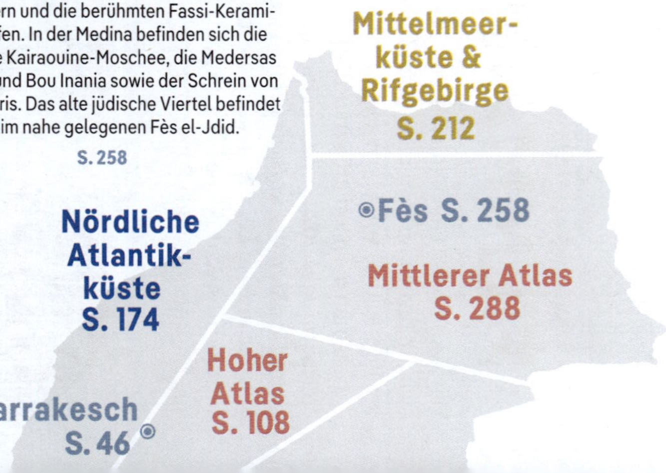

MAROKKOS SCHILLERNDE ROTE STADT

Marrakesch strahlt Starqualität aus. Man kann hier prächtige historische Monumente, Paläste und Museen entdecken, in die Suks der Medina eintauchen, in einem Boutique-Riad übernachten und sich vom Zauber des Jemaa el Fna mitreißen lassen. Die Ville Nouvelle lockt mit Galerien, Gärten, guten Restaurants und schicken Geschäften.

S. 46

Südliche Oasen
S. 142

Südmarokko
S. 322

Hoher Atlas

HOHE BERGE & GRÜNE TÄLER

Imposante Berge bieten atemberaubende Landschaften und eine Vielzahl von Aktivitäten, von gemütlichen Wanderungen in üppigen Tälern bis zur Besteigung des Jbel Toubkal, Mountainbiking und mehrtägigen Wanderungen auf alten Hirtenpfaden. Unterwegs kann man die Architektur, Kultur und Traditionen der Amazigh bei *moussems* (Feste) in abgelegenen Dörfern kennenlernen.

S. 108

Südmarokko

GANZJÄHRIGE URLAUBSSTIMMUNG

Hier genießt man den langen, sichelförmigen Strand von Agadir, nimmt an Surfkursen und Yogastunden in Taghazout teil und erkundet die wilden Strände im Süden bis nach Dakhla. Im Landesinneren laden die Berge des Antiatlas zum Wandern, Radfahren und Klettern ein. In den Bergstädten und -dörfern kann man nach altem Silberschmuck der Amazigh Ausschau halten.

S. 322

Südliche Oasen

ALTE KASBAHS, OASEN & HOHE DÜNEN

In den Oasenstädten entlang des Dadèstals und des Drâatals erheben sich neben ausgedehnten Palmenhainen stolze Kasbahs aus Stampflehm. Man kann auf Kamelen durch die Dünen der Sahara reiten, sich vom Nachthimmel in den Wüstencamps überwältigen lassen, die Dattel- und Rosenfeste genießen oder sich in den trockenen Jbel Saghro wagen.

S. 142

Souks, Jemaa El Fna (S. 52), Marrakesch

REISEROUTEN

Marokkos Highlights

Dauer: 8 Tage **Strecke:** 1142 km

Die Route führt vom pulsierenden Marrakesch in die Kaiserstadt Meknès. Unterwegs warten u.a. ein befestigtes Dorf, die Amazigh-Kultur, der Nachthimmel über der Sahara und Marokkos spirituelle Hauptstadt Fès.

1

MARRAKESCH ⏱ 2 TAGE

Los geht's in **Marrakesch** (S. 46) mit großartigen Bauten, Souks zum Einkaufsbummel und zahlreichen Museen und Galerien. Ein Taxi bringt einen zur Ville Nouvelle, um den ruhigen Jardin Majorelle (siehe Bild) und das Yves-Saint-Laurent-Museum zu besuchen. Auf dem Jemaa El Fna kann man wunderbar zu Abend essen.

Abstecher: *Ausflug in die Agafay-Wüste. ⏱ 6 Stunden*

2

SKOURA ⏱ 1 TAG

Wir verlassen Marrakesch und fahren über den spektakulären Pass Tizi n'Tichka in den Hohen Atlas, vorbei an Amazigh-Dörfern, Kasbahs und ländlichen Souks. In der **Skoura-Oase** (siehe Bild; S. 156) bietet sich ein Spaziergang durch schattige Palmenhaine an, in denen Familien Gemüse anbauen.

Abstecher: *Erkundung des befestigten Dorfs Aït Ben Haddou, das zum Weltkulturerbe gehört. ⏱ 1 Stunde*

3

MERZOUGA ⏱ 1 TAG

Die Fahrt führt entlang der Straße der Tausend Kasbahs nach **Merzouga** (siehe Bild; S. 165), bevor es auf einem Kamel zu einem Wüstencamp geht, das zum Sonnenuntergang über den Dünen erreicht wird. Das Abendessen findet am Lagerfeuer statt. Der Nachthimmel über der Sahara ist atemberaubend, es lohnt sich, Ausschau nach Sternschnuppen zu halten.

Abstecher: *Besuch der beeindruckenden Todra-Schlucht bei Tinghir. ⏱ 1 Stunde*

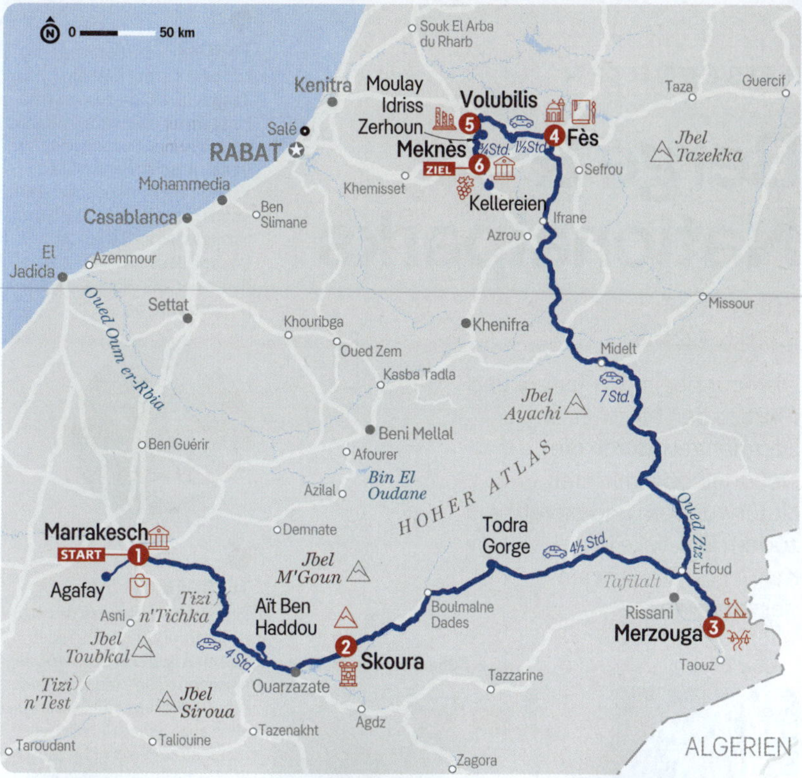

4

FÈS 2 TAGE

Wir lassen die Wüste hinter uns und fahren das Ziz-Tal hinauf in den Mittleren Atlas mit seinen Zedernwäldern. In **Fès** (Bild; S. 259), Marokkos spiritueller Hauptstadt, steht die Besichtigung der Kairaouine-Moschee, der Medresen Bou Inania und Attarine sowie der Gerbereien an. Ebenfalls sehenswert ist das alte jüdische Viertel mit seiner Synagoge und dem Friedhof. Den Honig sowie das vielfältige Street-Food-Angebot von hier sollte man probieren.

5

VOLUBILIS 1 TAG

Hier lockt ein Spaziergang mit einem einheimischen Guide durch die Ruinen der römischen Stadt **Volubilis** (siehe Bild; S. 302), die inmitten von Weizenfeldern und Olivenhainen liegt. Die zum UNESCO-Weltkulturerbe gehörende Stadt bietet römische Bäder, Olivenpressen, einen Triumphbogen, eine Basilika und ein Forum. Es gibt auch ein Museum zu besichtigen.

Abstecher: *Mittagspause im Wallfahrtsort Moulay Idriss Zerhoun.*
1 Stunde

6

MEKNÈS 1 TAG

Meknès (siehe Bild; S. 294), Marokkos kleinste Kaiserstadt, war einst der Sitz des Despoten Moulay Ismail. Sein Palast kann ebenso besichtigt werden wie die Medina, die prächtigen Getreidespeicher sowie die Ställe von Heri Es Souani am Rande der Stadt. Mittagessen auf dem Hauptplatz Place El Hedim.

Abstecher: *Verkostung regionaler Weine in einem der Weingüter.*
2 Stunden

REISEROUTEN

Berge & Nationalparks

Dauer: 7 Tage
Strecke: 422 km

Die Tour beginnt in Tanger und führt zu den Medinas an den Berghängen, durch die Nationalparks mit ihren Naturwundern und bietet zudem Einblicke in Kultur und Traditionen der Amazigh.

Chefchaouen (S. 236)

1

TANGER 1 TAG

Los geht's in der Kasbah von **Tanger** (S. 218), in der sich das Museum für mediterrane Kulturen mit seinen Sultangärten befindet. Anschließend heißt es Kaffeetrinken im hübschen Petit Socco in der Medina. Nach dem Mittagessen im Saveur de Poisson Besuch der Kunstgalerien in der Ville Nouvelle sowie Strandspaziergang.

2

TÉTOUAN 1 TAG

Eine kurze Fahrt durch das malerische Rif-Gebirge führt nach **Tétouan** (siehe Bild; S. 246), der einstigen Hauptstadt des spanischen Marokkos. Hier warten im alten spanischen Bahnhof ein fabelhaftes Museum für zeitgenössische Kunst sowie die Königliche Kunsthandwerksschule, in der junge Menschen ermutigt werden, alte Künste neu zu erlernen.

Abstecher: *Spaziergang entlang des Strandes von Martil. 2 Stunden*

3

CHEFCHAOUEN 2 TAGE

Auf kurvenreichen Bergstraßen geht es durch wunderschöne Landschaft in die blaue Stadt **Chefchaouen** (S. 236). Den Anfang macht der Wasserfall von Ras el-Mas, dann geht es die steile Medina hinab zur Plaza Uta El Hammam mit dem Kasbah-Museum und der Moschee mit ihrem hübschen sechseckigen Minarett. Dem zweiten Tag gehört eine Wanderung durch den **Talassemtane-Nationalpark** (S. 244).

4

SEFROU 1 TAG

Wir verlassen das Rif und fahren durch hügelige Landschaft in die Ausläufer des Mittleren Atlas zur Stadt **Sefrou** (S. 317), die auch für ihre faszinierende jüdische Geschichte bekannt ist. Erkundung der Medina mit den restaurierten *fanadiq* (alten Gasthäusern) voller Kunsthandwerkern. Besuch das Museums für Multikulturalität.

Abstecher: *Besuch des nahe gelegenen Bhalil – ein für seine Höhlenbewohner berühmtes Bergdorf.*
2 Stunden

5

IFRANE-NATIONALPARK 1 TAG

Früh am Morgen trifft man den Guide, der einen durch die Wälder des **Ifrane-Nationalparks** (siehe Bild; S. 309) begleitet. Die Wanderung führt durch Zedernwälder, vorbei an Berberaffen, mit anschließendem Mittagessen bei einer einheimischen Familie und dem Besuch der Teppichweberinnen der Kooperative in Ain Leuh, einem Amazigh-Dorf.

6

AZROU 1 TAG

In der quirligen Amazigh-Stadt **Azrou** (S. 307), am Rande des Nationalparks, endet die Tour. Dienstags, wenn Markttag ist, ist hier besonders viel los. Azrou ist perfekt, um in den Teppichgeschäften rund um den Hauptplatz einzukaufen. Zum Mittagessen sollte man die berühmten Forellen aus den Bergbächen der Region probieren.

Taghazout (S. 337)

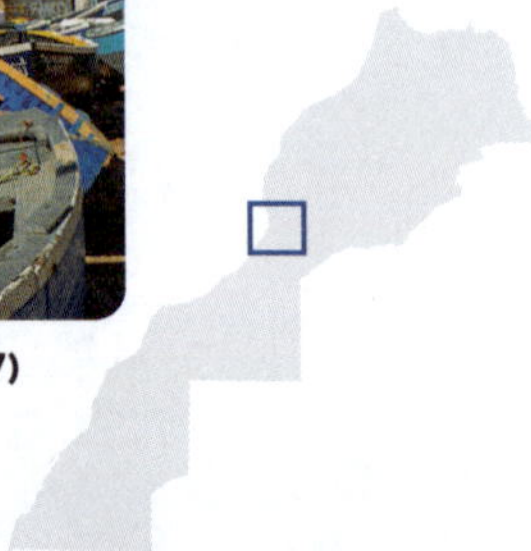

REISEROUTEN

Berge des Südens

Dauer: 5 Tage **Strecke:** 450 km

Diese Route durch Südmarokko bietet vor allem Action: Surfen oder Yoga in Taghazout, eine Radtour durch die Stadt Taroudant und Wanderungen und Klettern in den malerischen Bergen. In Tiznit kann man sich nach Silberschmuck umschauen und in Mirleft den Strand genießen.

1

TAGHAZOUT 1 TAG

Start ist in der Küstenstadt Agadir mit ihrem hübschen, weitläufigen Sandstrand. Dann folgt die Fahrt entlang der Küste zum Fischerdorf **Taghazout** (siehe Bild; S. 337) mit seinen Surf-Wellen – Anchor Point ist Weltklasse. Anschließend wartet eine Einheit Yoga. Der Tag klingt auf einer Dachterrasse aus, während die Sonne über dem Meer untergeht.

2

TAROUDANT 1 TAG

Die wunderschöne Stadt Taroudant (siehe Bild; S. 335) ist auch als „Klein-Marrakesch" bekannt und lädt mit ihren gut erhaltenen Medinamauern, neun Toren und 130 Türmen zu Erkundungen ein. Eine Fahrradtour oder eine Kutschfahrt bei Sonnenuntergang um die rosafarbenen Stadtmauern ist besonders reizvoll.

Abstecher: *Ausflug nach Süden in den Antiatlas zur Tioute Palmeraie. Spaziergang durch die Palmenhaine hinauf zur Kasbah. 3 Stunden*

3

JBEL L'KEST 1 TAG

Von Taroudant aus geht es für einen Wandertag im Antiatlas durch Bergdörfer nach Süden zum **Jbel Lkest** (S. 359). Mit seinen 2359 m thront der auch als „Amethystberg" bekannte Berg über dieser kaum besuchten Gegend. Amazigh bauen hier Mandeln, Weizen, Oliven und Feigen an. Das Dorf Tagdicht (siehe Bild) ist Ausgangspunkt für eine Tagesbesteigung des Jbel L'Kest.

4

BEMALTE FELSEN ½ TAG

Durch die malerischen Bergdörfer des Ameln-Tals fährt man zur Stadt Tafraoute (siehe Bild). Hier kann man sich ein Fahrrad mieten und damit dieses Paradies erkunden, das vor allem auch wegen der **bemalten Felsen** (Les Roches peintes; S. 360) berühmt ist. Ein belgischer Künstler bemalte die riesigen Granitfelsen 1984 als Geschenk für seine Frau. Es folgen die Rückkehr nach Tafraoute und die Weiterfahrt nach Tiznit.

5

TIZNIT ½ TAG

Die Stadt **Tiznit** (siehe Bild; S. 348) blickt auf eine lange Geschichte als Studienort für Imame aus ganz Marokko und der Sahelzone zurück. Man beachte die Stangen, die aus dem Minarett der Moschee herausragen (ähnlich wie in Timbuktu). Die Medina war einst die Heimat jüdischer Silberschmiede und ist noch immer ideal, um antiken Silberschmuck zu kaufen.

6

MIRLEFT 1 TAG

Heute geht's Richtung Meer: Bei Gourizim nach Süden abbiegen und der malerischen Küstenstraße nach **Mirleft** (siehe Bild; S. 346) folgen. Das nette Fischerdorf bietet im Winter gute Surfwellen, viele Buchten und breite Sandstrände. Von den Klippen aus kann man das Gleitschirmfliegen ausprobieren. Der Sonnenuntergang wirkt durch den natürlichen Bogen an der Legzira Plage betrachtet ganz besonders schön.

BESTE REISEZEIT

April und Mai sowie September und Oktober sind die Hauptmonate in Marokko, aber jede Jahreszeit hat ihre eigenen Vorzüge.

Aufgrund der topografischen Unterschiede in Marokko ist es ratsam, genau zu überlegen, wo man unterwegs sein wird: In den Regionen im Landesinneren ist es im Juli und August heiß und von November bis Februar kühl, im Frühling und Herbst herrschen milde Temperaturen. In den Bergen gibt es kalte, schneereiche Winter (November bis Februar), aber den Rest des Jahres ist es angenehm warm. In den Küstenregionen herrschen gemäßigte Temperaturen mit geringeren Schwankungen. Die Winternächte in der Wüste sind sehr kalt (November bis Februar), Juli und August sollten wegen der Hitze gemieden werden. Die Tagestemperaturen in der Sahara sind in der übrigen Zeit des Jahres ein paar Grad wärmer als in Fès und Marrakesch.

Auf Feiertage achten

Die Preise für Unterkünfte steigen, wenn Europäer:innen zu wichtigen Feiertagen wie Ostern, Allerheiligen (Ende Oktober), Weihnachten und Neujahr nach Marokko reisen. Reisen während des Ramadan bieten einen spannenden Einblick in die lokale Kultur, aber Eid Al Adha ist der größte marokkanische Feiertag, an dem die Geschäfte bis zu fünf Tage lang geschlossen sind (die Daten für beide Feste ändern sich jährlich).

Arganbaum, in der Nähe von Marrakesch (S. 46)

LOCAL TIPP

WINTERWELLEN

Der in Rabat geborene und ansässige Profi-Surfer Redouane Regragui zieht für die Winterwellen in den Süden.
@redouaneregragui

„Ich habe meine Kindheit am Strand verbracht und liebte das Glücksgefühl, das sich beim Ritt auf den Wellen einstellt. Ich sah mir Videos von Profi-Surfer:innen am Anchor Point an und träumte davon, dort zu surfen. Meine erste Erfahrung dort war besonders. Die Qualität der Wellen, ihre Form und der Backdrop. Die Atmosphäre von Taghazout, die Brandung, die Berge – ich sah zum ersten Mal Ziegen, die auf Bäume kletterten, lauschte der Sprache der Amazigh und wollte mehr über ihre Kultur erfahren."

HEISS, HEISS, HEISS

Im Juli und August können die Temperaturen in Fès und Marrakesch bis zu 45 °C erreichen, das bedeutet, es ist unangenehm heiß. In der Sahara ist es tagsüber zu heiß für die Kamele (mindestens 42 °C), und die meisten Wüstenhotels und -camps sind geschlossen.

Reisewetter (Marrakesch)

	JANUAR	FEBRUAR	MÄRZ	APRIL	MAI	JUNI
Max. ø-Temp.:	19 °C	20 °C	23 °C	25 °C	29 °C	33 °C
Regentage:	3	3	3	2	1	0

LAND DER SONNE – & DES SCHNEES

In Marokko muss es viel Sonne geben, wenn das größte Solarkraftwerk der Welt in Ouarzazate steht. Dennoch liegt im Winter Schnee auf den Bergen, der zum Skifahren reicht.

Musik-Festivals

Das **Festival de Fès des Musiques Sacrées du Monde** (S. 274) in Fès feiert spirituelle Musik aus aller Welt – vom amerikanischen Gospel bis zu wirbelnden Derwischen, von mongolischen Gesängen bis zur senegalesischen Kora und großen Namen wie Sammy Youssef, Youssou N'Dour und Patti Smith. Im Forum werden spirituelle Themen erörtert, und Sufi-Bruderschaften geben bis spät in die Nacht Konzerte. **Juni**

Die besten *mâalems* (Meister) der Gnawamusik und anderer Sufi-Traditionen spielen auf dem **Gnaoua World Music Festival** in Essaouira (S. 185) neben Weltmusikgrößen wie Tinariwen, Ismaël Lô und Oumou Sangaré. Der Eintritt zu den Konzerten ist frei. **Juni**

Jazzablanca ist das Musikereignis von Casablanca (S. 201) mit lokalen und internationalen Künstler:innen aus den Bereichen Pop, Funk und Soul. Stars wie Ibrahim Maalouf, Ben Harper und Gilberto Gil sind bereits hier aufgetreten. **Juli**

Das **Oasis Festival** bietet jedes Jahr an einem anderen Ort Underground-House- und Techno-Musik. **Oktober**

Lokale & kuriose Feste

Das **Rosenfest** (S. 156) findet während der Rosenernte in Kalaat M'Gouna statt, wenn die Blütenblätter destilliert werden, um Rose Otto, das teuerste ätherische Öl der Welt, und Rosenwasser herzustellen. Kinder verkaufen Girlanden und die Rosenkönigin wird gekrönt. **Mitte Mai**

Auf dem **Kirschfest** von Sefrou (S. 317) dreht sich alles um die köstliche rote Kugel, es gibt einen Jahrmarkt und eine traditionelle *tbourida* (Kavallerie) und die Kirschkönigin wird gewählt. **Juni**

Beim Safranfest in **Taliouine** (S. 363) wird die Ernte dieser goldenen Staubgefäße mit traditioneller *ahouach* (Musik, Gesang und Tanz der Amazigh) gefeiert. **Oktober/November**

Beim **Festival der Sufi-Kultur** (S. 274) in Fès geht es nicht um eine Ernte, außer vielleicht um eine spirituelle, sondern um eine einwöchige Reihe von Workshops und Debatten (in französischer Sprache) und Sufi-Musik aus der ganzen islamischen Welt. **Oktober**

LOCAL TIPP

CHILLEN AN DER KÜSTE

Abdeslam Mouden ist Gründer der Vereinigung der Fremdenführer:innen von Chefchaouen. *@dar.meziana*

„Jährlich Ende Januar entfliehe ich der Kälte des Rifgebirges und fahre mit meiner Familie nach Asilah an der Küste. Ich liebe es, denn wir haben dort unsere Flitterwochen verbracht. Ich kann mit den Kindern die megalithische Stätte von Mzoura und die phönizische Stadt Lixus besuchen. Auf dem Weg dorthin besichtigen wir die heilige Stätte von Moulay Abdeslams Schrein. Und das Beste ist, dass wir frischen Fisch genießen können."

Asilah (S. 233)

WINDIGE ZEITEN

Die windigste Stadt Marokkos ist Essaouira. Dort peitscht der vom Atlantik kommende *alizée*-Wind durch die Gassen der Medina und am Strand entlang – im Juli und August der perfekten Spot zum Kitesurfen.

JULI	AUGUST	SEPTEMBER	OKTOBER	NOVEMBER	DEZEMBER
Max. ø-Temp.: **37 °C**	Max. ø-Temp.: **37 °C**	Max. ø-Temp.: **33 °C**	Max. ø-Temp.: **28 °C**	Max. ø-Temp.: **23 °C**	Max. ø-Temp.: **20 °C**
Regentage: **0**	Regentage: **0**	Regentage: **1**	Regentage: **1**	Regentage: **3**	Regentage: **3**

Shoppen, Marrakesch (S. 46)

BESTENS VORBEREITET AUF MAROKKO

Nützliches zum Vorbereiten und Einstimmen.

Kleidung

Von der Wüste bis zum Strand, von den verschneiten Bergen bis zu den glühenden Städten: Bedenke, wann Du wohin du reist, und dass dir mehr Respekt entgegengebracht wird, wenn du dich konservativ kleidest.

Schichten: Pack eine zusätzliche Schicht für Frühlings- oder Herbstabende ein. Die Winternächte in der Wüste oder in den Bergen können sehr kalt sein. An den meisten Stränden ist es für Frauen angenehmer, sich mit einem T-Shirt zu bedecken.

Regenkleidung: In Chefchaouen regnet es im April, und in Fès kommt es im Sommer und Winter häufig zu Schauern, so dass eine wasserdichte Jacke ratsam ist.

Schuhwerk: Die Medinas sind gepflastert, einige hügelig, festes Schuhwerk ist angesagt. Für die Berge braucht man Wanderschuhe.

Etikette

In Marokko verbringt man viel Zeit mit der **Begrüßung**. Man sollte immer zuerst grüßen, bevor man nach etwas fragt.

Wenn man per Bus oder Zug **reist**, bieten die Einheimischen einem ihr Essen an. Ein wenig mehr einkaufen, um es ihnen gleich tun zu können.

Die Leute überhäufen einen gerne mit **Essen**. Wer keinen Bissen mehr essen kann, sagt *baraka*, was bedeutet, dass man bereits reich gesegnet ist.

Kopfbedeckung: Sonnenhut oder Kappe sind unter der afrikanischen Sonne unverzichtbar. Für Bergregionen und die Wüste im Winter ist eine warme Mütze nützlich.

LESEN

Dreams of Trespass: Tales of a Harem Girlhood (Fatima Mernissi; 1994) Kindheit in einem Harem in Fès in den 1940er-Jahren.

The Last Storytellers (Richard Hamilton; 2011) Geschichten der letzten Erzähler auf dem Jemaa el Fna in Marrakesch.

Assembly of the Dead (Saeida Rouass; 2017) Nach der wahren Geschichte eines Serienmörders im Marrakesch des frühen 19. Jhs.

Secret Son (Laila Lalami; 2009) Ein junger Mann, der in den Slums von Casablanca aufwächst, begegnet seinem reichen Vater.

Wortschatz

Assalaamu alaykum' ist die marokkanische Begrüßungsformel und bedeutet „Friede sei mit dir". Die Antwort lautet **wa alaykum ssalaam**, „und der Friede sei auch mit dir".

Bssalama/ma'a ssalaam heißt „Auf Wiedersehen".

Hamdullah oder **'hamdullilah** bedeutet „Gott sei Dank" und wird an jeden Satz angehängt.

La bes bedeutet „alles ist gut". Man kann es auch als Antwort verwenden, wie in „la bes, hamdullah".

Insha'allah heißt „So Gott will". Wenn man das nicht hinzufügt, wird es nicht passieren.

Shukran heißt „danke".

Afak/afaki/afakum bedeutet „bitte" zu männlich/weiblich/Plural.

Eeyeh/la heißt „ja"/„nein".
La shukran bedeutet „nein, danke" und ist nützlich, um lästige Möchtegern-Führer loszuwerden.

Wakha bedeutet „Ok".

Shweeya heißt „nur ein bisschen".

Baraka ist ein Segen, den man von einem Sufi-Heiligen erhalten kann, und was man sagt, wenn man genug gegessen hat.

Sidi/lalla bedeutet „Herr"/„Frau" und ist eine höfliche Art, einen Mann/eine Frau anzusprechen, wenn man deren Namen nicht kennt.

Balak hört man in den engen Gassen der Medina. Es bedeutet „Aus dem Weg", wenn die Esel vorbeiziehen.

ANSCHAUEN

Marock (Laïla Marrakchi; 2005; Bild) Schulabschluss im Casablanca der späten 1990er-Jahre, mit Musik, schnellen Autos und Alkohol.

Das Blau des Kaftans (Maryam Touzani; 2022) Eine Frau und ihr heimlich schwuler Ehemann betreiben einen Kaftanladen in Salé Medina.

Casablanca Beats (Nabil Ayouch; 2021) Ein Musical, in dem Jugendliche lernen, sich auszudrücken.

Tinghir-Jerusalem: Echoes from the Mellah (Kamal Hachkar; 2016) Dokumentarfilm über Berberjuden.

A Short History of the Moors (Ian Cross; 2015) Netflix-Doku über die Mauren.

REINHÖREN

360 (Manal; 2021) Die preisgekrönte Singer-Songwriterin rappt auf Darija, Französisch und Englisch und mischt damit die Männerdomäne auf.

Sigham Olinw (Tasuta N'Imal; 2021) Amazigh-Wüstenblues aus dem Antiatlas.

Roots & Plugged (Hamid El Kasri; 2022) Gnaoua-Musik vom Sufi-Meister.

Bent Erif (Cheb Kader & Abdelmoula; 2021) Elemente von Rock und Reggae durchdringen die beliebte marokkanische Rai-Musik.

VO THI THAO LAN/SHUTTERSTOCK ©

Bastilla

ESSEN WIE DIE LOCALS

Es ist an der Zeit , die herrlichen Gerichte und Gewürze einer der wunderbarsten Küchen der Welt zu entdecken.

Auch Dank arabischer, andalusischer und afrikanischer Einflüsse (und der Mischung daraus), ist marokkanisches Essen absolut einzigartig. Sticht man den feinen Teig einer Tauben-*bastilla* an, einer herzhaft-süßen Pastete, entfalten sich berauschende Aromen von Zimt, Piment und Ingwer. Dieses berühmte Gericht vereint süße und salzige Noten und beweist mit dem wunderbaren Mix aus weichen und knusprigen Texturen, was die marokkanische Küche so besonders macht.

Gewürze und Kräuter, Früchte, Nüsse und Oliven bestimmen den Geschmack der hiesigen Küche. Sie ist geprägt von Couscous (zerriebener Grieß, der mit langsam gegartem Fleisch und Gemüse serviert wird), *harira*, einer Kichererbsensuppe auf Tomatenbasis mit Petersilie und Koriander, teils mit Lamm (verfeinert mit einem Spritzer Zitrone), sowie Fisch, der in frischen Kräutern gewälzt wird, bevor er über der Glut gar wird. Und es gibt noch so viel mehr! Fügt man *khobz* (das allgegenwärtige fluffige Fladenbrot), köstliches Street Food, verführerisches Gebäck und Minztee hinzu, bekommt man einen kleinen Vorgeschmack auf das, was einen in Marokko erwartet.

Minztee & Kaffee

Die Marokkaner lieben ihren *atay ba nana*, ihren Minztee. Er wird aus großer Höhe ins Teeglas eingegossen, um anständig Schaum zu erzeugen, und mit viel Zucker serviert. Er ist unverzichtbarer Bestandteil hiesiger Gastfreundschaft (und äußerst erfrischend). Benutzt wird Gunpowder-Tee, die Minze ist Spearmint.

Kaffee gibt es in der Regel schwarz (und ebenfalls mit viel Zucker); oft mit einem Glas Leitungswasser. Wer Milch mag, sollte nach einem *nus-nus* fragen – halb Kaffee, halb Milch. In Städten wird heutzutage in vielen Cafés auch Cappuccino und Latte serviert.

Unbedingt probieren!

COUSCOUS
Geriebener, körniger Grieß mit Fleisch und Gemüse. Wird oft freitags gegessen.

BASTILLA
Hauchdünner Teig um mit Mandeln gewürzte Taube oder Huhn.

KEFTA TAJINE
Fleischbällchen aus Rindfleisch in Tomatensauce, serviert mit einem Ei.

TAJINES
Rindfleisch und Gemüse, langsam in konischen Tontöpfen über Glut gegart.

Wein & Bier

In Marokko werden in der Region Meknès und rund um Casablanca, Rabat und Essaouira einige ausgezeichnete Weine produziert. Am bekanntesten ist der Gris aus Syrah- und Muskatellertrauben oder aus Caladoc, Mourvèdre und Marselan. Er eignet sich besonders gut als Sommerwein. Auch unter den Rotweinen gibt's einige recht gute (der einzige AOC-Wein, *Coteaux de l'Atlas*, stammt vom Weingut Celliers de Meknes Château Roslane). Die Weiß- und Roséweine sind im Allgemeinen ansprechend, leiden aber manchmal unter den schlechten Vertriebs- und Lagerbedingungen der Einzelhändler. Die Domaine Val d'Argan in der Nähe von Essaouira stellt einige gute Bioweine her.

In Fès, Tanger und Casablanca wird auch Bier gebraut – *Flag Spéciale* ist die beliebteste Sorte.

Die meisten besseren Hotels und Restaurants haben eine Schanklizenz. Ansonsten wird kein Alkohol ausgeschenkt, insbesondere nicht in den Medinas.

Vegetarische & vegane Optionen

Das Gros der Restaurants bietet vegetarische Gerichte an. Das Frühstück besteht hauptsächlich aus Brot und Pfannkuchen, die mit Marmelade, Oliven und Weichkäse, Joghurt und Eiern auf den Tisch kommen. Die Hauptmahlzeiten beginnen immer mit einer Reihe kleinerer Gerichte aus gekochtem Gemüse, den so genannten Salaten, die in der Regel alle vegetarisch sind. *Bissara*, die Favabohnensuppe, ist vegan, die *harira*-Suppe hingegen kann manchmal kleine Fleischstücke enthalten. Für Veganer könnte es schwieriger sein, auswärts zu essen, da das Konzept in Marokko nicht sehr bekannt ist. Wer sich selbst versorgen will, findet aber in den Souks allerlei Nüsse, Trockenfrüchte und Oliven.

Minztee

Markt, Chefchaouen (S. 236)

TOP-KOCHSCHULEN

Kochkurse dauern meist fünf bis sechs Stunden, sie beginnen mit dem Einkauf der Zutaten im Souk und enden mit einem Mittagessen.

In den Filialen der **Cafe-Clock-Kette** in Fès (S. 268), Marrakesch (S. 89) oder Chefchaouen (S. 237) gibt's Koch- und Backkurse.

Dar Namir (S. 279) in Fès bietet ein zweitägiges Kocherlebnis, einen ganztägigen Workshop sowie Online-Kurse.

Faim d'Epices (S. 91) hat einen unterhaltsamen Tag auf einem Bauernhof außerhalb von Marrakesch im Angebot. Man lernt etwas über Gewürze und wie man ein Festmahl zubereitet.

In der Schule von **La Maison Arabe** (S. 91) außerhalb von Marrakesch kann man in biologischen Gärten Gemüse und Kräuter ernten.

L'Atelier Madada (S. 186) in Essaouira ist ideal für bis zu neun Personen.

Blue Door Cuisine (S. 223) in Tanger bietet halbtägige Kurse (und einen Kurs von 1,5 Std.).

BISSARA
Suppe aus getrockneten Favabohnen mit Knoblauch und Kreuzkümmel. Teil des Frühstücks.

TRID
Teigschichten um Taube oder Huhn

SARDINEN IN CHERMOULA
Frische Sardinen, in Kräutern mariniert und über Kohlen gegrillt

TCHAREK (GAZELLE HORNS)
Feines Gebäck, gefüllt mit Mandelcreme und Orangenblütenwasser.

Spezialitäten

Jenseits von Tajines und Couscous.

Street Food

Maâkouda: Kartoffelpuffer, die man in *harissa* (Chilisauce) tunkt.

Sfenj: Marokkanische Donuts, manchmal mit Zucker, manchmal mit Ei.

Sandwich: Langes Brötchen, das mit gegrillten Zwiebeln, Tomaten, Oliven und Hähnchen oder Pute gefüllt wird (auch lecker mit scharfen Kichererbsen und Kreuzkümmel).

Schnecken: In einer aromatischen Brühe gekocht; werden mit Zahnstochern aus ihren Schalen gezogen.

Msemen: Frittiertes Fladenbrot mit Weichkäse und Honig.

Beghrir: Lockere, biskuitähnliche marokkanische Pfannkuchen mit Honig oder Marmelade.

Probieren geht über Studieren

Tihane: Gebratene Wurst aus Kälbermilz, Rinderhackfleisch und Gewürzen

Kamelfleisch: Köstliches, cholesterinarmes Fleisch, kommt in Tajines oder Burger.

Smen: Fermentierte gewürzte Butter.

Khlii: In Fett eingelegte Trockenfleischstreifen.

Sfenj

Süßes

Patisserie: Mit Mandelcreme gefüllte **tcharek**; **fekkas**, eine Art knuspriges Biscotti; **chebakia**, eine in Honig getränkte Brezel; **griebha**, Mandelmakronen; und **briouats**, samosaähnliches Gebäck mit Mandelcreme und Honig.

Honig: Dutzende von Sorten, von Euphorbia bis Lavendel. Honig wird zudem als Heilmittel verwendet und ist im Islam sehr bedeutungsvoll.

Datteln: Werden traditionell bei Hochzeiten und zur Begrüßung von Gästen mit etwas Milch gereicht.

Amlou: Creme aus Mandeln, Arganöl und Honig, die auf Pfannkuchen zum Frühstück serviert wird.

ESSEN WIE NIE ZUVOR

Jemaa El Fna (S. 54) Marrakeschs Street-Food-Zentrum.

Dar Zellij (S. 96) Hervorragende traditionelle Gerichte im vielleicht romantischsten Restaurant Marokkos.

Populaire Saveur de Poisson (S. 225) Uriges Lokal in Tanger mit köstlichen Fischgerichten.

Dar Naji (S. 193) In diesem palastartigen Herrenhaus in der Medina von Rabat kommen marokkanische Klassiker auf den Tisch.

Scorpion House (S. 306) Ausgefallene Salate und Köstlichkeiten der Region aus dem *shwaya* (Holzkohlegrill).

Chez Pierre (S. 158) Innovative marokkanisch-mediterrane Fusionküche; etwas außerhalb von Boumalne Dadès.

ESSEN IM JAHRESLAUF

FRÜHJAHR

Im Frühjahr gibt es Tajines mit Babyartischocken (siehe Bild), Saubohnen oder Erbsen. In der Medina werden Destillierapparate verkauft, mit denen aus Blütenblättern Blütenwasser hergestellt wird, das zum Backen und für Kosmetika verwendet wird.

SOMMER

Jetzt gibt es Maulbeeren, Nektarinen, Aprikosen, Beeren, Feigen und Kirschen im Überfluss. Auch Auberginen, Zucchini, Tomaten und Paprika werden in Hülle und Fülle angeboten. Die beste Zeit für Sardinen.

HERBST

Tajines mit Fleisch, gekocht mit Quitten oder Topinambur. Überall gibt's Trauben und Granatäpfel, ebenso Kaktusfeigen (siehe Bild), Oliven, Kastanien und knallrote Erdbeeren.

WINTER

Bei einem heißen Ingwertee auf dem Djemaa El Fna ist einem die Kälte schnell egal. Auch Wintergemüse wie Cardys, Rüben und Kürbisse (siehe Bild) spenden Wärme. Orangen und Clementinen füllen die Souks.

Medina, Marrakesch (S. 46)

WIE...

Besuch einer Medina

Wer zum ersten Mal eine Medina betritt, ist oft von der fast mittelalterlichen Atmosphäre überwältigt, die einen plötzlich umgibt. Menschen tummeln sich in engen Gassen, viele Geschäfte sind so klein, dass die Kunden auf der Straße stehen. Auf den Märkten werden Kamel- oder Schafsköpfe, Kuhfüße, Gewürze, Brot und Pfannkuchen, Obst, Gemüse und lebende Hühner angeboten. Prächtige Bauten mit Schnitzereien, Stuck und Mosaik stehen neben Karren, die mit Kaktusfeigen, Minze oder Orangen beladen sind. Esel und Maultiere transportieren Gasflaschen oder Schafsfelle, die für die Gerbereien bestimmt sind. Der einzige Autoverkehr besteht aus kleinen Lieferwagen (und in Marrakesch aus Motorrädern). Zweifellos ist es ein Kulturschock, aber es gibt einige Tricks, um das Beste aus der Erkundung dieser faszinierenden Mini-Städte zu machen.

Sich orientieren und sich treiben lassen

Am besten lädt man sich eine Karte der Medina herunter, die man erkunden will. Auch eine klassische Karte aus Papier kann nützlich sein: In einigen überdachten Straßen, z. B. am Ende der Talaa Kebira in Fès in der Nähe der Kairaouine oder tief in den Souks von Marrakesch, funktionieren die Online-Karten möglicherweise nicht. Übrigens ... sich hier zu verirren ist Teil des Erlebnisses. Man kann immer einen Ladenbesitzer nach dem Weg fragen, und irgendwann kommt man einem *bab* (Tor) vorbei – und man kann auf die andere Seite der Mauer gehen.

Die fünf Elemente

Erblickt man das Minarett einer Moschee, sollte man nach deren Charakteristika Ausschau halten. Es gibt immer einen Brunnen für die Waschungen vor dem Gebet, eine Madrasa (Religionsschule), den Ofen zum Brotbacken und ein Hammam.

Nach oben schauen!

Ja, man sollte achtsam sein, während man übers Kopfsteinpflaster läuft, vielleicht muss man Eseln, Katzen und Männern mit Karren ausweichen. Trotzdem sollte man nicht vergessen, einen Blick auf die Gebäude zu werfen. Vielleicht entdeckt man schönen Stuck, die komplizierte *mashrabiya* eines *medersa*-Fensters, bunte *zellige* an einem Minarett oder dekorative Motive an den Wänden. Und unbedingt Ausschau halten nach einem der seltenen *shoo-waf*, einem Kasten in Form eines halben Fasses, der auf Höhe des ersten oder zweiten Stocks angebracht ist: Die Bewohner der oberen Stockwerke prüfen, wer an die Tür klopft und können so einen Schlüssel hinunterwerfen.

TOP TIPPS

- Feste Schuhe tragen – Kopfsteinpflaster. Die Medina von Fès ist hügelig und die von Tanger und Chefchaouen sind steil.
- Auf die Kleidung achten. Die Menschen hier sind konservativ und man erfährt mehr Respekt, wenn Schultern und Knie bedeckt sind.
- In den Medinas gibt es nur wenige Banken, weswegen man sich vor Betreten mit Bargeld eindecken sollte.
- In den Straßencafés kann man sich bei Minztee auszuruhen und die Welt an sich vorbeiziehen lassen.
- In den größeren Medinas von Fès und Marrakesch einen oder zwei Bereiche eingehend erkunden, anstatt alles in einen Tag zu packen.
- Einen Guide engagieren. Hotel können oft jemanden empfehlen, dem sie vertrauen.

Wandern, Hoher Atlas (S. 109)

OUTDOORAKTIVITÄTEN

Eindrucksvolle Bergketten, eine lange Küste, viele Nationalparks und die Sahara machen Marokko zu einem Paradies für Outdoor-Abenteurer.

Wandern und Trekken sind schon lang beliebte Aktivitäten in Marokko, aber heute umfasst die Liste der Abenteuersportarten auch Klettern, Rafting, Gleitschirmfliegen und Canyoning. Das Atlasgebirge ist ideal für Radtouren abseits der Straße und zum Mountainbiken, und es gibt inzwischen auch E-Bikes, die einem helfen, die Hänge zu bewältigen. An der Atlantikküste gibt's Orte, die Surfer anlocken. Von Essaouira Richtung Süden sind die Winde günstig für Wind- und Kitesurfen. Vogelbeobachter strömen nach Marokko wegen seiner Ramsar-Gebiete in Feuchtgebieten und Lagunen.

Nationalparks

Der Toubkal-Nationalpark ist der bekannteste Park Marokkos mit dem landesweiten höchsten Gipfel, der nur darauf wartet, bestiegen zu werden. Er ist vom Frühjahr bis in den Herbst ein Wanderparadies, dessen Zentrum die Stadt Imlil bildet, von der Wander- und Radwege ausstrahlen. Wo es Berge gibt, gibt es auch Täler, und die fruchtbaren Täler von Ouirgane und Ourika sind viel besucht. Besser entscheidet man sich für die abgeschiedenen Täler von Zaouiat Ahansal, wo man auf dem Fluss raften kann, von Aït Bougoumez oder Aït Bououli.

Während im Hohen Atlas viele Wanderer, Radfahrer und Kletterer unterwegs sind, kommen außer im Juli und August nur wenige Besucher:innen in die Parks im Norden. Man kann die Route rund um den Jbel-Tazekka-Nationalpark nahe von Taza außerhalb der Saison fahren und wird kaum jemanden sehen außer einem kreisenden Habichtsadler. Der zum Schutz der präch-

Outdoor Sport

KLETTERN
Die Kalksteinwände der **Todraschlucht** (S. 157) ragen 200 m auf und bieten viele gesicherte Routen und den ersten Klettersteig im Land.

REITEN
Man kann an den sanften Hängen des Berges **Zalagh** (S. 279) gemütlich durch Farmland trotten oder eine mehrtägige Reitwanderung machen.

SKIFAHREN
Oukaimeden (S. 133) im Hohen Atlas hat sieben Pisten mit insgesamt 10 km Länge und den höchsten Skilift Afrikas (Im Betrieb: Dez.–April).

FAMILIEN-ABENTEUER

Wie ein Affe kann man im **Atlas Parc Aventure** (S. 310) im Ifrane-Nationalpark an einer Zipline durch die Bäume sausen.
Sandboarden auf den **Timlalin-Dünen** (S. 342) im Dorf Tamri bei Taghazout, wo die Wüste auf den Atlantik trifft.

Kamelritte unternehmen in der steinigen **Agafay-Wüste** (S. 132) oder in einem Wüstencamp in **Merzouga** (S. 165).
Dem Wanderweg am Berg **Zalagh** (S. 279) hoch über Fès durch Olivenhaine und Familienfarmen folgen.

Im Neoprenanzug surfen lernen bei Explora am Strand von **Essaouira** (S. 184).
Wasserspaß verspricht **Oasiria** (S. 106), wo man in Pools planschen, das Piratenboot besteigen und Wasserrutschen hinuntersausen kann.

tigen Zedern eingerichtete Park mit seinen sanft ansteigenden Hügeln lädt zum Wandern ein. Neun Wege führen durch den Park, vom leichten 1,4 km langen Spaziergang bis zum anspruchsvollen 17,3 km langen Trek; einige Wege sind auch für Mountainbiker geeignet. Der Gouffre de Friouato, eines der ausgedehntesten Höhlensysteme Afrikas, ist jetzt geschlossen, aber andere Höhlen sind noch offen.

Der Talassemtane-Nationalpark liegt nahe Chefchaouen im Rifgebirge. Es handelt sich um ein großes Gebiet mit prächtigen Gebirgsketten, Schluchten und Tälern, das mit Zedern-, Korkeichen- und Tannenwäldern bedeckt ist, zu deren Schutz der Park ursprünglich geschaffen wurde. Heute gehört er zum Internationalen Mittelmeer-Biosphärenreservat der UNESCO und bietet viele Wandermöglichkeiten zu Amazigh-Dörfern. Beliebte Tagesausflüge ab Chefchaouen erkunden Akchour mit seinen kalten Schwimmlöchern und die God's Bridge, eine seltsam aussehende geologische Formation.

Im wenig bekannten Ifrane-Nationalpark finden sich leichte Wanderwege in einem Gebiet mit majestätischen Bergen, Zedern- und Eichenwäldern, Wasserfällen, Seen und abgelegenen Amazigh-Dörfern. In den Wäldern wird man mit Sicherheit Berberaffen sichten, während die Ramsar-Feuchtgebietsstätten ein Lebensraum für eine außerordentliche Vogelwelt sind.

Der Souss-Massa-Nationalpark im Süden ist ein spektakulärer, wilder Ort aus Klippen, Sanddünen, fruchtbaren Tälern, Küstensteppen und Wäldern. Im Park leben seltene Vogel- und Tierarten wie der Waldrapp und die Säbelantilope. Das Mündungsgebiet des Oued Souss und die Lagune des Oued Massa sind ideal, um Vögel zu beobachten; hervorragend wandern kann man rund um den Jbel Lekst.

BEST OF

Die besten Outddor-Orte und -Wege stehen auf der Karte auf S. 42.

Talassemtane-Nationalpark (S. 244)

Surfen

Marokkos beliebtester Surfspot ist Taghazout gleich nördlich von Agadir. Die einst verschlafene Anlaufstelle für Hippies hat sich zu einem internationalen Surf- und Yoga-Zentrum gemausert. Die Spitzen-Surfsaison ist von Oktober bis April; es gibt hier mehr als 15 erstklassige Breaks mit jeweils

RAFTEN
Von Februar bis Mai kann man auf dem Fluss **Ahansal** im Hohen Atlas Wildwasser-Rafting betreiben. (S. 130)

CANYONING
Als Neuheit gibt's jetzt auch Canyoning-Abenteuer im **Tazekka-Nationalpark** (S. 321) und in der **Reserve Naturelle de Tamga** (S. 129).

WINDSURFEN
Neulinge und Freerider fahren zum Windsurfen nach **Essaouira** (S. 184), wo es vor dem Sandstrand immer tolle Bedingungen gibt.

GLEITSCHIRMFLIEGEN
Von **Nid d'Aigle** (S. 346) südlich von Agadir kann man wie ein Vogel über die Berge und das Meer gleiten.

eigenem Charakter. Anchor Point ist eine rechtsbrechende Welle von Weltklasse mit langer Dünung Richtung Nordwesten. Wenn man Glück hat, bildet sich an der Spitze eine röhrenförmige Welle. Schätzt man ruhigere Wellen, bietet sich Panorama an, wo die Welle vor dem Strand abbricht und wo es keine Felsen gibt. Draculas hat Rips und Felsen, während Boilers vertikale Lips und schnelle Walls hat. Angesichts der nach Nordwesten und Südwesten gerichteten Küstenlinie gibt's Breaks für alle Leistungsniveaus.

Das Surfen beschränkt sich aber nicht auf Taghazout. Weiter südlich liegen Mirleft mit idealen Bedingungen für Anfänger und Fortgeschrittene, Tarfaya, Laayoune und weitere Spots bis hinunter nach Dakhla. Im Norden schätzen Familien mit Kindern Imsouane, wo sich bei der Brandung alles um die rechtsdrehende Point Break dreht, die durch die Hauptbucht geht – ideale Bedingungen für Anfänger und jene, die Surfen lernen wollen. Sidi Kaouki gleich südlich von Essaouira bietet Strandbrecher – die Wellen sind nicht die besten, aber gut. um Surfen zu lernen.

Essaouira selbst hat eine renommierte Surfschule, in der man lernt, auf den guten, für Anfänger geeigneten Wellen vor Ort zu reiten. Rabat ist ebenfalls ein guter Ort zum Wellenreiten, insbesondere wegen der links brechenden Welle an der Flussmündung.

Radfahren & Mountainbiken

Mit seinen vielfältigen Landschaften und seinem guten Wetter ist Marokko ein tolles Ziel für Radfahren in allen Variationen. Die Straßen sind in gutem Zustand, und es gibt ein großes Netz an unbefestigten Straßen und Bergpfaden zu erkunden. Tourveranstalter bieten leichte Tagesausflüge querfeldein, aber auch anspruchsvollere Single-Track-Abenteuer sowie mehrtägige Touren mit Hilfsfahrzeugen und Übernachtungen. Sie statten ihre Kunden mit Maschinen aus, die für Straßen, Kiespisten, Bergwege, Single-Tracks oder die Wüste geeignet sind und versorgen sie auch mit E-Bikes und Schutzhelmen. Viele Veranstalter verbinden Rad-Abenteuer mit Kamelritten, Wanderungen oder Skifahren.

Von Marrakesch aus kann man die ganze Faszination des Hohen Atlas leicht erreichen. Es geht auf Bergwegen rund um Toubkal, durch Amazigh-Dörfer hinunter in grüne Täler, vorbei an Kasbahs und Oasen hinein in den Jbel Saghro und die Sahara (Räder mit dicken Reifen sind hier eine gute Wahl).

In Aourir, an der Straße zwischen Agadir und Taghazout, kann man Räder und E-Bikes mieten, um den Antiatlas zu erkunden oder von einem Surfsport zum nächsten zu pendeln. E-Scooter sind eine lustige Option im Souss-Massa-Nationalpark.

Radfahren in der Stadt wird immer beliebter. Unternehmen in Marrakesch, Taroudant, Agadir und Tanger vermieten Räder kurzzeitig, was praktisch ist, wenn man eine Fahrt um die Stadtmauern machen und durch die Stadt (dort wo die Medina flach ist) radeln will. Marrakesch hat ein nützliches Sharing-System, das es leicht macht, von der Medina zur Ville Nouvelle zu fahren. Man muss jedoch mit rücksichtslosen Autofahrern rechnen, die Radfahrer nicht für legitime Teilnehmer am Straßenverkehr halten.

Quads

Mit einem Quad in Marokko herumzufahren, kann aufregend sein. Wir möchten aber auf die Schäden hinweisen, die Quads an der Umwelt verursachen. Die Flora und Fauna in der Sahara, an den Stränden, in der Steinwüste und auf Bergwegen ist ein wesentlicher Bestandteil der örtlichen Umwelt und Schäden daran führen zu einem vermehrten Abfluss von Wasser, zu Bodenerosion, Lärm und Luftverschmutzung.

Radfahren, Hoher Atlas (S. 118)

AURELIA TESLARU/SHUTTERSTOCK ©

Kamelreiten

WIE… man ein Kamel wie ein Könner reitet

Auf einem langbeinigen Kamel über wogende Dünen zu reiten, ist der Inbegriff eines Wüstenerlebnisses – aber nicht unbedingt das bequemste. Hier einige Hinweise, wie man sich zurücklehnen und die Landschaft genießen kann.

Aufsitzen

Wie freundlich das Kamel auch aussehen mag, man nähert sich ihm besser langsam und von der Seite. Wenn man aufsteigen will, lässt es sich nieder. Man sollte sich gut festhalten und seine Habe sichern, ehe das Kamel seine langen Beine streckt. Es steht mit den Hinterbeinen zuerst auf, daher muss man sich zunächst zurück- und dann, wenn die Vorderbeine an die Reihe kommen, nach vorn lehnen.

Bequem sitzen

Mit gespreizten Beinen auf dem Kamel zu sitzen, mag sich natürlicher anfühlen, ber es ist gerade bei längeren Ritten bequemer, ein Bein oder beide über dem Sattel zu kreuzen – außerdem sieht man so wie ein Experte aus. Ein wenig Muskelkater gehört zu dem Erlebnis dazu, es empfiehlt sich aber, vor dem Aufbruch ein Schmerzmittel einzunehmen.

Sich dem Gang überlassen

Das hervorragend an seine Umwelt angepasste Kamel hat breite, flache Füße, die ein Einsinken im Sand verhindern, und eine besondere Gangart, den Passgang. Dabei bewegt es beide Beine einer Seite gleichzeitig. Man sollte versuchen, seinen eigenen Körper zu entspannen und die leicht wiegende Bewegung mitzumachen, statt sich dagegen zu stemmen.

Kamele lenken

Kamele ignorieren alle Versuche, sie in eine bestimmte Richtung zu lenken. Sie hören aber auf ihre Besitzer und folgen ihrer Herde. Keine Angst, wenn sich ein anderes Kamel nähert und am Bein des Reiters herumschnüffelt – es kehrt bald wieder in die Reihe zurück.

Absteigen

Man wartet, bis das Kamel sich, mit den Vorderbeinen zuerst, gesetzt hat. Dann schwingt man ein Bein auf eine Seite des Höckers und springt ab. Zu guter Letzt dankt man seinem neuen Freund für seine Dienste mit einem leichten Klaps.

Kamelsprache

Wer in der Wüste campiert, kann bis spät in die Nacht die Kommunikation der Kamele belauschen, ihr Grummeln, Grunzen und Brummen.

WAS ANZIEHEN?

Ein Hut, Sonnenbrille und Sonnencreme sind unerlässlich. Ein Kopftuch schützt das Gesicht bei einem Sandsturm; lange Hosen verhindern Sonnenbrand und Wundscheuern. Wer einen wirklich langen Schal besitzt, kann sich von seinem Guide zeigen lassen, wie man daraus einen Turban oder *shesh* formt.

Nicht unterschätzen darf man, wie kalt es nachts, vor allem im Dezember und Januar, in der Wüste werden kann. An Decken wird es nicht mangeln, aber man sollte eine winddichte Jacke, Wollsocken und eine Mütze für Kamelritte bei Sonnenaufgang mitnehmen.

Westsahara
Tarfaya
Umstrittene Grenze
Laayoune
Al Mahbas
Samara
Bou Craa
Boujdour
ATLANTIK
Guelta Zemmur
WEST-SAHARA
Dakhla
Bir Anzarane
Mijek
Imlili
MAURETANIEN
Awsard
Aghoninit
Bir Gandouz
Tichla
Guegarat
Nouâdhibou
La Gouéra
0
200 km
ATLANTIK
Azemmour
El Jadida
Oualidia
Safi
Ben Guérir
Surfen
1 Imsouane (S. 342)
2 Mirleft (S. 346)
3 Rabat (S. 194)
4 Sidi Kaouki (S. 190)
5 Taghazout (S. 338)
Essaouira
Marrakesch
Asni
Taghazout
Agadir
Taroudant
Inezgane
Tioute
Jbel Lekst
ANTI-ATLAS
Vögel und Vogelbeobachtung
1 Dakhla (S. 354)
2 Merja-Zerga-Nationalpark (S. 200)
3 Iriqui-Nationalpark (S. 363)
4 Oualidia (S. 211)
5 Khenifiss-Nationalpark (S. 357)
Tiznit
Tafraoute
Tat
Mirleft
Sidi Ifni
Akka
Bouizakarne
Guelmim
Kap Drâa
Taïdalt
Assa
Tan Tan
Tiglite
Siehe Nebenkarte Westsahara
Tarfaya
Al-Mahbas
Laayoune
0
200 km
Samara

ACTION AREAS

Die besten Outdoor-Erlebnisse in Marokko.

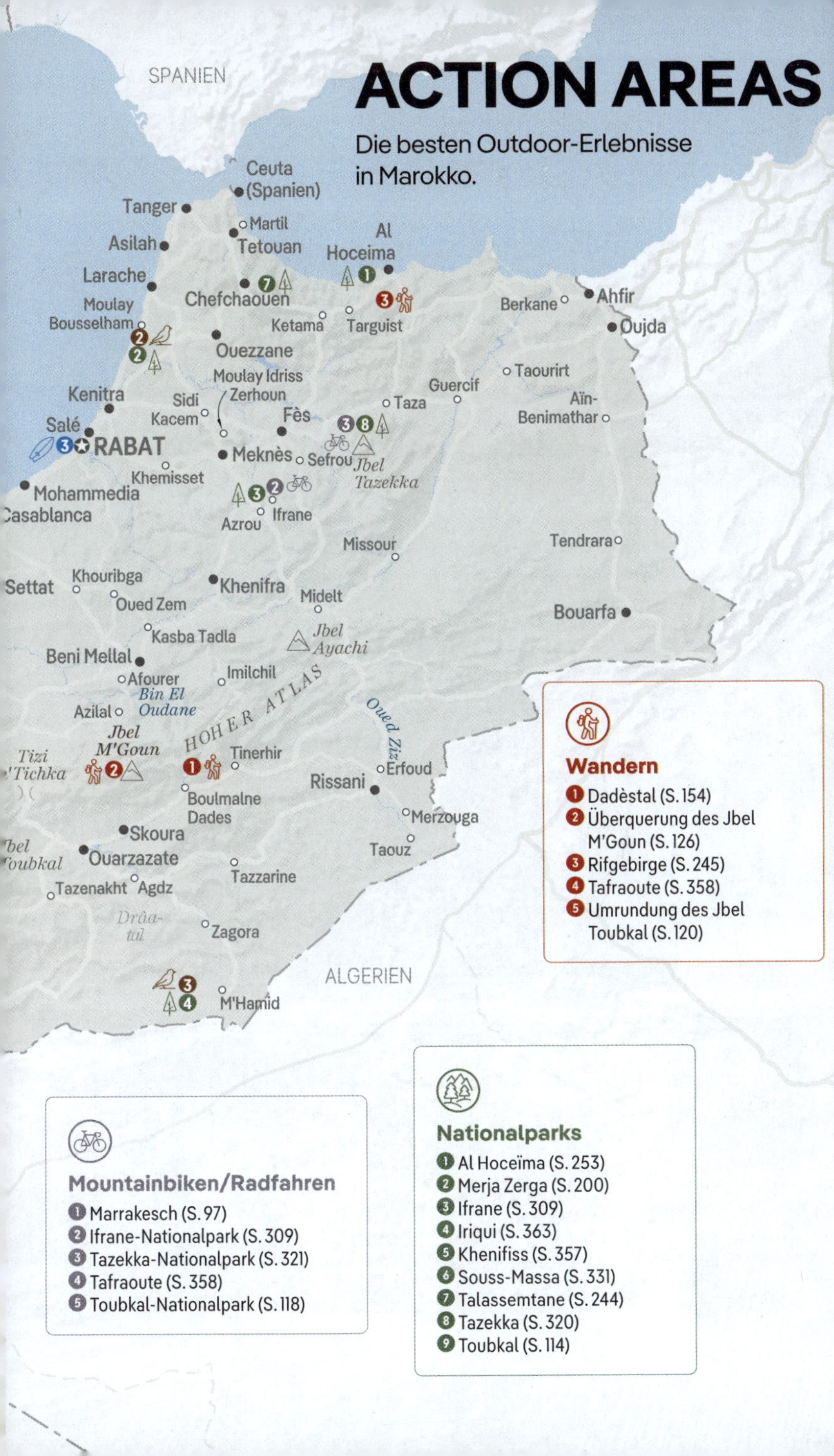

Wandern

1. Dadèstal (S. 154)
2. Überquerung des Jbel M'Goun (S. 126)
3. Rifgebirge (S. 245)
4. Tafraoute (S. 358)
5. Umrundung des Jbel Toubkal (S. 120)

Mountainbiken/Radfahren

1. Marrakesch (S. 97)
2. Ifrane-Nationalpark (S. 309)
3. Tazekka-Nationalpark (S. 321)
4. Tafraoute (S. 358)
5. Toubkal-Nationalpark (S. 118)

Nationalparks

1. Al Hoceïma (S. 253)
2. Merja Zerga (S. 200)
3. Ifrane (S. 309)
4. Iriqui (S. 363)
5. Khenifiss (S. 357)
6. Souss-Massa (S. 331)
7. Talassemtane (S. 244)
8. Tazekka (S. 320)
9. Toubkal (S. 114)

MAROKKO

REISEZIELE

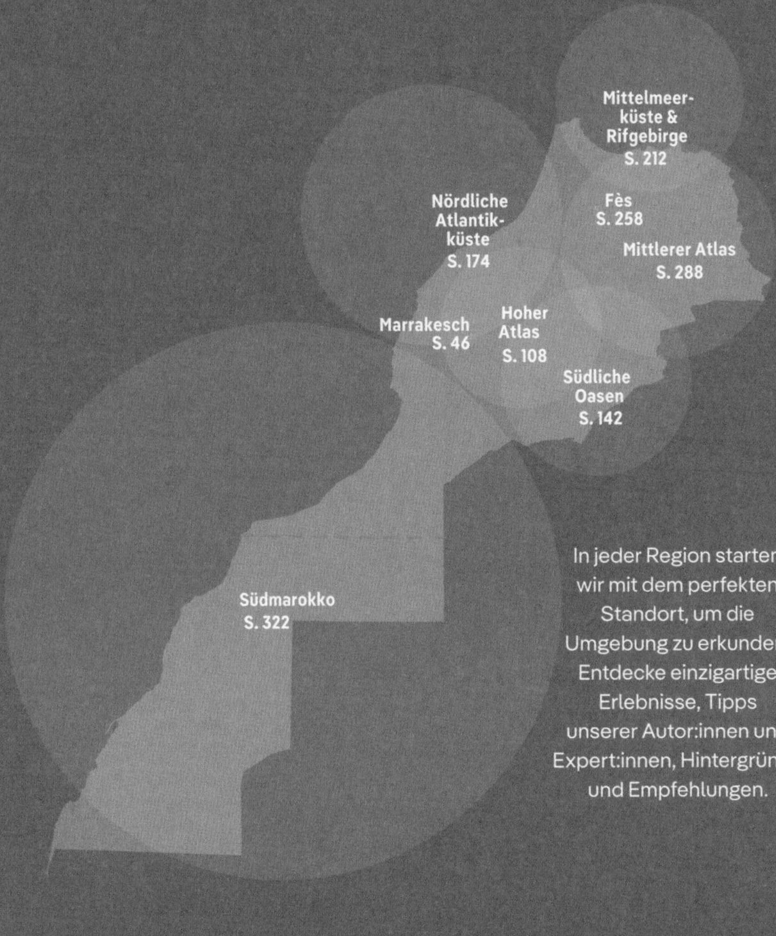

In jeder Region starten wir mit dem perfekten Standort, um die Umgebung zu erkunden. Entdecke einzigartige Erlebnisse, Tipps unserer Autor:innen und Expert:innen, Hintergründe und Empfehlungen.

Brunnen, Rabat-Salé (S. 191)

MARRAKESCH

MAROKKOS SCHILLERNDE ROTE STADT

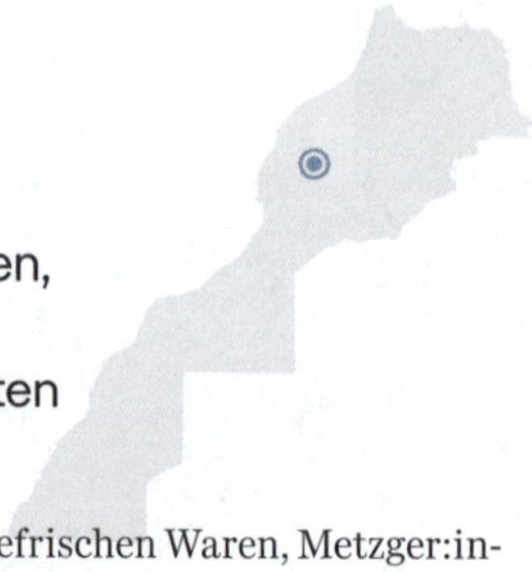

Einst ein wichtiges Handelszentrum für Karawanen, die die Sahara mit Gold, Salz und Versklavten durchquerten, heißt Marrakesch seit Jahrhunderten Besucher:innen willkommen.

Die 1062 gegründete „Rote Stadt“ ist ein faszinierendes Gewirr aus engen Gassen. Hier findet man Souks voller Schätze und beeindruckender historischer Monumente mit schönen Gipsarabesken, aufwändigen *zellige* (bunte geometrische Mosaikfliesen) und prächtigen Zedernholzschnitzereien. Probiere die traditionelle marokkanische Küche und nächtige in einem der typischen Riads, den in Boutique-Hotels umgewandelten Innenhofhäusern!

Eine Vielzahl kleiner Museen, die besonderen Frauen, kulinarischen Künsten, Fotografie, Parfüm und Schmuck gewidmet sind, ergänzen das formelle Museum von Marrakesch. Im lebhaften Zentrum befindet sich der weitläufige Hauptplatz Jemaa el Fna, der tagsüber von Musiker:innen, Händler:innen, Schlangenbeschwörenden und Henna-Künstler:innen bevölkert ist. Abends locken Dutzende Streetfood-Stände. Auf dem Platz tummeln sich zahlreiche Unterhaltungskünstler:innen, von hüpfenden Gnaoua-Musiker:innen und männlichen Bauchtänzern bis hin zu Akrobat:innen. Wer genauer hinsieht, entdeckt dazwischen auch die Einheimischen, die ihrem alltäglichen Leben nachgehen: Gemüsehändler:innen mit ihren erntefrischen Waren, Metzger:innen in winzigen Läden, Kinder, die Tabletts mit Brot zum örtlichen *ferran* (Gemeinschaftsofen) tragen, Gerber:innen, die Häute aushärten und Souvenirverkäufer:innen, die marokkanische Fußballtrikots anbieten.

Neben der alten Medina liegt die Ville Nouvelle, eine moderne Stadt mit breiten Straßen, Art-déco-Gebäuden und schicken Hotels, die von dem französischen Generalresidenten Hubert Lyautey in den frühen 1900er-Jahren gebaut wurden. Er umgab sich mit Kunstschaffenden wie dem jungen Jacques Majorelle, der sich in Marokko verliebte und im Jardin Majorelle niederließ. Später begeisterte sich auch Yves Saint Laurent für die Stadt – das dem Modeschöpfer gewidmete Museum ist ein Glanzstück moderner Architektur. Die Ville Nouvelle ist bekannt für ihre hervorragenden Restaurants, eleganten Geschäfte und hochkarätigen Kunstgalerien. Am Rande der Stadt liegen die Palmenhaine, in denen sich heute abgeschiedene Villen, Ferienhotels und Golfplätze befinden.

Marrakesch weiß, wie man sich in Szene setzt. Seine Sehenswürdigkeiten und Klänge schillern, verblüffen und verzaubern, und das schon seit fast einem Jahrtausend.

DIE WICHTIGSTEN ZIELE

JEMAA EL FNA & SÜDLICHE ZENTRALE MEDINA
Der stimmungsvolle, hektische Hauptplatz. S. 52

MOUASSINE & ZENTRALE SOUKS
Uralte, kleine Gassen mit modernen Boutiquen. S. 67

KAAT BEN NAHID & BAB DEBBAGH
Monumente, Museen und Gerbereien. S. 77

Badi-Palast (S. 88)

VOM/ZUM FLUGHAFEN

Bis zur Medina fährt man nur 20 Min. Der Shuttlebus L19 fährt für 30 Dh zum Jemaa el Fna oder zu anderen Zielen in der Stadt. Noch besser ist es, das Hotel um ein Taxi zu bitten. Das ist zwar teurer, aber es bringt einen so nah wie möglich zur Unterkunft.

ZU FUSS

Abgesehen von lästigen Motorrädern gibt es in der Medina keinen Autoverkehr, sodass man viel zu Fuß unterwegs ist. Glücklicherweise ist es recht eben, aber die gepflasterten Straßen haben nicht selten Schlaglöcher, man sollte also bequeme Schuhe tragen. Eine gute Karte oder GPS sind hilfreich, um den Weg zu finden.

TAXI

Einst die Geißel Marrakeschs, sind die Petit-Taxi-Fahrer heute seriös und benutzen fast immer das Taxameter (falls nicht, darauf hinweisen). Am besten hält man ein Taxi an der Straße an, da die Fahrer nicht verpflichtet sind, das Taxameter zu benutzen, wenn man ein Taxi an einem Standplatz nimmt.

CALÈCHE

Die offenen, grünen Kutschen, die auf Hochglanz poliert sind und von gepflegten Pferden gezogen werden, sind eine reizvolle Art, die Stadtmauern, die wichtigsten Sehenswürdigkeiten und die Ville Nouvelle zu besichtigen. Sie sammeln sich auf der Westseite des Jemaa el Fna und an den Haupttoren der Medina.

Erste Orientierung

Die alte Medina ist ein birnenförmiges Labyrinth, das von hohen Mauern mit 19 Toren umgeben ist, wobei der Jemaa el Fna ungefähr in der Mitte liegt. Ein Viertel nach dem anderen zu erkunden (und dabei in Kauf zu nehmen, dass man sich verirrt), macht das Leben leichter.

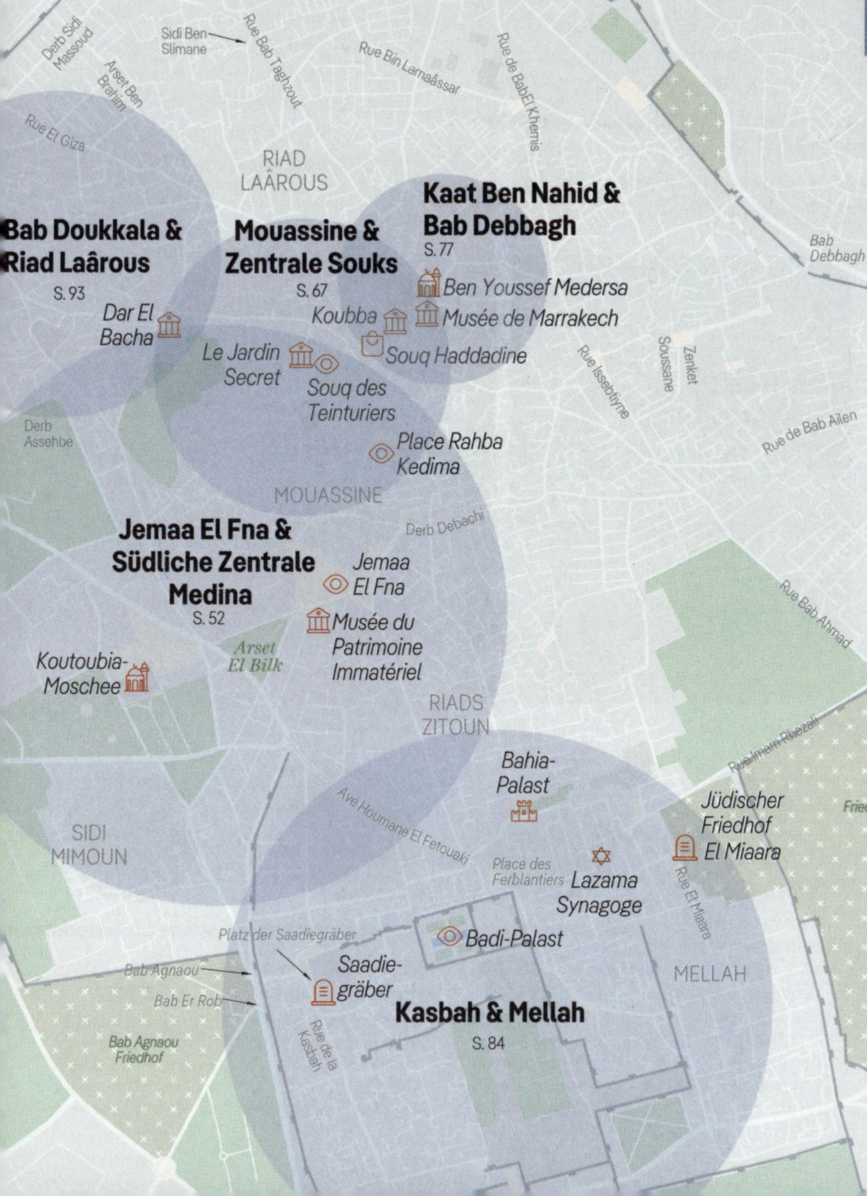

Perfekte Tage

Am besten sucht man sich ein Viertel aus, das man erkunden möchte, bummelt gemütlich durch die Straßen, schaut bei Concept Stores und Kunsthandwerksläden vorbei, besucht große und kleine Museen und probiert die gute, lokale Küche.

KADAGAN/SHUTTERSTOCK ©

Jemaa el Fna (S. 52)

Tag 1

Morgens

- Man startet mit einem Obstsaft auf dem **Jemaa el Fna** (S. 52) und beobachtet, wie der Platz zum Leben erwacht, bevor man durch die **Rue Riad Zitoun El Jdid** (S. 61) mit ihren interessanten Geschäften schlendert. Nach einem Blick auf die Teppiche im **Dar Si Saïd** (S. 65) ist es Zeit für ein Mittagessen im **Mandala Society** (S. 59).

Mittags

- Weiter geht es zum **Culinary Arts Museum** (S. 91), gefolgt vom wunderschönen **Bahia-Palast** (S. 86). Dann ein Zwischenstopp zum Tee im **Mazel Café** (S. 61) am Place Ferblantiers.

Abends

- Man probiere die köstlichen **Streetfood-Gerichte** (S. 57) an den Ständen auf dem Jemaa el Fna und beobachte die Straßenkünstler:innen. Von der Dachterrasse des **Café de France** (S. 56) lässt sich das Geschehen gut fotografieren.

VON LINKS: MARAT LALA/SHUTTERSTOCK ©, CASABLANCA STOCK/SHUTTERSTOCK ©, JULY PROKOPIV/SHUTTERSTOCK ©

...nicht verpassen

Werde aktiv, wage dich aus dem Zentrum heraus und erkunde die weniger besuchten Teile der Medina, um einen Einblick ins Alltagsleben zu bekommen.

YOGA-ÜBUNGEN IN EINEM RIAD

Das **Dar Anis Yoga Studio** (S. 96) bietet Yoga-Kurse, Klangbad-Meditationen und einen halbtägigen Wellness-Retreat.

MAROKKANISCHER MUSIK LAUSCHEN

Am Sonntagabend findet im angesehenen Kulturzentrum **Cafe Clock** (S. 89) die Reihe Sunset Concert statt.

DIE NATUR GENIESSEN

Entfliehe dem Trubel der Medina und genieße das Grün und die Springbrunnen im **Cyber Park** (S. 66) am Rande der Stadt.

Tag 2

Morgens

- So früh wie möglich geht's mit einem *petit taxi* zum **Jardin Majorelle** (S. 102), um die Menschenmassen zu umgehen. (Er öffnet um 8 Uhr.) Man spaziert durch die wunderbaren Gärten und sollte auch unbedingt einen Blick in das **Pierre Bergé Museum of Berber Arts** (S. 101) werfen. Für eine ordentliche Portion Mode bietet sich das **Yves Saint Laurent Museum** (S. 101) um die Ecke an.

Mittags

- Auf dem Weg zum Mittagessen im **+61** (S. 103) bewundert man das Art-déco-Kino und andere Gebäude am **Blvd Zerktouni** (S. 103). Anschließend kann man sich in den **Einrichtungsgeschäften und Kunstgalerien** der Ville Nouvelle umsehen (S. 104).

Abends

- Erst Cocktails im **Baromètre** (S. 106), dann Abendessen im **Sahbi Sahbi** (S. 103).

Tag 3

Morgens

- Frühstück gibt's im eleganten **Dar El Bacha Coffee** (S. 68.) Anschließend schlendert man durch die Suks zur beeindruckenden **Medersa Ben Youssef** (S. 78). Auf der Dachterrasse vom **Maison de la Photographie** (S. 82) kann man sich nach der Besichtigung mit einem Kaffee belohnen. Nun bewundert man noch die Majorelle-Zeichnungen im **Orientalischen Museum** (S. 80) und speist dann im **L'Mida** (S. 81) zu Mittag.

Mittags

- Durch Mouassine geht's zum **Musée de la Musique** (S. 73), gefolgt von einem Besuch des ruhigen **Le Jardin Secret** (S. 71). Im **Hamam de la Rose** (S. 76) lässt man sich blitzsauber machen und massieren.

Abends

- Im **La Maison Arabe** (S. 91) gönnt man sich ein Abendessen und anschließend marokkanisches Bier vom Fass im **Kabana Rooftop** (S. 58).

PALMERAIE-MUSEEN

Kunstgalerien (S. 107) und Gärten unter den Palmen nordöstlich der Medina genießen.

EIN TAG RAUS AUS DER STADT

Einen Tag Pause von der Medina einlegen im **Beldi Country Club** (S. 104) mit Restaurant, Pools und üppigen Gärten.

RAUF AUFS RAD

Mit einem **Mietfahrrad** (S. 97) geht's auf Erkundungstour durch die Medina, um die Sehenswürdigkeiten auf zwei Rädern zu erkunden.

FLOHMARKTSCHÄTZE FINDEN

Donnerstag und Sonntag sind die besten Tage, um die Stände vom **Souq El Khemis** (S. 98) zu erkunden.

JEMAA EL FNA & SÜDLICHE ZENTRALE MEDINA

DER STIMMUNGSVOLLE, HEKTISCHE HAUPTPLATZ

Das pulsierende Herz von Marrakesch, der Jemaa el Fna, ist den ganzen Tag und bis in die Nacht hinein belebt. Über ihm wacht das prächtige Minarett der Koutoubia-Moschee. Seit der Gründung von Marrakesch im 11. Jh. diente der Platz als Lebensmittelmarkt, der wiederum Gaukler, Geschichtenerzähler und Musiker anlockte. Unweigerlich wird man in das Getümmel hineingezogen und lässt sich von der fröhlichen Atmosphäre mitreißen.

Tagsüber ist der Platz voller Fruchtsaftstände, Schlangenbeschwörenden, Henna-Künstler:innen und Zaubertrankverkäufer:innen nachts verwandelt er sich in eine riesige Open-Air-Foodhall. Dutzende Stände bieten Streetfood-Köstlichkeiten an, und von den mehrstöckigen Cafés rund um den Platz kann man das Geschehen beobachten.

Der Platz, der zum immateriellen Kulturerbe der UNESCO gehört, befindet sich inmitten der Medina. Er ist von einem Labyrinth winziger Gassen umgeben, in denen sich Suks, Restaurants, Riads, Museen und Galerien drängen.

TOP TIPP

Nimm reichlich Kleingeld (10- und 5-Dh-Münzen) mit, wenn du auf dem Platz bist, um für das Privileg zu bezahlen, ein Foto mit den Kunstschaffenden machen zu dürfen. Wenn du abends Akrobat:innen, Musiker:innen oder Bauchtänzer:innen zuschaust, gib ihnen ein Trinkgeld von etwa 20 Dh.

Jemaa el Fna

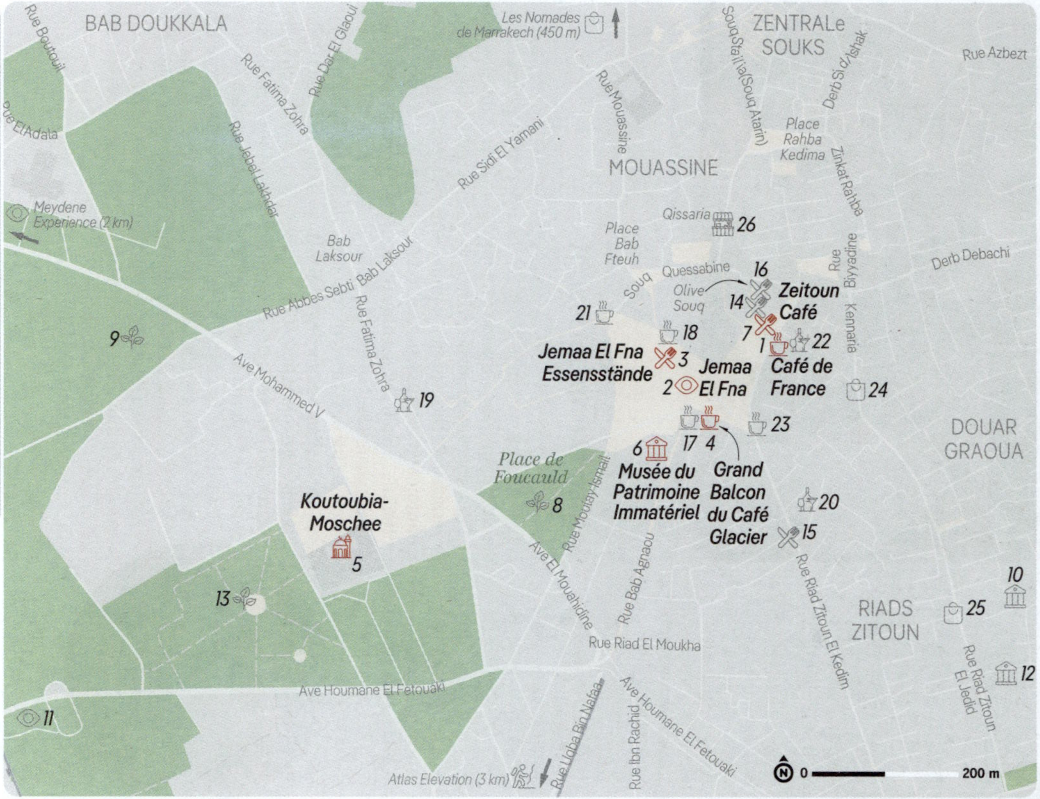

HIGHLIGHTS
1 Café de France
2 Jemaa El Fna
3 Jemaa El Fna Food Stalls
4 Grand Balcon du Café Glacier
5 Koutoubia-Moschee & -Minarett
6 Musée du Patrimoine Immatériel
7 Zeitoun Café

SEHENSWERTES
8 Arset El Bilk
9 Cyber Park
10 Dar Si Saïd
11 La Mamounia
12 Musée Tiskiwin
13 Lalla Hasna Park

ESSEN
14 Chez Lahmine Hadj Mustapha
15 Marrakech Henna Art Cafe
16 Mechoui Alley

AUSGEHEN & FEIERN
17 **7** Saints
18 Argana
19 Kabana
20 La Pergola Bar
21 L'Adresse
22 Le Salama
23 Taj'in Darna

SHOPPEN
24 Aromatimri
25 Naturom
26 Souk Semmarine

ESSEN AUF DEM JEMAA EL FNA

Am Stand 75 gibt es deftige *harira* (Suppe aus Tomaten, Linsen, Kichererbsen und Koriander, manchmal mit Lammfleisch) mit *chebakia* (mit Honig und Sesam bestrichene Brezeln) oder Gerstensuppe.

Stand 14 ist bekannt für seine gebratenen Fische, Calamari und Salate.

Das Team von Stall 66 füllt Brot mit gekochten Kartoffeln, hartgekochtem Ei, einem Spritzer Olivenöl, Salz, Pfeffer und Kümmel.

Der freundliche Si Mohamed von Stand 71 serviert Gewürztee und Ingwerkuchen.

Essensstand, Jemaa el Fna

Jemaa el Fna bei Nacht

DIE BESTE SHOW DER STADT

Sobald die Essensstände gegen 17 Uhr aufgebaut werden, steigt die Stimmung. Zur Abenddämmerung strömen Einheimische und Besucher:innen auf den Platz, um einen vergnüglichen Abend zu verbringen. Das war schon immer so – die Menschen kommen zusammen, um zu essen, Kontakte zu knüpfen und sich unterhalten zu lassen. In den Anfängen war der Platz der Ort, an dem man die neuesten Nachrichten und Erzählungen über die Geschehnisse im Rest des Landes hörte. Die Essensstände sind in strengen Reihen angeordnet (allerdings nicht in numerischer Reihenfolge), und alles ist blitzsauber. Sie befinden sich in der Mitte des Platzes, umgeben von den Fruchtsaftverkäufer:innen, die Unterhaltungskünstler:innen sind an den äußeren Rändern zu finden. Am besten macht man es wie die Einheimischen: Man holt sich an verschiedenen Ständen etwas zu essen. Einige Einheimische kommen nur wegen der *tanjia* (eine Spezialität aus gewürztem Lammfleisch und eingelegter Zitrone, die acht Stunden lang im Feuer eines Hamam gekocht wird) und setzen sich auf die Bänke rund um den Stand. Man kann sich ein Sandwich zum Mitnehmen holen, den Kunstschaffenden zuschauen und dann für einen weiteren Gang zurückkommen.

Essensstand, Jemaa el Fna

Musée du Patrimoine Immatériel

DIE MENSCHEN, DIE DEN PLATZ AUSMACHEN

Dieses restaurierte Gebäude auf dem Jemaa el Fna beherbergt heute das Museum des immateriellen Kulturerbes, das den Kunstschaffenden gewidmet ist, die im Laufe der Jahrhunderte auf dem Platz aufgetreten sind. Sie zählen zum immateriellen Kulturerbe, das von der UNESCO im Jahr 2008 anerkannt wurde. Neben den Exponaten präsentiert das Museum den Jemaa el Fna auch durch Theater, Kino, Fotografie und Kunst. Zwei große, von Jacques Majorelle gemalte Meisterwerke, die das alltägliche Leben in diesem charakteristischen Teil Marrakeschs illustrieren, sind zu sehen. In dem imposanten Gebäude war einst die marokkanische Zentralbank untergebracht, und es beherbergt auch eine numismatische Ausstellung.

Jemaa el Fna bei Tag

PAUKEN, TROMPETEN UND HANDEL

Der Platz erwacht gegen 10 Uhr zum Leben, wenn die Stände aufgebaut werden. Ein fester Bestandteil sind die Fruchtsaftstände, an denen früher nur Orangen gepresst wurden, heute aber eine bunte Fülle an verschiedenen Früchten zu finden ist, die alle schön arrangiert sind. Verkäufer:innen von Weihrauch und Kosmetika legen ihre Waren auf dem Boden aus, und es riecht nach Weihrauch, der auf Kohlen verbrannt wird. Verschleierte Frauen kauern auf niedrigen Hockern und zeigen Henna-Muster, die Hände und Arme zieren können. An den Souvenirständen werden billige Kleidung, Schlüsselanhänger, Kühlschrankmagnete und mehr Körbe angeboten, als man zählen kann.

Am besten erreicht man den Platz zu Fuß. Jeder kann einem den Weg dorthin weisen, wenn man ihn fragt (und manchmal auch, wenn man nicht fragt). Man kann auch gut mit dem Taxi fahren. Man fragt nach dem Jemaa el Fna oder einem bestimmten Café wie dem Café de France, aber sollte beachten, dass Taxis nach der Mittagszeit nicht mehr auf den Platz dürfen. Alternativ lässt man sich mit einer *calèche* (Pferdekutsche) chauffieren. Sie stehen aufgereiht auf der Westseite des Platzes. Ein paar Tuk-Tuks warten vor dem Postamt.

TIERSCHUTZ AUF DEM PLATZ

Die internationale Wohltätigkeitsorganisation SPANA kümmert sich um die Pferde, die die grünen Kutschen, die so genannten *calèches* ziehen. Die Pferde tragen eine blaue Marke, die bestätigt, dass sie einen Mikrochip haben und regelmäßig kontrolliert werden. Dieses Glück bleibt den Schlangen leider verwehrt, die von flötenden Männern „verzaubert" werden, die den Leuten die Tiere für ein Foto (und ein Trinkgeld) um den Hals legen wollen. Ihnen wird oft das Maul zugenäht, und ihr Leben ist sehr kurz. Auch die Berberaffen sind mit Seilen angebunden. Das Beste, was man tun kann, ist abzulehnen, um von dieser Praxis abzuschrecken.

Koutoubia-Minarett

STREETFOOD JENSEITS DES PLATZES

Um die Ecke im **Chez Lahmine Hadj Mustapha** (S. 59) in der Derb Sem-marine probiert man den Marrakesch-Klassiker, die butterzarte und köstliche *tanjia* vom Rind.

Koutoubia-Moschee & -Minarett

DIE WÄCHTER DES JEMAA EL FNA

Die größte Moschee Marrakeschs wurde 1147 gegründet und liegt in der Nähe des Jemaa el Fna. Ihr Minarett ist das Wahrzeichen von Marrakesch. Es wurde 1195 fertig gestellt, ist 77 m hoch und weithin sichtbar. Der quadratische Sandsteinbau ist mit hübschen mehrteiligen Bögen, geschnitzten Arabesken, grünen und weißen *zellige* und gezackten Zinnen verziert. Im Inneren des Turms befindet sich eine Rampe, die breit genug ist, damit der Muezzin auf einem Pferd nach oben reiten kann, heute benutzt er allerdings ein Mikrofon, um zum Gebet zu rufen. Die Spitze ist mit drei vergoldeten Kupferkugeln im traditionellen marokkanischen Stil versehen. Das Innere der Moschee darf nur von Musliminnen und Muslimen betreten werden, aber alle können die Überreste der ersten Moschee auf dem umliegenden Vorplatz erkunden. Das kleine Gebäude mit der weißen Kuppel ist die Koubba von Lalla Zohra, das Grab von Fatima Zohra bint al Kush, einer Mystikerin, die Anfang des 17. Jhs. starb. Südlich befinden sich die Koutoubia-Gärten, eine Grünfläche inmitten der Stadt.

Grand Balcon du Café Glacier

DAS NÄCHSTGELEGENE CAFÉ ZU DEN KÜNSTLERN

Das Grand Balcon du Café Glacier ist ein perfekter Ort, um abends die Künstler:innen auf dem Platz zu beobachten. Von der großen Dachterrasse aus hat man einen herrlichen Blick über den Jemaa el Fna und auf das Koutoubia-Minarett. Auf der Terrasse ist das Licht ausgeschaltet, sodass man besser Fotos machen kann. Man muss etwas bestellen, um die Aussicht zu genießen. Wie wäre es mit Minztee oder einem Erfrischungsgetränk? Essen muss man hier nicht. Die Aussicht bei Tag ist ebenfalls gut.

Minztee

Café de France

Café de France

HÖCHSTE DACHTERRASSE

Das Café de France wurde 1914 erbaut und ist eines der ursprünglichen Cafés rund um den Platz. Die Terrasse eignet sich hervorragend für einen Morgenkaffee, bei dem man beobachten kann, wie die Händler:innen ihre Stände für den Markttag aufbauen. Im Laufe des Tages wird es immer voller, bis die Essensstände eintreffen. Dieser Zeitpunkt am Abend bietet sich an, um auf die höchste Dachterrasse zu steigen. Von hier hat man einen herrlichen Blick auf den Sonnenuntergang über der Koutoubia-Moschee und dann auf das nächtliche Treiben auf dem Platz, wo Musik gespielt wird. Auch lassen sich tolle Fotos machen.

Zeitoun Café

BESTES ESSEN MIT AUSSICHT

Diese Filiale des Zeitoun-Cafés (weitere gibt es in der Kasbah und in Gueliz) mit seinem charakteristischen Oliven-Logo (*zeitoun* bedeutet „Olive") ist ein familienfreundliches Restaurant, das sowohl im Erdgeschoss als auch auf den gemütlichen Panoramaterrassen im Obergeschoss stets gut besucht ist. Tagsüber lockt es mit marokkanischer Küche, und es gibt den ganzen Tag über Frühstück. Probiere das *khlii* (konserviertes Fleisch) mit Eiern! Das beliebte Kindermenü (50 Dh) und die heiße Milch mit Orangenblüten halten die Kleinen bei Laune. Für abenteuerlustige Gäste gibt es die *tanjia de chameau*, eine Variante des typischen Marrakesch-Gerichts mit Kamelfleisch. Der Sonnenuntergang von den oberen Terrassen ist traumhaft.

Streetfood auf dem Jemaa el Fna

KULINARISCHER RUNDUMSCHLAG

Wenn sich Einheimische um einen Stand drängen, muss er gut sein. Als erstes empfiehlt sich eine Schüssel der klassischen *harira*-Suppe mit *chebakia*. An einer Reihe von Ständen, an denen Schnecken angeboten werden, erhält man eine Schale und eine Nadel, um die Schnecken aus ihren Gehäusen zu zupfen. Brot, gefüllt mit Ei und heißen Kartoffeln und gewürzt mit Olivenöl, Salz und Kümmel, ist die billigste Mahlzeit. Der Duft, der von den Grills aufsteigt, verleitet dazu, *merguez* (pikante Wurst) und *brochettes* (Spieße aus Rind- oder Lammfleisch) zu probieren. Die allseits beliebte *tanjia* (Eintopf mit gewürztem Lammfleisch und eingelegter Zitrone) zieht immer viele Einheimische an. Gebratener Fisch, Calamari und Garnelen, serviert mit Salaten, sind der Renner, und man muss auf einen Platz warten. Wer etwas Süßes möchte, kann sich an den Ständen mit Tee und Kuchen stärken, vor allem an kalten Abenden. Aus einem großen kupfernen Samowar wird *khunjul* (marokkanischer Gewürztee) ausgeschenkt, der mit einem Stückchen Ingwerkuchen serviert wird.

Gekochte Schnecken, Jemaa el Fna

Kulinarische Touren durch Marrakesch

SICH DURCH DIE STADT PROBIEREN

Welcher Essensstand ist der beste? Was sollte man probieren? Die Entscheidung zu treffen, kann eine schwierige Angelegenheit sein, aber spezialisierte Food-Touren können hier Abhilfe schaffen. Einheimische Guides erklären die Geschichte hinter dem Geschehen auf dem Platz, helfen bei der Auswahl der besten Gerichte und nehmen einem die Last ab, sich einen Weg durch die Menschenmassen zu bahnen. Zwei der besten Anbieter sind **Tasting Marrakech** (tasting-marrakech.com), deren freundlichen Guides private Touren auf dem Jemaa el Fna durchführen, und **Moroccan Food Adventures** (moroccanfoodadventures.com), organisiert von Amanda Mouttaki. Diese Gruppenführungen nehmen die Teilnehmenden mit in die Straßen rund um den Platz.

Essensstand

NEVENM/SHUTTERSTOCK ©

Musiker, Jemaa el Fna

LOCAL TIPP: BESTE AKTIVITÄTEN FÜR KINDER IN MARRAKESCH

Amanda Mouttaki, Autorin der Website Maroc Mama und Mitinhaberin von Moroccan Food Adventures. Sie lebt seit mehr als zehn Jahren mit ihren drei Söhnen in Marrakesch. *@marocmama*

Meine Lieblingsorte in der Stadt für Kinder:

Atlas Elevation
Eine Indoor-Kletterhalle mit Bouldern und Trails für Kinder jeden Alters.

Marrakech Henna Art Cafe
Hier gibt es Bio-Henna-Tattoos für alle Altersgruppen.

Meydene Experience
In der Ville Nouvelle an der M Ave gelegen führt dieses interaktive Kulturerlebnis die Teilnehmenden anhand von Multimedia-Ausstellungen durch Marrakesch.

MEHR AUF DEM JEMAA EL FNA & UND IN DER SÜDLICHEN ZENTRALEN MEDINA

Rummel auf dem Jemaa el Fna

DINNER UND EINE SHOW

Zu einem richtigen Abend gehört Unterhaltung. Die Darsteller:innen auf dem Jemaa el Fna sorgen für Staunen, Aufregung, Spektakel und altmodischen Spaß. Die Leute drängeln sich um sie herum, sehen zu und staunen und zeigen ihre Wertschätzung mit einem Trinkgeld. Amazigh-Musiker:innen wecken in den Menschen die Sehnsucht nach ihren Bergdörfern. Tänzer:innen in leuchtenden Satinkostümen wirbeln und springen zu den rhythmischen Gnaoua-Melodien, die auf der *hajhooj* (dreisaitige Gitarre) gespielt werden, begleitet von Kastagnetten, ihre mit Kaurimuscheln besetzten Hüte wirbeln umher und die Quasten fliegen. In einer anderen Ecke präsentieren sich als Bauchtänzerinnen verkleidete Männer mit Schleiern und glitzernden Stoffen, die sie sich um die Hüften gebunden haben, dem Publikum. Andere versuchen, mit einer Angelrute eine Flasche Limonade

BESTE ROOFTOP-BARS RUND UM DEN JEMAA EL FNA

La Pergola Bar
Elegantes Lokal im Riad Monceau, das bis 23 Uhr Jazz und Cocktails bietet.

Kabana Rooftop
Ein cooler Ort mit Cocktails, Bier vom Fass und toller Musik für späte Abende.

Le Salama
Von der obersten Terrasse aus hat man einen tollen Blick auf die Berge und die Medina.

zu gewinnen oder lassen sich aus der Hand lesen. An den Wochenenden sind mehr Künstler:innen zu sehen. Bunt gekleidete Akrobaten bilden eine menschliche Pyramide, Boxer treten im Ring gegeneinander an und Komödianten treiben ihre Späße. Mit der Zeit hat sich die Art der Darbietungen verändert: Heutzutage gibt es keine Feuerschlucker, Glasschlucker oder Trinker von kochendem Wasser mehr, und der letzte Geschichtenerzähler ist kürzlich gestorben. Aber auf dem Platz bleibt nichts stehen, einige der Comedians haben sogar YouTube-Kanäle.

Festmahl für Fleischfans in der Mechoui-Gasse

LAMMBRATEN UND TANJIA PROBIEREN

Mechoui (langsam über Kohlen gegartes Lammfleisch) ist eine marokkanische Delikatesse. Wenige Meter nördlich des Jemaa el Fna befindet sich die kleine Schleife der Derb Semmarine, in der man in kleinen Restaurants solche Fleischspezialitäten serviert bekommt. Berühmt ist das **Chez Lahmine Hadj Mustapha**, der einst im Palast von König Hassan II. und für viele andere Berühmtheiten gekocht hat, wie die Fotos an den Wänden zeigen. Tagsüber wird ein ganzes Lamm an Metallspießen aufgehängt und in einen tiefen unterirdischen Ofen gesenkt. Das Fleisch wird stundenlang über der Glut gegrillt, bis es saftig ist, das Fett schmilzt und die Haut knusprig ist. Dann wird es aus der Grube geholt, auf großen Holzbrettern tranchiert und mit Salz, Kümmel und Brot serviert.

Die andere Lieblingsspeise der Stadt ist die *tanjia*. Eine Steingutform wird mit Rind-, Lamm- oder Ziegenfleisch am Knochen gefüllt. Dazu kommen Öl, Knoblauch, Gewürze wie Kurkuma und Kreuzkümmel, Safran für die Farbe, gehackte Zitronenschale und das Wasser, in dem der Safran eingeweicht wurde. Ein wenig *smen* (fermentierte Butter) rundet den Geschmack ab. Die Form wird mit Backpapier bedeckt und mit Schnur gesichert. Durch das langsame Garen in der Glut werden selbst die zähesten Fleischstücke zart und ergeben eine dicke, kräftige Soße. Man sitzt an Tischen mit blau-karierten Plastiktüchern und bekommt einen Korb mit Brot und Papier zum Abwischen der Finger. Wenn das Gericht fertig ist, wird die Form über einen Tonteller gestülpt und der köstliche Eintopf ausgegossen. Nun tunkt man mit seinem Brot ein. *Tanjia* wird den ganzen Tag über angeboten, ist aber besonders abends beliebt. Gibt es auch auf dem Jemaa el Fna.

GLITZERNDE JUWELEN AUF DEM OLIVE SOUQ

In der Nähe des Jemaa el Fna befindet sich ein kleiner Souk, der den Oliven gewidmet ist. Ein Dutzend auf marokkanische Oliven spezialisierte Stände reihen sich entlang der Derb Semmarine aneinander, gegenüber den *tanjia*- und *mechoui*-Restaurants. Hier findet man glänzende Stapel aller Arten von Oliven – grüne, schwarze, rosafarbene, getrocknete, mit Mandeln oder Knoblauch gefüllte, mit Petersilie bestreute, in Chili oder Gewürzen marinierte – und man kann vor dem Kauf um eine Kostprobe bitten. Flaschen mit Kapern und Kapernbeeren, eingelegten Chilischoten und kleinen weißen Zwiebeln, eingemachten Zitronen, aromatisierten Ölen und leuchtend roter Harissa (scharfe Chilipaste) stapeln sich bis unter die Decke.

STORY TIME

Auch wenn die alten Geschichtenerzähler vom Jemaa el Fna verschwunden sind, kann man die Tradition im **World Storytelling Café** (S. 82) und im **Cafe Clock** (S. 89) noch erleben, denn dort wird diese Kunst sorgfältig gepflegt.

VEGETARISCH ESSEN RUND UM DEN JEMAA EL FNA

Marrakech Henna Art Cafe
Hier werden köstliche, einfache Gerichte serviert, und man kann sich ein Henna-Tattoo machen lassen. **€**

Mandala Society
Fabelhaftes Brunch-Menü mit isländischen und marokkanischen Gerichten. **€€**

La Famille
Man sitzt unter Zitronenbäumen und genießt ein rein vegetarisches Menü frisch aus dem Suk. **€€**

JACQUES MAJORELLE IM LA MAMOUNIA

Der orientalische Maler Jacques Majorelle war für die Inneneinrichtung vom La Mamounia verantwortlich. Er vermischte zwei Trends: Kunst und Kunsthandwerk der Amazigh und das von Majorelle geliebte Art déco. Er bemalte die Decke des Speisesaals mit den freiliegenden Holzbalken mit einem grün-gelben Rautenmuster (dieser Raum ist heute die Bar Majorelle), gestaltete einen Großteil des ehemaligen Vestibüls und lieferte bemalte Paneele für den Empfangsbereich. Er engagierte Maler aus Paris und Kunsthandwerker aus seinem Atelier im heutigen Jardin Majorelle, stellte Ledermöbel her, bemalte Holztruhen und entwarf schmiedeeiserne Leuchtkörper. Auch bei der ersten Renovierung des Hotels im Jahr 1947 leistete Majorelle einen wichtigen Beitrag. Heute ziert ein Porträt des Künstlers die Majorelle-Suite des Hotels.

TODAMO/SHUTTERSTOCK ©

La Mamounia

Glamour im La Mamounia

MARRAKESCHS HISTORISCHES HOTEL

Ende des 18. Jhs. erhielt der junge Yazid bin Mohammed von seinem Vater, dem Sultan, das ultimative Hochzeitsgeschenk: einen wunderschönen 13 ha großen Obstgarten, den er für üppige Gartenfeste nutzte. 200 Jahre später ist Marokko ein französisches Protektorat mit einem Generalresidenten, der ausländische Tourist:innen anlocken will. Er regte die Eisenbahngesellschaft zum Bau dieses palastartigen Hotels an, das 1928 mit großem Trara eröffnet wurde.

Seitdem strömen Berühmtheiten hierher. Winston Churchill nannte es „einen wunderbaren Ort", und Alfred Hitchcock drehte hier Szenen aus *Der Mann, der zu viel wusste*. Franklin D. Roosevelt war hier, ebenso wie Francis Ford Coppola, Charles de Gaulle und Yves Saint Laurent. Die Rolling Stones machten hier 1968 Urlaub, und Paul McCartney komponierte 1973 den Song „Mamunia". Jeder, der etwas auf sich hält, macht sich auf den Weg zu dieser königlichen Institution. Das legendäre Hotel,

SHOPPEN IN DER SÜDLICHEN ZENTRALEN MEDINA

Jad Bain et Beauté
Parfüme, Badeprodukte, Arganöl und Raumsprays von Le Sens de Marrakech.

Atelier Aït Lazrag
Galerie mit Gemälden von marokkanischen Künstler:innen, afrikanischen Perlenköpfen und Figuren.

Hanout
Meriem Nours Designer-Boutique für luxuriöse Damenmode von der Stange.

STADTSPAZIERGANG: SHOPPING- & MUSEUMSBUMMEL

Nach dem Frühstück mit Minztee und frischem *batbout* (Fladenbrot) mit Olivenöl oder Honig und Käse im Chez Taib am 1 **Place des Ferblantiers** schlendert man über den Platz, auf dem Metallarbeiter Laternen und moderne Beleuchtungskörper aus Messing verkaufen. Sie sind hier viel günstiger als in den bekannteren Suks. Das Haushaltswarengeschäft Concept Bohem bietet Lampen, Spiegel und Körbe an. Man überquert den Platz und geht die Rue Riad Zitoun El Kedim in Richtung Norden. Nicht die Keramiken und den Kaffee im 2 **Yannass Concept Store** verpassen. Nebenan befindet sich das 3 **Jad Bain et Beauté** mit seinen sinnlichen Badeprodukten von Le Sens de Marrakech. Eindrucksvolle afrikanische Prints gibt es bei 4 **Akewa Tribes**, wo die gesamte Mode nachhaltig hergestellt wird. Nach ein paar Metern stößt man auf schicke Mode und Accessoires im 5 **Les Marrisiennes**. An der nächsten Kreuzung nach rechts abbiegen, der Straße bis zur T-Kreuzung mit der Rue Riad Zitoun El Jdid folgen und erneut rechts abbiegen. Ein kurzer Fußweg führt zu 6 **Naturom**, wo Badeprodukte auf Arganölbasis mit Feigen- oder Eisenkrautduft angeboten werden. Geht man nach links in die Rue de la Bahia, gelangt man zum 7 **Tiskiwin Museum**. Zurück zur Rue Riad Zitoun El Jdid und links abbiegen. Auf der linken Seite befindet sich eine Filiale der Designerboutique 8 **Hanout**. Wenn man weitergeht, taucht das große Gebäude des 9 **Moroccan Culinary Arts Museum** auf, das einen Besuch wert ist. Dann erreicht man den Eingang des prächtigen 10 **Bahia-Palastes**. Man biegt rechts ab und folgt der Rue Bahia Bab Mellah, bis man wieder am Place des Ferblantiers ist. Jetzt ist es Zeit für ein Mittagessen an den grünen *zellige*-Tischen des 11 **Mazel Café**.

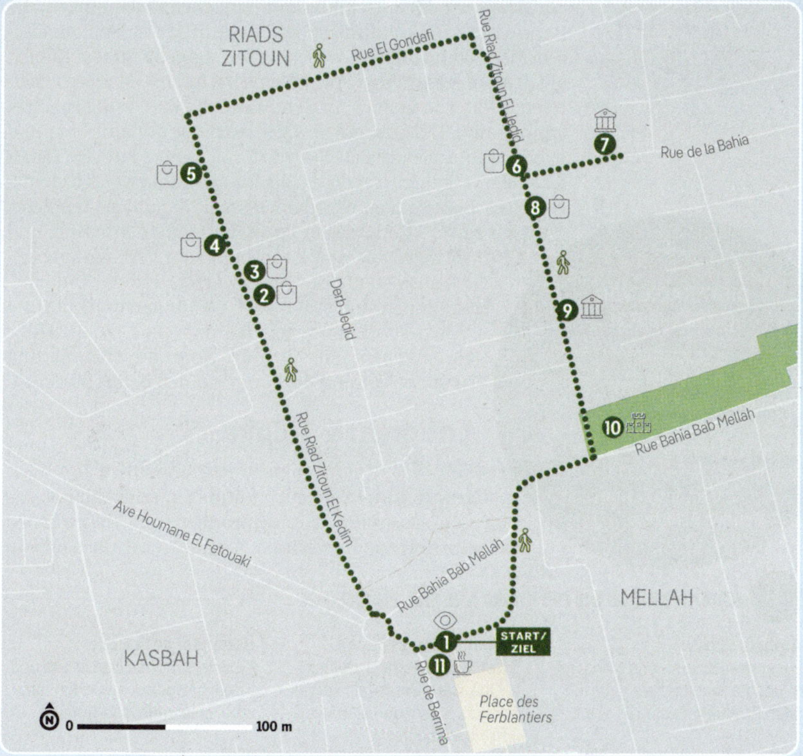

heute ein Synonym für Marrakesch, ist untrennbar mit der glamourösen Geschichte der Stadt verbunden.

Die Gärten, die sich heute 8 ha erstrecken, sind ein erholsamer Ort für einen Spaziergang. Sie sind üppig und gut gepflegt, mit vielen Vögeln zwischen den Palmen, Oliven- und Orangenbäumen sowie blühenden Pflanzen und interessanten Skulpturen.

BESTE FRÜHSTÜCKSCAFÉS AUF DEM JEMAA EL FNA

Taj'in Darna
Bei frischem Orangensaft, marokkanischem Brot und Kaffee beobachten, wie der Platz erwacht. €

7 Saints
Frag nach dem cremigen und leicht süßen Café Spécial, der perfekt zu den luftigen *msemen*-Pancakes passt. €

Argana
Traditionelles *beldi*-Frühstück oder reichhaltigeres Brunch in diesem beliebten Restaurant. €€

L'Adresse
Hier werden frisches Obst und Müsli serviert, oder unbedingt *khlii* (in Fett, Salz und Gewürzen gepökelte Trockenfleischstreifen) und Eier mit fluffigem *batbout* probieren. €€

Shoppen auf dem Souk Semmarine

EINTAUCHEN IN DIE MÄRKTE

Der **Souk Semmarine** ist eine belebte Einkaufsstraße, die nördlich vom Jemaa el Fna bis zur Ben Youssef Medersa verläuft. Der Name stammt von den Hufschmieden, die hier ihr Handwerk ausübten, und der Handel blüht auch heute noch. Kleine Läden drängen sich dicht an dicht, voller Waren, die bis auf die Straße reichen.

Diese Gegend wurde noch nicht gentrifiziert: Man findet hier keine ausgefallenen Konzeptläden, aber die Waren sind eindeutig auf Tourist:innen ausgerichtet. In den Geschäften werden Produkte verkauft, die in den umliegenden Stadtvierteln hergestellt wurden, z. B. farbenfrohe *babouches* (Hausschuhe) aus Leder oder Stoff, die mit Stickereien oder winzigen Knöpfen verziert sind, Töpferwaren wie Schalen, Teller und Tajines, Kleidung wie *djellabas* (Kapuzenmäntel), Kaftane und *gandoras* (ähnlich wie *djellabas,* aber ohne Kapuze) sowie lustige Souvenirs wie Metallschilder mit einfachen Zeichnungen, die Berufe wie Zahnärzt:innen oder Lehrkraft darstellen. Auf diesem Markt kann man ein Waschbecken aus gebürstetem Kupfer, einen metallgerahmten Spiegel, eine perforierte Messingleuchte oder -laterne finden. An den Ständen gibt es silberne Teekannen und Tabletts, ein riesiges Angebot an Patisserie und handgewebte, seidene Bettüberwürfe mit bunten Streifen. Händler:innen verkaufen Gewürze, Rosenwasser und Arganöl, andere bieten Lederjacken, Taschen, Gürtel, Sandalen, Teppiche, Kissen sowie Türklopfer in Form der Hand der Fatima und Glücksbringer an. Hier kann man sein Verhandlungsgeschick austesten – es wird erwartet, und die Ladenbesitzer:innen sind enttäuscht, wenn man es nicht tut.

Am besten kommt man frühmorgens, um der Hitze zu entgehen, oder abends, wenn die Dämmerung hereinbricht und die Lampenläden beleuchtet sind.

DIE FANADIQ VON MARRAKESCH

Wenn Karawanen in der Stadt ankamen, übernachteten sie in *fanadiq* (Gasthäuser und Märkte, die von reisenden Händler:innen genutzt wurden; der Singular ist *funduq*). Einige davon gibt es noch, darunter **Funduq El Amri** und **Funduq El Mizen** (S. 73).

Lotionen & Tränke

HEIMISCHE PFLANZLICHE UND ÄTHERISCHE ÖLE

Marokko ist seit langem berühmt für sein Arganöl, das aus den Nüssen der Bäume gewonnen wird, die zwischen Essaouira und Agadir wachsen. Arganöl wird allein oder in

HAMAMS RUND UM DEN JEMAA EL FNA

Alphais Spa
Luxuriöse Hamam- und Massagebehandlungen mit rein natürlichen Produkten auf Arganölbasis.

Hammam Dar El Bacha
Öffentlicher Hamam, der nur 10 Dh kostet. Bring deine eigene schwarze Seife und einen Peeling-Handschuh mit.

Hammam de la Rose
Wunderschönes Dampfbad und breites Angebot an Schönheits- und Massagebehandlungen.

Souk Semmarine

Kombination mit anderen Inhaltsstoffen für Haut- und Haarprodukte verwendet und ist in der ganzen Welt hoch geschätzt. Die Samen der Feigenkaktusfrucht, auch Berberfeige genannt, enthalten ein Öl, das reich an Aminosäuren, den Vitaminen E und K sowie starken Antioxidantien, den so genannten Betalainen, ist und in der Pflanzenwelt einzigartig ist. Das geschmeidige Öl wird als der nächste große Wurf auf dem Anti-Aging-Markt angepriesen und eignet sich hervorragend zur Bekämpfung von Trockenheit, Falten, Narben und Augenringen. Aber es ist nicht billig. Es heißt, man braucht eine Million Samen, um einen Liter Öl zu gewinnen. Ein Befall mit Cochenilleschildläusen, der die Pflanzen in ganz Marokko bedroht, trägt zum Seltenheitswert bei. Die Samen werden von Hand geerntet (maschinell ist das nicht möglich), was die Kosten erhöht. Man sollte zugreifen, solange man noch kann – ab 250 Dh (23 €) für 10 ml. Naturom und Aromatimri sind vertrauenswürdige Verkaufsstellen.

Marokko produziert in Kalaat M'Gouna im Hohen Atlas ein hervorragendes ätherisches Rosenöl (destillierte Damaszener-Rose), das Mitte Mai während des Rosenfestes nach der Ernte

DIE STERNE SEHEN

Während des **Internationalen Filmfestivals von Marrakesch** werden jeden Abend auf dem Jemaa el Fna populäre Filme unter freiem Himmel gezeigt, und bekannte Filmgrößen kommen, um das Publikum zu treffen. Dieses prestigeträchtige Festival, das jedes Jahr im November für zehn Tage stattfindet, wartet mit mehr als 120 Vorführungen auf und zieht große Namen der Branche an. Filme werden im Palais des Congrès, im Kino Le Colisée und im Museum Yves Saint Laurent gezeigt. Außerdem bietet das Festival dem Publikum die Möglichkeit, mit Filmemacher:innen und Schauspieler:innen ins Gespräch zu kommen, und bietet Workshops zur Entwicklung der Branche für marokkanische, afrikanische und arabische Filmemacher:innen.

Um das zukünftige Publikum zu fördern, gibt es für Kinder und Jugendliche eigene Programme mit Filmen und Debatten.

MAROKKANISCHE ÖLE & HAUTPFLEGEPRODUKTE KAUFEN

Naturom
Fair-Trade-Unternehmen, das hervorragende Produkte vom Kaktusfeigenserum bis zum Duschgel herstellt.

Aromatimri
Wunderschön verpackte Bioprodukte, darunter Gesichtscremes, Argan- und Kaktusfeigenöl sowie Haarmasken.

Herboristerie Firdaous
Mohamed und Saïda präsentieren ihre ätherischen Öle und Pflanzenöle.

WARUM ICH DAS MUSÉE TISKIWIN LIEBE

Helen Ranger, Autorin

Der Anblick des kleinen geschnitzten neolithischen Frosches aus Niger hat mir bei meinem letzten Besuch im Musée Tiskiwin alles wieder ins Gedächtnis gerufen. 2017 beauftragte mich die Fondation Majorelle mit der Übersetzung von Bert Flints bahnbrechendem Buch *African-Berber Culture in North Africa & the Sahel Region* aus dem Französischen ins Englische – ein großes, aber spannendes Projekt. Das Buch beschreibt die Karawanenrouten zwischen Timbuktu und Marrakesch und enthält wunderbare Fotografien von Kunstwerken, Schnitzereien, Werkzeugen, Schmuck, Zelten, Teppichen und Lederarbeiten, die von den Menschen auf der Reise hergestellt wurden. Wenn ich das Museum besuche, entdecke ich so viele Aspekte der Amazigh-Kunst wieder, die mir in der Übersetzung begegnet sind, von den Fröschen bis zu den kunstvoll geschnitzten afrikanischen Bettpfosten oder den prächtig verzierten Tuareg-Ledertaschen.

TUPUNGATO/SHUTTERSTOCK ©

Dar Si Saïd

gefeiert wird. Das ätherische Öl ist in Marokko schwer zu bekommen, da es hauptsächlich für die Parfümindustrie nach Frankreich exportiert wird, aber Rosenwasser, das Nebenprodukt, ist überall billig erhältlich und wird zum Kochen und für die Hautpflege verwendet. Das ätherische Öl des Atlas-Zedernholzes wird in Frankreich hergestellt, aber in Marokko werden Essenzen aus Zitrusfrüchten und ätherische Öle aus Kräutern (Minze, Thymian, Oregano und Rosmarin) und Blumen (Geranie, Kamille, Lavendel und Orangenblüte) produziert. Im Musée du Parfum (S. 95) kann man sein eigenes Parfüm kreieren.

Amazigh-Kultur im Musée Tiskiwin

VIELSEITIGE SAMMLUNG AFRIKANISCHER KUNST

Das Musée Tiskiwin erstreckt sich über zwei Riads und präsentiert die afrikanisch-amazighische Kultur in Nordafrika und der Sahelzone seit der Jungsteinzeit. Der verstorbene Gründer Bert Flint sammelte diese Stücke im Laufe seines Lebens auf Reisen in nicht mehr so leicht zugängliche Regionen wie Niger, Burkina Faso, Mali und Mauretanien sowie im Maghreb.

Jede Station bezieht sich auf eine Etappe der Karawanenreisen, die in Timbuktu begannen und die Sahara über verschiedene Länder bis nach Marrakesch durchquerten. Flints Ziel war es zu verstehen, woher die Vielfältigkeit der marokkanischen Kul-

GÜNSTIG ÜBERNACHTEN RUND UM DEN JEMAA EL FNA

Riad Linda
Traditionelles Haus voller Kunst mit sechs hellen, lichtdurchfluteten Zimmern und einer wunderschönen Dachterrasse. **€**

Hôtel Sherazade
In diesem liebevoll restaurierten Riad liegen die komfortablen Zimmer um zwei Gartenhöfe herum. **€**

Equity Point Hostel
Die Schlafsäle und Privatzimmer sind um einen Innenhof mit Pool herum angeordnet. Tolle Aussicht von der Dachterrasse. **€**

tur kommt. Die Ausstellung zeigt Tuareg-Nomadenzelte und deren Inhalt, Kunst, Teppiche, Stoffe, Korbwaren, Holzschnitzereien und Lederarbeiten. Besonders interessant sind die antiken Schmuckstücke und persönlichen Gegenstände.

Flint vermachte das Museum der Cadi Ayyad-Universität in Marrakesch. Die Angestellten der Universität und Flints Neffe Joost führen derzeit eine Bestandsaufnahme der enormen Sammlung durch, und das Museum wird voraussichtlich im Dezember 2023 wiedereröffnet.

Dar Si Saïd zaubert seine Webkunst

TEPPICH- UND WEBEREIMUSEUM

Dieses der Weberei und den Teppichen gewidmete Museum befindet sich in einem weitläufigen Riad, das in der zweiten Hälfte des 19. Jhs. von Si Saïd Ben Moussa, dem Verteidigungsminister des Sultans Moulay Abdelaziz, erbaut wurde. Das Gebäude wurde wunderschön restauriert und verfügt über einen schönen Innenhofgarten.

Die ausgestellten Webarbeiten und Teppiche stammen aus verschiedenen Teilen Marokkos, sind gut beleuchtet und in englischer Sprache beschildert. Eine große Wandkarte erklärt die wichtigsten Regionen des Landes, in denen Teppiche hergestellt werden, und an den Wänden hängen Beispiele. Werkzeuge zum Kardieren von Wolle und Webstühle zeigen, wie die Arbeit – fast immer von Frauen – ausgeführt wird. Unter den Webarbeiten befindet sich auch ein traditioneller Hochzeitsumhang, und zwar so wie sie üblicherweise getragen werden, nämlich mit der zotteligen Seite nach außen, um schweren Schnee abzuschütteln. Es gibt kunstvoll bestickte Hochzeitsgürtel und Schmuckstücke wie *fibulae,* die zur Befestigung von Kleidungsstücken verwendet werden. Schaufensterpuppen tragen traditionelle Kleidung aus verschiedenen Regionen.

Der Eintritt kostet nur 30 Dh (10 Dh für Kinder) und ist damit sehr günstig. Das Museum ist dienstags geschlossen.

BESTE TEPPICHLÄDEN

Jouti Rugs
Bei Jouti in Sidi Ghanem gibt es eindrucksvolle zeitgenössische Stücke aus der Stadt Mrirt im Mittleren Atlas und alte Teppiche.

Les Nomades de Marrakech
Dieses wahrscheinlich größte Teppichgeschäft in Marrakesch führt sowohl alte als auch moderne Teppiche. Die Preise sind fest.

Soufiane Zarib
Ausgezeichnete moderne Teppiche und hervorragende Haushaltswaren. Weitere Filiale in der Ville Nouvelle.

Carpet Souq, Rahba Kedima
Eine große Auswahl an Teppichen für jeden Geldbeutel. Jeden Nachmittag verwandelt sich der Laden in einen Großmarkt mit einer Auktion.

Gönn dir eine Pause

GRÜNE ECKEN IN MARRAKESCH

Wenn die Medina zu viel wird, sucht man sich einen Platz im Grünen, um sich niederzulassen und auszuruhen. Hol dir auf dem Platz einen Fruchtsaft und vielleicht ein Eis oder ein Stückchen Gebäck und setz dich auf eine Parkbank. Der **Arset El Bilk**, ein kleiner Garten in der Nähe der Post, liegt dem Jemaa el Fna am nächsten und ist der Treffpunkt der *calèches.* Die uralten Bäume bieten im Sommer Schatten für Pferde und Menschen.

Koutoubia-Moschee

DEKOARTIKEL RUND UM DEN JEMAA EL FNA

Maison Blaoui
Alles aus einer Hand für jeden Winkel deines Zuhauses.

So'
In der Rue Kennaria werden Kerzenständer, Grasmatten und Geschirr aus lokaler Produktion angeboten.

Corinne Bensimon Maison
Stilvolle weiche Möbel, Stoffe und Keramiken.

Cyber Park

BESTE BACKWAREN & EISCREME

Die marokkanische Patisserie ist eine Kunstform – von den Mandel-*ghriba* (Keksen) mit Zuckerkruste bis zu den zweimal gebackenen, knusprigen, mit Rosinen und Mandeln besetzten *fekkas* und den halbmondförmigen glasierten Gazellenhörnern. Es gibt brezelähnliche *chebakia* und *briouats*, zigarren- oder samosaförmige Päckchen mit Mandelpaste, beide in Honig getränkt. Wer in ein marokkanisches Haus eingeladen wird, sollte eine Schachtel mit Petits Fours als Geschenk mitbringen.

Die **Pâtisserie des Princes**, ein bekanntes Geschäft in der Passage Prince Moulay Rachid, verkauft Petits Fours und bietet 24 Eissorten an. In der gleichen Straße verkauft Morgan Lechatellier im **Oriental Legend** Eis, Sorbet und Milchshakes mit lokalen Geschmacksrichtungen wie *amlou* (Argan-Nuss-Butter) und Datteln aus der Sahara sowie Obst, Nüssen und Schokolade.

Die **Koutoubia-Moschee** ist umgeben von Grün, und in den Parks kann man gut das imposante Minarett fotografieren. Die Gärten der Moschee liegen südlich des Minaretts, eine formale Anlage mit Rosensträuchern, Orangenbäumen und Palmen, breiten Gehwegen, Wasserspielen und Springbrunnen. Im Westen befindet sich der größere **Parc Lalla Hasna**, ebenfalls mit einer Fülle von gepflanzten Blumen, wie Hibiskus und Rosen, und hohen Bäumen. Es gibt viele Wege zum Spazierengehen, schattige Bänke, um der Hitze zu entfliehen, Tee- und Kaffeestände und öffentliche Toiletten in der Südostecke.

Nur fünf Gehminuten nordwestlich der Koutoubia befindet sich der Eingang zum **Cyber Park**, einem 8 ha großen, üppigen Garten aus dem 18. Jh. mit hohen Bäumen, Rasenflächen, in kuriose Formen geschnittenen Sträuchern, einem Rosengarten, breiten Wegen und Springbrunnen. Schilder kennzeichnen die Bäume, und interaktive Tafeln zeigen, was in Marrakesch los ist. Im Cyberspace wird Internetzugang angeboten (Eintritt 5 Dh), und es gibt ein Telekommunikationsmuseum. Der Park wird nachhaltig bewirtschaftet und verfügt über Solarzellen, Kompostieranlagen, effiziente Wassersysteme und ein Bildungsprogramm für Kinder.

BESTE RIADS RUND UM DEN JEMAA EL FNA

Riad L'Orangeraie
Suiten mit Gewürzthemen und ein Pool auf dem Dach machen dieses Hotel zu einer erstklassigen Wahl. **€€€**

Riad 72
Der grüne Innenhof, die fantastischen *zellige* und die exquisite Ausstattung sind ein Genuss. **€€€**

Riad Tizwa
Helle, luftige und im Boho-Chic gehaltene Zimmer mit ausgezeichnetem Service. **€€**

MOUASSINE & ZENTRALE SOUKS

ALTE, WINZIGE GASSEN MIT MODERNEN BOUTIQUEN

Wenn man durch die Gassen nördlich des Jemaa el Fna schlendert, bekommt man einen Einblick in das Wechselspiel zwischen Alt und Neu in der Medina. In diesem Gebiet befindet sich die größte Konzentration von Souks und *qissariat* (überdachte Märkte) der Stadt. Man könnte einen ganzen Vormittag damit verbringen, die Gewürzläden in Rahba Kedima zu erkunden. In Kunsthandwerksvierteln wie dem Souq Haddadine und dem *fanadiq* klappert viel Metall. In Mouassine gibt es eine neue Riege von mediterran inspirierten Dachrestaurants, die den alten Straßen neues Leben einhauchen.

Manch prächtige Häuser in diesem wohlhabenden Viertel entstammen der Zeit der Saadier im 16. Jh., und im Zentrum des Viertels steht die wunderschön restaurierte Mouassine-Moschee. Mouassine ist nicht mit dem Auto erreichbar, liegt aber nur 500 m nördlich des Jemaa el Fna.

TOP TIPP

Man sollte im Voraus reservieren, um einen der besten Tische auf den Dächern der beliebten Restaurants zu ergattern – vor allem in den Spitzenzeiten zu Ostern, Weihnachten und Neujahr sowie zu Allerheiligen. Viele bieten Tische im Innen- oder Außenbereich an, und meist kann man online buchen.

Place Rahba Kedima (S. 70)

MOUASSINE & ZENTRALE SOUKS

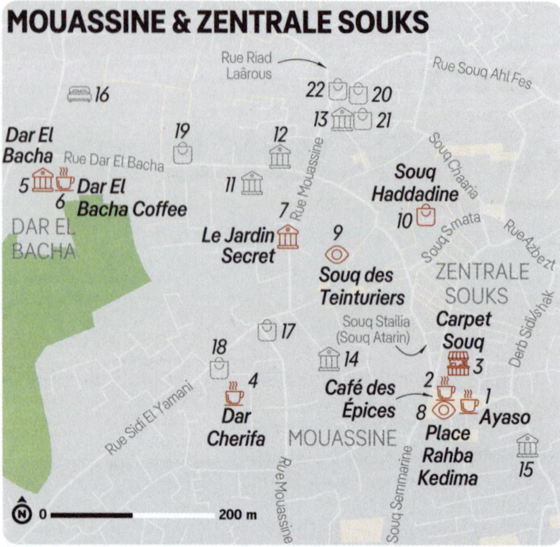

HIGHLIGHTS
1 Ayaso
2 Café des Épices
3 Carpet Souq
4 Dar Cherifa
5 Dar El Bacha
6 Dar El Bacha Coffee
7 Le Jardin Secret
8 Place Rahba Kedima
9 Souq des Teinturiers
10 Souq Haddadine

SEHENSWERTES
11 Funduq El Amri
12 Funduq El Mizen
13 Musée de la Femme
14 Musée de la Musique
15 Musée de la Patrimoine

ÜBERNACHTEN
16 Riad Tizwa

SHOPPEN
17 Assouss Cooperative d'Argane
18 Bibi Art
19 Corinne Bensimon Maison
20 Different.
21 Norya Ayron
22 Sarah Maj

Dar El Bacha & Musée des Confluences

PRÄSENTATION MAROKKANISCHER KULTUR

Erhalte einen Einblick in die Welt des märchenhaft reichen marokkanischen Warlords Thami El Glaoui. El Glaoui war von 1912 bis 1956 Pascha von Marrakesch und stammte aus der Kasbah Telouet im Hohen Atlas. Er war einer der reichsten Männer der Welt und liebte das gehobene Leben. Er baute diese prächtige Residenz und den Palais Glaoui in Fès, besuchte europäische Hauptstädte und nahm sogar an der Krönung von Königin Elisabeth II. im Jahr 1953 teil. Er kollaborierte mit den französischen Besatzern, doch als die Franzosen 1956 abzogen, fiel seine Familie in Ungnade, und die neue Regierung beschlagnahmte sein Vermögen.

Sein Haus ist heute ein Museum, das wunderschön restauriert wurde und der Vielfältigkeit der Kulturen in Marokko gewidmet ist. Es ist eines der schönsten Beispiele für Riad-Architektur in der Medina, mit farbenfrohen *zellige*, stattlichen Säulen, kunstvollen weißen Stuckarbeiten, bemalten Decken und geschnitztem Zedernholz. Der zentrale Innenhof ist mit Orangenbäumen, Blumen und Springbrunnen angelegt. In den Räumen, die den Innenhof umgeben, sind wechselnde Ausstellungen zu sehen, die verschiedene Facetten der marokkanischen Kultur zeigen, darunter Keramik, Schmuck, Messingwaren und Gegenstände der drei monotheistischen Religionen.

Dar El Bacha

Dar El Bacha Coffee

KAFFEE FÜRS SILBERSERVICE

Dieses Café strahlt pure Eleganz aus. Der karierte Boden, die Spalierdekoration, die Palmen und das Personal in roten Fezzes sind einfach bezaubernd. Eine Auswahl an 200 Arabica-Kaffeesorten wird in großen Kannen mit Chantilly-Sahne, Kandiszucker und einer Vanilleschote serviert. Es gibt süße oder herzhafte Croissants und kunstvolles Gebäck. Gönn dir hier ein Gourmet-Frühstück, ein Mittagessen oder einen Nachmittagstee. Ein Tipp: Wer hier Kaffee trinken möchte, kann bei Ankunft reservieren und zuerst das Museum besuchen.

Dar Cherifa

GEHEIMNISSE DER MAROKKANISCHEN ARCHITEKTUR

Das Dar Cherifa stammt aus der Zeit der Saadier im 17. Jh. und ist eines der schönsten Beispiele marokkanischer Architektur. Es ist ein *dar*, also ein Haus, und kein Riad (mit einem Garten im zentralen Innenhof), und es ist typisch für die Architektur dieses Viertels, die auf Komfort und Luxus ausgerichtet ist.

Das große Haus wurde von Abdellatif Aït Benabdallah behutsam restauriert, wobei so viele Originalteile wie möglich erhalten wurden.

Wie in allen traditionellen Häusern ist von außen nichts zu sehen, und die Türen gehen nie direkt auf die Straße hinaus – es gibt immer einen Eingang, der nach rechts abgeht, um den Reichtum des Besitzers und die Frauen des Hauses zu verbergen.

Die majestätischen Säulen, die den Hof umgeben, weisen darauf hin, dass es sich um das Haus einer wohlhabenden Familie handelt. Der weiße Gips wurde fachmännisch im nassen Zustand bearbeitet und ist an einigen Stellen bemalt. Das Holz ist das ursprüngliche Zedernholz, außergewöhnlich hart und natürlich resistent gegen Ungeziefer. Jede *bhou* (Sitzecke) und jeder Salon im Innenhof ist anders dekoriert.

CAFE LITTÉRAIRE

Das Dar Cherifa wurde im Jahr 2000 als Kulturzentrum und Restaurant eröffnet. Hier finden internationale und nationale Ausstellungen statt und es werden Seminare und Konzerte veranstaltet. Aktuelle Informationen gibt es auf der Facebook-Seite (facebook.com/DarCherifa.Officiel). Getreu der ursprünglichen Funktion der traditionellen Medinahäuser ist es eine Oase der Ruhe, die eine willkommene Abwechslung zum geschäftigen Treiben in den umliegenden Souks bietet. Die Dachterrasse ist der perfekte Ort für den Nachmittagstee. Das Restaurant im Innenhof serviert traditionelle marokkanische Küche, die Amazigh-, arabisch-andalusische und jüdische Einflüsse kombiniert.

Dar Cherifa

Souq des Teinturiers

Souq des Teinturiers

FARBENFROHE KLEIDUNG

Der Souq des Teinturiers (Färbermarkt) ist auch heute noch in Betrieb, obwohl nur noch wenige Kunsthandwerker:innen Wolle, Leder, Seide und andere Textilien färben. Die Dachsparren sind mit farbenfrohen Stoffen und Wolle behängt, die in der Sonne trocknen. Die Färbemittel werden aus natürlichen mineralischen und pflanzlichen Zutaten wie Indigo, Safran und Cochenille hergestellt. Die Färber rühren ihre speziellen Gebräue in großen Bottichen. Auf Wunsch zeigen sie interessierten Besuchern gerne den Prozess. Man folgt der Rue Sidi El Yamani an der Seite des Mouassine Hammam entlang, bis sie zu einer engen Gasse wird, und geht durch den Torbogen.

Place Rahba Kedima

GEWÜRZPLATZ

Rund um die lebhafte, dreieckige Rahba Kedima (französisch: Place des Épices) gibt es mehrere Gewürzläden. Die Marokkaner nutzen ihren lokalen Gewürzstand als Universalgeschäft für natürliche Heilmittel zur Behandlung von Krankheiten und zum Aufpeppen ihrer Küche. Hier haben sich auch einige erstklassige lokale Designer niedergelassen. Zwei Cafés mit Blick auf den Platz eignen sich hervorragend, um Fotos vom Geschehen zu machen.

Das **Café des Épices** ist eine gute Wahl für Tee oder Saft, während im **Ayaso** gesundes Bio-Essen serviert wird. In der Mitte des Platzes stehen Stände, an denen Körbe und Hüte verkauft werden. Auf der Nordseite befindet sich der **Souk des Tapis** (Teppichsouk), der früher der Sklavenmarkt war. Sehenswert ist die tägliche Teppichgroßversteigerung nach dem Nachmittagsgebet (außer freitags).

Place Rahba Kedima

Le Jardin Secret

DER ISLAMISCHE GARTEN

Einer der schönsten Paläste der Medina, Le Jardin Secret, stammt aus der Zeit der Saadier. Zwei Riads und ihre Gärten wurden um die Zeit des Baus des Palastes im Jahr 1850 zusammengelegt. In den Räumen sind Ausstellungen über die Geschichte, die Bedeutung des Wassers und die Rolle der Gärten in der marokkanischen Kultur zu sehen. Hightech-Bildschirme zeigen mit Hilfe von CGI den Wasserfluss um das Gelände herum, und ein faszinierender Dokumentarfilm informiert über den Restaurierungsprozess. Von ganz oben hat man einen herrlichen Blick über die Medina.

Die zwei verschiedenen Gärten, ein traditioneller islamischer Garten und ein kleinerer exotischer Garten, beherbergen Pflanzen aus der ganzen Welt. Der islamische Garten, der die beiden Riad-Gebäude miteinander verbindet, ist streng geometrisch angelegt und besteht aus einer vierteiligen Struktur, die von mit *bejmat* (Terrakotta-Ziegeln) und grünen *zellige* gefliesten Wegen umgeben ist, sowie einer Reihe von Wasserkanälen, Becken und Springbrunnen. Diese Anordnung, die seit dem 12. Jh. in Marokko zu finden ist, stellt den Himmel dar und gilt als heiliger Raum. Es ist ein friedlicher Ort voller Vogelgezwitscher, Oliven- und Zitrusbäumen, Gräsern und blühenden Pflanzen – ein idealer Rückzugsort von der geschäftigen Medina draußen. In den Cafés im Garten und auf der Dachterrasse lässt es sich gut aushalten.

WASSER IM GARTEN

Der Koran beschreibt den Himmel als „Garten, in dem Bäche fließen", und Wasser spielt naturgemäß eine große Rolle im Jardin Secret. Das Wasser kam aus dem Hohen Atlas durch ein ausgeklügeltes System unterirdischer Entwässerungskanäle, die so genannten *khettaras*, die noch immer in Betrieb sind. Nur reiche Familien konnten sich eine häusliche Wasserversorgung leisten, anstatt die Gemeinschaftsbrunnen in den Straßen zu benutzen, und die Wasserversorgung des Jardin Secret wurde mit der örtlichen Moschee geteilt. Zudem wurde Regenwasser von geneigten Dächern gesammelt. Kanäle, Teiche und Brunnen sind fester Bestandteil eines islamischen Gartens.

Souq Haddadine

Souq Haddadine

LATERNEN UND LAMPENSCHIRME

Man erkennt, dass man sich in der Nähe des Souks der Schmiede befindet, wenn man ständig das Klirren von Hämmern auf Metall hört. Kunsthandwerksleute beugen sich über Öfen, um schmiedeeiserne Gitter, Käfige, Stühle und Alltagsgegenstände wie Türklopfer, Riegel, Schlösser und Schlüssel herzustellen. Hier gibt es mehr Leuchten, als man je für möglich gehalten hätte, von Laternen mit Glas bis hin zu durchbrochenen Lampenschirmen aus Messing, deren Muster einen schönen Schein erzeugen. Um diesen Souk zu finden, folgt man der Gasse ab der Rue Azbezt gegenüber dem Kafe Merstan.

LUKASZ JANYST/SHUTTERSTOCK ©

Tajines

WIE MAN SEINE TAJINE BETRIEBSBEREIT MACHT

Um marokkanische Köstlichkeiten zu zaubern, nimm eine traditionelle Tajine mit nach Hause und befolge diese Anleitung:
Weiche den Behälter und den Deckel über Nacht in kaltem Wasser ein. Lass sie gut abtrocknen und reibe dann beide Teile mit Olivenöl ein. Stell sie bei 150 °C für etwa zwei Stunden in den Ofen. Schalte den Ofen aus, aber lass die Tajine darin abkühlen. Anschließend kann man die Tajine direkt auf dem Herd (und mit einem Wärmediffusor sogar auf einem Induktionskochfeld) verwenden.

MEHR IN MOUASSINE & DEN ZENTRALEN SOUKS

Shoppen in Mouassine

CONCEPT STORES UND KLEINE BOUTIQUEN

Neben den Geschäften in den Souks findet man in dem zunehmend gentrifizierten Viertel auch elegante Concept Stores, mehrere davon in der Rue Amsafah. **Different.**, eine Zusammenarbeit zwischen dem Belgier Jan Pauwels und dem Marokkaner Salah-haddine, ist ein Tempel für zeitgenössisches Design in einem hellen, luftigen Raum. Interessanter Schmuck, Taschen, Keramik wie Tassen und Tamegroute-Kerzenständer, Hüte, Schals und T-Shirts füllen einen Raum, schön designte Leinenkleidung in sinnlichen Farben für Männer und Frauen einen anderen. Das Soul Food Café bietet im Erdgeschoss und auf der Dachterrasse mediterrane und marokkanische Gerichte.

Im Obergeschoss des nahe gelegenen Restaurants Le Jardin befindet sich eine Filiale von **Norya Ayron**, die dort ihre charakteristischen, modernen Kaftane mit auffälligen Drucken und

ESSEN IN MOUASSINE & DEN ZENTRALEN SOUKS

Nomad
Gemütliche Innenräume und eine mehrstöckige Dachterrasse, auf der man moderne nordafrikanische Küche genießen kann. **€€€**

Ayaso
Hervorragende Aussicht über Rahba Kedima, während man köstliche und gesunde Bio-Gerichte probiert. **€€**

Le Jardin
Lokale und mediterrane Gerichte werden in einem ruhigen, begrünten Innenhof serviert; eine gute Wahl für Vegetarier. **€€**

seidigen Stoffen vertreibt. Hinter einer hellblauen Schaufensterfront präsentiert **Sarah Maj**, eine marokkanisch-italienische Designerin, exquisite Kleider und Accessoires für Frauen.

In der Rue Sidi El Yamani befindet sich **Bibi Art**, wo die Inhaber Rabii und Abdel ihre Wolle von Frauen aus dem Atlasgebirge kaufen und mit ihnen zusammenarbeiten, um hochwertige Teppiche für dieses große Geschäft auf drei Etagen herzustellen. An einer Ecke in der Nähe der Mouassine-Moschee befindet sich die **Assouss Cooperative d'Argane**, die Marrakesch-Filiale einer Frauenkooperative außerhalb von Essaouira. Hier kann man Argan- und Kaktusfeigenöl-Pflegeprodukte kaufen und auf Wunsch den köstlichen *amlou* probieren.

Ein Mosaik von Museen

MAROKKANISCHE KULTUR ERKUNDEN

Die drei Mouassine-Museen, die nur zehn Gehminuten voneinander entfernt sind, bieten einen tiefen Einblick in das Amazigh-, das jüdische und arabische Erbe Marokkos. Das **Musée de la Musique** (auch Musée de Mouassine genannt) ist ein schön renoviertes saadisches Haus aus dem 16. Jh. Dreimal wöchentlich finden in der *diouira* (kleine Wohnung) im Obergeschoss Konzerte mit arabisch-andalusischer, Gnaoua- und Amazigh-Musik statt. Während des Ramadan gibt es besondere Konzerte. Im Internet (museedelamusique.ma) stehen die aktuellen Veranstaltungen. Der Rest des Museums zeigt Wechsel- und Dauerausstellungen von Musikinstrumenten. Es liegt versteckt in der kleinen Straße Derb El Hammam und ist täglich geöffnet.

Nur 300 m entfernt befindet sich das **Musée de la Femme** (Frauenmuseum), das sich über drei Etagen erstreckt. Es setzt sich für die Stellung der Frau in der marokkanischen Gesellschaft ein. Alle paar Monate werden Kunstausstellungen von Künstlerinnen oder Fotografinnen präsentiert, und es werden Workshops und Vorträge zu Frauenthemen angeboten. Das Museum befindet sich nördlich von Rahba Kedima in der Rue Sidi Abdel Aziz. Auf der Facebook-Seite des Museums (facebook.com/Womensmuseummarrakech) erfährt man, was gerade läuft. Das Museum ist mittwochs geschlossen.

Das **Musée de la Patrimoine** (Museum des Kulturerbes) liegt südlich von Rahba Kedima in der Rue Znikt Rahba und ist ein weiteres prächtiges Beispiel für ein traditionelles Haus aus dem 17. Jh., etwas jünger als die saadischen Häuser. Es gibt zwei Etagen mit Ausstellungsräumen und ein Café auf dem Dach. Zu den zahlreichen Ausstellungsstücken gehören alte kalligrafische Texte, Schmuck, Musketen, die bei *tbouridas* (traditionellen Kavallerieangriffen) zum Einsatz kamen, Zeltstangen der Ama-

DIE FUNDUQS VON MARRAKESCH

Funduqs waren Unterkünfte für die Händler, welche mit Salz, Gold und anderen Waren aus südlichen Ländern nach Marrakesch kamen.

In der Medina von Marrakesch gibt es nur noch 140 Funduqs, von denen einige allerdings nicht restauriert sind. In den meisten befinden sich inzwischen Geschäfte und Handwerksbetriebe. Der **Funduq El Amri** in der Rue Sidi Abdel Aziz zeichnet sich durch hübsche geometrische Verzierungen aus rotem Backstein in Gestalt von Rauten, Sechsecken und Sternen aus, die das Innere der Steinbögen säumen. Hier steht Holzhandwerk zum Verkauf, und auch Gewürze und Arganöl werden angeboten. Nebenan führt **Funduq El Mizen** Lederwaren und *babouches*.

ESSEN IN MOUASSINE & DEN ZENTRALEN SOUKS

Souk Kafé
Zu den interessanten Gerichten gehören *r'fissa* (Huhn mit Gewürzen und einer Art Filoteig), glutenfreies Couscous und ein Kindermenü. **€€**

Café Arabe
Marokkanische oder italienische Menüs genießt man hier in einem hübschen Innenhof oder auf der Dachterrasse. **€€**

Terrasse des Épices
Schickes Dachterrassenrestaurant mit innovativer marokkanischer Küche, z. B. mit *tanjia* gefüllte Ravioli. **€€€**

STADTSPAZIERGANG

Mouassines Souks & Monumente

Erkunde einige der ältesten Teile von Marrakeschs Medina – von Mouassine mit seiner großen Moschee und den Souks im Norden bis zu den prächtigen Monumenten in Kaat Ben Nahid. Dieser Rundweg beginnt und endet am Jardin Secret. Nimmt man sich einen ganzen Tag Zeit, kann man die Museen und Denkmäler auf dem Weg besichtigen.

Vom 1 **Jardin Secret** geht es 100 m nach Süden, dann nach rechts in die Rue Sidi El Yamani. Nun geht man weiter bis zum Töpferladen Tamegroute und biegt dann links ab.

Man hält einen Moment inne, um diesen schönen Platz mit der 2 **Mouassine-Moschee, dem Springbrunnen und dem Hammam** zu bewundern. Folgt man den Schildern eine Gasse hinab, gelangt man zum 3 **Musée de la Musique**, das in einem Haus aus dem 16. Jh. untergebracht ist.

Links biegt man in die Rue Fehl Chidmi ein und folgt der Beschilderung zum 4 **Dar Cherifa**, das zu einer Kaffeepause einlädt.

Le Jardin Secret

LAPAIIRKRAPAI/SHUTTERSTOCK ©

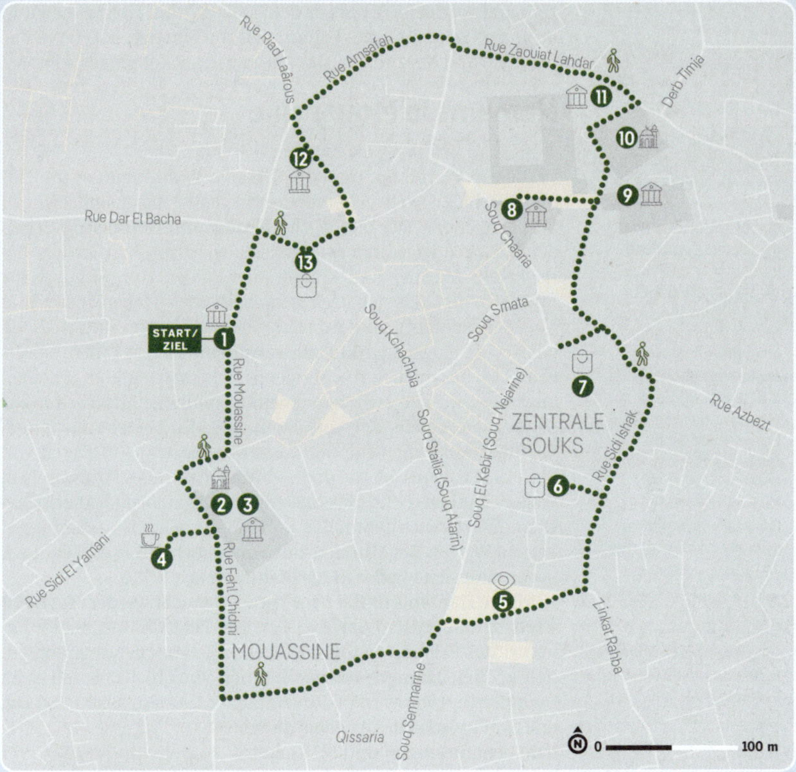

Frisch gestärkt geht es wieder zurück und rechts in die Rue Fehl Chidmi, der man für 180 m folgt. Man biegt links ab und geht 150 m weiter, dann wieder links und dann rechts. Jetzt ist man an der 5 **Rahba Kedima** gelandet, einem belebten Platz mit Geschäften, die es zu entdecken gilt. Nach dem Mittagessen in einem der Restaurants geht es 30 m weiter und dann nach links auf die Rue Sidi Ishak. Nach 80 m sieht man den 6 **Souq Souafine** zu seiner Linken, wo einst der Wollmarkt stattfand, heute aber Souvenirs feilgeboten werden.

In nördlicher Richtung verengt sich die Straße, aber man folgt ihr um die Kurve, vorbei an der Sidi-Ishak-Moschee, bis man zur Kreuzung mit der Rue Azbezt kommt. Nun biegt man ab und geht 60 m weiter. Am Kafe Merstan geht es nach links zum 7 **Souq Haddadine**, dem Markt der Schmiede.

Man geht wieder zurück in die Rue Azbezt, wendet sich nach links und läuft weiter bis zu den großen historischen Bauwerken: die 8 **Koubba** liegt 75 m weiter links, das 9 **Musée de Marrakech** steht zu deiner Rechten und die 10 **Medersa Ben Youssef** ist gleich nebenan.

Biegt man links in die Rue Zaouiat Lahdar ein, sieht man nach 50 m das 11 **Dar Bellarj**, das alte Storchenkrankenhaus, das jetzt eine Kunstgalerie ist. Nach 100 m biegt man rechts ab und gleich wieder links in die Rue Amsafah, eine Straße mit schicken Geschäften. An der kleinen Boutique Sarah Maj geht es links in die Rue Sidi Abd El Aziz, wo sich das 12 **Musée de la Femme** befindet.

Nun folgt man dieser Straße weitere 110 m, dann erreicht man das Mini-Einkaufszentrum 13 **Souq Cherifia** mit seinen vielen kleinen Geschäften. Wenn man diesen Souk verlässt, wendet man sich nach links und wieder nach links, und schon bald ist man wieder im Jardin Secret, wo man sich den redlich verdienten Minztee genehmigt.

DAS HAMMAM-ERLEBNIS

Das Hammam-Ritual ist ein wesentlicher Bestandteil der marokkanischen Kultur. Das Wasser für das Dampfbad wird über demselben Holzfeuer erhitzt wie der Gemeinschaftsofen, und es werden heimische Produkte verwendet: die braune und klebrige *beldi*-Seife aus Olivenkernen, der Peeling-Handschuh namens *kessa* und *ghassoul*, eine Lehmmaske für Haare und Haut. Es ist üblich, Unterhosen oder ein Bikini-Unterteil zu tragen.

Für ein Do-it-yourself-Hammam bringt man seine eigene Ausrüstung mit in einen öffentlichen Hammam und zahlt etwa 10 Dh für den Eintritt. Andernfalls bezahlt man für Handtücher, Hausschuhe, Seife und einen Angestellten, der einen schrubbt, mit Lehm einreibt und massiert.

Öffentliche Hammams sind erschwinglich, spezialisierte Hammams kosten mehr, bieten aber auch mehr Behandlungen an.

zigh und verzierte Türen aus dem Hohen Atlas, Holztruhen und *minbars* (Kanzeln), alte Fotografien von Marrakesch, Teppiche, Textilien und Keramiken. Das Museum ist sonntags geschlossen.

Hamams in Mouassine

ALLES GEDÄMPFT

In diesem Viertel hat man die Qual der Wahl, wenn es um Hamams geht, gleich drei hervorragende Badehäuser sind leicht zu Fuß erreichbar. Der öffentliche **Hammam Mouassine** neben der Moschee ist wunderschön restauriert und hat jeweils Bereiche für Männer und Frauen (den Pfeilen zum Eingang für Frauen folgen, der sich in derselben Straße wie das Musée de la Musique befindet). Er wurde 1562 vom saadischen Sultan Abdellah Al Ghalib erbaut. Man kann zwar einfach den Eintrittspreis von 10 Dh bezahlen und sein eigenes Ding machen, aber für einen angemessenen Preis stehen einem freundliche Mitarbeiter zur Seite. Die einfache Formule Beldi (150 Dh) besteht aus einem Peeling (*gommage*) mit schwarzer Seife, dem Auftragen von *ghassoul* (Tonerdemaske) und viel Wasser, um alles abzuwaschen. Weitere Optionen sind Massagen mit Bio-Arganöl und ätherischen Ölen. Es gibt Schließfächer und Haartrockner – wichtig bei kaltem Wetter. Bei Minztee kann man noch etwas entspannen, bevor man sich wieder in die Medina wagt.

Private Hamams müssen im Voraus gebucht werden. **Le Bain Bleu**, gut ausgeschildert bei der Rue Fehl Chidmi, bietet ein luxuriöses Erlebnis in toller Umgebung. Dank der unterschiedlich großen Hamam-Räume können sowohl Paare als auch Gruppen betreut werden. Ein einfacher Hamam kostet 280 Dh, und es gibt ein breites Angebot an Schönheitsbehandlungen und Massagen. Danach kann man sich auf einer Liege im Wintergarten oder auf der sonnigen Dachterrasse ausruhen, auf der sich auch das Restaurant und die Bar Dar Justo befinden.

Beldi-Seife in Hammam-Schale

Der **Hammam de la Rose** in der Rue Dar El Bacha ist ein sanft beleuchteter, entspannender Ort mit beruhigender Musik und betörenden Düften. Hamams kosten ab 250 Dh und es wird nach Rosen duftendes Körperöl verwendet. Der Hamam bietet zahlreiche Massagen, auch vierhändig und für Paare, sowie ein umfassendes Angebot an Schönheitsbehandlungen.

ÜBERNACHTEN IN MOUASSINE & DEN ZENTRALEN SOUKS

Riad Le J
Italienische Designer und der Stil von Marrakesch mit einem Hauch von Art déco machen dieses Riad zum perfekten Urlaubsort. **€€**

El Fenn
Skurriles, kunstvoll gestaltetes Gästehaus mit beeindruckendem Dekor. Tolle Dachterrasse für Sundowner-Drinks. **€€€**

Riad El Zohar
Luxuriöses Gästehaus mit nur fünf Zimmern und Pool im Innenhof; bekannt für freundlichen Service. **€€**

KAAT BEN NAHID & BAB DEBBAGH

MONUMENTE, MUSEEN UND GERBEREIEN

Mit Mouassine ist Kaat Ben Nahid das Herz der alten Medina, in deren winzigen Gassen sich Riads aus dem 17. Jh. verstecken. Hier befinden sich das Musée de Marrakech, die Ben-Youssef-Moschee und die *medersa* (Koranschule), eine der wichtigsten und ältesten (1132) hier. Zu den Museen des Viertels gehört das Maison de la Photographie mit alten Fotos von Marrakesch.

Weiter östlich ist die Medina einfach das Zuhause der Einheimischen. Hier gibt es Kleidungs- und Obststände, Metzgereien, Restaurants mit köchelnden Tajines und Frauen, die *msemen* (quadratisch gefaltetes Fladenbrot) auf Grillplatten zubereiten. An der Place El Moukef sitzen Männer und warten darauf, dass ihnen Arbeit angeboten wird. Noch weiter östlich werden in den Gerbereien von Bab Debbagh Felle gegerbt.

TOP TIPP

In das Gebiet gelangt man über die Place Riad Laârous oder zu den Gerbereien durch das Bab Debbagh. Am besten geht man frühmorgens dorthin, vor allem im Sommer, um den schlimmsten Geruch zu vermeiden.

HIGHLIGHTS
1 Medersa Ben Youssef
2 Koubba
3 Musée de Marrakech

SEHENSWERTES
4 Dar Bellarj
5 Maison de la Photographie
6 Orientalisches Museum

SCHLAFEN
7 Central House
8 Le Farnatchi
9 Riad Cinnamon

ESSEN
10 Le Trou Au Mur
11 World Storytelling Café

AUSGEHEN & FEIERN
12 Atay Cafe

SHOPPEN
13 Bennouna Faissal
14 Fibre Trip
15 La Qoubba Galerie d'Art

Medersa Ben Youssef

GROSSARTIGE ARCHITEKTUR

Die Mariniden, bekannt für ihre Begeisterung für die Künste, waren die ersten, die hier im 14. Jh. eine *medersa* errichteten. Das heutige eindrucksvolle Gebäude wurde 1565 vom saadischen Sultan Abdallah Al Ghalib wiederaufgebaut. Es wurde restauriert und im April 2022 wiedereröffnet. Die *medersa* war einst die größte und wichtigste in Marokko, bevor sie 1960 geschlossen wurde. Dort studierten bis zu 800 Schüler den Koran, islamisches Recht, Literatur, Geschichte und Wissenschaft.

Am Straßeneingang befindet sich eine Veranda mit *muqarnas*, dekorativen wabenförmigen Stuckgewölben, und massiven, mit geschnitzter Bronze verkleideten Türen. Von der Eingangshalle gelangt man durch eine *mashrabiya*-Tür (Holzgittertür) in das Herzstück des Gebäudes – den zentralen, unglaublich schön verzierten Innenhof. Die Wände und Säulen sind mit *zellige* (Kacheln) bedeckt, die mit Kalligraphien und komplizierten Stuckarbeiten sowie mit geschnitztem Zedernholz geschmückt sind. Besonders schön ist die *muqarna*-Decke in der Mihrab (Gebetsnische). Achte auf die Kiefernzapfen und Palmen aus der Zeit der Saadier. In der Mitte des Marmorbodens befindet sich das Wasserbecken für die Waschungen.

Im 1. und 2. Stock befinden sich die 130 Schlafsäle, in denen die Schüler wohnten. Diese Zimmer sind um kleine Höfe herum angeordnet, die zum Himmel hin offen sind und viel Licht hereinlassen. Der Waschraum befindet sich im Erdgeschoss und weist vier Marmorsäulen und eine Kuppeldecke über einem zentralen Wasserbecken und umliegenden Latrinenräumen auf (die zu modernen Besuchertoiletten umgebaut wurden).

ANTIKE MAROKKANISCHE HYDRAULIK

Der Pool im Innenhof vermittelt ein Gefühl der Ruhe, hat aber auch eine praktische Funktion: Er dient zum Waschen vor dem Gebet – eine islamische Pflicht. Der schmale Kanal um das Becken herum wird durch ein uraltes hydraulisches System ständig mit Wasser versorgt. Das Wasser wird aus dem Hohen Atlas über *khettaras* (unterirdische Kanäle) geleitet und durch Rohre auf verschiedenen Ebenen in Bewegung gehalten. In der Vorhalle wurde ein Teil dieses Systems enthüllt, damit man sehen kann, wie es funktioniert.

Medersa Ben Youssef

KADAGAN/SHUTTERSTOCK ©

VON DEN GEBIRGSBÄCHEN IN DIE MEDINAS

Um zu sehen, wie das Wasser auf natürliche Weise durch das Gebäude fließt, um die Pools zu füllen und die sanitären Anlagen zu versorgen, empfiehlt sich der CGI-Film im **Le Jardin Secret** (S. 71) in Mouassine oder auf dessen Website.

Koubba

Musée de Marrakech

STADTMUSEUM IN EINEM PALAST

Das Musée de Marrakech, ehemals Palais Mnebhi, hat mit seiner klassischen andalusischen Architektur eine faszinierende Geschichte. Im späten 19. Jh. wohnte Mehdi Mnebhi, Marokkos damaliger Verteidigungsminister, in dem Palast, der von Thami El Glaoui in Beschlag genommen wurde, während der Minister als Botschafter in London weilte. Im Zuge der marokkanischen Unabhängigkeit im Jahr 1956 wurde der Palast verstaatlicht. 1965 wurde hier die erste Mädchenschule Marrakeschs eingerichtet, seit 1997 ist der Palast ein Museum. Zu sehen sind Kunstwerke, Waffen, Stickereien und andere traditionelle Gegenstände. Die Ausstellung von Keramik aus Fès im Hauptraum des Innenhofs ist sehenswert, aber die Beschilderung ist dürftig, das Gebäude wirkt angestaubt. Eigentlich ist man wegen des Palastes selbst hier, vor allem wegen des Hofes mit seinen zahlreichen Säulen, bemalten Zedernholzbögen, Buntglasfenstern, bemalten Türpaneelen und einer Vielzahl von *zellige*, die alle von einer riesigen Messingleuchte überragt werden. In den ehemaligen Küchen sind heute Wechselausstellungen zu sehen, auch der Hammam ist sehenswert.

Koubba

WASSERWERK DER ALMORAVIDEN

Das 1117 errichtete rechteckige Gebäude der Koubba Ba'adiyyin mit seinem Kuppeldach ist eines der letzten Beispiele almoravidischer Architektur in Marokko. Später verschwand sie unter den Nebengebäuden der Ben-Youssef-Moschee; erst 1952 wurde sie wieder ausgegraben. Unter den Verzierungen an der Außenseite finden sich Hufeisenbögen und gestufte Zinnen. Die Kuppel bedeckt ein Becken, das für die Waschungen vor dem Gebet genutzt wird, außerhalb des Gebäudes befinden sich *khettaras* mit Latrinen und Trinkwasserhähnen. Das Innere ist reich verziert mit Blumenmustern, Kalligraphien und exquisiten *muqarnas*.

Ein weiteres rechteckiges Gebäude neben der Koubba hatte drei Erker mit Brunnen, die wahrscheinlich die lokale Bevölkerung versorgten.

Inneres der Koubba

DIE SICHT WESTLICHER KÜNSTLER AUF MAROKKO

In der Derb El Khamsi, einer kleinen Seitenstraße der Rue Souq Ahl Fes, zeigt das **Orientalische Museum** Kunstwerke von Malern aus aller Welt, die von den Geheimnissen und dem Licht Marokkos fasziniert waren. Zu den Künstlern gehören Eugène Delacroix, Jacques Majorelle, Henri Le Riche, Edy Legrand und Salvador Dalí. In einem schönen Haus aus dem 17. Jh. sind die Gemälde auf drei Etagen verteilt, und es gibt ein Café auf dem Dach. Im Erdgeschoss sind außerdem Keramik aus Fès und dem Rif, Schmuck, Stickereien und Holzschnitzereien ausgestellt.

Dieses Museum ist mit dem MACMA (S. 102) in Gueliz verbunden, d.h. mit einer Eintrittskarte kann man beide Museen zu einem ermäßigten Preis besuchen.

ZARUBA ONDREJ/SHUTTERSTOCK ©

Gerbereien von Bab Debbagh

MEHR IN KAAT BEN NAHID & BAB DEBBAGH

Lederverarbeitung im Bab Debbagh

DIE MITTELALTERLICHE GERBEREIINDUSTRIE

Seit dem späten 11. Jh. stehen die Männer in den Gerbereien von Bab Debbagh bis zu den Knien in Kalk, Taubenkot und anderen stinkenden Substanzen. Kuh-, Kamel- und Schafsfelle werden hierher gebracht, um in den Fässern mit Chemikalien gehärtet zu werden, die Haare zu verlieren, weich zu werden, geschnitten und genäht werden zu können und in der Sonne zu trocknen. Es ist ein riesiges Areal mit Fässern und stinkt ziemlich übel, aber es ist interessant, die Männer bei der Arbeit zu beobachten, und eine gute Fotomöglichkeit. Im Gegensatz zu den Chaouara-Gerbereien in Fès wird das Leder hier nicht gefärbt, sodass die Fässer keine leuchtenden Farben haben.

Manchmal wird man von aufdringlichen Männern angesprochen, die anbieten, einen zu den Gerbereien zu bringen, andere werden einem am Eingang erzählen, dass man einen Führer braucht. Dieses Ärgernis hat dazu geführt, dass die Gerberver-

ÜBERNACHTEN IN KAAT BEN NAHID & BAB DEBBAGH

Central House
Ein Top-Hostel mit Bar, Pool und Dachterrasse sowie gut ausgestatteten Schlafsälen und Privatzimmern. **€**

Riad Cinnamon
Wunderschön eingerichtete Zimmer, ein hübsches Tauchbecken und eine tolle Aussicht von der Dachterrasse. **€€**

Le Farnatchi
Zehn prächtige Luxussuiten, ein Spa und ein eigenes Restaurant machen dieses Hotel zu einer erstklassigen Wahl. **€€€**

einigung ein großes Schild am Eingang aufgestellt hat, auf dem steht, dass der Eintritt frei ist und man keinen Fremdenführer engagieren muss. Wer Bedenken hat, ob sie oder er die Männer abschütteln kann, sollte in einer Gruppe oder mit einem registrierten Führer gehen, der von der Unterkunft organisiert wird.

Entlang der Ave Bab Debbagh gibt es einige kleinere Gerbereien, die man besuchen kann. In dieser Straße gibt es auch mehrere Lederläden. In einigen von ihnen kann man in die oberen Stockwerke hinaufsteigen, um einen Blick auf die Gerbereien zu werfen. Wenn man nichts kauft, ist ein kleines Trinkgeld von etwa 20 Dh sehr willkommen.

Um mit dem Taxi zu den Gerbereien zu gelangen, lässt man sich am hübschen Tor von Bab Debbagh oder an der Place El Moukef absetzen.

FUSSBALL-KLINIK

Eine der interessantesten Verarbeitungsformen des hier produzierten Leders ist in der **La Clinique du Ballon** in der Ave Bab Debbagh 68 zu sehen. Kamal Boutenkar stellt in reiner Handarbeit Fußbälle und Rugbybälle aus bestem Leder her und restauriert sogar alte Fußbälle, die bei wichtigen Spielen verwendet wurden. Ein Gespräch mit Kamal über seine Technik und Werkzeuge lohnt sich auf jeden Fall.

Kunst & Kultur im Dar Bellarj

SONDERLIEFERUNG IM HAUS DER STÖRCHE

Ein ehemaliges Storchenkrankenhaus ist heute Marrakeschs wichtigstes Kunst- und Kulturzentrum. Das ruhige Riad, ein Wunschtraum der schweizer Künstlerin und Innenarchitektin Susanna Biedermann, wurde restauriert und öffnete 1999 seine Türen. Zusammen mit ihrem Ehemann Max Alioth und ihrer Assistentin Maha El Madi gründete Biedermann das **Dar Bellarj** (Darija für Haus der Störche), verwirklichte ihren Traum und organisierte in dem Zentrum Ausstellungen, die Künstlern und Marrakeschern offen stehen.

Themen waren unter anderem Architektur, traditionelles Handwerk, Stickerei, Farben und Düfte der Medina. Die Idee ist, mehr als ein herkömmliches Museum zu sein, indem Kunst und Kunsthandwerk unter den Einheimischen gefeiert und gefördert werden, damit sie geschätzt werden und nicht verloren gehen. Obwohl Biedermann 2007 starb, besteht die Stiftung weiter. Jedes Jahr gibt es eine andere Ausstellung mit Themen rund um lebendige Kultur in Verbindung mit zeitgenössischer Kunst. Die Frauen in der Medina werden ermutigt, Kurse in Sprache, Kalligraphie, Theater, Musik, Gesang, Küche, Design und vielem mehr zu besuchen. Die Kinder erhalten auch Privatunterricht. Während des Ramadan veranstaltet die Stiftung abendliche Musikkonzerte im zentralen Innenhof.

Da es sich um eine gemeinnützige Organisation handelt, ist der Eintritt in der Regel frei, für einige Veranstaltungen wird jedoch eine Gebühr erhoben. Auf der Website (darbellarj-fondation.com) gibt es aktuelle Informationen zu Veranstaltungen und Ausstellungen.

Dar Bellarj

ESSEN IN KAAT BEN NAHID & BAB DEBBAGH

Atay Cafe
Gute marokkanische Küche auf einer schicken Dachterrasse mit hervorragender Aussicht. **€**

L'Mida
Geht man durch die mit Schnitzereien verzierte Tür, erwartet einen eine köstliche moderne Interpretation der marokkanischen Küche. **€€**

Le Trou Au Mur
Ungewöhnliche marokkanische Gerichte und Fusionsküche in diesem entspannten Restaurant. Guter Service. **€€€**

WO SICH DIE GESCHICHTEN ENTFALTEN

Das viertägige **Marrakech International Storytelling Festival** findet im Februar an verschiedenen Orten in Marrakesch statt, darunter Jemaa el Fna, Musée de la Musique (S. 73), Dar Bellarj, Cafe Clock und World Storytelling Café. Geschichtenerzähler aus aller Welt kommen in die Stadt, um ihre Erzählkunst zu präsentieren, junge marokkanische Geschichtenerzähler zu ermutigen und Menschen aller Altersgruppen zu inspirieren. Man kann die Geschichtenerzähler auch online sehen (worldstorytellingcafe.com). Richard Hamiltons Buch *The Last Storytellers – Tales from the Heart of Morocco* (Die letzten Geschichtenerzähler – Geschichten aus dem Herzen Marokkos) gibt den Rahmen vor.

Marokko in Bildern

BILDERGESCHICHTEN IM MAISON DE LA PHOTOGRAPHIE

In diesem großen Haus in der Rue Bin Lafnadek in der Nähe der Ben Youssef Medersa sind auf drei Etagen wunderbare Fotografien von Marrakesch und dem Rest Marokkos zu sehen. Hamid Mergani und Patrick Manac'h eröffneten dieses private Museum im Jahr 2009, als sie feststellten, dass sie beide alte Fotografien sammelten. Das Museum zeigt die Vielfalt Marokkos von den Anfängen der Fotografie in den 1870er-Jahren bis 1960. Zu den 10 000 Exponaten gehören Fotografien, Glasplatten, Postkarten, Zeitungen, Karten und Dokumentationen.

Der Innenhof und die Salons im Erdgeschoss sind den Porträts gewidmet, während ein Salon die ältesten Fotos der Galerie zeigt: Bilder von Tanger, die zwischen 1870 und 1900 aufgenommen wurden.

Im 2. Stock befinden sich Sammlungen und jeden Monat eine andere Ausstellung. Die Fotos aus den 1920er-Jahren vom Jemaa el Fna und den Stadtmauern von Marrakesch, hinter denen sich nur leere Wüste erstreckt, sollte man sich nicht entgehen lassen. Außerdem gibt es ein Foto des Monats; unser Favorit ist die französische Billardmeisterin von 1932, Prinzessin Yasmina von Ouazzane.

Steigt man die Treppe zur Dachterrasse hinauf, kann man sich in einem kleinen Raum die berühmten *Landscapes and Faces of the High Atlas* des französischen Fotografen Daniel Chicault ansehen. Der 1957 gedrehte Film gibt einen faszinierenden Einblick in das ländliche Leben und war der erste in Marokko gedrehte Farbdokumentarfilm. Auf dieser Etage ist auch die Dunkelkammer mit den einzigen Farbfotografien der Galerie zu besichtigen.

Auf der Dachterrasse befindet sich ein Café, und im Erdgeschoss gibt es einen Laden, in dem Digitaldrucke von den im Museum gefundenen Originalen und Negativen verkauft werden.

Storytelling: Mündliche Überlieferung

ERBE DER MENSCHHEIT

Auf dem Jemaa el Fna tummelten sich einst zahlreiche Geschichtenerzähler. Jedes Mal, wenn sie den Platz besuchten, versammelten sich Scharen von Menschen, um alten Volksmärchen zu lauschen. Die Geschichten waren lehrreich, oft mit einer Moralvorstellung verbunden. Den Zuhörern vermittelten sie Werte und Orientierungshilfen, waren aber gleichzeitig auch unterhaltsam. Dieser Aspekt der marokkanischen Kultur war so wichtig, dass die UNESCO den Jemaa el Fna und seine Geschichtenerzähler zum ersten Meisterwerk des mündlichen und im-

SHOPPEN IN KAAT BEN NAHID & BAB DEBBAGH

La Qoubba Galerie d'Art
Erstklassige Galerie für zeitgenössische Kunst am Souq Laksour mit überwiegend marokkanischen Künstlern.

Fibre Trip
Mehr Schals aus weichster Wolle in der Nähe von Bennouna Faissal. Beobachte den Weber bei der Arbeit an seinem Webstuhl.

Bennouna Faissal
Hochwertige Schals zum Festpreis aus Baumwolle, Seide und Leinen.

Storch, Badi-Palast (S. 88)

STORCHSAISON

Die Störche kommen im September in Marokko an und bleiben bis zum Frühjahr. Ihre Nester sind groß und aus Stöcken gebaut. Man sieht sie auf Pylonen, Minaretten und auf den verfallenen Mauern des Badi-Palastes – einen guten Überblick hat man von den Dächern der Cafés an der Place des Ferblantiers. Auf Arabisch heißen die Tiere *laq-laq*, nach dem Geräusch, das sie mit ihren langen Schnäbeln machen. Die Marokkaner feiern die Ankunft der Störche als Zeichen für das Ende des Winters und als Glücksbringer. Sie gelten als heilige Vögel und es ist verboten, sie zu stören.

materiellen Erbes der Menschheit erklärte. Aber die Geschichtenerzähler sind inzwischen verstorben, und die Tradition ging fast verloren.

Das **Cafe Clock** (S. 89) kam 2014 zur Rettung und unterstützt einen der letzten Geschichtenerzähler, damit er junge Freiwillige in dieser aussterbenden Kunst ausbildet, die zweimal pro Woche auftreten, um die Praxis aufrechtzuerhalten und ihr Englisch zu perfektionieren.

Mike und Lucie Wood, Besitzer von Riads in Marrakesch, ließen sich ebenfalls inspirieren und restaurierten 2019 ein Medina-Haus, um das **World Storytelling Café** zu eröffnen. Es ist ein einladender Ort, an dem die Besucher etwas über diesen wesentlichen Bestandteil der marokkanischen Kultur erfahren und regelmäßig stattfindenden Erzählungen beiwohnen können. Es bietet Schülern aus der Region die Möglichkeit, Geschichten zu schreiben und aufzuführen, und zog bereits Geschichtenerzähler aus der ganzen Welt an. Es wurde auch eine Bibliothek mit Volksmärchen eingerichtet.

Das Café im Souq Ahl Fes 93 bietet eine 100 % vegane Speisekarte mit preisgünstigen Suppen, Tapas und Hauptgerichten wie Nuss- und Samen-Burger und Paprikaschoten mit herzhaftem Reis sowie Getränke und köstliche Smoothies.

LEDERWAREN IN KAAT BEN NAHID & BAB DEBBAGH

Galerie des Tanneurs
Großes Angebot an Schuhen, Taschen und Kleidung am Blvd Moulay Rachid in der Ville Nouvelle.

Place Vendôme
Hochwertige Ledertaschen und -kleidung am Blvd Mohammed V in der Ville Nouvelle.

33 Rue Majorelle
In diesem Designerladen in der Ave Yves Saint Laurent in der Nähe des Majorelle-Gartens gibt es stylische Taschen.

KASBAH & MELLAH

KÖNIGSPALÄSTE UND DAS ALTE JÜDISCHE VIERTEL

Als die Almoraviden im Jahr 1062 Marrakesch gründeten, schlugen sie ihr Lager rund um die Kasbah auf. Eine Kasbah ist eine Festung, die zum Schutz kriegerischer Sultane errichtet wurde. Der Königspalast ist hier noch erhalten, ebenso wie der Badi-Palast, der Bahia-Palast und große Riads für reiche Hofbeamte. In den nahe gelegenen Saadiergräbern wurden Sultane beigesetzt. Vom Jemaa el Fna sind es 20 Minuten zu Fuß, mit dem Taxi lässt man sich zum Bab Ksiba fahren.

Mitte der 1550er-Jahre siedelte Sultan Abdallah Al Ghalib die jüdische Bevölkerung in die Mellah neben der Kasbah um. Es wurden mehrere Synagogen gebaut, von denen die älteste, Lazama, noch immer in Betrieb ist, ebenso wie der angrenzende jüdische Friedhof. In der Nähe befindet sich die palmengesäumte Place des Ferblantiers mit Gewürzläden und einigen Häusern der ehemaligen Metallarbeiter.

Durch das prächtige Tor Bab Agnaou gelangt man in die hübsche Gegend um die Moulay-El-Yazid-Moschee. Alles in allem ist es ein entspannter, ruhiger Ort, an dem man aber auch Touristenhorden spazierengehen sehen kann.

TOP TIPP

Die Mellah ist vom Jemaa el Fna aus in zehn Minuten zu Fuß über die Rue Zitoun El Jdid oder El Kedim zu erreichen, das Kasbah-Viertel liegt etwas weiter entfernt. Anstatt zu Fuß zu gehen kann man auch eine der Pferdekutschen nehmen, die am Stand neben den Gärten von Arset El Bilk in der Nähe des Jemaa el Fna stehen.

Saadiergräber (S. 87)

ANA DEL CASTILLO/SHUTTERSTOCK ©

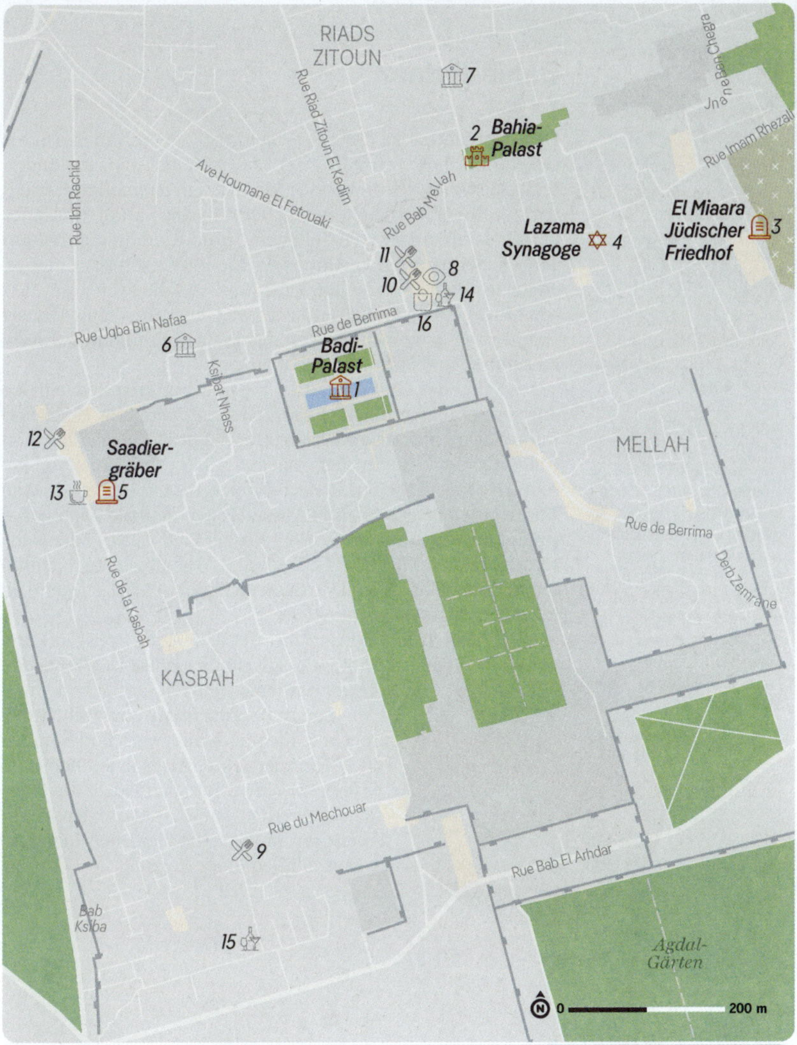

HIGHLIGHTS
1 Badi-Palast
2 Bahia-Palast
3 El Miaara – Jüdischer Friedhof
4 Lazama Synagoge
5 Saadiergräber

SEHENSWERTES
6 Monde des Arts de la Parure
7 Museum der marokkanischen Kochkunst
8 Place des Ferblantiers

ESSEN
9 Cafe Clock
10 Chez Kamal & Brahim
11 Mazel Streetfood Coffee
12 Zeitoun Café

AUSGEHEN & FEIERN
siehe **10** Chez Taib
13 Kasbah Café
14 Kosybar
15 Les Jardins de la Medina

SHOPPEN
16 Concept Bohem

TIPPS FÜR DEN BESUCH DES BAHIA-PALASTES

Die Besuchergruppen treffen den ganzen Tag über ein, am besten kommt man zu Beginn der Öffnungszeiten oder am späten Nachmittag. Lass dir genug Zeit, um die Stätte zu bewundern, damit du warten kannst, bis sich die Gruppen aufgelöst haben – große Führungen können ganze Räume überfüllen. Im palmenbeschatteten Eingangsgarten kann man kurz innehalten und sich orientieren, bevor man sich wieder auf die Straße begibt. Taxis halten direkt am Eingang des Palastes, oder man geht vom Jemaa el Fna aus 15 Minuten die Rue Riad Zitoun El Jdid hinunter.

Bahia-Palast

VOM SKLAVEN ZUM BERATER DES SULTANS

Dieser prächtige Palast mit seinem treffenden Namen (Bahia bedeutet „schön") erstreckt sich über 8000 m² und ist wunderschön dekoriert. Großwesir Si Moussa, ein ehemaliger Sklave, der zu einem der wichtigsten Berater von Sultan Hassan I. wurde, baute den ersten Teil, den Grand Riad, in den 1860er-Jahren. Sein Sohn Bou Ahmed wurde 1894 Großwesir und erweiterte den Palast um den Petit Riad. Als die Franzosen 1912 die Macht übernahmen, nutzte der Generalresident Hubert Lyautey die Privatwohnungen des Petit Riad und ließ Stromanschlüsse und Heizung einbauen.

Der Salon des Grand Riad ist mit geschnitzten Zedernholzstürzen, prächtigen *zouak*-Decken (aus bemaltem Holz) und Buntglasfenstern reich verziert. Der kleinere, einstöckige Petit Riad, der dem Eingang am nächsten liegt, hat kunstvoll geschnitzte Stuckarbeiten an den Wänden, die mit Versen aus dem Koran beschriftet sind. Bou Ahmed fügte auch die Gärten und Innenhöfe des Riads hinzu. Sein Bruder Saïd baute in der Nähe seinen eigenen Riad: Dar Si Saïd (S. 65), heute ein Teppichmuseum. König Mohammed VI. nutzt den Bahia-Palast gelegentlich noch für Staatsanlässe.

Der Innenhof umfasst etwa 1500 m², er ist auf den meisten Fotos des Palastes zu sehen. Der Fußboden besteht aus italienischem Carrara-Marmor und ist von einem überdachten Gang mit Säulen umgeben, die mit Spalierwerk und schönen *zellige* verziert sind. Als Bou Ahmed 1894 Großwesir wurde und den Palast erweiterte, wurden die Räume rund um den Hof in einen Harem für seine vier Ehefrauen und 24 Konkubinen umgewandelt.

Bahia-Palast

Lazama-Synagoge

JÜDISCHE GESCHICHTE IN MARRAKESCH

Die in der Rue Talmoud Torah versteckte Lazama-Synagoge (Slat El Azama) wurde von den 1492 aus Spanien vertriebenen Juden erbaut, das heutige Gebäude ist jedoch jüngeren Datums. Die meisten Juden, die sich zu dieser Zeit bereits in Marokko aufhielten, lebten im Hohen Atlas. Die Gemeinde in der Stadt vergrößerte sich im 16. Jh., als Marranen aus Spanien und Portugal zu ihrem jüdischen Glauben zurückkehren wollten und zu diesem Zweck nach Marrakesch kamen. Die Gemeinde wuchs weiter, als der Sultan allen Juden – etwa 30 000 Menschen – befahl, in die Mellah (das jüdische Viertel) zu ziehen, und erneut, als Juden aus den Bergen in die Stadt kamen. Der hübsch mit blauen und weißen *zellige* gekachelte Innenhof diente als *yeshiva* (Schule) mit 400 Schülern.

In der Medina gab es einst 35 Synagogen, die Lazama wird noch heute von den inzwischen weniger als 150 Juden in Marrakesch als Gebetsstätte genutzt. Sie beherbergt ein kleines Museum, das mithilfe von Kleidung, Büchern und Foto das Leben in der jüdischen Gemeinde illustriert.

Saadiergräber

GARTENFRIEDHOF

Ein kleiner Torbogen an der Südseite der Moulay-El-Yazid-Moschee führt zu dieser bemerkenswert verzierten saadischen Nekropole. Sultan Al Mansur, bekannt als der „goldene König“, verwandelte im 16. Jh. eine bestehende Begräbnisstätte in diese prächtige Anlage. Der große Gartenfriedhof mit zwei Gebäudekomplexen ist von der Stadtmauer und der Moschee umgeben. Der späte Nachmittag eignet sich gut zum Fotografieren, wenn der Marmor im Sonnenlicht einen goldenen Farbton annimmt.

Der Hauptraum der zwölf Säulen befindet sich vom Eingang aus gesehen auf der linken Seite, meist stehen viele Leute Schlange. Man kann nur durch ein gewölbtes Sichtfenster schauen, aber das soll verbessert werden. Al Mansur ist in der Mitte des Raumes bestattet, umgeben von seinem Sohn, seiner Frau, anderen Sultanen und weniger bedeutenden Mitgliedern der Dynastie. Dieser Raum weist kunstvolle *zellige*, prächtige *muqarnas* und eine Kuppeldecke auf, die von zwölf Säulen aus Carrara-Marmor getragen wird. Auf der rechten Seite befindet sich die Mihrab-Kammer mit beeindruckenden Stuckarbeiten und verzierten Decken. Links von der Kammer der zwölf Säulen befindet sich die Kammer der drei Nischen, deren Decken etwas weniger kunstvoll sind, deren Wände aber mit Schnitzereien bedeckt sind. Beide sind voller Grabstätten.

KAMMER DER LALLA MASSOUDA

Auf der anderen Seite des Gartens, ebenfalls voller Gräber, befindet sich das älteste Mausoleum der Saadiergräber, das 1557 für Lalla Massouda, die Mutter von Al Mansour, errichtet wurde. Sie ist in einem Einzelgrab in einer Nische im hinteren Teil beigesetzt. Die übrigen Gräber gehören ihrem Hofstaat. Die Kuppeldecke ist mit kunstvollen *muqarnas* bedeckt, die noch Reste von Blau und Gold aufweisen. Die Wände bestehen aus geschnitztem Gips und *zellige* (Fliesen) mit einem Fries mit arabischen Inschriften.

Jüdischer Friedhof El Miaara

RUHE IN FRIEDEN

Dieser Friedhof liegt am Rand des alten jüdischen Viertels. Innerhalb der Mauern befindet sich ein großer Raum, in dem 17 *tzaddikim* (geistige Führer) begraben sind. An diesem friedlichen Ort reiht sich ein weißer Grabstein an den anderen, Menschen aus aller Welt kommen hierher, um die Gräber von Angehörigen zu besuchen. Die Website cimetierejuif marrakech.com (nur auf Französisch) ist bei der Suche hilfreich. Männer müssen bei ihrem Besuch eine Kippa tragen und es ist üblich, sich vor dem Verlassen der Kirche am Brunnen die Hände zu waschen.

Jüdischer Friedhof El Miaara

KOUTOUBIA-MINBAR

Der meisterhafte Minbar (Kanzel) der Koutoubia-Moschee, die 1157 in Córdoba geschaffen und von einem Handwerker namens Aziz signiert wurde, ist im Ausstellungsraum des Badi-Palastes zu sehen. Sie ist fast 4 m hoch und 3,5 m lang und besteht aus Zedernholz und anderen Hölzern, mit Intarsien aus grün bemaltem Knochen und geschnitztem und vergoldetem Elfenbein. Geometrische Muster und florale Arabesken sowie kufische Inschriften aus dem Koran zieren die Kanzel. Der Minbar wurde bis in die 1950er-Jahre genutzt – dann wurde er zur sicheren Aufbewahrung in den Badi-Palast gebracht.

Badi-Palast

SPEKTAKULÄRE RUINE

Zur Feier seines Sieges in der „Schlacht der Drei Könige" gegen die Portugiesen im Jahr 1578 ließ Sultan Al Mansur diesen monumentalen Palast errichten. Der Name Badi bedeutet „unvergleichlich", und in Bezug auf Extravaganz traf das auch zu. Er soll mehr als 300 Räume gehabt haben, und Al Mansur schmückte ihn mit Gold, Onyx, Kristall und Türkis – Schätze, die über die trans-saharischen Handelsrouten aus den Ländern des Südens herangeschafft wurden. Anfang des 17. Jhs. plünderte der despotische Sultan Moulay Ismail ihn für seinen eigenen Palast in der neuen Hauptstadt Meknès.

Heute ist der Palast eine Ruine, aber es ist interessant, die Ausmaße zu sehen. Der riesige zentrale Hof mit seinen vier Sinkgärten, die um Wasserkanäle und Brunnen herum angeordnet sind, vermittelt einen Eindruck von der Größe des Gebäudes. Vom Eingang am Palasttor aus kann man in die Kerker hinabsteigen, in denen der Sultan Gefangene festhielt. Man kann außerdem auf die Mauern des Palastes klettern, um die wunderbare Aussicht zu genießen. In einem Ausstellungsraum an der östlichen Mauer zeigt ein computeranimierter Film, wie der Palast einst aussah.

Badi-Palast

MILOSK50/SHUTTERSTOCK ©

NAYEF HAMMOURI/SHUTTERSTOCK ©

Oud-Spieler

MEHR IN KASBAH & MELLAH

Kultur & Kaffee im Cafe Clock

EIN LEBENDIGER TREFFPUNKT

Die Filiale in Marrakesch, die 2014 nach dem Erfolg des ursprünglichen **Cafe Clock** in Fès eröffnet wurde, ist ein großer, luftiger Ort mit freundlichem Personal und einer künstlerischen Atmosphäre. Das Lokal erstreckt sich über das Erdgeschoss und eine Dachterrasse auf zwei Ebenen – die oberste bietet einen Blick auf das Atlasgebirge.

Auf der Speisekarte stehen marokkanische Spezialitäten, mediterrane Gerichte, hervorragender Kaffee und Smoothies, und der berühmte Kamel-Burger ist sehr zu empfehlen.

Was dieses Café jedoch auszeichnet, sind sein Zweck und sein ethisches Geschäftsmodell. Die Vielfalt der marokkanischen Kultur wird durch Musik, Geschichtenerzählen, Kunst und Essen vermittelt. Einheimische trifft man im Café ebenso häufig wie Besucher:innen. Man kann einen Kochkurs besuchen, arabische Kalligrafie lernen oder sich im Spielen der Oud (Laute) versuchen. Beim Workshop „Marokkanische Kultur 101" erklärt ein Einheimischer nützliche marokkanische Redewendungen, Gesten, die Speiseetikette und wichtige Bräuche.

LOCAL TIPP: DIE MENSCHEN DER MEDINA

Omar Chouiyakh, fachkundiger registrierter Reiseleiter und Tourmanager *@moroccobyomar*

Mit das schönste an meinem Job ist die Begegnung mit interessanten Charakteren, wenn ich Tourist:innen durch die Medina führe. Da ist Si Mohamed, ein *farnatchi* (jemand, der das Hammam-Feuer pflegt), der *tanjias* zum Kochen in der Glut annimmt. Abends ist er ein Gnaoua-Musiker. Ein weiterer ist mein Freund Si Ahmed. Er arbeitet in Haddadine, dem Suk der Eisenwarenhändler, und hat Geschichten über Marrakesch zu erzählen, die er von seinem Vater, Großvater und Urgroßvater übernommen hat. Sie alle arbeiteten in Haddadine und fertigten im späten 19. Jh. Teile an für den Bahia-Palast und um 1930 für das Haus von Jacques Majorelle.

ÜBERNACHTEN IN DER KASBAH & IN MELLAH

Riad Noos Noos
Hübsche Farben und ein Storchendach machen dieses Haus in der Mellah zu einer guten Wahl. **€€**

Riad Azoulay
Die stilvollen Luxuszimmer in der Mellah sind mit Kunstwerken ehemaliger Bewohner ausgestattet. **€€**

Riad Dar Anika
Dieses elegante Riad mit Blick auf die Place des Ferblantiers verfügt über ein Restaurant, einen Pool und ein Spa. **€€€**

JIMENEZAR/SHUTTERSTOCK ©

Place des Ferblantiers

GENERAL LYAUTEY & DAS FRANZÖSISCHE PROTEKTORAT

General Louis Hubert Gonzalve Lyautey wurde zum Generalresidenten ernannt, als Marokko 1912 ein französisches Protektorat wurde. Seine Aufgabe war es, die sich bekriegenden Stämme zu befrieden und sie unter die Kontrolle des Sultans zu bringen. Er glaubte an die „zivilisierende Kraft des Kolonialismus" und ist bekannt als „Vater des modernen Marokko". Er holte den Architekten Henri Prost und entwarf die neuen Stadtviertel (Ville Nouvelle) von Casablanca, Rabat und Marrakesch, während er die Medinas den Marokkanern überließ. Er baute Häfen, Eisenbahnen, Schulen und Krankenhäuser und bemühte sich um die Anlockung von Tourist:innen, insbesondere nach Marrakesch. Für seine Reisen in die Stadt besaß er Appartements im Petit Riad des Bahia-Palastes, wo er Elektrizität und Zentralheizung installierte.

Im Café gibt es an den meisten Abenden Livemusik. Samstags spielt die Frauenband Houriyat, und bei den sonntäglichen Sonnenuntergangskonzerten tritt eine Gnaoua-Gruppe auf.

Am Donnerstagabend werden Geschichten auf Arabisch und Englisch erzählt. Das Cafe Clock hat erkannt, dass die Kunst des *hikayat* (mündliches Erzählen) in Marokko immer mehr verschwindet, und ein Programm ins Leben gerufen, das junge Menschen zu Geschichtenerzählern ausbildet, die bei Meister Azalyia lernen. Das vollständige Veranstaltungsprogramm ist online verfügbar (cafeclock.com).

Von jedem verkauften Kamelburger gehen 10 Dh an Organisationen wie die Moroccan International Women's Association und an einheimische Familien beim Zuckerfest. Das Cafe Clock kämpft für das Gute in der Gemeinschaft. Es befindet sich an der Derb Chtouka, in der Nähe des Bab Ksiba in der Kasbah.

Palmengesäumte Place des Ferblantiers

EIN HERRLICHER PLATZ

Dieser schöne Platz war einst die Heimat von Zinngießern – daher der Name. Es gibt noch einige Geschäfte, in denen Metallarbeiter Laternen, Lampenschirme, Waschbecken und interessante Metallkunst herstellen. In vielen Geschäften werden jetzt Gewürze und Naturheilmittel verkauft, sodass man sich hier mit Rosenwasser, Arganöl und Safran eindecken kann. **Concept Bohem** ist auf Haushaltswaren spezialisiert und verkauft Körbe, Taschen, Tischsets aus Bast, Makramee- und Häkelartikel, Leuchten, Spiegel und Stoffe.

Restaurants umgeben den Platz, Stühle und Tische laden zum Verweilen ein zwischen Geschäfts- und Museumsbesuchen in

HAMMAMS IN DER KASBAH & DER MELLAH

La Sultana
In diesem prächtigen Riad-Hotel in der Nähe der Saadiergräber kann man sich richtig verwöhnen lassen.

Kosyspa
Gehört zum Kosybar und bietet Hammams, Massagen, Gesichtsbehandlungen und Maniküren.

Hammam Ziani
Ein traditioneller Hammam mit getrennten Bereichen für Männer und Frauen zu erschwinglichen Preisen.

den Straßen, die vom Jemaa el Fna nach Süden führen, und den Sehenswürdigkeiten in der Mellah. Ein ideales Frühstückslokal ist **Chez Taib,** wo *batbout* vor den Augen der Gäste auf dem Grill zubereitet und mit Olivenöl, Käse und Honig serviert wird. Es passt sehr gut zu Minztee oder Kaffee. Im **Chez Kamal & Brahim** in Nr. 12 gibt es die üblichen Tajines und auch einen gut besuchten Grill, der zur Straße hin offen ist - die *kefta* (Fleischbällchen) sind ausgezeichnet. Setz dich an einen der grünen Tische des **Mazel Streetfood Coffee** für Pita und Falafel oder eine vegetarische Quinoa-Bowl und Kaffeespezialitäten. In einer Ecke befindet sich die **Kosybar** mit Kaffeebar, Restaurant, Spa und Dachterrasse, wo man bei einem Glas Wein den Sonnenuntergang über der Medina genießen kann.

Die Place des Ferblantiers liegt in der Mellah, um die Ecke vom Bahiah-Palast und in der Nähe der Lazama-Synagoge.

Eine Kostprobe des Moroccan Culinary Arts Museum

EINTAUCHEN IN DIE KULINARISCHEN KÜNSTE

Um zu sehen, wie Couscous von Hand gerollt wird, wie Argan-Nüsse zerkleinert und das Öl gewonnen wird und wie man einen marokkanischen Minztee richtig zubereitet, besucht man das **Museum der marokkanischen Kochkunst** in der Rue Zitoun El Jdid in der Nähe des Bahia-Palastes.

Das Museum, das sich in einem hervorragend restaurierten Riad einer Adelsfamilie aus dem 18. Jh. mit zwei schönen Innenhöfen befindet, erstreckt sich über drei Etagen und deckt alle Facetten der lokalen Küche ab, von Suppen über Gebäck bis hin zu Streetfood. Die Schautafeln informieren über Gewürze und Kräuter, die jüdische Küche, Geschirr und Küchenutensilien. Man lernt etwas über *khlii*, eingemachte Zitronen und das Kochen in einer Tajine über Kohlen in einem Terrakotta-*kanun* (Schmortopf). Außerdem kann man bei der Destillation von Rosen- oder Orangenblütenwasser zusehen oder die Kunst des traditionellen Brotbackens kennenlernen. Im Tea Time Salon auf der Dachterrasse kann man einen köstlich gewürzten Kaffee oder Minztee mit Gebäck probieren oder im Les Terrasses du Musée zu Mittag essen und die von den *dadas* (Köchinnen) zubereiteten Köstlichkeiten testen.

Im Museumsshop gibt es schön bestickte Tischdecken, Tajines und Produkte wie eingelegte Zitronen, Tees, Öle und Gewürze zu kaufen. Die Kochkurse werden in einem hochmodernen Klassenzimmer abgehalten. Tickets können online gebucht werden.

BESTE GEWÜRZE & KRÄUTER IN MAROKKO

Safran
Taliouine (S. 363) bei Taroudant im Antiatlas ist das Zentrum der marokkanischen Safranproduktion.

Ras el-Hanout
Ein Mix aus vielen Gewürzen; Händler stellen ihre eigenen Mischungen zur Verwendung in Tajines und für Salben her.

Getrocknete Rosenknospen & Rosenwasser
Die Knospen werden mit anderen Aromastoffen zerkleinert, um eine Salbe herzustellen. Rosenwasser kann in Keksen oder als Zusatz zu Sahne verwendet werden.

Kreuzkümmel
Die Samen werden gemahlen und über Eier und Lammbraten gestreut. Der Kreuzkümmel von Alnif (S. 163) ist der beste.

WO MAN MAROKKANISCH KOCHEN LERNT

Cafe Clock
Ein Drei-Gänge-Menü zaubern oder sich an Patisserie und Brot versuchen.

La Maison Arabe
Ausgezeichnete engagierte Kochschulen in der Medina und auf dem Land; bieten einen einstündigen Expresskurs an.

Faim d'Epices
Unterhaltsame Kochkurse auf einem Bauernhof außerhalb Marrakeschs mit Schwerpunkt auf Gewürzen; Transport wird gestellt.

BESTE RESTAURANTS IN DER KASBAH & DER MELLAH

Zeitoun Café
Das Zeitoun Café liegt in einer Ecke gegenüber der Moulay El Yazid-Moschee und serviert gute marokkanische Küche. Zum Frühstück gibt es *khlii* und Eier, später dann Kameltajine. €€

Kasbah Café
Riesige Pizzen auf einer Dachterrasse gegenüber den Saadiergräbern. An heißen Tagen bietet das Erdgeschoss schattige Plätzchen. €

Les Jardins de la Medina
Mittagessen im Garten oder Abendessen im eleganten Restaurant dieses Palasthotels. €€€

Safranproduzierender Krokus

Glitzernde Juwelen im Monde des Arts de la Parure

GLANZVOLLER SCHMUCK

Über den Burggraben hinweg gelangt man in dieses Museum, das mit Schmuckstücken, Sattlerwaren, Verzierungen, Textilien und zeremoniellen Gewändern aus der ganzen Welt beeindruckt. Fast 3000 Ausstellungsstücke aus mehr als 50 Ländern sind professionell zusammengestellt und beleuchtet. Erstmals in einem marokkanischen Museum ist jede Ausstellung mit einem QR-Code versehen, den man scannen kann und alles auf Englisch und Französisch auf dem Handy erklärt bekommt. Was man sieht, ist etwa die Hälfte der Schätze, die die leidenschaftlichen Sammler Marlene und Paolo Ponce-Gallone über Jahrzehnte zusammengetragen haben. Besonders sehenswert sind das mit Juwelen besetzte albanische Reliquienkreuz, die emaillierten, mit Karneolen besetzten Tuareg-*fibulae* und der granatfarbene, goldbestickte Samtkaftan aus Rabat aus dem 19. Jh.

Das Museum, das einst aus zwei Riads bestand, wurde unter Verwendung traditioneller Ziegel und Zedernholzstürze komplett neu aufgebaut. Außergewöhnlich ist die sechseckige zentrale *halka* (Deckenöffnung), die von schwarz bemalten *mashrabiya* umgeben ist. Es gibt ein Restaurant auf dem Dach sowie einen Geschenk- und Buchladen. Der Eintritt kostet stolze 100 Dh (für Kinder unter 12 Jahren kostenlos), aber wenn man erst einmal drin ist, wird man feststellen, dass es sich lohnt. Eintrittskarten können online gebucht werden, und es werden Führungen angeboten. Das Museum ist montags geschlossen.

BESTE PALASTHOTELS IN DER MEDINA

La Mamounia
Der erstklassige Hammam ist auch für Nicht-Gäste geöffnet, ebenso wie die Restaurants und Bars. Der Sonntagsbrunch ist legendär.

Les Jardins de la Medina
Es gibt Tageskarten für Mittagessen und Poolzugang oder einen Entspannungstag mit Mittagessen, Poolzugang und Massage.

Royal Mansour
Auch Nicht-Gäste sind in den opulenten Restaurants und im Spa sowie für einen Spaziergang durch die ruhigen Gärten willkommen.

BAB DOUKKALA & RIAD LAÂROUS

DAS GEMÜTLICHE MEDINA-LEBEN

Gleich bei der Ankunft in Bab Doukkala wird klar: In dieses Viertel verirren sich nur wenige Tourist:innen. Wer durch das Tor geht, gelangt auf einen großen Platz, auf dem sich das alltägliche Leben der Einwohner von Marrakesch abspielt: Es gibt Orangen und Frühstücksgebäck, die sich auf Karren stapeln, einen Laden für gebratenen Fisch, zahlreiche Metzger ...

Die bedeutende Moschee Bab Doukkala aus dem 16. Jh. ist schön restauriert worden. Gleich südlich des Brunnens stellen Köche *warqa* (Gebäck aus Filoteig) her. Man kann beobachten, wie die Teigkugeln auf die heiße Herdplatte getupft werden, um hauchdünne Teigblätter für *bastilla* herzustellen.

In diesem Viertel gibt es mehrere gehobene Riad-Gästehäuser, die ruhig und abseits der Touristenströme liegen. Zu den Museen gehören das reizvolle Musée du Parfum im Riad Laârous und das Riad Kniza in Bab Doukkala. Im Norden befindet sich der faszinierende Flohmarkt des Souq El Khemis.

TOP TIPP

Das Gebiet ist gut mit dem Auto erreichbar. Am Dar El Bacha in der Rue Dar El Glaoui kann man sich bequem vom Taxi absetzen lassen. Anschließend geht es in nordwestlicher Richtung über die Rue Fatima Zahra zum Bab Doukkala oder in nördlicher Richtung über die Rue El Glaoui zum Riad Laârous. Alternativ fährt der Bus 1 vom Jemaa el Fna zur Place Bab Doukkala.

Bab Doukkala-Moschee

BAB DOUKKALA & RIAD LAÂROUS

HIGHLIGHTS
1 Bab Doukkala
2 Stadtmauern

SEHENSWERTES
3 Riad Kniza Museum & Galerie

KURSE & TOUREN
4 Flow Yoga Studio
5 La Maison Arabe
6 Pikala Bikes

SCHLAFEN
7 L'Hôtel Marrakech
8 Riad Dar Sara
9 Riad Lamdina

ESSEN
10 Zaman Food

AUSGEHEN & FEIERN
11 Pikala Cafe

SHOPPEN
12 Soufiane Zarib
13 Studio Augustine

Bab Doukkala

EIN MONUMENTALES TOR

Das Bab Doukkala ist das Haupttor zum nordwestlichen Teil der Medina. Aber man geht nicht einfach hindurch – man geht hinein, biegt rechts ab und dann nochmal, um auf die Straße im Inneren der Medina zu gelangen. Dieses Nadelöhr bot Schutz und bedeutete, dass Besucher:innen nicht umhin konnten, dem Steuereintreiber im Tor eine Gebühr zu entrichten.

Das Bab Doukkala wurde um 1126 errichtet und nach dem Amazigh-Stamm der Region Doukkala in den Ebenen zwischen Marrakesch und Casablanca benannt, dessen Mitglieder die Stadt traditionell durch dieses Tor betraten. Es ist ein recht schlichtes Gebäude mit einem bogenförmigen Eingang und massiven Holztüren.

Bab Doukkala

Stadtmauern

WÄLLE AUS ROTER ERDE

Die Almoraviden-Dynastie gründete Marrakesch im Jahr 1070. Etwa 50 Jahre später begann man, Mauern um die Stadt zu errichten. Als die Stadt wuchs, setzten die Almohaden, die Saadier und alle nachfolgenden Dynastien die Bauarbeiten fort, um die neuen Gebiete zu schützen.

Die Erdwälle sind 6 bis 8 m hoch und haben alle 25 bis 30 m eine Bastion. Sie sind bis zu 2 m dick und waren ursprünglich mit einem Wehrgang und Zinnen versehen.

Sie bestehen aus Stampflehm, dem sogenannten Pisé, mit etwas Kalk zur Verstärkung. Die Löcher in den Wänden sind angeblich für nistende Vögel gedacht, aber in Wirklichkeit stammen sie von einem Baugerüst, das beim Bau verwendet wurde. Ursprünglich waren die massiven Holztore an jedem Eingang nachts geschlossen. Heute hat die Stadtmauer 19 Tore, viele davon mit neueren Torbögen, um die Zufahrt zu erleichtern. Die Route des Remparts auf der Ostseite der Medina führt entlang der Mauern und ist gesäumt von Rosengärten und Bänken.

Trockenblumen, Marrakesch

MEHR IN BAB DOUKKALA & RIAD LAÂROUS

Faszinierende Düfte im Musée du Parfum

ALLES ROSIG

Das **Musée du Parfum,** direkt abseits der Diour Saboun im Riad Laârous, ist in einem hübschen Riad aus dem 19. Jh. mit Zitrusbäumen im kleinen Innenhof untergebracht. Es wurde von dem Parfümeur Abderrazzak Benchaabane restauriert.

Auf jeder Etage erzählen die Räume rund um den Innenhof die Geschichte der Parfümherstellung. Marokko ist vor allem für seine Damaszener-Rosen aus dem Hohen Atlas bekannt. Zu sehen ist eine große Kupferbrennblase, die für die Herstellung des ätherischen Öls verwendet wird. Ein Raum ist den Parfüms gewidmet, die aus Gewürzen wie Vanille, Tonkabohne und Sternanis hergestellt werden, ein anderer informiert über die Argan-Nuss und die Gewinnung des Öls. Tausende zeitgenössische Parfümflaschen sind zu bewundern. Sehenswert ist auch die *orgue à parfums*, ein gewölbter Schrank mit Regalen, in denen Hunderte von Flaschen mit Aromen stehen, aus denen Profis Parfüms herstellen.

ANTIQUITÄTEN BEWUNDERN

Der Besitzer des **Riad Kniza Musée & Galerie**, Si Mohammed, hat eine großartige Sammlung marokkanischer Antiquitäten gegenüber seinem Gästehaus Riad Kniza nahe der Rue Bab Doukkala ausgestellt. Im Erdgeschoss ist ein wunderschönes Geschäft mit Schmuck, Teppichen, Kissen, Keramik und Amazigh-Zeltheringen sowie Designerkleidung seiner Tochter Kniza. Oben im 1. Stock befindet sich das Museum, das in ländliche und städtische Kultur unterteilt ist und Teppiche aus dem Hohen Atlas, traditionellen Schmuck und Kleidung, Keramik aus Fès und eine bemerkenswerte Sammlung von Zuckerhämmern der Amazigh zeigt.

ÜBERNACHTEN IN BAB DOUKKALA & RIAD LAÂROUS

Riad Lamdina
Komfortables, stilvolles Riad in kühlem Weiß mit einem Hauch von Terrakotta und Grün. **€€**

Riad Dar Sara
Entspannung am Pool und im Spa dieses elegant eingerichteten Riads im Grünen. **€€**

L'Hôtel Marrakech
Fünf prunkvolle Suiten mit dem Schwerpunkt auf Design, Luxus und gutem Essen. **€€€**

SULO LETTA/SHUTTERSTOCK ©

Radfahren, Jemaa el Fna (S. 52)

An der Parfümbar kann man an allem riechen, was einem gefällt: vielleicht Oud aus Thailand, Ylang-Ylang aus Madagaskar oder Weihrauch aus Somalia. An der Parfümbar kann man mithilfe eines Assistenten eine Stunde lang sein eigenes Eau de Toilette kreieren, man kann ein individuelles Parfüm in Auftrag geben oder an einem Parfümworkshop teilnehmen.

Aktiv werden in Marrakesch

YOGA UND RADFAHREN

Lass es mit einem Slow-Flow-Kurs, einer Mischung aus Vinyasa- und Hatha-Yoga, langsam angehen, oder probiere eine sanfte Vinyasa-Flow-Session im **Flow Yoga Studio** im Riad BE in Bab Doukkala. Für etwas mehr Energie sorgen die kraftvollen Detox-Flow- oder Power-Flow-Kurse für Ausdauer und Stärke. Wenn es nicht zu heiß ist, findet der Unterricht auf der Dachterrasse statt. Es werden drei- und fünftägige Exerzitien angeboten. Reservierungen unter contact@theflowyogastudio.com.

Besuche eine Yogastunde im **Dar Anis Yoga Studio**, abseits der Rue Fatima Zahra. Der Unterricht wechselt wöchentlich, das aktuelle Angebot findet man online (marrakechyogastudio.com). Im großen Innenhof unter den Orangenbäumen kann man wunderbar Yoga praktizieren. Die Inhaberin Stefanie bietet auch Klangbad-Meditationen und SoundMoves Restorative Yoga an und organisiert Retreats in Marrakesch und anderswo in Marokko. Ihr halbtägiges Wellness-Retreat, das eine Yogastunde, ein vegetarisches Mittagessen und eine einstündige Entspannungsmassage umfasst, bringt einen immer wieder in

OLDTIMER-MOTORRADTOUREN MIT BEIWAGEN

Mit einem klassischen Motorrad mit Beiwagen, das von der Firma **Insiders** zur Verfügung gestellt wird, entdeckt man Marrakesch und seine Umgebung auf eine ganz andere Art und Weise. Die spannenden Fahrten dauern 1½ Stunden und führen durch den Art-déco-Charme von Gueliz in der Ville Nouvelle, die Kasbah und Mellah in der Medina oder zu den Palmenhainen außerhalb der Stadt. Eine sechsstündige Fahrt führt in die wüstenähnliche Region Agafay, eine 10-stündige Fahrt in das Hohe Atlasgebirge. Voraussichtlich verbringt man 70 % der Zeit auf dem Motorrad und geht 30 % zu Fuß. Helme, regenfeste Kleidung, Getränke und der Fahrer/Führer werden gestellt.

ESSEN IN BAB DOUKKALA & RIAD LAÂROUS

Pikala Cafe
Der Schwerpunkt liegt auf gesunder Ernährung, mit vielen Angeboten für Vegetarier; wer ein Fahrrad mietet, erhält 30 % Rabatt. **€€**

Dar Zellij
Köstliche marokkanische Küche in diesem romantischen, mit Rosenblättern geschmückten Restaurant. **€€€**

Zaman Food
Preisgünstige marokkanische Spezialitäten und gutes Frühstück in der Nähe der Doukkala-Moschee. **€**

FAHRRADTOUR ZU DEN SEHENSWÜRDIGKEITEN DER MEDINA

Diese landschaftlich reizvolle Tour ist 8,5 km lang und dauert etwa zwei Stunden. Bei längeren Stopps unbedingt das Fahrrad abschließen. Von 1 **Pikala Bikes** aus geht es südwärts über die Ave El Glaoui bis zum Dar El Bacha, dann links abbiegen und dann rechts in die Rue Mouassine bis zum großen Platz mit der 2 **Mouassine-Moschee und -Hammam**. Man biegt rechts und dann links in die Rue Fehl Chidmi ein und fährt bis zum 3 **Jemaa el Fna**, wo man bei einem Fruchtsaft eine Pause einlegen kann.

Weiter geht die Fahrt entlang der Rue Moulay Ismail mit dem Postamt zur Linken und dem kleinen Park von Arset El Bilk zur Rechten. Man überquert die Kreuzung und biegt dann rechts ab, um die 4 **Koutoubia-Moschee** zu besuchen. (In den Gärten ist das Radfahren verboten.) Danach geht es zurück und zum Kreisverkehr mit dem Hotel Tazi gegenüber, wo man rechts abbiegt und bis zur 5 **Place des Ferblantiers** weiterfährt. Entlang der Rue Bahia Bab Mellah erreicht man den 6 **Bahia-Palast**. Nun geht's rechts in die Derb Manchoura und schon steht die 7 **Lazama-Synagoge** vor einem. Dann fährt man weiter in diese Richtung und vorbei am 8 **Jüdischen Friedhof El Miaara**.

Am Ende der Friedhofsmauer biegt man links in die Rue Ba Ahmad ein, fährt rechts in die Rue Tachenbacht, wieder rechts in die Rue Sidi Soussane bis zum 9 **Bab Debbagh** und den Gerbereien. Nun geht's nach links in die Rue Bab El Debbagh und westwärts nach Kaat Ben Nahid, vorbei an der 10 **Maison de la Photographie**, der 11 **BMedersa Ben Youssef** und dem 12 **Dar Bellarj**. An der Boutique Sarah Maj fährt man nach rechts in die Rue Sidi Abd El Aziz zur Place Riad Laârous und zurück zum Ausgangspunkt.

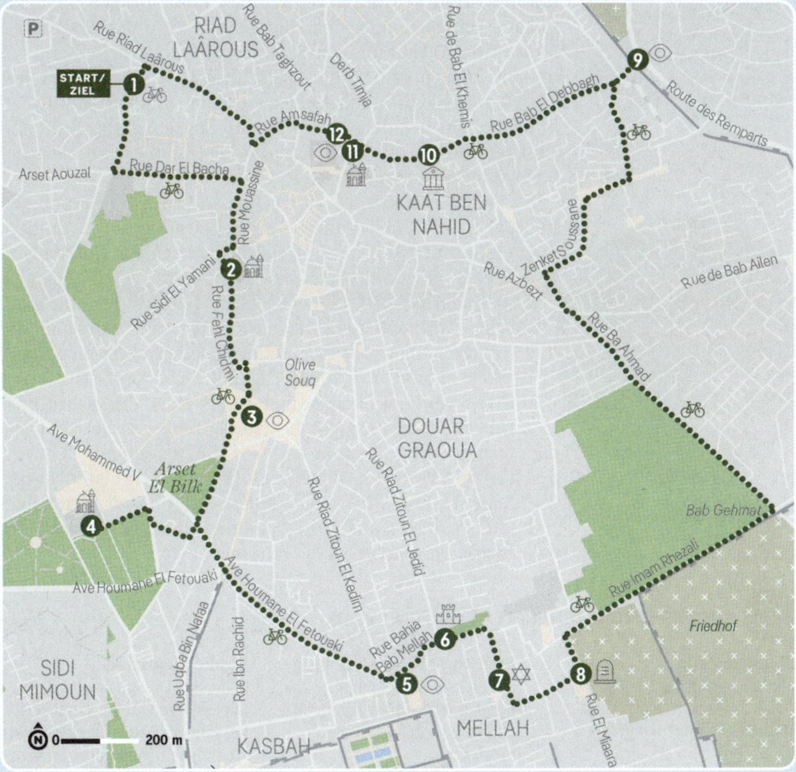

Schwung. Im Voraus buchen für das vegane Café, für Kochworkshops und Kalligraphiekurse.

An prominenter Stelle an der Place Riad Laârous befindet sich **Pikala Bikes,** ein gemeinnütziges Projekt, das junge Marrakescher dazu bringen soll, das Motorrad zugunsten des guten alten Fahrrads stehen zu lassen, und man kann dazu beitragen, indem man die Dienste von Pikala nutzt. Man leiht sich ein Fahrrad und fährt in die Medina, um die Stadtmauern herum oder in die Ville Nouvelle. Pikala bietet normale Fahrräder, Lastenfahrräder, Tandems, Geländeräder und sechssitzige Konferenzfahrräder, die von einem Führer begleitet werden. Das Unternehmen liefert sogar zu deinem Riad. Die Radtouren für Gruppen starten meist morgens um 9.30 Uhr vom Riad Laârous und beinhalten eine Teepause in einer Seitenstraße und interessante kulturelle Einblicke. Ferner gibt es Touren zur Palmeraie (S. 107) und zum Wassermuseum.

EIN TROPFEN WASSER

Chrab bedeutet „trinken" und *chouf* „gucken". Während man also am UNESCO-gelisteten **Chrab wa Chouf-Brunnen** aus dem 16. Jh. trinkt, sollte man auch gucken und ihn bewundern. Er steht in der Nähe der Ben Youssef-Medersa, ist aber nicht leicht zu finden. Anders als viele andere Brunnen hat er keine *zellige*, und das Wasser kommt aus einem einfachen Hahn. Der Türsturz und die Einfassungen aus Zedernholz sind jedoch mit prächtigen Arabesken, *muqarnas* und Kalligraphien verziert, die es zu bewundern gilt. Unterirdische Kanäle versorgen den Brunnen auf die gleiche Weise wie die Moscheen, die Ben Youssef-Medersa und den Le Jardin Secret.

Den Souq El Khemis durchstöbern

DER ULTIMATIVE FLOHMARKT

An der nördlichen Spitze der Medina befindet sich der **Souq El Khemis,** ein riesiger Markt, auf dem so ziemlich alles verkauft wird, was man sich vorstellen kann. Ganze Straßenzüge sind einem einzigen Gewerbe gewidmet, z. B. den Eisenhändlern, die mit ihren Schweißgeräten einen Funkenregen über das Pflaster schicken, oder den Händlern bestimmter Artikel wie Motorrädern, gebrauchten Schuhen, Elektrokabeln, Steckern und alten Küchenutensilien. Verschleierte Frauen breiten ihre Waren auf dem Bürgersteig aus, vielleicht Kinderkleidung, gebrauchte Marmeladengläser oder alte Decken. Einige Produkte sind neu: Terrakotta-Tajines, *tanjia*-Töpfe und *kanuns*. Sie sind hoch aufeinander gestapelt.

Der Markt ist weit entfernt von den schicken internationalen Boutiquen von Gueliz, aber er ist beliebt und voll, vor allem donnerstags und sonntags, wenn die meisten Händler da sind (freitags ist er geschlossen). Der interessanteste teil des Marktes befindet sich auf seiner Ostseite: der Markt der marokkanischen Türen. Wer ein Riad einrichten will, findet hier alte Türen, bemalt oder lackiert, jede mit einem massiven schmiedeeisernen *zikroun* (Riegel), einem Türklopfer, stilisierten Motiven der Hand der Fatima und Nieten. Vielleicht findet man aber auch kleinere geschnitzte Getreidespeichertüren aus dem fernen Süden. Es gibt bemalte Holztruhen aus dem Rif, geschnitzte Vitrinen und Schränke. Dieser Markt ist nicht nur der ideale Ort, um alte Gegenstände, Antiquitäten oder Trödel zu kaufen, sondern auch um einen faszinierenden Einblick in das marokkanische Leben zu erhaschen.

Souq El Khemis

SHOPPEN IN BAB DOUKKALA & RIAD LAÂROUS

Soufiane Zarib
Stilvolle, hochwertige Teppiche und Accessoires; man muss klopfen, um reinzukommen.

Riad Kniza Musée & Galerie
Große Auswahl von hochwertigem Berber-Silberschmuck und kunsthandwerklichen Produkten.

Studio Augustine
In diesem Designerladen kann man sich von Kunst, Wohnkultur, Wäsche, Vintage-Objekten und vielem mehr inspirieren lassen.

GUELIZ & VILLE NOUVELLE

MODERNE GALERIEN, TOP-RESTAURANTS UND GÄRTEN

Wenn in der Medina das Mittelalter tobt, so steht Gueliz ganz im Zeichen des Glamours mit einem Hauch 1930er-Jahre-Stil. Im Herzen von Marrakeschs Ville Nouvelle gibt es breite Boulevards, viele Parks und stilvolle Wohnblocks, aber die ursprünglichen französischen Art-déco-Villen, Hotels und Kinos verschwinden zunehmend, um modernen Gebäuden Platz zu machen. In diesem Viertel gibt es zahlreiche Galerien und hervorragende Restaurants. Die größten Attraktionen sind der Jardin Majorelle und das Musée Yves Saint Laurent Marrakech, die nordöstlich von Gueliz liegen.

Am nördlichen Rand der Stadt liegt das Viertel Sidi Ghanem mit zahlreichen Designerläden. Weiter nördlich befindet sich die Palmeraie, Palmenhaine mit Kunstmuseen, und im Süden liegen die Country Clubs.

Gueliz erreicht man von der Medina aus in etwa 30 Minuten zu Fuß oder mit dem Bus 1 ab Arset El Bilk in der Nähe des Jemaa el Fna. Ein *petit taxi* kostet etwa 15 Dh.

TOP TIPP

Achte auf die von den Franzosen errichteten Art-déco-Gebäude aus der Zeit des Protektorats (1912–56). Das Comptoir des Mines, das Le Grand Café de la Poste, das Le Colisée Cinema und das nahe gelegene Café des Négociants sind gute Beispiele und verfügen über eine herrliche Innenausstattung.

Jardin 16 Novembre, Gueliz

TUPUNGATO/SHUTTERSTOCK ©

HIGHLIGHTS
1 Comptoir des Mines
2 MACMA
3 Maison ARTC
4 Matisse Art Gallery
5 Yahya Création

ESSEN
6 +61
7 Amal Center
8 Le Petit Cornichon
9 Sahbi Sahbi
10 Snack Al Bahriya
11 Vita Nova

AUSGEHEN & FEIERN
12 16 Cafe
13 68 Bar à Vin
14 Barometre Marrakech
15 Café Les Négociants
16 Cantine Mouton Noir
17 Grand Café de la Poste
18 MY Kechmara

Unterhaltung
19 Ciné Théâtre Palace
20 Le Colisée

SHOPPEN
21 ATELIER 44
22 Galerie des Tanneurs
siehe **9** Lalla
23 Norya Ayron
24 Place Vendôme

CAFÉ LE STUDIO

Das Café des Museums ist nach dem Arbeitsplatz von Yves Saint Laurent in der Ave Monceau 5 in Paris benannt und mit einigen seiner Modeentwürfe dekoriert. Es ist ein lichter Raum mit gelben Akzenten, der in einen Innenhof mit Pflanzen und einem kühlen blauen Pool übergeht. Der Koch verwendet Zutaten aus der Region Marrakesch und Produkte vom Bio-Bauernmarkt im Jardin Majorelle am Samstagmorgen.

Besucher:innen der 1-54 Art Fair kommen im La Mamounia an.

1-54 Art Fair

MESSE FÜR ZEITGENÖSSISCHE AFRIKANISCHE KUNST

Die von Touria El Glaoui gegründete 1-54 ist die einzige internationale Kunstmesse, die sich der zeitgenössischen Kunst aus Afrika und seiner Diaspora widmet. Ihr Name bezieht sich auf die 54 Länder Afrikas. Die Messe findet dreimal im Jahr in London, New York und Marrakesch statt, mit einem Pop-up in Paris. Sie hat sich zu einer führenden Institution für moderne und zeitgenössische afrikanische Kunst in der ganzen Welt entwickelt. In Marrakesch sind mehr als 60 Künstler durch etwa 20 Galerien vertreten, die Malerei, Skulpturen, Mischtechniken und Installationen ausstellen. Rund um die Messe, die im Hotel La Mamounia stattfindet, werden Künstlerresidenzen und andere Veranstaltungen organisiert.

Musée Yves Saint Laurent Marrakech

HOMMAGE AN EINE MODEIKONE

Das 2017 eröffnete Musée Yves Saint Laurent Marrakech ist eine Hommage an den Modeschöpfer, der Marrakesch so sehr liebte, und wurde für seine Architektur ausgezeichnet. Die geschwungenen und geraden Linien des vom Studio KO entworfenen Gebäudes erinnern an einen Faltenwurf aus Stoff, während die Backsteinfassade wie ein Stoffmuster wirkt. In diesem magischen Museum gibt es eine großartige Ausstellung von Kleidern und Accessoires von Yves Saint Laurent sowie Fotografien und Modezeichnungen. Wesentliche Stücke wie das Mondrian-Kleid, der Smoking und der Erbsenmantel sind hier ebenso zu finden wie spektakuläre Abendkleider und Alltagskleidung. Hinter den Kulissen werden andere Kleidungsstücke sorgfältig konserviert. Die Sammlung befindet sich im Besitz der Fondation Pierre Bergé-Yves Saint Laurent und wird auch im Musée Yves Saint Laurent in Paris ausgestellt.

In einer separaten Galerie werden alle paar Monate wechselnde Kunstausstellungen gezeigt. Im Auditorium Pierre Bergé finden Filmvorführungen, Konzerte und Live-Übertragungen der Opéra de Paris statt, und jedes Jahr im November wird dort das Internationale Filmfestival von Marrakesch veranstaltet. Im Foyer des Theaters befinden sich die Modeillustrationen von Yves Saint Laurent für die Theaterstücke und Filme, an denen er mitgearbeitet hat. Eine Forschungsbibliothek steht Wissenschaftlern nach Vereinbarung zur Verfügung und enthält Bücher über das Volk der Amazigh, die marokkanische Geschichte, traditionelle Kunst, Gärten, Botanik und Landschaftsgestaltung.

In der Buchhandlung des Museums, die an die erste Konfektionsboutique von YSL in Paris erinnert, werden Bücher über Mode, Kunst, Geschichte, Gärten und Design sowie Poster und LOVE-Postkarten, Schmuck und Accessoires von YSL angeboten.

PIERRE-BERGÉ-MUSEUM FÜR BERBERKUNST

In vier Sälen werden mehr als 600 Exponate der Amazigh-Kultur vom Rif bis zur Sahara gezeigt und durch Fotografie, Film, Ton und Musik erläutert. Nach dem Einführungsraum zeigt der zweite Saal traditionelle Fertigkeiten und Handwerkskunst aus Leder, Keramik, Holz, Metall und Korb. Im sechseckigen dritten Raum wird mit Edelsteinen besetzter Silberschmuck ausgestellt, der die Stammesidentität und den Reichtum einer Frau symbolisiert. Im vierten und größten Saal werden Webarbeiten, Kleidungsstücke, Accessoires, Teppiche und Musik vorgestellt. Am Ausgang gibt es eine Buchhandlung.

Musée Yves Saint Laurent Marrakech

PALEPHOTOGRAPHY/SHUTTERSTOCK ©

Jardin Majorelle

YVES SAINT LAURENTS INSPIRATION

Im Jahr 1924 baute der französische Orientalist Jacques Majorelle sein Familienhaus inmitten von Palmen und Pappeln damals noch außerhalb von Marrakesch. Er bepflanzte seinen Garten mit exotischen Exemplaren aus der ganzen Welt. Der ummauerte Garten mit einer Fläche von 9000 m² besteht aus verschlungenen Wegen, farbenfrohen Gebäuden und ruhigen Teichen. 1980 kauften Yves Saint Laurent und Pierre Bergé das Anwesen, um es vor der Überbauung zu retten. Sie wohnten in Majorelles Haus, das in Villa Oasis umbenannt wurde, und sein Atelier ist heute das hervorragende Pierre-Bergé-Museum für Berberkunst. Für Yves Saint Laurent waren die Farben des Gartens – und Marrakeschs – eine Inspiration.

Das Café Majorelle ist ein hübsches Plätzchen für Tee und Kuchen, die Yves-Saint-Laurent-Gedenkstätte liegt an einem ruhigen Ort. Fast eine Million Besucher:innen pro Jahr genießen die zauberhaften Gärten, Pools und palmengesäumten Wege. Buchen kann man nur online, wobei man den Besuch des Gartens mit dem Eintritt in das angrenzende Musée Yves Saint Laurent Marrakech kombinieren kann. Am besten einen frühen Termin buchen, um den Massenandrang zu vermeiden: Der Garten öffnet um 8 Uhr morgens.

Comptoir des Mines

ART-DÉCO-JUWEL

In großen Räumen sind auf drei Etagen die Werke mehrerer moderner marokkanischer Künstler ausgestellt. Die Galerie verfolgt das Ziel, in diesen Räumen aufstrebende Künstler zu fördern, im angrenzenden Hangar werden große Installationen und Ausstellungen gezeigt. Das Haus an einer markanten Ecke von Gueliz war einst der Hauptsitz einer Bergbaugesellschaft und ist schon wegen der spektakulären Art-déco-Terrazzoböden, -Türen und -Leuchten einen Besuch wert.

Jardin Majorelle

DHVSTOCKPHOTO/SHUTTERSTOCK ©

Passage Ghandouri

MINI-EINKAUFSZENTRUM VOLLER GALERIEN

In diesem kleinen Einkaufszentrum voller Galerien in der Rue Yougoslavie rotten sich Gleichgesinnte zusammen. **Yahya Création** zeigt Yahyas hervorragend gefertigte Leuchten, Möbel, architektonische Elemente und Kunst, die in Palästen, Wohnungen und Büros auf der ganzen Welt zu finden sind. Die seit Langem in Marrakesch ansässige **Matisse Art Gallery** zeigt zeitgenössische marokkanische Gemälde, Mischtechniken und Skulpturen. **Maison ARTC** bietet atemberaubende Einzelstücke, die vom israelisch-marokkanischen Designer Artsi entworfen wurden. Am Ende der Passage befindet sich das private **Musée d'Art et de Culture de Marrakech** (MACMA). Es beherbergt eine ständige Fotoausstellung und Wechselausstellungen.

ROBSON90/SHUTTERSTOCK ©

Gueliz

MEHR IN GUELIZ & VILLE NOUVELLE

Art-déco-Architektur in Gueliz

HISTORISCHE KINOS

In Marrakesch gibt es einige moderne Kinos mit mehreren Leinwänden. Die Geschichte des Kinos in der Stadt reicht bis in die Zeit des französischen Protektorats von 1912 bis 1956 zurück. In Gueliz gab es sechs Kinos, darunter das **Le Colisée** am Blvd Zerktouni, das noch immer als unabhängiges Kino betrieben wird und als Veranstaltungsort für das Internationale Filmfestival von Marrakesch dient. Es zeigt marokkanische, internationale und Dokumentarfilme. Das Kino wurde restauriert, die Vorführ- und Tontechnik ist auf dem neuesten Stand, aber die Art-déco-Elemente wie der glamouröse, geschwungene Eingang, die zentrale Kasse, die Retro-Filmplakate und der Süßwarenladen sind immer noch zu bewundern.

Andere Kinos hatten nicht so viel Glück. Das 1926 an der Ecke Rue Yougoslavie und Blvd Moulay Rachid erbaute **Ciné Théâtre Palace** zeigte Filme, Theaterstücke, Puppenspiele und Konzerte und zog Stars wie Nat King Cole und Rita Hayworth an. Es wurde 1993 geschlossen. Heute steht es leer, und außer seiner

BESTE RESTAURANTS IN GUELIZ

Sahbi Sahbi
Hervorragende marokkanische Gerichte und perfekter Service durch das ausschließlich weibliche Team in einem atemberaubenden Ambiente, das vom Studio KO entworfen wurde. Abendessen von Dienstag bis Sonntag und Couscous zum Mittagessen am Freitag. €€€

Le Petit Cornichon
Einfallsreiche Speisekarte mit französischer Küche, die auf die Retro-Gerichte der 1970er-Jahre zurückgreift. €€€

+61
Frische, innovative Gerichte, die sich perfekt zum Teilen eignen, und gute Weine in einem entspannten, wintergartenähnlichen Raum mit freundlicher Bedienung. €€

Amal Center
Gemeinnütziger Verein zur Förderung benachteiligter Frauen, der in einem schönen, begrünten Garten köstliche traditionelle Gerichte zubereitet. €

KAFFEE IN GUELIZ & VILLE NOUVELLE

Grand Café de la Poste
Erinnert innen und außen an das Marrakesch der 1920er-Jahre; ein schöner Ort für einen Kaffee oder einen Cocktail.

16Cafe
Mitten im Zentrum von Gueliz gelegen ist es der perfekte Ort, um Leute zu beobachten und erstklassige Patisserie zu genießen.

Café Les Négociants
Wunderschönes Art-déco-Juwel mit Blick auf zwei belebte Boulevards; gut für Kaffee, Minztee und Frühstück.

BÜCHER ÜBER MAROKKANISCHE INNENARCHITEKTUR

Inside Marrakesh: Enchanting Homes & Gardens von Meryanne Loum-Martin (Rizzoli; 2020)

Marokko: Interior, Design, Inspiration herausgegeben von Catherine Scotto (Prestel; 2022)

Living in Morocco: Designs from Casablanca to Marrakesh von Lisl Dennis und Landt Dennis (Thames & Hudson; 2001)

Marrakesh by Design von Maryam Montague (Artisan; 2012)

Women Artisans of Morocco: Their Stories, Their Lives von Susan Schaefer Davis (Schiffer Craft; 2018)

Arts and Crafts of Morocco von James F Jereb (Thames & Hudson; 2015)

eleganten Fassade ist von der Straße aus nicht viel zu sehen. Es bestand aus zwei Teilen, einem überdachten und einem Open-Air-Kino für die Sommermonate, mit Palmen, die den Zuschauerraum umgaben, und einer Leinwand in einem eleganten Backsteinbogen. Der Förderverein Les Amis du Ciné Théâtre Palace hat sich zum Ziel gesetzt, das Gebäude durch Filmvorführungen, Ausstellungen und Führungen wieder zum Leben zu erwecken.

Shoppen bei den Designern des Sidi Ghanem

DEN MARKT DURCHSTÖBERN

Fans von zeitgenössischem Design, Wohnkultur und Kunst sollten sich das Industriegebiet von Sidi Ghanem im Nordwesten der Stadt ansehen. Hübsch ist es nicht, aber es lohnt sich, denn es bietet einen guten Überblick über marokkanisches Design. Für die Fahrt in das weitläufige Gelände muss man ein Taxi mieten. Am besten über die Unterkunft organisieren!

Das **Maison Sarayan** (Nr. 377) betritt man durch das Café, das Frühstück, Snacks und Sonntagsbrunch anbietet. Vorbei an einem schönen Springbrunnen gelangt man in den Ausstellungsraum für Inneneinrichtung mit attraktiven Möbeln, prächtigen Stoffen, Töpfen und Dekorationsartikeln. **Chabi Chic** (Nr. 435) hat Filialen im Beldi Country Club und in der Nähe des Jardin Majorelle, aber hier findet man das gesamte Sortiment an Keramik, Raumdüften, Glaswaren, Kerzenständern, Spiegeln und mehr. Die schmiedeeisernen Gartenstühle bei **LRNCE** (Nr. 59) sind einfach hinreißend. Auch wenn die Designerin Laurence vor allem für ihre wellenförmigen Keramiken bekannt ist, werden in ihrem Geschäft auch Stoffe, Sandalen, Spiegel, Zementfliesen, Kleidung und Teppiche verkauft. Weitere Teppiche gibt's bei **Jouti Rugs** (Nr. 257), wo man prächtige zeitgenössische Stücke aus Mrirt im Mittleren Atlas, allesamt aus reiner Wolle und von außergewöhnlicher Qualität, sowie alte Zemmour- und Marmoucha-Teppiche findet. **Jajjah** (Nr. 114-116) ist das geistige Kind des Künstlers Hassan Hajjaj, der als Andy Warhol Marokkos bekannt ist und zwischen Marrakesch und London pendelt. Dieser Laden ist teils Bekleidungsboutique, teils Ausstellungsraum und teils Café, in dem er seine eigenen Tee- und Kaffeespezialitäten anbietet, die auch in seinen charakteristischen Dosen verkauft werden.

Auf der anderen Seite der Hauptstraße N7 liegt das **Atelier Lamsaty Handmade**, ein von vier Schwestern gegründeter Kreativraum. Hier kann man an einem zweistündigen Töpferkurs teilnehmen und fünf Tage später sein gebranntes Stück abholen.

ESSEN IN GUELIZ & VILLE NOUVELLE

Vita Nova
Das beste von mehreren italienischen Restaurants in der Gegend bietet eine Abwechslung zu den Tajines. €€

Snack Al Bahriya
Erstaunliche Auswahl an frisch zubereitetem Fisch und Schalentieren. Immer viel Betrieb. €

Cantine Mouton Noir
Frische, saisonale, köstliche Speisen in einfachem Ambiente. Ideal zum Brunch. Abendessen wird nur am Wochenende serviert. €€

STADTSPAZIERGANG: GUELIZ ART & ART DÉCO

Dieser Rundgang führt durch viele der Kunstgalerien von Gueliz, vorbei an bemerkenswerten Art-déco-Gebäuden. Los geht's an der Passage Ghandouri in der Rue Yougoslavie. Hier kann man das 1 **MACMA** und die anderen Galerien besuchen. Nach Verlassen der Passage geht man 150 m in nördlicher Richtung bis zum Kreisverkehr, 2 **Place Abdel Moumen Ben Ali**, wo alte prächtige Art-déco-Gebäude sich erheben: das Cafe Atlas zur Linken und das Café Les Négociants zur Rechten.

Nun biegt man rechts in die Ave Mohammed V ein und läuft 130 m bis zum Hôtel Nassim. Von außen ist es unscheinbar, aber im 1. Stock befindet sich der 3 **Chesterfield Pub**, eine bildschöne Bar aus den 1930er-Jahren mit Walnussholzvertäfelung und abgestuften kubistischen Designelementen. Nach nur 30 Metern gelangt man über die ehemals prächtige Treppe in die 4 **Galerie 127** im 1. Stock, eine Art-déco-Wohnung, die in einen Kunstraum im Industriestil umgewandelt wurde und zeitgenössische Fotografie zeigt. Von der Galerie aus geht es 60 m weiter in südöstlicher Richtung bis zur Ecke. Dort biegt man rechts in die Rue de la Liberté ein, wo sich die 5 **Habib Kibari Gallery** befindet. Dieser Straße folgt man für 160 m bis zur Ecke und biegt rechts in die Rue Yougoslavie ein. Das 6 **Comptoir des Mines** in einem Art-déco-Gebäude an der Ecke zeigt Kunst aus ganz Afrika.

Nach weiteren 140 m in südöstlicher Richtung auf dem Blvd El Mansour Eddahbi taucht der 7 **Some Slow Concept Store** auf. Durch den kleinen Garten und die Treppe hinauf gelangt man zur alten Villa. Hier gibt es interessante Wohnaccessoires und Teppiche. Man verlässt das Geschäft und geht 250 m weiter in dieselbe Richtung bis zum 8 **Grand Café de la Poste**, einem großartigen Beispiel für Art-déco-Architektur und -Interieur der 1920er-Jahre. Spätestens jetzt hat man sich ein gutes Mittagessen und ein Glas Wein verdient.

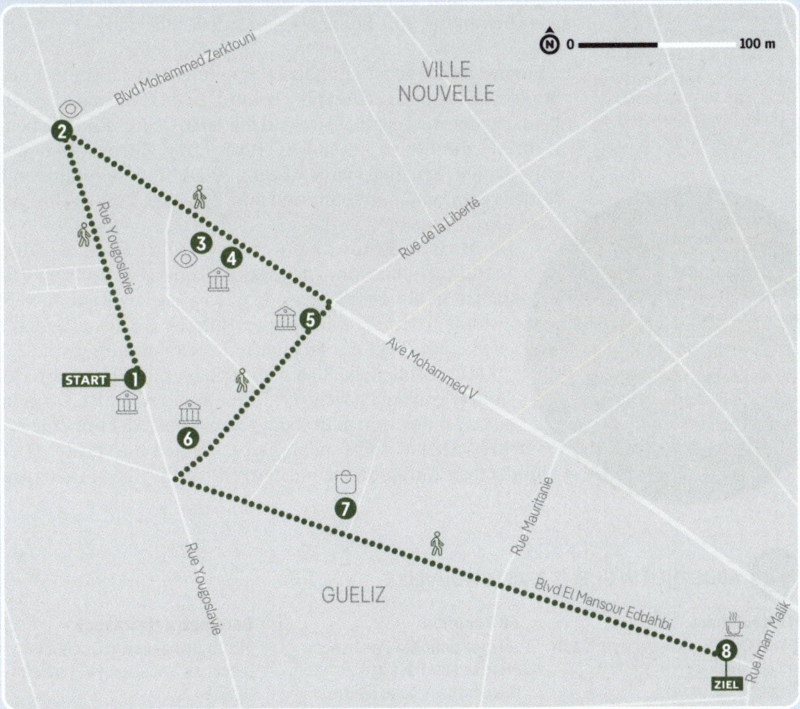

ABKÜHLUNG MIT DEN KINDERN

Den besten Wasserspaß südlich von Marrakesch gibt's im **Oasiria**, einem Wasserpark knapp 8 km von der Medina entfernt. Auf 10 ha reihen sich Gärten und Wasserattraktionen aneinander, darunter Rutschen, ein Wellenbad, River Tubing und eine Piratenlagune. Nach der Action kann man sich an einem Pool und beim Boulespiel vergnügen. Diverse Bars und Restaurants sowie ein Souvenirladen runden das Bild ab. Ein Shuttle (kostenlos) fährt vom Jemaa el Fna oder von Gueliz hin. Eine Tageskarte für Erwachsene kostet 130 Dh, Kinder werden nach Körpergröße berechnet (bis 1,5 m Körpergröße 90 Dh, Babys frei). Ein Tagespass inklusive Mittagessen kostet 280 Dh für Erwachsene und 150 Dh für Kinder.

WYNIAN/SHUTTERSTOCK ©

Kamele in der Palmeraie

Der Stadt entfliehen

FÜR DEN COUNTRY-CHIC IN RICHTUNG SÜDEN

Manchmal muss man einfach dem Staub und dem Chaos der Medina entfliehen, also schlüpfe in deinen schönsten Kaftan und fahre in den reizenden **Beldi Country Club,** 10 km südlich der Stadt. Lehne dich zurück und rieche an den 12 000 Rosenstöcken in diesem Öko-Paradies mit Pools, die im Winter beheizt werden (zwei für Kinder), mit Suk-Shopping und einem Restaurant mit marokkanischer und mediterraner Küche. Ein Tagespass beinhaltet eine Sonnenliege, Badetücher und ein Mittagessen (Erw./Kind 420/280 Dh).

Ferme Berbère ist ein hübscher kleiner Ort 12 km von der Stadt entfernt und verfügt über einen grünen Garten und einen Pool. Kinder werden die Tiere und die Ausritte mit Eseln lieben, während die Eltern unter den Oliven- und Zitronenbäumen entspannen. Ein Tagespass kostet 290 Dh und beinhaltet ein Mittagessen; ein Hammam und eine Massage gibt es für 660 Dh dazu.

Im **Maison Blaoui** kann man verführt werden, seine Kreditkarte bis zum Anschlag auszureizen, um sein Zuhause in ein verträumtes marokkanisches Riad zu verwandeln. Hinter einer großen Holztür, 6,5 km außerhalb der Stadt, liegt die fabelhafte Dekorsammlung von Carole und Mustapha Blaoui, die sich über 1000 m² erstreckt und wie in einem richtigen Haus angeordnet ist. Ob man einen kompletten marokkanischen Look oder nur ein perfektes Akzentstück sucht, es ist einfach das Beste. Hier findet man Antiquitäten und Zeitgenössisches sowie alles von

WOHNDEKOR ZUM TRÄUMEN

Falls man die Stadt nicht verlassen kann, hat Maison Blaoui auch eine Filiale in der Medina, im Viertel Mouassine (S. 65).

AUSGEHEN IN GUELIZ & VILLE NOUVELLE

MY Kechmara
Coole Cocktailbar auf dem Dach mit DJ; auch gut für Kaffee, Brunch und Tapas.

68 Bar à Vin
Ausgezeichnete Weine aus Marokko und der ganzen Welt, dazu französische Küche.

Barometre Marrakech
Mixologen zaubern Cocktails in dieser an Speakeasys angelehnten Bar.

Teppichen bis hin zu Leuchten, Möbeln, Stoffen und sonstigen Gegenständen, die weltweit versandt werden können.

Ausflug in die Palmeraie

KUNST ZWISCHEN PALMEN

Die Palmeraie (Palmenhaine), die Marrakesch umgeben, liegen im staubigen Buschland, und man findet dort mehrere Golfplätze, große Resorts und viele teure Villen in wunderschönen Gärten. Ein Tag in der Palmeraie ist eine gute Gelegenheit, der hektischen Medina zu entfliehen und Kunst zu genießen oder auf Quads oder Kamelen loszuziehen.

Das **Musée de la Palmeraie** liegt 8 km östlich der Stadt und ist vom Dorf Dar Tounsi aus ausgeschildert. Das große Museum für zeitgenössische Kunst, das der Benchaabane-Stiftung gehört, beherbergt eine private Sammlung von Gemälden, Fotografien, Skulpturen und Kalligrafien lokaler und internationaler Künstler. Im Außenbereich befinden sich drei Gartentypen: ein Kakteen- und Sukkulentengarten, ein andalusischer Garten und ein Wassergarten mit einem Bachlauf. Auf den Rasenflächen stehen Skulpturen, und es gibt viele Blumen. Die Stiftung organisiert verschiedene Veranstaltungen, darunter Kunst- und Umweltworkshops für Kinder.

Nur 600 m weiter liegt an der gleichen sandigen Straße das **Musée Farid Belkahia**, das das Werk dieses angesehenen marokkanischen Künstlers (1934-2014) würdigt. Er gilt als Pionier der modernen arabischen und marokkanischen Kunst und seine Gemälde, Arbeiten auf Kuh- und Lammfell sowie Kupferskulpturen schmücken die großzügigen Räume. Es gibt auch temporäre Ausstellungen. Die Werkstatt von Belkahia ist noch intakt. Draußen gibt es schöne Gärten, einen Wintergarten, einen Konferenzraum und einen Laden sowie einen Arbeitsbereich, der dem Gewinner des Farid Belkahia Excellent Award für Handwerk zur Verfügung steht.

Im üppigen Al Maaden Golf Resort, 6 km südöstlich von Marrakesch, befindet sich das elegante **Museum für zeitgenössische afrikanische Kunst Al Maaden**, eine private gemeinnützige Einrichtung, die afrikanische Kunst durch Ausstellungen, Aufenthalte und Bildungsprogramme fördert. Das Gebäude befindet sich in einem monumentalen Skulpturenpark.

DIE KUNST DES GÄRTNERNS

Es ist erstaunlich, was in dieser trockenen und staubigen Halbwüste alles angebaut werden kann, aber **Cactus Thiemann** züchtet hier schon seit 1964 Pflanzen. Dieser fast 7 ha große Garten liegt nördlich von Marrakesch in der Palmeraie, beherbergt mehr als 150 Kakteensorten aus Südamerika und ist die größte Kakteenplantage Afrikas.

Die Führungen sind faszinierend, die Kinder werden die Kamelritte genießen, und im Café kann man sich mit Minztee abkühlen.

Der Park ist von Mittwoch bis Samstag von 10 bis 17 Uhr geöffnet, der letzte Einlass ist um 16 Uhr. Die Eintrittskarten kosten 80 Dh für Erwachsene und 40 Dh für Kinder.

KUNST UM DER KUNST WILLEN

Wer es nicht bis in die Palmeraie schafft, kann im Rahmen der Gueliz Art & Art Deco Walking Tour (S. 105) die Kunstgalerien in der Ville Nouvelle besichtigen.

SHOPPEN IN GUELIZ & VILLE NOUVELLE

Lalla
Taschen aller Art, von Tragetaschen und Clutches bis hin zu Geldbörsen und Teppichtaschen; auch andere Accessoires.

Atelier 44
Winziger Laden, der lokale Designer präsentiert und Kleidung sowie Accessoires anbietet.

Norya Ayron
Von Sharon Stone bis Kate Moss – jede hat mindestens einen dieser Kaftane mit auffälligem Muster.

Oben: Aroumd (S. 116); Rechts: Aït-Bougomez-Tal (S. 122)

HOHER ATLAS

HOHE BERGE & GRÜNE TÄLER

Riesige Berge, abgeschiedene Täler, Berberdörfer aus Lehmziegel und ein Einblick in das Leben auf dem Land: perfekt für Naturliebhaber, Adrenalinjunkies und Kulturinteressierte.

Willkommen im Hohen Atlas, den die Berber „Idraren Draren" (Berg der Berge) nennen und der in der Souss-Massa-Ebene beginnt und sich fast 1000 km diagonal nach Nordosten erstreckt.

Das höchste Gebirge Nordafrikas liegt eingebettet zwischen dem Mittleren Atlas im Norden und dem Antiatlas im Süden und besteht aus vielen Gegensätzen: zerklüftete Gipfel und schmale Schluchten, karge felsige Ebenen und samtgrüne Täler.

Die von jahrhundertealten Hirten- und Maultierpfaden durchzogenen Berge sind eine Hochburg der Imazighen (Berber). Auf terrassenförmig angelegten Feldern und in fruchtbaren Tälern werden widerstandsfähige Feldfrüchte angebaut und ockerfarbene Dörfer aus Lehm und Stein hängen gefährlich an den Hängen.

Nur 90 Autominuten vom hektischen Marrakesch entfernt besteht die Landschaft ab Imlil aus ruhigen Tälern, zerklüfteten Felsen und dem höchsten Berg Nordafrikas, dem Jbel Toubkal. Es ist der perfekte Ort für Wanderungen und Radtouren mit Bergführern und Maultiertreibern, von leichten Wanderungen bis hin zu anstrengenden Mehrtagestouren.

Die üppigen grünen Täler und hübschen malerischen Unterkünfte um Ourika und Ouirgane sind für die Stadtbewohner ein wichtiger Zufluchtsort vor der Sommerhitze. Doch erst seit kurzem gibt es im Aït-Bougomez-Tal asphaltierte Straßen, die es den Dorfbewohnern ermöglichen, ihren traditionellen Lebensstil beizubehalten und sich Besucherinnen und Besuchern zu ihren eigenen Bedingungen zu öffnen. Im abgelegenen Imilchil wird die Berberkultur immer noch gelebt, vor allem beim Heiratsmarkt im September, einem unvergesslichen lauten und farbenfrohen Fest.

DIE WICHTIGSTEN ZIELE

TOUBKAL-NATIONALPARK Hier steht der höchste Berg Nordafrikas. S. 114

AÏT-BOUGOMEZ-TAL Berge, Täler und ländliches Leben. S. 122

OURIKA-TAL Ein grüner Zufluchtsort für die Städter aus Marrakesch. S. 131

OUIRGANE Leichte Wanderungen und ländliche Dörfer. S. 136

IMILCHIL Eine Hochburg der Berbertraditionen. S. 140

Erste Orientierung

Der Hohe Atlas zieht sich fast 1000 km diagonal durch Marokko. Die Region ist ein Paradies zum Wandern, Radfahren, Laufen, Raften, Skifahren oder für die, die das ländliche Leben erleben möchten. Wir haben die besten Orte herausgesucht.

Ouirgane, S. 136

In den Ausläufern des Hohen Atlas liegt das malerische Ouirgane-Tal mit seinen Berberdörfern, rostroten Hängen und immergrünen Wäldern.

Toubkal-Nationalpark, S. 114

Der hoch aufragende Jbel Toubkal, klare Bergluft und zahllose Wanderwege, die durch abgelegene Täler führen.

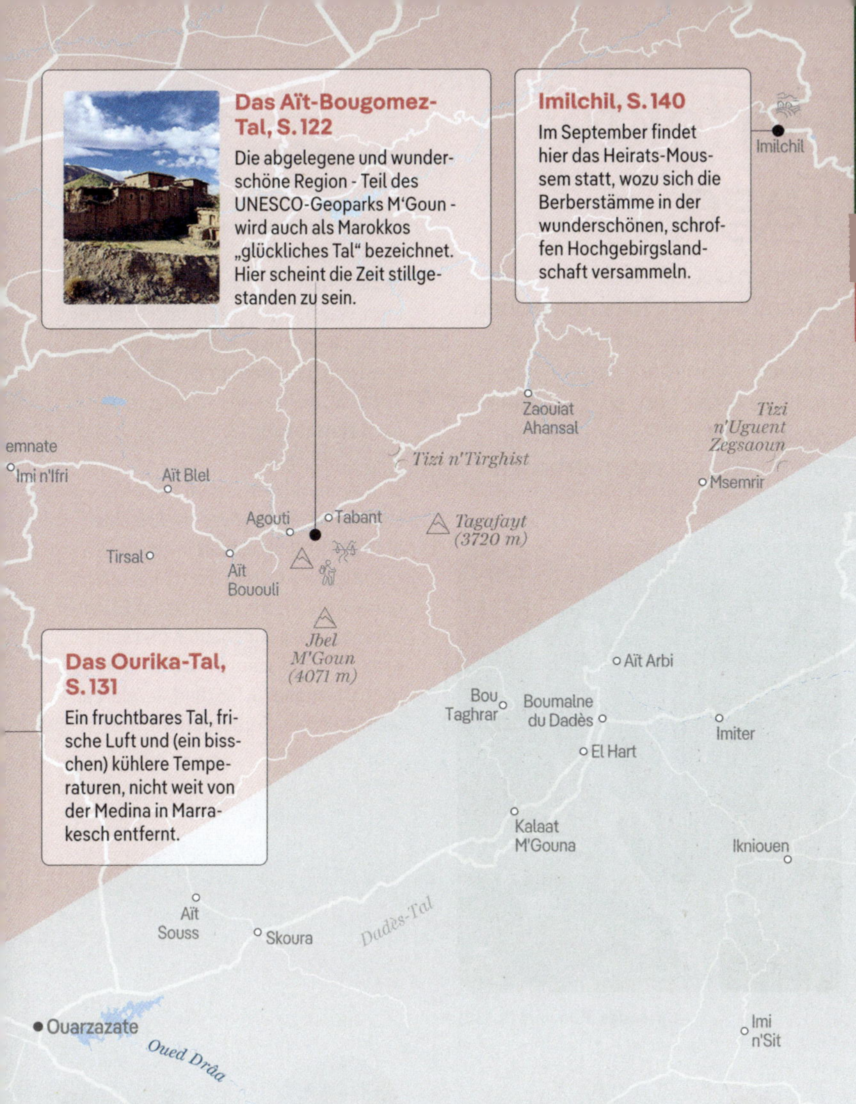

Das Aït-Bougomez-Tal, S. 122

Die abgelegene und wunderschöne Region - Teil des UNESCO-Geoparks M'Goun - wird auch als Marokkos „glückliches Tal" bezeichnet. Hier scheint die Zeit stillgestanden zu sein.

Imilchil, S. 140

Im September findet hier das Heirats-Moussem statt, wozu sich die Berberstämme in der wunderschönen, schroffen Hochgebirgslandschaft versammeln.

Das Ourika-Tal, S. 131

Ein fruchtbares Tal, frische Luft und (ein bisschen) kühlere Temperaturen, nicht weit von der Medina in Marrakesch entfernt.

AUTO

Ein Mietwagen in Marrakesch - oder ein Auto mit Fahrer, wenn man Angst vor den kurvenreichen Bergpässen mit ihren furchterregenden Haarnadelkurven hat - ist die einfachste Art, sich fortzubewegen und zu den abgelegenen Täler der Region zu gelangen.

TAXI

Das Ourika-Tal und Ouirgane sind von Marrakesch aus leicht und schnell mit dem *grand taxi* zu erreichen. Überall dort, wo keine Busse verkehren, findet man fast immer ein Taxi, ob groß oder klein, vor allem an Markttagen.

BUS

Außerhalb der Verkehrsknotenpunkte Asni (nach Imlil und zum Toubkal-Nationalpark) und Azilal (ins Aït-Bougomez-Tal und nach Zaouiat Ahansal) gibt es nicht viele Busverbindungen. Stattdessen gibt es Minibusse, die nicht nach Fahrplan fahren, sondern einfach abfahren, sobald sie voll sind.

Perfekte Tage

Für einen Ort, der sich so abgelegen anfühlt, sind Teile des Hohen Atlas – einschließlich des Jbel Toubkal – von Marrakesch aus leicht zu erreichen, so dass man weniger Zeit mit Reisen und mehr Zeit mit Erkundungen verbringen kann.

Cascades d'Ouzoud (S. 130)

Wenig Zeit

- Man fährt direkt nach **Imlil** (S. 115), um die beeindruckende Landschaft zu genießen und im Hohen Atlas zu wandern. Wer nur wenig Zeit hat, schafft es innerhalb von zwei Tagen auf den höchsten Berg Nordafrikas, den **Jbel Toubkal,** (S. 116) und wieder zurück nach **Marrakesch** (S. 46).

- Wer der Hitze und dem Trubel in Marrakesch für ein oder zwei Nächte entfliehen möchte, fährt in einem *grand taxi* ins **Ourika-Tal** (S. 131) und genießt die frische Luft und das Essen aus biologisch angebauten und saisonalen Erzeugnissen. Oder man fährt nach **Ouirgane** (S. 136) und wandert alleine zwischen Berberdörfern.

Beste Reisezeit

Von Januar bis März schneit es und man kann Skifahren. Im Frühjahr ist die Landschaft am allerschönsten, und von Mai bis September wird trotz steigender Temperaturen am meisten gewandert.

FEBRUAR

Am Morgen saust man Afrikas **höchste Skipiste** (S. 133) hinab und am Nachmittag bewundert man die Dünen in der **Agafay-Wüste** (S. 132).

MÄRZ

Der beste Monat für ein aufregendes Wildwasser-Rafting-Abenteuer entlang des Flusses Ahansal in **Zaouiat Ahansal** (S. 130).

APRIL

Super, um Nordafrikas höchsten **Berg** (S. 116) zu besteigen oder den Hohen Atlas auf der einwöchigen Toubkal-Rundtour (S. 120) näher zu erkunden.

Eine Woche zum Erkunden

- Man verbringt drei Nächte im wunderschönen **Aït-Bougomez-Tal** (S. 122) und **wandert** (S. 125), sucht nach **Dinosaurierfußspuren** (S. 124) und besucht **Weberei-Kooperativen** (S. 124), bevor man einen Zwischenstopp an den **Cascades d'Ouzoud** mit ihren drei Stufen (S. 130) einlegt oder im **Le Paradis du Safran** (S. 135) im **Ourika-Tal** auf dem Weg zurück nach Marrakesch zu Mittag isst.

- Nach einer anstrengenden Wanderung die Berge hoch und runter oder um die Medina herum entspannt man ein oder zwei Nächte in einer Ökolodge in **Ouirgane** und besucht die **Tin-Mal-Moschee** aus dem 12. Jh. (S. 139), bevor man den **Tizi n'Test** (S. 138) auf dem Weg zur Atlantikküste überquert.

Länger Zeit

- Wanderbegeisterte können den **Toubkal-Nationalpark** ausgiebiger erkunden und eventuell die sechstägige **Toubkal-Rundtour** (S. 120) in Angriff nehmen, auf der man den **Jbel Toubkal** besteigt, oder Tageswanderungen in abgelegenere Täler von der **Kasbah du Toubkal** (S. 119) unternehmen. Oder man bleibt länger im **Aït-Bougomez-Tal** (S. 122) und nimmt sich Zeit für die dreitägige **M'Goun-Überquerung** (S. 126).

- Wer im September in **Imilchil** beim **Heirats-Moussem** (S. 141) ist, kann danach Richtung Süden weiter zur **Todraschlucht** (S. 157), Richtung Westen zur **Dadès-Schlucht** (S. 158) oder Richtung Osten nach Rich und dann Richtung Süden über **Erfoud** (S. 163) nach **Merzouga** (S. 165) und zum beeindruckenden Dünenfeld von **Erg Chebbi** (S. 166) fahren.

MAI

Der Frühling ist wunderschön im **Aït-Bougomez-Tal** (S. 122), wenn die Berggipfel leicht mit Schnee bedeckt sind und die Obstbäume in voller Blüte stehen.

JUNI

Der **Hohe-Atlas-Ultramarathon** (S. 118) führt auf Läufen von 10 bis 120 km durch die Berge.

AUGUST

Das viertägige **Setti-Fatma-Moussem** (S. 133) Mitte August ist eine Mischung aus einem religiösem Fest, einem Jahrmarkt und einem Markt.

SEPTEMBER

Tausende IBerber reisen in die Stadt Imilchil, die von roten Felsen und türkisfarbenen Seen umgeben ist, um an der **Heirats-Moussem** (S. 141) teilzunehmen.

TOUBKAL-NATIONALPARK

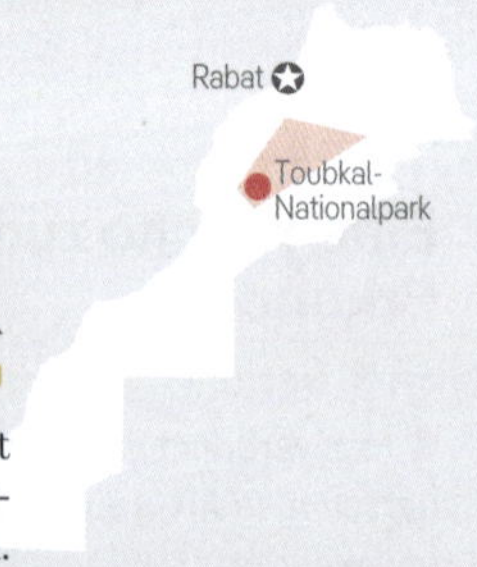

Der wilde und wunderschöne Toubkal-Nationalpark nimmt 380 km² des Hohen Atlas ein und besteht größtenteils aus Bergen und hohen *tizis* (Pässe), Schluchten, Hochebenen und Tälern. Es gibt abgelegene Berberdörfer, in denen die Zeit stehengeblieben zu sein scheint. Gebäude aus Lehmziegeln scheinen sich wie übereinander gestapelt an den Berghang zu schmiegen.

Eine der größten Attraktionen in Marokko ist der schneebedeckte Jbel Toubkal (4167 m), der höchste Berg Nordafrikas, der trotz seiner Höhe relativ leicht zu besteigen ist. Bergwanderwege, die sich kreuz und quer über den Berg ziehen, beginnen in Imlil, das sich zu einem Wanderzentrum entwickelt hat und über zahlreiche Unterkünfte, Cafés und Geschäfte verfügt. Man kann hier nicht nur wandern, sondern auch auf Schotterwegen und Maultierpfaden Mountainbiken und auch auf den Tieren selbst reiten.

TOP TIPP

Den Jbel Toubkal darf man nur mit einem Guide besteigen. Erfahrene Wanderer halten das vielleicht für überflüssig, aber dies hilft nicht nur der Wirtschaft vor Ort, die Guides kennen die Wege in- und auswendig, kommen mit jedem Wetter zurecht und können im Notfall schnell Hilfe rufen.

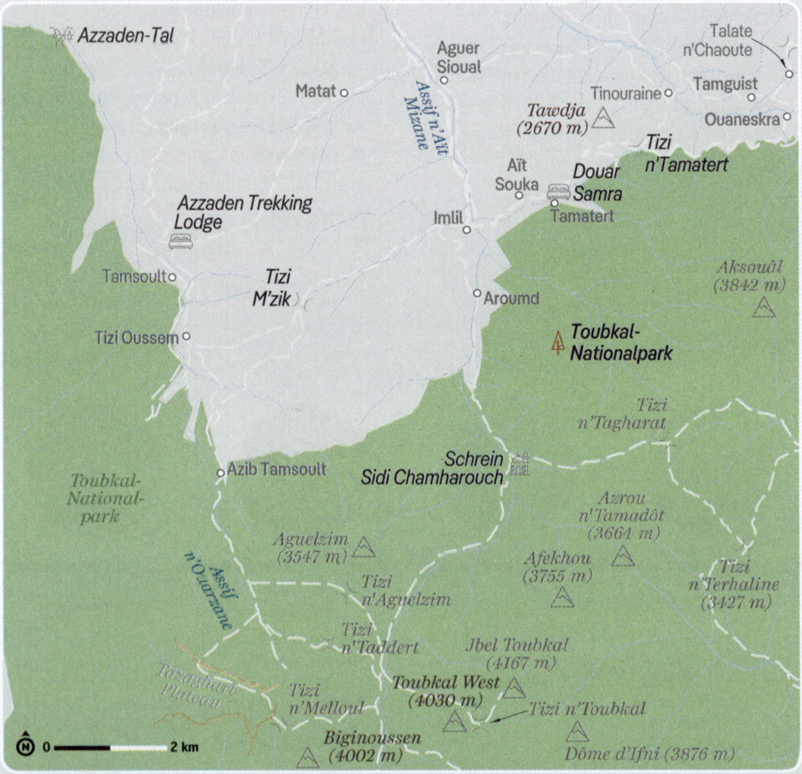

RYZHKOV OLEKSANDR/SHUTTERSTOCK ©

Imlil

Wanderrouten im Toubkal-Nationalpark

TAGESWANDERUNGEN VON IMLIL

Wer den Toubkal nicht besteigen möchte, hat die Wahl zwischen kurzen Spaziergängen bis zu anspruchsvollen Tageswanderungen mit Blick auf den Jbel Toubkal.

In Unterkünften wie der Kasbah du Toubkal gibt es erfahrene Guides oder man lässt sich im Bureau des Guides (bureaudesguidesimlil.com) in Imlil einen Guide vermitteln.

Die Wanderung zum historischen Dorf und zum *marabout* (Heiliger) von **Sidi Chamharouch** (2330 m) dauert ca. vier Stunden und führt in Richtung des Toubkal. Man kommt an dem Dorf Aroumd vorbei, das aus einem Gewirr aus Lehmhäusern auf einer Moräne (das von einem Gletscher transportierte Material aus Felsen und Schuttablagerungen) besteht, und gelangt auf der anderen Seite ins Aït-Mizane-Tal.

Eine andere vierstündige Wanderroute ist der Aufstieg auf den Pass **Tizi n'Tamatert** (2279 m) mit tollem Ausblick ins Imane- und Aït-Mizane-Tal. Daraus wird eine Tageswanderung, indem man vorbei an Berberdörfern entlang des Flussverlaufs über alte Bewässerungskanäle und durch landwirtschaftliche Terrassen, die von Mandel- und Walnussbäumen gesäumt sind, hinunter ins Imane-Tal wandert.

Die Wanderung ins malerische **Azzaden-Tal** ist ein weiterer Klassiker. Es geht hinauf auf den Pass **Tizi M'zik** (2489 m) und wieder hinab nach Aït Aïssa, wo man eine Nacht in der **Azzaden Trekking Lodge** verbringt, die von der Kasbah du Toubkal (highatlastrekkinglodge.com) betrieben wird, bevor man über einen anderen Weg zurück nach Imlil wandert.

LOCAL TIPP: EIN KULTURELLER AUSTAUSCH

Mohammed Idahli, Bergführer

Ich lebe mit meiner Familie und meinen Eltern in dem Haus, in dem ich geboren wurde. Mein Vater erzählt oft, wie hart das Leben im Tal früher war, als es noch keinen Strom und keine Handys gab und der Tourismus noch nicht so weit entwickelt war. Man lebte von der Hand in den Mund, und die Menschen mussten Imlil verlassen, um einen vernünftigen Lebensunter halt zu verdienen. Jetzt kann ich Besucher:innen durch mein schönes Tal führen, über dem der Jbel Toubkal thront, und meine Familie ernähren.

ÜBERNACHTEN IM TOUBKAL-NATIONALPARK

Riad Jnane Imlil
Das familienfreundliche Hotel im Zentrum von Imlil hat große und individuell eingerichtete Zimmer und einen Swimmingpool. **€€€**

Douar Samra
Das traditionelle Hotel liegt in einem wunderschönen Garten im ruhigen Dorf Tamatert und verfügt über drei Panoramaterrassen. **€€€**

Kasbah du Toubkal
Die nachhaltig geführte Kasbah thront majestätisch auf einem Berg inmitten Marokkos höchsten Bergen und bietet geführte Wandertouren an. **€€€**

WANDERTOUR

Den Jbel Toubkal besteigen

Der höchste Gipfel Nordafrikas steht auf der Wunschliste vieler Reisender und ist ein machbares Unterfangen für jeden, der einigermaßen sportlich ist. Es handelt sich eher um eine anstrengende zweitägige Wanderung als um eine technisch anspruchsvolle Bergbesteigung. Am besten macht man die Tour im Sommer und Herbst, aber es kann auch noch im Juni schneien und die Höhenlage kann ein Problem darstellen. An klaren Tagen reicht der Blick vom Atlantik bis zur Sahara.

Tag 1 Von Aroumd zur Toubkal-Hütte

Am besten startet man schon frühmorgens, damit man Zeit hat, sich zu akklimatisieren und in der Hütte (im Vorfeld buchen) auszuruhen. Direkt südlich von Aroumd – ein Kontrollpunkt, um zu überprüfen, ob Nicht-Einheimische mit ortskundigen Führern unterwegs sind – geht es über die steinige Talsohle und dann auf einem Maultierpfad bergauf in Richtung eines riesigen Felsen über dem östlichen Tal des Assif Reraya bis zum Weiler und der Pilgerstätte von Sidi Chamharouch (2330 m, ca. zwei Stunden von Aroumd entfernt). Hinter dem Schrein links vom Pfad locken ein paar Wasserfälle mit Teichen und ein schattiger Picknickplatz.

Nach der Überquerung der Brücke in Sidi Chamharouch führt die steinige Route 2 km vom Fluss weg und verläuft im Zickzack oberhalb der Talsohle. Dann wird sie flacher und folgt schließlich wieder dem Fluss. Die Toubkal-Hütte (refugedutoubkal.com) und die

Hiking, Toubkal National Park

CARLOS NETO/SHUTTERSTOCK ©

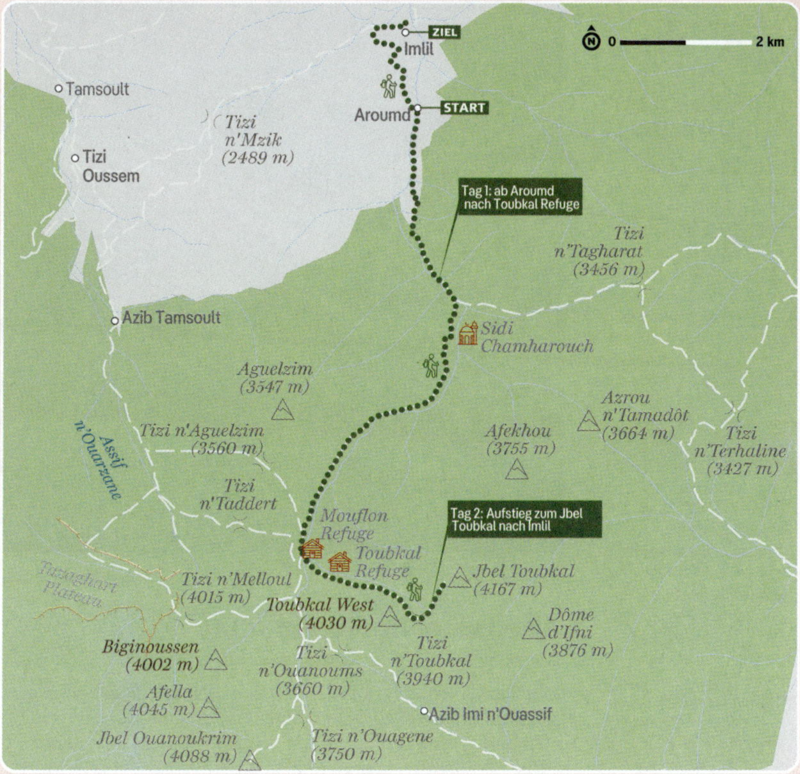

Mouflon-Hütte (refugetoubkal.com) unterhalb der Westflanke des Jbel Toubkal auf ca. 3207 m sind bereits eine Stunde vor der Ankunft zu sehen.

Die Wanderung: Von Aroumd zur Toubkal-Hütte beträgt die Dauer sechs bis sieben Stunden, die Länge 10 km und der Aufstieg 1287 m.

Tag 2 Der Aufstieg zum Jbel Toubkal nach Imlil

Auch am zweiten Tag startet man so früh wie möglich, um den Aufstieg in der prallen Sonne zu vermeiden. Da es keinen Schatten und keinen Schutz vor dem Wind gibt, unbedingt warm anziehen und viel Wasser und ein paar Snacks mitnehmen. Wer direkt von Imli hergewandert ist, sollte sehr langsam und gleichmäßig gehen, um nicht höhenkrank zu werden. Sobald Symptome wie starke Kopfschmerzen oder Übelkeit mit Erbrechen auftreten, muss man sofort absteigen.

Das südliche Tal ist die beliebteste Route und sie beginnt direkt hinter der Toubkal-Hütte, wo sie über den Fluss und in östlicher Richtung auf den Geröllhang zuführt.

Auf dem klar erkennbaren Weg an der linken Hangseite muss man etwas klettern, denn er führt über ein Steinfeld und steigt im Zickzackkurs hoch zum Tizi n'Toubkal (3940 m). Dann biegt der Weg nach links (Richtung Nordosten) ab und folgt dem Kamm bis zum Gipfel (4167 m). Je nach Kondition und Wetter sollte man für den Aufstieg bis zu vier Stunden einplanen.

Zurück geht's auf demselben Weg und zwar nach links, wenn die Hütte auftaucht. Der Abstieg zur Hütte dauert höchstens zweieinhalb Stunden. Dann kehrt man nach Aroumd oder Imlil zurück (ca. weitere 3 km).

Die Wanderung: Die Dauer für den Aufstieg und den Abstieg nach Aroumd beträgt ca. neun Stunden, die Länge 17 km, der Aufstieg 960 m und der Abstieg 2247 m.

DER HOHE-ATLAS-ULTRAMARATHON

Läufer, die durch die Berge des Hohen Atlas laufen wollen, sollten sich an HAUT (hautmorocco.com) wenden, um sich einer wilden, anspruchsvollen und technisch schwierigen Herausforderung zu stellen. Es handelt sich dabei nicht um einen, sondern um fünf Läufe, deren Schwierigkeitsgrad vom HAUT 10 (10 km mit einem Höhenunterschied von 500 m) bis zum HAUT 120 (120 km mit einem Aufstieg von 6700 m und einem Abstieg von 7200 m) reicht. Von Imlil oder Ouirgane aus geht es über felsige Pässe durch weite alpine Ebenen und über steile Wege hinab zu in grünen Tälern versteckten Lehmdörfern. Bei längeren Rennen übernachtet man in einfachen Pensionen. Alle Teilnehmerinnen und Teilnehmer werden im Ziel mit einem Glas süßem Minztee begrüßt.

Unter dem folgenden QR-Code gibt's weitere Informationen zum Ultramarathon.

RYZHKOV OLEKSANDR/SHUTTERSTOCK ©

Wandern, Toubkal-Nationalpark

Abenteuer im Hohen Atlas

AUF ZWEI RÄDERN UND VIER BEINEN

Man kann nicht nur durch den Toubkal-Nationalpark wandern. Mountainbiken wird immer beliebter, und mehrere Unternehmen bieten Touren im und um den Hohen Atlas herum an.

Der Veranstalter Argan Sports (argansports.com) in Marrakesch bietet Fahrradtouren für jedes Niveau auf und abseits der Wege an mit heftigen Steigungen, auf anspruchsvollem Untergrund und mit rasanten Abfahrten – darunter Touren im Ourika-Tal und rund um Ouirgane und Asni und dem Skigebiet Oukaimeden.

Wer lieber auf vier Beinen unterwegs ist, kann ein Maultier und einen Maultiertreiber bei der Association des Mules für Halb- oder Tagesausflüge buchen. Die trittsicheren, sanftmütigen Tiere transportieren seit Jahrhunderten Vorräte zwischen hochgelegenen Berberdörfern hin und her und kennen die Berge wie ihre Westentasche. Sie sind auch sehr kinderlieb.

Erfahrene Reiterinnen und Reiter können Reiturlaube bei Unternehmen wie Equus Journeys (equus-journeys.com) buchen, das ein 15-tägiges Reitabenteuer im Hohen Atlas auf Berber-

ESSEN IN IMLIL

La Table de Tigmi
Auf der Speisekarte steht ein bisschen von allem. Die Preise sind günstig und das Personal freundlich - unbedingt den Berber-Burger probieren. **€**

Riad Atlas Toubkal
Von der Terrasse aus hat man einen Panoramablick und es werden köstliche traditionelle Gerichte serviert. **€€**

Kasbah du Toubkal
Auch wer hier nicht Gast ist kann auf der Terrasse mit atemberaubender Aussicht zu Mittag essen oder im Salon bei Kerzenschein speisen.**€€€**

pferden anbietet, einer robusten nordafrikanischen Rasse mit großer Ausdauer, die sich perfekt für Bergpässe eignet.

Erfahrenen Skifahrerenden kann das Bureau des Guides Skilehrerinnen und Skilehrer vermitteln, die in den Alpen trainiert haben und mit denen man abseits der Pisten adrenalingeladene Abenteuer erleben kann.

Die Kasbah du Toubkal auf einem Berg

ÜBERNACHTEN UND DIE GEMEINDE UNTERSTÜTZEN

Die Kasbah thront über Imlil am Fuße des Toubkal und wurde Ende des 19. Jhs. als feudaler Sommerpalast eines Stammesführers gebaut. Nach der Unabhängigkeit Marokkos verfiel sie, bis 1990 ein britisches Reiseunternehmen das verfallene Gebäude kaufte und nach und nach in eine spektakuläre Ökolodge und einen Wanderstützpunkt mit einer der besten Aussichten Marokkos verwandelte.

Die Restaurierung wurde zusammen mit der Gemeinde durchgeführt, wobei traditionelle Methoden und Materialien verwendet wurden (in Imlil gab es damals keinen Strom). Heute wird sie von Mitarbeitern aus den umliegenden Dörfern betrieben.

Die Kasbah du Toubkal (kasbahdutoubkal.com) gründete die Imlil Village Association, die durch einen Aufschlag von 5% auf die Rechnung finanziert wird. Mit den Geldern wurde neben anderen Projekten ein Internat für 80 Kinder in einem abgelegenen Tal und der erste Rettungswagen in der Region finanziert.

Sie gründeten auch Education for All (efamorocco.org), eine marokkanische NGO, die Internate baut und betreibt, in denen Mädchen aus ländlichen Gemeinden, die weit von weiterführenden Schulen entfernt liegen und in denen oft mehr als 80% der Frauen Analphabetinnen sind, zur Schule gehen können. Bis heute haben rund 200 Mädchen ein Studium aufgenommen und zwei arbeiten an ihrem Doktortitel.

Die Gäste können an einer der vielen angebotenen geführten Wanderungen teilnehmenTageswanderungen oder kürzere Wanderungen vor oder nach dem Mittagessen auf der Dachterrasse mit Panoramablick auf die Berge. Das Abendessen wird im kerzenbeleuchteten Salon serviert, der mit Kissen, Teppichen und niedrigen Tischen ausgestattet ist und mit Holzöfen beheizt wird.

Kasbah du Toubkal

DIE EVE BRANSON FOUNDATION

Die Eve Branson Foundation (evebransonfoundation.org.uk) betreibt zwei Zentren im Hohen Atlas, in denen traditionelle Fertigkeiten wie Holzbearbeitung, Weben und Sticken vermittelt werden. Die Zentren stehen Einheimischen aller Altersgruppen offen und konzentrieren sich auf die Bereiche Bildung, Gesundheit und Umwelt. Die handgefertigten Produkte - darunter Schals, Überwürfe und Schmuckschatullen - verbinden alte Handwerkstechniken mit modernem Stil und werden im Luxushotel Kasbah Tamadot angewandt und in einer kleinen Boutique nebenan verkauft. Die Hälfte des festgelegten Kaufpreises geht direkt an die Kunsthandwerkenden, der Rest fließt zurück in die Stiftung.

Auf der EBF-Webseite kann man im Vorfeld ein Treffen mit den Kunsthandwerkerinnen und Kunsthandwerkern buchen und ihnen bei der Arbeit in den Dörfern Tamgounssi und Tansghart zusehen.

UNTERWEGS VOR ORT

Wer kein eigenes Auto hat oder an einer Tour teilnimmt, kommt am einfachsten von Marrakesch nach Imlil, indem er ein *grand taxi* von Bab Er Rob nach Asni nimmt und dann von dort aus ein weiteres *grand taxi*. Der Toubkal-Nationalpark lässt sich am besten auf zwei Beinen oder zwei Rädern erkunden.

WANDERTOUR

Die Toubkal-Rundtour

Die sechstägige, 79 km lange Rundtour um und auf den Jbel Toubkal durch abwechslungsreiche Landschaften, fruchtbare Täler und abgelegene Berberdörfer bis zu unwirtlichen Gipfeln und schroffen Pässen ist eine anspruchsvolle Wanderung mit langen Anstiegen über felsiges Gelände. Man braucht eine gute Kondition und ein Guide ist verpflichtend.

Tag 1 Von Imlil nach Tacheddirt

Der erste Tag verläuft relativ sanft entlang der Straße von Imlil (1740 m) und dem Dorf Tacheddirt (2400 m). Die Straße steigt sacht nach Osten an und schlängelt sich hoch nach Aït Souka um das Dorf Tamatert herum auf den Pass Tizi n'Tamatert (2279 m).

Die Wanderung: Die Dauer beträgt sechs bis sieben Stunden, die Länge 14 km, der Aufstieg 1028 m und der Abstieg 381 m.

Tag 2 Von Tacheddirt nach Azib Likemt

Für den Aufstieg zum Tizi n'Likemt (3550 m) mit einem Höhenunterschied von 1060 m sollte man früh aufbrechen. Der lange, steile Anstieg belohnt an klaren Tagen mit Aussichten auf den Oukaimeden und den Jbel Toubkal. Nach 90 Minuten führt ein steiniger Pfad zu den Weiden oberhalb von Azib Likemt.

Die Wanderung: Die Dauer beträgt fünf bis sieben Stunden, die Länge 9 km, der Aufstieg 1060 m und der Abstieg 923 m.

Tag 3 Von Azib Likemt nach Amsouzert

Von Azib Likemt geht es auf einem Pfad Richtung Süden einen Berghang hinauf und in eine Schluch, der man für 6,5 km folgt. Es geht vorbei an Klippen und durch große Weiden, bis ein deutlich erkennbarer Pfad das Tal zum Tizi n'Ouraï (3109 m) hinaufklettert. Hier genießt man herrliche Aussichten auf die Ostseite des Toubkal, bevor es hinab nach Amsouzert (1797 m) geht.

Die Wanderung: Die Dauer beträgt fünf bis sechs Stunden, die Länge 16 km, der Aufstieg 624 m und der Abstieg 1300 m.

Tag 4 Von Amsouzert nach Azib Imi n'Ouassif

Von Amsouzert folgt man der vielbefahrenen Straße Richtung Westen, bis man Aït Igrane und den Lac d'Ifni erreicht. Ein Pfad überquert den breiten trockenen Teil des Sees, ehe der lange Marsch zum Tizi n'Ouanoums (3660 m) beginnt. Durch eine felsige Schlucht

Toubkal Refuge

IGOR DYMOV/SHUTTERSTOCK ©

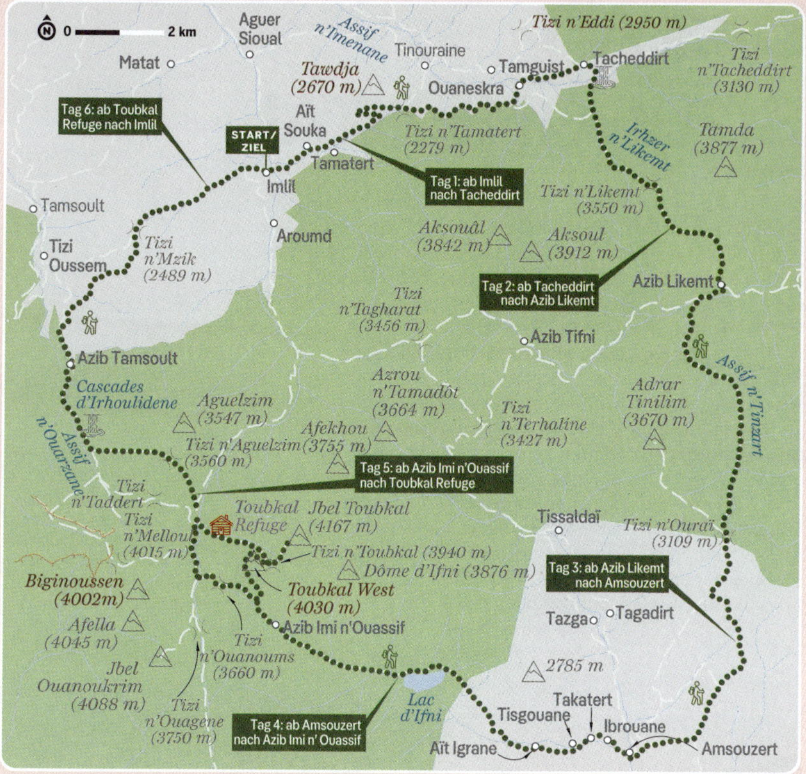

geht's nach oben. Von Amsouzert sind es ca. 11,7 km bis nach Azib Imi n'Ouassif (2891 m), wo man auf dramatische Schluchten trifft.

Die Wanderung: Die Dauer beträgt sechs bis acht Stunden, die Länge 13 km, der Aufstieg 1524 m und der Abstieg 42 m.

Tag 5 Von Azib Imi n'Ouassif zur Toubkal-Hütte

Um über eine schwierigere Route direkt zum Gipfel zu gelangen, führt ein Pfad zum Tizi n'Ouanoums (3660 m), der westlich des Zeltplatzes liegt. Dem folgt man für ca. 800 m, bis der Weg scharf links abzweigt und ein kleiner Nebenpfad Richtung Nordosten führt. Man durchquert die westliche Schulter und die Nordflanke des Toubkal West, bis der Weg auf die Hauptroute auf den Ostgipfel des Toubkal trifft, bevor man zur Hütte hinabsteigt. Alternativ kann man über den Tizi n'Ouanoums und einen steilen 4 km langen Abstieg (ca. drei Stunden) direkt zur Hütte wandern. Am nächsten Morgen besteigt man den Toubkal über die traditionelle Route (siehe S. 116).

Die Wanderung: Die Dauer beträgt fünf bis acht Stunden, die Länge 7 km, der Aufstieg 798 m und der Abstieg 960 m.

Tag 6 Von der Toubkal-Hütte nach Imlil

Ein Maultierpfad schlängelt sich bis zum Tizi n'Aguelzim (3560 m) hinauf, von dem man einen herrlichen Panoramablick hat. Der Weg hinab nach Azib Tamsoult (2210 m) führt an den spektakulären Cascades d'Irhoulidene vorbei. Um das Dorf zu erreichen, muss man weitere 4 km in Richtung Norden wandern. Von da sind es 7 km zurück nach Imlil.

Die Wanderung: Die Dauer beträgt acht bis 10 Stunden, die Länge 20 km, der Aufstieg 744 m und der Abstieg 1842 m.

DAS AÏT-BOUGOMEZ-TAL

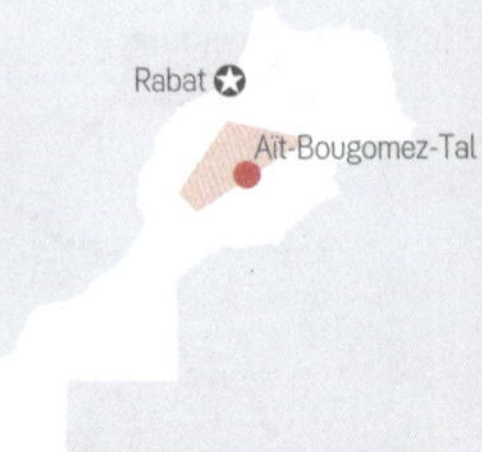

Bis zur Jahrhundertwende war dieses Shangri-La des Hohen Atlas praktisch vom Rest der Welt abgeschnitten. Nur ein gewundenes Stück schlechte Schotterstraße führte zu den einfachen Berberdörfern, die sich immer noch ihre uralte Lebensweise bewahren, was die Einheimischen auch anscheinend nicht ändern wollen. Auch wenn die Straße seit kurzem asphaltiert ist, dauert die Fahrt von Marrakesch ins „glückliche Tal" vier Stunden, aber sobald man dort ankommt, wird man sich wünschen, länger zu bleiben. Die mit Bienenstöcken übersäten Hänge führen hinunter zu Apfel- und Walnussplantagen und ein grünes Mosaik aus kleinen Feldern bedeckt die Talsohle. Hier gibt es keine Traktoren, nur Esel, Holzpflüge und Handarbeit. Man kann in den Tälern spazierengehen oder anstrengende Wanderungen unternehmen. Von hier gelangt man zum M'Goun-Massiv und dem dritthöchsten Gipfel des Landes. Ein Besuch in einer der Weberei-Kooperativen lohnt sich, bevor man die marokkanische Hausmannskost genießt.

TOP TIPP

In Aït Bougomez bezahlt man am besten mit Bargeld, der nächste Geldautomat befindet sich 75 km entfernt in Azilal. Am besten bezahlt man seine Unterkunft im Vorfeld per Überweisung und nimmt genügend Bargeld mit, um einen Teppich zu kaufen. Man sollte auch gleich volltanken, wenn man mit dem Auto unterwegs ist.

Aït-Bougomez-Tal

MARTIN CROCE/SHUTTERSTOCK ©

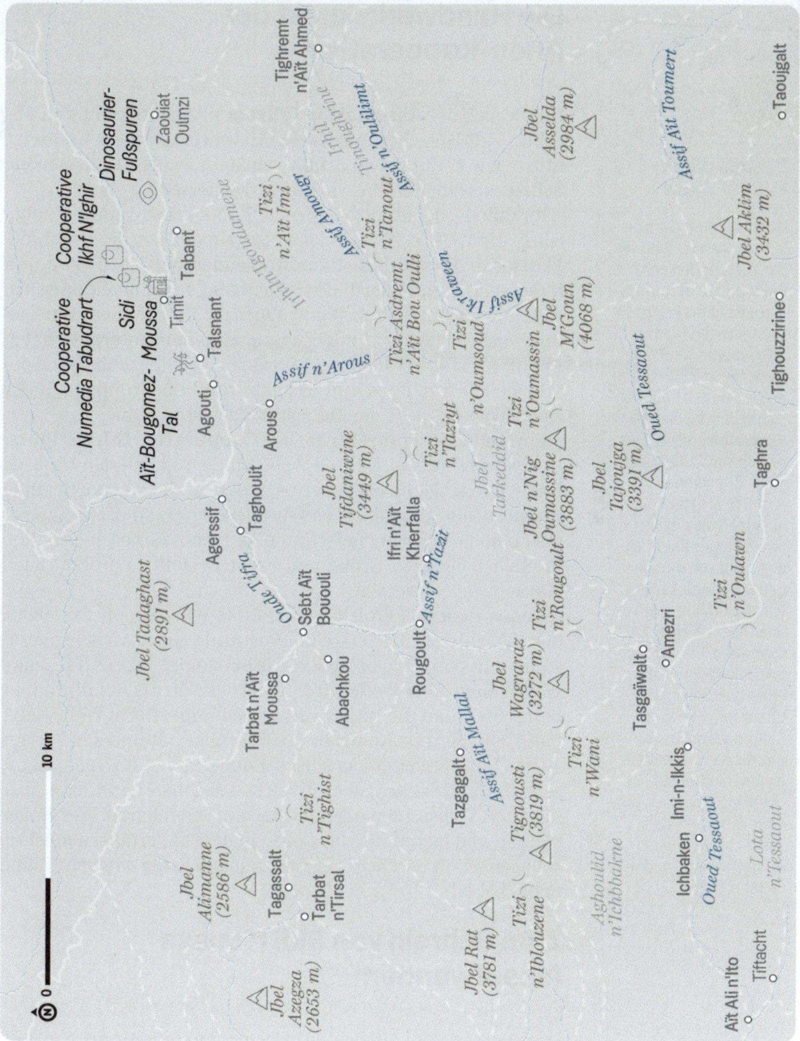

KOOPERATIVEN IM AÏT-BOUGOMEZ-TAL MIT HILFE VON ANOU BESUCHEN

Cooperative Numedia Tabudrart
In Imelghas stellt diese Gruppe Teppiche her, von leuchtenden *boucharouite* bis zu neutralen Beni Ouarains.

Association Timdokkals
Die Gruppe besteht aus kreativen Frauen aus Agouti, die unter anderem farbenfrohe Azilal-Teppiche weben.

Association Ighrem
Hier gibt's Holzschalen, -teller, -spiegel und vieles mehr, handgeschnitzt aus nachhaltig angebautem Holz aus Agouti.

DINOSAURIER-FUSSSPUREN

Möchtest du in die prähistorischen Fußstapfen der Theropoden und Sauropoden treten? Marokko ist übersät mit versteinerten Dinosaurierfußspuren, aber einige der am leichtesten zu entdeckenden befinden sich in dem kleinen Dorf **Ibaqualliwn**, etwa 3 km östlich von Tabant. Vor etwa 185 Millionen Jahren, in der Mitteljurazeit, hinterließ ein riesiges zweibeiniges Raubtier eine Spur von dreibeinigen Fußabdrücken mit einem Durchmesser von über 70 cm in einer Kalksteinwand. Es gibt auch ovale Fußabdrücke von einem vierbeinigen pflanzenfressenden Sauropoden. Eine Betontreppe führt neben einem Haus hinauf, oben angekommen geht es links durch einen Tunnel bis zu einer Informationstafel und den Fußabdrücken.

Die Handwerkskunst der Anou-Kooperative

KUNSTHANDWERKER, DIE IHRE ARBEITEN EIGENSTÄNDIG VERKAUFEN

Ein Besuch der **Association Ighrem** in Agouti lohnt sich. Ibrahim lädt Besucher:innen seine Heimwerkstatt ein und zeigt ihnen, wie er mit einem primitiven Meißel eine wunderschöne Schale aus einer Walnussbaumwurzel herstellt.

Ibrahim ist der Mitbegründer der Kooperative Anou (theanou.com), die 2014 in Aït Bougomez gegründet wurde. Durch die Plattform, die von Kunsthandwerkenden betrieben wird und ihnen gehört, entfallen die Zwischenhändler, die oft einen hohen Anteil von 96 % erhalten. Damit haben die Kunsthandwerkenden ihre eigene Plattform und Zugang zu einem internationalen Publikum und werden direkt für ihre Arbeit bezahlt. Nach bescheidenen Anfängen gibt es heute rund 90 Gruppen auf der Anou-Website, 90 % der Teilnehmenden sind Frauen.

Ein steiler Weg führt hinauf zur **Cooperative IkhfN'Ighir.** Dort sitzen Frauen an ihren Webstühlen und knüpfen fransige Beni-Ouarain-Teppiche, aber auch besser zu transportierende Teppiche, die mit arabischen Wörtern verziert sind, z. B. „Liebe" oder „Glück". Die handgefertigten Teppiche können auch online in einer beliebigen Größe und Farbe bestellt und dann nach Hause geliefert werden.

Anous' neuestes Projekt ist dic Atlas Wool Supply Company, deren Ziel ist es, das erste CO2-neutrale Garn Afrikas herzustellen. In der Umgebung von Aït Bougomez gibt es Tausende von Schafen, aber Wolle wird in Marokko oft als Abfallprodukt betrachtet, und die Weber verwenden importierte Wolle; jetzt hat Anou die volle Kontrolle über die Qualität und den Preis.

Die Öffnungszeiten der vielen Kooperativen im Tal sind oft sehr unterschiedlich, aber für drei von ihnen kann man über die Anou-Website einen Besuchstermin vereinbaren. Wer länger bleiben und mehr über das Leben in dem Tal erfahren möchte, sollte eine Dolmetscher:in engagieren und Essen aus einer Tajine dabei haben.

Zum Schrein von Sidi Moussa hinaufwandern

EIN SCHREIN AUF EINEM HÜGEL MIT TOLLER AUSSICHT

Wer spektakuläre Aussichten bei Sonnenuntergang erleben will, wandert die 30 Minuten zum **Schrein** für den Heiligen Sidi Moussa hinauf, der auf einem kegelförmigen Hügel in der Mit-

ÜBERNACHTEN IN AÏT BOUGOMEZ

Atlas Wool Supply Company
Das Einzimmerapartment für Selbstversorger liegt neben der Wollspinnerei von Anou und verfügt über Panoramafenster mit Blick auf die atemberaubende Landschaft. **€€€**

Flilou, La Maison Berbère
Das ruhige Gästehaus in Agouti hat 12 Zimmer, ein Berberzelt und eine Terrasse mit Blick aufs Tal. **€€€**

Touda Ecolodge
Die schöne, nachhaltig betriebene Lodge serviert köstliche Mahlzeiten und bietet wohl die beste Aussicht im Tal. **€€**

te des Tals steht. Ein Schild gegenüber dem Gîte Timit weist auf den steilen, aber einfachen Weg hin.

Dank seiner strategisch guten Lage war das runde Gebäude nicht nur eine religiöse Stätte, sondern diente auch als Kornspeicher der Gemeinde sowie als Aussichtspunkt und Zufluchtsort bei Angriffen. In den Innenräumen konnten die Familien ihre Getreidereserven lagern und ihre Wertsachen verstauen.

Mit seinen Steinmauern und verwitterten Holztüren und der 360-Grad-Aussicht ist es ein tolles Fotomotiv. Es beherbergt ein kleines Museum, in dem alte Werkzeuge und Kochutensilien sowie die gestreiften, hochtaillierten langen Wollunterhosen, die die Dorfbewohner früher trugen, ausgestellt sind.

Wenn man Glück hat, rennt ein einheimischer Schlüsselbesitzer hinter einem den Hügel hinauf, um die Tür zu öffnen und gegen ein kleines Trinkgeld eine Führung mit Minztee und Keksen zu geben. Der ehemalige Hausmeister der Gemeinde, der angeblich um die 120 Jahre alt wurde, liegt hier begraben.

Der Legende nach war Sidi Moussa (arabisch: Moses) eine wichtige Persönlichkeit vor Ort. Er war für seine Heilkräfte bekannt und half angeblich Frauen, die an Unfruchtbarkeit litten.

Im glücklichen Tal wandern

AÏT BOUGOMEZ ERKUNDEN

Um das glückliche Tal herum gibt es jede Menge Wanderrouten, von der dreitägigen M'Goun-Überquerung (S. 126) vom Dorf Agouti aus bis zu einer Tageswanderung durch die Wacholderbaumwälder zum Lac Izoughar, ein Gletschersee auf einer Hochebene am Fuße des Jbel Azourki. Im Sommer leben auf der Hochebene die halbnomadischen Aït Atta.

Bei einem Spaziergang durch das Tal kann man einen Einblick in das Leben der Einheimischen bekommen. Die Wege schlängeln sich um die mit Apfelbäumen, bernsteinfarbenen Weizenfeldern und Zwiebelreihen bepflanzten Terrassen.

Bei einem Spaziergang durch eins der Dörfer kann man die traditionelle Architektur aus nächster Nähe betrachten: ockerfarbene Lehmziegeltürme, getrocknete Weizenhalme auf flachen Dächern und mit rostigem Metall verschnörkelte Türen.

Und man kann Frauen beobachten, die plaudernd ihre Wäsche in einem Bach waschen, bevor sie sie zum Trocknen auf Bäume hängen. Sie schimpfen vielleicht mit ihren Kindern, weil sie in einem der jahrhundertealten Bewässerungskanäle planschen, laufen unter Heuballen herum (nur Beine und Füße sind sichtbar) oder scheuchen Hühner aus ihrem Haus. Wenn man Glück hat, wird man auf einen Minztee eingeladen.

WIESO ICH AÏT BOUGOMEZ LIEBE

Sarah Gilbert, Autorin

Die Begleitmusik von Aït Bougomez sind gackernde Hühner, schreiende Esel, blökende Schafe und lachende Kinder auf dem Weg zur Schule. Aber oft ist es so still, dass man eine der berühmten Walnüsse fallen hören könnte. Im Frühling gleicht das Tal einem impressionistischen Gemälde - grüne Pflanzen schimmern unter einem strahlend blauen Himmel, weiße Apfelblüten und rostrote Häuser wirken wie Farbtupfer in der Landschaft. In klaren Nächten ist der Himmel voller Sterne, die wie Pailletten auf einer *handira* (traditionelle Hochzeitsdecke) funkeln.

UNTERWEGS VOR ORT

Wer kein Auto hat, kann sich in einem *grand taxi* durch das Tal und in die nahegelegenen Orte fahren lassen. Seit 2017 ist Aït Bougomez über kurvenreiche asphaltierte Straßen entweder von Azilal (das Zentrum der Region) oder von Demnate aus zu erreichen, die durch eine atemberaubende Landschaft führen. Minibusse fahren in Tabant ab, sobald sie voll besetzt sind, in Richtung Norden nach Azilal und in Richtung Westen nach Demnate. Von dort aus kann man weiter Richtung Westen nach Marrakesch oder Richtung Süden nach Ouarzazate fahren.

WANDERTOUR

Die Überquerung des M'Goun-Massivs

Erfahrene Wanderer zieht es zum Bergmassiv des M'Goun mit unberührten Landschaften und einigen der höchsten Berge Marokkos. Der dritthöchste Berg Marokkos ist eine lohnende Herausforderung für Wanderer. Die abwechslungsreiche dreitägige Wanderung führt durch atemberaubende Berglandschaften, Schluchten mit Flüssen und abgelegenen Tälern.

Tag 1 Von Agouti nachRougoult

Vom Ausgangspunkt aus führt eine ebene Straße 2,7 km in südwestlicher Richtung zum Dorf Arous. Von dort schlängelt sich ein unbefestigter Weg Richtung Süden zu einem spektakulären Felsvorsprung. Es geht es weiter über Felsen und dann hinauf zum Tizi n'Tafaniz (2429 m).

Vom Pass aus geht es 1,5 km in südwestlicher Richtung durch ein kleines Flussbett und dann durch bewaldete Hänge hinauf in östlicher Richtung ca. 3 km den Kamm entlang. Dann geht es eine tiefe Schlucht hinab, durch ein Flussbett und über den Kamm durch mehrere kleine Schluchten bis zum langen Kamm, der nach Norden in Richtung Aït Bououli abfällt.

Dann weiter auf dem offensichtlichen Weg zu einem namenlosen Pass (2488 m) und weiter um den Kamm herum und hinab ins Tal. Ein felsiger und manchmal sehr steiler Weg verlauft in südwestlicher Richtung.

Fast unten angekommen, an einem kleinen Sattel, von dem aus man einen herrlichen

Wandern, Jbel M'Goun

TOLGBALAGUER.COM/SHUTTERSTOCK ©

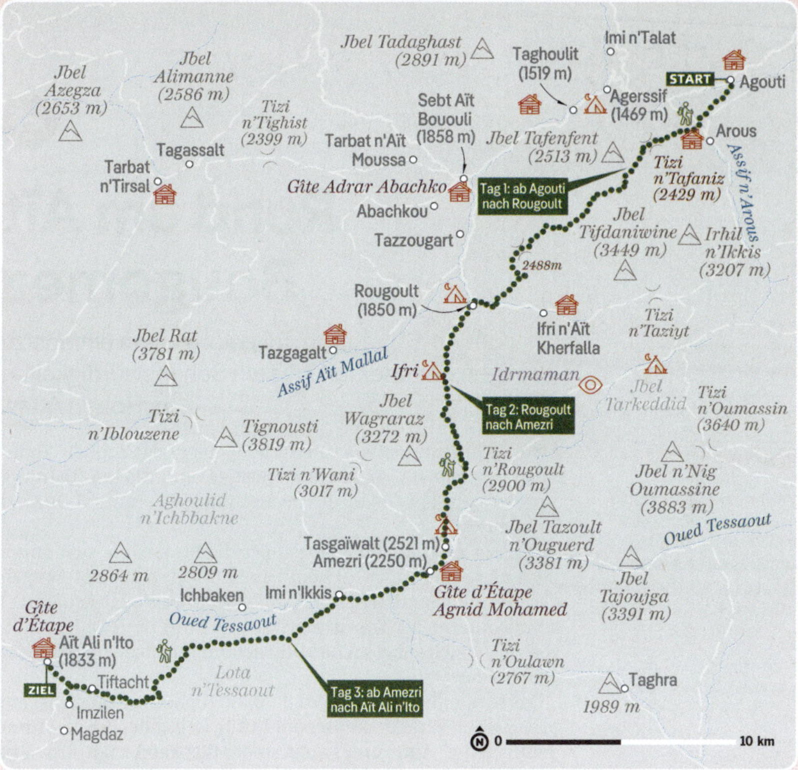

Blick auf die Ruine der Kasbah von Rougoult hat, biegt der Weg nach Südosten ab und führt die letzten 1,5 km bis zum Dorf.

Die Wanderung: Die Dauer beträgt sechs bis sieben Stunden, die Länge 20 km, der Aufstieg 776 m und der Abstieg 671 m.

Tag 2 Von Rougoult nach Amezri

Morgens geht's 8 km einen steinigen Pfad am Tifra entlang. Nach 13 km und einer kleinen Quelle geht es auf den letzten 250 m steil hinauf zum Pass Tizi n'Rougoult (2900 m). Von hier führt ein Pfad immer geradeaus Richtung Osten zu einem Kamm, der zum Jbel Tarkeddid und zum Jbel M'Goun (4068 m) im Osten ansteigt.

Von hier ist der Maultierpfad deutlich zu sehen, der sich 3,5 km nach unten schlängelt, bis das Dorf Tasgaïwalt (2521 m) erreicht ist. Neugierige Dorfkinder begleiten Wandernde manchmal auf dem einfachen 2,5 km langen Weg, der zum Dorf (2250 m) führt.

Die Wanderung: Die Dauer beträgt sieben bis acht Stunden, die Länge 16 km, der Aufstieg 644 m und der Abstieg 848 m.

Tag 3 Von Amezri nach Aït Ali n'Ito

Dem asphaltierten Weg westlich von Amezri 5,5 km bis zu dem Punkt folgen, von dem aus man das Dorf Imi n'Ikkis überblickt. Über den Fluss und dann in nordwestlicher Richtung hinauf aus dem Tal heraus, 280 m durch ein ausgetrocknetes Flussbett zum Fuße der Hochebene Lota n'Tessaout. Nach weiteren 9 km sieht man Aït Ali n'Ito in einem tief gelegenen Tal im Westen.

Nun in südwestlicher Richtung um die letzte Erhebung des niedrigen Kamms abbiegen und hinab nach Tiftacht wandern. Von dort sind es nur noch 3 km hinunter nach Aït Ali n'Ito.

Die Wanderung: Die Dauer beträgt fünf bis sechs Stunde, die Länge 21 km, der Aufstieg 537 m und der Abstieg 714 m.

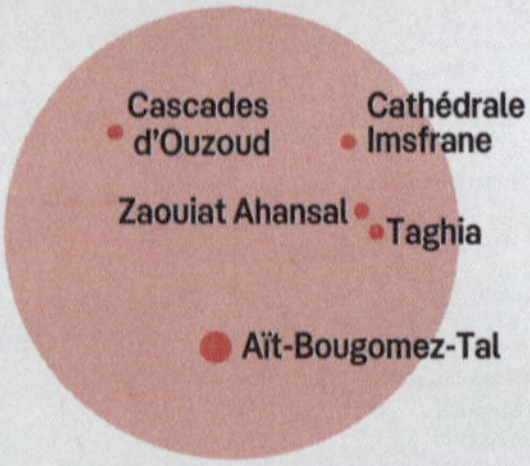

Rund um Aït Bougomez

Vom Aït-Bougomez-Tal gelangt man einfach zu einigen der spektakulärsten Sehenswürdigkeiten im Hohen Atlas.

TOP TIPP

Wer an einem Donnerstag nach Azilal kommt, sollte unbedingt den großen und chaotischen Souk besuchen.

Etwa 50 km nordöstlich von Aït Bougomez liegt Zaouiat Ahansal, ein Spielplatz für Abenteuerlustige, und 106 km Richtung Nordwesten kann man die mehrstufigen Cascades d'Ouzoud bewundern.

Verlässt man Aït Bougomez über die Straße, die sich durch die malerischen Täler Aït Boulli und Aït Blel schlängelt – wegen der tiefroten Sandsteinfelsen auch La Vallée Rouge genannt –, kommt man an der Travertinbrücke von Imi n'Ifri (Höhlenmaul) vorbei, die sich vor etwa 1,8 Millionen Jahren über eine Schlucht gebildet hat.

Das regionale Zentrum Azilal, 70 km Richtung Norden, ist ein praktischer Verkehrsknotenpunkt für Reisende, die nicht mit dem eigenen Auto unterwegs sind. Hier kann man Proviant einkaufen, Bargeld abheben, ins Internet gehen und tanken, wenn man mit dem Auto unterwegs ist.

Aït-Boulli-Tal

TOULNI IBRAHIM/SHUTTERSTOCK ©

Cathédrale Imsfrane

Ein Abenteuerspielplatz in der Natur

ABENTEUER AUF DEM LAND

Zaouiat Ahansal, 63 km östlich von Aït Bougomez, liegt abseits der ausgetretenen Pfade und verfügt über alte *zawiyas* (Schreine) und hoch aufragende Kornspeicher der Gemeinde, aber die eigentliche Attraktion ist die wilde Natur.

Etwa 40 km nördlich liegt die weitläufige **Reserve Naturelle de Tamga** mit bewaldeten Hängen aus Aleppokiefern, Zedern und Eichen. Die Landschaft wird von der **Cathédrale Imsfrane** beherrscht. Sie heißt so, weil die Felsformation architektonisch an eine mittelalterliche Kirche erinnert. Nur erfahrene Kletterer sollten sich an die mehr als 400 m hohen Felsen wagen. Außerdem kann man hier gut wandern und es gibt die Möglichkeit zum Canyoning.

Zwei Wanderstunden weiter liegen **Taghias** hohe, orangefarbenen Kalksteinwände, die wegen der langen Mehrseillängenrouten den Beinamen „Marokkos Yosemite" haben. *Taghia et autres Montagnes Berbères* von Christian Ravier und Ihintza Elsenaar ist ein hervorragendes Kletterbuch, und in der Gîte Taoujdat, der Pension des Bergführers Said Massaoudi, werden neue Routen in einem Buch notiert.

KULTURELLE ABENTEUER IM HOHEN ATLAS

Neben gewagten Kletter-, Wander- und Skitouren mit Atlas Cultural Adventures (atlasculturaladventures.com) kann man hier das marokkanische Dorfleben hautnah erleben, wenn man von drei Tagen bis zu fünf Wochen gemeinsam mit den Einheimischen an Gemeindeprojekten wie dem Erhalt historischer Gebäude, kleinen Bauvorhaben und nachhaltiger Landwirtschaft arbeitet.

Die Atlas Cultural Foundation (atlasculturalfoundation.org), eine in den USA und Marokko eingetragene gemeinnützige Organisation, arbeitet mit der marokkanischen Landbevölkerung zusammen, um deren Lebensqualität durch Entwicklungsprojekte zu verbessern, wobei der Schwerpunkt auf der Erhaltung der Kultur, Bildungsmaßnahmen und Gesundheitsversorgung liegt. Die Organisation hat sechs historische Häuser von Heiligen und Speicherburgen restauriert, die heute zu den größten Sehenswürdigkeiten im Tal zählen.

Wer einen Freiwilligendienst in Erwägung zieht, sollte sich stets gründlich informieren, um eine fundierte Entscheidung treffen zu können.

ÜBERNACHTEN IN ZAOUIAT AHANSAL & OUZOUD

Dar Ahansal
Das malerische Stein-*dar* (traditionelles Haus) des Bergführers Youssef Oulcadi fügt sich perfekt in die Landschaft ein. €

Kasbah Amezray
Die alte *kasbah* wurde vom ehemaligen Bergführer Youssef Jini und seinem Sohn zu einem gemütlichen Hostel umgebaut. €

Riad Cascades d'Ouzoud
Die stilvolle Lehmziegelpension oben an den Wasserfällen bietet zahlreiche Aktivitäten an. €

Kletterneulinge sollten sich an die anspruchsvollen Wanderwege halten. **Tagoujimt n'Tsouiannt** (850 m) ist die höchste, besteigbare Felswand, die auch über Wanderungen über den Tire-Bouchon-Pass (Korkenzieherpass) zugänglich ist. Hier muss man sich durch mehrere enge und gewundene Stein- und Holzschlote nach oben „schrauben", um die Spitze zu erreichen.

Die majestätischen Schluchten des **Ahansal** mit ihren zickzackförmigen Felsen und Achterbahn-Stromschnellen machen die Region zum idealen Gebiet für Wildwasser-Rafting. Man raftet vorbei an Dörfern, wird von Kindern angefeuert und bezwingt Stromschnellen wie Wee Stinky, Jungle Corridor und Squeeza. Water By Nature (waterbynature.com) ist ein auf Rafting spezialisiertes Unternehmen, das Touren in der Region anbietet. Tawada Trekking (tawadatrekking.com) ist ein weiterer empfehlenswerter Anbieter.

Für Läufer gibt es den **Trans-Atlas-Marathon** (transatlasmarathon.com), Marokkos ultimativer Berg-Ultramarathon, der in sechs Tagen und über 280 km den Hohen Atlas hinauf und hinunter sowie durch Zaouiat Ahansal führt.

TEPPICHE AUS AZILAL

Weniger Bodenbelag, mehr Bodenkunst: Die Teppiche aus der Region Azilal gehören zu den auffälligsten in Marokko. Die handgeknüpften Wollteppiche werden horizontal auf Baumwollfäden gewebt und fühlen sich seidenweich an. Jeder Teppich ist ein Unikat mit abstrakten Mustern, dessen Fantasie nur durch den Weber begrenzt werden.

Sie stellen eine schöne Alternative zu den minimalistischeren und begehrten Beni-Ouarain-Teppichen dar, denn sie haben keine geordneten Muster. Stattdessen sind sie dicht mit leuchtenden Farbspritzern, geometrischen Formen und Stammesmotiven verziert, die eine Geschichte aus dem Familienleben erzählen. Die Symbole stehen für Wohlstand und Glück und einige schützen vor dem bösen Blick.

Die spektakulären Cascades d'Ouzoud

NORDAFRIKAS HÖCHSTER WASSERFALL

Die wunderschönen Cascades d'Ouzoud sind Marokkos spektakulärster und höchster Wasserfall, bei dem das Wasser drei Stufen 110 m tief in die Schlucht Oued El Abid stürzt.

Der Weg zu den Wasserfällen schlängelt sich durch dichtes Blattwerk, die Luft kühlt ab und durch die Gischt schimmern Regenbögen. Unterwegs trifft man vielleicht einen Berberaffen, den man aber nicht füttern sollte. Im Becken am Fuße des Wasserfalls fahren baufällige Boote und Cafés säumen das Ufer. Die Wasserfälle liegen nur 28 km von Azilal entfernt und sind ein beliebter Tagesausflug von Marrakesch aus, sodass man vor allem an Sommerwochenenden hier nicht allein ist.

Vom Fuß des Wasserfalls aus kann man eine kurze Wanderung (etwa 3 Std. hin und zurück) zum malerischen Berberdorf **Tanaghmelt** unternehmen. An den unteren Teichen führt der Weg an einem Bauernhaus vorbei, dann links ungefähr 1,5 km den Hang hinauf, wo er in einen Fluss mündet, bevor man zu dem an einem bewaldeten Hang gelegenen Dorf hinaufsteigt.

Wer länger wandern möchte, folgt dem Flussverlauf ca. 3,5 km (2 Std.) unterhalb der Wasserfälle zu den **Gramaa-Nakrouine-Höhlen**. Nach weiteren 3,5 km (Rundwanderung: 5 Std.), gelangt man zu den **Oued-El-Abid-Schluchten**, wo das Tal am schmalsten und spektakulärsten ist.

UNTERWEGS VOR ORT

Ein eigenes Fahrzeug ist von Vorteil, aber es gibt auch regelmäßige Busverbindungen zwischen Marrakesch und Azilal und nach Marrakesch über Demnate. Zahlreiche *grands taxis* fahren von Marrakesch nach Azilal und von dort nach Ouzoud und Zaouiat Ahansal. Minibusse fahren, sobald sie voll besetzt sind, von Tabant in Aït Bougomez nach Azilal, Demnate und Zaouiat Ahansal.

DAS OURIKA-TAL

Im Schatten der schneebedeckten Gipfel des Hohen Atlas sind die Temperaturen niedriger, weshalb in diesem blühenden Tal, etwa 40 km von Marrakesch entfernt, Städter der glühenden Sommerhitze entkommen. Aber es ist auch im Frühling zauberhaft, wenn die Bäume ihre Blütenpracht über dem Flickenteppich der Felder entfalten.

Angezogen von seiner Schönheit - und seinem Boden, auf dem scheinbar alles wächst - haben Einheimische und Auswanderer mit grünem Daumen idyllische Gärten angelegt, in denen aromatische Kräuter und Heilpflanzen wachsen. Das Tal hat auch Künstler und Kunsthandwerker angezogen, die von abstrakten Skulpturen bis hin zu traditioneller Tafza-Keramik alles herstellen. Am anderen Ende des Tals liegt Setti Fatma, ein beliebter Ort für Picknicks an den Wasserfällen und Bächen. Im Sommer findet ein stark besuchtes Fest statt. Und obwohl die gute Erreichbarkeit von Ourika zu einer zunehmenden Bebauung geführt hat, gibt es immer noch Hotels auf den Hügeln, in die man sich zurückziehen kann und nur die Vögel zwitschern hört.

TOP TIPP

Im Ourika-Tal ist es immer noch möglich, die ausgetretenen Pfade zu verlassen und die Reisebusse zu umgehen. In den Unterkünften erhält man hilfreiche Tipps zu Wanderungen in den Hügeln, die einen vielleicht zu versteckten Höhlen und Salzbetten führen.

Ourika-Tal

TENKL/SHUTTERSTOCK ©

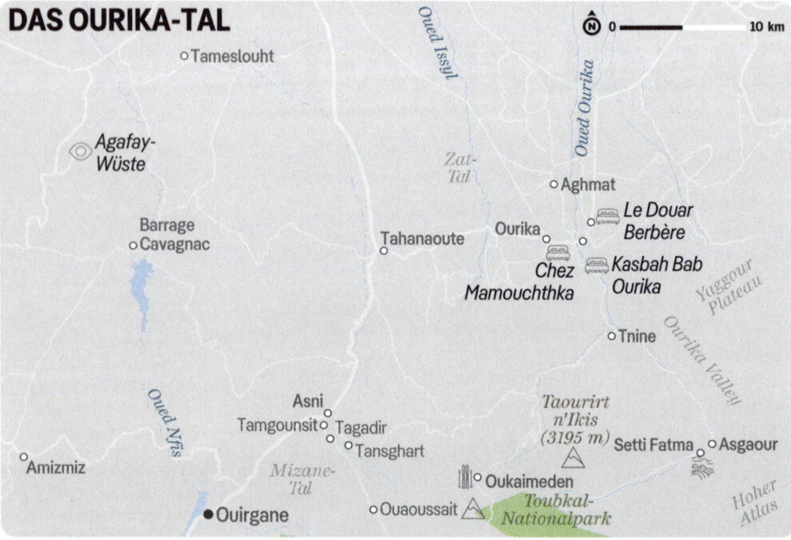

DIE AGAFAY-WÜSTE

Wer seinen Besuch richtig plant, kann am Vormittag Skifahren und am Nachmittag auf einem Kamel reiten. Der Agafay-Wüste fehlen zwar die Dünen der Sahara, aber das macht sie mit atemberaubenden Aussichten wett. Im Frühjahr ist sie mit Wildblumen übersät, aber im Sommer und Herbst gleicht sie wirklich einer Wüste.

Sie liegt nur 30 km südlich von Marrakesch und kann gut auf einem Tagesausflug besucht werden, bevor man in einem Nomadenzelt isst oder beim Glamping z.B. bei Caravan by Habitas Agafay entspannt.

Ein Wochenende in Setti Fatma wandern

KLEINES DORF, GROSSES FEST

Das Dorf liegt am südlichen Ende des Ourika-Tals in einer engen Schlucht am Fuße des Hohen Atlas. Das kleine Dorf ist ein beliebtes Wochenendausflugsziel für die Einwohner von Marrakesch, da man hier sieben Wasserfällen erklimmen, ein malerisches Picknick genießen oder sich einfach im Fluss abkühlen kann .

Die Wanderungen zu den Wasserfällen reichen von 20-minütigen, steilen Spaziergängen zum Fuß des niedrigsten und größten Wasserfalls, einer 10-minütigen, fast senkrechten Kletterpartie zu einem schwindelerregend hohen Aussichtspunkt bis zu einer anstrengenden einstündigen Wanderung zum Fuß des höchsten (und kleinsten) Wasserfalls. Zur Belohnung kann man bei einem der Stände am Flussufer eine leckere Tajine bestellen, die bei der Rückkehr auf einen wartet.

Die selbsternannten Fremdenführer sollte man ignorieren: einfach den Wegen folgen oder einen lizensierten Guide engagieren, der dann den Ausflug leitet, wenn man Hilfe auf den gefährlicheren Abschnitten braucht. Der Abstieg von den höheren Wasserfällen kann schwindelerregend sein und sollte nicht in Flip-Flops unternommen werden.

ÜBERNACHTEN IM OURIKA-TAL

Kasbah Bab Ourika
Die Luxusvariante einer Stampflehm-Kasbah mit einer schicken, aber dezenten Einrichtung und einem grandiosen Ausblick vom Garten aus. **€€€**

Chez Mamouchthka
Die ruhige Pension verfügt über einfache, geräumige Zimmer, einen hübschen Garten und auf Bestellung gibt's hausgemachtes Essen. **€€**

Le Douar Berbère
Die Unterkunft nur für Erwachsene liegt auf einem Hügel und verfügt nur über fünf Suiten, eine Terrasse und einem Pool mit spektakulärer Aussicht. **€€€**

Man sollte früh da sein, um den Reisebussen aus dem Weg zu gehen. Am schönsten ist das Dorf im Frühling, wenn die Wildblumen, Mandel- und Kirschbäume blühen. Im Sommer wird er von Besucherinnen und Besuchern aus Marrakesch überflutet, die der Hitze entkommen wollen. Im August ist am meisten los, wenn das viertägige *moussem* (Fest) von Setti Fetma stattfindet.

In Oukaimeden auf die Skipiste

AFRIKAS HÖCHSTE SKIPISTE

Zum Skifahren auf den Bergen im Hohen Atlas sollte man ins verschlafene Dorf Oukaimeden fahren. Das Bergdorf liegt auf 3273 m und hier befindet sich die höchste Skipiste Afrikas, womit man gut angeben kann.

Oukaimeden liegt etwa 40 km vom Ourika-Tal und weniger als 80 km südlich von Marrakesch entfernt. Von Februar bis April lockt das beschauliche Skigebiet mit sieben Liften (sechs Schlepplifte und ein Sessellift) und rund 10 km Pisten für jedes Niveau Tourist:innen und Einheimischen an. Man weiß nie, ob genug Schnee liegt. Daher sollte man sich im Vorfeld vergewissern, ob die Lifte geöffnet sind.

Die Pisten sind nicht mit denen in den Alpen zu vergleichen, aber Ausrüstung, Pässe und Kurse gibt's zu günstigen Preisen, die Skifahrerinnen und Skifahrer, die an europäische oder nordamerikanische Preise gewöhnt sind, begeistern werden. An klaren Tagen kann man die atemberaubende Aussicht auf die Berge genießen, während man sich eine dampfende Tasse Minztee statt einer heißen Schokolade gönnt. Zwischen den Pisten kann man sogar auf einem Esel reiten. Snowboarden und Langlaufen ist auch möglich.

In den Sommermonaten ist das Dorf Startpunkt für zahlreiche Wanderungen und im Oktober für den anspruchsvollen Marathon de l'Atlas (atlas-trail.com), einen 42 km langen Hochgebirgslauf, der auf 2620 m beginnt und bis auf 3180 m führt und bei dem die schnellsten Läuferinnen und Läufer in etwa 4½ Stunden wieder in Oukaimeden ankommen. Es gibt auch eine 105 km lange Ultra-Version, die bis auf 3700 m führt und einige der entlegensten Regionen des Hohen Atlas durchquert.

SETTI FATMA MOUSSEM

Eine lokale Legende besagt, dass Setti Fatma auf der Suche nach Wasser einen Stock in den Boden stieß und eine Quelle schuf, die der Ursprung der sieben Wasserfälle sein soll. Ihr *koubba* (Schrein) liegt oberhalb des Dorfes und jedes Jahr Mitte August wird ihr zu Ehren ein viertägiges ***moussem*** gefeiert. Es heißt, dass sie als junges Mädchen Ägypten verließ und bei einer einheimischen Familie lebte, bis sie heiratete. Sie war fleißig und rechtschaffen, half den Armen und Waisen, schlichtete persönliche und Stammesstreitigkeiten und war für ihre Heilkräfte bekannt – Gläubige baden nach wie vor in den Wasserfällen. Obwohl ihre ***koubba*** für Nicht-Muslime tabu ist, kann jeder den Souk und das Volksfest besuchen.

Oukaimeden

UNTERWEGS VOR ORT

Die beste Art, den Großraum Setúbal zu erkunden, ist eine Kombination aus Mietwagen und öffentlichen Verkehrsmitteln. Wenn man Tróia nur zu Fuß erkunden möchte, parkt man das Auto in der Nähe des Setúbal-Terminals und nimmt den Katamaran, der nur für Passagiere bestimmt ist und zur Sandhalbinsel fährt (die Rückfahrt ist kostenlos). Für Reisende, die mehr von Tróia und der Setúbal-Bergregion Arrábida kennenlernen möchten, ist das Auto die beste Möglichkeit. Die Fähre nach Tróia für Autos und Passagiere fährt stündlich vom Terminal in Setúbal ab.

AUTOTOUR

Die beste Autotour im Ourika-Tal

Auf der Fahrt entlang der Route d'Ourika (P2017) und durch das Tal gelangt man zu mehreren interessanten Orte, die die Tourismusbusse nicht ansteuern: surreale Skulpturen, die versteckt in einem tropischen Garten stehen, eine Sinnesreise durch einen Garten voller Pflanzen, familiengeführte Töpferwerkstätten, in denen Keramik noch auf ursprüngliche Art hergestellt wird, und ein avantgardistisches Künstleratelier.

1 Anima Garden

In diesem üppigen Garten mit Galerie (anima-garden.com), der von dem Multimedia-Künstler André Heller entworfen wurde, treffen Natur und Kultur auf schattigen Wegen aufeinander. Er ist mit Hunderten von exotischen Blumen, Kakteen und Bäumen bepflanzt und dazwischen liegen versteckt ungewöhnliche Skulpturen (sogar ein buntes Kamel).

Die Fahrt: Wer die Route d'Ourika weiter in Richtung Süden fährt, erblickt die Töpferwerkstätten in der Nähe von Tafza von der Hauptstraße aus.

2 Töpferwerkstätten in Tafza

Das Berberdorf Tafza ist berühmt für seine familiengeführten Töpferwerkstätten, die den roten Lehm der Region zur Herstellung von Tajines, Platten und Töpfen in allen Formen und Größen verwenden, die in Holzöfen gebrannt und von Hand bemalt werden. Die Werkstätten, wie das Atelier Chez Les Cousins, lassen Besucher:innen gerne bei ihrer Arbeit zuschauen.

Die Fahrt: Bis zum km 43 weiter auf der Route d'Ourika fahren.

Anima Garden

MALEO PHOTOGRAPHY/SHUTTERSTOCK ©

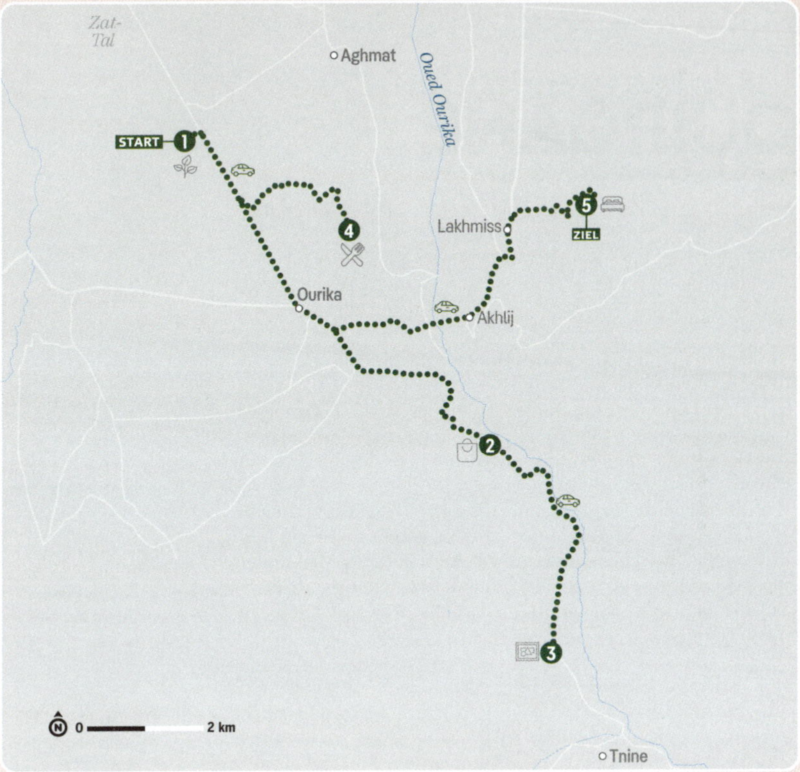

3 Le Savo'Art Fer

In seiner Werkstatt und Galerie recycelt der marokkanische Künstler und Bildhauer Abdelhaq Elyoussi Eisen, um einzigartige Skulpturen zu schaffen. Wie zum Beispiel eine Karte von Afrika als Symbol für illegale Einwanderung oder eine Hommage an Munchs *Der Schrei*. Seine begehrten Stücke werden in erstklassigen internationalen Galerien verkauft, aber er zeigt gerne seine Werkzeuge und spricht über seine Arbeit.

Die Fahrt: Man fährt auf der Route d'Ourika etwa 12,5 km zurück und bei den Schildern für das Le Paradis du Safran biegt man rechts in eine Schotterstraße ab.

4 Le Paradis du Safran

In diesem kleinen Paradies (paradis-du-safran.com, Reservierung im Voraus, geöffnet Mi–So) kann man wunderbar im Freien zu Mittag essen. Auf der einen Seite befindet sich ein Safranfeld, auf der anderen ein Garten mit praktisch allen Kräutern, Gewürzen und Früchten, die man sich vorstellen kann. Absolut empfehlenswert ist der Barfußpfad und danach ein schönes Fußbad und eine Fußmassage. Es gibt leckere Snacks und in dem kleinen Laden kann man Safran, Gewürze, Argan, Kräutertees und vor Ort geröstete Erdnüsse kaufen.

Die Fahrt: Man fährt zurück zur Route d'Ourika und folgt ihr ca. 2,5 km in Richtung Süden. Dann biegt man für ca. 7 km auf die P2010 ab.

5 Le Douar Berbère

Die Nacht verbringt man in der schönen Unterkunft nur für Erwachsene auf einem Hügel (dardb.com) umgeben von Obstbäumen und duftenden Kräutern. Die fünf Suiten sind mit antiken Möbeln und farbenfrohen Teppichen eingerichtet, haben einen Kamin und einen Außenbereich. Man kann im Freien bei Kerzenlicht essen, Wanderungen in die Umgebung unternehmen, an einem Kochkurs teilnehmen oder einfach am Pool mit Panoramablick auf das Tal entspannen.

OUIRGANE

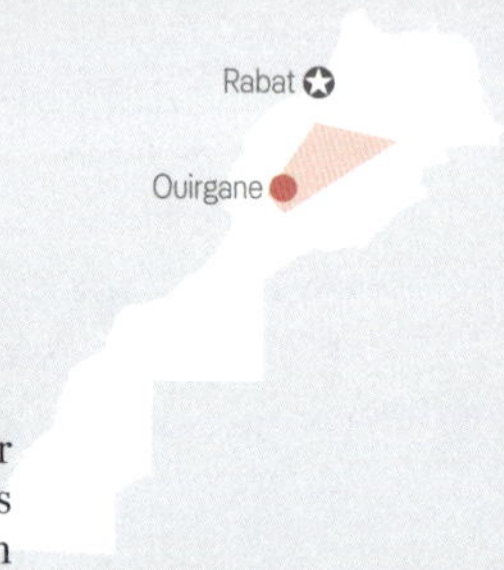

Wenn die rote Stadt unter der Hitze stöhnt, zieht es die Städter nach Ouirgane. Im Sommer ist es weniger überlaufen als das Ourika-Tal. Hier kann man in aller Ruhe wandern oder mit dem Mountainbike durch die atemberaubenden rotgefärbten Hänge und immergrünen Pinienwälder zu abgelegenen Berberdörfern fahren.

Es liegt in den Ausläufern des Hohen Atlas und wegen seiner Nähe zu Marrakesch und Imlil ist es der perfekte Ort, um sich nach einem Streifzug durch die Gassen der Medina oder einer Wanderung auf den Toubkal ein paar Tage in einem romantischen Landhotel mit Swimmingpool und Blick auf die Berge zu erholen.

Für abenteuerlustige Reisende, die den Tizi n'Test zwischen Marrakesch und Taroudant überqueren, ist Ouirgane ein hervorragender Zwischenstopp, um ein aufwändiges Menü oder eine leckere Tajine zu essen. In Ijoukak sieht man sie am Straßenrand brutzeln, besonders mittwochs, wenn der Souk in vollem Gange ist.

TOP TIPP

Bevor oder nachdem man den Tizi n'Test (S. 138) erklommen hat, sollte man die abgelegenen Ruinen der Tin-Mal-Moschee (S. 139) besichtigen, die auch für Nicht-Muslime zugänglich ist. Das architektonische Wunder aus der Alohadenzeit ist die letzte Ruhestätte des geistlichen Oberhaupts der Dynastie, stammt aus dem 12. Jh. und ist ein wahrer Instagram-Hit.

Tizi n'Test (S. 138)

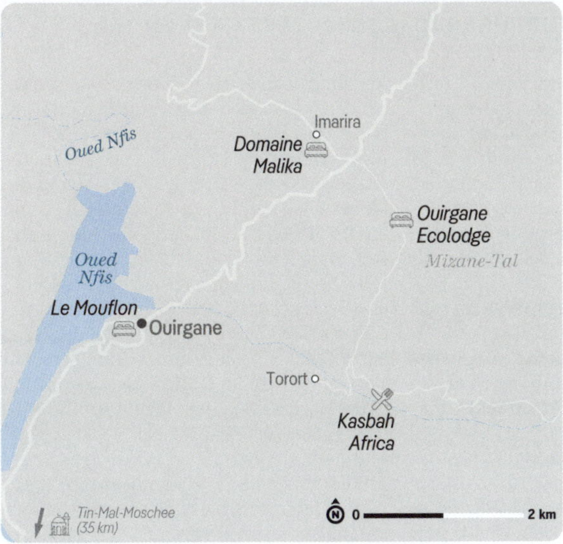

Abseits ausgetretener Pfade in Ouirgane

FÜNF DÖRFER

Ein Flickenteppich aus grünen Feldern und Terrassen an Hängen, auf denen Kartoffeln, Zwiebeln, Weizen und Gerste angebaut werden, geht in Dörfer mit Lehmziegelhäusern über, über denen die schneebedeckten Gipfel des Hohen Atlas thronen. Feigen-, Pfirsich- und Zitronenbäume, knorrige, silbergraue Olivenbäume und niedrige, gewundene Weinstöcke erstrecken sich über die rotbraunen Hügel. Überall duftet es nach Thymian und Rosmarin.

Maultierpfade führen nach **Imareghan Noufla**, wo das unverwechselbare Olivenöl noch immer auf uralte Weise mit einer von Eseln angetriebenen Steinpresse hergestellt wird. In **Anraz** findet man in den Schreinen mehrerer verehrter Rabbiner Spuren der jüdischen Vergangenheit der Stadt. Und von dem auf einem Hügel gelegenen Dorf **Tikhfist** hat man einen Blick auf den Ouirgane-Stausee und das Azzaden-Tal.

In der Nähe des alten Lehmziegeldorfes **Marigha** und seiner verfallenen Kasbah graben sich die strahlend weißen Salztonebenen von **Tinzert** in die tiefrote Erde. Die Dorfbewohner bauen das Salz nach traditionellen, von Generation zu Genera-

COOPÉRATIVE TAMOUNTE

In der Coopérative Tamounte in Ouirgane fertigen die Frauen die *boucherouite*-Flickenteppiche (boo-shay-reet ausgesprochen) der Region, ein Gewirr von Stoffresten aus alter Kleidung und recycelten Wollresten. Es ist das ultimative Upcycling, mit unendlich vielen Mustern und Farbkombinationen.

Man legt die Teppiche bei kaltem Wetter mit der weichen Seite nach oben und bei steigenden Temperaturen mit der weichen Seite nach unten auf den Boden. Man kann den Frauen zusehen, wie sie vor aufrechten Webstühlen knien, die Fetzen geschickt zusammenweben und einzigartige Teppichkunstwerke erschaffen. Es gibt auch ein kleines Café. Die gemeinnützige Organisation ermöglicht den Frauen nicht nur ein Einkommen, sondern unterstützt auch eine Kindertagesstätte – eine Seltenheit im ländlichen Marokko – und übernimmt Patenschaften für Kinder, deren Familien nicht für die Kosten aufkommen können.

ESSEN RUND UM OUIRGANE

Kasbah Africa
Bei einem halbtägigen Kochkurs bereitet man sein eigenes Mittag- oder Abendessen zu. Außerdem gibt es einen Pool zum Abkühlen. **€€€**

Association Tamounte
Man kann hier einen Teppich kaufen oder eine frisch zubereitete Tajine, Couscous, *msemen* (Fladenbrot) und süße Köstlichkeiten essen. **€**

Le Mouflon
Der hübsche Garten der Hütte ist der perfekte Ort für eine leckere Tajine gefüllt mit saisonalem Gemüse. **€€**

AUTOTOUR: ÜBER DEN TIZI N'TEST FAHREN

Die Fahrt über den berüchtigten Tizi-n'Test-Pass ist eine der dramatischsten, aber auch gefährlichsten Fahrten in Marokko. Abenteuerlustige, die von Marrakesch aus in Richtung Südwesten nach Taroudant oder Agadir an der Küste fahren, sollten die landschaftlich reizvolle R203 über den Pass nehmen und nicht die neuere, schnellere und weitaus ruhigere A3.

Die Straße beginnt in 1 **Ouirgane** und schlängelt sich nach oben zur spektakulären 2 **Tin-Mal-Moschee** aus dem 12. Jh, bevor sie 18 km lang durch fruchtbare Täler bis zum Beginn des Passes in 3 **Mouldikht** wieder nach unten führt.

Der kleine, aber perfekt geformte Pass ist ein bemerkenswertes Beispiel französischer Ingenieurskunst und wurde zwischen 1926 und 1932 gebaut und teilt den Westlichen Hohen Atlas. Da er stellenweise nur ein Auto breit ist, ohne jegliche Barrieren, mit steilen Abgründen, über die man blickt, haarsträubenden Haarnadelkurven und Taxis, die mit hoher Geschwindigkeit um nicht einsehbare Kurven rasen, ist die Strecke nichts für schwache Nerven. Doch an einem klaren Tag ist der Blick auf die zerklüfteten Berge und die trockenen Ebenen des Souss Massa einfach atemberaubend.

Die beste Aussicht hat man ein paar Hundert Meter hinter dem höchsten Punkt des 4 **Tizi n'Test** in schwindelerregender Höhe auf 2093 m bei einem Minztee am Straßenrand im 5 **Café La Belle Vue**. Von da sind es nur noch ca. 30 km und eine 90-minütige halsbrecherische Fahrt nach 6 **Tafingoult** und dann die besonders gefährliche Fahrt 1600 m hinab nach 7 **Taroudant** (S. 334).

Im Winter kann der Pass wegen Schnee kurzfristig gesperrt werden. Vor der Abfahrt am besten auf einer Wetter-App oder bei den Einheimischen informieren.

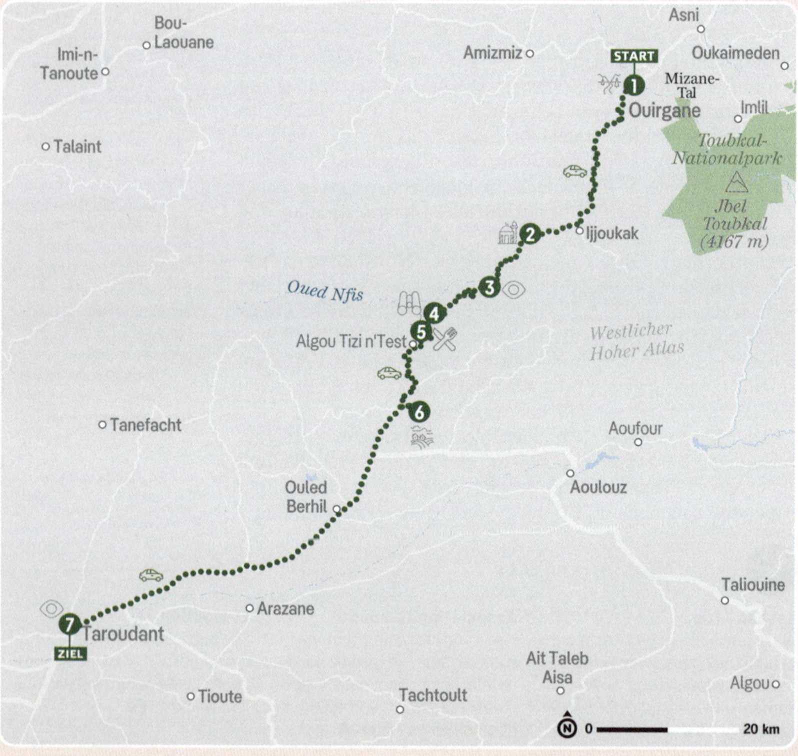

tion weitergegebenen Methoden ab, indem sie Eimer mit mineralhaltigem Wasser aus riesigen Brunnen schöpfen und in Verdunstungspfannen gießen, bis sich in der Sonne Salzkristalle bilden. Anschließend wird das Salz gereinigt, in Säcke verpackt und mit Eseln in die umliegenden Dörfer und Märkte transportiert.

Rund um Ouirgane kann man zahlreiche Wander-, Rad- und Maultiertouren unternehmen, am besten mit einem einheimischen Guide, der einem viel über die Flora, Fauna und Geschichte des Tals erzählen kann. Und vielleicht wird man zu ihm nach Hause auf einen Minztee oder sogar eine köstliche Tajine eingeladen.

Die Tin-Mal-Moschee

EIN ARCHITEKTONISCHES WUNDER

In Marokko gibt es nur zwei Moscheen, die von Nicht-Muslimen betreten werden dürfen. Eine davon steht in Casablanca, die andere ist Tin Mal, eine prächtige Halbruine aus dem 12. Jh. auf einem Hügel.

Das strenge geistliche Oberhaupt der Almohaden, Mohammed Ibn Tumart, begann um 1125 mit dem Bau der Moschee als Teil einer befestigten Stadt, die bis zur endgültigen Eroberung Marrakeschs im Jahr 1147 das religiöse und kulturelle Zentrum des riesigen Almohadenreichs bildete.

Als die rivalisierende Meriniden-Dynastie 1269 die Herrschaft übernahm, zogen sich die Almohaden nach Tin Mal zurück, das 1276 eingenommen wurde. Danach stand nur noch die Moschee aus Sandsteinziegeln. Es war eine Ruine, bis es in den 1990er-Jahren teilweise restauriert wurde und ein architektonisches Wunder ist.

Tin Mal selbst ist heute ein kleines Dorf, aber die Moschee mit ihrem ungewöhnlichen Minarett, das sich aus der Mitte des Gebäudes erhebt, wirkt von außen wie eine imposante Festung. Einer der Wächter führt Besucherinnen und Besucher durch die massiven Tore in die stille Gebetshalle, die zu einer kunstvollen Mihrab führt - der halbkreisförmigen Nische, die nach Mekka ausgerichtet ist. Ringsherum stehen geometrisch angeordnete rosafarbene Steinsäulen, die hohe Torbögen bilden und ein Traum für Fotografen sind.

Nach Tin Mal führt eine der landschaftlich schönsten Straßen Marokkos. Sie schlängelt sich von Marrakesch bis nach Taroudant über den spektakulären Pass Tizi n'Test. Unterwegs kann man einen Zwischenstopp in Ijoukak einlegen, wo mittwochs ein trubeliger Souk stattfindet, um Tee zu trinken oder eine Tajine zu essen.

ÜBERNACHTEN IN OUIRGANE

Ouirgane Ecolodge
Die ruhige Ökolodge ist herrlich in den Bergen gelegen. Es gibt köstliches Essen, einen Außenpool und man kann malerische Wanderungen unternehmen. **€€**

Le Mouflon
In der kleinen, familiengeführten Hütte in der Nähe des Sees wird man herzlich willkommen geheißen und kann in dem wunderschönen Garten entspannen. **€**

Domaine Malika
Das Boutiquehotel nur für Erwachsene liegt in einem ruhigen Park mit stilvollen Zimmern mit Kamin, einem Pool und einem traditionellen Hamam. **€€€**

Tin-Mal-Moschee

UNTERWEGS VOR ORT

In Marrakesch starten südlich des Bab er-Rob regionale Busse und *grands taxis* häufig nach Asni. *Grands taxis* verkehren auf der 16 km langen Strecke zwischen Asni und Ouirgane. Die umliegende Landschaft ist wie geschaffen für Erkundungstouren auf zwei Beinen oder zwei Rädern, und über die Unterkunft kann man einen Guide organisieren.

IMILCHIL

Imilchil liegt in einem hochgelegenen Tal an der Ostseite des Hohen Atlas, umgeben von Berggipfeln, engen Schluchten und tollen Ausblicken in die Ferne. Das Gebiet ist schon seit langem die Heimat von isolierten Berberstämmen, darunter die Aït Haddidou, halbnomadische Hirten, die mit ihren Herden zu grüneren Weiden ziehen, während die Frauen im Dorf bleiben und sich um die Ernte kümmern, das Getreide bewachen und weben.

Jedes Jahr im September strömen drei Tage lang Menschen aus weit entfernten Dörfern in das sonst so ruhige Dorf, um an der sogenannten Heirats-Moussem teilzunehmen, einer Mischung aus alter Tradition und dem Pflegen von Stammesbeziehungen, die teils Souk, teils Fest ist.

Durch gepflasterte Straßen ist Imilchil nun besser zugänglich,und außerhalb des Festes kann man hier die traditionelle Architektur der Berber erkunden: Lehmbauten, die von einer kunstvollen Kasbah überragt werden. An dem wunderschönen Bergsee Tislit gibt es preisgünstige Unterkünfte mit grandioser Aussicht.

TOP TIPP

Eine Unterkunft während des Heirats-Moussem im September muss man weit im Voraus buchen. Andernfalls muss man eventuell in seinem Auto, einer Scheune oder in einem der Zelte schlafen, die geschäftstüchtige Einheimische für das Fest aufstellen.

Imilchil

OLIVER BIALLAWONS/SHUTTERSTOCK ©

ANDERS RYMAN/GETTY IMAGES ©

Musiker, Heirats-Moussem in Imilchil

Heirats-Moussem In Imilchil

WAS DIE LEBER BEGEHRT

Marokkos berühmtes Fest ist die berberische Entsprechung von Romeo und Julia, die uralte Geschichte der verbotenen Liebe zwischen Mitgliedern zweier verfeindeter Stämme. Manche sagen, dass sich die beiden Liebenden zu Tode weinten und so die kristallklaren Seen Isli und Tislit entstanden, die durch einen Berg getrennt sind.

Bei dem dreitägigen Fest im September geht es weniger um Romantik als vielmehr um ein lautes, staubiges und chaotisches Zusammentreffen von Tausenden von Berbern aus abgelegenen Dörfern, das ihnen die Möglichkeit bietet, Kontakte zu knüpfen und einzukaufen. Trotz des Namens finden hier keine Hochzeiten statt, aber Paare können ihre Heiratsurkunden unterschreiben, während Unverheiratete einen potenziellen Ehepartner kennenlernen können.

Junge Frauen tragen verzierte Wollumhänge in Stammesfarben und bunte Kopfbedeckungen. Sie schminken ihre Augen mit schwarzem Kajal, malen sich die Wangen rot an und laufen in kleinen Gruppen umher, kichern und flirten mit potenziellen Partnern – alles unter den wachsamen Augen älterer Verwandter. Händchenhalten signalisiert Interesse; das Loslassen bedeutet Ablehnung. Die verfügbaren Männer tragen Weiß, und es ist nicht das Herz einer Frau, das sie zu erobern versuchen, sondern ihre Leber, das marokkanische Symbol der Liebe.

Bis spät in die Nacht wird zu fröhlicher *ahidous*-Musik gesungen und getanzt. Neben einem Partner können die Teilnehmenden auch ein Schaf, eine Ziege, ein Maultier oder ein Kamel sowie Töpfe und Pfannen, Schmuck und Textilien auf dem großen Souk erwerben.

BERBERSCHMUCK

So schön er auch ist, ist Berberschmuck traditionell weit mehr als ein dekoratives Accessoire. Es ist ein Zeichen der Identität, des sozialen Status, ein tragbares Bankkonto und eine Versicherungspolice. Die Bräute erhalten als Aussteuer Schmuck: kunstvolle und schwere Kopfbedeckungen, Halsketten und Armbänder, die von der Mutter an die Tochter weitergegeben werden.

Der traditionell aus Silber gefertigte Schmuck ist mit Halbedelsteinen wie Bernstein, Koralle und Lapislazuli besetzt und je nach Stamm und Region mit kunstvoller filigraner und wunderschöner bunter Emaille verziert.

Eines der markantesten Stücke ist die *fibule*, eine Brosche, die sowohl praktisch als auch symbolträchtig ist, denn das umgedrehte Dreieck steht für Fruchtbarkeit, Heim und Familie.

UNTERWEGS VOR ORT

Auf der R703 von Tinerhir, 120 km in Richtung Süden, kann man Imilchil ohne ein Allradfahrzeug in etwa drei Stunden erreichen; es gibt auch eine landschaftlich reizvolle asphaltierte Straße von Rich, 138 km in Richtung Osten. Minibusse und *grands taxis* fahren auch auf der Strecke. Ohne eigenes Auto ist es ein weiter Weg von Marrakesch aus, die einfachste Route führt über Beni-Mellal.

SÜDLICHE OASEN

ALTE KASBAHS, OASEN & HOHE DÜNEN

Prächtige Lehmziegel-Kasbahs, uralte Oasen und der Himmel über der Sahara: Willkommen in Marokkos faszinierendster Region.

Diese Region ist einfach wunderschön, von den großen Flusstälern des Drâa, Dadès und Ziz, wo die Steinwüste von leuchtenden Oasen voller Dattelpalmen mit ihren kupferfarbenen Kasbahs unterbrochen wird, bis hin zu den von Fossilien übersäten Ebenen und den Dünenfeldern der Sahara.

Hier verliefen einst die Routen der Karawanen, auf denen Hunderte von Menschen und Tausende von Dromedaren monatelang von Oase zu Oase zogen, um Gold, Salz und Sklaven von Timbuktu und darüber hinaus durch die Sahara nach Marrakesch und Fes zu transportieren, und dabei eine Mischung aus verschiedenen Kulturen hinterließen.

Reisende, die genügend Zeit mitbringen, werden jede Menge Überraschungen erleben. Geschichts- und Kulturinteressierte können eine fast vergessene Bibliothek mit alten Texten besuchen, chaotische Märkte mit Eselparkplätzen erkunden und von Gemeinden geführte Museen besuchen, in denen die Traditionen ihrer Vorfahren mit Stolz präsentiert werden. Eine lebendige Geschichte, die durch handgewebte Teppiche oder die Gesichtstätowierungen der Berberfrauen zum Leben erweckt wird.

Für Adrenalinsüchtige und Naturliebhaber gibt es unzählige Abenteuer, von Wanderungen zu den bizarren Felsformationen der Dadès-Schlucht über die Besteigung des Jbel Saghro bis hin zum Klettern an den zerklüfteten Felswänden der Todraschlucht.

Der Adrenalinkick endet in der geheimnisvollen und stillen Sahara um M'Hamid und Merzouga herum, einem Ort, an dem man die Welt vergessen und wie die Nomadenstämme von einst durch die Sanddünen wandern kann.

DIE WICHTIGSTEN ZIELE

OUARZAZATE
Festungen und Filmsets. **S. 148**

DAS DADÈSTAL
Klettern an Felswänden und Wandern. **S. 154**

VOM ZIZTAL BIS ZUR SAHARA
Fossilien und wunderschöne Wüstenlandschaften. **S. 162**

VOM DRÂATAL BIS ZUR SAHARA
Kasbahs und Dünen. **S. 167**

Links: Ziztal (S. 162); oben: Dadèstal (S. 154)

Erste Orientierung

Die südlichen Oasen umfassen ein weitläufiges und abwechslungsreiches Gebiet, das sich von den Ausläufern des Hohen Atlas bis zu den Sanddünen der Sahara erstreckt. Wir haben die Orte ausgewählt, die ihre Geschichte, Kultur und atemberaubenden Landschaften am besten widerspiegeln.

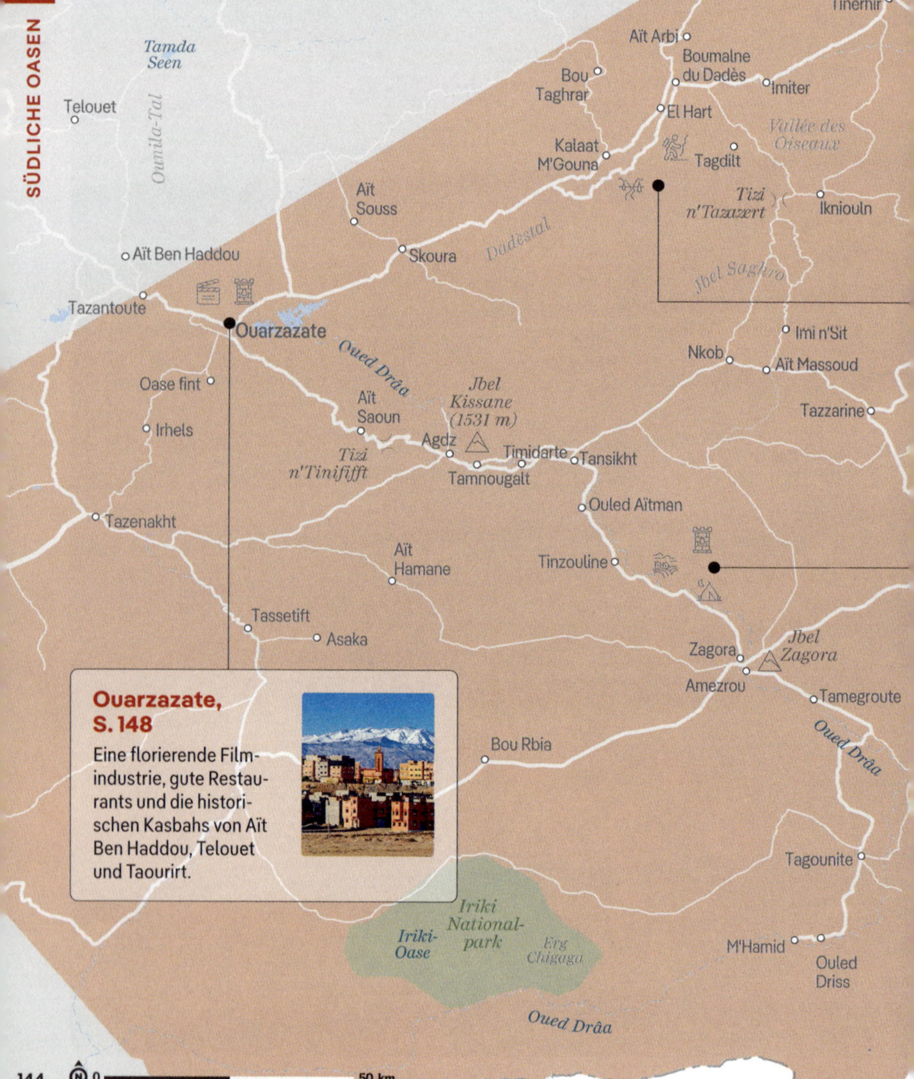

Ouarzazate, S. 148

Eine florierende Filmindustrie, gute Restaurants und die historischen Kasbahs von Aït Ben Haddou, Telouet und Taourirt.

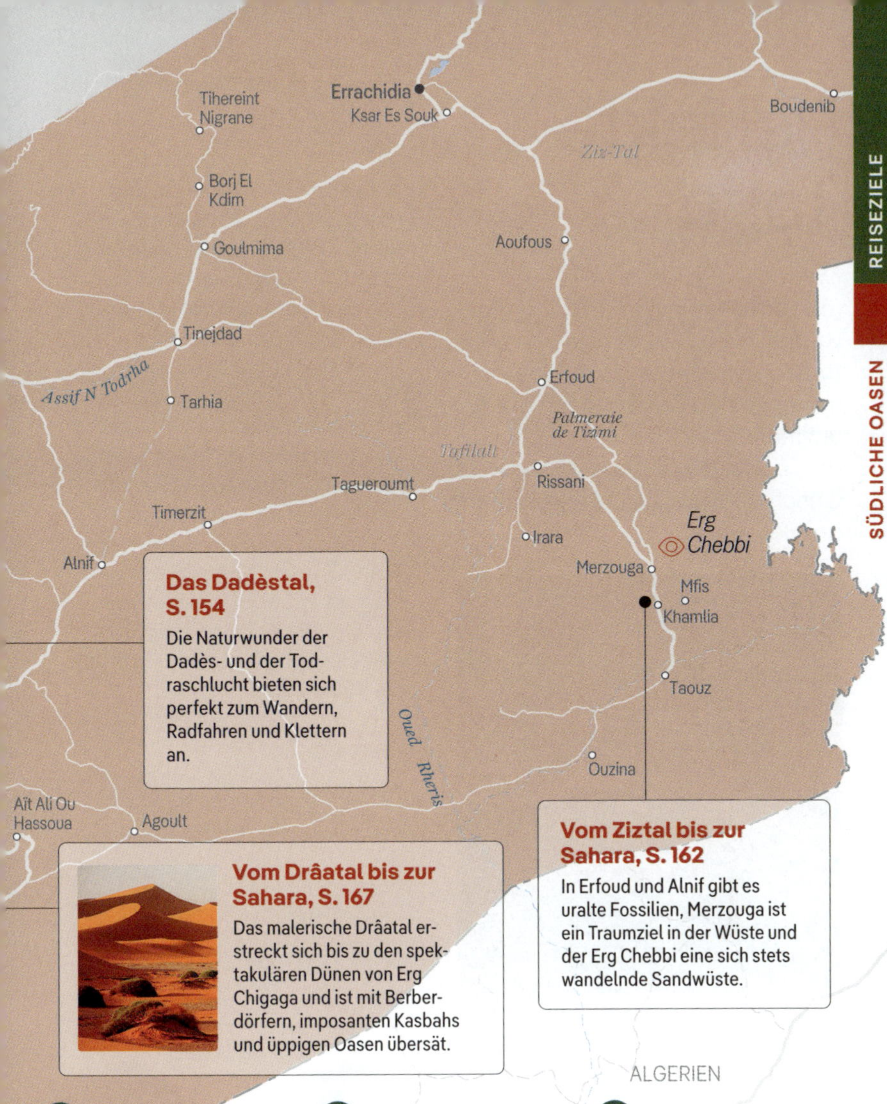

Das Dadèstal, S. 154

Die Naturwunder der Dadès- und der Todraschlucht bieten sich perfekt zum Wandern, Radfahren und Klettern an.

Vom Ziztal bis zur Sahara, S. 162

In Erfoud und Alnif gibt es uralte Fossilien, Merzouga ist ein Traumziel in der Wüste und der Erg Chebbi eine sich stets wandelnde Sandwüste.

Vom Drâatal bis zur Sahara, S. 167

Das malerische Drâatal erstreckt sich bis zu den spektakulären Dünen von Erg Chigaga und ist mit Berberdörfern, imposanten Kasbahs und üppigen Oasen übersät.

AUTO, TAXI & MOTORRAD

Per Mietwagen oder Auto mit Fahrer kann man die abgelegenen Dörfer und die verborgene Geschichte der Region am besten auf eigene Faust erkunden, aber es verkehren auch jede Menge *grand taxis* (Sammeltaxis) auf den Hauptstraßen, vor allem an Markttagen. Die breiten Straßen sind wie geschaffen für Motorradfahrer.

BUS

Auf den Hauptverkehrsadern der Region – der N9, N10, N12 und N13 – verbinden jede Menge preisgünstige Busse die Städte untereinander. Mit CTM-Bussen gelangt man innerhalb von 10 Stunden von Marrakesch zu den Dünen von M'Hamid.

FLUGZEUG

Wer es eilig hat, nimmt einen Direktflug mit Royal Air Maroc von Casablanca nach Ouarzazate, das vier Autostunden von den Wüstencamps von Erg Chigaga entfernt liegt.

Perfekte Tage

Die südlichen Oasen erkundet man am besten ganz in Ruhe. Man wandert von Berggipfeln bis zu Sanddünen durch die Oasendörfer, legt einen Zwischenstopp ein, um Märkte und Museen zu erkunden, und genießt die vielfältige Geschichte und Gastfreundschaft der Berber.

SMALLWORLDPRODUCTION/SHUTTERSTOCK ©

Erg Chebbi (S. 166)

Wenig Zeit

● Man fährt direkt nach **Merzouga** (S. 165), dem Tor zur Sahara und den Dünen von **Erg Chebbi** (S. 166), und erkundet die Gegend auf einem Kamel. Man muss hier eine Nacht verbringen, um auf einem Dromedar reiten, auf eine Düne klettern (und vielleicht mit dem Sandboard wieder hinunterzufahren) und das atemberaubende Lichtspiel bei Sonnenuntergang fotografieren zu können, bevor man am Lagerfeuer isst und danach die Sterne beobachtet.

● Am nächsten Morgen lauscht man der Musik im Dar Gnaoua im Wüstendorf **Khamlia** (S. 165) und fährt dann weiter Richtung Norden in den **Mittleren Atlas** (S. 288).

VON LINKS: HEITOR PERGHER/SHUTTERSTOCK ©, STREETFLASH/SHUTTERSTOCK ©, CRISTIANO BARNI/SHUTTERSTOCK ©

Beste Reisezeit

Die Sommer sind heiß und die Winter können kalt werden. Frühling und Herbst sind die ideale Zeit zum Wandern, Klettern und für Dünenwanderungen.

JANUAR

Der letztmögliche Zeitpunkt für Läufer, um sich für den **Marathon des Sables** (S. 149), dem „härtesten Lauf der Welt“, anzumelden.

FEBRUAR

Der Winter ist die perfekte Jahreszeit für die **Jbel-Saghro-Überquerung** (S. 160), wenn die Berge des Hohen Atlas von jeder Menge Schnee bedeckt sind.

MÄRZ

Die Rallye Aïcha des Gazelles du Maroc, eine umweltfreundliche Off-Road-Rallye nur für Frauen, startet in der Wüste (der Termin kann variieren).

Vier Tage zum Erkunden

Auf dem Weg nach **Merzouga** bekommt man einen Einblick in die Kasbah-Kultur. Man beginnt im wunderschönen *ksar* von **Aït Ben Haddou** (S. 150) und der verfallenen Kasbah von **Telouet** (S. 152) außerhalb von **Ouarzazate** (S. 148). Weiter geht's Richtung Osten zu den spektakulären Schluchten **Dadès** (S. 158) und **Todra** (S. 157) und danach weiter Richtung Süden zum **Erg Chebbi**.

Nach den Abenteuern in der Wüste fährt man Richtung Norden durch die grünen *palmeraies* im **Ziztal** (S. 162), legt einen Zwischenstopp auf dem trubeligen Markt in Rissani ein und kauft dann Fossilien in **Erfoud** (S. 163).

Länger Zeit

Nach den Kasbahs in **Ouarzazate** fährt man über **Skouras** (S. 156) malerische *palmeraie* und die Wanderrouten im **Rosental** (S. 157) oder die **Dadèsschlucht** Richtung Osten zur **Todraschlucht**. In **Ksar el-Khorbat** (S. 159) gibt es jede Menge Kultur zu erkunden. Anschließend verbringt man zwei Nächte in der Wüste und durchquert die von Fossilien übersäten Ebenen um **Alnif** (S. 163) auf dem Weg nach **M'Hamid** (S. 172) und den gewaltigen Dünen des **Erg Chigaga** (S. 173).

Auf dem Rückweg von **M'Hamid** fährt man Richtung Norden durch das **Drâatal** (S. 167) und macht einen Abstecher nach **Nkob** (S. 169), um auf dem **Jbel Saghro** (S. 160) zu wandern oder in den Oasenstädten **Zagora** (S. 172) und **Agdz** (S. 170) am Pool zu entspannen.

MAI

In Kalaat M'Gouna kann man im Duft des **Rosenfestes** (S. 156) schwelgen und das Transahara Music Festival bringt die Dünen um Merzouga herum zum Beben.

SEPTEMBER

Der Herbst (und der Frühling) sind die beste Zeit fürs Campen in der Wüste, um den glühend heißen Tagen und bitterkalte Nächten zu entfliehen.

OKTOBER

Wer sich in der Nähe von **Erfoud** (S. 163) befindet, sollte sich das immer beliebter werdende Dattelfest nicht entgehen lassen.

NOVEMBER

Aufgrund der milden Temperaturen sind die Monate September bis November (sowie Februar bis Mai) ideal zum Klettern in der **Todraschlucht** (S. 157).

OUARZAZATE

Ouarzazate wird als „Tor zur Wüste" bezeichnet und ist aufgrund seiner Lage der perfekte Zwischenstopp zwischen Marrakesch und der Sahara. Nach der Erkundung der herrlichen Lehmziegel-Kasbahs ist es ein idealer Ausgangspunkt für Touren zu grünen Oasen, spektakulären Schluchten und in die Berge.

Jahrhundertelang trafen hier Händler aus dem Hohen Atlas und der Sahara zusammen, um in der weitläufigen Taourirt-Kasbah Geschäfte zu machen. In den 1920er-Jahren wurde hier eine Garnisonsstadt gebaut, von der aus Frankreichs Kolonialinteressen überwacht werden sollten.

Heute kennt man Ouarzazate vielleicht aus den Filmhits *Lawrence von Arabien* von David Lean oder *Gladiator* von Ridley Scott und anderen Blockbustern, und dank der aufstrebenden Filmindustrie können Cineast:innen die Kulissen von Marokkos Hollywood besichtigen.

Die Sommer hier sind sehr heiß, aber die Sonne wird für einen guten Zweck genutzt. Vor den Toren der Stadt befindet sich der Solarkomplex Noor Ouarzazate, der größte Solarpark der Welt.

TOP TIPP

Bei Sonnenuntergang oder -aufgang ist Aït Ben Haddou am schönsten, dann schimmern die Lehmziegelhäuser golden und es sind weniger Besucher:innen da. Wer auf den höchsten Punkt steigt, genießt einen super Blick auf eine Landschaft, die *Game of Thrones*-würdig ist.

KADAGAN/SHUTTERSTOCK ©

Atlas Studios

Blockbuster in den Atlas Studios

MAROKKOS HOLLYWOOD

Die marokkanische Wüstenlandschaft, die auch als Marokkos Hollywood oder Ouarzawood bezeichnet wird, war schon Schauplatz zahlreicher Filmepen. Die Atlas Studios (ouarzazatestudios.com) produzieren seit 1983 internationale Blockbuster und sind heute mit einer Fläche von über 98 000 m² eines der größten Filmstudios der Welt.

Bis heute wurden hier mehr als 200 Filme und Serien gedreht, darunter *Gladiator* und *Prison Break* (die Technische Schule Ibn Al Haytham in Ouarzazate diente als jemenitisches Gefängnis). Die Filmproduktion ist zu einem wichtigen Teil der Wirtschaft der Stadt geworden, in der es viele Erinnerungen an Filme, riesige Requisiten und stabil aussehende Styroporstrukturen zu sehen gibt. Viele der mehrsprachigen Guides spielten als Statisten mit und erzählen gerne ihre Anekdoten.

Eins der Highlights ist die Festung aus *Königreich der Himmel*, die für *Game of Thrones* umfunktioniert wurde. Mit dem Auto fährt man 1 km lang durch die Wüste oder macht einen 15-minütigen Spaziergang dorthin. Man sollte unbedingt zu den hoch aufragenden Mauern hinaufgehen, wo man sich wie ein ver-

DER MARATHON DES SABLES

Wer sich einer ultimativen körperlichen Herausforderung stellen möchte, sollte sich zum Marathon des Sables (marathondessables.com) anmelden. Der 1986 erstmals ausgetragene Ultramarathon wurde bereits von rund 25 000 Läufern aus aller Welt absolviert, wobei die Altersspanne von 16 bis zu inspirierenden 83 Jahren reichte. Der berühmteste Lauf in der Sahara findet in der Regel im März oder April statt und führt über rund 250 km, verteilt auf sechs Tage, wobei die genaue Strecke ab Ouarzazate ein streng gehütetes Geheimnis ist. Man muss nicht nur bei Temperaturen um die 50 °C durch den Sand laufen (man kann auch gehen), sondern auch seine gesamte Ausrüstung selber tragen. Der Lauf mag brutal sein, aber er ist super organisiert. Es gibt medizinische Teams und jede Menge Wasser.

Mit dem folgenden QR-Code kann man den Lauf organisieren.

ÜBERNACHTEN IN OUARZAZATE

Kasbah Tamsna
Das wunderschöne Boutiquehotel liegt etwas außerhalb der Stadt und verbindet marokkanische Architektur mit Zen-Dekor. **€€€**

Dar Kamar
Die Pension liegt versteckt in der Taourirt-Kasbah und hat eine afrikanisch inspirierte Einrichtung, hilfsbereite Mitarbeiter und eine schöne Aussicht von der Terrasse. **€€€**

Dar Bergui
Die ruhige Pension im Stadtzentrum verfügt über Zimmer, die um einen Pool herum liegen, und eine Terrasse mit herrlichem Blick auf den Atlas. **€€**

DIE KRAFT DER SONNE NUTZEN

Wenn man in der Umgebung von Ouarzazate ein Leuchten wahrnimmt, stammt es wahrscheinlich vom 250 m hohen Turm **Noor III**, dem Herzstück des größten konzentrierten Solarkraftwerks der Welt. Das nur 20 km von der Stadt entfernte Vorzeigeprojekt hat die Größe von 3500 Fußballfeldern und liegt in einer Mondlandschaft, in der es rund 3240 Sonnenstunden im Jahr gibt. Wo könnte man besser Tausende von Heliostaten aufstellen, 12 m hohe mobile Spiegel, die sich wie Sonnenblumen nach der Sonne ausrichten?

Noor nutzt eine Mischung aus thermodynamischen, thermosolaren und photovoltaischen Technologien, um seine Leistung von 580 Megawatt zu erzeugen und Marokko dabei zu helfen, sein Ziel zu erreichen, bis 2050 80% seiner Energie aus erneuerbaren Quellen zu gewinnen. Um die Anlage zu besichtigen, muss man sich über Masen (masen.ma) mindestens einen Monat im Voraus anmelden.

IVAN SOTO COBOS/SHUTTERSTOCK ©

Aït Ben Haddou

wegener Actionheld oder wie Daenerys Targaryen auf ihrer Mission zur Befreiung der Sklaven fühlt.

Wer es nicht in die Atlas Studios schafft, kann sich in dem **Filmmuseum**, das in einem ehemaligen Filmstudio gleich gegenüber der Taourirt-Kasbah (S. 152) untergebracht ist, einen Einblick in die Filmgeschichte der Stadt verschaffen. Hier gibt es keinen Hightech-Schnickschnack. Es ist eher ein Sammelsurium an verblassten Filmplakaten, altertümlicher Filmausrüstung und verstaubten Requisiten ohne jegliche Erklärung. Aber man kann neben ihnen posieren, während man durch die Überreste der Filmkulissen spaziert, sich auf den Thron eines Pharaos setzen und in einem tibetischen Tempel oder im alten Griechenland herumlaufen.

Aït Ben Haddou

EIN *GAME OF THRONES*-FILMSET BESUCHEN

Mithilfe von etwas Hollywood-Tünche wirkt das zum UNESCO-Weltkulturerbe zählende Lehmziegel-*ksar* (befestigtes Dorf) Aït Ben Haddou wie aus der Zeit gefallen und ähnelt immer noch seinen Tagen als Karawanserei der Almoraviden im 11. Jh. an der Haupthandelsroute zwischen Schwarzafrika und Marrakesch.

Die beeindruckende Architektur, die spektakuläre Umgebung und die Nähe zu den Filmstudios von Ouarzawood haben dazu geführt, dass es eine tragende Rolle in vielen Hollywood-Blockbustern spielte, darunter *Lawrence von Arabien*, *Jesus von Nazareth* (für den ein großer Teil des *ksar* restauriert wurde) und *Auf der Jagd nach dem Juwel vom Nil* (die ägyptischen

ESSEN IN OUARZAZATE

La Kasbah des Sables
Marokkanische und französische Küche in verführerisch beleuchteten Nischen rund um lauschige Innenhöfe. **€€€**

Full Sun
Marokkanische Klassiker stehen neben Pizza, Salaten und dem besten Frühstück der Stadt auf der Speisekarte des netten Cafés. **€**

Habous
In dem Restaurant an dem trubeligen Platz gibt es köstliches Gebäck, Avocado-Smoothies und guten Kaffee. **€**

Türme). Heute ist es wahrscheinlich am bekanntesten für seinen Auftritt als Yunkai, eine fiktive Sklavenhändlerstadt in *Game of Thrones*.

Der Eintritt in den *ksar* ist frei, und innerhalb seiner Mauern schlängeln sich enge Gassen zwischen rotgetünchten Gebäuden, die sich in unterschiedlichem Zustand befinden. Wo früher Händler ihre Waren feilboten, haben sich heute Souvenirläden angesiedelt. Ein Weg windet sich hinauf zu einer Ruine eines *ighmerm* (Getreidespeicher) oberhalb des *ksar*. Von dort hat man eine herrliche Aussicht auf die umliegende *palmeraie* (Palmenhain) und die *hamada* (Steinwüste) hinter dem Dorf.

Mithilfe der marokkanischen NGO We Speak Citizen haben die verbliebenen Bewohner des *ksar* ein Kulturzentrum der besonderen Art geschaffen. Es befindet sich in einem restaurierten Haus, dem **Maison de l'Oralité Tigmmi N'Wawal**, dessen Ziel es ist, den Besucher:innen die mündlich überlieferten Lieder und Geschichten der Berber:innen mithilfe von Live-Veranstaltungen sowie Videos, Fotos und Ausstellungen näherzubringen. Im **Tawesna** links der Brücke kann man hervorragend essen. Der *salon de thé* (Teehaus) wird von dem Frauenverein des *ksar* geführt.

Hand in Hand mit der Association Afous Gafous

DIE WEBERINNEN, DIE ETWAS BEWEGEN WOLLEN

Bei einem Besuch der Weberei-Kooperative im Dorf Lamdint (34 km nordwestlich von Ouarzazate) wird viel gelacht, aber Afous Gafous („Hand in Hand" in der Berbersprache) hat es sich zur Aufgabe gemacht, die einheimischen Frauen zu stärken.

Seit die beeindruckende Fadma die Kooperative 2009 gegründet hat, hat sie hart daran gearbeitet, ihr Geschäft auszubauen und den Frauen vor Ort dabei zu helfen, finanziell unabhängig zu werden sowie einzigartige und schöne Designs zu entwerfen.

Die Frauen singen, während sie im sonnigen Innenhof den Webvorgang vorführen, der mit dem Kardieren und Spinnen der Schafswolle beginnt. Sie verwenden natürliche Färbemittel und zeigen die Pflanzen, die sie zum Färben verarbeiten, darunter Rosenkraut für Rosa und Zwiebelschalen, die in einem Topf brodeln, um die Wolle braun zu färben.

Sie stellen *zerbyas* (Knüpfteppiche) und einzigartige Taschen her, aber ihr größter Verkaufsschlager sind *hanbels*, flach gewebte Teppiche in dezenten Farben, die mit auffälligen geometrischen Mustern verziert sind. Sie lassen sich von der Welt um sich herum inspirieren – von den Stam-

DIE OASE FINT

In der *palmeraie*, nur 12 km von Ouarzazate entfernt, bekommt man Einblicke in das Oasenleben. Die märchenhafte Oase Fint (bedeutet „versteckt" in der Berbersprache) erscheint wie eine Fata Morgana inmitten der kargen Umgebung. Sie besteht aus vier winzigen Dörfern, in denen sich üppige Palmen entlang eines von spektakulären Felsen gesäumten Flusses erstrecken. Hier kann man sich entspannen, während die Dorfbewohner:innen ihre Felder bestellen, Kleidung im Fluss waschen und Brot in den Öfen backen. Um hierher zu kommen, braucht man einen Geländewagen, da die Straße durch felsiges Terrain führt. Oder man fährt mit einem *grand taxi* von Ouarzazate her. Wer hier übernachten möchte, für den gibt es einige wenige Homestays und einfache Pensionen.

DIE ANOU-KOOPERATIVE

Neuestes Projekt der **Anou-Kooperative** (S. 124) ist die Atlas Wool Supply Company im Aït-Bougomez-Tal. Sie hat in Fès ihren ersten von Kunsthandwerkern geführten Laden eröffnet.

ÜBERNACHTEN IN DER OASE FINT

Maison d'Hôte La Roche Noire
In dem authentischen Dorfhaus wird man herzlich willkommen geheißen und es gibt köstliches Essen und Livemusik. **€**

Auberge La Terrasse des Delices
Die einfachen Zimmer liegen um einen Innenhof herum und von der Terrasse hat man einen schönen Blick über die Oase. **€**

Auberge Restaurant Tissili
Es gibt Zimmer mit eigenem Bad oder behagliche Berberzelte in einem ruhigen Innenhof. **€**

mestätowierungen der Berberfrauen, den Farben der Wüste oder einem alten marokkanischen Film.

Sie sind eine der aktivsten Gruppen der preisgekrönten Anou-Kooperative (theanou.com; S. 124). Den Besuch kann man über die Website organisieren. Wer mehr über ihr Leben erfahren möchte, bestellt eine hausgemachte Tajine. Teppiche können auch auf Bestellung angefertigt werden. Wer nicht persönlich vor Ort ist, kann die Produkte online kaufen, in der Gewissheit, dass das Geld direkt an die Kunsthandwerkerinnen geht.

DIE TAOURIRT-KASBAH

Am Rand von Ouarzazate liegt das im 19. Jh. von der Al-Glaouis-Familie erbaute Wohnhaus. Nach der Unabhängigkeit verfiel die Kasbah, wurde in den 1990er-Jahren von der UNESCO teilweise restauriert und diente nebenbei als Hollywood-Kulisse für Filme wie *Gladiator* und *Himmel über der Wüste*. Während Telouet Wohnort des Stammesführers war, wurde die Taourirt-Kasbah mit ihren 300 Zimmern in ihrer Blütezeit von Verwandten sowie zahllosen Bediensteten, Handwerkern und Händlern bewohnt.

Eindrücke der einstigen Pracht bieten die Räume im obersten Stockwerk: Sie punkten mit kunstvollem Stuck, bemaltem Zedernholz und einer originalen Decke aus geflochtenem Schilfrohr (*tataoui*).

Der bröckelnde Glanz der Telouet-Kasbah

ABSEITS DER AUSGETRETENEN KASBAH-PFADE

Aït Ben Haddou mag zwar den ganzen Ruhm ernten – und die Besucher:innen –, aber diese verfallene Kasbah, 80 km nordwestlich von Ouarzazate, ist eine der außergewöhnlichsten Sehenswürdigkeiten Südmarokkos.

Der seit mehr als einem halben Jahrhundert verlassene Stammsitz der „Herren des Atlas" ist zu einer verfallenen Ruine verkommen. In den wenigen verbliebenen großen Salons, in denen grandioses marokkanische Kunsthandwerk in Form von leuchtenden *zellij*-Fliesen, kunstvollem Stuck und Decken aus Zedernholz zur Schau gestellt wird, sind noch Spuren der einstmaligen Pracht zu sehen. Der Legende nach wurden 1000 Sklaven für den Bau benötigt, und 300 Handwerker arbeiteten drei Jahre lang an der Restauration der Wände und Decken.

Die strategisch günstig gelegene Kasbah ist durchdrungen von der Geschichte einer mächtigen Familie und dem Kampf um die marokkanische Unabhängigkeit. Sie wurde in den 1860er-Jahren von den berühmten Kriegsherren, der Glaouis-Familie, erbaut, die Anspruch auf die äußerst lukrativen Handelsrouten erhoben, die durch die Sahara nach Marrakesch führten.

Bei der Unterzeichnung des Protektorats 1912 schlug sich Thami El Glaoui auf die Seite der Franzosen und wurde wieder als Pascha von Marrakesch eingesetzt. Mit ruchlosen Mitteln häufte er ein Vermögen an und war in den 1950er-Jahren einer der reichsten Männer der Welt, der sich mit der Weltelite umgab und in Marrakesch und Telouet rauschende Feste feierte. Währenddessen füllten sich seine Kerker mit seinen Feinden.

1953 half er dabei, König Mohammed V. ins Exil zu treiben, doch nur zwei Jahre später, nachdem Frankreich der Unabhängigkeit Marokkos zugestimmt hatte, bettelte er vor dem König um Vergebung. Er wurde begnadigt, starb aber 1956 in Telouet, woraufhin ein Großteil des Familienvermögens vom Staat konfisziert wurde und ihre Kasbahs, die über den Atlas und darüber hinaus verstreut waren, verfielen.

Telouet Kasbah

UNTERWEGS VOR ORT

Die Stadt kann man gut zu Fuß und mit *petits taxis* erkunden. Nach Aït Ben Haddou und Telouet fahren Minibusse und *grands taxis*. Für Wüstenabstecher empfiehlt sich ein Mietwagen. Man kann auch per Bus nach M'Hamid (ca. 7 Std.) fahren. *Grands taxis* starten vor dem Hauptbusbahnhof Richtung Osten nach Skoura und Kalaat M'Gouna und Richtung Süden nach Zagora und Agdz. Eilige nehmen von Casablanca, Paris, Marseille bzw. London aus einen Direktflug nach Ouarzazate.

AUTOTOUR: AUF DEN TIZI N'TICHKA FAHREN

Wer die N9 südlich von **1 Marrakesch** (S. 46) entlangfährt, gelangt auf halbem Weg nach Ouarzazate auf eine der spektakulärsten Straßen Marokkos. Der Tizi-n'Tichka-Pass wurde 1936 von den Franzosen zur Umgehung der alten Karwanenstraße ins Drâatal gebaut und führt bis in eine Höhe von 2260 m hinauf. Er ist sogar höher als der Tizi n'Test (S. 138) im Westen, aber einfacher zu befahren, und führt durch eine ausgetrocknete, aber nicht weniger beeindruckende Landschaft.

Etwa 45 Minuten von Marrakesch entfernt schlängelt sich die Straße hinter **2 Aït Ourir** durch eine malerische Landschaft mit Eichenbäumen und Walnusshainen vorbei an Dörfern bis zum beliebten Zwischenstopp in **3 Taddert**.

Hinter dem Dorf Taddert wird die Strecke noch steiler und die Landschaft noch karger. Die Aussicht auf die zerklüfteten Gipfel ist atemberaubend – hinter jeder Kurve gibt es mehrere Cafés, in denen man für einen Tee und ein Foto anhalten kann. Der höchste Punkt des Passes ist **4 Tizi n'Tichka** mit einem grandiosen Panoramablick.

Auf dem Weg hinunter geht's schneller über die N9 vorbei an Igherm bis nach Ouarzazate in nur 90 Minuten. Schöner ist jedoch die Strecke durch das üppig grüne Ounila-Tal. Die Abzweigung auf die P1506 erscheint etwa 20 km nach dem Pass. Nach etwa einer Stunde kommt man zur verfallenen **5 Telouet-Kasbah**. Dann geht's weiter nach **6 Aït Ben Haddou** (S. 150), wo man am besten kurz nach Sonnenuntergang ankommt.

Von der Telouet-Kasbah aus fährt man 57 km auf der P1506 in Richtung Süden, bis man nach weiteren 21 km wieder auf die N9 stößt, die man bis an den westlichen Stadtrand von **7 Ouarzazate** (S. 148) entlangfährt.

Am besten fährt man die Strecke frühmorgens, um den Lkw- und Busverkehr zu vermeiden, und nicht nach Einbruch der Dunkelheit. Von Dezember bis März kann die Strecke wegen Schnee geschlossen sein.

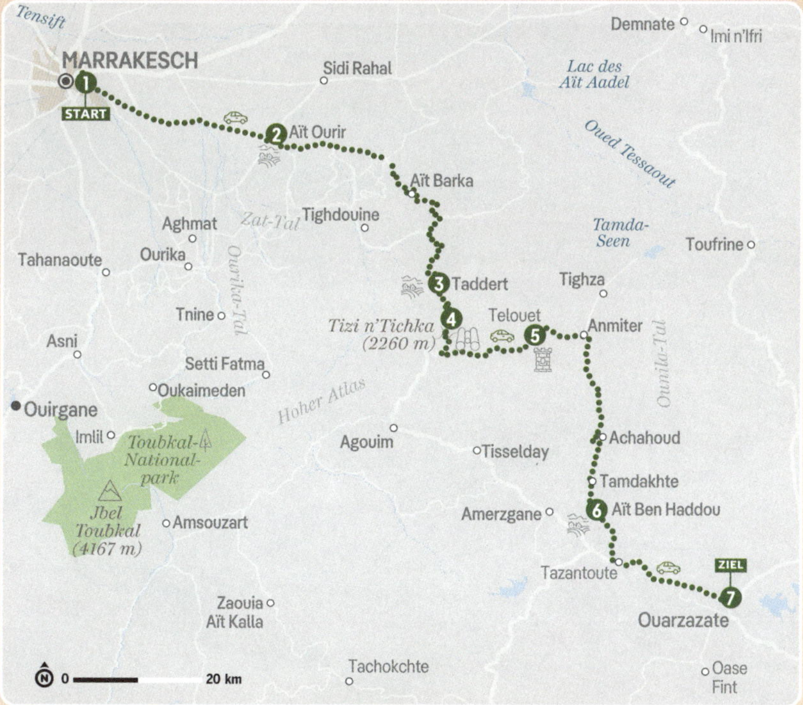

DAS DADÈSTAL

Das Dadèstal liegt zwischen den gewaltigen, mit Schnee bedeckten Gipfeln des Hohen Atlas im Norden und der zerklüfteten Jbel-Saghro-Gebirgskette im Süden und ist mit zerfallenen Lehmziegelpalästen gesprenkelt, die der Region ihren märchenhaften Spitznamen gaben: Tal der Tausend Kasbahs.

Die karge Schönheit der Ebene vermischt sich mit rosenbewachsenen Tälern und Oasen, in denen sich die Dattelpalmen im Wind hin und her bewegen. Aber die beiden Schluchten, die das Tal durchschneiden, sind das wahre Highlight: Die Dadèsschlucht mit ihrer gewundenen Straße schlängelt sich durch eine fruchtbare Landschaft, während die roten Kalksteinfelsen der Todraschlucht in den strahlend blauen Himmel ragen.

Asphaltierte Straßen führen durch die Region, aber die schönsten Dinge sieht man nur, wenn man zu Fuß unterwegs ist, z. B. auf verborgenen Viehpfaden zwischen den Schluchten und auf den Nomadenrouten der Aït Atta über den Jbel Saghro.

TOP TIPP

Die hohen, imposanten Felswände der Todraschlucht sind Marokkos bestes Klettergebiet. Mit einer Reihe offizieller Routen, die das felsige Terrain überziehen, und dem ersten Klettersteig Nordafrikas ist es ein großartiger Ort für Kletterbegeisterte. Von Anfänger:innen bis zu Erfahrenen ist für jedes Niveau etwas dabei.

Todraschlucht (S. 157)

LINKS: NICRAM SABOD/SHUTTERSTOCK ©, RIGHT: A.PUSHKIN/SHUTTERSTOCK ©

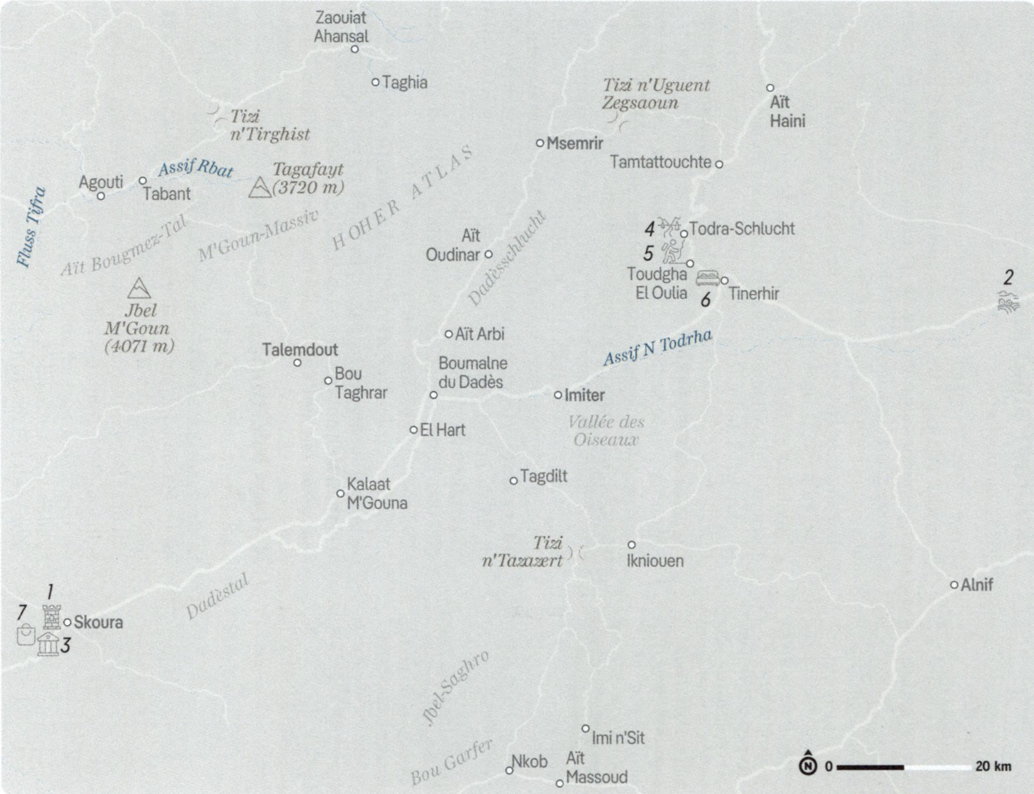

HIGHLIGHTS
1 Kasbah Amridil
2 Ksar el-Khorbat
3 Musée Memoire de Ouarzazate
4 Todraschlucht

AKTIVITÄTEN, KURSE & TOUREN
5 Aventures Verticales Maroc

SCHLAFEN
6 Kasbah Petit Nomade

SHOPPEN
7 La Poterie Chez La Famille Kabor

Pattes Des Singes (S. 158)

Skouras Palmeraie

DAS LEBEN IN DER OASE

Wie ein grüner Teppich hebt sich die Oase von der roten Felsenlandschaft ringsum ab. Skoura war einst ein beliebter Rastplatz der Wüstenkarawanen. Heute ist die Stadt mit ihren beeindruckenden Lehmziegel-Kasbahs und schicken Unterkünften immer noch ein beliebter Ort für einen Zwischenstopp.

Die unter UNESCO-Schutz stehende *palmeraie*, die „Oase der 1000 Palmen", lässt sich am besten zu Fuß, per Rad oder Esel erkunden. Man findet hier über 20 Dattelsorten und 100 Vogelarten, und die Gemüsefelder werden noch immer mit einem jahrhundertealten unterirdischen *khettara*-System aus Kanälen, Hebeln und Schleusen bewässert. Toufiq Mousaoui (tmousaoui0@gmail.com) kann man für geführte Touren buchen.

Skouras größte Kasbah ist die **Amridil** aus dem 17. Jh. Wer durch die verwinkelten Gassen geht und die kunstvoll geflochtenen Schilfdecken, die Olivenpresse, die noch funktionierenden Brotöfen und die Aussicht von der Dachterrasse erkundet, bekommt ein Gefühl für das traditionelle Leben in der Kasbah.

In dem kleinen, aber faszinierenden **Musée Memoire de Ouarzazate** erfährt man mehr über die Traditionen der Imazighen im Süden. Der Anthropologe Abdelmoula El Moudahab erklärt Besucher:innen die Exponate, darunter primitive, aber effektive Türschlösser, mit Bernstein und Korallen besetzte Münzen und alte Bauzeichnungen einer Kasbah.

Beim Besuch der **La Poterie Chez La Famille Kabor** erklärt Mohamed das alte Verfahren zur Herstellung von Riesenurnen, Tellern, Tassen und Schalen, vom Zerkleinern des Tons mit einem Holzstößel bis zum Antrieb des Rads mit seiner Ferse.

WIESO ICH SKOURA LIEBE

Sarah Gilbert, Autorin

Nach der Hektik des Stadtlebens kann man es in Skoura etwas gemächlicher angehen lassen. In der labyrinthartigen *palmeraie* scheint die Zeit stehengeblieben zu sein, aber in den staubigen Gassen gibt's schicke Boutiquen, die man auch in einer Zeitschrift für Design finden könnte. Morgens leihe ich mir gerne ein Fahrrad aus und fahre gemütlich, begleitet von Vogelgezwitscher, durch die Dattelpalmen im Schatten der raschelnden Palmwedel. Dann ist es an der Zeit, am Pool zu faulenzen, bevor ich ein köstliches Essen mit den überraschend vielfältigen Produkten aus Skoura genieße und am Abend die Sterne beobachte.

Kalaat M'Gounas Rosenfest

MAROKKOS DUFTENDES FEST

In der Stadt Kalaat M'Gouna werden die duftenden Blumen, die im M'Goun-Tal (auch Tal der Rosen genannt) wachsen, während des dreitägigen **Rosenfestes** gefeiert.

In der Hauptanbausaison von April bis Mitte Mai werden in dem Tal 4000 Tonnen wilder Damaszenerrosen geerntet, die der Überlieferung nach vor Jahrhunderten von einem Berberhändler aus Damaskus hierher gebracht wurden.

Zur Erntezeit machen sich die Frauen noch vor dem Morgengrauen auf den Weg, um die Rosen von Hand zu pflücken und sie dann an die im Tal verstreuten Kooperativen zu verkaufen. Die örtlichen Brennereien verwenden die Blütenblätter für Rosenwasser und alle Arten von Cremes und Tränken und trocknen sie auf Dächern, um daraus Potpourri herzustellen. Wegen des

ÜBERNACHTEN IN SKOURA

Auberge Chez Talout
Die Unterkunft auf einem Hügel bietet einen tollen Ausblick auf die Oase, einen Pool, ein Restaurant und viele Orte zum Entspannen. **€€€**

Les Jardins de Skoura
Eine ruhige Pension inmitten üppiger Gärten mit einem Pool, einer Dachterrasse und Zimmern voller Kunst. **€€€**

L'Ma Lodge
Die wunderschöne, mit Kunst und Antiquitäten dekorierte Lodge verfügt über einen palmengesäumten Pool und ein ausgezeichnetes Restaurant. **€€€**

PHILIP REEVE/SHUTTERSTOCK ©

Amridil

starken Aromas der Rosen werden viele von ihnen von französischen Parfümeuren aufgekauft.

Das Fest ist ein Meer aus Rosa mit Musik, Gesang und Tanz. Überall sind Rosen zu herzförmigen Girlanden gebunden, die an Straßenlaternen aufgehängt und zu Halsketten und Armbändern verarbeitet werden. Es wird auch eine Rosenkönigin gekürt, die eine Parade mit jeder Menge Rosenblüten anführt.

Das Fest steigt zwischen Mitte Mai und Anfang Juni. Es beginnt freitags, am Wochenende gibt's die Hauptveranstaltungen.

Wer es nicht zum Fest schafft, kann die **Unité de Distillation de Rose** besuchen, wo sich in den Regalen die Rosenprodukte stapeln, von Seifen und Parfüms bis hin zu Cremes, die einen angeblich um Jahre jünger aussehen lassen.

Kletterabenteuer in der Todraschlucht

ZWISCHEN BAUM UND BORKE SITZEN

Eines der spektakulärsten Naturwunder Marokkos, die Todraschlucht 90 km östlich von Kalaat M'Gouna, besteht aus mehreren Kalksteinschluchten, die im Laufe der Jahrhunderte von einem einst großen Fluss in die Felsen gegraben wurden. Die Felswände der Schlucht ragen an manchen Stellen bis zu 300 m in die Höhe und die Schlucht ist an ihrer schmalsten Stelle nur 10 m breit. Die beste Zeit für einen Besuch ist morgens, wenn die Sonne die roten Felsen beleuchtet.

Eine asphaltierte Straße führt zur Schlucht und zu den obligatorischen Fotostopps, aber wer den Reisebussen und picknickenden Familien aus dem Weg geht, erlebt ein grandioses Klettergebiet. Wer schwindelfrei ist, kann seine Kletterfähigkeiten beim anspruchsvollen Sportklettern sowie beim Toprope-, Mehrseillängen- oder traditionellen Klettern trainieren. Klassische Langstrecken bietet der **Pillar du Couchant** nahe dem

DURCH DAS TAL DER ROSEN WANDERN

Zusammen mit Boumalne Du Dadès ist Kalaat M'Gouna einer der beiden Startpunkte im Norden zum Jbel Saghro und die letzte Station der fünftägigen Jbel-Saghro-Überquerung (S. 160). Wer dafür nicht genug Zeit oder Ausdauer hat, für den gibt es gemütliche Wanderungen und leichte bis mittelschwere Tageswanderungen rund um das Tal. Wer im April oder Mai kommt, kann Frauen dabei zusehen, wie sie die berühmten Rosen aus den Hecken zupfen.

In den Unterkünften gibt es grobe Wanderkarten. Dort lässt sich auch ein einheimischer Guide anheuern, wenn man lieber nicht alleine wandern möchte. Oft organisiert man dort auch selbst Wandertouren und schickt ein Fahrzeug, um einen am Ende der Wanderung abzuholen.

ÜBERNACHTEN IN KALAAT M'GOUNA & IN DER TODRASCHLUCHT

Kasbah Petit Nomade
Das freundliche, familiengeführte Hotel in der Todraschlucht bietet einen herrlichen Blick auf die Oase und hat viele nützliche Tipps auf Lager. €€

Kasbah Assafar
Die Unterkunft in Kalaat M'Gouna wird von einem erfahrenen Bergführer geführt. Unbedingt nach einem Zimmer mit Blick aufs Tal fragen. €€

Kasbah Itran
Das schöne Hotel im Stil einer Kasbah in Kalaat M'Gouna bietet einen atemberaubenden Blick auf das Tal. Das Hotel organisiert auch Wandertouren. €€

AUTOTOUR: DURCH DIE DADÈSSCHLUCHT FAHREN

Die Fahrt durch die 45 km lange Dadèsschlucht ist eine der landschaftlich reizvollsten Strecken in Marokko und punktet mit verfallenen Kasbahs, Berberdörfern und spektakulären Felsformationen. Von der mit Palmen gesäumten Oasenstadt **1 Skoura** (S. 156) fährt man auf der N10 in Richtung Osten und hält in **2 Kalaat M'Gouna** (S. 156), um Rosenprodukte zu kaufen. In der Stadt findet im Mai das Rosenfest statt.

In **3 Boumalne Du Dadès** fährt man auf die R704 und folgt der gewundenen Straße durch die Schlucht. Nach etwa 9 km sieht man die malerische Glaoui-Kasbah **4 Aït Youl**, die über der Straße thront. Von der verlassenen ockerfarbene Festung hat man einen Panoramablick auf das Tal und die überraschend üppig-grüne Landschaft mit Feigen- und Mandelbäumen.

Nach weiteren 8 km sieht man die **5 Pattes Des Singes** (Affenfinger), die sich aus dem ausgetrockneten Flussbett in der Nähe des Dorfes Tamellalt erheben. Es handelt sich um unwirklich anmutende Sandsteinfelsen, die von der Zeit und den Elementen geformt wurden. Wer Zeit hat, kann durch die enge Schlucht wandern.

Wenn sich die Schlucht nach etwa 26 km verengt, überquert die Straße den Fluss und schlängelt sich auf haarsträubenden Serpentinen, die eines James-Bond-Films würdig wären, nach oben. Auf der Terrasse des **6 Café Restaurant Timzzillite** kann man eine Pause bei einem Minztee einlegen und den atemberaubenden Blick über die Serpentinen genießen, bevor man wieder nach unten fährt.

Die Nacht verbringt man in der **7 Auberge Chez Pierre**, wo die stilvollen Zimmer direkt in die Wand der Schlucht eingelassen sind. Den spektakulären, flammendroten Sonnenuntergang genießt man am besten vom Sonnendeck am Pool oder von einer der malerischen Blumenterrassen aus. Anschließend genießt man ein köstliches Sechs-Gänge-Menü, bei dem saisonale marokkanische Produkte auf mediterrane Küche treffen. Es gibt auch eine sehr gute Weinkarte.

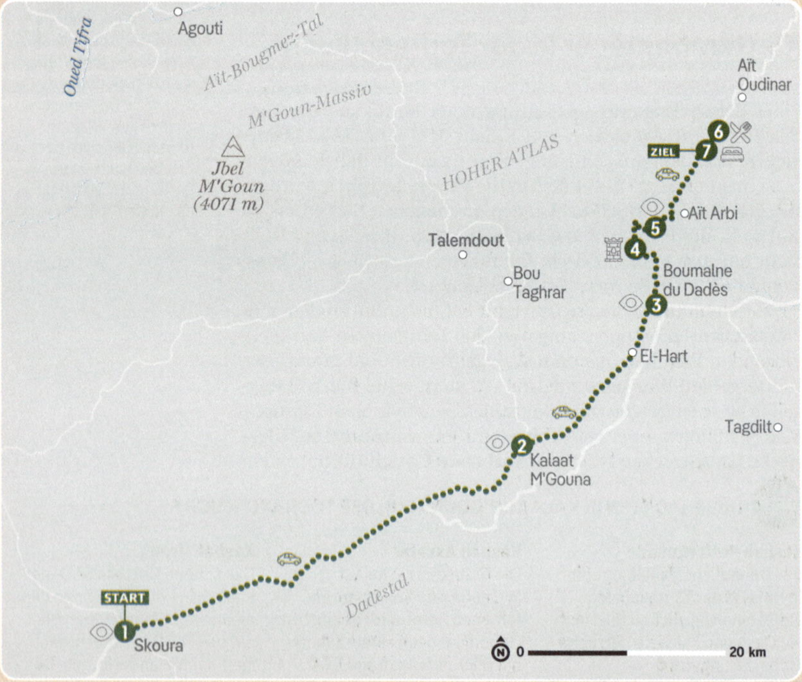

Eingang der Schlucht für erfahrene Kletterer und Kletterinnen und die **Petite Gorge** ist besser für Anfänger:innen.

Aventures Verticales Maroc (climbing-in-morocco.com) hat viele der Routen instand gesetzt und den ersten Klettersteig Nordafrikas angelegt. Der Laden in Tizgui (ca. 14 km nördlich von Tinerhir) verleiht und verkauft Ausrüstung, darunter Seile, Klettergurte, Helme, Expressschlingen, Karabinerhaken und Kletterschuhe. Der Anbieter organisiert auch mehrtägige Klettertouren mit sehr erfahrenen Guides.

Wer nicht klettern möchte, für den gibt's geführte Wandertouren für jedes Niveau, von einer morgendlichen Erkundung der Hirtennomadenpfade bis hin zu einer dreitägigen Wanderung über die Hochebene zur Dadèsschlucht.

Die Neuerfindung von Ksar el-Khorbat

EIN LEBENDES MUSEUM

Man flieht aus dem gleißenden Sonnenlicht der Wüste in den Schatten eines lebenden *ksar*. Wie eine Medina in Miniaturformat aus Lehmziegeln ist dieses befestigte Dorf 53 km östlich der Todraschlucht von hohen Mauern umgeben, mit ineinander übergehenden Wohnhäusern und öffentlichen Orten, darunter eine Moschee, ein Badehaus und ein Platz für Suks und Feste.

Das in den 1860er-Jahren errichtete Ksar el-Khorbat (elkhor bat.com) brauchte Anfang des 21. Jh. Hilfe, um sein architektonisches und kulturelles Erbe zu erhalten und sich weiterzuentwickeln. Sie kam in finanzieller und praktischer Form von der Technischen Hochschule für Architektur in Barcelona.

Der *ksar* wurde behutsam restauriert und erfand sich als preisgekröntes Ökotourismusprojekt neu. Heute ist etwa die Hälfte der Häuser noch bewohnt, andere beherbergen ein Museum, eine Pension, ein Restaurant und einen Handwerksbetrieb für Frauen. Er wird nachhaltig betrieben: Die Sonne erwärmt das Wasser, die Beleuchtung ist energiesparend, Abfälle werden recycelt und im Garten baut man einheimische Pflanzen an.

Im liebevoll gestalteten Museum erlauben Werkzeuge, Textilien und Töpferwaren Einblicke in das Leben in dem *ksar*. Ein Aufenthalt in der gemütlichen Unterkunft bietet Gelegenheit, Orte abseits der Touristenpfade zu erkunden, etwa die **Ferkla-Oase**. Die Gäste können Fahrräder ausleihen, und nach einem heißen Sightseeing-Tag kann man sich im Pool abkühlen.

Bei einem Workshop bei einem/einer einheimischen Künstler:in kann man lernen, wie man *tadelakt* (handpolierter Gips) oder eine leckere Tajine herstellt, und ein paar Brocken der Berbersprache aufschnappen. Fotografie-Liebhaber:innen können Stunden damit verbringen, das Spiel von Licht und Schatten auf den Mauern des *ksar* festzuhalten.

RUNDWANDERUNG DURCH DIE TODRASCHLUCHT

Ein echter Muntermacher ist die dreistündige selbst geführte Morgenwanderung vom Nordende der Schlucht zum Berberdorf Tizgui südlich der Schlucht. Bis zur Petite Gorge hinter der Hauptschlucht benötigt man 30 Gehminuten. Hier beginnt ganz in der Nähe der Auberge Le Festival ein Wanderweg, der gut ausgeschildert links nach oben (Richtung Südwesten) führt. Er steigt bis zum Pass an und verläuft dann Richtung Südosten noch höher zum nächsten Pass. Ein Stück abseits des Hauptweges kann man über den Klippenrand in die Schlucht hinabschauen. Vorsicht – der Wind bläst ordentlich! Vom zweiten Pass geht's dann hinab nach Tizgui und dann durch die *palmeraie* zurück zur Schlucht.

UNTERWEGS VOR ORT

Entlegene Orte im Dadèstal erreicht man am besten per Auto. Busse und *grands taxis* fahren auf der N10 Richtung Osten von Ouarzazate nach Tinejdad über Skoura, Kalaat M'Gouna, Boumalne Dadès und Tinerhir (ein Knotenpunkt, von dem aus der Bus in etwa acht Stunden nach Marrakesch zurückfährt) und weiter nach Erfoud, Errachidia und Merzouga zu den Dünen von Erg Chebbi.

WANDERTOUR

Die Jbel-Saghro-Überquerung

Das zwischen Hohem Atlas und Sahara gelegene, menschenleere Saghro-Bergmassiv verzaubert mit schroffer Schönheit: tiefen Schluchten, bizarren Felsformationen und trockenen Wüstenlandschaften. Die fünftägige Hardcore-Wanderung beginnt in der Nähe von Boumalne Du Dadès und endet in Kalaat M'Gouna (S. 156). Man sollte sie nur mit einem lizenzierten, einheimischen Guide oder auf einer Tour in Angriff nehmen. Das Massiv ist ein perfektes Winterwanderziel. Im Sommer ist es sengend heiß und man muss sich vor Schlangen in Acht nehmen.

Tag 1 Von Tagdilt ins Assif-Ouarg-Tal

Vom Ausgangspunkt im Dorf Tagdilt folgt man dem Weg 11 km bis nach Imi n'Ouarg. Hier biegt der Pfad neben der Dorfschule Richtung Südwesten ab und führt hinauf ins gewundene Assif-Ouarg-Tal unterhalb vom Gipfel des Jbel Kouaouch. Nach etwa 4,5 km endet der Weg und ein Maultierpfad führt 2 km hinauf zum Ende des Tals.

Die Wanderung: Die Dauer beträgt fünf Stunden, die Länge 16 km, der Aufstieg 566 m und der Abstieg 32 m.

Tag 2 Vom Assif-Ouarg-Tal nach Irhazzoun n'Imlas

Die Etappe beginnt mit einem rund 200 m langen Aufstieg auf die zerklüftete, 2479 m hohe Hochebene hinter dem Jbel Kouaouch (2595 m). Beim Aufstieg bieten sich schöne Aussichten. Der Pfad führt dann Richtung Südwesten in ein windiges Tal und verläuft weiter Richtung Westen unterhalb der berühmten Felsen Tête de Chameau. Anschließend geht's fast 3,5 km unterhalb der spektakulären Nadeln von Saghro entlang, bevor sich ein Maultierpfad hinab nach Irhazzoun n'Imlas schlängelt.

Die Wanderung: Die Dauer beträgt sieben bis acht Stunden, die Länge 20 km, der Aufstieg 507 m und der Abstieg 1436 m.

Jbel Saghro

SAKE VAN PELT/SHUTTERSTOCK ©

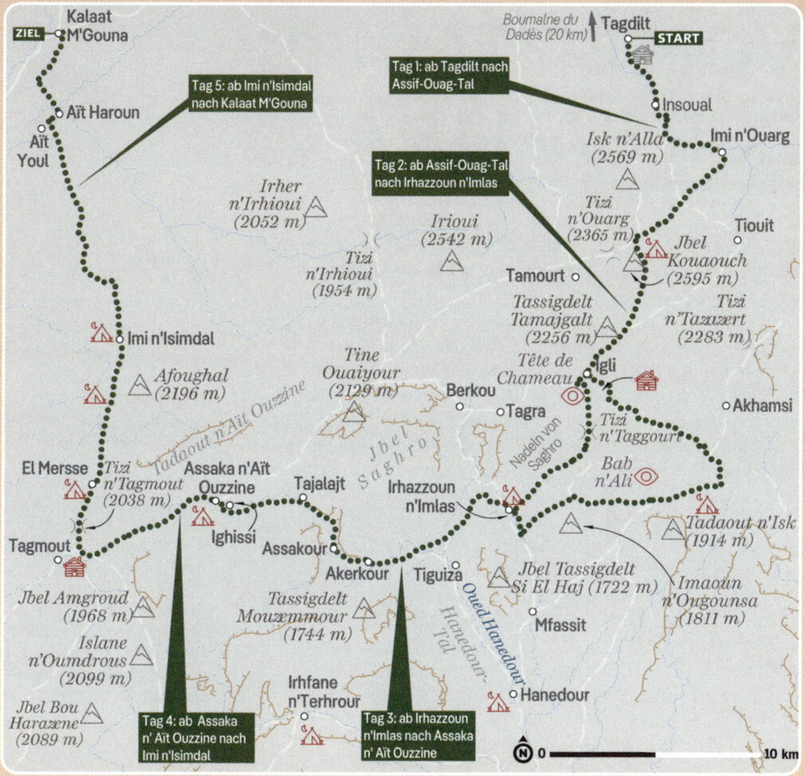

Tag 3 Von Irhazzoun n'Imlas nach Assaka n'Aït Ouzzine

Man nimmt den rechten Weg Richtung Nordwesten. Der steinige Pfad verläuft unter einer steilen Klippe hinauf zu einem breiter werdenden Tal. Nun windet sich der Weg um die Nordseite des Jbel Tassigdelt Si El Haj (1722 m) und weiter Richtung Süden in das Dorf Tiguiza. Dann geht's in ein enges Tal mit Palmen, vorbei am Dorf Ighissi und hinauf nach Assaka n'Aït Ouzzine (1584 m), ein nettes Dorf mit altem Getreidespeicher.

Die Wanderung: Die Dauer beträgt fünf bis sechs Stunden, die Länge 21 km, der Aufstieg 531 m und der Abstieg 239 m.

Tag 4 Von Assaka n'Aït Ouzzine nach Imi n'Isimdal

Der Weg führt raus aus dem Tal und 9 km durch Felsengelände zwischen 2000 m hohen Kämmen nach Tagmout. Von dort geht's Richtung Nordosten und nach einem Aufstieg von 300 m zum Tizi n'Tagmout (2038 m) mit umwerfender Aussicht auf das M'Goun-Massiv. Nun führt der Weg nordwärts die meiste Zeit sanft bergab. Fast 11 km hinter dem Pass liegt das kleine Dorf Imi n'Isimdal.

Die Wanderung: Die Dauer beträgt sieben bis acht Stunden, die Länge 24 km, der Aufstieg 600 m und der Abstieg 529 m.

Tag 5 Von Imi n'Isimdal bis Kalaat M'Gouna

Zwischen sanften Hügeln hat man auf dem Weg westlich raus aus Imi n'Isimdal eine schöne Aussicht auf M'Goun und Siroua. Dann geht's auf ausgetretenem Weg in Richtung Norden eine Schlucht hinunter ins Dadèstal. Links taucht das Dorf Aït Youl auf, dazu ein Tal voller alter Kasbahs. Anschließend geht's rechts nach Aït Haroun, wo eine Brücke über den Dadès führt. Die Straße nach Kalaat M'Gouna liegt in der Nähe.

Die Wanderung: Die Dauer beträgt drei bis vier Stunden, die Länge 14 km, der Aufstieg 50 m und der Abstieg 175 m.

VOM ZIZTAL BIS ZUR SAHARA

Der Oued Ziz, der sich durch riesige Schluchten schlängelt, bringt das letzte Tal des Ziz und der Tafilalt-Oasen zum Erblühen, bevor er in den rosafarben-goldenen Dünen von Merzouga versickert.

Die als Garnison für die französische Fremdenlegion erbaute Stadt Er-Rachidia ist ein bequemer Zwischenstopp zum Auftanken auf der Fahrt über die N13 von Merzouga nach Midelt. Auf dem Weg kann man in Erfoud Fossilien kaufen und Alnif im Westen ist ein super Jagdrevier für Fossilienbuddler:innen.

Rissani, südlich von Erfoud gelegen, ist die Wiege der Alawiten-Dynastie und war einst eine Zwischenstation für den Trans-Sahara-Handel. Die Stadt erwacht dreimal wöchentlich bei einem der Suks zum Leben, auf denen nicht nur eingekauft wird, sondern die auch ein überaus beliebter Treffpunkt für die Einheimischen sind.

In Rissani stehen die Ruinen der Stadt Sijilmassa aus dem 8. Jh., eine einst berühmte Wüstenstadt, die durch den Goldhandel reich wurde. Von der ehemals prächtigen Stadt ist nur noch wenig übrig. Die Kasbahs, Moscheen und die Münzstätte sind nun im Sand vergraben und warten auf ihre Freilegung.

TOP TIPP

Wer mit einem Geländewagen unterwegs ist, sollte abseits der Piste zu den spektakulären Skulpturen von Hannsjörg Voth in der Marha-Ebene nordwestlich von Erfoud fahren. Die beeindruckenden drei Kunstwerke der Land Art verbinden traditionelle Architektur, einheimische Materialien, die Trostlosigkeit der Wüste und Weltraumneugier.

Ziztal

ALBERT GARRIDO/SHUTTERSTOCK ©

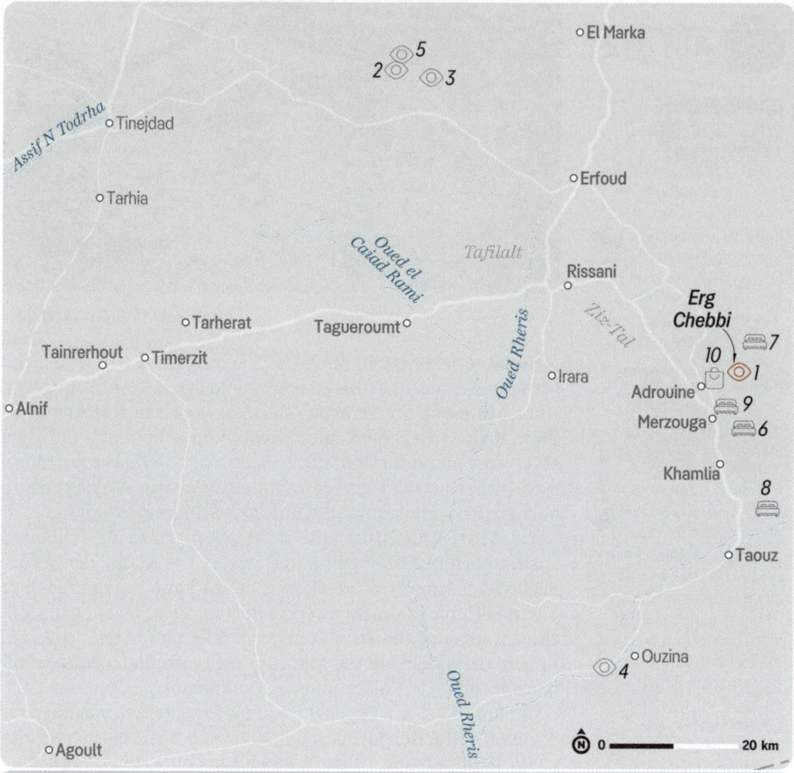

HIGHLIGHTS
1 Erg Chebbi

SEHENSWERTES
2 Goldene Spirale
3 Himmelstreppe
4 Kasbah Ouzina
5 Stadt des Orion

SCHLAFEN
6 Ali & Sara's Desert Palace
7 Haimas Madu
8 Tassili Luxury Desert Camp
9 Tiziri Camp

SHOPPEN
10 Depot Nomade

Fosilienjagd um Alnif & Erfoud

MAROKKOS FOSSILIEN

Was ist der Unterschied zwischen Harpes und Hollardops? Keine Ahnung? Dann sollte man ins kleine **Alnif** fahren, das an einem staubigen Abschnitt der N12 zwischen Tazzarine und Rissani 100 km westlich von **Erfoud** liegt. Die selbst ernannte

DIE BESTEN FOSSILIENGESCHÄFTE IN ALNIF & ERFOUD

Fossiles d'Erfoud
Die Auswahl in dem riesigen Laden reicht von winzigen Trilobiten bis zu Couchtischen mit Verzierungen aus der Kreidezeit.

Tahiri Museum of Fossils & Minerals
Das Museum in der Nähe von Erfoud stellt bedeutsame Exemplare aus und verkauft die weniger bedeutsamen in seinem Laden.

Ihmadi Trilobites Centre
Der Besitzer des kleinen Ladens in Alnif ist Mohand. Der Laden ist vollgestopft mit preisgünstigen Fossilien für Hobbysammler:innen und bedeutsamen Exponaten für Profisammler:innen.

DAS RICHTIGE WÜSTENCAMP AUSSUCHEN

Es gibt jede Menge Camps in den Dünen des Erg Chebbi, und ein paar grundlegende Fragen helfen bei der Entscheidung. Was kostet es? Das Angebot reicht von einfachen Zelten bis hin zum Glamping mit eigenem Bad. Unbedingt nachfragen, was im Preis inbegriffen ist. Wie weit ist es zum Camp? Kamelreiten macht Spaß (S. 41), aber wer es zum ersten Mal macht, will nicht stundenlang durch die Wüste stapfen, und der Transport mit dem Geländewagen wird oft extra berechnet. Wie groß ist das Camp? Wer die romantische Vorstellung hat, den Sternenhimmel für sich alleine zu haben, sollte sich für ein kleines, abgelegenes Camp entscheiden. Und zu guter Letzt, wie nachhaltig ist das Camp? Viele Camps kippen ihre Abfälle in trockene Flussbetten, aber das **Tiziri Camp** operiert sehr umweltfreundlich.

GALUMPHING GALAH/SHUTTERSTOCK ©

Fossilien in Marmor, Erfoud

„Trilobiten-Hauptstadt der Welt" ist ein Paradies für jeden, von Fossiliensucher:innen bis zu professionellen Paläontolog:innen.

Vor Millionen von Jahren bedeckte noch ein seichtes Meer diese heute trockene Region. Trilobiten krabbelten auf dem Meeresboden umher und große Schwärme *Orthoceras*, tintenfischartige Nautiloideen, schwammen im Wasser. Als sie starben, blieben ihre Schalen im kalkhaltigen Schlamm erhalten.

Das **Alnif-Bassin** ist eine wahre Goldgrube für Trilobiten aus Kambrium, Ordovizium und Devon. Der Mann, der bei der Suche nach diesen Wassertieren helfen kann, ist der Geologe Mohand Ihmadi (alnifearth@gmail.com), dessen Laden in Alnif eine Fundgrube für Trilobiten, Mineralien und Meteoriten ist. Er baut gerade ein kleines Museum auf, das seinen Leidenschaften, der Geologie, Paläontologie und Archäologie, gewidmet ist.

Mohand leitet Ausflüge zu Fossilienfundstellen, von ein paar Stunden Trilobitensuche in der Nähe von Alnif bis zu mehrtägigen Exkursionen. In der Umgebung von Erfoud kann man sich auf die Suche nach spiralförmigen Goniatiten, Korallen und Seelilien machen oder besucht Quarzfundstellen von blauem Azurit und grünem Malachit. Es gibt auch prähistorische Grabhügel *(tumuli)* und Petroglyphen zu entdecken.

Die Fossilienpreise hängen von Seltenheit, Zustand und Qualität ab und reichen von ein paar Dirham bis zu Zehntausenden von Dirham für museumswürdige Exemplare. Es gibt jede Menge Fälschungen: Man sollte nur in seriösen Geschäften kaufen.

Hannsjörg Voths Skulpturen in der Wüste

EINE HIMMLISCHE KUNSTAUSSTELLUNG

Marokko zieht seit langem Visionäre an, und dem Reiz der Wüste mit ihren weiten Ebenen und dem endlosen Himmel konnte Hannsjörg Voth, ein deutscher Künstler, der für seine Riesenskulpturen bekannt ist, nicht widerstehen. Mit Hilfe

ÜBERNACHTEN IN MERZOUGA

Chez Youssef
In der Pension des sehr freundlichen Youssef gibt's köstliche hausgemachte Gerichte und der Gastgeber bietet preiswerte Wüstentouren an. **€**

Maison Merzouga
In der großen, familiengeführten Pension wird die Gastfreundschaft der Berber groß geschrieben und es gibt einem Pool zum Abkühlen. **€€**

Riad Madu
Das superstylische Wüstenhotel in Hassi Labied hat einen Pool mit direktem Blick auf die Dünen. **€€€**

lokaler Handwerker – und einer Mischung aus Mathematik, Volkskunde und Astronomie – schuf er über 20 Jahre hinweg drei monumentale Skulpturen in der trockenen Marha-Ebene.

Voths erste Skulptur war die **Himmelstreppe**, die er zwischen 1980 und 1987 erschuf. Mitten im Nirgendwo steigt eine dreieckige Treppe 16 m über dem Wüstenboden empor, verbindet Erde und Himmel und wirft einen Schatten (sowohl von der Sonne als auch vom Mond), der sich um den Turm herum dreht.

1997 kam die **Goldene Spirale** dazu. Von oben betrachtet ähnelt sie einer Nautilusmuschel und ist durch den sogenannten Goldenen Schnitt bestimmt. Ebenerdig windet sich eine 260 m lange Steinrampe bis zu einer Höhe von 6 m nach oben. Seine letzte Skulptur, die **Stadt des Orion**, stellte er 2003 fertig. Wie eine himmlische Kasbah spiegeln sieben rechteckige Wachtürme die hellsten Sterne des gleichnamigen Sternbilds wider.

Die Konstruktionen aus Stampflehm waren dazu bestimmt, sich mit der Zeit in der Wüste aufzulösen. Heute sind sie geschützt, es ist nicht mehr möglich, auf ihnen herumzuklettern. Kunstliebhaber:innen benötigen einen Geländewagen, um sie zu erreichen. Es ist eine anstrengende 90-minütige Fahrt abseits der Piste nordwestlich von Erfoud, aber die abgelegene Lage trägt nur zu ihrer Pracht und ihrem Mysterium bei.

In die Sahara bei Merzouga

AM RANDE DER WÜSTE

Merzouga und das Nachbardorf Hassi Labied sind der ideale Ort für Kameltouren, Sandboarding, Quadfahren und Wüstencamping in den himmelhohen Dünen von Erg Chebbi, Marokkos zugänglichstem Teil der Sahara.

Ein ungewöhnliches Angebot ist die Psammotherapie, das Sandbaden. Die Berber nutzen die nachgesagten gesundheitlichen Vorteile seit Jahrhunderten. Ein menschengroßes Loch wird in den Sand gegraben und von der Sonne aufgeheizt. Man legt sich hinein und wird bis zum Hals eingegraben (eine Mütze tragen) und schwitzt etwa 10 Minuten lang, bevor man in warme Handtücher eingewickelt und mit Tee versorgt wird. Ein *bain de sable* (Sandbad) nimmt man am besten im Sommer (die schwülen Monate Juli und August sind ideal), aber wer an einem Herzleiden oder hohem Blutdruck leidet, sollte es nicht machen.

Shopping-Begeisterte können im **Depot Nomade** in Hassi Labied marokkanisches Kunsthandwerk kaufen. In dem Gebäude aus Lehmziegeln gibt es zahllose miteinander verbundene Räume, in denen man einfach alles findet, von Spiegeln mit Intarsien bis hin zu Nietenledertaschen und Berberschmuck. Im **La Dune Dorée** gibt's gesundheitsfördernde natürliche Öle aus Argan, Mandel, Kaktusfeige und Safran.

IN DER WÜSTE TANZEN

Die hypnotischen Rhythmen der Gnaoua-Musik werden oft mit der Küstenstadt Essaouira (S. 180) in Verbindung gebracht, aber in Khamlia sind die Musiker ihren subsaharischen Wurzeln treu geblieben. Die berühmte Gnaoua-Gruppe Les Pigeons du Sable stammt von hier, und im Kulturzentrum mit Café **Dar Gnaoua** treten ständig Musiker vor einem begeisterten Publikum auf. Sie schwingen *krakebs* (Kastagnetten aus Metall), zupfen die lautenähnliche *sintir* und geben den Takt auf *tbel*-Trommeln vor. Im Mai vibrieren die Dünen um Merzouga vier Nächte lang zu den Klängen des Transahara Festivals für elektronische Musik (dunescandance.com). Internationale Top-DJs legen auf und ein vielfältiges Publikum tanzt in der Wüste.

ÜBERNACHTEN AM ERG CHEBBI

Ali & Sara's Desert Palace
Das Ehepaar hat ein sehr persönliches Camp aufgebaut, das der Kultur der Berber treu bleibt. **€€€**

Haimas Madu
Für eine unvergessliche Nacht in der Sahara stehen geräumige Zelte in einem abgelegenen Bereich der Dünen. **€€€**

Tassili Luxury Desert Camp
Abseits der Menschenmassen und umgeben von hoch aufragenden Dünen erlebt man hier Glamping vom Feinsten. **€€€**

TAOUZ

In Taouz, ca. 22 km südlich von Merzouga, wo die Wüste die Straße verschluckt, hat man das Gefühl, sich am Ende der Welt zu befinden. Die Dünen bei Ouzina (30 km südwestlich von Taouz), die sich über 2 km erstrecken, sind ein selten besuchtes Wüstenziel, das nur Sahara-Experten kennen. Hier befindet sich die **Kasbah Ouzina** (ouzina.com), ein Ausgangspunkt für Dromedartouren, Fossiliensuchen und Besuche in Nomadencamps. Von hier kann man entlang der holprigen Piste Richtung Westen ins Drâatal fahren und kommt südlich von Zagora (S. 172) an. Die Tour dauert sieben Stunden und ist nur mit einem Geländewagen zu bewältigen. Jede Menge Verpflegung, Wasser, Sprit, ein Satellitentelefon und ein Führer mit Sahara-Erfahrung sind unerlässlich.

Mit dem folgenden QR-Code kann man das Wüstenabenteuer organisieren.

Das Dorf **Khamlia**, 6 km südlich von Merzouga, ist ebenfalls einen Besuch wert. Hier befindet sich das **Dar Gnaoua** und das **Chez Les Artistes**, eine kleine Galerie mit Café, das einem französisch-berberischen Künstlerehepaar gehört. Der Besitzer erschuf auch die von der Musik inspirierte Metallskulptur am Eingang des Dorfes. Es gibt auch sehr guten Kaffee.

Der atemberaubende Erg Chebbi

SICH STETS WANDELNDE DÜNEN

Die Legende besagt, dass eine reiche Familie einer armen Frau und ihrem Sohn die Gastfreundschaft verweigerte, woraufhin Gott sie zur Strafe unter den Sandbergen des Erg Chebbi begrub.

Das orangefarbene Sandmeer, das sich über 30 km von Norden nach Süden erstreckt und Höhen von bis zu 160 m erreicht, erhebt sich spektakulär über einer brettebenen *hammada* (Stein- und Felswüste) und leuchtet in hinreißenden Schattierungen aus Orange, Rosa und Lila, wenn die Sonne untergeht und sich der Himmel in ein glitzerndes Sternenmeer verwandelt.

Die Camps sind nur einen Katzensprung von Merzouga entfernt, nahe genug für einen Kamelritt oder nur 15 Minuten mit dem Geländewagen. Spaziergänge bei Sonnenuntergang – wer die Dünen ohne Fußspuren fotografieren möchte, für den kann das Camp eine Kameltour organisieren – und Trommeln am Lagerfeuer gehören zum Standard. Vielleicht gibt es *madfouna* („Berber-Calzone") zu essen, ein gefülltes Fladenbrot, das in einer im Sand eingegrabenen Feuergrube gebacken wird.

Doch Schönheit und Zugänglichkeit des Erg Chebbi haben ihren Preis. Dank der guten Straßen, die von Midelt und Ouarzazate (S. 148) nach Merzouga führen, sind die Camps wie Palmen aus dem Boden geschossen. In der Hochsaison (Frühling und Herbst) wirbeln Konvois von Geländewagen Staubwolken auf, wenn sie durch die Wüste rasen und Menschen und Vorräte zu den Camps bringen. Kamelkarawanen werden von Quads überholt, und das nächste Camp liegt vielleicht schon hinter der nächsten Düne.

Auch wenn man es nicht ganz für sich allein haben wird, sollte man sein Camp mit Bedacht auswählen (S. 164) oder außerhalb der Hochsaison fahren. Dann werden sich alle Wüstenträume erfüllen.

Erg Chebbi

UNTERWEGS VOR ORT

Die N13 führt von Erfoud über Rissani nach Merzouga, wo die meisten Pensionen und Hotels an unbefestigten Straßen liegen. Sie sind per Motorrad gut erreichbar (nicht im Sand stecken bleiben!). Minibusse fahren in Hassi Labied, kurz vor Merzouga, ab. Vorher in der Unterkunft Bescheid geben. *Grands taxis* fahren von Merzouga nach Rissani, Transport nach Khamlia und Taouz im Süden ist schwieriger zu bekommen. Ohne eigenes Auto muss man ggf. für alle Sitze im *grand taxi* bezahlen. Von Merzouga ist es nur eine kurze Fahrt mit dem Geländewagen oder ein längerer Kamelritt bis in die Wüstencamps.

VOM DRÂATAL BIS ZUR SAHARA

Das Drâatal ist eine der landschaftlich reizvollsten Regionen des Landes und schlängelt sich von Ouarzazate über die zerklüfteten Gipfel des Jbel Saghro bis in die Sahara.

Mit 1100 km ist der Drâa der längste Fluss Marokkos. Das Tal steht sinnbildlich für den Süden des Landes mit seinen uralten erdfarbenen *ksour* (befestigte Dörfer) und Kasbahs, die über endlosen grünen *palmeraies* thronen.

Die vielfältige Geschichte ist in prähistorischen Felsgravuren, alten Bibliotheken und von der Gemeinde betriebenen Museen greifbar, die von kriegerischen Nomadenstämmen und Karawanenrouten durch die Sahara erzählen, die den Handel zwischen berberischen, jüdischen, afrikanischen und christlichen Händlern ermöglichten. Aber es ist eine lebendige Geschichte: In den abgelegenen Dörfern, die in idyllischen Palmenoasen liegen, scheint sich das Leben seit Jahrhunderten kaum verändert zu haben. Die Felder werden auf uralte Weise bewässert, die Wäsche wird im Fluss gewaschen und die Häuser werden aus Erde gebaut.

TOP TIPP

Wer sich einen Mietwagen oder ein Auto mit Fahrer nimmt, kann in seinem eigenen Tempo die bestgehüteten Geheimnisse im Drâatal ergründen, zu den Märkten in Oasenstädten fahren und alte *ksour*, Berge und die Wüste erkunden.

Drâatal

JAVIER HUESO/SHUTTERSTOCK ©

VOM DRÂATAL BIS ZUR SAHARA

SEHENSWERTES
1 Bab n'Ali
2 Erg Chigaga
3 Erg Zahar
4 Jbel Saghro

SCHLAFEN
5 Camp Al Koutban
6 Desert Candles Camp
7 Erg Chigaga Luxury Desert Camp

ÜBERNACHTEN IN NKOB

Auberge Kasbah Ennakhile
Das Hotel liegt an der Straße, die aus dem Ort hinausführt, und von der großzügigen Terrasse hat man einen freien Blick auf die *palmeraie*. **€€**

Kasbah Hôtel Aït Omar
Ein erstklassiges Restaurant – die mit Zinnen versehene Dachterrasse und die absteigenden Terrassen bieten eine herrliche Aussicht auf das Dorf. **€€**

Kasbah Baha Baha
Die restaurierte Kasbah hat einen wunderschönen Garten und offeriert Gourmetmahlzeiten sowie einen atemberaubenden Blick auf die Oase. **€€**

Bab n'Ali

Das nicht mehr so geheime Nkob

DAS DORF DER 45 KASBAHS

Wer noch nie von Nkob gehört hat, ist in guter Gesellschaft. Mit seiner erstklassigen Lage zwischen dem Drâa- und dem Ziztal sowie den Schluchten von Dadès und Todra, aber abseits der beiden Hauptrouten in die Wüste, wirkt es immer noch wie ein gut gehütetes Geheimnis, auch wenn viele seiner Lehmziegel-Kasbahs heute wunderschöne Pensionen sind.

Es ist die Heimat des Nomadenstamms der Aït Atta. Ein Teil von ihnen zieht noch immer umher und verlässt im Frühjahr die trockene Wüste, um mit ihren Familien und dem Vieh nach Norden zu den grünen Weiden des Hohen Atlas zu ziehen.

Jeden Sonntag steigen die Dorfbewohner hinab, um sich auf dem **Suk** einzudecken. Es wird auch Henna angeboten, ein dorniger Strauch, der wild in den Bergen wächst. Die Blätter werden zweimal im Jahr geerntet, im Schatten getrocknet und zu einem feinen Pulver gemahlen.

Im kleinen **Aït Atta Chassures** an der Hauptstraße kann man Wandersandalen aus Leder, Seilen und alten Reifenprofilen kaufen. Sie sind bequemer als gedacht und überraschend schick. Wanderer sollten unbedingt auf vernünftiges Schuhwerk achten: Nkob ist das südliche Tor zum felsigen und atemberaubenden **Jbel-Saghro-Massiv**. Wer sich die fünftägige Überquerung (S. 160) nicht zutraut, weicht auf eine dreitägige Rundwanderung oder kürzere Wanderungen aus, die zum spektakulären **Bab n'Ali** oder zu prähistorischen Felszeichnungen führen.

Auf der abenteuerlichen Fahrt nach Norden über den **Tizi n'Tazazert** (2283 m) und durch die wirbelnden Felsformationen des **Taggourt-Plateaus** hat man eine atemberaubende Aussicht auf die Berge, bevor man ins Dadèstal hinunterfährt.

DER UNTERSCHIED ZWISCHEN EINEM KSAR UND EINER KASBAH

Ein *ksar* ist ein befestigtes Dorf, während eine Kasbah ein befestigter Wohnsitz der Herrscherfamilie ist. Im Süden sorgten hohe, dicke, fast fensterlose Mauern für Schutz. Sie waren mit markanten geometrischen Symbolen versehen und schützten nicht nur vor potenziellen Eindringlingen, sondern auch vor heißen Sommern und kalten Wintern. In den Tagen der Sahara-Karawanen dienten sie als willkommene Zwischenstopps für mächtige Händler, die hier ihr Gold und ihre Sklaven sicher verwahren konnten.

Die imposanten Bauwerke sind von zeitloser Qualität. Modernere Kasbahs sind auf die gleiche Weise gebaut wie ein jahrhundertealter Palast, aber die Lehmmauern werden vom Wetter erodiert und ohne Erhaltungsmaßnahmen zu Ruinen.

ÜBERNACHTEN IN ZAGORA

Azalai Desert Lodge
Diese Gartenoase inmitten der *palmeraie* verfügt über einen Pool, Hängematten und acht wunderschön eingerichtete Zimmer. **€€€**

Dar Pienatcha
Die von einer französischen Familie geführte Pension punktet mit einem von Palmen gesäumten Pool und einem Restaurant im Freien. **€€**

Riad Dar Sofian
Das schicke Hotel im Stil einer Kasbah liegt am Rande der *palmeraie*. Die Einrichtung ist modern, es gibt einen Pool und einen Biogarten. **€€€**

AUTOTOUR

Von Ouarzazate nach M'Hamid, auf der Straße in die Wüste

Reisende, die direkt von Ouarzazate (S. 148) nach M'Hamid (S. 172) fahren, verpassen einige faszinierende Zwischenstopps entlang der N9. Wer Zeit hat, sollte die Fahrt auf zwei oder drei Tage verteilen und eine der landschaftlich reizvollsten Strecken des Drâatals kennenlernen.

1 Agdz

Nachdem man die Kurven des Tizi-n'Tinififft-Passes (1600 m), etwa 53 km südlich von Ouarzazate, bewältigt hat, legt man einen Zwischenstopp in der friedlichen Oasenstadt Agdz ein. Die umweltbewusste Kasbah Azul (kasbahazul.com) ist ein idealer Ausgangspunkt für einen Spaziergang durch die noch immer unberührte, mit Kasbahs übersäte *palmeraie*, eine Wanderung zum Gipfel des 1531 m hohen Jbel Kissane mit Blick auf das Tal oder zum Tizgui-Wasserfall. Oder man kauft handgefertigte Töpfe und Körbe auf dem Suk am Donnerstag.

Die Fahrt: Man folgt der N9 südlich von Ouarzazate für rund 71 km.

2 Tamnougalt

Auf einem Hügel thront stolz eine der Star-Attaktionen des Drâatals: ein Wehrdorf aus dem 16. Jh., das zu den ältesten noch erhaltenen Lehmziegel-*ksar* zählt. Einstmals lebten hier rund 300 Familien, heute sind es nur noch ungefähr 20. Die Räume des kleinen Museums (instagram.com/kasbahdescaids), deren Anordnung an ein Labyrinth erinnert, kann man mit einem Nachfahren des *qaid* (Stammesführer) besichtigen. Ebenso sein Büro, den Hamam und die Gänge. Von hier genießt man eine wirklich atemberaubende Aussicht.

Die Fahrt: Etwa 8 km südlich von Agdz entlang der N9.

Tamegroute

BZ TRAVEL/SHUTTERSTOCK ©

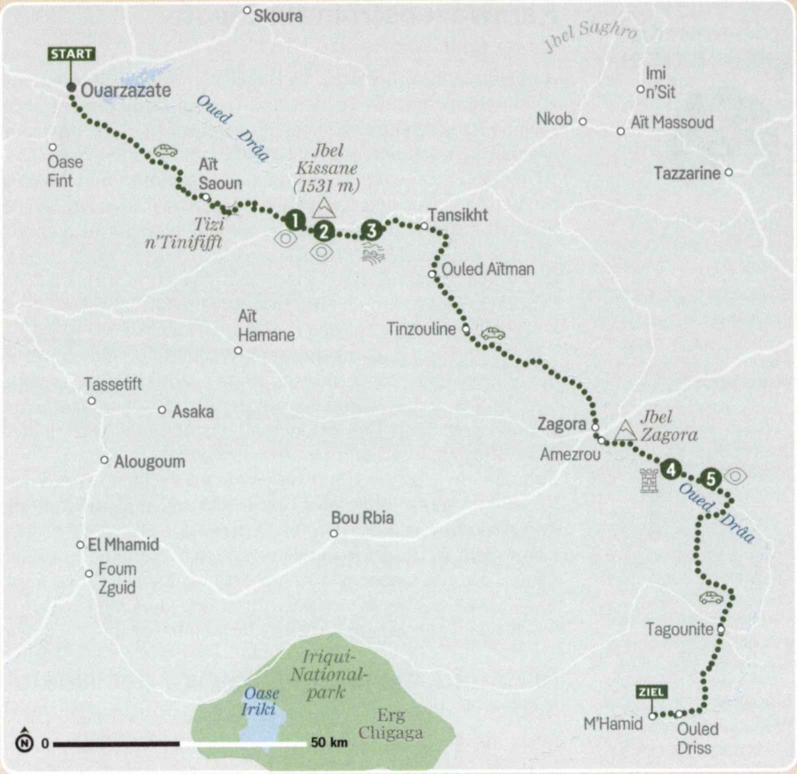

3 Timidarte

In dem Dorf Timidarte bekommt man Einblicke in das Leben der Einheimischen. Ein Teil des *ksar* aus dem 17. Jh. wurde von örtlichen Handwerkern restauriert und in eine Ökolodge umgewandelt (kasbahtimidarte.com). Ein Teil der Einnahmen fließt in Gemeindeprojekte. Die Dorfbewohner:innen führen durch die *palmeraie,* zeigen Hennakunst und geben Kochkurse. Im Dorf gibt es auch eine Kooperative, die aus Datteln köstliche Marmeladen und Sirups herstellt.

Die Fahrt: Entlang einer Schotterstraße, die von der N9 abzweigt, ca. 24 km von Tamnougalt entfernt.

4 Tamegroute

Das Dorf Tamegroute ist bekannt für seine familiengeführten Töpfereien, in denen die charakteristisch grün glasierten Keramikwaren hergestellt werden, und seine wissenschaftliche Bibliothek, die um das Grab eines Sufi-Heiligen aus dem 16. Jh. gebaut wurde. In der Bibliothek liegen einige der ältesten Texte Marokkos; unter den 4000 erhaltenen Manuskripten befinden sich einige mit filigraner Kalligraphie und ein auf Gazellenhaut geschriebener Koran aus dem 11. Jh.

Die Fahrt: Entlang der N9, 75 km von Timidarte und 22 km südlich von Zagora.

5 Die Dünen von Tinfou

Direkt an der N9 (70 km von M'Hamid entfernt) liegen die Dünen von Tinfou, wo Sternengucker:innen im Kasbah Hotel SaharaSky (saharasky.net), Nordafrikas erster privater Sternwarte, übernachten können. Astronom:innen und Astrofotograf:innen studieren die Sterne durch modernste Teleskope, ohne Störung durch Lichtverschmutzung oder Wolken. Es gibt dort auch ein Abendessen mit geführter Sternenbeobachtung.

Die Fahrt: 71 km weiter auf der N9 bis nach M'Hamid.

LOCAL TIPP: DAS NOMADENLEBEN

Abdellah Hajja, Mitbegründer von Desert Candles

Ich wurde in der Wüste als Sohn einer Familie geboren, die seit Generationen als Nomaden lebte, mit den Jahreszeiten zwischen grünen Weiden und Oasen umherzog und Kamele und Ziegen züchtete, die wir auf den Dorfmärkten verkauften. Als ich 10 Jahre alt war, zogen meine Eltern nach M'Hamid, um uns ein besseres Leben zu ermöglichen – Bildung, Gesundheitsversorgung und die Möglichkeit, im Tourismus zu arbeiten. Ich bin durch ganz Marokko gereist, aber es zieht mich immer wieder in die Stille der Wüste und zu den majestätischen Dünen von Erg Chigaga zurück, wo immer noch einige echte Nomaden leben. Eine Erinnerung an die Wurzeln und Traditionen meiner Familie, an eine einfachere Lebensweise im Einklang mit der Natur.

Karawanenströme in Zagora

52 TAGE BIS NACH TIMBUKTU

Auf dem symbolträchtigen, viel kopierten Schild in Zagora (mit einem Nomaden mit Turban und treuem Kamel) steht zwar „Tombouctou 52 jours“, aber die Einheimischen sagen, dass man es mit einem schnellen Kamel in 48 Tagen schaffen kann.

Die reich beladenen Karawanen aus Timbuktu und darüber hinaus, die durch den entlegenen Wüstenvorposten zogen, verliehen ihm kosmopolitischen Charakter. Zagora ist noch immer eine Handelsstadt, mit einem der größten Suks im Süden (sonntags und mittwochs). Hier feilschen die Leute um wirklich alles, vom gackernden Huhn bis hin zu einer Autobatterie oder Bergen von prallen Datteln aus den riesigen *palmeraies*.

Einen Blick auf Zagoras Kultur als Wüstenknotenpunkt bietet das angrenzende Dorf Amezrou (nur per Auto oder Taxi erreichbar). In den verwinkelten Gassen der historischen *mellah* aus Lehmziegeln, zum Teil restauriert, zum Teile zerfallen, lebten einst 400 jüdische Familien. In einer winzigen Synagoge aus Stampflehm arbeiten Handwerker auf wackeligen Leitern und Kunsthandwerker integrieren berberische, muslimische, jüdische und afrikanische Motive in ihre Arbeiten.

Wer nicht weiter Richtung Süden nach M'Hamid und zu den Dünen des Erg Chigaga (100 km entlang der N9) fährt, kann von Zagora aus einen Ausflug mit einem Geländewagen, auf einem Quad oder einem Kamel in die Steinwüste unternehmen.

M'Hamid, die letzte Oase vor der Wüste

WO DIE WÜSTE BEGINNT

M'Hamid El Ghizlane (bedeutet „Ebene der Gazellen“) ist die letzte Oase des Drâatals und Marokkos letzte Stadt vor der algerischen Grenze. Hier wird die Straße vom Sand verschluckt und die Wüste gewinnt die Oberhand.

M'Hamid war einst ein wichtiger Handelsort. Heute gibt es immer weniger Familien, die umherziehen. In M'Hamid findet im März das **Festival International des Nomades** statt, eine kostenlose Open-Air-Veranstaltung, bei der die Nomadenkultur durch Musik, Tanz, Gastronomie und Kunsthandwerk gezeigt wird und Konferenzen und Debatten stattfinden.

Grenzspannungen zwischen Marokko, Algerien und der Polisario (eine Nationalbewegung, die sich für die Unabhängigkeit der Westsahara von Marokko einsetzt) isolierten den ehemaligen Karawanenrastplatz bis in die 1990er-Jahre, als Abkommen wieder erlaubten, Besucher:innen zu beherbergen. Heute wird das gesamte Spektrum an Wüstenaktivitäten angeboten: Wan-

ÜBERNACHTEN AM ERG CHIGAGA

Erg Chigaga Luxury Desert Camp
Das umweltbewusste luxuriöse Camp verfügt über prachtvolle Zelte und hat jede Menge Erlebnisse im Angebot. **€€€**

Camp Al Koutban
Wild Moroccos abgelegenes Camp liegt nur eine 90-minütige-Rundwanderung von Erg Chigagas höchster Düne entfernt. **€€€**

Desert Candles Camp
Das sehr beliebte und preisgünstige Wüstencamp ist ein Spaß für jede Altersgruppe mit superfreundlichen, mehrsprachigen Guides. **€€€**

derungen bei Sonnenuntergang – oder man überlässt einem Kamel die Strapazen –, Sandboarding und Sternenbeobachtung.

Wer sich so richtig abseits der Piste bewegen möchte, wendet sich an den Anbieter **Desert Candles** (desert-candles.com), der neben dem gleichnamigen Wüstencamp auch ein- bis siebentägige Wildcamping-Touren unter der Leitung mehrsprachiger einheimischer Guides anbietet.

Wild Morocco (wildmorocco.com) organisiert mehrtägige Wüstentreks auf den Pfaden der Nomaden von Ende September bis Mitte April. Eine viertägige Wanderung zum Erg Chigaga endet im Camp El Koutban oder mit einer Nacht Wildcamping. Oder man entscheidet sich für eine epische sechstägige Rundreise durch das Dünenfeld **Erg Zahar**, das nach einer grausamen Legende als „schreiende Düne" bekannt ist.

In Erg Chigaga untertauchen

EIN MEER AUS SAND

Bei Sonnenuntergang kann man auf dem Gipfel einer himmelhohen Düne die Stille und den atemberaubenden Ausblick genießen, während sich die Wüste golden färbt. Man übernachtet in einem Berberzelt und kann von einem auf dem Sand ausgebreiteten Teppich die Sterne beobachten. Wer Glück hat, sieht den gewaltigen Bogen der Milchstraße. Am Erg Chigaga ist man nicht nur weit von jeglicher Zivilisation entfernt, sondern auch mehrere Stunden von der nächsten Straßenbeleuchtung.

Beim Erg Chigaga handelt es sich nicht um eine Einzeldüne (*erg*, auf Arabisch Düne), sondern um ein riesiges Sandmeer rund 26 km südwestlich von M'Hamid. Die größte Sandwüste Marokkos (am höchsten Punkt 300 m hoch) zieht sich 40 km am Horizont entlang und wird im Norden und Süden von Bergkämmen eingegrenzt. Sie ist wilder und weniger besucht als Erg Chebbi (S. 166), und die Camps sind abgelegener. Der Ausflug hin und zurück ist zwar teuer, aber auch erlebnisreich: Mit dem Kamel dauert er etwa drei Tage, mit dem Geländewagen weniger als zwei Stunden, wenn man über die mit Tamarisken und Akazien gesprenkelte *hamada* brettert und an einem Lagerfeuer vor den behelfsmäßigen Behausungen der Wüstenbewohner anhält, um die Aussicht zu genießen und Tee zu trinken.

Wer weitere Wüstenlandschaften sehen möchte, fährt über den normalerweise ausgetrockneten Iriki-See und die winzige Oasenstadt **Foum Zguid** zurück, eine dreistündige Offroad-Fahrt von Erg Chigaga aus. Man sollte die Fahrt jedoch nicht ohne Guide in Angriff nehmen, da man sich leicht verfahren kann.

WÜSTENTIERE

Kamele sind am offensichtlichsten an die Wüste angepasst, aber wer die Augen offen hält, kann auch andere Tiere entdecken. Die winzigen Spuren, die den Sand durchziehen, stammen vom Skarabäus oder Mistkäfer, der sich von den Fäkalien anderer Tiere ernährt. Der Apothekerskink (auch Sandfisch genannt) bewegt sich schwimmend über die Dünen und gräbt sich in den kühleren Sand ein, wenn er überhitzt ist. Der nachtaktive Wüstenfuchs mag zwar die kleinste Fuchsart sein, aber er hat riesige fledermausähnliche Ohren, die ihn kühl halten. Er lebt in unterirdischen Höhlen und ernährt sich von Insekten, Reptilien und kleinen Säugetieren wie dem Jerboa, einem langbeinigen, hüpfenden Nagetier. Noch schwieriger zu entdecken sind Sandkatzen, die einzigen Wüstenbewohner, die besonders pelzige Füße haben, um auf dem glühenden Sand laufen zu können.

UNTERWEGS VOR ORT

Von Ouarzazate führt die gut ausgebaute N9 Richtung Südosten ins Drâatal. Ein Auto ist ideal, wenn man die Region auf eigene Faust erkunden möchte, auch wenn auf der Strecke regelmäßig Busse und *grand taxis* verkehren. Die Fahrt von Ouarzazate nach Agdz und weiter nach Zagora dauert etwa drei Stunden. Nach M'Hamid, dem Endpunkt der Straße und der Endstation der Busse, sind es weitere 100 km und 90 Minuten nach Süden. Ein CTM-Bus zurück nach Marrakesch braucht etwa 10 Stunden. Die Camps am Erg Chigaga sind nur mit dem Geländewagen zu erreichen. Man sollte die Fahrt nicht auf eigene Faust unternehmen, wenn man kein erfahrener Wüstennavigator ist.

Oben: Skala du Port (S. 182), Essaouira; rechts: Oualidia (S. 211)

NÖRDLICHE ATLANTIK-KÜSTE

KÜSTEN UND KULTUR

Kreative Energie verschmilzt an Marokkos nordatlantischen Stränden mit der Natur in Form unberührter Küsten und historischen Hafenstädten.

Diese windige Küste ist die Heimat von Marokkos Hauptstadt Rabat und von Casablanca, dem wirtschaftlichen Zentrum des Landes. Beide Städte werden oft zugunsten des mittelalterlichen Fès oder des zeitgenössischen Marrakesch übersehen. Doch angesichts der geringeren Zahl an Tourist:innen und einmaliger historischer Stätten und Museen inmitten der zeitgenössischen Zugaben werden Traveller bei einem Aufenthalt hier mit einer weniger touristischen Seite Marokkos belohnt. Und dazu mit einer, die für ein Land repräsentativ ist, das sich im Aufbruch befindet.

Als Großstadt mit einer kleinstädtischen Anmutung bietet das am Meer gelegene Essaouira alles, was das Herz begehrt: eine entspannte Medina, eine weite Meeresküste für Strandwanderungen, Ausritte oder Surfgelegenheiten für Aktivurlauber, stilvolle, vor Ort gefertigte Souvenirs und Haushaltswaren, die man ohne großes Feilschen erstehen kann. Hinzu kommt eine ländlich geprägte Gastronomie, die einen nach einem Tag voller Abenteuer verwöhnt.

Zwischen den Städten liegen große Abschnitte goldener Sandstrände an den Gestaden des Atlantischen Ozeans, Lagunen in Oualidia und Moulay Bousselham sowie kleine Fischerdörfer mit bunten Holzbooten am Ufer. Historische Häfen und befestigte Städte mit munteren Medinas verteilen sich über das Meeresufer und erinnern an die Zeit, als das Gebiet von den Portugiesen besetzt war, die diese Städte nutzten, um ihre Schiffe zu schützen, die an der westafrikanischen Küste entlangfuhren. Zwischendrin reicht sanfthügeliges Farmland bis ans Meer und erinnert an die landwirtschaftliche Bedeutung der Region.

DIE WICHTIGSTEN ZIELE

ESSAOUIRA
Entspannte Atmosphäre.
S. 180

RABAT-SALÉ
Geschichte, Straßenkunst und zeitgenössische Bauten.
S. 191

CASABLANCA
Ein Freiluftmuseum der Architektur. **S. 201**

Erste Orientierung

Autobahnen, die große Städte und Hafenstädte entlang der Küste miteinander verbinden, machen das Reisen schnell und einfach – landschaftlich reizvoller ist jedoch die Fahrt über kleinere Straßen. Ein effizientes öffentliches Verkehrssystem ermöglicht es, auch entlegene Ziele zu erreichen.

Rabat-Salé, S. 191
Hier trifft Alt auf Neu: Mittelalterliche Stadttore führen zu Boulevards im Art-déco-Stil und ein von Zaha Hadid designtes Theater überblickt den Fluss Bou-Regreg.

Casablanca, S. 201
Das pulsierende Wirtschaftszentrum erlaubt Einblicke in das urbane Marokko, das Stadtzentrum erinnert mit der kolonialzeitlichen Architektur an vergangene Tage.

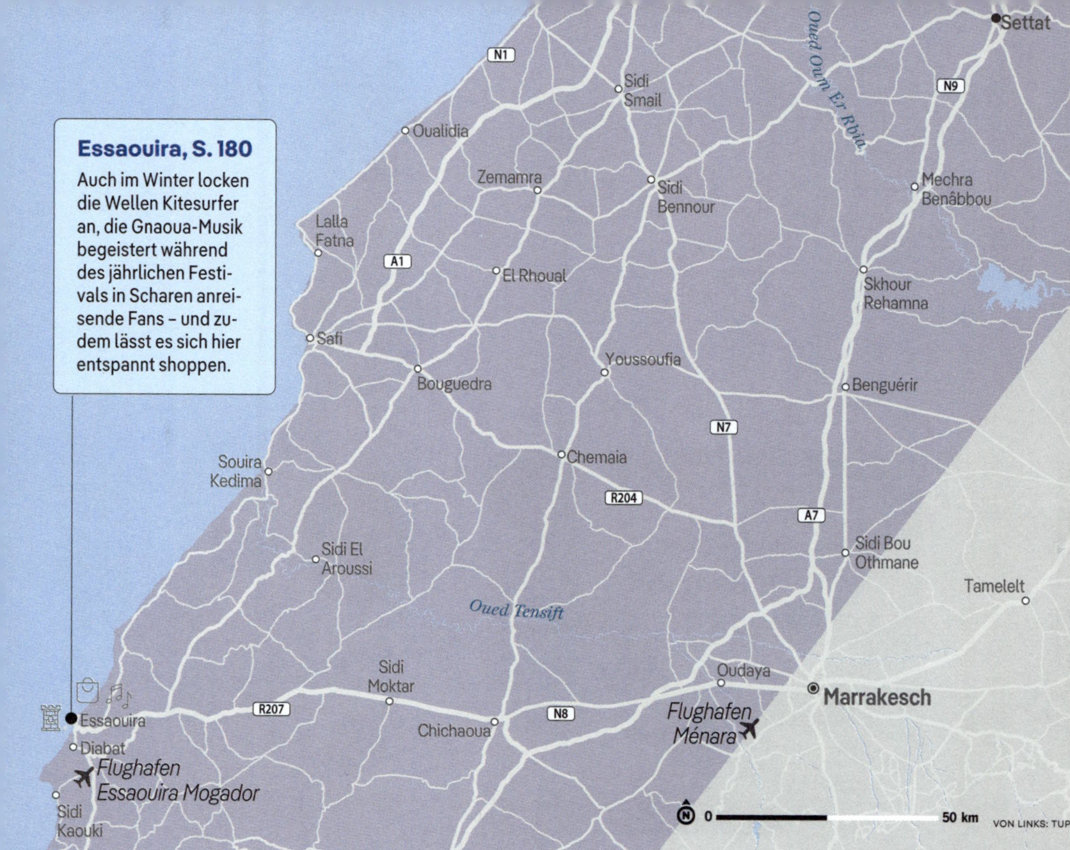

Essaouira, S. 180

Auch im Winter locken die Wellen Kitesurfer an, die Gnaoua-Musik begeistert während des jährlichen Festivals in Scharen anreisende Fans – und zudem lässt es sich hier entspannt shoppen.

BUS & ZUG

Zwischen Rabat und Casablanca gibt es gute Zugverbindungen und von Casablanca aus Direktverbindungen nach Azemmour. CTM-Busse verkehren zwischen Casablanca und Essaouira mit Halt in El Jadida und Safi sowie auf bestimmten Strecken in Oualidia.

TAXIS

Grands taxis für sechs Fahrgäste fahren ab, sobald alle Plätze verkauft sind, es sei denn, jemand zahlt für die verbleibenden Plätze. *Petits taxis* haben je nach Stadt unterschiedliche Farben und nehmen bis zu drei Fahrgäste mit. Die Preise (Münzen und kleine Scheine bereit halten) steigen nach 20 Uhr.

AUTO

Die Autobahn A1 verbindet Casablanca mit Rabat und Casablanca mit Safi über El Jadida. Es fallen Mautgebühren an. Die kleineren Küstenstraßen bieten schöne Landschaftseindrücke, nach Einbruch der Dunkelheit benutzt man aber besser die Autobahnen. Von Essaouira aus führen kleinere Straßen in ländliche Gegenden, die es zu erkunden lohnt.

VON LINKS: TUPUNGATO/SHUTTERSTOCK ©, JACKKPHOTO/SHUTTERSTOCK ©

Perfekte Tage

Zwischen den Streifzügen durch alte Medinas, Museen und kulturelle Einrichtungen in den Städten bleibt Zeit für die Erkundung städtischer und einsamer Strände und viel Raum für Aktivitäten auf dem oder am Wasser inklusive Surfen, Paddeln und Vogelbeobachtung.

ANA FLASKER/SHUTTERSTOCK ©

Essaouira (S. 180)

Wenig Zeit

- Es geht sofort nach **Essaouira** (S. 180), einer aus gutem Grund beliebten Stadt am Meer. In der rasterartig aufgebauten Medina findet man sich leicht zurecht, das Ufer lockt zu Wanderungen mit Sand zwischen den Zehen, und das Tempo ist entspannt.

- Einen Morgen widmet man der Erkundung ländlicher Gebiete rund um Essaouira mit **Berberlands** (S. 186). Die von weiblichen Guides geleitete Wanderung zum Wasserfall **Sidi Mbarek** (S. 190) in der Provinz Haha verbindet eine Prise Natur mit örtlichem Essen und lokaler Kultur. Sie ermuntert zu Begegnungen mit der Natur und mit Einheimischen, von denen man beim Morgentee mehr über ihr Kunsthandwerk erfährt.

Beste Reisezeit

Das Frühjahr und der Herbst sind ideale Zeiten für einen Besuch, zumal diverse Festivals stattfinden. Im Sommer sind die Strände überfüllt und manche touristische Stätten vielleicht geschlossen.

MÄRZ

Die Temperaturen werden wärmer und sorgen für angenehme Tage und Abende. Über den Boulevards und Innenhöfen liegt der Duft von Orangenblüten.

APRIL

(bis September) Starke Winde gibt's das ganze Jahr über, aber Frühjahr und Sommer eignen sich optimal zum Kitesurfen in der windigen Stadt **Essaouira** (S. 180).

MAI

Blühende Jacaranda-Bäume (siehe Abb.) in den **Villes nouvelles** aus der Ära des französischen Protektorats beleben den Art-déco-Stil mit lila Farbtupfern.

VON LINKS: ELKHIALI ISMAIL/SHUTTERSTOCK ©, DAN BACIU/SHUTTERSTOCK ©, MIWA-IN-OZ/SHUTTERSTOCK ©

Drei Tage Zeit

- Nach Essaouira nimmt man die Küstenstraße Richtung Casablanca und kommt rechtzeitig für eine Oktopus-Tajine im **Octopus Restaurant** (S. 211) in Oualidia an. Anschließend schwimmt man ein wenig oder lässt sich auf der Lagune treiben.

- Der nächste Halt ist die **Cité Portugaise** (S. 211) in El Jadida. Man checkt im **L'Iglesia** (S. 211) ein, einer ehemaligen Kirche, und klettert aufs Dach, um den Blick aufs Meer zu genießen und den Kirchturm aus der Nähe zu bewundern. Nach einem Morgenspaziergang um die Festungswälle nimmt man die Straße nach **Azemmour** (S. 210), um einen Blick in die Vergangenheit zu tun, und fährt dann weiter nach Casablanca. Am dritten Tag bewundert man die Architektur in der **Innenstadt von Casablanca** (S. 201), darunter die **Hassan-II.-Moschee** (S. 206).

Länger Zeit

- Wen die Stadt lockt, verweilt etwas länger in **Casablanca** (S. 201). Man verbringt einen Tag mit einem Spaziergang längs der Corniche. In **Rabat** (S. 191) gönnt man sich eine Prise Kultur und besucht das **Nationale Museum der Fotografie** (S. 193), um eine alternative Sicht auf das marokkanische Leben zu erhalten und sich gleichzeitig eines der historischen Gebäude der Stadt anzuschauen. Man bewundert die private Juwelensammlung des Königs, die im **Nationalen Juwelenmuseum** (S. 196) ausgestellt ist. Ein Ausflug in die Natur führt nach **Moulay Bousselham** (S. 199), wo man übernachtet, sich auf der blauen Lagune treiben lässt, mithilfe eines örtlichen Experten seltene Vögel bewundert und fangfrischen Fisch verspeist.

JUNI

In Essaouira begeistert das **Gnaoua World Music Festival** (S. 185), in Rabat machen beim Mawazine Künstler Schlagzeilen, in Casablanca steigt das Jazzablanca.

SEPTEMBER

Mit dem Ende der Schulferien leeren sich die Urlaubsorte am Meer, aber die Temperaturen sind immer noch angenehm für einen Strandurlaub.

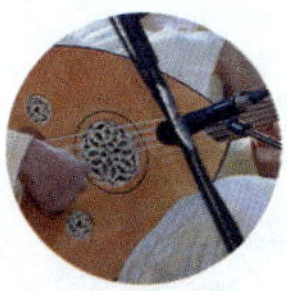

OKTOBER

In Essaouira ist während des **Festival des Andalousies Atlantiques** (S. 185), wo das Erbe des Landes im Mittelpunkt steht, andalusische Musik zu hören.

NOVEMBER

Die Attraktionen der Städte sind während der „Nebensaison" weniger stark besucht, die Vögel im **Merja-Zerga-Nationalpark** (S. 200) beginnen ihre Wanderung.

ESSAOUIRA

Essaouiras Medina ist von spektakulären, von den Wellen umspülten Wällen umgeben und mit ihren schmalen Straßen, ruhigen Souks, Straßenhändlern und lebenssprühenden Galerien ein wunderbarer Ort für einen Stadtspaziergang. Die im späten 18. Jh. erbaute Medina steht seit 2001 auf der Welterbeliste der UNESCO und war 1951 Kulisse von Orson Welles' Film *Othello* und, in jüngerer Zeit, der Fernsehserie *Game of Thrones*. Anders als die an Labyrinthe erinnernden Medinas von Marrakesch oder Fès ist die ruhige Medina im windigen Essaouira symmetrisch aufgebaut, sodass man sich in ihr kaum verirren kann. Man sollte sich Zeit nehmen, die Hauptdurchgangsstraße, die Ave de l'Istiqlal, entlang zu schlendern und in die Souks einzutauchen, die fächerförmig von ihr ausgehen. Man genießt einen *nus-nus* (halb Kaffee, halb Milch) auf einem der sonnigen Plätze zusammen mit einer süßen Leckerei aus einer örtlichen Bäckerei. Dann bummelt man durch die schmalen Gassen, die von weißen Gebäuden mit blauen Fensterläden gesäumt sind. In vielen sind Boutiquen und Galerien untergebracht; weiter entfernt von den touristischen Gebieten sind die Häuser dann von Familien bewohnt.

TOP TIPP

Nachdem man die entspannte Atmosphäre der Altstadt in sich aufgesogen hat, sollte man einen Ausflug aufs Land unternehmen. Man schließt sich einer geführten Wanderung durch einen Arganienwald oder zu einem nahe gelegenen Wasserfall an, stellt sich auf einem Surfbrett den Wellen oder reitet hoch zu Pferd in den Sonnenuntergang.

Medina **(S. 182)**

ANGELA N PERRYMAN/SHUTTERSTOCK ©

SEHENSWERTES
1 Bastion Ouest
2 Bayt Dakira
3 Bendahhane
4 Fikra Gallery
5 Galerie Damgaard
6 Maison du Quartier
7 Hafen von Essaouira
8 Rabbi-Haim-Pinto-Synagoge
9 Museum Sidi Mohamed Ben Abdallah
10 Skala de la Ville
11 Skala du Port
siehe 2 Synagoge Slat Attia

KURSE & TOUREN
12 Azur Spa
13 L'Atelier Madada
14 Salam Atelier

SCHLAFEN
15 Dar 91
16 Mama Souiri
17 Salut Maroc

ESSEN
18 Campana
19 Dolcefreddo
20 Patisserie Driss
21 Patisserie La Bienvenue
22 Pumpkin
23 Silvestro
24 Umia

AUSGEHEN & FEIERN
25 Taros

UNTERHALTUNG
26 Dar Souiri
27 Institut Français Essaouira

SHOPPEN
28 Elizer
29 Fisch-Souk
30 Histoire des Filles
31 Schmuck-Souk
32 La Fibule
33 Maison de Miel
34 Minimal
35 Gewürz-Souk
36 Thuya Cooperative

ÜBERNACHTEN IN ESSAOUIRA

Dar 91
Die in sich abgeschlossenen Apartments, von denen zwei über Terrassen verfügen, sind mit alten Fundstücken und örtlicher Kunst dekoriert. **€**

Salut Maroc
Kräftige *zellij*-Muster (Mosaikfliesen) schmücken die Zimmer in diesem farbenfrohen Riad, von denen einige Meerblick haben. **€€€**

Mama Souiri
Stilvolle Zimmer mit Blick auf den Moulay-Hassan-Platz; wegen des nahe gelegenen Taros und der Moschee kann es aber schwierig sein, Schlaf zu finden. **€**

LOCAL TIPP: DRINK MIT AUSSICHT

John Quinn, ein gefragter Innenarchitekt, ehemaliger Restaurantbetreiber, baldiger Ladenbesitzer im Maison 101 und alteingesessener Bewohner von Essaouira, verrät hier seine Lieblingsorte für einen Drink mit Aussicht. Wie nicht weiter überrascht, hat er kürzlich die Innenräume all dieser Lokale neu gestaltet. *@johnquinndesign*

Taros
Ich gehe gern in diese altbewährte Adresse von Essaouira, um einen Sundowner mit Blick auf den Ozean zu genießen und bis in die Morgenstunden zu tanzen. DJs oder Live-Musik sorgen jeden Abend auf der Terrasse für Stimmung.

La Coupole
Steht mir der Sinn nach cooler Strandatmosphäre und Cocktails, ist die Dachterrasse des La Coupole genau richtig.

Ocean Vagabond
Ein schöner Ort, um mit den Füßen im Sand etwas zu trinken und das örtliche Strandleben zu beobachten.

Highlights in der Medina

EIN ENTSPANNTER STADTSPAZIERGANG

Essaouiras großer **Hafen** ist laut, stinkend, aber ungeheuer stimmungsvoll. Neben dem Gewusel der meerblauen Holzboote werden Netze geflickt, der Fang des Tages an Land gebracht und traditionelle Holzboote gezimmert. Die Bootsbauer liefern Fischerboote an die gesamte marokkanische Küste und sogar bis nach Frankreich, weil ihre Boote besonders seetüchtig sind.

Vielleicht erkennt man die aus dem 18. Jh. stammenden Mauern der **Skala de la Ville** wieder. Zusammen mit der mächtigen Bastion Nord bildeten sie die Kulisse von Astapor in *Game of Thrones*. Tatsächlich aber schützten diese Wälle die Medina vor den anbrandenden Wellen des Atlantiks und ihre Batterie von Bronzekanonen vor Plünderern, die von See kamen. Heute ist dies ein friedlicher Ort – perfekt, um aufs Meer zu blicken, und erstklassig, um den Sonnenuntergang zu genießen.

Das etwas betagte, in einem alten Riad residierende **Museum Sidi Mohamed Ben Abdallah** besitzt eine kleine Sammlung von Schmuck, Kostümen, Stickereien, Holzschnitzereien und Waffen aus der Region. Besonders interessant ist die Sammlung von rituellen Geräten und Musikinstrumenten.

Während man hinauf zur Spitze der **Bastion Ouest** klettert, kann man die Kunstwerke bewundern, die die Mauern verzieren. Es lohnt sich, noch einige Stufen höher zu steigen, um die Aussicht auf Meer und Medina zu genießen. Der Aufstieg ist nichts für Leute, die unter Klaustrophobie leiden.

Die honigfarbene Bastion **Skala du Port** überragt den Hafen und gibt Zugang zu dem stimmungsvollen Bild der Stadt, das auf allen Plakaten zu sehen ist. Zur Zeit unserer Recherche war das Gebäude wegen Restaurierungsarbeiten geschlossen.

Shoppen vor Ort

IN DEN SOUKS FEILSCHEN

Auf Essaouiras Souks findet man alles, von *djellabas* (lange Gewänder mit Kapuze), geflochtenen Körben und mit Halbedelsteinen besetztem *Amazigh*-(Berber-)Schmuck bis hin zu Kästchen aus dem Holz des Sandarakbaums mit Einlegearbeiten und von Frauen aus Argansamen zubereiteter *amlou* (cremige Nussbutter mit Honig und Mandeln). Daneben gibt's natürlich Plastikeimer aus China und gefälschte Markenturnschuhe.

Der Fang des Tages wird auf den weißen Platten des **Fisch-Souks** (Ave de l'Istiqlal) ausgelegt. Für ein billiges Mittagessen kauft man ein halbes Dutzend Sardinen und lässt sie in einem der angrenzenden Cafés für rund 10 Dh grillen. Man erhält zum Fisch Brot und einen einfachen Salat.

ESSEN IN DER VILLE NOUVELLE

Dolcefreddo
Das an ein Café erinnernde Restaurant ist in italienischer Hand und serviert auf einer sonnigen Terrasse Pasta und frische Salate. **€**

Breiz'in Creperie
Süße und herzhafte Crêpes verlocken ein örtliches Publikum zu einem leichten Mittag- oder frühen Abendessen. **€**

Patachou
Hier sitzt man neben den Einheimischen, die ihren Tag auf der sonnigen Terrasse mit einem Kaffee und einem Croissant beginnen. **€**

BTWIMAGES/SHUTTERSTOCK ©

Auslage eines Schmuckladens

Die Schaufenster im überdachten **Schmuck-Souk** zeigen alles Mögliche von schwerem Berber-Schmuck bis hin zu mit Halbedelsteinen besetzten Gold- und Silberarbeiten. Die Ware wird nach Gewicht und Verarbeitung verkauft – Feilschen inbegriffen.

Verschiedenste Tränke, Puder und frisch gemahlene Gewürze bietet der **Gewürz-Souk**, darunter *ras el hanout* (eine klassische Mischung pikanter Gewürze für Eintöpfe und Grillspeisen) ebenso wie Kreuzkümmel, Kurkuma, Zimt, Ingwer, Paprika und Safran, mit denen man schmackhafte *Tajines* zubereiten kann.

In der **Thuya Cooperative**, die sich unter den Bögen gleich abseits der Place Moulay Hassan versteckt, verarbeiten örtliche Kunsthandwerker Sandarakbaum-Holz. Zu den angebotenen Stücken zählen u.a. teilweise mit Perlmutt eingelegte Aufbewahrungsboxen und Schreibtisch-Organiser. Zur Zeit unserer Recherche war die Kooperative wegen Renovierung geschlossen.

Blick in die Vergangenheit

ERKUNDUNG DES EINST BLÜHENDEN JÜDISCHEN VIERTELS

Im frühen bis mittleren 19. Jh. besaß Essaouira-Mogador etwa 3000 jüdische Einwohner. Im Bezirk Mellah, dem ehemaligen jüdischen Viertel, gab es 38 Synagogen. Viele der Häuser mit ihren auffälligen Balkonen existieren noch, ebenso drei Synagogen, von denen zwei für Interessierte geöffnet sind. Zur Zeit unserer Recherche wurde das Viertel gerade saniert.

Das „Haus der Erinnerung“, **Bayt Dakira**, wurde 2020 eröffnet und stellt berühmte jüdische Einwohner von Mogador und ihre Leistungen in den Mittelpunkt. Heiratskontrakte und traditionelle Gewänder sowie Hochzeitsfotos geben Einblick in

SHOPPEN IN ESSAOUIRA

Maison de Miel
Hier gibt's örtlichen Honig aus Kaktusblüten, Orangenblüten, Thymian oder Argan. Vor der Kaufentscheidung sollte man ein paar Honigsorten probieren.

La Fibule
Der Buchladen hat eine große Auswahl an Bildbänden über Marokko, Romanen marokkanischer Autor:innen und eine Auswahl englischsprachiger Bücher.

Elizer
Mit seinen Fliesen ist das Gebäude selbst so interessant wie die Sammlung der zum Kauf angebotenen Antiquitäten und marokkanischen Möbel aus der Mitte des letzten Jahrhunderts.

Histoire des Filles
Dieser Themenladen bietet Mode, Schmuck, Lederarbeiten und Haushaltswaren aus örtlicher Produktion zu Festpreisen.

Minimal
Die vor Ort zusammengestellte Sammlung verkauft zu Festpreisen Geschirr, das im zugehörigen Restaurant Umia (S. 185) in Gebrauch ist, hölzerne Kerzenhalter und Schmuckschatullen, Messingarbeiten und Ledertaschen.

KULTURZENTREN IN ESSAOUIRA

Campana
Am Freitagabend gibt's Filmvorführungen und Literaturevents, außerdem auch einen tollen Büchertausch.

Dar Souiri
Das restaurierte Haus in der Medina bietet Konzerte, darunter Jazz sous L'Arganier, Ausstellungen und kulturelle Veranstaltungen.

Institut Français Essaouira
Filmvorführungen, Ausstellungen, Konzerte und Vorstellungen von marokkanischen und französischen Künstler- und Musiker:innen.

AKTIV WERDEN IN ESSAOUIRA

Equi Evasion
Der leichte Ritt führt längs des Oued (Flusses) Ksob und durch die Arganienwälder und endet mit einem Galopp am Strand. Etwas ganz Besonderes sind die Ritte in den Sonnenuntergang.

Explora
Das Unternehmen gibt Unterricht im Wind- und Kitesurfen am Strand und vermietet Ausrüstung. Wer es gemächlicher angehen will, mietet ein Stehpaddelbrett.

Berberlands
Die Wanderungen unter der Leitung weiblicher Guides führen aufs Land durch Arganienwälder und längs wilder Strände und Wasserfälle; sie vermitteln einen tieferen Einblick in die örtliche Kultur.

DANMI12/SHUTTERSTOCK ©
Kitesurfen

die einst blühende Gemeinde. Innerhalb des Bayt Dakira befindet sich die **Synagoge Slat Attia**. Diese Miniaturversion der früheren Englischen Synagoge wurde von ihrem ehemaligen Standort im Attia-Haus hierher versetzt, restauriert und ist heute wieder in Benutzung.

Die **Rabbi-Haim-Pinto-Synagoge** war die erste Synagoge in Essaouira und ist die am längsten ununterbrochen genutzte (mehr als 200 Jahre) Synagoge der Stadt. Der Andachtsraum befindet sich im zweiten Stock. Ein Wächter begrüßt Gäste von Sonntag bis Freitag und am Samstag nach Vereinbarung.

Weiter geht's auf der Rue Mellah zur **Maison du Quartier**, dem ehemaligen Sitz der Talmud-Tora-Schule. Gleich vor dem Tor Bab Doukkala liegt der **Alte jüdische Friedhof**, der bis 1875 in Gebrauch war. Dort ist Rabbi Haim Pinto bestattet.

Art Naif

EIN EINMALIGER KUNSTSTIL IN ESSAOUIRA

Essaouira besitzt einen eigenen zeitgenössischen Kunststil, bekannt durch internationale Kunstmessen und Galerien. Viele autodidaktische örtliche Künstler:innen schaffen farbenfrohe Werke, die mitunter dem *art brut* zugerechnet werden. Der dänische Sammler Frederic Damgaard bemerkte Ähnlichkeiten in diesen zwei- und dreidimensionalen Werken zur indigenen Kunst anderer Kulturen und ermutigte diese Angehörigen der Swiri, die als Fischer oder Bauern arbeiteten, ihren

SÜSSWAREN IN ESSAOUIRA

Patisserie La Bienvenue
Hier kann man zu einer Tasse süßen Tees mit Orangenblüten aromatisierte *cornes de gazelles* und vorzügliche mürbe *grhiba* (Kekse) essen. €

Patisserie Driss
Dieser Laden ist eine Institution in Essaouira und lohnt einen Besuch wegen der Backwaren und der Kunstsammlung, die fast jeden Zentimeter der Wände bedeckt. €

Pumpkin
Hier gibt's süßes und herzhaftes Gebäck, Quiches und Sandwiches zum Mitnehmen oder für ein Strandpicknick. €

eigenen künstlerischen Ausdruck zu entwickeln. Die **Galerie Damgaard** ist nach wie vor eine feste Größe in der Medina.

Der 1959 geborene Tabal ist der unbestrittene Urheber dieser Bewegung. Essaouira ist die spirituelle Heimat der Gnawa, deren Wurzeln in Afrika südlich der Sahara liegen und in deren Musik sich der islamische Sufismus mit afrikanischen Traditionen mischt. Die Stichworte sind Rhythmus, Farbe, Trance und Mystik – Elemente, von denen Tabals Werk inspiriert ist. Der 1966 geborene ehemalige Fischer Ben Ali ließ sich von seinem verstorbenen Vater Ali inspirieren, der in den 1970er-Jahren eine Gemeinde von Künstlern gegründet hatte, die mit Schrott arbeiteten, ehe er seinen eigenen Stil einer lebenssprühenden Kunst entwickelte, für die er ebenfalls Fundstücke verwendet.

Bendahhane verkauft günstige und leicht transportable Stücke von Künstlern wie Babahoum, der mit 70 Jahren zu malen begann, nachdem er früher u.a. eine von Dromedaren angetriebene Olivenpresse geleitet hatte. Seine Werke zeigen das ländliche Leben mit Humor und in faszinierenden Details.

Die neben dem Bendahhane in der Medina befindliche **Fikra Gallery** bietet eine farbenprächtige Auswahl von Werken des Künstlers Fillali, die charaktervolle Figuren und fantastische Skulpturen umfasst. Außerdem sind antike Möbel, Töpferwaren und Textilien im Angebot.

Auf dem beliebten **Souq Joutiya** (Flohmarkt), vor Ort kurz Joutiya genannt, arbeiten Künstler wie Azzedine, Baki oder Fillali in ihren Ateliers außerhalb der Medina. Den Preis für ein originales Kunstwerk kann man mit den Künstlern bei einer Tasse Tee aushandeln.

Blick nach draußen

JENSEITS DER MAUERN DER ALTSTADT

Die **Uferpromenade** erstreckt sich gleich neben dem Hafen bis zum Verkehrskreisel, der aus der Stadt herausführt, und eignet sich mit ihren gepflegten Gartenanlagen wunderbar für einen Spaziergang. An den Abenden und am Wochenende sieht man Verkäufer, die Popcorn und Kinderspielzeug den Familien anbieten, die am Meer die frische Luft genießen. An den Wochenenden verwandelt sich der Strand morgens oft in eine Reihe von Fußballplätzen. Kleine Cafés und Restaurants, die Kaffee und sogar Alkohol verkaufen, säumen das Ufer. Ein Stück weiter haben Surfveranstalter ihre Läden, in denen sie Kurse anbieten und Geräte vermieten, gleich neben den Strandrestaurants, die Hungrigen Pizzen und Burger verkaufen. Eine längere Strandwanderung führt bis zu dem verfallenen, aus dem 19. Jh. stammenden **Dar-Sultan-Palast** im nahegelegenen

MUSIKFESTIVALS IN ESSAOUIRA

Gnaoua World Music Festival
Essaouira ist während des viertägigen Festivals im Juni immer überfüllt. Hier mischen sich die musikalischen und spirituellen Traditionen, die die Gnawa als Sklaven aus ihrer Heimat südlich der Sahara in den Norden mitgebracht haben, mit zeitgenössischem Funk, Blues und Jazz. Die Konzerte sind kostenlos, es lohnt sich aber, in ein VIP-Ticket zu investieren, um einen Platz vorn an der Bühne zu bekommen.

Festival des Andalousies Atlantiques
Rhythmischer Flamenco bestimmt dieses Festival an einem Oktoberwochenende, welches die andalusische Musik und das arabisch-andalusisch-jüdische Erbe des Landes feiert.

MOGAMUSIC
Dieses Schaufenster der marokkanischen, afrikanischen und internationalen elektronischen Musik bringt im Oktober weltweit auflegende DJs mit örtlichen Talenten zusammen.

Jazz Sous l'Arganier
Dieses Event, für das man Eintrittskarten braucht, stellt Ende Dezember die Jazzmusik in Marokko mit intimen Konzerten in Dar Souiri in den Mittelpunkt.

ESSEN IN ESSAOUIRA

Campana
Ein vegetarisches Restaurant, das auf Müllvermeidung Wert legt. Die Zutaten stammen aus der Gegend; die Karte wechselt täglich. **€€**

Umia
In einem schicken Ambiente an den Stadtmauern werden hier an Tapas erinnernde Gerichte zum Teilen und alkoholische Getränke serviert. **€€€**

Silvestro
Vor einer Kulisse aus knallbunten Tapeten und Fliesen serviert dieses italienische Restaurant Pizza und Pasta. **€€**

Dorf Diabat, wo nach örtlicher Überlieferung Jimi Hendrix 1969 übernachtet haben soll.

Gleich vor der Küste liegt die **Île de Mogador**, bei der es sich de facto um zwei Inseln mit einer kleinen Moschee und mehrere winzige Eilande handelt. Die auch als Îles Purpuraires (Purpurinseln) bekannten Inseln waren in der Antike berühmt, weil die Römer aus den Weichtieren der Bucht den Purpurfarbstoff für die kaiserlichen Togen gewannen. Heute sind die unbewohnten Inseln ein Schutzgebiet für Eleonorenfalken, die man mit einem Fernglas vom Strand von Essaouira aus beobachten kann. Zum Besuch der Inseln ist eine Sondererlaubnis erforderlich.

Ein kleiner Kirchturm, der hinter den Zementmauern unweit des Supratours-Busbahnhofs hervorragt, verrät, dass man die 1936 erbaute katholische Kirche **Notre-Dame-de-l'Assomption** gefunden hat. In dieser bescheidenen Kirche, deren Inneres mit farbenfrohen marokkanischen Teppichen geschmückt ist, finden donnerstags und sonntags Gottesdienste statt.

Eintauchen in die Kultur

EINBLICKE AUS DER NÄHE

Berberlands veranstaltet halb- und ganztägige Touren zur Begegnung mit der Natur und Einheimischen hauptsächlich in der von Amazigh bewohnten Provinz Haha. Man besucht Kunsthandwerker:innen und unterhält sich mit ihnen zum Tee. Zu den Ausflügen zählen Wanderungen am Fluss, der Besuch einer Oase und ein Spaziergang durch den Arganienwald.

Der aus Belgien stammende Etienne Mommaerts kam mit seiner Druckpresse nach Essaouira und lädt Traveller ein, selber ein einmaliges Souvenir in Form einer Grafik in seinem **Salam Atelier** zu schaffen. Man entwirft seinen eigenen Linolschnitt oder greift auf berühmte Bilder (wie etwa von einer Teekanne oder von Palmen) oder auf *zellij*-Muster zurück. Es gibt halb- und ganztägige Workshops, um das eigene Wissen über Druckgrafik zu vertiefen. Etienne spricht fast nur französisch.

Nach einigen Tagen Sonne und Ozean ist man reif für eine erfrischende Anwendung im Hamam. Das **Azur Spa** ist der vielleicht angesagteste Hamam der Gegend. Man entspannt sich, während die schwarze Seife die Haut aufweicht und die von der Sonne strapazierte Haut mit intensivem Peeling gesäubert wird. Nach der Anwendung kann man einen Tee auf der Dachterrasse genießen. Da dieser Hamam einer der besten der Stadt ist, sollte man reservieren.

Wer gerne einmal die Ärmel hochrollen und zu Hause neu entdeckte Lieblingsgerichte nachkochen will, lernt bei dem halbtägigen Workshop im **L'Atelier Madada**, ein dreigängiges Menü zuzubereiten, zu dem beispielsweise Couscous, Tajine oder *bastilla* gehören können. Anschließend verspeist man die Früchte seiner Arbeit.

HOLZSCHNITZEREIEN

Es gibt Werkstätten und Genossenschaften für Holzschnitzerei, die von Kerzenleuchtern bis zu kleinen Kästen, klobigen Armreifen und winzigen Löffeln alles herstellen. Als Holz wird oft das örtlich gewonnene des Sandarakbaums verwendet, ein dunkles, rotbraunes Holz mit vielen Astansätzen. Wenn man Produkte aus diesem Holz kaufen will, wendet man sich am besten direkt an die Thuya Cooperative (sobald sie wieder geöffnet ist). In der Zwischenzeit kann man bei einem Spaziergang längs der Rue Chbanat Kunsthandwerker in ihren winzigen Werkstätten bei der Arbeit sehen und ihre Produkte direkt von der Drehbank kaufen; diese bestehen häufig aus hellem Olivenholz oder etwas dunklerem Walnussholz.

Dar-Sultan-Palast (S. 185)

UNTERWEGS VOR ORT

Essaouira lässt sich leicht zu Fuß erkunden, man kann aber auch die blauen *petits taxis* nehmen, die einen zum Festpreis von 7 Dh durch die Stadt fahren.

Rund um Essaouira

Das hüglige Land ist Sitz eines der beliebtesten Wochenmärkte in der Region, außerdem findet man guten Wein und Käse und kann eine spektakuläre Landschaft genießen.

Im Land rund um Essaouira stehen große, oft jahrhundertealte Arganbäume, die den Grundstoff für das als Nahrungsmittel und in der Kosmetik genutzte Arganöl liefern. Im Hinterland finden sich kleine Amazigh-Dörfer verstreut über das raue Gelände, in dem Hirten ihre Schaf- und Ziegenherden zwischen den sanften Hügeln und Flussbetten grasen lassen. Strände, so weit das Auge reicht, erstrecken sich gleich jenseits der Stadtgrenzen von Essaouira. Die über die Küste verteilten weißen Schreine sind die letzten Ruhstätten von Heiligen *(sidis);* ihnen werden Heilkräfte nachgesagt. Für die Fans von Abenteuersport und alle, die sich den Wellen stellen wollen, für die das Gebiet bekannt ist, gibt es Surfcamps. Ländliche Erholung verspricht eine Wanderung durch die Arganienwälder.

TOP TIPP

Wer einen Tag auf dem Land mit Verkostungen und Wanderungen zubringen will, fährt selbst oder engagiert den Fahrer eines *grand taxi.*

Arganie (S. 190), nahe Essaouira

AUTOTOUR

Eine kulinarische Expedition

Diese Autotour durch das Umland von Essaouira beinhaltet farmfrisches Essen auf dem wöchentlichen Had Dra Souq, Käseplatten in der nahe gelegenen La Fromagerie und Weine in Marokkos südlichstem Weingut, dem Val d'Argan. Alle Anlaufstellen kann man bei einer ganztägigen Tour sonntags besuchen, wenn der wöchentliche Markt in der Stadt Had Dra stattfindet; unter der Woche kann man einen halbtägigen kulinarischen Ausflug ab Essaouira unternehmen.

1 Had Dra Souk

Der Had Dra Souq (Had bedeutet im marokkanischen Arabisch Sonntag) findet jede Woche sonntags statt. Man sollte gegen 8 Uhr kommen, wenn beim Viehhandel alles von Kamelen bis zu kleineren Ziegen verkauft wird. In kleinen, schattenspendenden Zelten rasieren Barbiere ihre Kundschaft. Die Einheimischen kaufen Gemüse von der Verladefläche der Laster, während in der Nähe Metzger Fleisch nach Gewicht verkaufen. Man kann zuschauen, wie die Einheimischen um den Preis von handgefertigten Flechtkörben und anderen Dingen feilschen, die sie als Vorrat für die Woche brauchen. Händler verkaufen Kekse nach Gewicht, die wunderbar zu dem dampfend heißen gesüßten Tee passen, der in einem schlichten Zelt zubereitet und angeboten wird. Mittags gibt's von den rauchenden Grills über Holzkohle gebratene Kamel-*brochettes* (Kebabs).

Anfahrt: Von Essaouira fährt man 28 km auf der kurvenreichen R207 ins Binnenland und biegt dann auf die N1 nach Had Dra ab. Die Geschwindigkeitsbegrenzung einhalten, da unterwegs mit Polizeikontrollen zu rechnen ist!

Val D'Argan

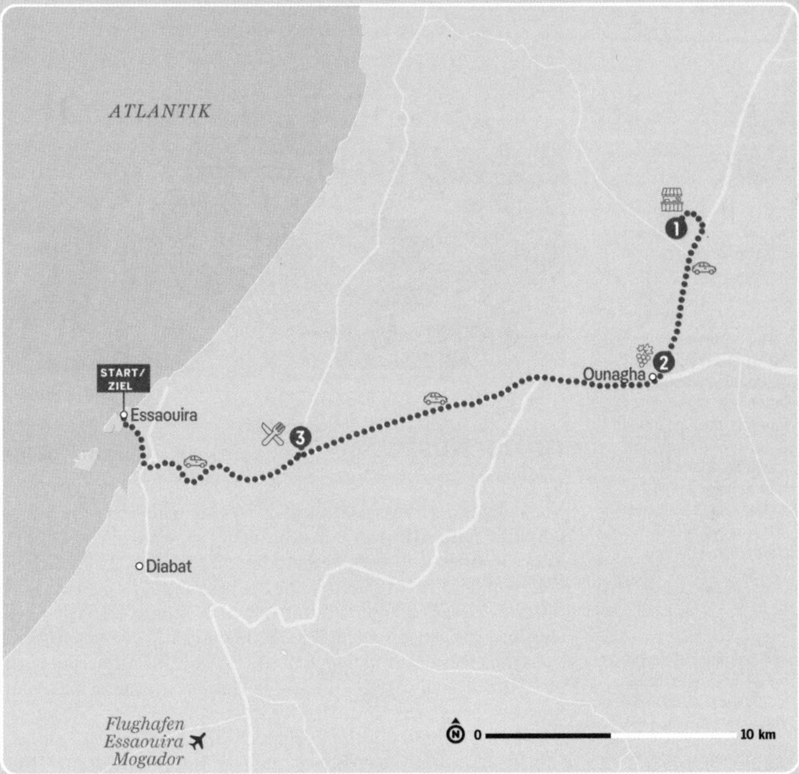

2 Val D'Argan

Der Winzer Charles Mélia aus Châteauneuf-du-Pape in Frankreich hat 20 km außerhalb von Essaouira das Val D'Argan gegründet, das südlichste Weingut Marokkos. Es produziert eine Reihe von Weiß-, Rosé- und Rotweinen und natürlich auch Marokkos berühmten Gris. Die Winzerei produziert in ihren Einrichtungen bis zu 200 000 Flaschen Wein, die in ihren Kellern vor Ort gelagert werden. Führungen durch die Einrichtung und die Weinberge (vorherige Reservierung empfohlen), gefolgt von einer Weinverkostung, werden ab 100 Dh pro Person angeboten; sie können auch das Probieren von mit Nüssen aromatisiertem Arganöl, das an seiner orangenen Farbe erkennbar ist, und des goldenen Olivenöls beinhalten, welches vor Ort produziert wird. Interessant sind auch die Flaschen mit Orangenwein.

Anfahrt: Von Had Dra folgt man der N1 zurück Richtung Essaouira und hält in Val d'Argan rund fünf Minuten nach dem Markt, gleich vor dem Ounagha-Verkehrskreisel.

3 La Fromagerie

Es sind zwar auch andere Hauptgerichte verfügbar, aber der eigentliche Trumpf ist hier der Käse aus Kamel-, Schafs- und Ziegenmilch, der in diversen Sorten als Hart-, Weich-, pikanter oder Schmierkäse angeboten wird. Man genießt die entspannte Sonntagmittag-Stimmung, schnappt sich einen Tisch auf der schattigen Terrasse und genießt eine Käseplatte mit örtlichem Obstkompott und dazu ein Glas marokkanischen Weins.

Anfahrt: Von Val d'Argan nimmt man die N1 und wechselt am Ounagha-Verkehrskreisel auf die R207 Richtung Essaouira. Von der R301 weisen Schilder den Weg zur La Fromagerie. Die unbefestigte Straße zur Käserei ist voller Schlaglöcher. Zurück nach Essaouira geht's auf der R207.

ARGANBÄUME

Die *Argania spinosa* (Arganie oder Arganbaum) wächst ausschließlich im südwestlichen Marokko und erreicht ein Alter von bis zu 400 Jahren. Ziegen steigen oft auf die an ihren belaubten, aber stachligen Ästen und hängenden Früchten erkennbaren Bäume, um die Früchte zu fressen. Die Bäume erreichen eine Höhe von bis zu 10 m, und ihre Wurzeln reichen dreimal so tief in die Erde, sodass sie auch in Dürrejahren überleben können. Im Jahr 2014 nahm die UNESCO den Baum wegen der traditionellen Verfahren, mit dem die Landfrauen das Arganöl aus den Früchten des Baums gewinnen, in seine Repräsentativliste des immateriellen Kulturerbes der Menschheit auf. Othman el Filali von **Be in Nature** veranstaltet geführte Wanderungen durch einen Arganienwald.

WATCH THE WORLD/SHUTTERSTOCK ©

Sidi Kaouki

An der Küste

WASSERFÄLLE, WILDE STRÄNDE UND MARABOUTS

Auch wenn der Wasserfall gerade trocken gefallen sein sollte, lohnt der **Sidi Mbarek** einen Besuch. Der Wasserfall befindet sich vor einer Kulisse aus Sanddünen und dem Atlantischen Ozean in der Provinz Haha nahe bei Essaouira. Er ist nach Sidi Mbarek benannt, einem islamischen Heiligen, der vor über zweihundert Jahren gelebt haben soll und als Heiler von Augeninfektionen gilt. Sein weißer Schrein neben dem Wasserfall wird bis heute besucht. Man erreicht den Wasserfall, indem man vom (unmarkierten) Dorf Sidi Mbarek aus den „Cascades"-Schildern hügelabwärts und durch die Schlucht folgt.

Surfcamps und Pensionen säumen die Hauptdurchgangsstraße von **Sidi Kaouki**. Der Ort grenzt an den wilden Strand, der in den Sommermonaten zum Baden und ganzjährig zum Surfen ideal ist. Die gastronomischen Einrichtungen sind begrenzt, aber an geschäftigen Tagen hält eine Tajine in einem der örtlichen Restaurants am Hauptplatz die Besucher:innen bei Kräften.

Das große weiße Gebäude auf den Felsen ist die letzte Ruhestätte von Sidi Kaouki, einem mit Heilkräften gesegneten Heiligen aus dem 19. Jh. Muslime besuchen den Schrein noch heute.

Der Tourveranstalter **Berberlands** bietet eine außergewöhnliche Halbtagestour an, die eine Strandwanderung bei Ebbe beinhaltet. Dann sammeln die Einheimischen Muscheln und Krebstiere und die Fischer legen ihre Netze für den Tag aus. Weitere Programmpunkte sind ein Aufstieg zum Sidi-Mbarek-Wasserfall und eine ausgiebige Besichtigung des Schreins. Der Ausflug endet entspannt mit Tee und Leckereien in einem örtlichen Wohnhaus.

UNTERWEGS VOR ORT

Grands taxis unternehmen vom Haupttaxistand regelmäßige Fahrten zwischen Essaouira und Sidi Kaouki sowie zum Had Dra Souq. Man braucht ein Auto, um den Markt und die regionalen kulinarischen Zentren sowie den Wasserfall zu besuchen, aber die Fahrer der *grand taxis* bieten gern ihre Dienste an und akzeptieren die Wartezeiten gegen einen vorher vereinbarten Preis.

RABAT-SALÉ

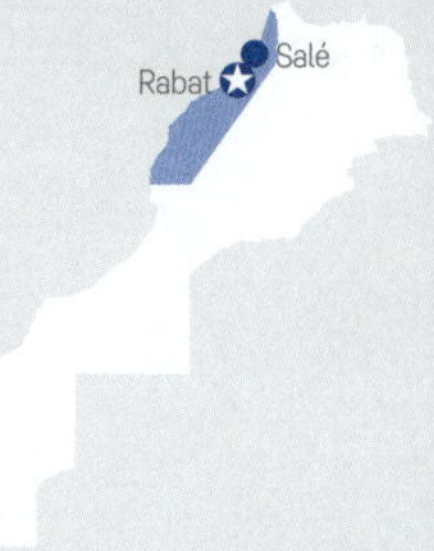

Rabat ist seit 1912 die Hauptstadt Marokkos und das diplomatische und Verwaltungszentrum des Landes. Zwar fehlt es der Stadt an touristischen Spitzenattraktionen, aber das macht sie durch ein gemächliches Tempo und ihren Charme wieder wett. Das auf der anderen Seite des Flusses gelegene Salé hat eine bunte Vergangenheit und eine Medina, die wie ein Schritt in die Vergangenheit anmutet. Bauprojekte auf der zu Salé gehörenden Seite des Flusses Bou-Regreg – Zaha Hadids Grand Théâtre de Rabat, der hohe Mohammed VI. Tower und das luxuriöse Fairmont Rabat-Salé – sind zeitgenössische Zutaten zum Stadtbild. Nimmt man noch die TGV-Hochgeschwindigkeitszüge hinzu, die Salé und Rabat in ungefähr anderthalb Stunden mit Tanger verbinden, ist klar, dass die beiden Städte auf dem Weg in die Zukunft sind. Außerdem gibt's in Rabat noch einen sauberen zentralen Strand und eine stimmungsvolle Kasbah, in der man herumschlendern kann, sowie in beiden Städten mit einer Mauer umgebene attraktive Medinas, die weit weniger touristisch sind als in anderen Städten des Landes.

TOP TIPP

Will man die Schwesterstädte Rabat und Salé aus einer anderen Perspektive sehen, überquert man den die beiden Städte teilenden Fluss Bou-Regreg auf einer *flouka* (einem kleinen, hölzernen Ruderboot).

Hafen von Rabat

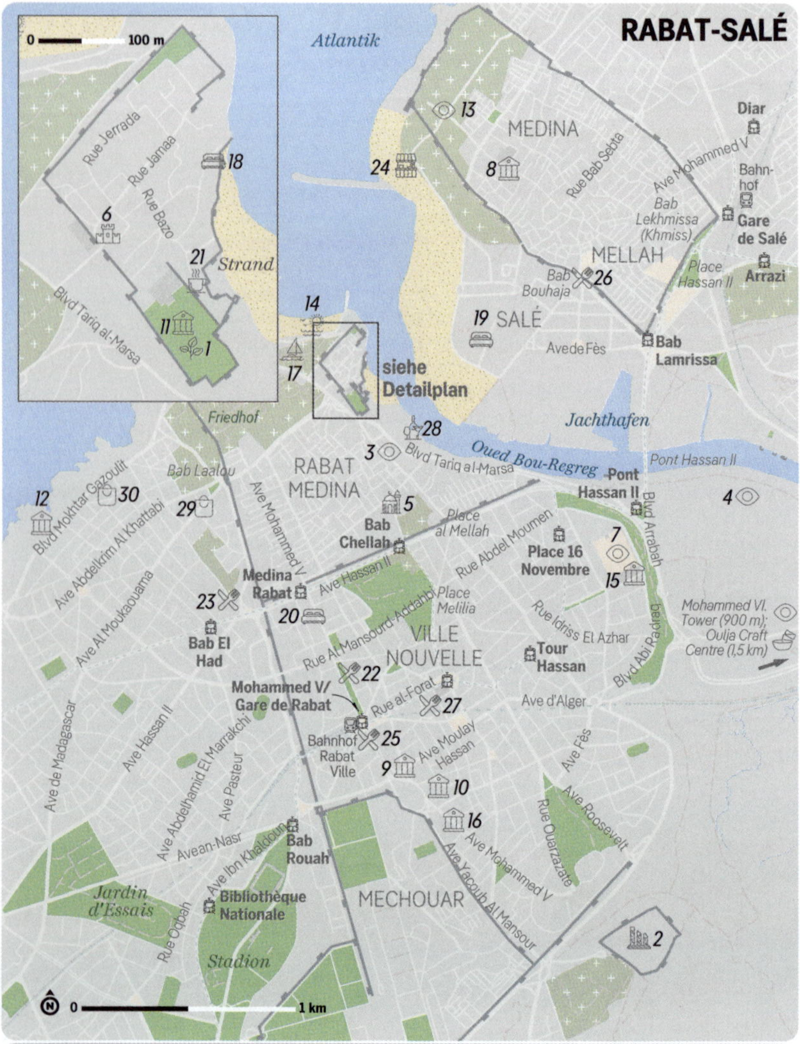

SEHENSWERTES
1 Andalusische Gärten
2 Chellah
3 Fanadiq
4 Grand Théâtre de Rabat
5 Grande Mosquée de Rabat Medina
6 Kasbah des Oudaias
7 Mausoleum Mohammeds V.
8 Medersa Abou Al Hassan
9 Mohammed VI. Art Moderne et Contemporain
10 Museum der Geschichte & der Zivilisationen
11 National Museum of Jewellery
12 Nationales Museum der Fotografie
13 Sklavengefängnis
14 Plage des Oudaias
15 Tour Hassan
16 Villa des Arts

KURSE & TOUREN
17 Club Nautique de la Plage de Rabat

SCHLAFEN
18 Dar Korsan
19 Fairmont La Marina Rabat-Salé
20 Hotel Gaulois

ESSEN
21 CAFE DU MAURE
22 Casa José
23 Dar Naji
24 Fischmarkt
siehe 19 Le Deck
25 Onomo Hotel
26 Patisserie El Alami
27 Ty Potes

AUSGEHEN & FEIERN
28 Le Dhow

SHOPPEN
29 LE 17 OCÉAN
30 MaliMalo

Kultur

MUSEEN, KULTURZENTREN UND GALERIEN

Die gewaltige, einst als Fort Rottembourg (Borj El Kebir) bekannte Festung, die sich über den Atlantischen Ozean erhebt, wurde zwischen 1886 und 1900 erbaut, um zwei Kanonen aufzunehmen, die das Deutsche Reich Marokko angeboten hatte. Das lange Zeit verfallene Fort wurde 2020 zum Sitz des **Nationalen Museums der Fotografie**. Ausgestellt sind Fotos zeitgenössischer marokkanischer Fotograf:innen, die den Blick für die Kulturen des Landes schärfen. Ein Besuch am Morgen lohnt wegen des fantastischen Lichts, in das die Bastion getaucht ist.

Das vom gegenwärtigen König konzipierte und finanzierte **Musée Mohammed VI. Art Moderne et Contemporain** wurde 2014 als landesweit erstes Museum zeitgenössischer Kunst eröffnet. Neben einer Dauerausstellung von Werken marokkanischer Künstler:innen von den 1950er-Jahren bis heute werden Sonderausstellungen renommierter internationaler Künstler:innen gezeigt. Die Außenwände des Museums ziert Straßenkunst; Skulpturen heißen die Besucher:innen am Eingang willkommen.

Das kleine, perfekt gestaltete **Museum der Geschichte & der Zivilisationen** ist in zwei Sektionen unterteilt: Die erste zeigt die Geschichte Marokkos, die zweite konzentriert sich auf die 1915 (damals veranlasste General Lyautey während der Protektoratsära erste archäologische Ausgrabungen) begonnene Sammlung von Keramiken, Statuen und anderen Artefakten aus den römischen Siedlungen Volubilis, Lixus und Chellah.

Die **Villa des Arts**, eine 1929 erbaute Art-déco-Villa, beherbergt eine Sammlung von Werken postkolonialer Künstler wie Mohamed Melehi, Farid Belkahia und Jilali Gharbaoui. Die Werke sind in einem Ambiente voller traditioneller marokkanischer Details ausgestellt: *zouak*-Decken (aus bemaltem Holz), *zellij* und Ornamente aus geschnitztem Zedernholz. Vor dem Haus kann man zwischen hohen Kakteen und blühenden Bougainvilleen herumschlendern und die in Primärfarben gestalteten Skulpturen von Abdelkrim Ouazzani bewundern.

FESTIVALS IN RABAT

Festival Mawazine
Die größten Namen der internationalen Popmusik und etablierte sowie aufstrebende örtliche Musiker:innen treten an neun Tagen im Juni auf vier Bühnen auf.

Jazz au Chellah
Bei diesem Festival im stimmungsvollen Chellah arbeiten europäische und marokkanische Jazzmusiker jeweils im September zusammen.

Visa for Music
Bei dem als Profimesse der afrikanischen und nahöstlichen Musik angepriesenen Festival treten an vier Tagen im November Musiker:innen von Marokko bis Mosambik auf drei Bühnen auf.

Königliche Stätten

SEHENSWÜRDIGKEITEN DER KÖNIGE UND UMMAUERTE STÄDTE

Der Vater und der Großvater des heutigen Königs wurden in dem aus Marmor erbauten **Mausoleum Mohammeds V.** bestattet, das mit feinen, bunten *zellij* und Stuckornamenten geschmückt ist. Zur Zeit unserer Recherche waren die Innenräume für Besucher:innen geschlossen.

Der **Tour Hassan**, ein Wahrzeichen der Stadt, ragt 44 m hoch aus dem Mündungsgebiet des Bou-Regreg auf. Der Turm war ursprünglich Teil eines ehrgeizigen Projekts der Almohaden,

ESSEN IN RABAT

Dar Naji
Familie Feuerstein trifft auf Ali Baba in diesem marokkanischen Restaurant mit Blick auf die Medina. €

Casa José
In diesem Innenstadtlokal gibt's spanische Tapas, darunter frische Meeresfrüchte und *jamón*. €€

Ty Potes
Im Untergeschoss eines Art-déco-Gebäudes serviert das Lokal mittags süße und herzhafte Crêpes. €

die die zweitgrößte Moschee der Welt (nach jener im irakischen Samarra) errichten wollten, aber ihr Stifter, Sultan Yacoub Al Mansour, starb noch vor der Fertigstellung. Die Moschee wurde 1755 durch ein Erdbeben zerstört. Heute erinnern nur noch der Turm und zerborstene Steinpfeiler an die Pläne des Sultans.

Jenseits der Stadtmauern und ihrer Tore liegt die Hügelstätte von **Chellah**. Sie thront über dem Tal des Bou-Regreg und wurde einst von den Phöniziern und ab etwa 40 n. Chr. von den Römern beherrscht. Zwischen 1154 und dem 14. Jh. war das Gelände verlassen, dann erbaute ein Meriniden-Sultan eine Nekropole mit einem eleganten Minarett – das ist alles, was von der einst eindrucksvollen Moschee geblieben ist. Zur Zeit unserer Recherche war Chellah für Besucher:innen geschlossen.

Als die Franzosen im frühen 20. Jh. kamen, bestand die Stadt lediglich aus der am Meer gelegenen, mit einer Mauer umgebenen **Medina von Rabat**. Diese ist klein genug, um sie bei einem halbtägigen Spaziergang zu erkunden, doch wird man sich unweigerlich in ihr verirren. Die interessantesten Stätten hier sind die **Grande Mosquée de Rabat Medina** und die **Fanadiq** (alten Karawansereien) gleich abseits der Rue des Consuls, in der bis 1912 die Diplomaten residierten.

WASSERSPORT

Club Nautique de la Plage de Rabat
Spaß für die ganze Familie verspricht dieser Nautik-Club, der Segelboote, Surfbretter, Bodyboards und Seekajaks vermietet und Kurse und Unterricht anbietet. Man kann ein Paddelbrett mieten und sich damit auf den Bou-Regreg wagen.

Plage des Oudaïas
Für einen Strandtag bietet sich die Plage des Oudaïas an, ein beliebter Sandstrand unterhalb der hoch aufragenden Kasbah.

Die Kasbah des Oudaïas

WO RABAT BEGANN

Die Zanata-Berber erbauten das ursprüngliche *ribat*, eine Klosterfestung, die der Stadt ihren Namen gab, dort, wo sich heute die Kasbah des Oudaïas erhebt. Mit der Ankunft der Almohaden im 12. Jh. wurde das *ribat* zu einer Kasbah ausgebaut, die als strategischer Ausgangspunkt für die Feldzüge in Spanien diente, als es der Dynastie gelang, Andalusien wieder unter muslimische Herrschaft zu bringen. Unter Yacoub Al Mansour war Rabat kurzzeitig eine Hauptstadt des Reichs. Al Mansour ließ gewaltige Mauern errichten und fügte der Kasbah ein imposantes Tor hinzu, das 1195 erbaute **Bab el Oudaïa**. Nach seinem Tod im Jahr 1199 verlor die Stadt schnell alle Bedeutung, und es sollte bis ins 17. Jh. dauern, bis sich Rabats Geschick änderte, als muslimische Flüchtlinge aus dem christlichen Spanien in die Stadt kamen. Heute ist die Kasbah des Oudaïas vornehmlich ein Wohnviertel mit schmalen Straßen und weiß getünchten Häusern. Die Kasbah verspricht einen netten, halbtägigen Spaziergang.

In den **Andalusischen Gärten** wachsen aromatischer Lavendel und andere Kräuter neben duftenden Orangenbäumen und farbenprächtigen Bougainvilleen. Die Anlage ist ein hübscher Erholungsort, der von Sonnenaufgang bis Sonnenuntergang geöffnet ist.

CHELLAH

Chellah bildet die historische Kulisse für das im Herbst stattfindende Festival **Jazz au Chellah** (S. 193). Stark ist der Stilmix, wenn europäische und marokkanische Musiker:innen gemeinsam auf die Bühne treten.

UNTERKUNFT IN RABAT

Fairmont La Marina Rabat-Salé
Ein schickes Hotel mit stylishen Bars und Blick auf den Bou-Regreg und die Skyline von Rabat. **€€**

Dar Korsan
Das Hotel liegt versteckt in der Kasbah mit Blick auf den Fluss und die Stadt. Die Zimmer sind klein, aber angenehm. **€€**

Hotel Gaulois
In dem Art-déco-Schmuckstück gibt's schlichte, aber saubere Zimmer, die man über eine Wendeltreppe erreicht. **€**

STADTSPAZIERGANG: DIE FRANZÖSISCH ANMUTENDE NEUSTADT

Los geht's an der **1 Ave Mohammed V.** in der Neustadt. Die gemeißelten *zellij* an der Fassade des **2 Hotel Gaulois** geben diesem Art-déco-Gebäude mit imposantem Treppenhaus ein wenig maurischen Charakter.

Man schlendert unter den Arkaden südwärts und bewundert Schaufenster und mit *zellij*-Fliesen verzierte Eingänge. Blickt man hinein, findet man oft große Treppen, häufig aus marokkanischem Marmor erbaut.

Beim **3 Cinéma Renaissance** begibt man sich in den 2. Stock, um von den Balkonen des Cafés die niedrigen Art-déco-Gebäude beiderseits der Straße zu bewundern. Weiter geht's die Rue Jeddah hinunter zum **4 Cinéma Royal** mit seiner rot-gelben Fassade. Das Gebäude ist nachmittags geöffnet. Innen präsentiert es sich in Rosa- und Blautönen und zeigt den Schwung echten Art-déco-Stils.

Jetzt geht's zurück zur Ave Mohamed V, wo das **5 Telegraphe Poste Telephone,** die Hauptpost, ein Gebäude im maurischen Art-déco-Stil, eine Seite eines stark befahrenen Kreisverkehrs einnimmt. Von ihren Bögen aus kann man die **6 Bank al-Maghrib** bewundern, deren Steinfassade mit Ornamenten verziert ist; an der entgegengesetzten Ecke bsitzt das Gebäude abgerundete Ecken.

Im nächsten Block steigt man in den 2. Stock hinauf zur Galerie **7 Kulte,** um in ein Art-déco-Apartment zu blicken, das man über eine Treppe erreicht, deren Wände mit gelben und schwarzen *zellij* geschmückt sind.

Ein Stück weiter ist das farbenfrohe **8 Marokkanische Parlament** an den marokkanischen Fahnen zu erkennen. Man nimmt den Fußgängerüberweg zum **9 Hotel Balima,** das sich unter hohen Palmen versteckt.

Wieder auf der Hauptstraße, biegt man links in die Ave Abou Inane ab und geht auf die hohen Türme der imposanten **10 Cathédrale Saint-Pierre** zu.

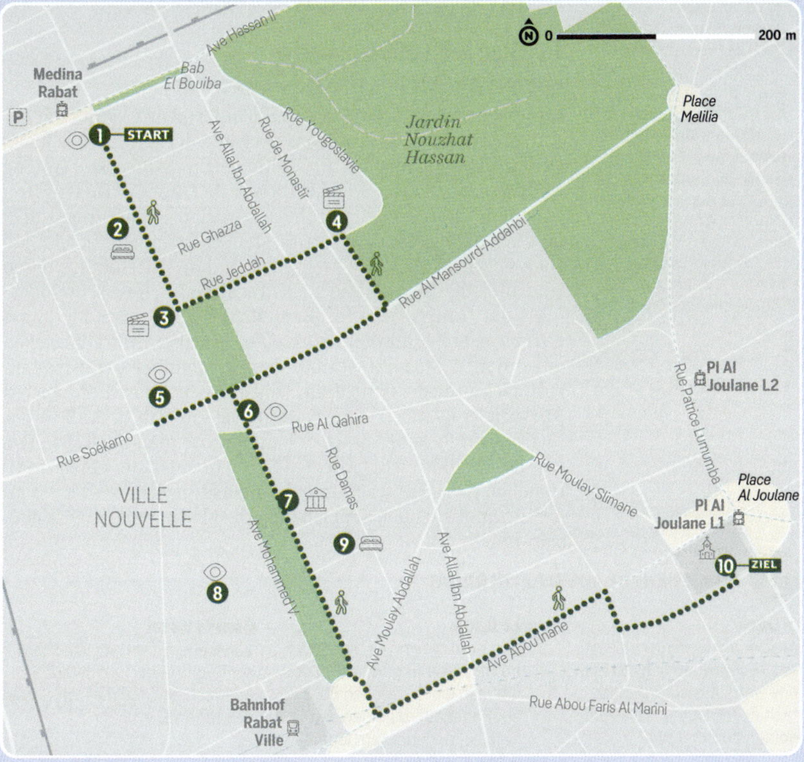

MIROSLAW SKORKA/SHUTTERSTOCK ©

Andalusische Gärten (S. 194)

Das 2023 nach der Renovierung wiedereröffnete **Nationale Juwelenmuseum** innerhalb der Andalusischen Gärten zeigt nicht nur Schmuck in regionaler Vielfalt, sondern auch Traditionsgewänder. Highlight ist eine von König Mohammed VI. zur Verfügung gestellte Auswahl aus der königlichen Sammlung, darunter Kopfschmuck und eine Hand-der-Fatima-Sammlung.

Mit der malerischen Aussicht auf Salé jenseits des Bou-Regreg und die *floukas,* die den Fluss zwischen beiden Städten überqueren, ist das **Café Maure** ein angenehmer Ort, um bei einem Minztee marokkanisches Gebäck zu genießen.

FESTIVAL JIDAR

Jeden Sommer kommen Straßenkünstler:innen aus dem In- und Ausland zu dem einwöchigen Festival Jidar (jidar.ma), das die marokkanische Straßenkunstszene ausleuchtet, in die Hauptstadt. Das Ergebnis sind mehrere neue Wandmalereien von abstrakten Kompositionen bis zu Porträts. Unter dem Dach des Festival Jidar sind fünf Festivals vereint, die hinter vielen der frischen und schon verblassten Wandmalereien stehen, die den Gebäuden stadtweit einen Farbtupfer geben. Man kann eine Karte für eine spannende Erkundungstour auf eigene Faust und weitere Details herunterladen.

Freiluft-Kunstgalerie

WANDMALEREIEN UND STRASSENKUNST

Mit einer an einen Nadeldrucker erinnernden Technik hat der Künstler Hendrik Beikirch das Porträt von Najma, einer Bäuerin aus dem Ourika-Tal, im Rahmen seines Projekts Tracing Morocco auf die Fassade der **Caisse de Dépôt et de Gestion** gemalt. So wie er jeden Gefühlsausdruck der Bäuerin aus dem ländlichen Marokko wiedergibt, stellt er in seinem Projekt marokkanische arbeitende Menschen in den Mittelpunkt, deren traditionelle Lebensweise im 21. Jh. allmählich verschwindet.

Als der französische Straßenkünstler Space Invader Rabat 2017 besuchte, hinterließ er 20 seiner zu seinem Markenzeichen gewordenen Mosaikinstallationen. Gegenüber den Straßenbahngleisen an der Cathédrale Saint-Pierre findet sich ein solches **Mosaik**, und weitere „Invasionen" lassen sich überall in der Medina entdecken. Ausschau halten sollte man nach dem von den 1980er-Jahren inspirierten Space Invader, der einen traditionellen roten Fez trägt und eine Bauchtänzerin bewacht oder auf einem fliegenden Teppich über die Medina und die Kasbah schwebt.

AUSGEHEN MIT AUSBLICK IN RABAT

Le Deck
Von der Bar im schicken Fairmont Rabat-Salé genießt man eine weite Aussicht von der Kasbah des Oudaïas bis zum Mohammed VI. Tower.

Le Dhow
Von Bord dieses vor der Medina vor Anker liegenden Bootes hat man einen schönen Blick auf Rabat auf der einen und Salé auf der anderen Seite.

Onomo Hotel
Von hier eröffnet sich ein schöner Blick auf die Innenstadt im Art-déco-Stil und die Cathédrale Saint-Pierre.

In der **Avenue Madagascar** hat der marokkanische Straßenkünstler Ed Oner einem sechsstöckigen Gebäude an einer Durchgangsstraße wortwörtlich seinen Stempel aufgedrückt. Drei an Briefmarken erinnernde Bilder zeigen Wahrzeichen der Hauptstadt, etwa den majestätischen Eingang nach Chellah (S. 194) und die *floukas,* die Salé und Rabat verbinden und Passagiere auf die andere Seite des Bou-Regreg bringen.

Ebenfalls an der **Ave Madgascar** ziert die Installation einer verschleierten jungen Mutter, die ihr Baby vor der Brust trägt, die Fassade eines hohen Gebäudes nahe einem Kreisverkehr. Der Künstler Machima hat ihren traurigen Blick eingefangen; mehrere Pfeile erscheinen hinter dem Rücken der Mutter.

Bei einem Spaziergang um den **Bahnhof Rabat Agdal** entdeckt man mehrere Wandmalereien. Man lässt den Bahnhof hinter sich und folgt den Gleisen zu den Wohngebäuden, die auf die Bahnanlagen hinunterblicken. Dort sieht man ein farbenfrohes Wandbild von Juraj Ďuriš, in dessen Hintergrund Anklänge an marokkanische *zellij*-Muster zu erkennen sind.

Salé entdecken

DIE STADT NEBEN RABAT

Der Wohlstand des im 10. Jh. gegründeten Salé zog den Niedergang des nahe gelegenen Chellah nach sich. Doch die eigentliche Geschichte der Stadt beginnt im 17. Jh., als muslimische Flüchtlinge aus dem christlichen Spanien kamen, begleitet von einem Verband aus christlichen Renegaten, maurischen Piraten und Freibeutern aus aller Welt. Rabat und Salé wurden zu sicheren Häfen für Korsaren, die auf der Jagd nach spanischem Gold bis Nordamerika und nach christlichen Sklaven bis nach Cornwall fuhren. Die Alawiden-Sultane versuchten, die Plünderungszüge einzuschränken, aber die Korsaren blieben bis weit ins 19. Jh. eine Gefahr für die Schifffahrt. Heute zeigt Salé ein doppeltes Gesicht: Auf der einen Seite liegt die alte Medina und auf der anderen, am Flussufer, ragen schicke moderne Gebäude auf.

Das von der Piratenrepublik Bou-Regreg erbaute **Sklavengefängnis** an den Gestaden des Atlantischen Ozeans wird gegenwärtig restauriert und erinnert an Salés Geschichte. Von der Bastion oben hat man einen tollen Blick aufs Meer; in den Zellen darunter schmachteten die Gefangenen, die auf dem nordafrikanischen Sklavenmarkt verkauft werden sollten.

Die kleine, von der Meriniden-Dynastie im 14. Jh. erbaut **Medersa Abou Al Hassan** ist eine ehemalige Koranschule. Trotz der türkisfarbenen Fliesen, die einen schönen Kontrast zu den reichen Stuckverzierungen bilden, empfängt sie weniger Besucher:innen als vergleichsweise Medersen in Fès oder Marrakesch. Im 2. Stock sind die Schlafquartiere der Schüler zu besichtigen.

PIRATENREPUBLIK BOU-REGREG

Im Jahr 1619 rief eine Gruppe von Korsaren in der alten Hafenstadt Salé die unabhängige Piratenrepublik Bou-Regreg aus, indem sie ihrem Anführer, dem Holländer Jan Janszoon van Haarlem (ca. 1570–1641) und nicht dem Sultan Gefolgschaft schworen. Die Regierung der Republik bildeten 14 Piratenführer; Janszoon war sowohl der Präsident als auch der Admiral der 18 Schiffe umfassenden Flotte.

Nach einer erfolglosen Belagerung der Stadt erkannte der Sultan die Republik an, indem er Janszoon 1624 zu ihrem Gouverneur erklärte. Unter der Herrschaft der Piraten blühte Salé zunächst auf; die Piratenschiffe befuhren die Routen zwischen den Kolonialhäfen am Atlantik und Europa, brachten Schiffe auf, eigneten sich ihr Gold an und verkauften die Besatzungen in die Sklaverei. Doch schon bald verschlechterten sich die politischen Beziehungen, und Janszoon und die meisten seiner Anhänger verließen 1627 die Stadt.

SHOPPEN IN RABAT

Le 17 Océan
Eine sorgfältig zusammengestellte Auswahl von Haushaltswaren und Kleidung marokkanischer Designer mit einem Café vor Ort.

MaliMalo
Das MaliMalo im Ozeanviertel bietet moderne Abwandlungen traditioneller Entwürfe, hergestellt mit traditionellen Verfahren.

Medina von Rabat
In der Rue des Consuls findet man traditionelles Kunsthandwerk und in Marokko hergestellte Souvenirs.

LOCAL TIPP: SALÉ ENTDECKEN

Jan und Rachid von den Touristenguides Repose Riad and Salé geben Tipps zur Erkundung von Salé. *@thereposeriad*

Spaziergang durch Salé
Salés bunte Geschichte kann man in der Großen Moschee, dem Borj Adoumoue, dem Souq Lakbir, dem Souq Laghzal (mit öffentlichen Auktionen zweimal pro Woche) und dem Souq el-Merzouk entdecken, dem größten Goldmarkt Marokkos.

Eine Tajine im Oulja Craft Centre herstellen
Warum nicht mal einen Töpfer- und/oder Malkurs im Einzelunterricht bei einem örtlichen Töpfer belegen?

Trommeln unter der Brücke
Man kauft etwas süßes Gebäck in der Patisserie El Alami nahe dem Bab Bouhaja und zwei Türen weiter einen Saft. Nun folgt man der Mauer um die Medina zum Bogen des Bab Lamrissa, wo an den meisten Abenden bei Sonnenuntergang unter der Rabat-Brücke getrommelt wird.

SAID MRIGUA/SHUTTERSTOCK ©

Grand Théatre de Rabat

Die kleine, mauergeschützte **Medina** aus dem 13. Jh. hat ein fast mittelalterliches Gepräge bewahrt. Viele Besucher:innen sind auf dem Weg zur Großen Moschee oder einem der Schreine, während die Einheimischen kommen, um frische Lebensmittel, Kleidung, Haushaltswaren und Gewürze einzukaufen.

Gebäude am Bou-Regreg

MODERNE ARCHITEKTUR AM BOU-REGREG

Das weiße, an ein Raumschiff erinnernde und 1800 Plätze fassende **Grand Théatre de Rabat** wurde von Zaha Hadid Architects entworfen und soll vom Bou-Regreg inspiriert sein, der Rabat von Salé trennt und an dessen Ufer das Theater steht. Zur Zeit unserer Recherche stand das Theater vor der Eröffnung.

Der 55-stöckige **Mohammed VI. Tower** hat die Form einer Rakete und ist noch aus einer Entfernung von 50 km zu sehen. Nach seiner Fertigstellung wird er der zweithöchste Turm Afrikas sein, wirkt aber in der Ebene nahe dem Bou-Regreg etwas deplatziert. Neben einem Hotel, Büroflächen und Luxusapartments ist eine Aussichtsterrasse auf der Turmspitze geplant.

Bei einer **Flouka-Fahrt** auf dem Bou-Regreg kann man Zaha Hadids Grand Théatre de Rabat bewundern und zum Mohammed VI. Tower hinaufstarren. Oder man fährt hinaus bis zur Mündung des Flusses in den Ozean, um den Blick von See auf Rabats eindrucksvolle Kasbah des Oudaïas zu genießen. Eine 30-minütige Bootsfahrt kostet ungefähr 50 Dh.

Wenn gegen Mittag der Hunger kommt, geht man zum **Fischmarkt** und kauft frischen Fisch, den man sich in einem der örtlichen Grillstände am Ufer des Bou-Regreg grillen lässt.

UNTERWEGS VOR ORT

Petits taxis sind in Rabat blau, in Salé hellgelb. Man muss jedoch wissen, dass sie die Brücke zur jeweils anderen Stadt nicht überqueren dürfen.

Von Rabat nach Salé fährt man am besten mit der Straßenbahn (6 Dh). Die Tickets kauft man vorab an den Automaten an den Haltestellen. Bei der Fahrt von Rabat nach Salé liegt die Haltestelle Gare de Salé der Medina am nächsten.

Rabat hat zwei Bahnhöfe: Rabat Ville (für Traveller auf dem Weg zur Innenstadt und zur Medina) und Rabat Agdal. Salé verfügt über die Bahnhöfe Gare de Salé Ville und Salé Tabriquet.

Rund um Rabat

Moulay Bousselham liegt an den Ufern der Lagune Merja Zerga und ist bei Vogelbeobachter:innen besonders im Frühjahr und Herbst beliebt.

Moulay Bousselham ist eine erfreulich ruhige Stadt, jedenfalls außerhalb der Spitzenmonate im Sommer, wenn die Urlauber wegen der goldenen Sandstrände herbeiströmen (beim Baden Vorsicht vor Strömungen und gefährlichen Wellen!). Es gibt nur ein paar Pensionen und Restaurants für Tourist:innen, aber eine Nacht reicht aus, um bei einer zweistündigen Bootsfahrt auf der Lagune die Vogelwelt kennenzulernen. Ansonsten kann man die Tage damit zubringen, die Aussicht von oben zu genießen, während man bei einem Kaffee in einem der örtlichen Cafés auf dem Gipfel des Hügels verweilt.

TOP TIPP

Ein örtlicher Guide kann einem die Vögel zeigen, die man beobachten will, und wird auch einen Feldstecher bereitstellen.

Moulay Bousselham

BESTE UNTERKÜNFTE IN MOULAY BOUSSELHAM

Vila Bea
Das Haus ist die erste Wahl wegen der Retro-Möbel, der Swimmingpools, hellen Zimmer und Suiten mit privaten Balkonen und Seeblick. Müde Traveller können hier gut ein paar Tage ausspannen. **€€€**

Maison des Oiseaux
Die schlichten Zimmer sind sauber, die Duschen haben Warmwasser und es sind Umkehr-Klimaanlagen installiert. Vom Garten aus genießt man den Blick auf die Lagune in der Ferne. Das Frühstück ist einfach, Abendessen sollte man in dem Hotel besser nicht buchen. **€**

Fischerboote, Merja Zerga

Naturabenteuer im Merja-Zerga-Nationalpark

EINE LAGUNE, FRISCHER FISCH UND VOGELBEOBACHTUNGEN

Die zum namensgleichen, 70 km² großen Nationalpark gehörende **Merja Zerga** (Blaue Lagune) lockt unzählige Zugvögel an, darunter Flamingos, und ist eines der besten Habitate zum Beobachten von Vögeln in Marokko. Die Lagune ist je nach den Gezeiten zwischen 50 cm und 4 m tief. Rund 10 % ist Süßwasser aus dem Fluss Dredr, das übrige ist Meereswasser.

Vogelbeobachter kommen, um unter anderem nach Kap-Uhus, Dünnschnabel-Brachvögeln und Rauchseeschwalben zu spähen. Die beste Zeit für einen Besuch sind die Frühjahrs- und Herbstmonate, aber man kann das ganze Jahr über hier Vögel beobachten. Man bekommt im Nationalpark u. a. Reiher, Ibisse, Löffler, Regenpfeifer und Fischreiher zu Gesicht.

Von den fünf Dörfern an der Lagune leben vier von der Landwirtschaft, darunter dem Anbau von Erd- und Blaubeeren, die im Winter an der Straße verkauft werden, während Moulay Bousselhams Lebensgrundlage der Fischfang ist. Wenn man zum Hafen geht, wenn die Boote gegen Mittag anlegen, kann man frischen Fang des Tages kaufen.

Hassan Dalil (0668434110) und Mansoury el Boukhary (0663093794) bieten spezialisierte **Vogelbeobachtungstouren** auf der Lagune an. Beide Männer haben ein eigenes Boot, stellen Feldstecher zur Beobachtung der Vogelspezies bereit und geben unterwegs Infos zur Geschichte und Kultur.

Einen Blick lohnen die *qubbas* (Schreine) an der Flussmündung. Hier wird Moulay Bousselhams gedacht, eines ägyptischen Heiligen aus dem 16. Jh., nach dem der Ort benannt ist.

Man nimmt Platz im **Cafe Restaurant Izaguirre** mit Blick auf die meerblauen, auf der Lagune ankernden Fischerboote, während in der Küche der Fang des Tages zubereitet wird. Dieses saubere, freundliche Restaurant ist das beste vor Ort. Alkohol wird nicht ausgeschenkt.

UNTERWEGS VOR ORT

Moulay Bousselham liegt 140 km nördlich von Rabat; die Anfahrt über die Autobahn A5 dauert ungefähr 1¾ Stunden. Wer mit öffentlichen Verkehrsmitteln unterwegs ist, nimmt einen Zug nach Kenitra-Medina und von dort ein *grand taxi* nach Moulay Bousselham (ca. 45 Minuten). Hinweis: Die Hotels sind von dem Haltepunkt der *grand taxis* aus nicht leicht zu Fuß erreichbar – und öffentliche Transportmittel innerhalb des Dorfs gibt es kaum.

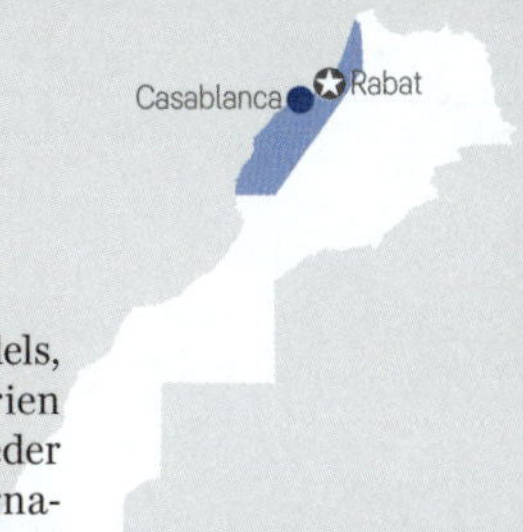

CASABLANCA

Casablanca, Marokkos Zentrum der Wirtschaft und des Handels, ist eine Stadt, in der Unternehmen und kreative Industrien gedeihen. Alte Kinos aus der Zeit des Protektorats ziehen wieder Cineast:innen mit Vorführungen unabhängiger und internationaler Filme an. Eine neue Generation von Gastronom:innen bricht mit der Tradition und eröffnet Restaurants, die auf den internationalen Geschmack und auch auf Veganer:innen ausgerichtet sind. Am Meer lockt die Corniche Liebespaare, spazierengehende Familien und ein gut betuchtes Publikum an, das Cocktails mit Blick auf den Atlantik schlürft. In der Innenstadt finden sich hübsche Gebäude des 20. Jh., die den französischen Kolonialstil mit traditionellen marokkanischen Details (*zellij*, Stuckornamente und Zedernholz) verbinden, sowie modernistische Gebäude aus der Zeit nach der Unabhängigkeit. Hinzu kommt die gewaltige Hassan-II.-Moschee an den Gestaden des Atlantischen Ozeans. Ja, Casablanca ist hektisch, es gibt Verkehrsstaus und nur wenige berühmte touristische Stätten, aber dafür wirkt die Stadt verglichen mit anderen Städten Marokkos ausgesprochen urban.

TOP TIPP

Am besten lässt man sich auf das geschäftige Treiben der Stadt ein, statt auf endlose historische Sehenswürdigkeiten zu hoffen. Man kommt zur Ruhe, betrachtet das Gewusel der Stadt von einem Straßencafé aus, spürt ihrer Geschichte in den Medinas und der Art-déco-Innenstadt nach und erlebt ihre Energie, indem man die Einheimischen in einem der vielen Restaurants näher kennenlernt.

Casablanca

HIGHLIGHTS
1 Hassan-II.-Moschee

SEHENSWERTES
2 Foundation Abderrahman Slaoui
3 Agadir-Straßenmarkt
4 Ancienne Medina
5 AXA
6 Kirche San Buenaventura
7 Ettedgui-Synagoge
8 Habous
9 Mahkama du Pacha
10 Mohammadi-Moschee
11 Ould-El-Hamra-Moschee
12 Postalsortierzentrum
13 Sqala
14 Villa Suissa

SCHLAFEN
15 Hotel Centrale
16 Hôtel Le Doge

ESSEN
17 Pâtisserie Bennis
18 Rick's Café

AUSGEHEN & FEIERN
19 Café Imperial

UNTERHALTUNG
20 American Arts Center

SHOPPEN
21 Olivensouk

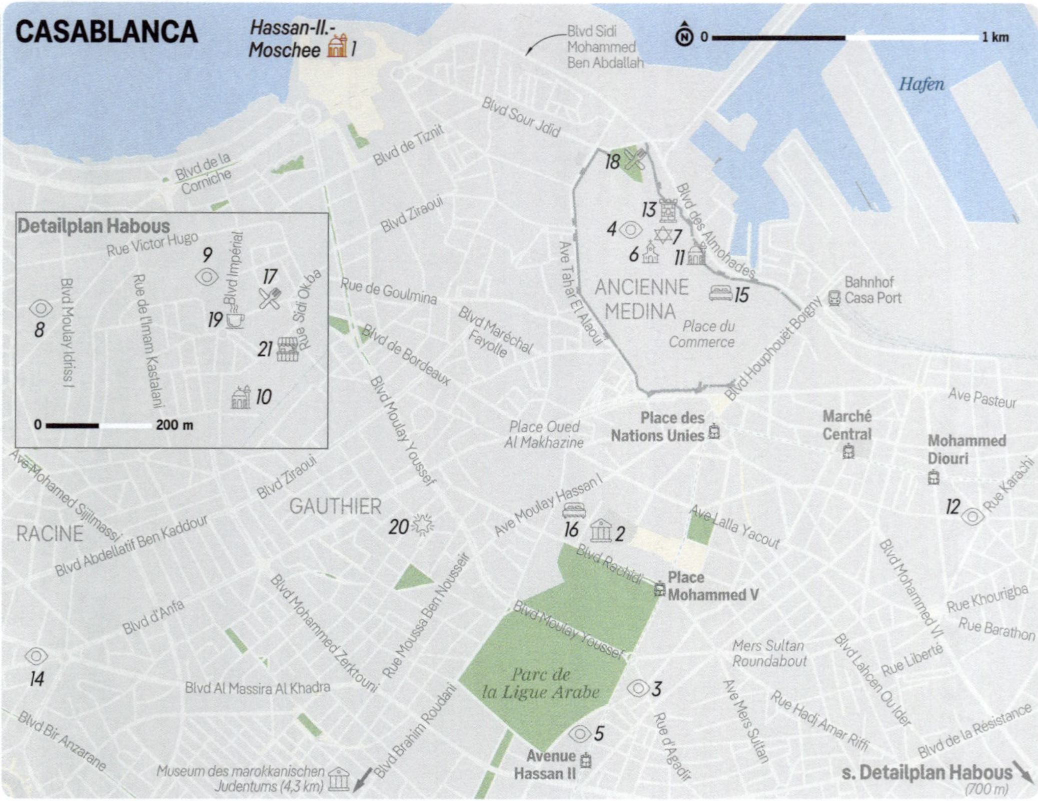

Brutalistische Moderne

DIE STILE DER POSTKOLONIALEN ARCHITEKTUR ENTDECKEN

Jenseits der Innenstadt, während der Ära des französischen Protektorats im Art-déco-Stil errichtet, erheben sich unzählige modernistische Gebäude aus dem mittleren 20. Jh. In den Jahren vor und nach der Unabhängigkeit erblühte ein Architekturstil, der Fortschritt und Modernität ausdrücken sollte.

Die Werke von Schlüsselarchitekten jener Epoche – zu ihnen zählen Jean-François Zevaco, Mourad Ben Embarek, Eli Azagury und Abdeslem Faraoui sowie Patrice de Mazières – bestimmen das Stadtbild. Die modernistischen Fassaden zeigen die Elemente jenes Stils, aber auch typisch marokkanische: Die Betonfassaden sind bemalt, kein unbehandelter Sichtbeton, und als dekorative Elemente finden sich u. a. *zellij* und Holzbalken.

Das massive **Postsortierzentrum** ist ein schönes Beispiel modernistischer marokkanischer Architektur. Die blauen Fliesen geben ihm eine marokkanische Anmutung, ebenso die Kunstwerke marokkanischer Künstler, die das Äußere schmücken.

Jahrzehnte, nachdem Zevaco den **Agadir-Straßenmarkt** mit seinem markanten Beton-Flachdach errichtet hat, erfüllt er immer noch das Bedürfnis der Gemeinde nach einem hygienischen Lebensmittelmarkt, geschützt vor Verkehr und Wetter.

Am Blvd Hassan II. fällt das **AXA** ins Auge, die Zentrale eines der führenden Versicherungsunternehmen Marokkos. Das modernistische Gebäude zeichnet sich durch seine Fassade mit den sich wiederholenden rautenförmigen Fenstern aus.

Bei einer Kaffeepause in der von der französischen Patisserie-Kette Paul genutzten **Villa Suissa** kann man einen Blick in eines der von Zevaco entworfenen Wohnhäuser werfen (er arbeitete hier mit seinem Kollegen Paolo Messina zusammen).

Die Alte & die Neue

MEDINAS AUS VERSCHIEDENEN ZEITALTERN

Die Franzosen erbauten das **Quartier Habous**, auch bekannt als Neue Medina, in den 1930er-Jahren nach westlichen Ideen. Diese idealisierte Version einer traditionellen Medina besitzt saubere Straßen, attraktive maurische Gebäude und Arkaden und eine ordentliche Reihe von Läden, die traditionelles Kunsthandwerk verkaufen. Wenn die **Mahkama du Pacha** geöffnet ist, sollte man sich im zentralen Bereich die Stuckornamente, Decken und Zedernholztüren anschauen. Von dort folgt man der Straße zur Place de la Mosquée, wo sich die 1936 von Sultan Mohammed V. (der später als König zurückkehren sollte) eingeweihte **Mohammadi-Moschee** erhebt. Ein Besuch des

LOCAL TIPP: SEHEN & GESEHEN WERDEN IN CASABLANCA

Eleonore Bénit, eine Journalistin und Content-Schöpferin aus Casablanca verrät, wo man gut ein Abendessen mit Aussicht genießen kann. *@eleonorebenit*

Birds Rooftop
Der Meerblick und die Tapas der mediterranen Fusion-Küche des israelischen Chefkochs Mike Uzan sind wirklich wunderbar. (Mai–Ende September.) **€€**

Lili's Gastronomy
Das Lili's bietet das bei Weitem beste leckere asiatische Essen in Casablanca, mit Ausblick auf den Ozean und den historischen Leuchtturm. **€€€**

Le Cabestan
Insbesondere an heißen Sommertagen ist dies der beste Ort, um zu sehen und gesehen zu werden – ideal für einen Drink nach der Arbeit oder für eine durchtanzte Nacht. Das Essen ist frisch, die salzige Meeresbrise angenehm. **€€-€€€**

ÜBERNACHTEN & ESSEN IN CASABLANCA

Rick's Café
Wohl das berühmteste Restaurant der Stadt. Man kommt wegen des Ambientes und des Essens und kann vor der Abreise noch mal in die Tasten hauen. **€€€**

Hotel Le Doge
Ein Boutiquehotel, das mit seinem Art-déco-Interieur und seiner Art-déco-Fassade genau in das Zentrum der von diesem Stil geprägten Innenstadt passt. **€€€**

Hotel Centrale
Die Freitreppe, der Blick auf den Hafen und das freundliche Personal sind Pluspunkte dieses schlichten Hotels in der Ancienne Medina. **€**

Oliven-Souks ist ein Erlebnis für die Sinne. Man folgt der Menge zur **Pâtisserie Bennis,** um sich mit klebrigem süßen Gebäck zu versorgen, und holt sich einen Tee im **Café Imperial**.

Casablancas kompakte **Ancienne Medina** (Alte Medina) aus dem 19. Jh. lohnt einen Spaziergang mit ihren von weiß getünchten Häusern gesäumten Gassen, Plätzen mit Schatten spendenden Bäumen und Cafés. Sie ist auch der Weg für alle, die von der Innenstadt von Casablanca zur Moschee Hassans II. pilgern möchten. Die meisten Besucher:innen betreten die Medina durch das Bab Marrakech oder das Tor neben dem Uhrenturm an der nordöstlichen Ecke der Place des Nations Unies, wo sich die meisten Läden befinden. Der Rest der Medina dient weitgehend Wohnzwecken – ein Spaziergang vorbei an der **Ettedgui-Synagoge**, der **Kirche San Buenaventura** und der **Ould-El-Hamra-Moschee** verrät, wie vielfältig die Bevölkerung einst hier war. Gegenüber der Moschee befindet sich eine ehemalige Residenz, in der General Lyautey während der Protektoratszeit Gäste empfing. Am Hafen, an der nördlichen Seite der Medina, finden sich die letzten Reste von Casablancas Befestigungsanlagen aus dem 18. Jh. Von der als **Sqala** bekannten Bastion hat man einen Panoramablick aufs Meer.

WARUM ICH CASABLANCA LIEBE

Mandy Sinclair, Autorin

Mit einer Art-déco-Innenstadt, in der sich klassische Cafés in überdachten Arkaden verstecken und sagenumwobene Hotels aus einer vergangenen Ära Geheimnisse aus der Geschichte der Stadt enthüllen, wirkt Casablanca wie eine Reise in die Vergangenheit. Ganz im Gegensatz dazu säumen stylishe Cafés die Küste und ziehen ein glamouröses Klientel an, das vor allem zum Sonnenuntergang die Moschee Hassans II. bewundert. Die vielfältige Restaurantszene spiegelt die Bevölkerung der Stadt wider. Wer Casablanca erkundet, wird mit einem Einblick in das pulsierende, energiegeladene ökonomische Kraftzentrum des Königreichs belohnt.

Kulturelle Vielfalt

MUSEEN, KULTURZENTREN UND GALERIEN

Das sechsgeschossige **American Arts Center** ist ein Zentrum mit Film- und Tanzvorführungen, Workshops, Ausstellungen und Lesungen, meist auf Englisch. Die Veranstaltungen sind in der Regel frei, bei Workshops kann eine kleine Gebühr anfallen.

Das private Museum der **Fondation Abderrahman Slaoui** zeigt Slaouis Sammlung marokkanischen Kunstgewerbes, von Reiseplakaten bis zu Amazigh-Schmuck und Parfüm-Flacons.

Das in einer Villa, einst ein jüdisches Waisenhaus, untergebrachte **Museum des marokkanischen Judentums** zeigt die 2000-jährige Geschichte der Juden in Marokko, mit Schwerpunkt auf der jüdischen Gemeinde Casablancas. Die Sammlung umfasst Kleidung, Werkzeuge, rituelle Objekte und Fotografien sowie eine rekonstruierte Synagoge der 1930er-Jahre aus Larache. Das Museum ist 1 km von der Straßenbahnhaltestelle Gare de l'Oasis entfernt. Die meisten Taxifahrer kennen das Museum nicht und brauchen eine Wegbeschreibung. Außerdem sollte man vorher anrufen, um sicherzustellen, dass das Museum geöffnet ist. Studierende haben mittwochs freien Eintritt.

UNTERWEGS VOR ORT

Die Fahrt per *grand taxi* zwischen Flughafen und Stadtzentrum kostet 300 Dh (je nach Tageszeit mehr). Stressfrei lässt sich der Transport über die Unterkunft buchen. Die roten *petits taxis* kann man heranwinken, die Fahrten kosten ab 15 Dh; mitunter bleibt das Taxameter ausgeschaltet.

Die Casa Tramway (casatramway.ma) bringt einen gut durch die Stadt. Von den beiden Linien ist die T1 für Traveller nützlicher; sie fährt von der Haltestelle Casa Voyageurs über den Marché Central und die Place des Nations Unies zur Place Mohammed V. Man löst die Fahrkarten (einfache Fahrt 6 Dh) an den Automaten am Bahnsteig. Straßenbahnen fahren von 5.30 bis 22.30 Uhr.

Der Autoverkehr in Casablanca ist chaotisch. Beim Parken bedient man entweder die Parkuhr oder gibt an nicht gebührenpflichtigen Straßen einem Wächter ein kleines Trinkgeld (5 Dh).

STADTSPAZIERGANG: EIN ARCHITEKTONISCHER RUNDGANG DURCH DIE STADT

Los geht's an der **1 Bank al-Maghrib** mit ihrer goldenen Fassade. Sie wurde von örtlichen Kunsthandwerkern mit Mustern dekoriert, die sich häufig auf Minaretten aus der Zeit der Almohaden finden, sowie mit rautenförmigen Motiven, die man von Berberteppichen kennt. Das Gebäude im neomarokkanischen Stil ist in der Regel für die Öffentlichkeit geschlossen, öffnet aber während der meist im Frühjahr stattfindenden Journées des Patrimoines seine Pforten, wenn stadtweit Führungen veranstaltet werden.

Der Weg führt weiter zur **2 Hauptpost**, deren mit blauen und grünen Fliesen verkleidete Fassade und grüne Dachziegel typisch für den neo-maurischen Stil sind. Bemerkenswert ist der marmorne Briefschlitz für Postkarten ins Ausland. Während der Öffnungszeit kann man sich das Innere der Post anschauen. Weiter geht's auf der Ave Hassan II. vorbei an dem mächtigen, 2019 eröffneten **3 Grand Théâtre de Casablanca**, das zur Zeit unserer Recherche aber geschlossen war. Im **4 Parc de la Ligue Arabe** schlendert man über die baumgesäumten Wege vorbei an Springbrunnen und der **5 Église du Sacré-Cœur**, einer Kirche im Art-déco-Stil, die heute als Kulturzentrum dient.

Nach dem Verlassen des Parks geht's zurück zur **6 Place Mohammed V.**, dem Kern des Verwaltungszentrums aus der Zeit des französischen Protektorats, in dessen Nähe die Alte Medina liegt. In der **7 Wilaya** (Gouverneurssitz) aus den 1930er-Jahren findet man einen Mix von Architekturstilen und drei große begrünte Höfe mit symmetrischen, mit *zellij*-Fliesen verkleideten Bögen. Die Böden sind mit Art-déco-Motiven dekoriert.

Vom **8 Tribunal de Premiere Instance** genießt man einen Blick auf das Theater und den Platz. Auf der Rue Tata steht nun eine Kaffeepause unter den Arkaden der eindrucksvollen **9 La Princière** an der Rue Driss Lahrizi an. Man sollte einen Blick auf die Fassade werfen, ehe man mit dem im Art-déco-Stil erbauten **10 Cine-théâtre Lutetia** das Ende dieses Stadtspaziergangs errreicht.

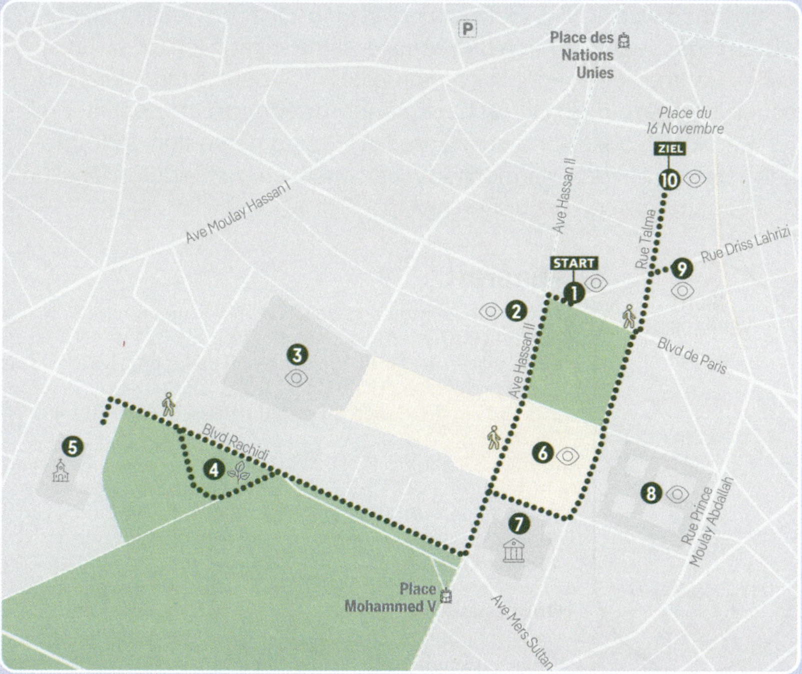

FÜR DETAILS ZUR TOUR DIESEN QR-CODE SCANNEN

TOP-HIGHLIGHT

Hassan-II.-Moschee

Die auf einem in den Atlantik ragenden Felsvorsprung erbaute Hassan-II.-Moschee wurde 1993 eröffnet und ist eine von nur zwei marokkanischen Moscheen, die auch für Nicht-Muslime zugänglich ist, wenn auch nur im Rahmen einer Führung außerhalb der Gebetszeiten. Diese Moschee ist nicht nur ein Gotteshaus, sondern auch ein Schaufenster feinster marokkanischer Handwerkskunst mit Steinornamenten und Holzschnitzereien, feinen Marmorböden mit Intarsien, vergoldeten Decken aus Zedernholz und exquisiten *zellij*.

NICHT VERPASSEN

- Minarett
- Gebetssaal
- Gebetsruf
- Hamam
- Führung
- *Zellij*-Muster
- Marmorbrunnen

Minarett

Das 200 m hohe, mit spitzenartigem Marmor und *zellij* in farbenfrohen Mustern verkleidete Minarett ist ein berühmtes Wahrzeichen der Stadt. Ein Fahrstuhl im Inneren befördert bis zu 12 Personen innerhalb einer Minute zur Spitze, von der fünfmal am Tag der Gebetsruf ertönt. Dieser Bereich ist nicht öffentlich zugänglich.

Auf der Spitze des Minaretts thront ein 15,5 m hoher *jamour* (Turmaufsatz) mit drei Kugeln mit einem Durchmesser von 3,8 m, 2,5 m bzw. 1,6 m und einem Gewicht von 3700 kg. Von diesem Aufsatz wird ein Laserstrahl nach Mekka gerichtet, der 30 km weit zu sehen ist.

Gebetssaal

Der 20 000 m² große Gebetssaal wirkt mit seiner Weite und seiner aufwendigen Dekoration atemberaubend. Mehr als 6000

Meisterhandwerker arbeiteten an der Moschee, meißelten in feiner Arbeit Koranverse ein, schnitzten und bemalten duftendes Zedernholz aus dem Mittleren Atlas und bearbeiteten rosa Granit aus Agadir.

Die Tore wurden aus Messing und Titan gefertigt; die wie Lotusblüten geformten Waschungsbrunnen im Untergeschoss bestehen aus örtlichem Marmor.

Der Hauptgebetssaal kann 25 000 Gläubige aufnehmen, die beiden Mezzanine zu beiden Seiten des Hauptschiffs sind für 5000 weibliche Gläubige bestimmt.

In den wärmeren Monaten des Jahres sorgt ein zurückfahrbares Dach für eine wohltuende Brise innerhalb des Raums und schafft die Anmutung eines sonnigen Hofes, wie er in der arabisch-andalusischen Architektur üblich ist. Wenn das Dach geschlossen ist, sorgen Murano-Kandelaber für Beleuchtung, während durch die zum Ozean ausgerichteten Glastüren natürliches Licht in den Raum fließt. An kühleren Tagen kann der Fußboden beheizt werden.

Das Äußere

Man spaziert unter den Bögen und dem hohen Minarett, wo mächtige, mit feinen Mustern geschmückte Messingtore in die Moschee führen. Die extravaganten Brunnen erinnern an die Pracht und gewaltige Größe der Moschee. Keine Außenfläche wurde von den Kunsthandwerkern vernachlässigt – selbst die Decken der äußeren Bögen und Arkaden wurden mit feinen Mustern verziert.

Hamam

Die separaten Hamams für Männer und Frauen sind mit jeweils 3000 m² sehr geräumig und bieten die typischen heißen, warmen und kalten Bäder sowie kleine Tauchbecken mit beheiztem Meerwasser.

Der Hamam ist auch für Nicht-Muslime geöffnet und offeriert das übliche Programm von einfachen Abreibungen bis zu aufwendigeren Anwendungen.

Waschungshalle

Die im Rahmen der Führung zugängliche Halle im Untergeschoss der Moschee enthält 41 in Form von Lotusblüten gestaltete Marmorbrunnen mit 600 Wasserhähnen. Hier nehmen die Gläubigen die rituelle Waschung vor, ehe sie den Gebetssaal betreten. Die Halle liegt zwar im Untergeschoss, doch dringt von oben natürliches Licht in sie ein.

Die Stützpfeiler sind mit *tadelakt* verputzt und mit *zellij* in einem Farbschema dekoriert, das jenem an der Fassade ähnelt.

Esplanade

Auf der Esplanade rund um die Moschee ist Platz für weitere 80 000 Gläubige, sodass die Moschee insgesamt gleichzeitig bis zu 105 000 Menschen aufnehmen kann.

Diese Fläche kann während der Gebetszeit und bis zu einer Stunde danach für Besucher:innen gesperrt sein, somit ist der Zugang mitunter eingeschränkt.

HAMAM

Der Hamam (leshammams.ma/en/home) ist eine nette Ergänzung zur Besichtigung der Moschee. Er hat separate Eingänge für Männer und Frauen und ist mit viel Marmor, hohen Deckenkuppeln und allen Einrichtungen ausgestattet. Leider entspricht der Service nicht dem wundervollen Ambiente, und der Pool mit dem beheizten Meereswasser war zur Zeit unseres Besuchs nicht in Betrieb. Der Hamam ist täglich geöffnet.

TOP TIPPS

- Angemessene Kleidung bedeutet, dass die Knie, der Rumpf und die Oberarme bedeckt sein sollten.
- Shorts und ärmellose Hemden sind untersagt.
- Frauen müssen kein Kopftuch tragen.
- Eintrittskarten sind online nicht erhältlich.
- Auf der Esplanade zu sein, wenn der Muezzin melodisch zum Gebet ruft, ist ein besonderes Erlebnis.
- An heißen Tagen unternimmt man die Führung am besten morgens, da es keinen Schatten gibt.
- Wasser mitbringen, da vor Ort keine Erfrischungen erhältlich sind.
- Freitags finden morgens weniger Führungen statt.
- Will man nach dem Verlassen der Moschee ein Taxi nehmen, sollte man ein, zwei Blocks zu Fuß gehen, ehe man eines besteigt, weil der Fahrpreis dort wahrscheinlich günstiger ist.

STADTSPAZIERGANG: EIN FREILUFTMUSEUM DER ARCHITEKTUR

Man lässt das **1 Cafe de France** hinter sich, folgt den Straßenbahnschienen nach rechts, um auf dem Blvd Mohammed V. zu schlendern, in die Passagen mit ihren Geschäften einzutauchen und die Eingänge mit prächtigen Freitreppen zu bewundern. Wenn ein Gebäude interessant erscheint, sollte man nicht zögern, in eine Seitenstraße hineinzugehen.

Das im Art-déco-Stil errichtete **2 Glaoui-Gebäude** an der Straßenecke ist bemerkenswert wegen der roten und grünen *zellij*, die nicht nur für einen Farbtupfer auf der weißen Fassade und dem sorgfältig bearbeiteten Stuck sorgen, sondern auch zeigen, wie ausländische Architekten den internationalen Architekturstilen der Zeit marokkanische Elemente hinzufügten. Ein paar Türen weiter erinnern die Schilder des **3 ABC Cinema** und des **4 Empire Cinema** an vergangene Zeiten der Stadt – wie auch das **5 Cinema Rialto** am entgegengesetzten Ende der Hauptstraße und leicht hinter sie zurückgesetzt. Wenn ein Erfrischungsgetränk angesagt ist, schnappt man sich einen Sitz in der Bar **6 Le Sphinx** im Hotel Rialto, wo die Zeit stehengeblieben zu sein scheint.

Wieder auf der Hauptstraße verdient das **7 Maroc-Soir-Gebäude** zur Rechten Aufmerksamkeit wegen seines neo-marokkanischen Äußeren mit skulptural gestalteten Fassaden und seinen glasierten grünen Dachfliesen. Zur Linken sorgt das im Jugendstil gehaltene **8 Martinet-Gebäude** für stilistische Abwechslung. Auf der anderen Straßenseite ist der **9 Marché Central** nur einige Schritte entfernt. Man sollte hineinschauen, um seinen Appetit nach frischen Meeresfrüchten an einem der Stände zu befriedigen. Wieder zurück auf der Hauptstraße geht es weiter zum **10 Maret-Gebäude,** das sich an die Straße schmiegt und an seiner farbenfrohen, mit *zellij* gefliesten Kuppel erkennbar ist. Beim Hineinschauen sieht man ein schönes Beispiel für einen Eingangsbereich aus den 1930er-Jahren. Von dort geht es zurück zum Café de France, wobei man die Bauten noch einmal von der anderen Seite aus bewundern kann.

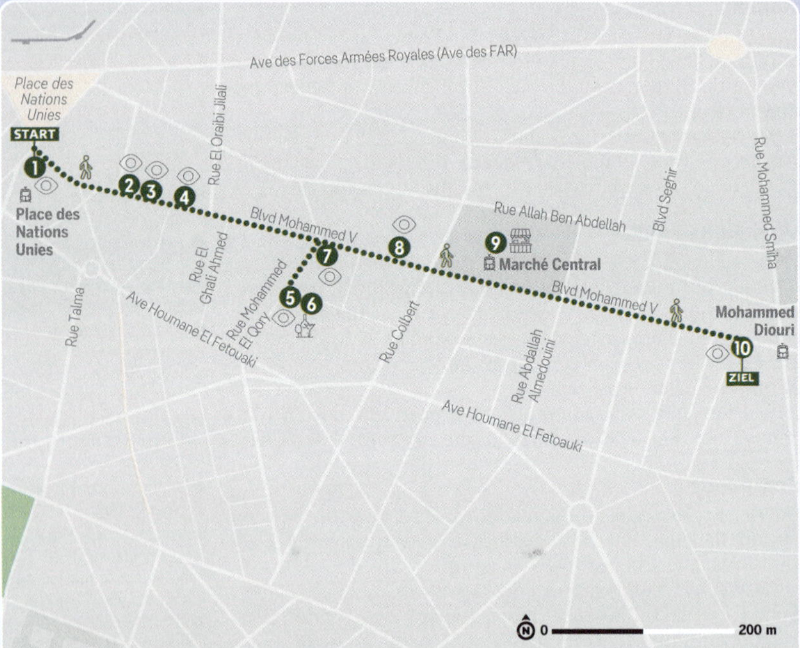

Rund um Casablanca

Die alten Städte an Marokkos nördlicher Atlantikküste stehen für die portugiesische Vergangenheit und die gegenwärtige Kunst, versetzt mit einer Prise Natur.

Casablanca ist zwar das Wirtschaftszentrum des Landes, aber die Schlüsselindustrien greifen über die Stadtgrenzen hinaus auf die umliegenden Ortschaften und ländlichen Gebiete zu, nur dass es dort gemächlicher zugeht und es weniger Verkehrsstaus gibt. Gewächshäuser säumen die ausgedehnten Felder und beweisen, wie wichtig die Landwirtschaft für Marokko ist. Aber diese Gegend besteht nicht nur aus Industrie und Landwirtschaft. Holperige unbefestigte Straßen führen zu unberührten Stränden, die sich hinter der rauen Küstenlinie verstecken. Kleine Pensionen geben Stadtbewohnern Obdach, die eine Erholungspause brauchen. Meeresfrüchteliebhaber:innen schlürfen Austern frisch aus dem Meer mit einem Spritzer Zitrone und genießen andere frische Meeresfrüchte. Dazwischen liegen Hafenstädte mit einer portugiesischen Vergangenheit und blühenden Künstlergemeinden.

TOP TIPP

Bei der Autofahrt auf dieser Strecke lassen sich mehrere Haltepunkte an einem Tag unterbringen. Mit dem Bus braucht man wegen der wenigen angebotenen Fahrten für das gleiche Programm mehrere Tage.

Riad-Tür, El Jadida (S. 211)

MITZO/SHUTTERSTOCK ©

AUTOTOUR

Ein Küstenausflug

Diese Tour schlängelt sich an Marokkos Atlantikküste entlang von Casablanca nach Süden. Man folgt der Straße zu einer Lagune, wo man (saisonal) Vögel beobachten und Austern genießen kann, zu von den Portugiesen erbauten historischen Hafenstädten, zu Festungsstädten mit lebenssprühenden Medinas sowie zu Sandstränden. Auf dem Weg genießt man den Ausblick auf das hügelige Farmland und erhält einen Eindruck von der reichen Landwirtschaft der Region. Will man die Tour gemächlicher gestalten, lässt man sich zwei Tage Zeit.

1 Azemmour

Kunstliebhaber:innenn und Travellern vermittelt ein Spaziergang durch die Medina von Azemmour Einblick in den marokkanischen Alltag der Vergangenheit und Gegenwart. Die Stadt veranstaltete 2013 ein Straßenkunstfestival, und überall in der Medina sind heute noch Wandmalereien zu sehen. Die Capitanerie d'Azemmour lohnt einen Besuch – es handelt sich um einen gewaltigen Gebäudekomplex, der einst den portugiesischen Gouverneur beherbergte, der die Stadt während der portugiesischen Besetzung von 1513 bis 1541 befehligte. Von den Bastionen hat man eine schöne Aussicht. Azemmour ist berühmt für seine Künstler: Bei einem Besuch im Atelier von El Hani Mohamed hat man oft Gelegenheit, den Künstler bei der Arbeit zu sehen. In der Brotbäckerei nahe Dar El Baroud ist der Bäcker zugleich ein Künstler, dessen Werke die Wände zieren. Die neu eröffnete Maison de l'Artisanat ist ein hübscher Ort, um sich nach vor Ort gefertigten Souvenirs umzuschauen. Das L'Oum Errebia ist das beste Hotel der Stadt.

Weiterfahrt: Von Azemmour fährt man 17 km auf der Küstenstraße P3402 und legt zum Mittagessen einen Halt am Mazagan Beach Resort ein.

Töpferwaren aus Safi

ANTON ZELENOV/SHUTTERSTOCK ©

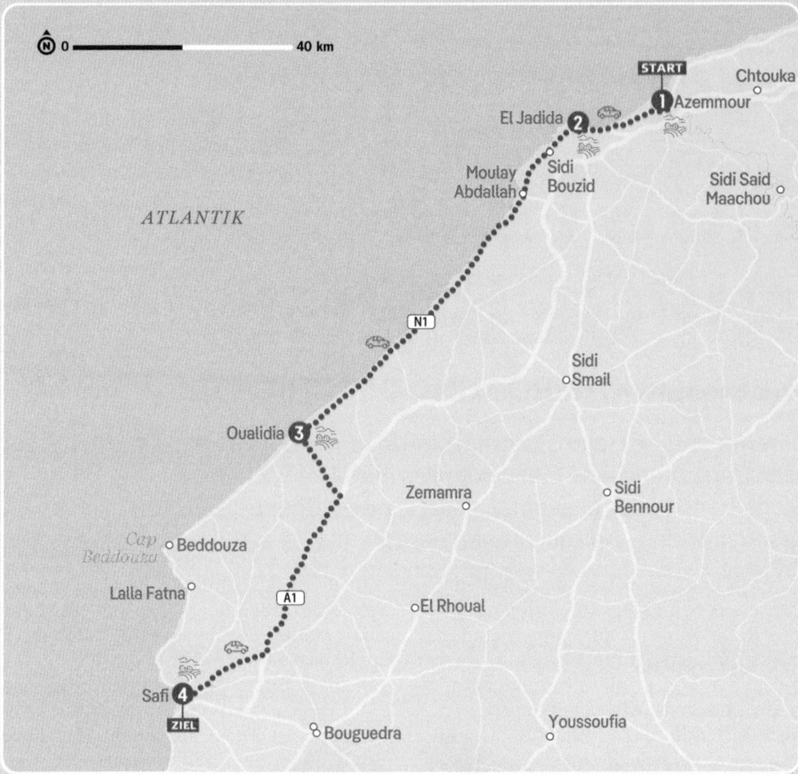

2 El Jadida

Die unter dem Schutz der UNESCO stehende Cité Portugaise aus dem 16. Jh. bietet einen schönen Ausblick auf den Atlantik und eine Altstadt-Skyline mit Minaretten, Kirchtürmen und Synagoge. Der Ort ist ein guter Zwischenstopp für einen Spaziergang auf der Fahrt längs der Küste. Wenn man den Ausflug auf zwei Tage verteilen will, übernachtet man hier im Boutiquehotel L'Iglesia.

Weiterfahrt: Von El Jadida fährt man auf der R301 weitere 78 km nach Süden.

3 Oualidia

Im Sommer erwacht Oualidia zum Leben, wenn die Einheimischen wegen der Meeresfrüchte und der schönen Strände an der Lagune herbeiströmen. Das Ostrea ist eine Spitzenadresse, um Austern mit Blick auf die Lagune zu knacken. Das Octopus Restaurant serviert eine hervorragende Oktopus-Tajine. Mit einer *flouka* kann man eine Fahrt auf der Lagune unternehmen, vorbei am Palast und weiter ins Gelände, um Vögel zu beobachten. In der Saison erblickt man Fischreiher, Austernfischer und Rosaflamingos. Den Preis mit dem Bootsführer verhandelt man vorab. Frisch gefangene Schalentiere kann man am Strand kaufen.

Weiterfahrt: Von Oualidia fährt man 59 km landeinwärts auf der P2300 oder 67 km auf der mautpflichtigen Autobahn A1 bis zur R202.

4 Safi

Die Stadt verdankt der Töpferei ihre Bekanntheit. Im Nationalen Keramikmuseum und in den Töpferwerkstätten kann man in die künstlerische Geschichte von Safi eintauchen. Die ummauerte Medina sowie die befestigte, von den Portugiesen erbaute Medina bieten sich zu einem stimmungsvollen Spaziergang abseits der Touristenmassen an. Die gut ausgeschilderte spanische Kirche war zur Zeit unserer Recherche geschlossen.

MITTELMEERKÜSTE & RIFGEBIRGE

MEERBLICK, BERGE UND GESCHICHTE

Eine legendäre Hafenstadt, ein blau leuchtender Ort in den Bergen und eine Metropole des marokkanischen Kunsthandwerks, allesamt flankiert von goldenen Sandstränden und zerklüfteten Bergen.

Eingegrenzt von den sanften Wellen des Mittelmeers und den zerklüfteten Gipfeln des Rifgebirges ist der Norden einer der zauberhaftesten Teile Marokkos. An der Küste hat die legendäre freizügige Hafenstadt Tanger, die Afrika mit Europa verbindet, ihren anrüchigen Ruf hinter sich gelassen und sich als eine der kosmopolitischsten und kreativsten Städte Nordafrikas wieder einmal neu erfunden.

In Richtung Westen ist Marokkos ungezähmte, schöne Atlantikküste tief der Mythologie verbunden, während Richtung Osten die lange Mittelmeerküste idyllische Buchten und steile Klippen aufweist. Es gibt hier etwas für alle, von Resorts der Spitzenklasse mit Gourmetrestaurants, Wassersport und hervorragenden Spas bis hin zu Unterkünften bei Amazigh-Familien in einem wilden, wunderbaren Nationalpark.

Im Binnenland führt die Reise auf kurvenreichen Straßen durch das Rifgebirge zur Gebirgsstadt Chefchaouen, die dank ihrer malerischen, blau getünchten Medina zu einem Anziehungspunkt für einheimische wie ausländische Traveller geworden ist. Diese historische Hochburg des Widerstands der Rif-Amazigh besitzt zudem vor ihren Toren zwei Schutzgebiete, die ein Paradies für Wanderer sind.

Tétouan ist eines der bestgehüteten Geheimnisse im Norden mit einer von der Zeit und dem Tourismus scheinbar unberührten authentischen Medina sowie mit Bauten und einer Küche, die auf die Ära des spanischen Protektorats verweisen. Das Echo der spanischen Präsenz findet sich auch in den mittelalterlichen Festungen und den modernistischen Bauten der weiterhin zu Spanien gehörenden autonomen Städte Ceuta und Melilla.

DIE WICHTIGSTEN ZIELE

TANGER
Marokkos kosmopolitischste Stadt. S. 218

CHEFCHAOUEN
Blau getünchte Bergstadt. S. 236

TÉTOUAN
Authentisches Kunsthandwerk. S. 246

DIE MITTELMEERKÜSTE
Strände und Luxus. S. 251

CEUTA
Ein Stück Spanien in Afrika. S. 255

Links: Melilla (S. 257); oben: Medina von Tétouan (S. 246)

Erste Orientierung

Von Mittelmeer und Rifgebirge umrahmt, bietet die Region unzählige Optionen, um Kultur, Geschichte und spektakuläre Landschaften an der Küste und im Landesinneren kennenzulernen.

Ceuta, S. 255

Diese spanische Enklave (eins von zwei europäischen Territorien auf dem afrikanischen Festland) gibt sich ganz authentisch – mit Tapas, Forts und Stränden.

Mittelmeerküste, S. 251

Entlang der 500 km langen Mittelmeerküste gibt es alles – von luxuriösen Resorts über Fischerhäfen und Berber-Dörfer bis hin zu spanisch anmutenden Gegenden.

Tanger, S. 218

Als kultureller Knotenpunkt Marokkos erfindet sich die kosmopolitische Stadt immer wieder neu und bewahrt sich dennoch den freigeistigen Charme, der Reisende seit Jahrhunderten in den Bann zieht.

AUTO

Die zauberhaften Medinas von Tanger, Chefchaouen und Tétouan sind wie geschaffen, um sie zu Fuß zu erkunden, aber ein Mietwagen ist ideal, um die Mittelmeer- und Atlantikküste zu erkunden, und ermöglicht es, in einsame Buchten und abgelegene Nationalparks vorzudringen.

BUS & TAXI

Zwischen den größeren Städten verkehren preisgünstige Busse (darunter Tanger, Tétouan and Chefchaouen); *grands taxis* fahren zu abgelegeneren Siedlungen an der Atlantik- und der Mittelmeerküste, die mit dem Bus nicht erreichbar sind.

ZUG

Marokkos erster Hochgeschwindigkeitszug rast in wenig mehr als zwei Stunden (für Marrakesch muss man umsteigen) von Tanger nach Casablanca, gehalten wird in Kenitra (Umstieg nach Fès) und der Hauptstadt Rabat. Langsamere Züge fahren von Tanger nach Asilah, und es gibt auch einen direkten Nachtzug nach Marrakesch.

Tétouan, S. 246

Die authentische Stadt zwischen Rifgebirge und Mittelmeer ist berühmt für außergwöhnliche Handwerkskunst. Hier werden andalusische, spanische und marokkanische Einflüsse bewahrt.

Chefchaouen, S. 236

Die als „Blaue Perle“ bezeichnete Stadt zwischen zwei Bergen liegt, ist zwar längts nicht mehr isoliert, aber ihre blau gefärbte Medina versprüht noch immer Magie.

Perfekte Tage

Die Mittelmeerküste und das Rifgebirge bilden eine ideale Kombination: Man entdeckt die kreative Seite des lässigen Tanger, das meisterliche Kunsthandwerk von Tétouan und die einzigartige blaue Bergstadt Chefchaouen.

Tanger (S. 218)

Wenig Zeit

● Man bezieht Quartier in **Tanger** (S. 218), einer Stadt mit einem dekadenten Ruf und einer nach Europa blickenden Medina. Hier gibt es genug Museen, Galerien, wundervolle Aussichtspunkte und fabelhafte Restaurants, um auf Trab zu bleiben. Los geht's in der Kasbah mit einem Besuch des **Kasbah-Museums** (S. 220), einer **Shoppingtour durch Designerläden** (S. 228) und einem Cocktail auf der Terrasse des **Hotel Nord Pinus** (S. 221), wo man den Ausblick nach Spanien genießt.

● Einen Tag verbringt man mit einem Bad im Atlantik und der Erkundung der Kunst in **Asilah** (S. 233) und einen weiteren mit einem Besuch der weltbekannten, blau schimmernden Medina im charmanten **Chefchaouen** (S. 236). Anschließend geht's weiter nach **Tétouan** (S. 246), wo es spanische Architektur und außergewöhnliches Kunsthandwerk zu bewundern gibt.

Beste Reisezeit

Die Städte im Inland schmoren im Sommer geradezu, während es im Winter kalt werden kann. An den Stränden ist im Sommer am meisten los; Frühjahr und Herbst sind für Erkundungstouren, Wanderungen und Strand-Hopping ideal.

MÄRZ

Beim Festival international du Cinéma méditerranéen steht in **Tétouan** (siehe Abb.; S. 246) Kino auf dem Programm.

MAI

Das **Festival SAMA** in Tanger verbindet auf inklusive Weise Musik, Literatur und bildende Kunst.

JUNI

Juni (und September) sind die idealen Monate für den **Strand:** Die Massen sind noch nicht da (bzw. abgereist), die Attraktionen aber geöffnet.

Eine Woche Zeit

- Los geht's in **Tanger** (S. 218), wohin man aus Spanien mit der Fähre kommen sollte, um die Überfahrt von Europa nach Afrika zu erleben. Nachdem man ein paar Tage die Geschichte und die entspannte Café-Kultur der Stadt kennengelernt hat, führt der Weg landeinwärts nach **Tétouan** (S. 246), der alten Hauptstadt von Spanisch-Marokko mit ihrem bezaubernden Mix aus einer authentisch marokkanischen Medina und andalusischer Architektur.

- Weniger Spuren hinterließen die Spanier im nahegelegenen **Chefchaouen** (S. 236) im Rifgebirge, das sich durch eine Medina in unzähligen Blautönen auszeichnet. Nach der Erkundung der kopfsteingepflasterten Gassen geht's weiter zum **Talassemtane-Nationalpark** (S. 244) oder tiefer hinein ins **Rifgebirge** (S. 245), wo einen Amazigh-Dörfer, wunderbare Wasserfälle und beinahe außerirdisch anmutende geologische Formationen erwarten.

Länger Zeit

- Zunächst erkundet man die Highlights von Tanger, Chefchaouen und Tétouan, fährt dann nach Osten und überschreitet die Grenze nach **Ceuta** (S. 255), um Vino und Tapas zu genießen. Anschließend wechselt man an der **Mittelmeerküste** (S. 252) von Strand zu Strand, prasst in der Riviera-Atmosphäre der Bucht von **Tamuda** (S. 254) oder entspannt sich in **El Jebha** (S. 252) und erkundet per Boot die versteckten Buchten.

- An der Küste fährt man weiter in das stolze, moderne, am Meer liegende **Al Hoceïma** (S. 253), das Tor zu den Kalksteinklippen und trockenen Schluchten im **Al-Hoceïma-Nationalpark** (S. 253). Man wandert oder fährt mit dem Mountainbike durch den Park, nimmt an einer Vogelbeobachtungstour teil und bucht eine Unterkunft bei einer Amazigh-Familie.

JULI

Rund um das jährliche **Cultural Moussem** (S. 233) veranstalten Kunstschaffende in der Stadt Asilah (Abb.) Vorführungen, Workshops und Ausstellungen.

AUGUST

Die Strände an beiden Küsten sind in diesem Monat überlaufen, denn die Schulen haben Ferien und die Temperaturen in den Städten sind am heißesten.

SEPTEMBER

Zum beliebten **Tanjazz Festival** (S. 225) kommen Musiker und DJs aus aller Welt, um in Tangers Kasbah abzurocken.

DEZEMBER

Filmfans kommen nach Tanger zum jährlichen **Filmfestival** (S. 230) in den schön restaurierten Art-déco-Kinos der Stadt.

TANGER

Tanger liegt an der Wegscheide zwischen Mittelmeer und Atlantik, zwischen Europa und Afrika, zwischen Nord und Süd. Die Lage lockte zahlreiche Kulturen an, die hier ihre Spuren hinterließen – zu verschiedenen Zeiten kämpften Karthager und Römer, Araber, Portugiesen und Briten um die Kontrolle und trugen zum einmaligen Charakter der rauen Hafenstadt bei.

Im 20. Jhd. wurde Tanger zu einer Internationalen Zone mit eigenen Gesetzen und lockte mit ihrer Laissez-faire-Atmosphäre Schriftsteller:innen und Musiker:innen, Intellektuelle und Exilant:innen an. Nachdem Marokko 1956 seine Unabhängigkeit wiedererlangt hatte, zog ein großer Teil der ausländischen Einwohnerschaft wieder fort. In jüngerer Zeit wurden nach Jahren der Vernachlässigung milliardenschwere Investitionen getätigt: Es gibt eine neue Marina, Fähr- und Fischereihäfen und einen Hochgeschwindigkeitszug nach Casablanca, außerdem Museen, stilvolle Hotels und elegante Restaurants.

Tangers faszinierende Geschichte ist omnipräsent – aber eine neue Generation kreativer Tanjawis richtet den Blick in die Zukunft.

TOP TIPP

Man genießt die Atmosphäre am Grand Socco und beobachtet die Menschen bei einem Kaffee im Café des Cinema Rif. Der stark belebte Platz ist seit langem ein Versammlungsort, der die Altstadt mit der Neustadt verbindet; von hier aus kann man in die Medina eintauchen oder die Ville Nouvelle entdecken.

Alte Medina und Hafen, Tanger

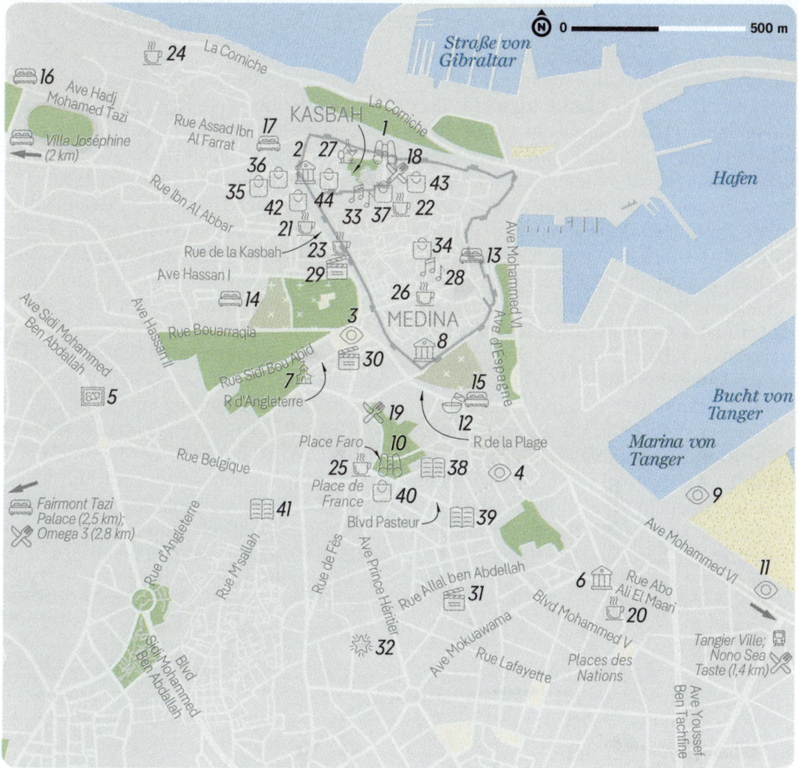

SEHENSWERTES
1 Bab Al Bahr
2 Galerie Conil
3 Grand Socco
4 Hotel El Muniria
5 Mahal Art Space
6 Medina Art Gallery
7 St. Andrew's Church
8 Tangier American Legation Museum
9 Tanja Marina Bay
10 Terrasse des Paresseux
11 Corniche

AKTIVITÄTEN, KURSE & TOUREN
12 Blue Door Cuisine

ÜBERNACHTEN
13 Hotel Continental
14 La Maison de Tanger
15 Mimi Calpe
16 Villa Augustine
17 Villa Mabrouka

ESSEN
18 Salon Bleu
19 Saveur de Poisson

AUSGEHEN & NACHTLEBEN
20 Alma Kitchen & Coffee
21 Café À l'Anglaise
22 Café Baba
23 Café Colon
24 Café Hafa
25 Gran Café de Paris
26 Grand Café Central
27 Hotel Nord-Pinus
s. **36** Las Chicas

UNTERHALTUNG
28 Buena Vista Tanger Club
29 Cine Alcázar
30 Cinema Rif
31 Cinema Roxy
32 Institut Français de Tanger
33 Les Fils du Détroit

SHOPPEN
34 Boutique Majid
35 Kasbah Collective
36 Las Chicas
37 Laure Welfling
38 Les Insolites
39 Librairie des Colonnes
40 Madini Parfumeur
41 Mexique Bookshop
42 Rock da Kasbah
43 Rumi
44 Topolina

DREI LOHNENDE KLEINE MUSEEN

Borj En-Naam (Erinnerungen an Ibn Battouta)
Eine Hommage Tangers an Ibn Battouta (1304 geboren), den größten Reisende seiner Zeit.

Esel-Museum
Im Gebäude des Rock da Kasbah sind zwei Säle dem Esel und seiner Rolle in Marokkos Gesellschaft gewidmet.

Fondation Lorin
Das in einer ehemaligen Synagoge untergebrachte Museum zeichnet die Geschichte der Stadt mit Fotografien nach.

STADTSPAZIERGANG: EIN BUMMEL DURCH DIE MEDINA

Zunächst bewundert man modernes marokkanisches Design im 1 **Las Chicas** (S. 222) und marschiert dann durch das 2 **Bab Kasbah** und weiter die Straße entlang zur Place de la Kasbah, wo das ehemalige Gefängnis der Kasbah in den 3 **Contemporary Art Space** des Kasbah-Museums umgewandelt wurde, ein schickes Ambiente zur Würdigung nordmarokkanischer Künstler:innen.

Es folgt ein Rundgang durch das 4 **Kasbah-Museum der mediterranen Kulturen** im Sultanspalast Dar El Makhzen. Highlights sind das Mosaik der Venus aus Volubilis (S. 302) und riesige Landkarten-Reproduktionen.

Nach einem Mittagessen auf der Terrasse des 5 **Salon Bleu** schlendert man durch das 6 **Bab El Assa** vorbei am üppig gefliesten Brunnen hinein in die Medina, wo die meisten Straßen zum 7 **Petit Socco** führen. Der war einst der berüchtigtste Treffpunkt in Tanger und Zentrum aller Arten krimineller Geschäfte. Heute sind die Fassaden frisch gestrichen, und es wimmelt nur so von Tourist:innen. Ein *nus-nus* (halb Milch, halb Espresso) in einem historischen Café (S. 223) ist ein unverzichtbares Tanger-Erlebnis.

Durch eine der Hauptadern der Medina erreicht man das unbedingt sehenswerte 8 **Tangier American Legation Museum** (legation.org) in einer fünfstöckigen Villa nahe dem Bab Merican. Im Jahr 1777 erkannte Marokko als erstes Land der Welt die Vereinigten Staaten an und öffnete dem Land seine Häfen. Das Gesandtschaftsgebäude war der erste US-Grundbesitz im Ausland.

Anschließend guckt man auf dem 9 **Mercado Central** am Rand der Medina nach frischen Produkten; abends geht's zurück in die Kasbah zum marokkanisch-mediterranen Abendessen im eleganten 10 **El Morocco Club**. Anschließend gönnt man sich noch einen Cocktail in der Pianobar im Erdgeschoss.

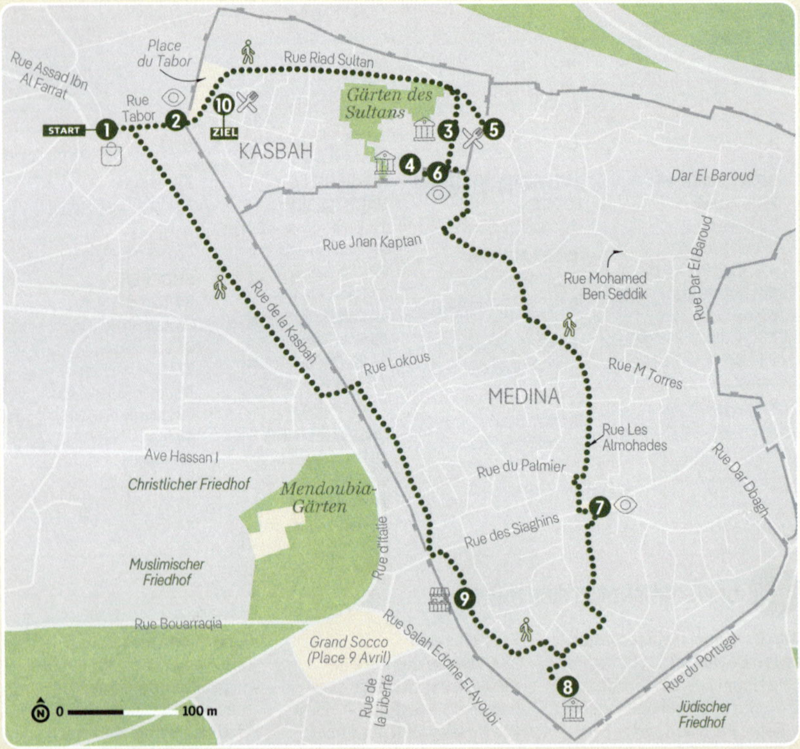

Kasbah-Museum

Blick auf Tanger

DIE AUSSICHT GENIESSEN

Tanger ist voller malerischer Aussichtspunkte und Treffs auf Dachterrassen, wo man sich niederlassen, entspannen und den Ausblick genießen kann. Zu diesen zählt die immer noch von britischen Kanonen bewachte Place Faro am Blvd Pasteur in der Ville Nouvelle, wo man mit Teleskopen die Spanier beobachten kann und einen freien Blick auf die Straße von Gibraltar hat. Der Ort ist besser bekannt als die **Terrasse des Paresseux,** die „Terrasse der Faulenzer" und dafür genau richtig: faul einige Zeit mit dem Blick aufs Meer zu vertrödeln.

In der Kasbah blickt die luftige Terrasse des **Salon Bleu** auf der einen Seite auf die Place de la Kasbah und auf der anderen Seite auf das Wasser hinunter. Man trinkt frischen Saft und wählt aus der Karte zum Teilen gedachte marokkanische Mezze oder *kemias*, kleine leckere Gerichte wie Hummus und Tabbouleh.

Am westlichen Ende der Place de la Kasbah durchquert man das im 15. Jhd. erbaute **Bab Al Bahr** (Tor des Meeres), um den Blick auf die himmelblauen Boote im Fischerhafen und die kurvenreiche Küstenstraße zu genießen. Von hier aus hielten einst die Soldaten, die Tanger verteidigten, Ausschau nach Invasoren.

Ganz in der Nähe ist die auf dem höchsten Punkt der Kasbah thronende entspannte Barterrasse oben auf dem stilvollen **Hotel Nord Pinus** der ideale Ort, um bei einem Sundowner hinüber aufs spanische Festland zu blicken. Zum gekühlten Rosé oder zum gut gemixten Negroni isst man Knabbereien wie gesalzene Mandeln oder dicke Oliven, während sich der Himmel von einem leuchtenden Orange zu einem tiefen Purpurrot verdunkelt und die Lichter der Stadt aufzuleuchten beginnen.

VIER ROMANE MIT SCHAUPLATZ TANGER

Das nackte Brot, Mohamed Choukri
Choukris Erinnerungsbuch verfolgt die Reise seiner Familie aus einem Dorf im Rifgebirge nach Tanger in der Hoffnung auf ein besseres Leben.

So mag er fallen, Paul Bowles
Der Roman spielt in Tanger, als die Stadt eine Internationale Zone war. Der Held ist ein selbstzerstörerischer Auslandsamerikaner.

Verlassen, Tahar Ben Jelloun
Eine düstere Geschichte über zwei Geschwister aus Tanger, die versuchen, mit dem Leben in Barcelona zurechtzukommen.

Nacht über Tanger, Christine Mangan
Eine packende Geschichte über eine psychologische Obsession, die in den Gassen Tangers in den 1950er-Jahren spielt.

HOTELS AUF DEM HÜGEL MIT AUSSICHT

Villa Mabrouka
Das ehemalige Wohnhaus von Yves Saint Laurent hoch über der Bucht wurde in ein Boutiquehotel umgewandelt. **€€€**

Villa Joséphine
In dieser historischen Villa hoch in den Hügeln fühlt man sich in die glamourösen 1920er zurückversetzt. **€€€**

Fairmont Tazi Palace
Dieser Palast aus den 1920er-Jahren auf der Hügelspitze präsentiert Panorama und Opulenz mit Understatement. **€€€**

Café Tingis

Café-Kultur

TANGERS LEGENDÄRE CAFÉS

Tangers Kaffeehauskultur ist anders als im übrigen Marokko und deutlich von den Nachbarn im Norden, Spanien und Frankreich, beeinflusst. Die Stadt ist voller berühmter Cafés, die von Spionen, Autoren, Exilanten und Rockstars besucht wurden. Die marokkanischen Cafés waren früher Männern vorbehalten, die hier stundenlang bei einem Minztee oder einem *nus-nus* verweilten; inzwischen fühlen sich Frauen in diesen travellerfreundlichen Lokalen aber durchaus nicht mehr fehl am Platz.

An der Spitze des Blvd Pasteur an der Place de France liegt das **Gran Café de Paris,** Tangers berühmtestes Café aus der Ära der Spione und Geheimagenten; es ist immer noch ein beliebter Treff von Eingewanderten. Drinnen hat der originale Teil aus den 1920er-Jahren mit seinen fleckigen braunen Ledersesseln seine koloniale Anmutung bewahrt, während draußen Stühle und Tische fast bis auf das Straßenpflaster ausgreifen.

Das **Café Colon** in einem schmucken Gebäude zwischen der Kasbah und dem Grand Socco gegenüber dem Cine Alcázar war in der Zeit der Internationalen Zone bei Spaniern beliebt, und auch heute noch sind die Tische draußen vom frühen Morgen an besetzt. Das Innere kennt man aus dem Cameo-Auftritt des Cafés – und eines älteren Paul Bowles –in Bertoluccis Verfilmung von Bowles' Roman *Himmel über der Wüste*.

Versteckt in einer schmalen Gasse der Medina ist das in der Ladenzeile liegende **Café Baba** immer noch so verraucht wie

WARUM ICH TANGER LIEBE

Sarah Gilbert, Autorin

„Man liebt die Stadt oder man hasst sie", erklärte mir ein Tanjawi. Aber als ich, frisch von der Fähre, in einem verfallenen Café meinen ersten, aus großer Höhe eingeschenkten Minztee getrunken hatte, wusste ich bereits, dass ich sie liebte. In der Ferne konnte ich die spanische Küste sehen, aber Tanger wirkte so aufregend anders. Ich habe auch miterlebt, wie sich das Erscheinungsbild der Stadt im Lauf der Jahre stark veränderte; Tanger verhaftet nicht in der Vergangenheit. Nicht verändert aber haben sich der kosmopolitische Charakter dieser Stadt am Schnittpunkt der Kulturen sowie die Kreativität und Offenheit Tangers.

ZEITGENÖSSISCHE CAFÉS

Café à l'Anglaise
Das Dekor spiegelt Tangers kulturellen Mix wider; es gibt frische Gerichte, *brochettes* (Kebabs) und saisonale Tajines. **€€**

Alma Kitchen & Coffee
Das zeitgenössische Café legt den Fokus auf gesunde Kost und hat Angebote für Veganer. Toll zum Sonntagsbrunch. **€€**

Las Chicas
Der Themenladen Las Chicas am Bab Kasbah hat einen hübschen Balkon, auf dem Tee, Kaffee und Snacks serviert werden. **€€**

zu der Zeit, als es ein beliebter Treff der Beat-Poeten und der Rolling Stones war; ein Foto eines high wirkenden Keith Richards – mit Afghanen-Umhang über den Schultern und einer Haschpfeife in der Hand – prunkt an der Wand. Das Café wurde in der Ära der Internationalen Zone eröffnet und wurde von der gleich nebenan wohnenden amerikanischen Erbin Barbara Hutton besucht. Seinen Namen erhielt es angeblich von den Hippies, die den Mann, der den Minztee servierte, als „Baba" anredeten.

Beim **Grand Café Central** sollte man draußen sitzen, denn es ist ein erstklassiges Gelände, um das Treiben auf dem Petit Socco, dem Zentrum der Medina, zu beobachten. Mit den nach vorn blickenden Tischen, die bis auf den Platz ausgreifen, kann man nichts verpassen. Das Café gehört seit 1813 zum Gefüge der Stadt. Einige Kaffeehausfans bevorzugen das benachbarte und ebenso historische **Café Tingis** mit seinem kleinen, schmiedeeisernen Balkon. In beiden Cafés kann man stundenlang das Leben in Tanger an sich vorbeiziehen lassen.

Das **Café Hafa**, zehn Gehminuten westlich der Medina, ist ein bei Einheimischen sehr beliebtes Café mit einem der besten Ausblicke aufs Meer in der Stadt, besonders bei Sonnenuntergang. Es wurde 1921 eröffnet und hat sich kaum verändert, seit William S. Burroughs und Paul Bowles hier Minztee tranken. Die terrassierten Plätze ziehen sich immer noch wie ein weiß getünchtes Amphitheater den Klippenhang hinunter, und immer noch blicken die Gäste über das Wasser nach Spanien.

Küche & Kultur

KOCHEN MIT DER BLUE DOOR CUISINE

Für ein echt marokkanisches Kocherlebnis begibt man sich zu der hellen und geräumigen **Blue Door Cuisine** (bluedoorcuisine.com). Alle Teilnehmenden erhalten eine Kochstation mit Marmorplatte und lernen innerhalb von drei Stunden, eine köstliche Tajine mit traditionellem Brot und Tee zuzubereiten.

Das Erlebnis beginnt auf dem **Grand Socco** mit einem Besuch des Souk und eines duftenden Ladens, in dem geheimnisvolle Gewürze zu Pyramiden gestapelt sind. Hier kauft man eine vorbereitete Gewürzmischung für das Gericht.

Dann schaut man bei einem kommunalen Ofen vorbei, einem fast unterirdischen, von Mauern eingefassten Raum, in dem ein Mann Tröge mit Teig in den Holzofen schiebt; das in Marokko allgegenwärtige Brot *khobz* wird man später zubereiten lernen.

Nachdem man dann wie bei einer marokkanischen Familie mit einer mit Walnuss gefüllten Dattel und einem Glas Milch empfangen wurde, beginnt die Vorbereitung der Zutaten. In einer Stadt mit geschäftigem Fischerhafen und Fischmarkt scheint eine Meeresfrüchte-Tajine die naheliegendste Wahl: Sie

DIE CORNICHE

Tangers breite Corniche erstreckt sich auf 5 km rund um die majestätische Kurve der Bucht von Tanger. Hinter ihr verläuft der Blvd Mohammed V mit seinen in einer Mischung verschiedener Architekturstile gebauten Hotels und Apartments. Es gibt hier Grünflächen und Sitzbereiche, aber nicht viel Schatten. Der Ort ist ideal für eine Joggingrunde am Morgen oder einen Spaziergang beim Sonnenuntergang.

Am westlichen Ende ragt Marokkos erste städtische Marina, die **Tanja Marina Bay**, ins Meer vor. Sie bietet Liegeplätze für Jachten und Superjachten, trendige Loungebars mit Restaurants, darunter das Nommos und das Chiringuito (S. 224) sowie den bis in die Morgenstunden geöffneten 555 Famous Club Tanger. Von der Spitze aus kann man in der Ferne die weißen Gebäude von Tarifa in Spanien erkennen, das mit der Fähre rund 60 Minuten entfernt ist.

UNTERKÜNFTE AUSSERHALB DER MEDINA

Mimi Calpe
Die originalen Züge der in den 1860er-Jahren erbauten Villa blieben erhalten. Es gibt einen prächtigen Garten und einen Pool. €€€

La Maison de Tanger
Jeder Raum in dieser schönen Pension ist einmalig; die Balkone blicken auf den Garten und den kleinen Pool. €€

Villa Augustine
Der Innenarchitekt und Hotelier Willem Smit hat diese Familienwohnung in eine stilvolle Pension mit vier Zimmern verwandelt. €€€

STADTSPAZIERGANG: EIN BUMMEL DURCH DIE VILLE NOUVELLE

Um die Atmosphäre in der Ville Nouvelle zu ergründen, stöbert man zuerst in den Läden am Blvd Pasteur, darunter im historischen Buchladen 1 **Librairie des Colonnes** (S. 227) oder bei 2 **Madini Parfumeur** (S. 230).

Von dort geht's zur 3 **Terrasse des Paresseux** (S. 221), der „Terrasse der Faulenzer", um den weiten Blick nach Spanien zu genießen – an klaren Tagen kann man Gibraltar sehen –, ehe man sich im berühmten 4 **Gran Café de Paris** (S. 222) an der imposanten Place de France einen Kaffee gönnt. Das Café war ein legendärer Treff während der Jahre der Internationalen Zone und während des Zweiten Weltkriegs berüchtigt für dunkle Geschäfte und Intrigen.

Nun schaut man im 5 **El Minzah Hotel** vorbei, dessen Hof mit Fotos seiner berühmten Gäste dekoriert ist, anschließend geht's die Escalier Waller hinab zu einem Fischmahl im 6 **Populaire Saveur de Poisson**. Die Karte und die Preise (nur Barzahlung) sind festgelegt. Man setzt sich und erwartet das Vier-Gänge-Menü, das sich der Tisch teilt.

Im Anschluss schlendert man an den eleganten, italienisch anmutenden Gebäuden vorbei zum 7 **GrMendoubia-Garten**, in dem Paare herumspazieren und Kinder Fußball spielen. Von dem Balkon des Mendoubia-Palasts hielt Mohammed V. am 9. April 1947 seine historische Rede, in der er die Unabhängigkeit forderte; seine Worte finden sich hier in Stein gemeißelt.

Weiter geht's zum wimmelnden 8 **Grand Socco** (alias Place 9. Avril), dem ehemaligen Markt, der auf vielen Sepia-Fotografien zu sehen ist. Hier schaut man in das restaurierte 9 **Cinema Rif** (S. 230) hinein, legt eine Pause zum Kaffeetrinken und Beobachten der Leute ein, ehe man an der 10 **Corniche** (S. 223) einen Verdauungsspaziergang bis zur Spitze der neuen 11 **Tanja Marina Bay** unternimmt und sich einen Cocktail mit Meerblick im 12 **Chiringuito** genehmigt.

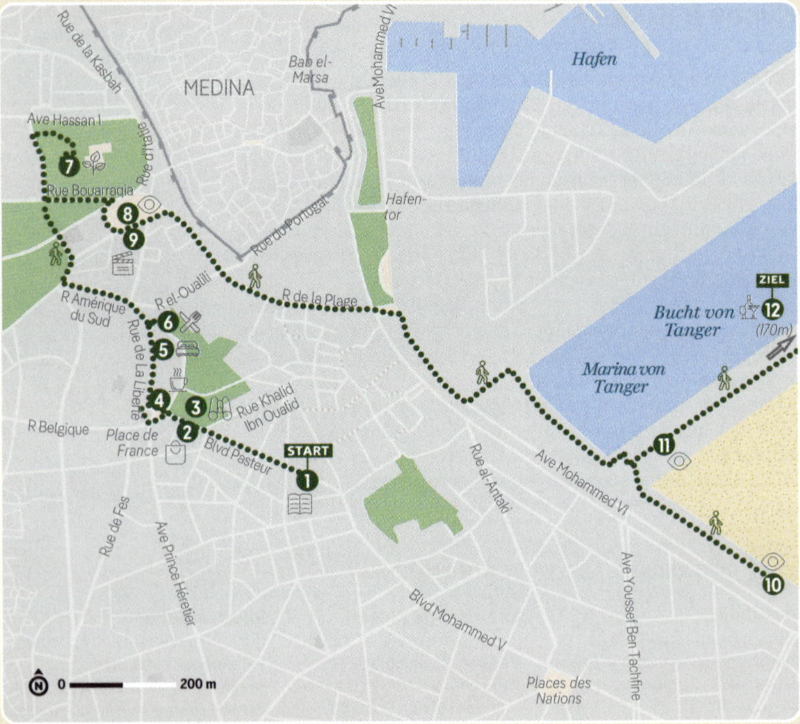

SAIKO3P/SHUTTERSTOCK ©

Grand Socco (S. 223)

besteht aus Seebrassen, kleinen Calamari und Garnelen in einer pikanten Tomatensauce mit Gewürzen wie Safran und Ingwer.

Während die Tajine vor sich hin köchelt, bereitet man den *khobz*-Teig vor, der dann zum kommunalen Ofen geschafft wird. Dann entdeckt man die Kunst der Teezubereitung mit der maßgeschneiderten Mischung von Blue Door und versucht, ihn aus beträchtlicher Höhe in ein winziges Glas zu gießen.

Dann wird es Zeit, die Frucht seiner Arbeit im Speisesaal mit Aussicht über die Bucht zu genießen, während man sich mit den mehrsprachigen marokkanischen Lehrer:innen unterhält. Man bucht den Kurs 24 Stunden im Voraus und 48 Stunden im Voraus, wenn man eine Meeresfrüchte-Tajine zubereiten will.

Die Kasbah rocken

TANGERS MUSIKSZENE

Tanger hat im Verlauf der Jahre viele Musiker angelockt und besitzt immer noch eine bunte Musikszene. Die Stadt feiert örtliche und internationale Jazzmusiker jeden September beim jährlichen Festival **Tanjazz** (tanjazz.org), das im Jahr 2000 ins Leben gerufen wurde, um den Jazz und Tanger zu fördern. Dabei werden überall Bühnen aufgebaut, und es gibt jeden Tag kostenlose Konzerte. Hinzu kommen Kapellen, die durch die Medina marschieren und abendliche Partys mit elektronischer Musik, so dass man kein Jazzfan sein muss, um Spaß zu haben.

Man glaubt, dass die arabisch-andalusische Musik mit den Muslimen und Juden, die im 15. Jh. aus Andalusien flohen, ihren Weg nach Marokko gefunden hat. Tanger ist ebenso wie Tétou-

LOCAL TIPP: EINE KREATIVE STADT

Hicham Bouzid ist der künstlerische Direktor von Think Tanger

Tanger ist eine Stadt, die Kreativität in all ihren Spielarten feiert. Daher gibt es immer etwas Neues und Aufregendes zu entdecken, von der Straßenkunst an den Wänden in der Medina bis hin zu zeitgenössischen Galerien, die avantgardistische Werke aufstrebender Künstler:innen ausstellen. Tanger lockt eine vielfältige Mischung von Künstler:innen, Designer:innen, Autor:innen, Musiker:innen und Darsteller:innen an, die ihre Inspiration aus der Geschichte der Stadt und der einmaligen Verschmelzung der Kulturen beziehen und Marokkos Kunstszene umgestalten.

Think Tanger ist eine multidisziplinäre Plattform, die Kreativität, Innovationen und den Wissensaustausch in der Stadt fördern will.

FISCHRESTAURANTS

Omega 3
Das Restaurant mit gutem Preis-Leistungs-Verhältnis bietet Fisch und Meeresfrüchte auf jede erdenkliche Art – gebraten, gegrillt oder als Eintopf. **€€**

Populaire Saveur de Poisson
Ein Wahrzeichen von Tanger: Das Vier-Gänge-Menü steht fest, aber das Hauptereignis ist der Fang des Tages. **€€€**

Nono Sea Taste
Das Restaurant am Strand mischt mediterrane Zutaten mit asiatischen Aromen – besonders zu empfehlen sind die Dakhla-Austern. **€€€**

MATISSE IN TANGER

Von den vielen berühmten Künstlern, die in Tanger verweilten, war Henri Matisse wohl der bekannteste. Begeistert vom leuchtenden Licht der Stadt malte er während seiner beiden Aufenthalte – im Frühjahr 1912 und im darauffolgenden Winter – etwa 20 Gemälde und noch mehr Skizzen mit kühnen, expressiven Farben. Inspiriert vom Alltagsleben in der Medina, malte er mehrere hervorragende Porträts v on Zohra, einer örtlichen Prostituierten. Sein vielleicht berühmtestes Werk ist *Fenster in Tanger*, das den Blick aus seinem Zimmer im Grand Hôtel Villa de France auf die St. Andrew's Church und die dahinterliegende Kasbah zeigt. Das Hotel wurde renoviert, Zimmer 35 ist aber unverändert geblieben – einfach fragen, ob man einmal durch das Fenster blicken darf.

SARAH GILBERT/LONELY PLANET ©

Hotel Continental

an, Chefchaouen und Fès eine jener Städte im Norden, die diese musikalische Tradition pflegen, und ist Sitz des weltberühmten Orchestra of Tangier, zu dessen Instrumenten nicht nur Violinen und Violas, sondern auch die *darbuka* (Bechertrommel), die lautenartige *oud* und die *rebab* zählen.

Das Dorf **Jajouka** liegt rund 120 km südlich von Tanger in den Ausläufern des Rifgebirges. Hier bemühen sich zwei Gruppen – „The Master Musicians of Jajouka led by Bachir Attar" und „The Master Musicians of Joujouka" – um die Bewahrung ihres musikalischen Erbes, einer alten Form der Sufi-Trance-Musik, die Geist und Seele heilen können soll. Blas-, Rohrblatt- und Schlaginstrumenten sowie Bordun und Improvisationen sind dafür prägend. Die Kunst, diese komplexen Rhythmen zu spielen, wird seit Jahrhunderten von Vater zu Sohn weitergegeben.

Der untrennbar mit Tangers Musikgeschichte verbundene Künstler Mohamed Hamri machte diese Musik den Beatniks in den 1950er-Jahren bekannt; 1968 nahm das Rolling-Stones-Mitglied Brian Jones als erster westlicher Musiker ein Album mit ihnen auf. Heute haben sie ein weltweites Publikum, und das Dorf veranstaltet jedes Jahr ein wildes, kleines Festival (mit rund 50 Teilnehmern, joujouka.org).

The Beat Goes On…

IN DEN LITERARISCHEN FUSSTAPFEN DER BEAT GENERATION

Menschen werden von Tanger auch wegen der literarischen Vergangenheit der Stadt angelockt. Die Liste der Autor:innen, die in Tanger nach Inspiration suchten, ist lang; zu ihnen zählten u. a. George Orwell, Raymond Chandler und Patricia Highsmith. Der wohl berühmteste, mit der Stadt verbandelte Schrift-

LIVEMUSIK

Buena Vista Tanger Club
Das Restaurant nahe dem Petit Socco bietet Livemusik-Abende mit interessanten örtlichen Musiker:innen.

Institut Français de Tanger
Das Institut veranstaltet Konzerte mit aufstrebenden und etablierten Musiker:innen aus Marokko und dem Ausland.

Les Fils du Détroit
In dem winzigen Treff nahe dem Kasbah-Museum jammen ältere arabisch-andalusische Musiker.

steller war der US-Amerikaner Paul Bowles. Eines seiner Lieblingslokale war das **Grand Café Central** (S. 223) am Petit Socco – ein Ort, um zu sehen und gesehen zu werden.

Bowles' erster Roman, *Himmel über der Wüste* (1949) wurde mehr als 40 Jahre nach der Veröffentlichung von Bernardo Bertolucci verfilmt. Bowles selber hatte einen Cameo-Auftritt in dem Film, bei dem er im **Café Colon** sitzt. Das **Cine Alcázar** (S. 230) erhielt für seine Rolle eine dringend benötigte Renovierung.

Das 1870 errichtete **Hotel Continental** ist eines der ältesten Hotels Afrikas – auf Bildern von Tanger seit jener Zeit thront die *grande dame* über dem Hafen. Es war einer der Drehorte von *Himmel über der Wüste*, und das Gästebuch enthält illustrer Namen von Winston Churchill bis hin zu Jack Kerouac.

Das Gebäude des **Tangier American Legation Museum,** ein Geschenk des Sultans an die Amerikaner im Jahr 1821, war der erste amerikanische Grundbesitz außerhalb der USA. Der Paul-Bowles-Flügel des Museums ist voller Fotos und Artefakte. Dazu gehören Erstausgaben seiner Bücher, seine abgewetzten Lederkoffer, aber auch Aufzeichnungen und Aufnahmen marokkanischer Volksmusik, die Bowles für die Library of Congress angefertigt hat, sowie seiner eigenen Musik.

Die 1905 geweihte **St. Andrew's Church** ist eine der charmantesten Seltsamkeiten in Tanger. Der Glockenturm dieser maurisch-anglikanischen Kirche ähnelt einem Minarett, und im Inneren steht das Vaterunser in arabischer Schrift über dem Altar. Der in Tanger ansässige Journalist und Marokko-Forscher Walter Harris – dessen Villa heute ein Museum zeitgenössischer Kunst ist (S. 229) – liegt hier begraben. Es heißt, dass vor 1920 nur drei Christen jemals Chefchaouen besucht hätten: Der eine sei vergiftet worden, der andere wäre nur ein paar Stunden geblieben und habe sich als Rabbi ausgegeben, und der dritte war dann Harris, der Autor des Buchs *Morocco That Was*.

Einer jener Autoren, die in den 1950er-Jahren in Tanger lebten, war William S. Burroughs. Er schrieb seinen, von der Stadt inspirierten, berühmten Roman *Naked Lunch* im **Hotel El Muniria** mit einer alten Remington-Schreibmaschine, ein paar Ersatz-Farbbändern und Methadon. Das Haus beherbergt immer noch Gäste; Burroughs soll in Zimmer 9, Allen Ginsberg in Zimmer 4 and Jack Kerouac in Zimmer 5 gewohnt haben.

Das **Gran Café de Paris** (S. 222) an der Place de France ist heute vielleicht für Jason Bourne berühmter, war aber in der Ära der Internationalen Zone – oder, wie Burroughs sie nannte, der Interzone – ein Treff u. a. für Tennessee Williams und Ian Fleming, den Schöpfer von James Bond.

Sie alle gingen in Dean's Bar, wenn sie etwas Stärkeres trinken wollten – doch leider ist dieses Wahrzeichen Tanges inzwischen geschlossen, und sein Schild wurde gestohlen.

WAS WAR DIE BEAT GENERATION?

Die Beat Generation war eine amerikanische Gegenkulturbewegung in der Zeit nach dem Zweiten Weltkrieg, die die unmittelbare Auseinandersetzung mit sinnlichen Erfahrungen mit der Suche nach einem tieferen Sinn verband.

Tanger war ein Schlüsselort für diese Bewegung. Der Romancier Jack Kerouac und der Dichter Allen Ginsberg kamen vorbei, um William S. Burroughs zu besuchen, eine weitere Schlüsselfigur der Bewegung, der 1953 nach Tanger gezogen war. Burroughs und Paul Bowles (der die schriftstellerische Arbeit der Beatniks nicht besonders schätzte) inspirierten eine Anhängerschaft aus örtlichen Kunstschaffenden. Das Resultat war gemischt und reichte von den Höhen künstlerischer Kreativität bis in die Tiefen moralischer Verkommenheit.

TANGERS BESTE BUCHLÄDEN

Mexique Bookshop
Dieser kleine Buchladen ist der beste Ort für englischsprachige Neuerscheinungen.

Les Insolites
Die Bücher werden von dem mehrsprachigen Personal ausgewählt, das gerne Empfehlungen gibt.

Librairie des Colonnes
Der 1949 eröffnete Buchladen ist eine Institution. Er bietet Bücher auf Englisch, Französisch, Spanisch und Arabisch.

BESTE UNTERKÜNFTE IN DER KASBAH

La Maison Blanche
In diesem restaurierten Riad gibt's neun schön dekorierte Zimmer und eine Dachterrasse mit Panoramablick. €€

Saba's House
In den sechs herrlichen Suiten dieses Luxus-Riads trifft zeitgenössische Kunst auf traditionellen marokkanischen Stil. Der Ausblick von der Dachterrasse ist himmlisch. €€€

Dar Nour
Die Dekoration ist eine Mischung aus Antiquitäten sowie örtlicher Kunst und Kunsthandwerk. Das Frühstück (und die Drinks) auf der Dachterrasse sind vergnüglich. €€

La Tangerina
Der helle Riad oben auf der Kasbah ist in einer Mischung aus Belle-Époque- und marokkanischem Stil dekoriert. Die Aussicht ist einfach hinreißend. €€

SERHII IVASHCHUK/SHUTTERSTOCK ©

St. Andrew's Church (S. 227)

Mehr über die Beatniks und die anderen Autoren in Tanger erfährt man in Josh Shoemakes ausgezeichnetem *Tanger: A Literary Guide for Travellers*. Der Guide Abdelhak Arfaoui (VIP Africa, 0539340111) kennt sich gut mit Tangers Geschichte aus.

Shoppen in der Kasbah

MAROKKANISCHES DESIGN

In Tanger gilt vielleicht, anders als in Marrakesch, nicht das Motto: Shoppen bis zum Umfallen; es gibt zwar viele Designer in der Kasbah, aber keinen so großen Andrang.

Außerhalb der Mauern der Kasbah findet sich in der Rue Kacem Guennoun das **Kasbah Collective**, das neben eigenen begehrenswerten Kleidungsstücken, Schmuck und Haushaltswaren auch Produkte örtlicher Designer wie TanjArt anbietet.

An der Straße liegt auch **Las Chicas**, Tangers ursprünglicher Themenladen mit einem bunten Sortiment zeitgenössischen marokkanischen Designs, von der örtlichen Kollektion von Au fil du Tanger über Lampenschirme von Hassan Hajaj bis hin zu den eigenen Produkten von Las Chicas. Das bezaubernde Café im Obergeschoss ist ideal für eine Erholungspause.

Ein kurzer Abstecher in die Rue de la Kasbah führt zur coolen T-Shirt-Kollektion im **Rock da Kasbah**. Dann geht man zurück und durchschreitet das Bab El Kasbah. Biegt man am El Morocco Club rechts ab, erreicht man gleich hinter der Galerie Conil das **Topolina**. Hier – sowie in Marrakesch, Barcelona

WEITERE KUNSTGALERIEN

Galerie Conil
Die einflussreiche Galerie mit drei Standorten in der Stadt ist auf zeitgenössische Kunst und *art brut* spezialisiert.

Mahal Art Space
Der Kunstraum widmet sich zeitgenössischer marokkanischer Kunst. Außerdem gibt's Workshops und Filme.

Medina Art Gallery
Die Ausstellungen zeigen aufstrebende Kunsttalente aus dem nördlichen Marokko, marokkanische Meister und Antiquitäten.

STADTSPAZIERGANG: GALERIEBUMMEL IN TANGER

Tanger steckt voller Kunst(schaffender), wenn man weiß, wo man sich umschauen muss. Schwergewichte wie Matisse und Delacroix ließen sich von der Stadt inspirieren, und heute prunkt die zeitgenössische Kunstszene mit einer großen Zahl von Galerien – hier sind vier in nur 15 Minuten Entfernung voeinander. Los geht's an der Rue de la Liberté, wo sich hinter dem El Minzah Hotel auf der rechten Seite die einstöckige 1 **Galerie Delacroix** befindet. Die zum Institute Français gehörende Galerie zeigt kostenlose Wechselausstellungen. Von dort geht's gen Süden auf der Rue de la Liberté bis zur Place de France, die man überquert und auf der Ave Prince Héritier weiter bis zur Kreuzung mit der Rue Metrane Khalil läuft, in die man links einbiegt. Dort widmet sich die seit langem bestehende 2 **Galerie Dar D'art** zeitgenössischer Kunst, dem Orientalismus und Fotoausstellungen marokkanischer und internationaler Künstler:innen. Am Ende der Straße biegt man links in die Rue Ahmed Chawqui, dann rechts auf die Rue Al Moutanabi und wieder rechts auf den Blvd Mohammed V ab. Man überquert die Straße und läuft die Rue Jabha al Watania hinunter, wo die 3 **Gallery Kent**, eine der aktivsten Galerien in Tanger, eine neue Generation marokkanischer Künstler:innen vorstellt. Anschließend geht's auf dieser Straße weiter, ehe man nach links in die verkehrsberuhigte Khalid Ibn El Oualid abbiegt, wo sich zur Rechten 4 **Zawia**, gegenüber Les Insolites (S. 227), befindet. Dieser kleine, drei Geschosse hohe Raum ist keine Galerie im klassischen Sinn, sondern ein interaktiver Raum für Malerei, Skulptur, Fotografie und Videokunst. Mit einem *petit taxi* fährt man nun weiter zum 5 **Villa Harris Museum**, einem Gebäude im neomaurischen Stil. Die Sammlung reicht von gefeierter europäischer Kunst des 20. Jhs. mit Bezug zum Land, bis hin zu marokkanischen Kunstschaffenden, z. B. Farid Belkahia und Mohamed Hamri, die die hiesige Kunstszene von heute formten.

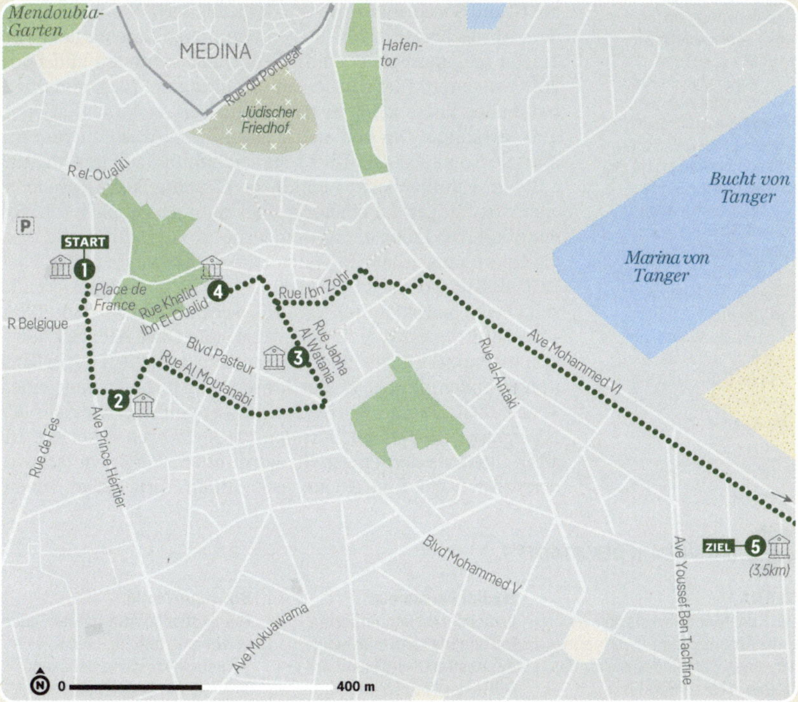

und Brüssel – findet man die schön geschneiderten, einmaligen Stücke aus aufgewerteten Fundmaterialien, darunter farbenfrohe Stoffe aus Marokko und dem südlichen Afrika, der französischen Modeschöpferin Isabelle Topolina.

Nun geht man zurück und folgt den Mauern zur Place de la Kasbah, wo die französische Designerin und Stilistin **Laure Welfling** ihren gleichnamigen Laden in erstklassiger Lage neben dem Kasbah-Museum hat. Der Laden mit dem Flair eines skurrilen Antiquitätengeschäfts ist vollgestopft mit Seidenkaftanen und reich bestickten, von Tangers besten Schneider:innen von Hand genähten Abendkleidern sowie günstigeren, aber ebenfalls begehrenswerten Accessoires.

Von der Place de la Kasbah geht man in die Rue Amrah mit kleinen Boutiquen, darunter **Rumi**, wo man Duftkerzen erhält.

TANGER IM FILM

Als Freiluftkulisse hat Tanger zahlreiche Filme inspiriert und war in vielen Filmen zu sehen. In *Der Wind und der Löwe* spielte Sean Connery die Hauptrolle des el-Raisuli, der den amerikanischen Milliardär Ion Perdicaris entführte (den Hollywood in eine Frau verwandelte, gespielt von Candice Bergen). Bertoluccis epische Adaption von *Himmel über der Wüste* beginnt in einem fabelhaft schmuddelig wirkenden Tanger, wo die Protagonisten im Hotel Continental wohnen. Matt Damon sorgt in *Das Bourne Ultimatum* für Chaos im Grand Café de Paris, und die Stadt erscheint auch in zwei Bond-Streifen: In *Der Hauch des Todes* rennt Timothy Dalton über die Dächer der Medina, und in *Spectre* verkörpert das Palais Akaaboune, ein üppiger, zu vermietender Riad in der Kasbah, das Hotel L'Américain.

Stadt des Films

WIEDERAUFERSTANDENE KINOWAHRZEICHEN

Während internationale Filme im marokkanischen Hollywood Ouarzazate (S. 148) gedreht werden, schließen Marokkos historische Filmpaläste. In den 1980er-Jahren gab es 270 Kinos im Land; heute sind es nur noch rund 25.

Für viele Kinos ist es zu spät, aber Tangers Filmfreunde können sich freuen: Drei Kinowahrzeichen wurden restauriert, wiedereröffnet und sind Gastgeber des jährlichen **Tanger Film Festivals** (festivaldetanger.com).

Das erste war das **Cinema Rif**, ein Wahrzeichen der 1930er am Grand Socco. Es wurde von der Künstlerin Yto Barrada vor dem Abriss bewahrt, als die gemeinnützige Cinémathèque de Tanger (cinemathequedetanger.com) neu erfunden und Ende 2006 wiedereröffnet wurde. Zum vielfältigen Programm internationaler Filme gehören Retrospektiven, Dokumentationen und Kurzfilme. Das coole Café ist ein kreatives Zentrum für digitale Nomaden. Die Tische stehen bis auf den Platz hinaus.

Das in Familienbesitz befindliche **Cinema Roxy** (facebook.com/RoxyTanger) ist eines der ältesten noch bespielten Kinos der Stadt. Die Ikone der Art-moderne-Architektur wurde 1943 als Opernhaus erbaut, was den runden Entwurf erklärt, aber 1950 als Kino eröffnet. Das Gebäude wurde 2005 restauriert und zeigt heute marokkanische, französische und Bollywood-Filme.

An der Ecke der Rue d'Italie wurde das **Cine Alcázar** (alcazartanger.org) 1913 als ein Theater eröffnet und 1917 in ein Kino umgewandelt. In den 1990er Jahren erhielt die Fassade einen neuen Anstrich und wurde als Drehort von *Himmel über der Wüste* mit Filmplakaten aus den 1940er Jahren dekoriert. Im alten Glanz wiederhergestellt, wurde es 2022 mit dem Ziel wiedereröffnet, dem Kino ein junges Publikum zurückzugewinnen.

SHOPPEN IN DER STADT

DARNA
Der Kunsthandwerksladen verkauft Arbeiten der Bewohnerinnen eines Gemeindehauses, das Frauen in Not unterstützt.

Madini Parfumeur
In dieser familiengeführten Parfümerie kann man einige der besten Oud-(Baumharz-)Düfte der Welt schnuppern.

Boutique Majid
Der exotische Antiquitätenladen bietet eine tolle Auswahl an Schmuck, Kleidungsstücken, Stoffen und Teppichen.

PIERRE-YVES BABELON/SHUTTERSTOCK ©

Cinema Roxy

In Windeseile

EINE FAHRT MIT DEM HOCHGESCHWINDIGKEITSZUG AL BORAQ

Der nach einem mythischen geflügelten Pferd benannte Al Boraq, der schnellste Zug auf dem afrikanischen Kontinent, transportiert seine Passagiere in rund 2 Stunden und 10 Minuten von Tanger nach Casablanca (mit maximal 320km/h).

Nach mehr als zehnjähriger Bauzeit wurde der Betrieb des Al Boraq im November 2018 aufgenommen. Der schicke silberfarbene Zug, der aussieht wie ein französischer TGV, deckt eine Strecke von 323 km ab und hält auf seiner Fahrt längs der Atlantikküste in Rabat und Kenitra, ehe er Casablanca erreicht. Die Reisezeit verkürzt sich dank ihm um die Hälfte.

Die Fahrt mit dem Al Boraq ist auch ökologisch ein Gewinn. Der Zug bezog ursprünglich 25% seines Bedarfs aus erneuerbaren Energien. 2023 wurde der Anteil auf 50% erhöht, und für die Zukunft sind 100% das Ziel.

Im Jahr 2023 wird der Zug wohl rund 5 Mio. Passagiere mit einem Niveau an Stil und Komfort transportieren, das man nicht unbedingt mit marokkanischen Zügen verbinden würde. Im schicken Bahnhof Tanger Ville gibt's viele Sitzplätze, Läden, Cafés und eine Al-Boraq-Lounge für Passagiere der ersten Klasse.

Man sollte Tickets online buchen können, doch manchmal hat die Webseite der ONCF (oncf-voyages.ma) Probleme mit ausländischen Kreditkarten. Wenn man sein Ticket am Bahnhof kaufen will, sollte man das am Vortag tun oder früh kommen, weil man sich anstellen muss. Eine Alternative ist der Kauf bei Marrakech Tickets (marrakechtickets.co.uk), die einem das Ticket gegen eine kleine Gebühr elektronisch zustellen.

MIT HOCHGESCHWINDIGKEIT UNTERWEGS

Die Strecke Tanger-Casablanca ist die erste Phase von Marokkos ehrgeizigem Plan eines 1500 km langen Hochgeschwindigkeits-Bahnnetzes durch das gesamte Land, das die nationale Bahninfrastruktur verbessern und die Wirtschaft und den Tourismus fördern soll. In der Planungsphase befinden sich eine Strecke, die die an der Atlantikküste liegende Hauptstadt Rabat mit Fès verbinden wird – gegenwärtig muss man 200 km östlich in Kenitra umsteigen –, sowie eine Verlängerung der Atlantik-Strecke über Casablanca hinaus nach Marrakesch und Agadir. Nach seiner Fertigstellung soll das Projekt 43 Städte, 14 Häfen und 12 Flughäfen miteinander verbinden.

UNTERWEGS VOR ORT

Am einfachsten kommt man in der Medina zu Fuß herum, obwohl die Straßen teils steil und/oder kopfsteingepflastert sind. Wenn man längere Strecken zurücklegen will, nimmt man eines der günstigen blauen *petits taxis*. Asilah, Rabat, Casablanca und Marrakesch sind per Zug erreichbar, und der Hafen Tanger Ville hat Schnellfähren (ca. 1 Std.) ab/nach Tarifa in Spanien. Der Güterhafen Tanger-Med, rund 40 km östlich, hat auch ein Passagierterminal mit Verbindungen ab/nach Algeciras und Barcelona (Spanien), Genua (Italien) und Marseille und Sète (Frankreich).

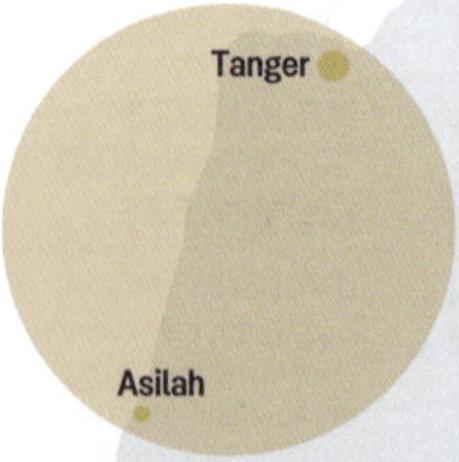

Rund um Tanger

Westlich von Tanger, wo das Mittelmeer auf den Atlantik trifft, liegt eine Reihe schöner Strände.

TOP TIPP

Man mietet ein Auto und erkundet ein paar Tage lang das hübsche Asilah und seine wilden Atlantikstrände.

In den Hügeln im Westen von Tanger finden sich wohlhabende Viertel mit breiten Straßen, noblen Villen und dem Tanger Royal Golf Club. Der Perdicaris-Park auf einer kiefernbedeckten Landzunge ist die ehemalige Spielwiese des griechisch-amerikanischen Milliardärs Ion Perdicaris, der 1904 von dem Rif-Aufständischen el-Raisuli als Geisel genommen wurde. Der malerische Leuchtturm von Kap Spartel markiert jenen Punkt, an dem das Mittelmeer auf den Atlantik trifft und Marokkos wilde Atlantikküste beginnt. Hier findet man frisch gefangenen Fisch und goldene Sandstrände, so weit das Auge reicht, nur unterbrochen von der sagenhaften Herkulesgrotte und ihren uralten Felsformationen. Weiter südlich liegt am Meer die für ihre Kunst berühmte Stadt Asilah, wo ein jährliches Festival farbenfrohe Wandbilder auf den weiß getünchten Mauern der Medina hinterlässt.

Kap Spartel (S. 234)

OLENA TUR/SHUTTERSTOCK ©

Asilah

Die Renaissance von Asilah

EINE KUNSTSINNIGE STADT AM MEER

Asilah liegt auf den Klippen an der nördlichen Atlantikküste rund 45 km südlich von Tanger. Gegründet wurde die Stadt um 1500 v. Chr. von den Phöniziern. Während ihrer langen Geschichte wurde sie u. a. von den Karthagern, Römern, Normannen und Portugiesen besetzt; vor der Unabhängigkeit Marokkos im Jahr 1956 gehörte sie zu Spanisch-Marokko.

Heute präsentiert sich die kleine Medina unglaublich malerisch mit blendend weißen, himmelblau akzentuierten Gebäuden. Es ist kaum zu glauben, dass Asilah wie die Nachbarstadt Tanger Jahrzehnte eines unaufhaltsamen Niedergangs mit miserablen Lebensbedingungen und Müll auf den Straßen hinter sich hat.

Die Renaissance der Stadt begann 1978, als die beiden Freunde Mohammed Benaïssa und Mohammed Melehi ein Festival unter dem Motto „Kultur und Kunst für Entwicklung" planten und elf Kunstschaffende einluden, die Stadt wortwörtlich zu bemalen. Diese hinterließen lebenssprühende Wandbilder auf frisch getünchten Wänden. Der Erfolg des Festivals ermutigte die Einheimischen, ihre Viertel und die Strände sauber zu halten. Langsam verbesserte sich die Infrastruktur, Häuser wurden renoviert und historische Gebäude restauriert.

Heute strömt jedes Jahr im August eine vielfältige Schar von bildenden und darstellenden Künstler:innen aus aller Welt zum **Cultural Moussem** in die befestigte Stadt. Vertreter:innen aus Wissenschaft, Wirtschaft und Politik beteiligen sich an den gleichzeitig stattfindenden Diskussionen und Konferenzen. Wenn das Festival beendet ist, bleiben die Wandmalereien auf den Wänden und rund um die Fenster und Abflussrohre.

BESTE UNTERKÜNFTE IN ASILAH

MIA Hostel
Die Schlafsäle und Zimmer bieten komfortable Betten, eine Klimaanlage und Warmwasser. Es gibt einen Fahrrad- und Surfbrettverleih, eine Gemeinschaftsküche und eine Dachterrasse. **€**

Riad Oasis D'Asilah
Das prächtige, von einer Familie geführte Gästehaus ist angefüllt mit örtlicher Kunst und bietet einen Swimmingpool, einen Garten voller Pflanzen und einen Blick aufs Meer von der Dachterrasse. **€€€**

Hotel Al Alba
Das zentral gelegene Hotel hat helle, als Hommage an die Medina weiß und blau dekorierte Zimmer. Das Personal ist mehrsprachig und der Hamam ein echter Pluspunkt. **€€**

BESTE RESTAURANTS IN ASILAH

La Perle D'Assilah
Auf der Karte stehen französische und asiatische Gerichte; Angebote konzentrieren sich auf den Fang des Tages. **€€€**

Dar Al Maghrebia
Drinnen oder draußen an der Straße verspeist man günstige *pastillas*, *brochettes*, *briouats* (Gebäck) und Tajines. **€**

Port XIV
Das moderne Restaurant am Meer serviert Fisch und Meeresfrüchte, darunter Garnelen, Tintenfisch und Schwertfisch. **€€**

AUTOTOUR

Wo das Mittelmeer auf den Atlantik trifft

Die malerische Tour westlich von Tanger verbindet einen Park, der einst die Spielwiese eines Milliardärs war, den Treffpunkt von Mittelmeer und Atlantik an einem Leuchtturm, die Herkulesgrotte, Strände mit Blick auf den Sonnenuntergang und ein fabelhaftes Fischrestaurant. Wer über kein Auto verfügt, kann die Tour mit einem *grand taxi* unternehmen.

1 Perdicaris-Park

Der Perdicaris-Park (auch bekannt als Rmilat-Wald) ist rund 15 Minuten von der Altstadt entfernt. Mit seinen gut markierten Wegen im Schatten von Eukalyptusbäumen und Kiefern und dem weiten Blick auf den Ozean ist der Park besonders am Wochenende ein beliebtes Picknickgelände für örtliche Familien. Man kann auch die kürzlich restaurierte, im spanischen Stil erbaute Villa von Ion Perdicaris besuchen. Im Jahr 1904 wurde der griechisch-amerikanische Milliardär von dem Rif-Bandenführer el-Raisuli (dessen Palast sich in Asilah befindet) entführt. Präsident Theodore Roosevelt drohte mit einer militärischen Intervention, und der Sultan bezahlte für Perdicaris' Freilassung ein Lösegeld von 70 000 US$ (was heute ungefähr 2 Mio. US$ entspricht).

Weiterfahrt: Vom Park geht's nach Süden und dann rechts in die Ave Mokhtar Gazoulit; nahe beim Leuchtturm gibt's Parkplätze.

2 Kap Spartel

Die vorspringende Landzunge von Kap Spartel ist der nordwestlichste Punkt des afrikanischen Festlands und bietet einen Panoramablick auf die Stelle, wo sich das türkisblaue

Herkulesgrotte

PRAPHAB LOUILARPPRASERT/SHUTTERSTOCK ©

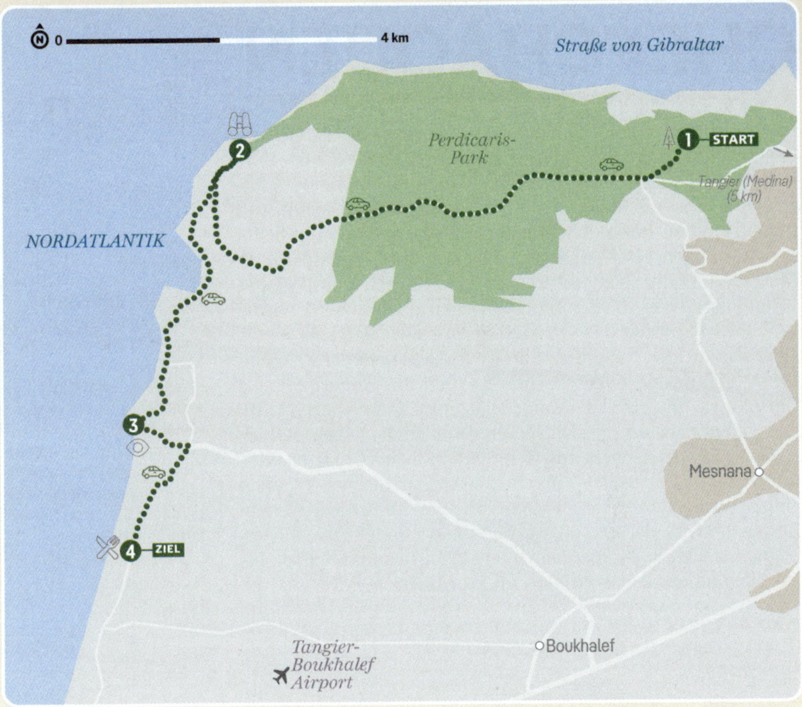

Mittelmeer und der kobaltblaue Atlantik vereinen. Der berühmte spanisch-maurische Leuchtturm – der auf der 200-Dh-Banknote abgebildet ist – ist der älteste Leuchtturm Marokkos. Nachdem zahlreiche europäische Schiffe an der Straße von Gibraltar gescheitert waren, ließ ihn Sultan Mohammed IV. erbauen. Der Leuchtturm ging 1864 in Betrieb und beherbergt heute das Museum der marokkanischen Leuchttürme. Das Café Sol unten am Strand von Achakar ist ideal, um den Sonnenuntergang zu bewundern.

Weiterfahrt: Von Kap Spartel fährt man nach Südwesten. Nach 750 m nimmt man eine scharfe Rechtskurve und folgt der Küstenlinie auf 7,5 km.

3 Herkulesgrotte

Laut der Legende nutzte Herakles seine übermenschlichen Kräfte, um das Gebirge aufzubrechen, das Europa und Afrika verband, und schuf so die Straße von Gibraltar. Anschließend ruhte er sich hier aus. Es gibt zwei Höhlenräume. Der eine besitzt einen Wasserfall und ist etwas kitschig dekoriert. Der andere wurde im Naturzustand belassen und ist berühmt für seine Öffnung, die an die Umrisse Afrikas erinnert und durch die man das Meer sieht – diese Öffnung war in Taylor Swifts Video „Style" zu sehen. Eine weitere Legende behauptet, die Grotte führe zu einem Tunnel, der das Meer unterquert. (Der Bau eines britisch-marokkanischen Tunnels zwischen Tanger und Gibraltar wird tatsächlich diskutiert.)

Weiterfahrt: Auf der P4601 fährt man von der Grotte 2,5 km nach Süden.

4 Restaurant L'Ocean

Die zum Meer blickende Terrasse des Restaurant L'Ocean (oceanplagetanger.com) am Strand von Sidi Kacem ist ideal für ein langes, entspanntes Mittagessen oder ein Abendessen bei Sonnenuntergang. Das Restaurant hat eine mediterran inspirierte Karte, auf der Fisch und Schalentiere im Fokus stehen. Die schwarze Pasta mit Muscheln ist ebenso beliebt wie der Hummersalat, das *fruits de mer*-(Meeresfrüchte-) Risotto, die Ravioli mit Lachs und der Fang des Tages. Dazu trinkt man gekühlten Gris aus Meknès.

CHEFCHAOUEN

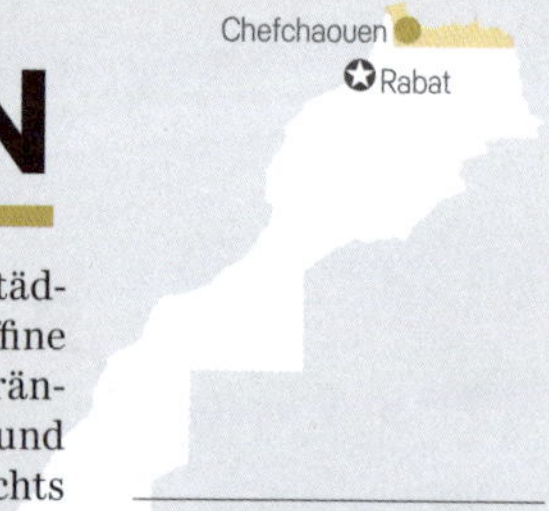

Das im Rif versteckte Chefchaouen ist eine der schönsten Städte Marokkos, aber längst kein abgelegenes Ziel für Kunstaffine und Hippies auf der Suche nach Haschisch mehr – heute drängen sich Tagesausflügler:innen, marokkanische Reisende und Instagrammer durch die Gassen der Medina. Und angesichts der einmaligen, blau getünchten Mauern und der entspannten Stimmung in der „blauen Perle" ist das wahrlich kein Wunder.

Chaouen, wie es von den Einheimischen genannt wird, wurde 1471 als Stützpunkt der Amazigh-Stämme des Rifgebirges für Angriffe auf die Portugiesen in Ceuta gegründet. Im späten 15. Jh. wanderten muslimische und jüdische Flüchtlinge aus Granada zu und erbauten weiße Häuser im andalusischen Stil. Die blauen Farbtöne kamen später, wann genau, ist ein Rätsel.

Die Stadt blieb isoliert und fremdenfeindlich – Christen wurde der Zugang verwehrt –, bis sie 1920 von spanischen Truppen eingenommen wurde. Sie wurden zwar von Abd al-Karim, dem Löwen des Rifs, der 1921 die Rif-Republik gründete, wieder vertrieben. doch die Spanier kehrten bald zurück und blieben bis zur Unabhängigkeit Marokkos im Jahr 1956.

TOP-TIPP

Man sollte sich nicht mit einem Tagesausflug begnügen, sondern ein paar Nächte bleiben, um zu entspannen, die Stadt zu erkunden und sein tollstes Chaouen-Foto zu schießen, ehe man den benachbarten Talassemtane-Nationalpark besucht oder längere Wanderungen durch das Rifgebirge unternimmt.

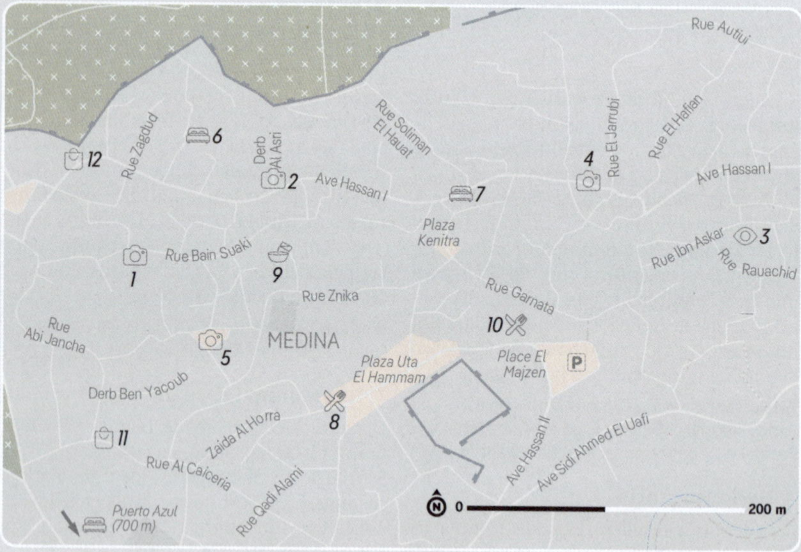

SEHENSWERTES
1 Blue Street
2 Callejon Al Asri
3 Hamam El-Meslouhi
4 Paid Set
5 Place El Haouta

SCHLAFEN
6 Hotel Riad Cherifa
7 La Petite Chefchaouen

ESSEN
8 Bilmos
9 Cafe Clock
10 Sofia

SHOPPEN
11 Blanket Shop
12 Wood Painter

Place El Haouta (S. 239)

Vom Souk auf den Teller

EIN KOCH-WORKSHOP IM CAFE CLOCK

Das erfolgreiche Konzept des **Cafe Clock** ist (nach Fès und Marrakesch) in Chefchaouen angelangt mit der gleichen entspannten Atmosphäre, hervorragenden Gerichten, Oud- und Kalligrafie-Unterricht sowie Koch-Workshops, in denen man lernt, ein traditionelles marokkanisches Menü zuzubereiten.

Der Workshop beginnt, indem man mit Chefköchin Imade sein Menü– Vorspeise, Suppe, Hauptgang und Dessert – zusammenstellt; es gibt auch Kurse zum Brotbacken. *Zaalouk*, ein rauchiger Mix aus Auberginen, Tomaten und Gewürzen, sowie saisonale Tajines – darunter vegetarische Optionen – sind immer beliebt und zu Hause leicht nachzukochen. Wer aber eine kulinarische Herausforderung sucht, wagt sich an die mehrschichtige, süße-pikante Hühnchen-*pastilla*.

Anschließend führt Imade alle in die Medina zum Einkaufen der Zutaten. Man besucht den Fleischer, wo die Einheimischen noch gackernde Hühner auswählen, die dann *halal* geschlachtet, gerupft und bridiert werden, ehe man sie mitnimmt.

Beim Gemüsehändler lernt man, die besten Auberginen für den Salat auszuwählen, und beim Gewürzhändler, welche der farbenfrohen Oliven zum Frühstück (die schwarzen, runzligen) und welche für das marokkanische Lieblingsgericht, Hühnchen-Tajine mit Zitronen und Oliven, am besten geeignet sind.

LOCAL TIPP: NICHT NUR BLAU

Othman Mekouar ist Inhaber von La Petite Chefchaouen

Manchmal verbringen Besucher:innen nur ein paar Stunden in Chefchaouen, gerade genug, um herumzulaufen und Fotos zu machen. Aber nur, wer länger bleibt, versteht die Authentizität und Schlichtheit dieser einmaligen Bergstadt und ihrer gastfreundlichen Bewohnerschaft. Dieser Ort eignet sich zum Abschalten und Entspannen: bei einem Minztee am Hauptplatz, beim Beobachten des Sonnenuntergangs von der Spanischen Moschee aus oder bei einem ziellosen Bummel durch die versteckten Gassen der magischen Medina. Die Stadt ist umgeben von der wilden Natur des Rifgebirges, aber in nur 45 Minuten kann man auch an einem Mittelmeerstrand baden gehen.

ÜBERNACHTEN IN CHEFCHAOUEN

La Petite Chefchaouen
Das Personal in diesem zeitgenössischen Riad in der Medina ist hilfsbereit, beim Frühstück auf der Dachterrasse hat man eine herrliche Aussicht. **€€**

Hotel Riad Cherifa
Dieser schön dekorierte traditionelle Riad hat einen Freiluftpool, einen Hamam und freundliches Personal. **€€€**

Puerta Azul
Das freundliche Hotel ist 10 Gehminuten von der Medina entfernt. Die Zimmer sind mit Kunsthandwerk ausstaffiert, und es gibt ein Parkhaus. **€€**

STADTSPAZIERGANG: DURCH DIE MEDINA VON CHEFCHAOUEN

Dieser lässige Bummel führt längs einer der Hauptdurchgangsstraßen durch die Medina. Man sollte sich nicht scheuen, die eine oder andere blaue Treppe hinauf- oder hinunterzugehen; groß verlaufen kann man sich nicht.

Los geht's an einem der Tore zur Medina, dem 1 **Bab El Ain**, wo man wie die Einheimischen seine Wasserflaschen am Brunnen füllt – Chefchaouen hat ausgezeichnetes Quellwasser aus den Bergen, das ohne Bedenken getrunken werden kann. Man hält sich links und folgt seiner Nase zu dem aus dem 16. Jh. stammenden 2 **Horno Bab El Ain**, einem Ofen, zu dem die Einheimischen immer noch ihren Brotteig zum Backen bringen. Weiter geht's auf der Ave Hassan I vorbei am 3 **Bab Souq**. Vielleicht sieht man am 4 **Callejon El Asri**, einem beliebten Fotostop, eine Menschenansammlung. Die Ave Hassan I wird von kleinen Läden gesäumt, die Passanten zum Kaufen auffordern. Dazu gehört das 5 **Blue**, ein kleiner Themenladen mit niedlicher Keramik und Schmuck. Nachdem man sich mit einem Saft und einer leckeren Crêpe in der 6 **Toda Creperie** gestärkt hat, ruht man sich auf einer der Bänke am 7 **Olivenbaum** aus und bewundert den ältesten Vertreter diser Art in der Medina.

Vor einem liegt die im 16. Jh. erbaute 8 **El-Ansar-Moschee** mit ihrem ungewöhnlichen, in braunen Schichten aufgebauten Minarett (der Sockel ist blau). Wenn man sich nicht durch eine krumme blaue Gasse hat vom Weg abbringen lassen, erreicht man nun das 9 **Bab El Ansar**, das Osttor der Medina. Hinter dem *bab* überquert man die Brücke, um den 20-minütigen Aufstieg zur weißen 10 **Spanischen Moschee** zu beginnen – die Aussicht ist spektakulär, aber zum Sonnenuntergang wird es hier voll. Anschließend geht's wieder hinunter zur geschäftigen 11 **Plaza Uta El Hamam**, über der die Große Moschee und die im 15. Jh. erbaute Kasbah samt Gärten und Museum thronen – ihre Terrakotta-Mauern sind beim Sonnenuntergang besonders fotogen.

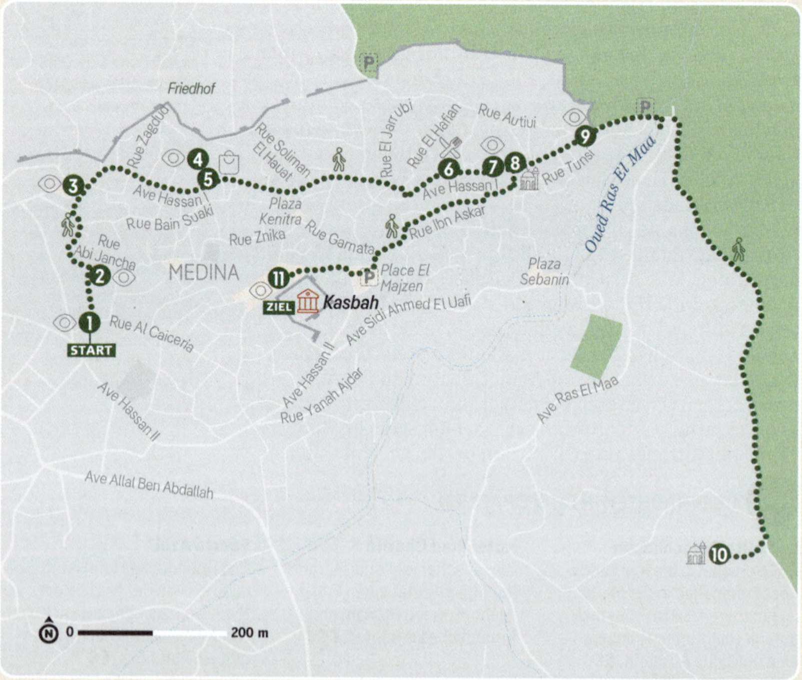

SAIKO3P/SHUTTERSTOCK ©

Spanische Moschee

An Markttagen (montags und donnerstags) kann man *jbeliya* (Frauen aus den Bergen) mit ihren auffälligen, aus Gräsern geflochtenen und mit Bommeln verzierten Hüten und den rot-weiß gestreiften *foutas* (ein weites Hemd) beim Feilschen über Zwiebeln beobachten.

Dann wird es Zeit, sich in der kleinen Küche zu betätigen. Imade begleitet die Teilnehmer geduldig während der Zubereitung. Schließlich kann man sich dann hinsetzen und die Früchte seiner Arbeit genießen.

Schnappschussglück

CHAOUENS FOTOGENSTE STRASSEN

Man kommt nicht weit in der Medina, ohne auf jemanden zu stoßen, der vor einer blauen Gasse posiert – möglicherweise muss man sogar anstehen, um an dieser Stelle seinen Schnappschuss für die Social Media zu machen. Wer den anderen voraus sein will, startet seine Fototour, ehe die Läden öffnen (gegen 10 Uhr) und bevor die Tagesausflügler:innen kommen.

Ein Einheimischer hat seinen als **Paid Set** bekannten Patio an der Ave Hassan I für fotografierende Passanten vorbereitet. Er hat ihn mit hängenden Pflanzen, Tontöpfen und alten Artefakten dekoriert. Man tritt durch die Tür, zahlt seine 5 Dh und kann in aller Ruhe sein Foto machen.

Der **Callejon El Asri** ist wahrscheinlich die meistfotografierte Straße in der Medina, ud zwar wegen der dunkelblauen, von farbenfrohen Topfpflanzen gesäumten Treppe.

Eine würdige Kulisse für Schnappschüsse ist die hübsche **Place El Haouta**, ein kleiner Platz mit dekorativem Brunnen in der Mitte und einer Reihe von Cafés unter andalusischen Bögen.

WARUM SO BLAU?

Chaouens Einwohner verwenden Stunden darauf, die Blautöne ihrer Stadt zu bewahren. Doch warum blau? Überraschenderweise ist die Ursache ein Rätsel. Manche meinen, dass die jüdischen Einwohner der Stadt als erste die *mellah* (jüdisches Viertel) blau getüncht hätten (die Farbe des Himmels und des Ozeans steht im Judentum für Gott), und die übrige Medina sich diesem Vorbild angeschlossen hätte. Vielleicht ist die Farbe auch eine Hommage an den Fluss Ras El Maa. Andere meinen, dass die kühlen Blautöne Moskitos abschrecken, die Hitze der Sonne mildern oder gegen den bösen Blick schützen sollten. Möglicherweise besaßen die traditionell weißen Häuser blaue Fensterrahmen und die Farbe wurde dann auf den Rest des Gebäudes ausgeweitet. Sicher ist nur, dass die Stadt ihre Farbe behalten will.

ESSEN IN CHEFCHAOUEN

Cafe Clock Chefchaouen
Viele vegetarische Optionen sowie Kamel-Burger. Um das Panorama zu genießen, einen Platz auf der Terrasse reservieren! **€€**

Sofia
Das einer Frau gehörende Restaurant serviert traditionelle Gerichte; nicht verpassen sollte man die *pastela*-Brötchen und den Couscous. **€**

Bilmos
Während man zulangt, beobachtet man das Treiben auf dem munteren Hauptplatz. Das Lokal hat viele Optionen für Veganer. **€**

Ein Stück weiter folgt eine namenlose **blaue Straße,** in der schmale blaue Stufen, die von blauen Mauern flankiert sind, zu einem blauen Zugang führen. Nicht vergessen, dass Menschen hinter diesen Türen wohnen, also immer erst fragen, bevor man sie fotografiert – es gibt genug fotogene Katzen, die gerne posieren. Der gewitzte Said hat ganz in der Nähe seinen Orangensaftstand aufgebaut: für 15 Dh erhält man einen frisch gepressten Saft und die kostenlosen Fotokulisse.

Verliert man sich in der überschaubaren Medina, entdeckt man zahllose Gassen, die man fotografieren kann. Wer mehr über Chaouens Geschichte und Kultur wissen will, wendet sich an den örtlichen Guide und Fotografen Mohammed (instagram.com/love_chefchaouen) – der auch eine tolle Aufnahme von einem machen kann.

Hamam-Himmel

SCHWITZEN, EINSEIFEN UND ABSCHRUBBEN

Nach einer strapaziösen Wanderung oder einem harten Tag voller Sightseeing ist nichts besser als ein Hamam, und in Chefchaouen gibt es sie in allen Formen, Größen und Luxusgraden – von einem schlichten Schwitzraum mit Abreibungen in einem einfachen öffentlichen Badehaus bis hin zu einem luxuriösen privaten Hamam. Überall sitzt man im Dampfbad, wird eingeseift und abgerubbelt, entspannt sich und tritt dann blitzsauber mit babyweicher Haut wieder hinaus ins Tageslicht.

Ein authentisches, einfaches Erlebnis bietet der **Hammam El Meslouhi**, ein 1927 erbauter traditioneller öffentlicher Hamam. Zunächst holt man sich im Souk die nötigen Utensilien, darunter *savon beldi* (eine nach Eukalyptus duftende schwarze Seife aus Olivenöl) und einen *kessa* (grober Handschuh zum Abreiben).

Man lässt seine Wertsachen im Hotel, nimmt aber ein Badetuch, Badelatschen und ein Shampoo mit – ebenfalls eine Ersatz-Unterhose, weil erwartet wird, dass man die Unterhose beim Baden anbehält. Vermutlich verbringt man eine Stunde im Bad, obschon Marokkaner:innen oft viel länger bleiben. Der Hamam ist für Frauen von 12 bis 20 Uhr und für Männer von 6 bis 12 und 20 bis 24 Uhr geöffnet.

Wer sich mehr verwöhnen lassen will, besucht den **Riad Cherifa** (vorab reservieren unter riadcherifa.com), wo man den hübschen, blau gefliesten Hamam für sich hat, während man schwitzt, abgeschruppt und mit einer *ghassoul*- Lehmkörpermaske eingerieben sowie mit aromatischen ätherischen Ölen massiert wird. Auch Paare können hier eine Anwendung buchen, müssen sich aber dann selber abschrubben und massieren.

SHOPPEN IN CHEFCHAOUEN

La Botica de la Abuela de Aladdin
Der kleine, süß duftende Laden prunkt in vielen Farben. Die Seifen, Lotionen und festen Düfte stellt die Inhaberin in Handarbeit aus natürlichen pflanzlichen Zutaten her; sie eignen sich prima als Geschenke.

Wolldecken
Gegenüber dem Hotel Abi Kancha verkauft dieser Laden handgewebte Wolldecken aus Chaouen in natürlichen Cremetönen oder mit zarten Streifen, außerdem kuschelige wollene *djellabas* (Kapuzenumhänge).

Bemaltes Holz
In Rabias Werkstatt und Laden an der Ave Hassan I kann man zuschauen, wie er die verzierten, bunten Holzspiegel bemalt, die er ebenso verkauft wie Parcheesi-Brettspiele.

UNTERWEGS VOR ORT

Chefchaouens Medina erkundet man zu Fuß; Taxis setzen einen meist am Hotel Parador in kurzer Gehentfernung zur Plaza Uta El Hamam ab. Taxis nehmen kann man auch vor dem Bab El Ain, dem Haupttor der Medina. Der Busbahnhof liegt den Hügel hinab 1,5 km südwestlich des Zentrums und hat regelmäßige Busse nach Tétouan und Tanger sowie nach Fès, Rabat und Casablanca.

Rund um Chefchaouen

Chefchaouen ist umgeben von den samtgrünen Falten des Rifgebirges, das sich erstreckt, so weit das Auge reicht.

Der wilde, wunderbare Talassemtane-Nationalpark liegt vor der Türschwelle, seine schimmernden Wasserfälle rund um Akchour sind Chaouens beliebtestes Wanderziel. In den höheren Regionen des Parks wachsen die seltene, gefährdete Marokko-Tanne sowie üppig grüne Cannabis-Felder. Die Wildtiere, darunter Füchse und Wildschweine, sind scheu. Mehr Glück kann man mit der Sichtung von Vögeln haben: Die Raubvögel, darunter Steinadler und Gleitaare, lassen sich von den Windströmungen tragen. Im Westen leben in den Eichen-Mischwäldern des Naturschutzgebiets Bouhachem zwanzig Trupps wilder Berberaffen. Diese bedrohte Primatenart ist auch rund um Azrou zu finden.

TOP-TIPP

Wanderfreunde sollten lange genug bleiben, um das Rifgebirge mit einem örtlichen Guide zu erkunden.

Talassemtane-Nationalpark (S. 244)

STEFANO ZACCARIA/SHUTTERSTOCK ©

WANDERTOUR

Von Chefchaouen nach Akchour

Diese Bergwanderung führt über bewaldete Gipfel und durch Amazigh-Dörfer nach Akchour und zu einer Reihe eindrucksvoller Wasserfälle. Man kann am zweiten Tag ein *grand taxi* nach Chefchaouen nehmen. Für eine längere Tour marschiert man nach Taourarte, ehe man zu den Wasserfällen hinabsteigt und am Ende des vierten Tags in die Stadt zurückkehrt. Um sich nicht zu verlaufen, sollte man einen Guide engagieren.

Tag 1 Von Chefchaouen nach Afeska

Dies ist der Tag mit den größten Herausforderungen, daher sollte man früh aufbrechen. Los geht's auf der Geländewagenpiste hinter Camping Azila; beim steilen Aufstieg hat man eine schöne Aussicht. Die Piste an den Südhängen des Jbel El Kelaâ (1616 m) folgt dem Strom durch Aïn Tissimlane und führt dann zu einem Pass zwischen den zerklüfteten Kalksteinklippen von Sfiha Telj. Der Weg wendet sich dann nach Osten, ehe er wieder hinunterführt. Wo der Weg sich gabelt, nimmt man die rechte Spur und erreicht Azilane in rund einer Stunde. Afeska ist eine weitere Stunde entfernt; der Weg dorthin ist weitgehend eben.

Wanderung: Dauer 5½ bis 6½ Std., Entfernung 16,6 km, Aufstieg 990 m, Abstieg 630 m.

Tag 2 Von Afeska nach Akchour

Von Afeska folgt man dem Weg nach Norden durch den Wald nach Sidi Meftah. Man geht geradeaus durch das Tal und dann den Hügel hinunter zu den Serpentinen, die nach Imizzar am Oued Farda führen. Neben dem Fluss biegt man nach links ab, überquert ihn unter eindrucksvollen, vorkragenden Klippen und marschiert weiter in Richtung

Wasserfall von Akchour

STEFANO ZACCARIA/SHUTTERSTOCK ©

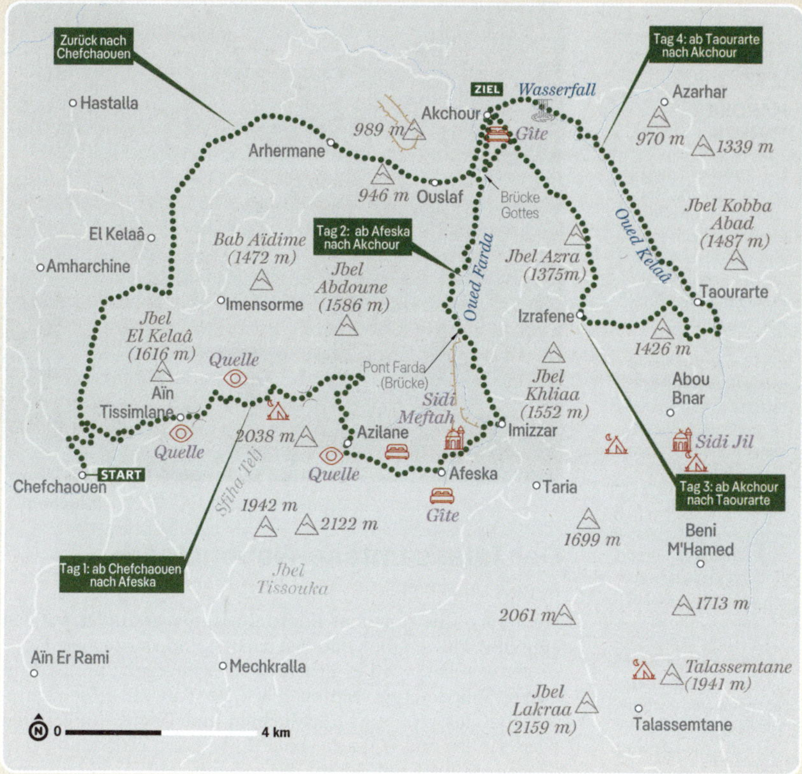

Nordwesten. Hier schließt man sich einem ausgetretenen Maultierpfad an, der hinunter zum Pont Farda führt. Man überquert den Fluss und geht weiter gen Norden. Nach einer Stunde schwenkt der Weg von Fluss nach links Richtung Ouslaf ab, während unsere Wanderung sich weiter rechts hält. Der Weg führt am Rand von Akchour wieder hinunter zum Fluss (398 m).

Wanderung: Dauer 3½ bis 4½ Std., Entfernung 11,7 km, Aufstieg 137 m, Abstieg 850 m.

Tag 3 Von Akchour nach Taourarte

Man verlässt Akchour über den Damm und wendet sich nach rechts den Berg hinauf. Man braucht 45 Minuten bis zum außergewöhnlichen natürlichen Felsbogen der „Brücke Gottes“. Neben der Brücke wendet man sich nach links und folgt dem Pfad hinauf zum Jbel Azra (1375 m), dessen Spitze man umrundet. Das Gelände wird sanfter auf dem Weg gen Süden zum Dorf Izrafene, das auf halber Strecke liegt. Von dort folgt man dem Weg nach Ostenvorbei an Cannabis-Farmen zum Oued Kelaâ und zum Dorf Taourarte.

Wanderung: Dauer 5 bis 6 Stunden, Entfernung 9,7 km, Aufstieg 1122 m, Abstieg 381 m.

Tag 4 Von Taourarte nach Akchour

Von Taourarte folgt man dem abwärts führenden Pfad am nordwestlichen Rand des Dorfs. Dieser ist abschnittsweise steil und schlüpfrig und hat ein starkes Gefälle, so dass man es langsam angehen muss. Er führt an dem größten der Wasserfälle von Akchour vorbei, wo man zu einem Bad Halt macht; von dort verläuft der Weg geradeaus. Es sollte rund zwei Stunden dauern, um auf dieser vielbenutzten Route vorbei an Wasserfällen, Imbissständen und Tagesausflüglern das Dorf zu erreichen.

Wanderung: Dauer 3½ bis 4 Stunden, Entfernung 8 km, Aufstieg 79 m, Abstieg 770 m.

MAROKKO-TANNEN

Die Marokko-Tanne (*Abies marocana*) ist ein hoher Nadelbaum, der im Rifgebirge heimisch ist und in das International Conifer Conservation Programme des Royal Botanic Gardens von Edinburgh aufgenommen wurde. Der immergrüne Baum findet sich an nach Norden gerichteten Hängen üblicherweise in einer Höhe zwischen 1400 und 1800 m und wurde erst 1906 als eigene Art bestimmt. Aufgrund von Holzfällerei, Waldbränden und Rodung steht er heute als gefährdete Art auf der Roten Liste der IUCN. Obwohl die meisten verbliebenen Bäume heute in Nationalparks wachsen, sind auch sie von Rodung für den Anbau von Cannabis bedroht.

Vor Ort wird ihr Holz zum Bauen genutzt. Die Samen enthalten ein ätherisches Öl, das von der Volksmedizin zur Behandlung von Atemwegsinfektionen verwendet wird.

TOLOBALAGUER.COM/SHUTTERSTOCK ©

Rifgebirge

Der Talassemtane-Nationalpark

WANDERUNG ZUM WASSERFALL VON AKCHOUR

Wenn man Chefchaouens Kopfsteinstraßen erkundet, auf den hübschen Plätzen die Leute beobachtet und viel zu viele Fotos geschossen hat, wird es Zeit für eine Wanderung im 580 km² großen Talassemtane-Nationalpark. Der Park mit seinen Landschaften aus prächtigen Schluchten und Tälern, funkelnden Wasserfällen und Wäldern voller Korkeichen, Zedern und Tannen wurde 2004 zum Schutz der endemischen Marokko-Tanne vor der Abholzung gegründet und 2006 zu einem Bestandteil des Interkontinentalen Biosphärenreservats am Mittelmeer der Unesco.

Chefchaouens beliebteste Wanderung beginnt im Dorf Akchour, das von der Stadt aus mit einem *grand taxi* in rund 45 Minuten zu erreichen ist. Man läuft zu dem Staudamm und einer Straßengabelung, deren linker, viel begangener Abzweig durch immergrünen Wald zwischen moosbedeckten Felsformationen hindurchführt.

Nach rund 45 Minuten erreicht man einen kleinen, malerischen Wasserfall. Wer noch Energie hat, kann eine weitere Stunde zu dem größeren Wasserfall weitermarschieren, der in einen smaragdgrünen Teich hinunterstürzt – ideal für ein erfrischendes Bad vor dem Rückmarsch zum Staudamm.

UNTERKÜNFTE IM RIFGEBIRGE

L'Ermitage d'Akchour
In dieser im Wald versteckten umweltfreundlichen Lodge, die einer Familie gehört, gibt's tolle Hütten an einem privaten Abschnitt des Flussufers. **€€€**

Caiat Lounge Refuge
Dieses charmante Bergrefugium kann maßgeschneiderte Wanderungen in den Nationalpark organisieren. **€€**

Auberge Dardara
Die Öko-Herberge südlich von Chaouen besitzt einen schönen Garten, der in Waldwege übergeht. **€€**

Nimmt man vom Staudamm aus den rechten Weg, wandert man in rund 45 Minuten zur **Brücke Gottes**, einem unglaublichen natürlichen Bogen auf zwei Klippen über dem Oued Farda. Es gibt zwei Optionen: Man kann einen steilen Pfad am Bergesrand hinauf bis zur Brücke wandern oder man folgt dem Fluss und klettert über glitschige Felsen, um von unten einen Blick auf die Brücke zu werfen. Beide Routen sind teilweise anspruchsvoll.

Vor der Rückkehr nach Chefchaouen sollte man sich an einem der Straßenstände nahe dem Wegende bei Akchour eine wohlverdiente Tajine gönnen oder tiefer in den Park eintauchen und eine Übernachtung vor Ort einlegen.

Weniger besuchte Berge

WANDERN IM RIFGEBIRGE

Die längs der Mittelmeerküste verlaufende nördlichste Bergkette Marokkos wird weniger vom Tourismus erreicht als der Atlas; die meisten Traveller begnügen sich mit einem Tagesausflug zu den Wasserfällen von Akchour und vielleicht noch zu dem geologischen Wunder der Brücke Gottes.

Doch es lohnt sich für Wanderfans durchaus, länger zu bleiben, um Marokkos grünste Berge und die im Gebirge versteckten Amazigh-Dörfer zu entdecken. Im Frühjahr zeigt sich das Rifgebirge mit prächtig blühenden Wildblumen. Es ist bedeckt mit Wäldern aus Tannen und Korkeichen, und wilde Oliven-, Wacholder- und Johannisbrotbäume stehen in der Kalksteinlandschaft. Rund 300 in den Bergen wachsende Pflanzenarten werden in der traditionellen Medizin genutzt, darunter wilder Lavendel und Thymian.

Die Höhenkrankheit ist hier kein Thema, denn die Wanderwege gehen selten über 2000 m hinaus – der höchste Gipfel des Rifs ist der Jbel Tidirhine (2455m). Doch wenn man vor der Cannabisernte unterwegs ist, kann man auf Felder voller hoher, stechend riechender Pflanzen stoßen. Probleme dürfte man nicht bekommen, aber es ist immer besser, die Gegend mit einem erfahrenen Bergguide wie Hicham Boukroua (instagram.com/hicham_boukroua) zu erkunden.

Er kann einen auf kurzen und langen Tageswanderungen oder auch auf mehrtägigen Touren durch das Gebirge führen. Eine Strecke, die sich im Sommer anbietet, führt von Akchour zum Oued Laou. Man wandert durch Wälder aus Aleppo-Kiefern und Zedern vorbei an Schaf- und Ziegenherden und isst eine Tajine *en famille* in einem *chez l'habitant* (Homestay), wozu es einen Tee mit frisch gepflücktem Oregano gibt. Nach fünf oder sechs Wanderstunden genießt man den Blick bis auf das Mittelmeer und nach Südspanien.

UNTERWEGS VOR ORT

Grands taxis nach Akchour, Tétouan und zum Flughafen in Tanger fahren in Chefchaouen von einem Stand an der Ave Allal El Fassi gegenüber der Olibya-Tankstelle gleich nördlich der Plaza Mohammed V ab.

HASCHISCH AUS DEM RIF

Marokko ist einer der weltweit größten Haschisch-Exporteure, und das Rifgebirge ist das Kernland des Anbaus. Der Anbau von Cannabis ist seit der Unabhängigkeit des Landes illegal, dennoch ist die Produktion in den 1960er und 1970er-Jahren stark gestiegen. Bauern, die von der Subsistenzwirtschaft leben, bauen hier seit Jahrhunderten Cannabis an, aber die Drogenhändler sacken bei dieser mehrere Milliarden Dollar erwirtschaftenden Industrie den Löwenanteil der Profite ein. Im Jahr 2021 beschloss die marokkanische Regierung, die Verwendung von Cannabis für medizinische, industrielle und kosmetische Zwecke zu legalisieren.

Die Bauern können nun Genossenschaften gründen, zu lizenzierten Produzenten werden und ihr Einkommen steigern, indem sie den legalen Markt beliefern. In den Läden von Chaouen findet man viele der langhalsigen *kif*-(arabisch für „Freude")Pfeifen mit kleinem Kopf, aber der Gebrauch von Haschisch als Freizeitdroge ist immer noch verboten, so dass man geflüsterte „Haschisch"-Angebote einfach ignorieren sollte.

TÉTOUAN

Dieses Juwel einer Stadt wurde viele Male wiederauf- und umgebaut, was eine faszinierende Mischung der Architekturstile hinterlassen hat.

Der Ort wurde zunächst im 3. Jh. v. Chr. von mauretanischen Amazigh und dann von den Römern besiedelt. Ab dem 8. Jh. bildete Tétouan die Hauptverbindung zwischen Marokko und Andalusien. Die Stadt wurde mehrmals geplündert und nach dem Fall Granadas im Jahr 1492 von muslimischen und jüdischen Geflüchteten aus Spanien wiederaufgebaut. Moulay Ismail ließ im 17. Jh. Verteidigungsmauern errichten, doch spanische Truppen konnten die Stadt ab 1860 kurzzeitig besetzen. 1913 kehrten die Spanier zurück, und Tétouan wurde bis zur Unabhängigkeit des Landes die Hauptstadt des Protektorats Spanisch-Marokko.

Durch Investitionen wurde Tétouan in letzter Zeit saniert, Gebäude wurden restauriert und Museen gegründet. Die Stadt mit dem Beinamen „Weiße Taube“ wird von Travellern auf dem Weg zur blauen Stadt Chefchaouen oft übersehen – umso mehr ein Grund, einmal hierherzukommen.

TOP TIPP

Neben der Architektur – unbedingt sehenswert – hat Tétouan auch die Königliche Kunstgewerbeschule zu bieten und ist berühmt für ihr Kunsthandwerk. Bei einer Führung mit Green Olive Arts kann man Kunsthandwerker:innen bei der Arbeit besuchen und mehr über Marokkos reiche Kunstgeschichte erfahren.

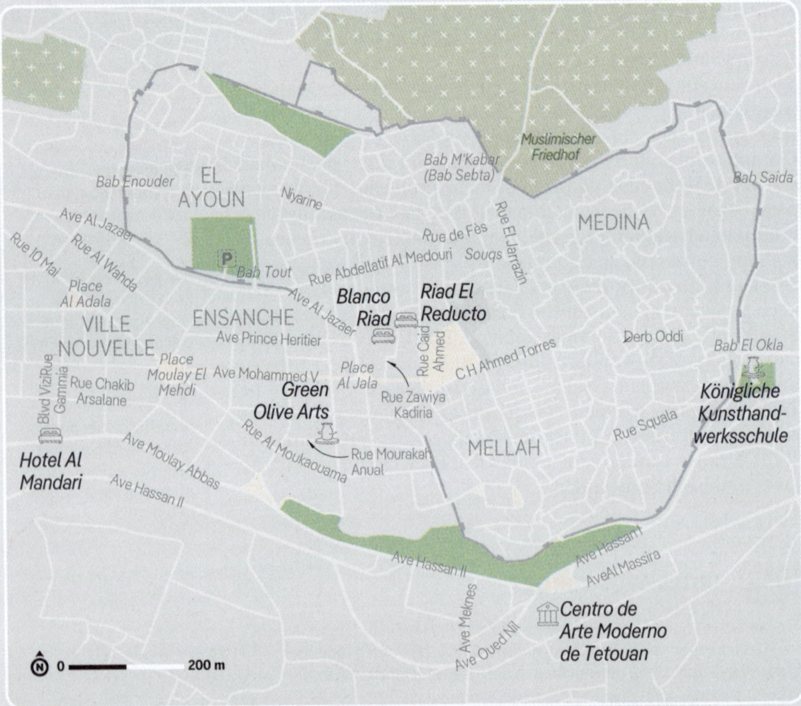

MBK PHOTOGRAPHER/SHUTTERSTOCK ©

Tétouan

Berühmtes Kunsthandwerk

EINE TOUR MIT GREEN OLIVE ARTS

In Tétouans angesehener **Königlicher Kunstgewerbeschule** werden seit 1919 Lehrlinge in altehrwürdigen marokkanischen Handwerkskünsten wie Schnitzerei, Schmiedekunst, Messingätzung, Stickerei und der Anfertigung von *zellij*-Fliesen unterwiesen. Das Gebäude selbst ist ein Kunstwerk mit seinem Hof mit bemaltem, geschnitztem Holz, prunkvollem Stuck und *zellij*, geschmückt zudem mit Arbeiten aus der Schule.

Einige Handwerkskünste, die traditionell von den Eltern an die Kinder weitergegeben wurden, werden wortwörtlich bald mit dem *mâalem* (Meister) aussterben. Die Schule versucht, diese Künste am Leben zu erhalten, indem sie kostenlose vierjährige Kurse für junge Lernwillige anbietet. Bei einer halbtägigen Führung mit **Green Olive Arts** (greenolivearts.com) trifft man die Künstler:innen und kann sich mit ihnen in ihren Werkstätten unterhalten – der Guide fungiert als Dolmetscher.

Vielleicht trifft man Mohammed, der in dritter Generation Metall bearbeitet, oder Mariam, die einem den Unterschied zwischen *zellij* aus Tétouan und Fès (Fassi) erläutert. Die Frauen, die Stickerei lehren – das ist übrigens die einzige Klasse ausschließlich für Frauen – erklären die drei verschiedenen Stile der marokkanischen Stickerei, die alle aus einer anderen Stadt stammen – Tétouan, Fès und Rabat.

Die Kunsthandwerker:innen stehen leidenschaftlich hinter ihrer Arbeit und setzen ihr Expertentum ein, um historische marokkanische und andalusische Gebäude zu restaurieren. Doch wie überall in der Welt sind sie vom starken Wettbewerb durch billige Imitationen und Maschinen bedroht, die in ein paar Stunden das zuwege bringen, wofür sie vielleicht Tage brauchen. Allerdings erklären sie ganz zu Recht, dass eine Maschine weder Herz noch Seele in ein Kunstwerk einbringen kann.

CENTRO DE ARTE MODERNO DE TÉTOUAN (CAMT)

Das kleine, aber perfekte Museum residiert in einem auffälligen Gebäude, das einst Tétouans Bahnhof war. Es wurde vom spanischen Ingenieur Julio Rodriguez Roda im neomaurischen Stil mit zinnenbewehrten Bögen und Fliesen entworfen, die an Andalusien erinnern. Die Bahnstrecke wurde 1918 eröffnet, um die damalige Hauptstadt des spanischen Protektorats mit der spanischen Enklave Ceuta zu verbinden, und zwei Jahre nach der Unabhängigkeit im Jahr 1958 stillgelegt.

Das restaurierte und im Verlauf der Jahre erweiterte Gebäude zeigt in seinen blendend weißen Innenräumen zeitgenössische Kunst, darunter Werke des in Granada geborenen Künstlers Mariano Bertucci (der mit Abdesalam Bennuna Mitbegründer der Königlichen Kunstgewerbeschule war) und marokkanischer Künstler wie Mohammed Drissi, Hassan Echair und Mohamed Hamri. Daneben gibt's Skulpturen-, Foto- und Sonderausstellungen.

UNTERKUNFT IN TÉTOUAN

Riad El Reducto
Der restaurierte, palastartige Riad bietet ein tolles Restaurant und beste Aussicht von der Tapas-Bar auf der Dachterrasse. **€€**

Blanco Riad
Der Riad in der Medina verwebt traditionellen und zeitgenössischen Stil und hat ein nettes Restaurant (kein Alkohol). **€€€**

Hotel Al Mandari
Das nur Minuten von der Ave Mohammed V entfernte Hotel aus der Protektoratszeit hat günstige Zimmer und prima Personal. **€€**

STADTSPAZIERGANG

Granadas Tochter

Tétouans lange Beziehung zu Andalusien hat der Stadt einen einmaligen spanisch-maurischen Charakter hinterlassen, der sich besonders in den breiten Alleen der Ensanche (Erweiterung) zeigt.

Los geht's an der 1 **Place Moulay El Mehdi** (bzw. der Plaza Primo – mehrere Plätze in Tétouan haben zwei Namen), einer großen, runden Plaza im spanischen Stil, die von Cafés und, für Marokko ungewöhnlich, einer katholischen Kirche gesäumt wird, der Iglesia de 2 **Nuestra Señora de las Victoria**.

Von diesem Platz geht die verkehrsberuhigte 3 **Ave Mohammed V** ab, ein beliebter Ort für einen *paseo* (Spaziergang) am Abend, vorbei an imposanten Gebäuden spanischen Stils mit aufwendigen schmiedeeisernen Balkonen. Am östlichen Ende sollte man zum 4 **Dar Tair** aufschauen, das von der majestätischen Bronzestatue eines auf einem Adler sitzenden Mannes bekrönt ist.

Die Ave Mohammed endet an der 5 **Place El Mechouar**, an deren Nordseite sich der 6 **Königliche Palast** erhebt. Bevor der Platz zu großen Teilen von der Königsresidenz belegt wurde, befand sich hier ein als Feddan bekannter öffentlicher Park. Der König ließ deshalb weiter im Norden einen neuen öffentlichen Feddan-Park anlegen. Doch rund um die Palastabsperrung sitzen immer noch Männer an Tischen und spielen Parcheesi.

Rechts vom Palast befindet sich das 7 **Bab Ruah**, eines der Tore zu Tétouans kompakter, authentischer Medina. Hinter dem funkelnden Juwelen-Souk geht's nach links, mit dem 8 **Souk El Hout** zur Rechten, zum 9 **Ghersa K'bira**, einem kleinen Platz, wo man Flohmarktfunde machen und dann eine Kaffeepause auf der Terrasse des 10 **Café Al Ghersa** einlegen kann, wo man eine tolle Sicht auf die Medina hat.

Ein Tipp, um sich in der Medina zurechtzufinden, ist ein Blick hinunter auf die Mitte der Kopfsteinstraßen: Wenn dort drei Steine in Längsrichtung gereiht sind, führt sie zu einem Tor, zwei Steine führen zu einer Hauptstraße, und wenn da nur ein Stein liegt, hat man sich wahrscheinlich verirrt.

Nun geht es wieder zurück und weiter durch die Medina zum 11 **Dar El Oddi**, einem schönen Riad in Familienbesitz, der restauriert und der Öffentlichkeit als Kulturzentrum, das die Stadt feiert, zugänglich gemacht wurde. Ausgestellt sind lebenssprühende Kunstwerke, alte Tourismusplakate sowie Postkarten und Briefmarken aus Tétouans Vergangenheit, am faszinierendsten ist aber der Riad selbst mit seinen Tétouani- und andalusischen Fliesen. Anschauen sollte man sich die Familienküche im Erdgeschoss.

Nun läuft man auf der Hauptstraße durch die Medina weiter zum 12 **Bab El Okla** – vor dem sich die 13 **Königliche Kunstgewerbeschule** (S. 247) befindet. Vor dem Tor gelangt man scharf rechts zum 14 **Musée Bab El Oqla** (dem früheren Ethnographischen Museum), das nach langer Restaurierung wiedereröffnet wurde. Das befestigte Gebäude, das im 19. Jh. von dem Alawidensultan Mulai Abd ar-Rahman errichtet wurde, besitzt einen mit *zellij* gefliesten Brunnen und versammelt Objekte, die Tétouans kosmopolitische Zusammensetzung bezeugen – besonders sehenswert ist ein schönes Beispiel von Taajira-Stickerei.

Mellah

SARAH GILBERT/LONELY PLANET ©

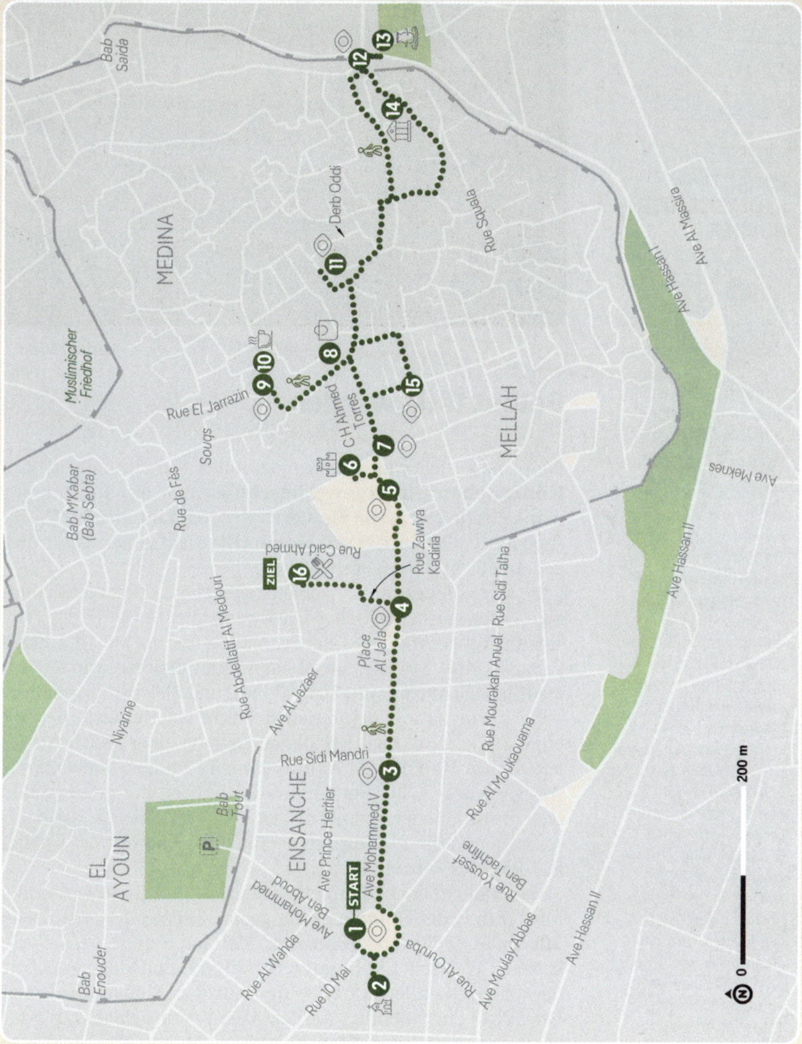

Wieder zurück am Bab Ruah, wendet man sich nach links in die schmaleren Gassen der 15 **Mellah**. Ein weiterer Spitzname Tétouans lautete einst „Klein-Jerusalem". Fast die Hälfte aller Juden in Spanisch-Marokko lebten zu Beginn des 20. Jhs. in der Stadt; die große und einflussreiche Gemeinde der sephardischen Juden sprach eine heute vom Aussterben bedrohte jüdisch-spanische Sprache, das Haketiao. Heute wohnen nur noch wenige jüdische Menschen hier, aber mehrere Straßen in der *mellah* tragen noch ihre alten Namen, darunter die Sultana Cohen und die Isaac Ben Walid. Letztere wurde nach einem hochverehrten Rabbi benannt, der im 19. Jh. rund 40 Jahre lang in Tétouan wirkte. Die ebenfalls nach ihm benannte Synagoge, die als einzige erhalten ist, wurde restauriert.

Nach einem Tag voller Sightseeing überquert man nun die Place El Mechouar und eilt in die Medina, um sich auf der Terrasse des 16 **El Reducto** mit Wein, Tapas und der Panoramaaussicht verwöhnen zu lassen.

WH_PICS/SHUTTERSTOCK ©

Seidenfäden

LOCAL TIPP: STOLZE STADT IM NORDEN

Naoufal El Faik ist Sprach- und Kulturvermittler bei Green Olive Arts

Tétouans Geschichte reicht rund 2000 Jahre zurück, und Kultur und Traditionen haben einen festen Platz in der früheren Hauptstadt des Nordens. Im 15. Jh. siedelten sich Flüchtlinge aus Andalusien hier an, und ihr Einfluss ist in der alten, weiß getünchten Medina noch immer spürbar. Tétouan ist eine Unesco-Welterbestätte, aber zugleich vom Tourismus recht unberührt. Dinge, die für diese Stadt einmalig sind, bezeichnen wir als „Tétouani". In der Medina hört man den Tétouani-Dialekt und Tétouani-Musik und findet traditionelle Tétouani-Kost, Tétouani-Kleidung, Tétouani-Architektur und Tétouani-Kunsthandwerk – und die Liste ließe sich fortsetzen…

Selbst tätig werden

BESUCH IM MAROKKANISCHEN KUNSTHANDWERKSWORKSHOP

Wenn man sich von dem wundervollen Kunsthandwerk der **Königlichen Kunstgewerbeschule** inspiriert fühlt, kann man selbst in einem von Meistern geleiteten Einführungs-Workshop aktiv werden, der von **Green Olive Arts** organisiert und gedolmetscht wird (vorab buchen).

Ein als *tastir* bekanntes geometrisches Muster bildet die Grundlage vieler marokkanischer Handwerkskünste – z. B. der Herstellung von *zellij*-Fliesen, der Schnitzerei und der Metallbearbeitung. In drei Stunden lernt man, komplizierte Muster auf traditionelle Art, nur mit Zirkel, Lineal und Bleistift, zu schaffen.

Wer gerne näht, möchte sich vielleicht der Herausforderung eines Stickerei-Workshops stellen, der von einer Meisterin geleitet wird. Man hat die Wahl zwischen Tétouani-Stickerei mit frei gestalteten, floralen Taajira-Entwürfen auf gelber Seide oder traditioneller geometrischer Stickerei aus Fès, die beidseitig verwendbar ist, da sich bei ihr keine Knoten oder Knäuel auf der Rückseite ergeben.

Man kann aber auch mit einer Reihe uralter Eisenwerkzeuge Muster in Leder einprägen oder geometrische oder organische Muster in Zedernholz schnitzen. Man kann außerdem Workshops in arabischer Kalligrafie, Schnitzerei und Messinggravur besuchen, die alle im hellen und luftigen Atelier von Green Olive Arts durchgeführt werden. Wenn man sich aber in *s'duf* versuchen will – der alten Kunst, leuchtende Muscheln und Metall in Holz einzuarbeiten –, schließt man sich dem Kunsthandwerker in seiner Werkstatt außerhalb der Medina an.

Bei allen Workshops geht man mit einem einmaligen, selbst gearbeiteten Kunstwerk nach Hause – und mit großem Respekt vor den Menschen, die solche Stücke schaffen.

UNTERWEGS VOR ORT

Tétouan lässt sich gut zu Fuß erkunden. Von der *gare routière* (Busbahnhof) fahren Busse nach Chefchaouen, Tanger, Fnideq (Weiterfahrt nach Ceuta), Oued Laou, Rabat und Casablanca sowie *grands taxis* nach Chefchaouen, Tanger, Fnideq, Oued Laou und zu weiteren Stopps am Mittelmeer.

DIE MITTELMEER-KÜSTE

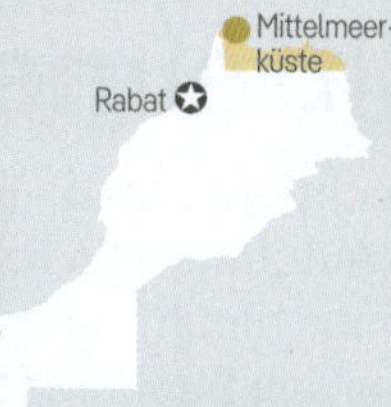

Marokkos Mittelmeerküste erstreckt sich von Tanger rund 470 km Richtung Osten bis nach Saïdia in der Nähe der (geschlossenen) Grenze zu Algerien. Trotz einiger spektakulärer Strände, geschützter Buchten, unberührter Schutzgebiete und dramatischer Klippen ist diese Gegend bis vor kurzem relativ unerschlossen geblieben. Das größte Entwicklungshindernis ist das raue Terrain des Rifgebirges, aber die neue, verbesserte Autobahn N16, die sich an die Küste schmiegt und die Ausläufer des Rifs umgeht, hat die Gegend besser denn je erreichbar gemacht. Die Küste war von 1912 bis 1956 Teil des spanischen Protektorats, und es gibt immer noch Spuren der spanischen Sprache und Architektur auch außerhalb der verbliebenen spanischen Enklaven Ceuta und Melilla, die noch immer ein Stück authentischen spanischen Lebens bieten. Gehobene internationale Resorts entstehen rund um die selbsternannte Tamuda Bay – den Küstenabschnitt zwischen Fnideq und M'Diq –, aber davon abgesehen ist ein großer Teil der Küste ganz einfach entschieden marokkanisch.

TOP TIPP

Mit einem Mietwagen kann man von Strand zu Strand fahren und nach Lust und Laune einen Streifen Sand auswählen. Am besten meidet man die Monate Juli und August, wenn die Einwohnerschaft der dann kochendheißen Städte scharenweise zum Meer strömen. Im Juni und September geht es weniger hektisch zu.

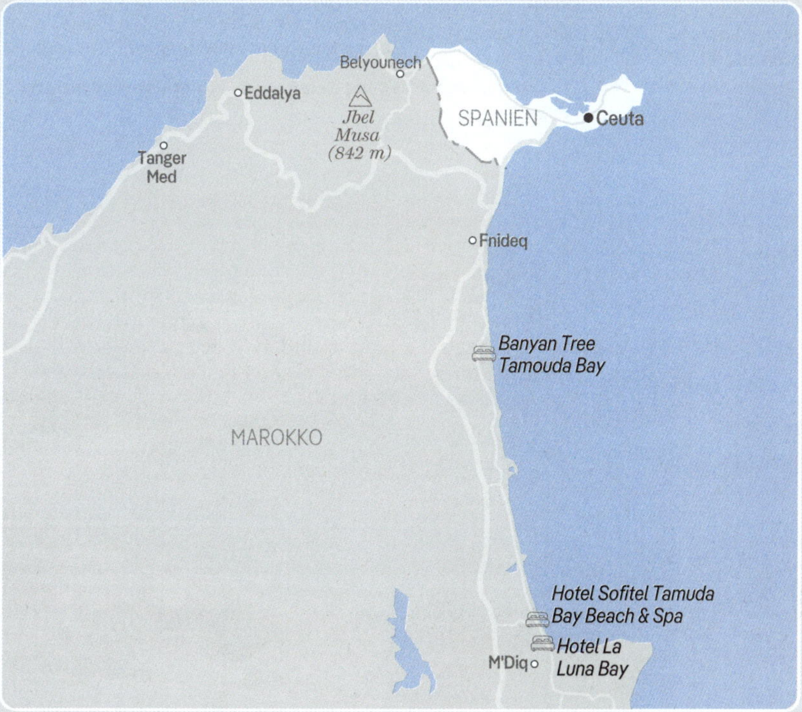

AUTOTOUR

Die besten Strände der Mittelmeerküste

Ein echtes Marokko-Erlebnis ist es, entlang der der Küstenlinie folgenden Autobahn N16 von Strand zu Strand zu tingeln. Die Straße kurvt um Strände herum, umgeht Klippen und bietet eine tolle Sicht aufs Meer. Selbst die Strandresorts sind verglichen mit jenen in großen Teilen Südeuropas noch ziemlich unentdeckt. Im Juli und August darf man allerdings nicht erwarten, sie ganz für sich alleine zu haben.

1 Oued Laou

Die meiste Zeit im Jahr ist Oued Laou ein verschlafener Ort mit Fokus auf Fischerei, doch im Juli und August tummeln sich hier marokkanische Sonnenhungrige. Der Chefchaouen (S. 236) am nächsten gelegene Strand liegt an dem namensgleichen, aus dem Rifgebirge kommenden Fluss. Es handelt sich um einen entspannten, freundlichen Ort, wo es nicht viel zu tun gibt, außer die Sonne zu genießen, an der Promenade entlangzuschlendern und frischen Fisch zu essen. Auch die Unterkünfte sind günstig.

Weiterfahrt: Von Oued Laou folgt die Küstenautobahn N16 der Küste und schmiegt sich an die Ausläufer des Rifgebirges 80 km östlich von El Jebha.

2 El Jebha

Der kleine Ort El Jebha besitzt einen malerischen Hafen voller himmelblauer Fischerboote, gesäumt von kubischen weißen Gebäuden, die von Bergen geschützt werden und (scheinbar) jederzeit ins Meer stürzen könnten. Um die versteckten Buchten zu erreichen – darunter die postkartenschöne

Peñón de Vélez de la Gomera, Al-Hoceïma-Nationalpark

YOUNESS EL ALAMI/SHUTTERSTOCK ©

von Maresdar im Osten und eine Höhle, die ein Versteck von Abd al-Karim, dem Anführer des Aufstands der Rifkabylen, gewesen sein soll – mietet man ein Boot (und hält während der Fahrt nach Delfinen Ausschau) oder wird bei der schweißtreibenden Wanderung durch die Mondlandschaft mit herrlicher Aussicht belohnt. Abends genießt man frisch gefangenen Fisch – Sardinen sind die hiesige Spezialität. Der wöchentliche Souk findet immer dienstags statt.

Weiterfahrt: Auf der N16 folgt man weitere 109 km der spektakulären Küstenlinie nach Osten.

3 Al Hoceïma

Nun verbringt man ein, zwei Tage in Al Hoceïma, isst frischen Fisch, genießt die Sonne in der Bucht von Quemado und erkundet den nahen **Al-Hoceïma-Nationalpark**. Im Park liegen kleine Amazigh-Dörfer, die an ihrer traditionellen Lebensweise festhalten. Dank der Abgelegenheit trägt der Park dazu bei, mehrere bedrohte Arten, von Lebensbäumen bis hin zu Fischadlern, zu erhalten. Vom Parkeingang in Beni Boufrah, 100 km westlich der Stadt, kann man den Park zu Fuß, per Rad oder mit einem Geländewagen erkunden. Der Nationalpark umfasst auch Meeresgebiete: Mit Rif Croisières kann man eine wunderbare Fahrt zur Beobachtung von Meeresvögeln unternehmen. Zu den abgelegenen, malerischen Stränden hier zählen Badis am westlichen Ende, während die Halbinseln Peñón de Vélez de la Gomera ein noch immer zu Spanien gehörender Felsen ist.

Weiterfahrt: Auf der N16 fährt man weitere 200 km ostwärts nach Saïdia.

4 Saïdia

Saïdia liegt fast direkt an der algerischen Grenze und besitzt den wohl besten Strand der östlichen Küste. Aufgrund der zunehmenden Erschließung gibt's viel Unterhaltung in Form von Strandresorts und Wassersport, zudem einen Golfplatz und ein Einkaufszentrum. Im Westen liegt der Moulouya-Nationalpark, eine Ramsar-Stätte, in der Rosaflamingos leben. Und man sollte die Ohren aufsperren nach *reggada*, rhythmischer Amazigh-Musik, die aus dieser Region stammt.

BESTE UNTERKÜNFTE IN TAMUDA BAY

Banyan Tree Tamouda Bay
Wassersport, ein hervorragendes Spa und viele gastronomische Optionen bietet dieses superluxuriöse Resort mit Unterbringung ausschließlich in Villen. **€€€**

Hotel Sofitel Tamuda Bay Beach and Spa
Das Hotel am Sandstrand bietet topaktuelles Design, viele Annehmlichkeiten und einen Nachtclub. **€€€**

Hotel La Luna Bay
Diese günstige Alternative in M'Diq hat minimalistische, moderne Zimmer und hilfsbereites Personal. Kein Pool. **€€**

MOROCKO/SHUTTERSTOCK ©

Fnideq

Riviera-Stil in Tamuda Bay

STRANDLEBEN UND NOBELRESORTS

Wer mediterranen Glamour mag, sollte nach **Tamuda Bay,** 7 km südlich von Ceuta, fahren. Das luxuriöse Areal, das seinen Namen den römischen Wurzeln entlehnte, erstreckt sich auf 22 km zwischen **Fnideq** und **M'Diq**, zwei Fischerdörfern, die zu beliebten Urlaubsorten geworden sind und im Juli und August von marokkanischen Familien (über)bevölkert werden.

Das Gebiet wird wegen seiner Luxusresorts (weitere sind in Arbeit) mit kleinen Marinas, guten Restaurants, Spas von Weltklasse und schicken Cocktail-Lounges auch als „marokkanische Riviera" bezeichnet. Selbst König Mohammed VI. verbringt hier den Sommer – er besitzt einen Palast in der Nähe. Aber die weiten goldenen Strände und das kristallklare Wasser sind umsonst, und wenn man genug vom Sand und den Wellen hat, sind die Städte Tétouan (S. 246) und Chefchaouen (S. 236) nur einen kurzen Tagesausflug entfernt.

Es ist keine Überraschung, dass sich die Aktivitäten vor Ort auf das Wasser konzentrieren. In der Hauptsaison bieten Unternehmen wie L'Effet Mer Maroc am Strand des Resorts **Banyan Tree Tamouda Bay** in der Nähe von Fnideq neben anderen Aktivitäten Wakeboarden, Jetskis, Windsurfen und Stehpaddeln.

Gleich westlich von Ceuta, am Fuß des großen Felsens **Jbel Musa** – der eventuell eine der antiken Säulen des Herakles war und in dieser spanischsprachigen Region auch als La Mujer Muerta („die tote Frau") bekannt ist – liegt das kleine Fischerdorf **Belyounech**. Hier können alle, ob Anfänger oder erfahrene Taucher, das Leben im Mittelmeer mit Plongée à Belyounech erkunden. Das gilt auch für den Club de Plongée Mar Larguito, einen Tauchveranstalter in M'Diq.

UNTERWEGS VOR ORT

Grands taxis und Busse ab/nach Tétouan kommen auf ihrer Fahrt nach Fnideq und Ceuta in M'Diq durch. Aus Tanger kommend, muss man nach M'Diq in der Regel in Tétouan umsteigen.

CEUTA

Das auf einer ins Mittelmeer vorspringenden Halbinsel rund 70 km östlich von Tanger liegende Ceuta ist eine von zwei spanischen Enklaven an der Nordküste Marokkos. Die Stadt ist ein echtes Stück Spanien mit stattlichen spanischen Bauten, imposanten Forts und interessanten Museen. Dazu gibt's Bier, Wein, Tapasbars und zollfreie Einkaufsmöglichkeiten.

Ceuta – auf Arabisch Sabta – hat eine lange, verworrene Geschichte. Das Gebiet wurde von den Griechen, Karthagern und Römern kolonisiert und wurde dann abwechselnd von den Vandalen, den Byzantinern, den spanischen Umayyaden, marokkanischen Sultanen und portugiesischen Königen beherrscht. Nach 1640, als die Personalunion zwischen Spanien und Portugal endete, blieb Ceuta unter spanischer Herrschaft und ist seither Teil Spaniens.

Ceuta und die 385 km östlich gelegene zweite Enklave Melilla locken Tausende marokkanischer Händler an. Derzeit sind die Grenzwachen darauf konzentriert, Migranten an der illegalen Einreise in die einzigen EU-Territorien auf dem afrikanischen Kontinent zu hindern – ein schwierige Situation, in der tragischerweise immer wieder Menschen ihr Leben verlieren.

TOP TIPP

Die Währung in Ceuta ist der Euro. Es gibt viele Geldautomaten, aber nicht alle funktionieren mit ausländischen Debitkarten. Außerhalb der Öffnungszeiten der Banken kann man in den besseren Hotels Geld umtauschen. Es gibt auch fliegende Geldwechsler zu beiden Seiten der Grenze; sie arbeiten ohne Lizenz, da offiziell die Ausfuhr von Dirhams aus Marokko verboten ist.

SEHENSWERTES
1 Baños Arabes
2 Casa de los Dragones
3 Las Murallas Reales
4 Museo de la Basilica Tardorromana
5 Museo de la Legión
6 Plaza de Africa
7 Plaza de los Reyes

ESSEN
8 Goichu
9 Ítaca Gastro Restaurante & Arrocería

WANDERN AUF DEN MONTE HACHO

Eine Wanderung um den 204 m hohen Monte Hacho ist an klaren Tagen eine wundervolle Option. Von der Stadt aus ist es ein anstrengender Marsch bergauf, daher ist es eine gute Idee, bis zum Mirador de San Antonio, bei zwei Dritteln des Aufstiegs, ein Taxi zu nehmen. Von dem Aussichtspunkt hat man einen tollen Blick auf Ceuta und Richtung Norden bis nach Gibraltar. Auf dem Berggipfel thront die gewaltige Fortaleza de Hacho, eine zuerst von den Byzantinern angelegte Festung. Sie wird auch heute noch militärisch genutzt und daher für die Öffentlichkeit nicht zugänglich.

Die Säulen des Herakles war der antike Name für zwei Vorgebirge, die den Eingang der Straße von Gibraltar flankieren – die eine Säule ist der Felsen von Gibraltar, die andere vielleicht der Monte Hacho oder der Jbel Musa.

SERGIY VOVK/SHUTTERSTOCK ©

Las Murallas Reales

Das historische Ceuta

SPANIEN IN AFRIKA

Der kurze Spaziergang durch das historische Zentrum von Ceuta sollte an der eindrucksvollsten Sehenswürdigkeit beginnen, den **Murallas Reales** (königlichen Wällen). Die ältesten Abschnitte sind mehr als 1000 Jahre alt und gingen aus den Händen der Araber in die der Portugiesen und schließlich der Spanier über. Die ausgedehnten, komplexen Befestigungsanlagen wurden wunderbar restauriert; es gibt zu ihnen auch Informationsmaterial auf Englisch. Zur Zeit der Recherche gab es den Plan, das Innere des Baluarte de la Bandera und seine historischen Gewölbe zu restaurieren und sie als modernes Besucherzentrum zu nutzen.

Das **Museo de las Murallas Reales** liegt innerhalb der Wälle, und zwar im Revellín de San Ignacio. Hineingequetscht in zwei Geschosse der trutzigen Festungsarchitektur präsentiert sich die Galerie als ein schön gestalteter Ort mit vielen bewundernswerten Stücken. Sie organisiert Wechselausstellungen, die über mehrere Jahre gezeigt werden; zu den Highlights der letzten Zeit gehörte eine Ausstellung des spanischen Malers Mariano Bertuchi und eine von Werken aus Ceuta gebürtiger Künstler:innen vom Ende des 19. Jhs. bis in die Gegenwart.

Die **Plaza de Africa** ist das bezaubernde Herz von Ceuta mit gepflegten tropischen Gartenanlagen, Wegen und einigen der

ESSEN IN CEUTA

Goichu
Hugo Ruiz bietet einen Mix aus baskischer Küche, asiatischen Einflüssen und frischem Fisch aus der Straße von Gibraltar. €€€

Meson Restaurante Alberto
Traditionelle spanische Kost, darunter Pata-Negra-Schinken und Rindfleisch-Kroketten in Pedro-Ximénez-Sauce. €€

Ítaca Gastro Restaurante & Arrocería
Chefkoch Alfredo Abril serviert im Hotel Ulises spanische Fusionküche mit lokalen Produkten. €€€

schönsten Bauten der Stadt. Im Uhrzeigersinn folgen auf die langgestreckte Commandancia General, eine für Besucher gesperrte militärische Einrichtung, das auffällig gelbe Santuario de Nuestra Señora de Africa, der im 19. Jh. erbaute Palacio de la Asamblea und schließlich die Kathedrale Santa Maria de la Asunción mit ihrem Museum. In der Mitte des Platzes steht ein Denkmal für die Soldaten, die im Spanisch-Marokkanischen Krieg von 1860 fielen; nach diesem Krieg wurde die Grenze zwischen Spanien und Marokko endgültig festgelegt.

Das wunderbar gestaltete unterirdische **Museo de la Basilica Tardorromana** ist in die architektonischen Überreste der antiken Basilika integriert, die bei Bauarbeiten in den 1980er-Jahren entdeckt wurde. Sie enthält eine über Gräber (mit Skeletten) führende Brücke. Die Artefakte werden genutzt, um verschiedene Elemente der Lokalgeschichte zu erläutern.

Das faszinierende **Museo de la Legión** ist der Spanischen Legion gewidmet und wird auch von ihr betrieben. Diese 1920 gegründete Armeeeinheit spielte eine Schlüsselrolle bei Francos Putsch gegen die republikanische Regierung. Das bis in den letzten Winkel mit Memorabilien, Waffen und Uniformen, mit Pomp und Gloria ausstaffierte Museum erlaubt einen faszinierenden Einblick in die militärische Kultur, die Spanisch-Marokko einst prägte. Man sieht eine pompöse Statur des Faschistenführers Franco, erfährt, wie Millan Astray, der Gründer der Legion, sein Auge verlor, und erlebt die Geschichte der Legion im Film.

Mit ihrem Brunnen und dem grünen Triumphbogen mit der Aufschrift „Ein Denkmal für die Koexistenz" grenzt die **Plaza de los Reyes** an die gelbe, zweitürmige Iglesia de San Francisco. Neben der Kirche steht eine Bronzestatue eines Mannes mit *capirote* (konischem Spitzhut), der ein Kind an der Hand hält – eine Hommage an Ceutas Feier der Semana Santa. Die **Casa de los Dragones** in der nordwestlichen Ecke des Platzes ist ein außergewöhnliches Beispiel einer eklektischen Architektur mit maurischen Bögen, polierten Backsteinfassaden, Mansarddächern und sagenhaften Balkonen. Das Gebäude war ursprünglich von sechs Bronzedrachen bekrönt. Diese wurden zur Zeit der Spanischen Republik von dort entfernt, inzwischen aber durch vier bemerkenswert realistische Kunstharzkopien ersetzt.

Die zufällig bei Bauarbeiten an der Plaza de la Paz entdeckten alten **Baños Arabes** (Hamams) sind eine ungewöhnliche Stätte an einer Hauptstraße. Die beiden Hamams mit ihren Tonnengewölben waren ursprünglich mit armor verkleidet – das Innere kann man jedoch nicht besichtigen.

MELILLAS MODERNISME

Melilla ist die zweite autonome spanische Enklave an der marokkanischen Mittelmeerküste. An der Wende zum 20. Jh. war die Stadt das einzige Handelszentrum zwischen Tétouan und der algerischen Grenze. Als die Stadt wuchs, wurde sie im *modernisme* ausgebaut, jenem Architekturstil, den man meist mit dem katalonischen Architekten Antoni Gaudí verbindet, der hier aber von Don Enrique Nieto, einem seiner Schüler, vertreten ist.

Auf diese Weise entstand ein Freilichtmuseum voller prächtiger Gebäude. Der *Modernisme* zeichnet sich durch Kurven, Asymmetrien, reiche Details und organische Motive aus, insbesondere pflanzliche. Zu Nietos Werk zählen die Hauptsynagoge, die Moschee und mehrere Gebäude für die Katholische Kirche – ein Zeichen für die Diversität der Stadt.

UNTERWEGS VOR ORT

Ceutas Sehenswürdigkeiten kann man zu Fuß erkunden. Wer mit dem Auto fährt, sollte es besser in einem Parkhaus abstellen, weil die Parkplätze in den Straßen Zeitbeschränkungen unterliegen. Die Busse und *grands taxis* nach Ceuta halten häufig in Fnideq und nicht an der Grenze bei Bab Sabta – die Grenze ist von dort 1 km entfernt, aber *petits taxis* können einen hinbringen. In Ceuta fährt von der Plaza de la Constitution alle 10 Minuten ein Bus zur Grenze. *Grands taxis* befördern einen von Bab Sabta nach Tétouan, wo man Anschluss nach Tanger oder Chefchaouen hat.

Oben: Straßenleben, Fès; rechts: Parfümflaschen, Fès

FÈS

MAROKKOS SPIRITUELLES ZENTRUM

Die größte und zauberhafteste Medina der Welt ist ein Fest für die Sinne.

„Fès ist Fès“, sagt der Volksmund, was im Allgemeinen bedeutet, dass sich dieser Ort niemals verändern wird. Während Marrakesch Neues mit größtem Enthusiasmus annimmt, geht die Modernisierung von Fès, der ältesten Stadt Marokkos (und bis 1925 seine Hauptstadt), nur langsam vonstatten – hier bleibt man mindestens mit einem Bein in der Vergangenheit verwurzelt. Die bröckelnde Architektur und die schattigen Gassen schaffen eine Atmosphäre, die so geheimnisvoll wirkt wie die 1000 Jahre alten Stadtmauern, die sie umgeben. Fès ist einzigartig, und es eigentlich unverstellbar, ihren Zauber nicht zu erliegen.

Idris I. gründete Fès am Ostufer des gleichnamigen Flusses im Jahr 789. Die Almoraviden machten die Stadt im 11. Jh. zum kulturellen, intellektuellen und spirituellen Zentrum des Landes, doch ihre wahre Blütezeit erlebte Fès im 14. Jh. Inmitten staubiger, ockerfarbener Berge und einem Meer aus Olivenhainen hat sich die Stadt einen Hauch von Altem Testament bewahrt.

Die meisten Traveller verbringen ihre gesamte Zeit in der Medina (Fès el-Bali), dem größten autofreien Stadtgebiet der Welt. Befestigte Mauern umschließen 220 ha enger Gassen, Häuser, Geschäfte, Werkstätten und Paläste mit prächtigen Innenräumen aus kunstvoll geschnitztem Gips, bemaltem Holz und handgeschnittenen *zellij* (bunte geometrische Mosaikfliesen). Lichtstrahlen tanzen durch die Zedernholzspaliere der Souks, die mit Antiquitäten und Schätzen vollgestopft sind, die jeder Geschichte aus *Tausendundeine Nacht* würdig wären. Mütter schicken ihre Kinder zum *ferran* (Gemeinschaftsofen), um ihr tägliches Brot zu backen, während Männer jeden Alters an teerartigem Kaffee nippen und leidenschaftlich über Fußball und Politik diskutieren. Man braucht nur die Schicht einer Epoche abzuschälen, um eine andere freizulegen.

Die Worte von Edith Wharton in ihrem Buch *In Marokko* sind heute noch genauso zutreffend wie 1917, als sie geschrieben wurden: „Gebäude, Menschen, Bräuche scheinen alle unter ihrem eigenen Gewicht zusammenzufallen. Die Gegenwart ist eine sich ständig verlängerte Vergangenheit“.

DIE WICHTIGSTEN ZIELE

MEDINA
Traditionelle Souks und faszinierendes Interieur. S. 264

FÈS EL-JDID
Jüdisches Erbe, Königspaläste und repräsentative Gärten. S. 280

VILLE NOUVELLE
Ausgedehnte Alleen und erstklassige Restaurants. S. 284

Erste Orientierung

In der Medina sollte man sich auf die Talaa Kebira und die Talaa Seghira (die Haupteinkaufsstraßen) konzentrieren, die mitten durch sie hindurch führen. Die 14 gewölbten Tore dienen als Ein- und Ausgänge. Fès el-Jdid ist klein genug, um stressfrei zu flanieren, und auf den breiten, nach französischem Vorbild angelegten Boulevards der Ville Nouvelle findet man sich leichter zurecht.

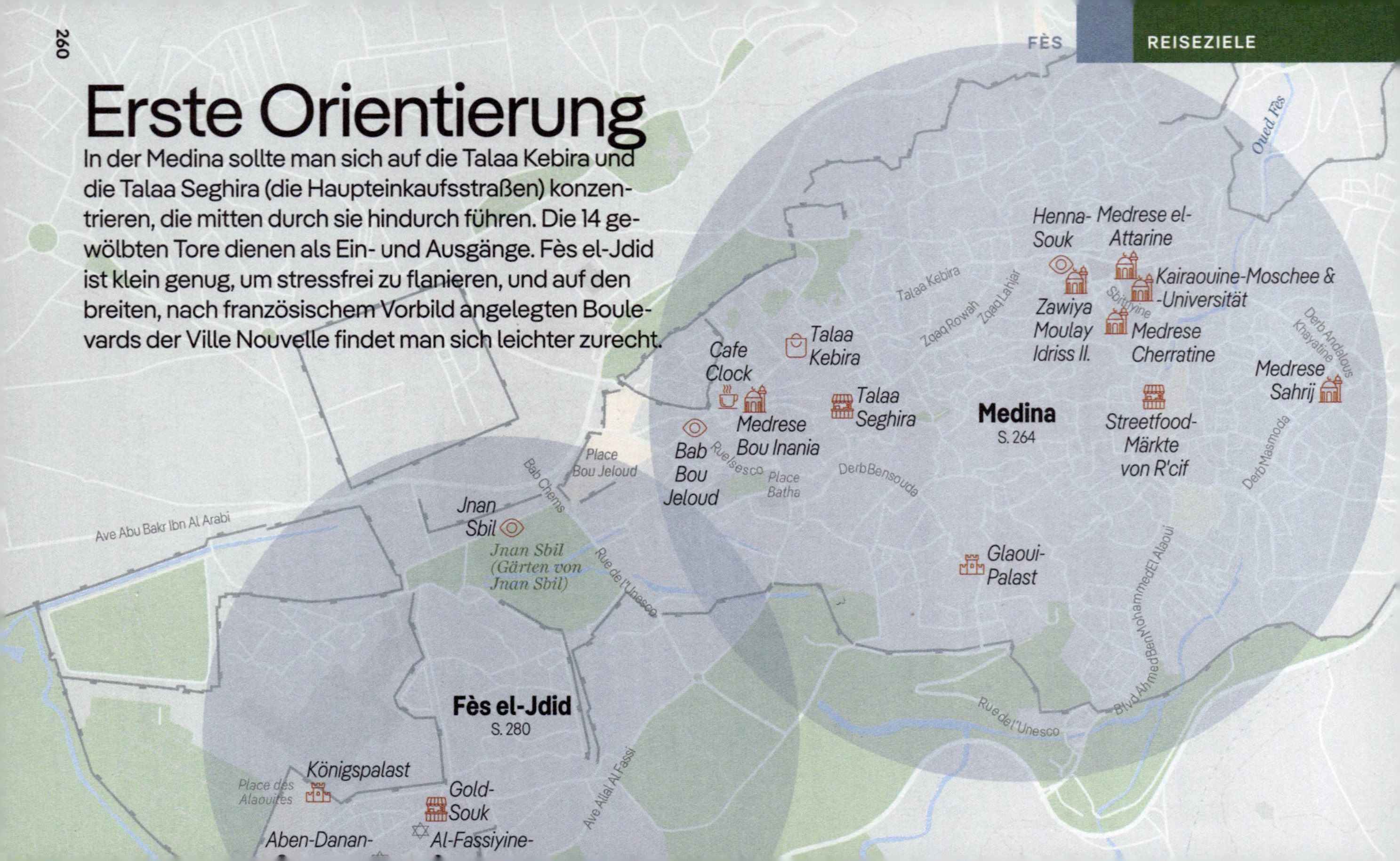

VOM/ZUM FLUGHAFEN

Bus 16 fährt vom Flughafen Fès-Saïss zum Bahnhof von Fès, die Fahrt kostet 4 Dh. Ein *grand taxi* bringt einen für 120 Dh zum nächstgelegenen Tor oder Drop-off-Punkt des Hotels. Private Transfers kosten zwischen 150 Dh und 200 Dh.

ZU FUSS

In der Medina kann man nur zu Fuß gehen. Einige Abschnitte sind steil, aber mit ein wenig Planung kann man meist bergab laufen und ein Taxi zurück zur Unterkunft nehmen. Bequeme Schuhe anziehen!

PETIT TAXI

Man kann ganz einfach ein *petit taxi* (ein kleines rotes Auto) am Straßenrand an verschiedenen Stellen an der Grenze der Medina anhalten. Die Taxis werden normalerweise geteilt (maximal drei Personen) und der Preis für eine Fahrt fängt bei 5 Dh an.

PRIVATER TRANSFER

Wenn man einen Transport zum Abendessen, für einen Tagesausflug oder in eine andere Stadt, in die Berge oder in die Wüste im Voraus planen möchte, organisiert man am besten einen privaten Transfer über die Unterkunft. Für längere Ausflüge muss man mit Kosten von bis zu 1500 Dh pro Tag rechnen.

Perfekte Tage

Am besten beginnt man jeden Tag an einem anderen Tor – so lassen sich selbst in kurzer Zeit verschiedene Viertel erkunden.

YALCINS/SHUTTERSTOCK ©

Bab Bou Jeloud (S. 269)

1. Tag

Morgens

- Vom Stadttor **Bab Bou Jeloud** (S. 269) geht's direkt ins **Cafe Clock** (S. 268) für einen *nus-nus* (halb Kaffee, halb Milch). Hier erfährt man auch, was momentan an kulturellen Veranstaltungen geboten wird. Im **The Anou** (S. 275) kann man Weberinnen bei der Arbeit zusehen. Anschließend wartet die **Medrese Bou Inania** (S. 267) mit ihrer sensationellen islamischen Architektur.

Mittags

- Es folgt ein Spaziergang über die **Talaa Kebira** (S. 266) mit ihrem Angebot an bunten Töpferwaren, gelben *babouches* (Lederpantoffeln), hölzernen Hamam-Eimern, prächtigen Teppichen und Berberschmuck. Erreicht man die Zqaq Lahjar, geht's weiter in die **Talaa Seghira** (S. 266), wo es (gefälschte) Designerjeans und Turnschuhe gibt.

Abends

- **Le Jardin des Biehn** (S. 276) ist der angesagteste Garten der Medina – und perfekt für ein Abendessen.

VON LINKS: ADWO/SHUTTERSTOCK ©, BARTOSZ LUCZAK/SHUTTERSTOCK ©, PICTURE PARTNERS/SHUTTERSTOCK ©

...nicht verpassen

Die unwiderstehliche Mischung aus Kontrasten kann man in der Medina erleben – von der Intensität der zentralen Souks bis hin zur Verträumtheit der Gärten und Dachterrassen.

SICH WUNDERBAR VERLAUFEN

Sich auf das Labyrinth einlassen und die unbekannteren Viertel wie **Al Andalous** (S. 278) erkunden. Sich zu verirren ist Teil des Vergnügens.

STREETFOOD GENIESSEN

Auf Fès' **Straßenmärkten** (S. 273) warten u.a. gefüllte Kamelmilz, Sardinen mit Chermoula und *babbouche* (Schnecken in würziger Brühe).

IN EINEM HAMAM ENTSPANNEN

Sich im entspannenden Dampf eines **Hamams** (S. 287) einem Peeling und einer Massage hingeben.

2. Tag

Morgens

- Der Tag beginnt auf dem Markt in Bab R'cif und mit einem Besuch des **Färber-Souks** (S. 276). Dann geht's zum **Place Seffarine** (S. 269) und entlang der Mauern der **Kairaouine-Moschee** (S. 268) ins Herz der Medina zur **Zawiya Moulay Idriss II.** (S. 271) und dem **Henna-Souk** (S. 267).

Mittags

- Im **Achabine Souq** (S. 273) gibt's wunderbares Streetfood. Besonders empfehlenswert: herzhafte *bissara* (Favabohnensuppe mit Olivenöl, Kreuzkümmel, Paprika und manchmal auch Knoblauch), Sardinen mit Chermoula und rauchige gegrillte *kefta* (Fleischbällchen)-Sandwiches.

Abends

- Zunächst besichtigt man in der Nachmittagssonne die **Gerberei Chouara** (S. 276), anschließend genießt man im **Darori** (S. 278) hervorragende marokkanische Hausmannskost.

3. Tag

Morgens

- Bab Lamar ist das Tor zur **Mellah** (S. 280), wo sich der **jüdische Friedhof** (S. 282) und zwei tadellos restaurierte **Synagogen** (S. 282) befinden. Die sieben Tore des **Königspalastes** (S. 281) sind umwerfend – gleiches gilt für den Schmuck auf dem **Gold-Souk** (S. 282) in der Rue Sekkakine.

Mittags

- Die Mellah wird nun durch das **Bab Semmarine** (S. 283) verlassen, anschließend folgen eine Teepause im hübschen **Café Restaurant La Noria** (S. 283) und ein Besuch der Gärten von **Jnan Sbil** (S. 282).

Abends

- Mit einem *petit taxi* geht's zum **Marché Central** (S. 285) in der Ville Nouvelle (Neustadt). Auf der anderen Straßenseite werden im **Café Marignan** (S. 286) eiskalte Biere zu kostenlosen Tapas serviert.

MOROKKANISCH KOCHEN

Fès ist die Wiege der marokkanischen Gastronomie. In der **Courtyard Kitchen** (S. 279) lernt man die Zubereitung von Tajines & Co.

WIE EIN DERWISCH TANZEN

Im **Cafe Clock** (S. 268) finden sonntags Konzerte mit Gnaoua-, Issawa- und Jilaliyat-Musik statt. Dienstags und freitags gibt's Oud-Konzerte.

WANDERN GEHEN

Fès ist von einer herrlichen Landschaft mit Olivenhainen und Wildblumen umgeben. **Bio et Bois** (S. 279) bietet schöne Wanderungen u.a. zum Berg Zalagh an.

DEN MOMENT GENIESSEN

Von der Terrasse des **Hotels Les Merinides** (S. 273) kann man bei einem Gin Tonic die Medina aus der Vogelperspektive betrachten.

MEDINA

TRADITIONELLE SOUKS UND FASZINIERENDES INTERIEUR

Es gibt nur wenige Orte, die einen derartigen Eindruck hinterlassen wie die Medina von Fès. Tritt man durch eines der 14 Tore, taucht man in eine mittelalterliche Welt ein, in der das moderne Leben hinter sich gelassen wird. Abseits der königlichen Pracht der *medresen* (Koranschulen), der Paläste und Moscheen liegt das wahre Wesen der Medina von Fès: die rund 600 000 Menschen, die innerhalb dieser alten Mauern leben und arbeiten und ein städtisches Umfeld schaffen, das vor Energie sprüht.

Viele Menschen hier tragen noch immer die traditionellen *djellabas* (Kapuzenmäntel) und bestickte Kaftane, weben prächtige Textilien auf handgefertigten Webstühlen und färben Wolle in einem Kaleidoskop von Farben im Färber-Souk. Auf den Märkten gibt's lebende Hühner, Eimer mit zappelnden Aalen und allerlei frische Kräuter (auch für Liebestränke, so heißt es), während der Gebetsruf des Muezzins über die Dächer hallt.

TOP TIPP

Die Medina von Fès ist die größte Fußgängerzone der Welt. Dieses Labyrinth offenbart denjenigen, die sich innerhalb seiner Mauern bewegen, ungeahnte Schätze – verfallene Paläste, alte Karawansereien und verträumte Gärten. Straßenschilder weisen den Weg: Ein Sechseck bedeutet eine Sackgasse, ein Quadrat eine Durchgangsstraße.

Medina

LIZAVETTA/SHUTTERSTOCK ©

HIGHLIGHTS
1 Streetfood-Markt in Achabine
2 Amrani Le Maître de l'Arôme
3 Bab Bou Jeloud
4 Borj Nord
5 Medrese Bou Inania
6 Cafe Clock
7 Medrese Cherratine
8 Dar Mokri
9 Funduq Kaat Smen
10 Glaoui-Palast
11 Henna-Souk
12 Kairaouine-Moschee & -Universität
13 La Maison d'Art Berbère
14 Medrese el-Attarine
15 Place Seffarine
16 Streetfood-Märkte von R'cif
17 Medrese Sahrij
18 Talaa Kebira
19 Talaa Seghira
20 Wasseruhr
21 Zawiya Moulay Idriss II.

SEHENSWERTES
22 Al-Andalous-Moschee
23 Gerberei Chouara
24 Hamam Makhfiya
25 Place Lalla Yeddouna
26 Riad Andalib

AKTIVITÄTEN, KURSE & TOUREN
27 Dar Namir

ESSEN
28 Cafe Laglali

SHOPPEN
29 Färber-Souk
30 Funduq Tazi
31 Schrottplatz von Ain Azleten
32 Kessaria-Souks
33 L'Art Traditionnel
34 Maison de Broderie
35 Médin'ART
36 Mustafa
37 Alten Funduq
38 The Anou

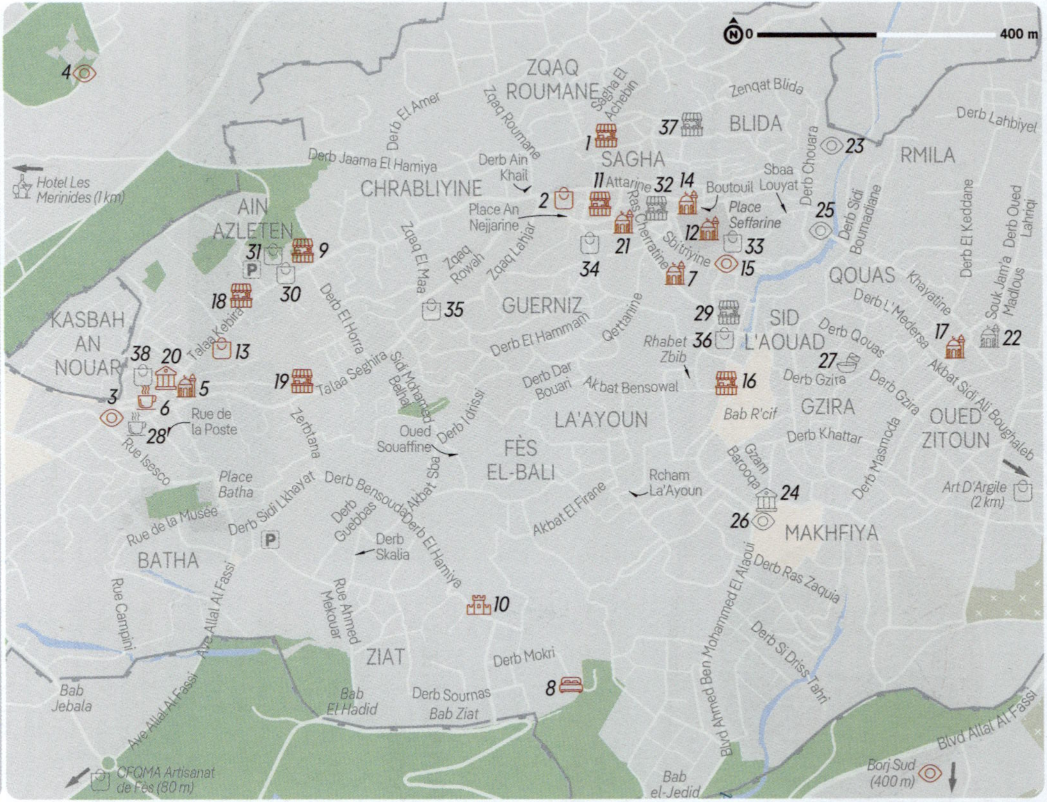

Lampen aus farbigem Glas, Talaa Kebira

Talaa Kebira & Talaa Seghira

ZWEI WEGE INS SHOPPING-PARADIES

Die Talaa Kebira (was „großer Abhang" bedeutet) und die Talaa Seghira („kleiner Abhang") sind die Hauptverkehrsadern und Einkaufsstraßen der Medina (die zentralen Souks sind unendlich viel verzweigter) und ein wahrer Augenschmaus. Ein Bummel durch diese Straßen ist eine gute Gelegenheit, sich langsam in das Labyrinth einzuarbeiten. Es gibt nichts, was es hier nicht gibt – Gewürzlöffel aus Zitronenholz, Tajines aus Terrakotta, bestickte Wäsche, gelbe Lederpantoffeln, gefälschte Nike-Turnschuhe und traumhafte Lederjacken. Hier geht man einfach geradeaus, verirren wird man sich nicht.

Funduq Kaat Smen

JEDE MENGE HONIG

Dieses schmucke *funduq* (Gasthaus, das von Handelskarawanen genutzt wurde) ist heute vor allem für seine Honigverkäufer:innen bekannt – insbesondere für Hicham Chergui, dessen Großvater hier 1952 ein Geschäft eröffnete. Hicham Chergui verkauft mehr als 17 verschiedene Sorten wilden Honigs und lässt Interessierte gern probieren, bevor sie kaufen. Traditionell waren Honig und *smen (*fermentierte und gesalzene Butter) in den ersten 24 Stunden ein wichtiger Imbiss für die Frauen, die einen Todesfall betrauerten und den Leichnam für die Beerdigung vorbereiteten.

Honig, Funduq Kaat Smen

OBEN LINKS: TOLOBALAGUER.COM/SHUTTERSTOCK ©, LINKS: GLEN BERLIN/SHUTTERSTOCK ©

La Maison d'Art Berbère

ZAUBERHAFTE TEPPICHE

2013 machte Youssef Salih seine lebenslange Leidenschaft für Berberteppiche aus dem Atlasgebirge zu seinem Beruf und eröffnete dieses wunderbare Teppichgeschäft. Im Mittelalter waren Teppiche in Fès ein wichtiger Bestandteil der Mitgift von Bräuten. Salih verbringt seine Tage damit, die Schätze zu begutachten, die ihm von einem Team aus Einkäuferinnen und Einkäufern gebracht werden, die das Land auf der Suche nach den besten Teppichen durchstreifen. Jeder Teppich wird durch einen Stil definiert und durch den Stamm, der ihn hergestellt hat. Es gibt u.a die Teppiche Zain (dichte Muster, gedämpfte Farben), Zemmour (extravagante Farben), Boujad (abstrakte, moderne Muster) und Beni Ouarain (sehr begehrt, weiß mit minimalistischen schwarzen oder dunkelbraunen Motiven, oft rautenförmig).

Treffen mit einem Medizinmann

TRADITIONELLE HEILKUNDE

Fès ist voller Heilenden, die alle möglichen Zaubertränke verkaufen, aber nur wenige verfügen über das Wissen und die Erfahrung von Si Mohammed El Amrani, der jahrzehntelang nicht nur marokkanische Kräutermedizin studiert hat, sondern auch eine Vielzahl traditioneller Heilmethoden aus China, Japan, Frankreich und Russland.

Als Hüter alten Wissens bietet seine kleine Apotheke **Amrani Le Maître de l'Arôme** Parfums gegen Schlaflosigkeit, Tränke gegen Impotenz (und für Fruchtbarkeit), Aufgüsse gegen Ekzeme, Honig gegen Asthma und Tinkturen gegen Erkältungen. Er bietet zudem Massagen, Schröpfen und Reflexzonenmassage zur Entspannung, Energiegewinnung und Schmerzbehandlung an. Er braucht nur 45 Minuten, um Nägel, Gesicht, Augen und Zunge zu untersuchen und herauszufinden, was mit einem los ist.

„Die traditionelle Medizin behandelt Krankheiten von innen heraus", erklärt er. „Der Mensch ist sehr stark. Wir müssen uns einfach besser um uns selbst kümmern." Dazu verschreibt er: An einem Tag in der Woche nur Obst essen, Zucker vermeiden, 3 l Wasser pro Tag trinken, beginnend mit zwei Esslöffeln Apfelessig in einem Glas Wasser, häufige Bewegung, je sieben Mal morgens und abends tief ein- und ausatmen – und genügend Schlaf.

Er ist davon überzeugt, dass man damit lebenslang gesund bleiben wird. Zur Sicherheit erhält man zusätzlich vor dem Verlassen seines Ladens einen *baraka* (Segen).

SHOPPEN IM HENNA-SOUK

Auf dem Gelände des 1286 gegründeten und bis 1944 betriebenen Krankenhauses Bimaristan Sidi Frej befindet sich der Henna-Souk, wo sich alte Kuriositätenläden mit Töpferwarengeschäfte messen. Er ist vor allem für seine traditionellen Schönheitsprodukte bekannt, darunter Henna, mit dem Frauen ihre Hände und Füße verzieren, schwarzer Kajal für die Augen, Mohnpulver für die Lippen, schwarze Seife, *ghassoul* (mit Rosenwasser angereicherte Tonerde) und *kessa* (Scheuerhandschuhe) für das Hamam.

Medrese Bou Inania

DIE KUNST DES HAMAMS

Nach dem Shoppen sollte man sich einen gemütlichen Nachmittag im Hamam gönnen. Die Auswahl in Fès ist groß. So bietet das ruhige Riad Laaroussa (S. 277) angenehmen Luxus in der Medina, während im Nausikaa (S. 287) in der Ville Nouvelle ein authentisches Gemeinschaftserlebnis wartet.

Medrese Bou Inania

EHRFURCHT GEBIETENDE ISLAMISCHE ARCHITEKTUR

Die Medrese Bou Inania wurde zwischen 1351 und 1357 als Moschee (in Betrieb, für Nicht-Musliminnen und -Muslime geschlossen) und Koranschule (für Gäste zugänglich) erbaut und hat kunstvoll geschnitzten Putz, verzierte Zedernfriese und Marmorböden. Doch bekannt ist sie für La Magana, die **Wasseruhr** gegenüber des Haupteingangs. Der Astronom Abou L'Hassan Ali Tlemsani ließ sie installieren, um die Zeit für den Gebetsruf anzugeben. Die Uhr, die nicht mehr in Betrieb ist, hatte Fenster, die sich in regelmäßigen Abständen öffneten und eine Kugel in 13 Messingschalen fallen ließen, die die Stunden anzeigten. Die Schalen sind zur sicheren Aufbewahrung weggebracht, bis jemand herausfindet, wie man die Wasseruhr wieder zum Laufen bringen kann.

Kairaouine-Moschee

SPIRITUELLES HERZ VON FÈS

Als eines der wichtigsten islamischen Zentren der Welt kann die Moschee bis zu 20 000 Menschen fassen (kein Zutritt für Nicht-Musliminnen und -Muslime) und ist von 14 Toren und über 400 m langen Mauern umgeben. Dieser außergewöhnliche Komplex kann vom Dach des Weaving Art in der Rue Boutouil aus bestaunt werden, das einen Blick auf die smaragdgrünen Ziegeldächer und den Marmorhof bietet. Inspiriert von der Mezquita in Cordoba, Spanien, wurde Kairaouine im 9. Jh. von Fatima al-Fihri, der Tochter eines reichen tunesischen Kaufmanns, gegründet, die bekanntlich jeden Tag fastete, bis das Projekt fertiggestellt war. Benannt ist die Moschee nach der Stadt Kairouan in Tunesien.

Die Haupttore sind an den meisten Tagen geöffnet (man kann also einen Blick hineinwerfen), und vor allem an Freitagen, wenn alle Tore offen stehen, lässt sich auch von außen viel des exquisiten Inneren sehen.

Kairaouine-Moschee

Cafe Clock

INTERKULTURELLES ZENTRUM

Als ein ehemaliger Oberkellner der Londoner Kultrestaurants The Ivy und Wolseley beschloss, alles aufzugeben, um in Fès ein Café zu eröffnen, ahnte er nicht, dass es zu einer Brücke zwischen den Kulturen werden würde. Heute treffen Traveller im Cafe Clock auf einheimische Kunstschaffende und Fassis und erhalten einen authentischen Einblick in das Leben in dieser Stadt. Die legendären Kamelburger, die Dattel-Shakes, die tollen, traditionellen Kochkurse und das freundliche Personal sorgen dafür, dass man immer wieder gern ins Cafe Clock zurückkehrt.

Kairaouine-Universität

Kairaouine-Universität

ÄLTESTE DURCHGEHEND LEHRENDE UNIVERSITÄT DER WELT

Im Mittelalter war die Kairaouine-Universität (auch als Universität von al-Qarawiyyin bekannt) nach der von Paris die zweitgrößte. Neben religiösen Inhalten wurden hier auch Jura, Mathematik, Medizin, Botanik und Astronomie vermittelt. Die Universität zog viele der größten Gelehrten aus aller Welt an, darunter den berühmten jüdischen Philosophen Maimonides, dessen Haus neben dem Cafe Clock steht, sowie den Diplomaten Leo Africanus, der bei der Erforschung des Maghreb und des Niltals Pionierarbeit leistete. Die Bibliothek der Universität befindet sich am Place Seffarine und kann mit einer Sondergenehmigung der Regierung besichtigt werden. Das Alter und der Wert der Bücher der Universität zeugen von der intellektuellen Stärke von Fès.

Place Seffarine

VIERTEL DES KUPFERHANDWERKS

So wie der Jemaa el Fna der berühmteste Platz Marrakeschs ist, ist der Place Seffarine der bekannteste von Fès. Der dreieckige, gepflasterte Platz, der von einem riesigen Maulbeerbaum beschattet wird und nordöstlich des Flusses liegt, ist seit dem Mittelalter ein wichtiger Treffpunkt für Leute, die zur Kairaouine-Bibliothek (die Tür ist aus Kupfer) und zur Moschee gehen, sowie für die Studierenden der Medrese Saffarin.

Der Name des Platzes leitet sich von dem Wort *seffar* ab, das sich auf die Farbe jener Metalle bezieht, die von den marokkanisch-jüdischen Kupferschmieden bearbeitet wurden, die dieses Handwerk hier im Mittelalter einführten. Seitdem hat sich diese Handwerkskunst erhalten, und sobald man sich nähert, hört man das Klopfen ihrer Hämmer durch das ganze Viertel hallen. Die Kupferwaren sind nach wie vor extrem begehrt, vor allem für die großen Hochzeitsfeiern. Hierher kommen die Caterer und die weiblichen Familienmitglieder, um die riesigen Kessel, die *bastilla*-Tabletts und die *couscousiers zu* mieten, die für die Bewirtung von mehr als 200 Gästen erforderlich sind.

TOLLES KOCHGESCHIRR AUS KUPFER

Die Kupferarbeiten der Fassi sind zu Recht berühmt. Das handgefertigte Kochgeschirr, die einfachen Töpfe und Pfannen, Tajines, Terrinen (darauf achten, dass sie verzinnt sind, wenn sie zum Kochen verwendet werden sollen), aufwendigere Tabletts, Teekannen und Kaffeekannen im türkischen Stil sind fantastisch. Kupfer ist unübertroffen leitfähig und gilt in der Region als „freundliches" Material, das bei einer bestimmten Temperatur Keime und Bakterien abtöten kann und, ebenso wie Eisen, ein wichtiger Nährstoff für die Bildung gesunder roter Blutkörperchen ist.

Kupferwarengeschäfte

ERKUNDUNG BEI NACHT

Schlendert man abends durch die Souks, wenn weniger Menschen unterwegs sind, lassen sich die architektonischen Details besser erkennen, vor allem in belebten Gegenden wie entlang der **Zawiya Moulay Idriss II.** (S. 271). Die altmodische Straßenbeleuchtung schafft ein magisches Flair.

Bab Bou Jeloud

TOR IN EINE MITTELALTERLICHE WELT

Dieses Tor (*bab*), das auf der einen Seite blau, der Farbe von Fès, und auf der anderen Seite grün, der Farbe des Islams, gekachelt ist, ist eines der Wahrzeichen der Medina. Außerdem eignet es sich als ein hervorragender Ausgangspunkt für Erkundungen des verschlungenen Flickenteppichs aus engen Gassen, leuchtenden Farben und dem Charme einer anderen Zeit. Die Franzosen bauten es 1913 anstelle einer viel älteren und einfacheren Version aus dem 12. Jh. Die zahlreichen Cafés und Restaurants auf dem dahinter liegenden Platz laden zum Beobachten des Straßengeschehens ein.

Medrese el-Attarine

Medrese el-Attarine

UMWERFEND SCHÖN

In einer Stadt mit vielen *medresen* gilt die Attarine als besonderes Juwel und außergewöhnliches Relikt der Meriniden-Dynastie, die Marokko vom 13. bis zum 15. Jh. regierte. Nachdem er Fès zur Hauptstadt gemacht hatte, gab Sultan Abu Sa'id Uthman II., der auch die Medrese Sahrij im Andalusischen Viertel errichtete, diese Koranschule in Auftrag. Die Attarine, benannt nach den Parfümeurinnen und Parfümeuren sowie den Gewürzhändler:innen, die noch heute in der Nähe Waren verkaufen, hat einen besonders schönen Innenhof und Gebetsräume mit geschnitzter Gipskalligraphie, die die Worte des Korans buchstabiert, Säulen aus *zellij*-Fliesen, die Zedernholzbögen tragen, schwarze und weiße Marmorböden und einen spektakulären Blick aus dem 1. Stock durch schmiedeeiserne Fenster auf die Dächer der Kairaouine-Moschee.

Medrese Cherratine

DIE GRÖSSTE KORANSCHULE IN DER MEDINA

Die Mitte des 17. Jhs. vom alaouitischen Sultan Moulay Al Rashid erbaute Medrese Cherratine war eines der angesehensten Studentenwohnheime der Stadt und beherbergte in 120 Zimmern bis zu 150 der besten Gelehrten des Landes. Die Cherratine wurde von der Medrese Ben Youssef in Marrakesch inspiriert und ist weniger üppig dekoriert als einige der älteren *medresen* der Medina, sodass hier viel weniger los ist als in den anderen *medresen*. Glatte Gipswände, erdfarbene Ziegel, Zedernholz und ein Boden, der von den Füßen zahlreicher Menschen, die hier vorbeigekommen sind, glattgeschliffen wurde, sorgen für eine schöne Atmosphäre.

Medrese Sahrij

Medrese Sahrij

EIN ARCHITEKTONISCHES RÄTSEL

Obwohl sie als Koranschule wieder in Betrieb genommen wurde (was bedeutet, dass Besucher:innen nicht hineingehen können), ist die Medrese Sahrij ein interessantes Rätsel, über das man nachdenken kann. Sahrij bedeutet auf Arabisch „Pool", und die Medrese wurde von einem merinidischen Sultan erbaut, dessen Architekt das Wasserbecken so gestaltete, dass es die märchenhaft verschlungenen Muster, die es umgeben, widerspiegelt und wie eine optische Täuschung wirkt. Egal, an welchem Ende des Beckens man steht, es scheint das flache Ende zu sein. Wie dies erreicht wurde, weiß niemand genau (wie bei vielem in Fès).

Zawiya Moulay Idriss II.

DAS HEILIGE GRAB DES GRÜNDERS VON FÈS

Dieses Mausoleum ist die letzte Ruhestätte des Hauptgründers von Fès, Idris II., und gilt als eines der bedeutendsten Heiligtümer Marokkos. Es heißt, dass fünf Pilgerfahrten hierher einer nach Mekka entsprechen. Daher wimmelt es in der Umgebung des Schreins von Händler:innen, die Kerzen, Weihrauch und andere spirituelle Utensilien verkaufen, sowie von zahlreichen Ständen, an denen Nougatplatten und andere süße Leckereien feilgeboten werden. Die hölzernen Gitterstäbe, unter denen man den Kopf senken muss, um den Komplex zu betreten, zeugen von seiner Bedeutung als heiliger Ort. Wirft man einen Blick hinein, sieht man einen mit karmesinroten Gebetsteppichen und funkelnden Kronleuchtern geschmückten Innenraum.

Das Mausoleum ist auch der Ausgangspunkt der jährlichen *mawlid-moussem* (Prozession zu Ehren eines lokalen Heiligen), die von der Handwerkergilde von Fès anlässlich des Geburtstags des Propheten Mohammed veranstaltet wird und auf eine jahrhundertealte Tradition zurückgeht. Dann ist hier alles voller Menschen, die durch Berühren des Grabes *baraka* (Segen) erhalten wollen. Ein fest in die Wand eingelassener Bronzebriefkasten verspricht Glück für diejenigen, die im Vorbeigehen eine oder zwei Münzen einwerfen. Schlendert man nachts durch die Gegend, beleuchten die Straßenlaternen die üppigen Details der filigranen Bronzelaternen und das mit Blattgold verzierte *zouak* (bemaltes Holz) an den Türen und Säulengängen des Mausoleums.

Zawiya Moulay Idriss II.

ZUCKER, GEWÜRZE & ANDERE SCHÖNE DINGE DES LEBENS

In den Straßen rund um das Mausoleum werden nach Blumenwasser duftende Segenswünsche, Gebetsperlen, *bakhoor* (Weihrauch) und Votivkerzen angeboten. Die Händler:innen sind sehr freundlich und stellen, sobald man Interesse zeigt, gern einen Beutel mit Sandelholz, Weihrauch und Oud zusammen, den man zu Hause verbrennen kann, um böse Geister abzuwehren. In der Nähe verkaufen andere Händler:innen pastellfarbenen Nougat und kandierte Nüsse, und auf dem Chemmaine-Platz nebenan findet man zwei hübsche Stände mit getrockneten Früchten und Nüssen, die leckerer nicht sein könnten.

TRADITIONELLE GERICHTE

Wer Fassi-Streetfood probieren möchte, sollte sich für eine Tour mit **Fez Walking Guided Tours** (S. 278) anmelden, bei der man auf einem vierstündigen Spaziergang durch die Souks von Achabine und R'cif allerlei Köstlichkeiten entdecken kann.

Dar Glaoui (Glaoui-Palast)

DIE VERBLASSENDE PRACHT DER FAMILIE GLAOUI

Der 150 Jahre alte Palast ist zwar dringend renovierungsbedürftig, vermittelt aber einen Eindruck davon, wie die Schönen und Reichen der Medina von Fès einst lebten. Er war der erste Ort in der Stadt, der über Elektrizität und Heizung verfügte, und wird heute vom Wächter Abdou betreut, der einen für eine Handvoll Dirham herumführt. Seine Führung beginnt im Empfangsraum, wo zwei karminrote „Throne" in einem glitzernden Salon stehen, der mit *zellij*-Fliesen, geschnitztem Putz mit indigo-, rosa- und violettfarbenen Pigmenten und irakischen Glasfenstern verkleidet ist.

Ein hübscher Säulenhof aus weißem Marmor mit blauen Fassi-*Zellij* führt zu einer Küche, die einst die vielen Gäste der Familie Glaoui versorgte. General Lyautey, der erste französische Militärgouverneur in Marokko und bekannt als „französischer Baumeister", lebte Anfang des 20. Jhs. in diesem Palast.

Dar Glaoui

Dar Mokri

SUITE DREAMS

Der Ende des 19. Jhs. von der wohlhabenden Familie Mokri begonnene Komplex besteht aus drei verschiedenen Palästen, die über drei Generationen hinweg errichtet wurden. Si Tayb al-Moqri, der Enkel, bietet einige der Zimmer in seiner monumentalen Anlage auf Airbnb an. Sein Palast ist neuer als die anderen und wurde von einem italienischen Architekten entworfen, der mit seinen üppigen Stuckarbeiten und der Verwendung von Bögen und Säulen einige Merkmale einer klassischen italienischen Villa einbrachte. Der lange, mit Marmor geflieste Innenhof mit sternförmigen Brunnen führt zu königlich eingerichteten Zimmern, die für 600 Dh bis 700 Dh pro Nacht gebucht werden können.

Zellij, Dar Glaoui

Streetfood-Märkte

SCHULTER AN SCHULTER MIT EINHEIMISCHEN

Die Fassis waren schon immer stolz auf ihre Küche, aber sie ist oft schwer zu kriegen. Das beste Essen findet man zumeist nicht in Restaurants, sondern auf der Straße, rund um die Obst- und Gemüsemärkte von R'cif und Achabine. Oft arbeiten junge Männer in kleinen Läden und verkaufen das von ihren Müttern gekochte Essen. Das können *lobia* (mit Kurkuma gedämpfte weiße Bohnen), *addis* (mit Tomaten, Paprika und Kreuzkümmel gedämpfte Linsen), *maâkouda* (Kartoffelpüree mit hausgemachter Tomatensauce), saftige, mit Chermoula gefüllte Sardinen, gegrillte *merguez* (gewürzte Lamm-, Rind- oder Hühnerwürste) oder ein gedämpfter Schafskopf mit Salz und Kreuzkümmel sein. Wer mit offenem Geist und Magen kommt, darf sich auf ein Festmahl gefasst machen.

Straßenverkauf

Borj Nord

Borj Nord & Borj Sud

DIE ZWILLINGSFESTUNGEN DER STADT

Die Zwillingsfestungen Borj Nord und Borj Sud aus dem 16. Jh. wurden von den Saadiern erbaut, um die Stadt vor Eindringlingen zu schützen, und liegen einander gegenüber – eine am Südufer der Medina, die andere im Norden. Die Borj Sud wird immer noch für militärische Zwecke genutzt und kann daher nicht betreten werden. Die Borj Nord beherbergt ein faszinierendes Museum mit 775 historischen Waffen, die die Militärgeschichte Marokkos bis in die heutige Zeit dokumentieren. Man kann auch ein Modell der Wasseruhr besichtigen, die sich außerhalb der Medrese Bou Inania befindet (S. 267).

Hotel Les Merinides

DER ULTIMATIVE PANORAMABLICK

Das auf dem Hügel neben den Merinidengräbern gelegene Hotel ist etwas in die Jahre gekommen, aber es eignet sich immer noch wunderbar, um auf seiner nach Süden ausgerichteten Terrasse einen (alkoholischen) Drink bei Sonnenuntergang zu genießen. Von hier aus liegt einem die gesamte Medina zu Füßen, umrahmt von silbernen Olivenhainen. Der Anblick der antiken Stadt, die sich im Nachmittagslicht von Gold zu Rosa färbt, ist unvergesslich. Der Zugang zum großzügigen Pool des Hotels kostet in den Sommermonaten 200 Dh.

Sakralmusik-Festival in Fès

DAS GRÖSSTE KULTURELLE EREIGNIS DER STADT

Das Festival de Fès des Musiques Sacrées du Monde, das im späten Frühjahr oder frühen Herbst 10 Tage lang in Fès stattfindet, ist eine der besten Möglichkeiten, die Stadt und ihre Menschen zu erleben. Nur wenige Musikfestivals bringen eine solche Vielfalt an Talenten zusammen, von wirbelnden Derwischen und Gospelsänger:innen bis hin zu indischen Sufisänger:innen und marokkanischen Chören, von großen Namen und aufstrebenden Talenten. Das Festival bietet ein mehrtägiges intensives kulturelles Erlebnis an einigen der spektakulärsten Orte der Stadt, darunter der Hauptplatz vor dem Bab Makina, die Aben-Danan-Synagoge, die Jnan-Sbil-Gärten und einige Paläste.

Im Jahr 2001 erkannte die UNESCO die Veranstaltung als einen wichtigen Beitrag zum offenen Dialog zwischen den Nationen an. Im Laufe der Jahre traten hier so unterschiedliche Kunstschaffende wie Patti Smith und Ben Harper, die Blind Boys of Alabama, Paco de Lucía, Ravi Shankar und Ibrahim Maalouf auf. Bei der ersten Ausgabe nach der Pandemie wurde die Veranstaltung im Juni 2022 durch Lichtprojektionen um eine schillernde Dimension bereichert. Ist man zur selben Zeit hier, sollte man die Unterkunft rechtzeitig im Voraus buchen.

Dar Batha

Festival der Sufi-Kultur

EINBLICK IN EINE HEILIGE WELT

Das Festival der Sufi-Kultur, das in der Regel im Oktober stattfindet, ist ein weiterer Höhepunkt im Kulturkalender von Fès. Es vermittelt die esoterischen Lehren des Sufismus durch Musik, Poesie und die meditative *sema*-Zeremonie, die von wirbelnden Derwischen durchgeführt wird. Bruderschaften aus ganz Marokko, Afghanistan und der Türkei singen und rezitieren Gedichte auf Plätzen im Freien wie vor dem **Dar Batha** und im **Jnan Sbil**. Dazwischen finden spirituelle und intellektuelle Gesprächsrunden und Seminare statt, die sich mit Fragen wie der Rolle der Frau im Sufismus oder dem Sufismus und der zeitgenössischen Kunst befassen. Die meisten Aktivitäten sind kostenlos.

Jnan Sbil

Handwerkskunst in der Medina

BESTES KUNST-HANDWERK SHOPPEN

Médin'ART
Hier kann man allerlei Geschenke kaufen: von cooler Fassi-Mode über handgefertigtes Kinderspielzeug bis hin zu lokalem Olivenöl.

The Anou
Von Weberinnen betriebenes Geschäft für zeitgenössische Teppiche.

L'Art Traditionnel
Messing-, Kupfer- und Zinnlaternen von hoher Qualität – und Badewannen, falls man eine kaufen will – in der Nähe der Place Seffarine.

Funduq Tazi
Traditionelle Fassi-Töpferware und schönes, gestreiftes Geschirr im modernen Look.

CFQMA Artisanat de Fès
Ausbildungszentrum für junge Kunsthandwerker:innen. Verkauft bestickte Wäsche, Leder- und Töpferwaren.

MEHR IN DER MEDINA

Zauberhaftes Kunsthandwerk

DIE VERSTECKTEN ATELIERS DER STADT

Für alle, die einen tiefen Einblick in das kreative Erbe der Stadt gewinnen möchten, ist die Exkursion **„Fez Artisan Visit"** von Culture Vultures (culturevultures.ma) genau das Richtige. Fès wird als eine der größten Kunsthandwerkshauptstädte der Welt gefeiert und beherbergt Tausende von Kunsthandwerker:innen, die innerhalb der Mauern der Medina leben und arbeiten. Auf dieser Tour kann man acht bis zehn der besten besuchen und dabei mehr über die Kunsthandwerker:innen sowie das Gerben, Pantoffelmachen, Sticken, Weben, Töpfern, Holzschnitzen und Kupferschschmieden erfahren.

Die Fez-Artisan-Visit-Tour führt einen nicht nur weit abseits ausgetretener Pfade in die Werkstätten der Kunsthandwerker:innen – die oft nur ein unmarkiertes Loch in der Wand in einer schattigen Gasse sind –, sondern man lernt auch etwas über die traditionellen Produktionsmethoden. Tatsächlich wird man zum Mitmachen eingeladen. Ob man nun lernen möchte, wie man Wolle spinnt, einen Webstuhl aufbaut, einen Topf glasiert oder einen traditionellen Knopf stickt, die besonderen

SCHÖNSTE RIADS IN DER MEDINA

Dar Seffarine
Tadellos restauriertes 600 Jahre altes Fassi-Stadthaus, das für seine ausgezeichneten Abendessen bekannt ist. **€€**

Riad Anata
Klein, aber fein, mit schickem Dekor, lustigen Kochkursen und einer Chill-out-Zone auf dem Dach. **€€**

Karawan Riad
Großzügige Zimmer mit modernen Annehmlichkeiten. Mit Teestuben, einem Hamam und einem Restaurant **€€€**.

Interaktionen erlauben eine intensive Einsicht in diese „Stadt des Kunsthandwerks".

Jeder maßgeschneiderte Besuch ist eher als Dialog denn als Tour konzipiert und wird von fachkundigen Dozentinnen und Dozenten begleitet, die ihr Leben lang in Fès gelebt haben und fließend Englisch und Darija sprechen, sodass ein Austausch zwischen Travellern und Kunsthandwerker:innen möglich wird, deren Kenntnisse über Hunderte von Jahren von Generation zu Generation weitergegeben wurden.

LOCAL TIPP: FÈS IM FILM

Omar Chennafi, Fotograf und Kurator des Fez Art Lab, verrät seine Tipps, wie man Fès' Magie am besten mit der Kamera einfängt. @omarchennafi

Immer bedenken
Dies ist eine sehr traditionelle muslimische Stadt, der man sich mit Neugierde und Anstand nähern sollte.

Lieblingsmotive
Intime Momente wie Menschen beim Tee trinken oder Handwerker:innen bei der Arbeit.

Bevorzugte Viertel
Al Andalous ist noch relativ unberührt. In Mellah und Fès el-Jdid verschmelzen Altes und Neues. Die Stadtmauern weisen antike architektonische Details auf.

Beste Zeit des Jahres
Im Frühling und Herbst ist das Licht besonders schön und es ist weder zu heiß noch zu kalt.

Wie man in den Souks einkauft

EINE SCHATZTRUHE MIT HANDGEFERTIGTEN WARE

„Handgemacht" ist inzwischen ein Modewort für alle, die in ein Souvenir investieren wollen, das lange hält, und die jene Künstlerinnen und Künstler unterstützen wollen, von denen diese Stücke stammen. Ob man sich nun mit Baumwollkaftanen oder *gandora* (kurzärmelige, bodenlange Tunika für Männer) in den **Kessaria-Souks** in der Nähe des Mausoleums von Idris II. eindeckt oder einen hübschen Strohkorb für den wöchentlichen Bauernmarkt sucht – nirgendwo kann man so gut einkaufen wie in Fès.

Zellij sind eine der Spezialitäten der Stadt – diese handgeschnittenen glasierten Fliesen gibt es in einem Kaleidoskop von Farben und Mustern. Die aus dem 10. Jh. stammenden dekorativen Bauelemente sind heute auch im Ausland sehr beliebt. Ein Quadratmeter kostet zwischen 100 Dh und 500 Dh. Bei **Art D'Argile** im Töpferviertel von Ain Nokbi gibt's freundlichen Service und faire Preise. Die Preise für Geschirr sind in der Medina oft günstiger, z. B. bei **Funduq Tazi** (auf der Talaa Kebira) und im **Henna-Souk** (S. 267).

Am Ende der Talaa Seghira sieht man meisterhafte Kunsthandwerker:innen, die *gebs* (Gips) schnitzen, eine Technik, die auf die Meriniden zurückgeht, die ihre Paläste, Moscheen und *medresen* mit sehr detaillierten Reliefs ausstatteten. *Gebs* wurde als praktisches Baumaterial sehr geschätzt, da es Feuchtigkeit absorbiert und gegen Hitze isoliert – nützliche Eigenschaften im hiesigen Klima.

Gegenüber dem **Färber-Souk** in R'cif verkauft **Mustafa** eine große Auswahl handgeflochtener Körbe, Schachteln und Schalen aus Doum-Palmen und Espartogras sowie Zitronenholzlöffel und Zitruspressen. Es wäre schade, nach Fès zu kommen und die **Gerberei Chouara** zu verpassen, wo man dabei zusehen kann, wie Haut in Leder verwandelt wird. Vor dem Kauf sollte man an der Ware riechen. Riecht sie stark, ist sie von schlechter Qualität und nicht gut verarbeitet. Ziegenhäute ergeben das weichste Leder.

ROMANTISCHE ABENDESSEN IN DER MEDINA

Ruined Garden
Tagsüber herrlich schattig, nachts verträumt-romantisch mit Kerzenlicht und klassischen Fassi-Gerichten. **€**

Le Jardin des Biehn
Üppiger, weitläufiger Garten, in dem traditionelle und internationale Gerichte serviert werden, darunter großartige Steaks. **€€**

Dar Roumana
In einem romantischen Innenhof. Cocktails und köstliche französisch-marokkanische Fusionsgerichte. **€€**

Traditionelle Lampen

Zouak und *mashrabiya* (handgedrechselte Holzgitter) sind hochgeschätzt und wurden fast immer aus Zedernholz hergestellt, da sich Holzwürmer hier nicht niederlassen. Viele Traveller haben sich von den alten Türen, Fenstern und Schränken von Fès verführen lassen und sie mit nach Hause genommen. Wer auf der Suche nach solchen Gegenständen ist und ein Restaurierungsprojekt nicht scheut, findet mit dem **Schrottplatz von Ain Azleten** eine gute Anlaufstelle.

Aus filigraner Bronze, Kupfer und anderen Metallen gefertigte Laternen sind nicht nur eine Zierde. Man sieht sie überall in den Säulengängen von Moscheen, Riads und Restaurants hängen. Mit L'Art Traditionnel (S. 275) in der Nähe der Kairaouine-Moschee lässt sich ein Termin vereinbaren. Die Arbeiten dieses Unternehmens sind in Moscheen, Palästen und schicken Häusern auf der ganzen Welt zu sehen. Hier kann man auch bei der Herstellung zugucken.

Bei einem Spaziergang durch die Medina hört man immer wieder die Schiffchen der Weber:innen hin- und herfliegen. Hunderte von Weberinnen arbeiten überall in der Medina an ihren handgefertigten Webstühlen. Die Männer weben Stoffe für Kaftane, *djellabas* und Bettbezüge, während die Frauen Teppiche und Stickereien herstellen. Eine große Auswahl an wunderschönen Schals gibt's im **alten Funduq** gegenüber von

EXTRAVAGANTES NEUES ZUHAUSE FÜR KUNSTSCHAFFENDE IN FÈS

Michel Mossessian entwarf die **Place Lalla Yeddouna**, ein visionäres architektonisches Projekt, als einen Ort, der Freude wecken und den Kunstschaffenden der Stadt eine Bühne bieten soll. Verkleidet mit auffälligen *zellij* in Blockfarben – Fuchsiapink, Smaragdgrün, Coelinblau, Senfgelb – wurde der Bau 2019 als moderner Arbeitsbereich fertiggestellt, der traditionelle Handwerkskunst geschickt mit einer kühnen Ästhetik verbindet. Leider hat die COVID-19-Pandemie das Projekt zunächst zum Stillstand gebracht, aber inzwischen sind mehrere Kunsthandwerksmeister:innen eingezogen, darunter der 81-jährige Abdelkader Ouazzani, der letzte Brokatkünstler der Stadt. Die Place Lalla Yeddouna wird sich sicher als Wahrzeichen etablieren und ein neues Kapitel in der zeitgenössischen Entwicklung dieser alten Stadt einläuten.

UNTERKÜNFTE MIT POOL IN DER MEDINA

Dar Bensouda
Minimalistisch und doch stimmungsvoll, mit geräumigen Zimmern, einem Tauchbecken im Innenhof und dem süßesten Spa. **€€**

Riad Laaroussa
Wunderschöner, tiefblauer Pool, umgeben von Rasen. Eine der besten Massagen der Medina und ein Dachrestaurant. **€€€**

Dar Lys
Luxuriöses Riad mit ausgezeichneter Küche. Pool auf dem Dach mit herrlichem Blick auf die Medina. **€€€**

XURXO LOBATO/GETTY IMAGES ©

Al-Andalous-Moschee

LOCAL TIPP: HIGHLIGHTS VON FÈS

Amal Ngadi ist die Gründerin von Fez Walking Guided Tours (@fezguidedtours). Dies sind ihre Lieblingsplätze in der Stadt.

Frühstück
Cafe Laglali am Ende der Talaa Seghira für Minztee.

Sehenswertes
Die Medrese Bou Inania (S. 267) – eine der schönsten Koranschulen.

Shoppen
Sabra-Schals (Kaktusseide) aus einem *funduq* aus dem 13. Jh. (der derzeit restauriert wird) in der Nähe von Zawiya Tijani.

Mittagessen
Streetfood in Achabine. Besonders lecker: Sardinen mit Chermoula und gegrillte *kefta*-Sandwiches.

Besorgungen
Der Färber-Souk. Das Färben dauert einen Tag und kostet 15 Dh pro Kleidungsstück.

Abendessen
Im Riad Fès. Das Huhn *m'qalli* (mit Ingwer und Safran gebraten) mit *daghmira* (karamellisierte Zwiebelsauce) ist ein Traum.

Zawiya Tijani. Im **Maison de Broderie** nahe des Mausoleums von Idris II. findet man hübsche bestickte Fassi-Tischdecken und -Bettüberwürfe.

Erkundung von Al Andalous

SPAZIERGANG DURCH DEN RUHIGEN TEIL DER MEDINA

Al Andalous ist eines der am wenigsten besuchten Viertel der Medina: Hier spielen Kinder in den *derbs* (Gassen) Fußball, Oliven werden gepresst, und Menschen stellen in winzigen Werkstätten Waren für die Haupt-Souks her ... ohne dass Traveller ihnen dabei zusehen.

Obwohl es am besten ist, Al Andalous mit einem Guide zu besichtigen, darf man sich durchaus trauen, die verfallenen *fanadiq* (Gasthäuser und Märkte, die von den Handelskarawanen genutzt wurden) oder die Ateliers der Kunsthandwerker:innen auf eigene Faust zu erkunden. Tatsächlich ist diese Gegend ideal für Entdeckungstouren.

Familien, die vor der katholischen Herrschaft in Andalusien (Spanien) flohen, gründeten dieses Viertel, und noch heute findet man hier deren Erbe in Form weiß getünchter Gebäude und den mit Weinreben bewachsenen Gassen. Es bietet sich an am **Riad Andalib** zu starten, einem nützlichen Orientierungspunkt für den Zugang in dieses Viertel, wo man unter einem gewölbten *derb* nach rechts abbiegt. Ein paar Meter weiter stößt man auf das 850 Jahre alte **Hamam Makhfiya**, das liebevoll restauriert wurde und einen Besuch wert ist, bevor man an der **Medrese Sahrij** (S. 270) vorbei zur **Al-Andalous-Moschee** geht. Diese wurde im Jahr 859 von Meryem Al Fihri

TRADITIONELLE FASSI-KÜCHE IN DER MEDINA

Restaurant Almandar
Einfaches Dachrestaurant, das Fassi-Hausmannskost mit Gerichten wie Pizza und Burgern kombiniert. €

Darori
Gemütliches Restaurant mit Fassi-Klassikern, darunter eine ausgezeichnete Tauben-*bastilla* und saisonal variierende Tajines. €€

L'Amandier
Feines marokkanisches Essen mit Schwerpunkt auf traditionellen Gerichten wie kandierten Auberginen und Hähnchen in Honig. €€€

(der Schwester von Fatima, der Initiatorin der Kairaouine-Moschee) gegründet.

Auf der gegenüberliegenden Seite kann man einen Blick in eine außergewöhnlich schöne Waschhalle werfen, die für ein paar Dirham genutzt werden kann, bevor man durch die Rue Seffah zum Schrein von Cheikh Sidi Mohamed, einem Gelehrten des Islam, schlendert. Es gibt mehrere verfallene *fanadiq* zu sehen – viele sind noch in Betrieb –, bevor man an der **Place Lalla Yeddouna**, einem Kunsthandwerkskomplex (S. 277), der mit bunten *zellij* verkleidet ist, die Tour beendet.

Ausflug zum Berg Zalagh

WANDERN & REITEN

Irgendwann landet man auf einer der Dachterrassen von Fès, blickt über die Medina hinweg auf den nahe gelegenen Berg Zalagh und fragt sich: Wie komme ich da hoch? Die örtliche Polizei behauptet mitunter etwas übereifrig, es sei nicht sicher, sich allein auf den Weg zu machen, aber sowieso hat man mehr davon, mit einem erfahrenen Guide zu gehen: Der Guide kocht einem vor der atemberaubenden Aussicht einen Tee, organisiert ein Picknick oder bringt einen zum Mittagessen zu einem nahe gelegenen Bauernhof.

Bio et Bois (bioetboisfes.com) ist ein nachhaltig betriebenes Resort zwischen Fès und Meknès, das halb- und ganztägige Wanderungen und Reitausflüge über den Gebirgskamm anbietet. Der Startpunkt liegt etwa 20 Minuten von der Medina entfernt. Nach der Anreise mit dem Auto geht es über eine Schotterstraße hinauf zu den Telegraphentürmen, die mit 832 m über dem Meeresspiegel der höchste Punkt von Fès sind und einen der fabelhaftesten Rundumblicke bieten. Wanderungen und Ausritte gehen durch herrliche, unberührte Landschaften, durch Kiefernwälder und (im Frühling) über Wiesen voller Wildblumen.

Ganztägige Wanderungen beginnen bei 1000 Dh pro Person. Bio et Bois organisiert auch zwei- bis sechstägige Exkursionen durch den Mittleren Atlas, bei denen man zeltet oder unterwegs in lokalen Gästehäusern übernachtet. Wem das alles zu anstrengend erscheint, kann auch die 45 Minuten zum Hauptquartier des Unternehmens fahren und dort einen Tag am Pool verbringen.

HIMMLISCHER TEE

Nach einem Sightseeing-Tag bietet sich ein Besuch von Abdous Tee-Lädchen an, etwa auf halber Höhe der Rue Machatine nahe der **Place Seffarine** (S. 269). Der frisch gebrühte Kräutertee gehört zu den besten.

TOP-AKTIVITÄTEN IN FÈS

Marokkanische Volksmusik
Im Cafe Clock finden regelmäßig Konzerte lokaler Kunstschaffenden statt, darunter auch von der Frauenband Jilaliyat.

Fès verstehen
Halb- und Ganztagestouren zur Erkundung von Geschichte, Kultur und Küche der Stadt bietet Fez Guided Tours (instagram.com/fezguidedtours).

Islamische Architektur
Der irakische Architekt Alaa Said (darseffarine.com) verrät, was Fassi-Wohnungen so besonders macht.

Kochkurse
Von modernen marokkanischen Dinner-Partys bis hin zu vegetarischen Festessen – Courtyard Kitchen im Dar Namir (darnamir.com) bietet alles.

Craft Draft
Multidisziplinäre Handwerks-Workshops für geomerisches Zeichnen, Buchbinden und Messing (craftdraft.org).

AUSGEHEN IN DER MEDINA

Hôtel Batha
Kühles Bier inmitten verrückter, britisch inspirierter Dekoration – einschließlich Robin Hood, der von einem Dach aus Pfeile abschießt. **€**

Riad Fès
Elegantes Ambiente, raffinierte trockene Martinis, edle Häppchen. **€€€**

Palais Amani
Gemütliche Bar. Im Winter Drinks am Kamin, im Sommer Sundowner auf der luftigen Dachterrasse. **€€€**

FÈS EL-JDID

JÜDISCHES ERBE, KÖNIGLICHE PALÄSTE UND REPRÄSENTATIVE GÄRTEN

Ende des 14. Jhs. gründete die Meriniden-Dynastie das sogenannte „neue" Fes und baute den Königspalast neben der Mellah (dem ersten jüdischen Viertel in Marokko). Der Sultan bewunderte die Fähigkeiten im Salz- und Goldhandel der Gemeinschaft ebenso wie ihr innovatives Denken. Im späten 19. Jh. erhielten jüdische Mädchen als erste ihres Geschlechts in Marokko eine formale Ausbildung.

In der Blütezeit lebten etwa 25 000 Jüdinnen und Juden hier, doch in den späten 1940er- und frühen 1950er-Jahren, als große Teile der Gemeinde in den neu gegründeten Staat Israel zogen, gingen die Bevölkerungszahlen zurück. Heute leben nur noch etwa 50 Jüdinnen und Juden in Fès, mit einer einzigen noch geöffneten Synagoge.

Fès el-Jdid ist ein beschauliches Viertel, durch das man spazieren kann und das einen auffallenden Kontrast zum ansonsten geschäftigen Treiben in der Medina bildet.

TOP TIPP

Zu Beginn einer Erkundungstour nimmt man sich am besten ein *petit taxi* zum Bab Lamar und spaziert dann in östlicher Richtung zurück zum Bab Bou Jeloud. Auf dieser Route lässt sich das gesamte Viertel auf einem mehr oder weniger geradlinigen Weg erkunden.

Fès el-Jdid

HIGHLIGHTS
1 Aben-Danan-Synagoge
2 Al-Fassiyine-Synagoge
3 Gold-Souk
4 Jüdischer Friedhof
5 Jnan Sbil
6 Königspalast

SEHENSWERTES
7 Bab Makina
8 Bab Semmarine
9 Dar Batha Museum
10 Ehemaliges Haus von Dr. Armand Guigui

ESSEN
11 Grillade Nmiss

AUSGEHEN & FEIERN
12 Café Restaurant La Noria
13 Mezzanine

Königspalast

EINE STADT IN DER STADT

Der 32 ha große Königspalast beschäftigt 3000 Menschen und umfasst eine Moschee, eine *medrese*, Wächterhäuser, Gärten und einen Fluss. Der königliche Eingang besteht aus sieben Türen, die 1968 von 120 Kunsthandwerker:innen restauriert wurden, als Hassan II. seiner Tochter Lalla Meriem den Palast als Hochzeitsgeschenk übergab. Die aus massiver Bronze gegossenen und von kunstvollen *zellij* (marokkanische Fliesen) umgebenen Tore stellen die Wochentage dar, wobei das größte in der Mitte ausschließlich vom Monarchen genutzt wird, wenn der große Platz (*mechoir*) davor mit karminroten Teppichen ausgelegt ist.

Eingang, Königspalast

GOLD-SOUK

Der Handel mit Gold oder Silber war einst eine exklusive Domäne jüdischer Kaufleute, die hier im 14. Jh. eine Goldschmiede einrichteten, um vor allem den Königspalast zu bedienen. Heutzutage werden die Geschäfte in der Rue Sekkakine von muslimischen Händler:innen geführt, deren Schmuck von jungen Bräuten und ihren zukünftigen Ehemännern bewundert wird. Hier kann man zarte Goldketten mit Motiven der Hand der Fatima und glitzernde Armreifen zum Grammpreis erwerben.

Jnan Sbil

DIE ERSTE GRÜNE LUNGE DER STADT

In einer dicht gedrängten Stadt mit wenig Grünflächen sind die Jnan-Sbil-Gärten aus dem 19. Jh. ein Geschenk an die Seele. Ursprünglich als Erweiterung des Königspalastes gedacht – unterirdische Gänge sollen die beiden miteinander verbunden haben –, wurden sie 1917 für die Öffentlichkeit geöffnet und boten einen grünen Zufluchtsort aus der manchmal klaustrophobischen Innenstadt und der unerbittlichen Sommerhitze. Viele Jahre lang verfielen die Gärten, doch 2011 wurden sie in einer ziemlich fabelhaften neuen Version wiedereröffnet. Mit einer stattlichen Palmenallee, plätschernden Springbrunnen, duftenden Kräutern, Bambusdickichten, Zitrusbäumen, Rosengärten und mehr als 3000 Pflanzenarten ist Jnan Sbil verständlicherweise ein beliebtes Ausflugsziel, vor allem im goldenen Licht des frühen Abends. Die Gärten dienen als Veranstaltungsort für das Festival de Fès des Musiques Sacrées du Monde (S. 274), aber die Grünfläche ist wohl am magischsten, wenn man hier ein paar Stunden mit einem Buch, einem Picknick und dem Klang der Vögel verbringt.

Aben-Danan-Synagoge

Die Synagogen Al Fassiyine & Aben-Danan

WÜRDIGUNG JÜDISCHEN ERBES IN MAROKKO

Die Al-Fassiyine-Synagoge (17. Jh.) verfiel, nachdem viele Mitglieder der Gemeinde in den 1950er- und 60er-Jahren nach Israel ausgewandert waren. Anschließend wurde sie als Teppichgeschäft und Fitnessstudio genutzt, bis sie von Simon Levy, dem Generalsekretär der Jewish-Moroccan Heritage Foundation, restauriert wurde. Sie weist viele Originaldetails auf, darunter eine auf Ziegenhaut geschriebene Tora aus dem 15. Jh. In der Nähe befindet sich die aufwendigere Aben-Danan-Synagoge, die durch die gemeinsamen Anstrengungen von American Express und dem World Monuments Fund gerettet wurde. Zu sehen sind historische Elemente wie der Elias-Stuhl für Beschneidungszeremonien, die letzte verbliebene *mikwe* (ein rituelles Reinigungsbad) der Stadt und Fotos, die das Leben in der Gemeinde dokumentieren.

Jüdischer Friedhof

EIN ORT DER RUHE UND DES GEDENKENS

Auf diesem Friedhof ruhen die Großen und Guten der jüdischen Gemeinschaft von Fès, darunter Rabbi Yaakov Kenizel (der im 16. Jh. hier lebte und als großer Wundertäter galt), Dr. Armand Guigui und Solika Hatuel die Gerechte. Der Überlieferung nach versuchte der Gouverneur von Tanger, Hatuel zu verführen, und später war Sultan Moulay Abder-Rahmane von der Jüdin so angetan, dass er sie anflehte, zum Islam überzutreten. Als sie sich weigerte, wurde sie 1834 zum Tod durch Enthauptung verurteilt.

Jnan Sbil

MEHR IN DER FÈS EL-JDID

Spaziergang vom Derb Al Souq zum Dar Batha

STRASSEN, DIE ZUM FLANIEREN EINLADEN

Schlendert man entlang der Hauptstraße der Mellah, die von den Einheimischen Derb Al Souq genannt wird, stößt man auf ein cremefarbenes Gebäude – das **ehemalige Haus von Dr. Armand Guigui**, dem einstigen Präsidenten der jüdischen Gemeinde.

Weiter geht's durch den **Gold-Souk** in der Rue Sekkakine bis zum **Bab Semmarine**, das aus dem 13. Jh. stammt. Was man heute sieht, ist die Vision des alaouitischen Sultans Moulay Ismail aus dem 17. Jh., dem am längsten regierenden Monarchen des Landes und einem für seinen prunkvollen Stil bekannten Lebemann. Menschen, die er versklavt hatte, schufen den riesigen Hufeisenbogen mit komplizierten *zellij,* die die gigantischen Zedernholztüren umgeben, die den Haupteingang zu einer der Hauptstraßen der Stadt, der Rue Fès el-Jdid, bilden. Etwas später kommt man an der ehemaligen Waffenfabrik der Stadt vorbei, dem **Bab Makina**, das als Personaleingang zum Königspalast (S. 281) und als einer der Hauptveranstaltungsorte für das Festival der Sakralmusik (S. 274) dient.

Der Rundgang endet im **Dar Batha Museum**. Das in einem Palast aus dem 19. Jh. untergebrachte und um einen marmorgefliesten Säulenhof angeordnete Museum wurde in den 1920er-Jahren eröffnet und ist derzeit wegen Renovierung geschlossen. Zu seiner Sammlung gehören eine Töpferei, traditionelle marokkanische Kunst, Textilien, Holzarbeiten und Schmuck, aber vor allem ist es ein Ort, an dem man innehalten, die Architektur bewundern und den Duft der Orangenbäume einatmen kann.

DIE LECKERSTEN JÜDISCH-MAROKKANISCHEN GERICHTE

Dafina
Dieser traditionell am Freitag zubereitete Eintopf aus Rindfleisch, Bohnen, Kartoffeln und Eiern wird über Nacht bei niedriger Hitze im Ofen gekocht und steht dann zum Schabbat-Mittagessen bereit.

Mina
Herzhafte Pastete (ähnelt einer *bastilla)* aus Schichten von Filoteig, der mit Fleisch oder Gemüse, Eiern und Kräutern gefüllt ist.

Kefta Mkaouara
Raffiniert gewürztes Gericht mit Fleischbällchen in Tomatensauce mit Eiern.

Sfenj
Frittierte, mit reichlich Zucker bestreute marokkanische Donuts.

Mehia
Ein Traum aus Feigen, Datteln oder Trauben.

ESSEN & AUSGEHEN IN DER NÄHE DER MELLAH

Grillade Nmiss
Ideal für ein schnelles und leckeres *kefta*-Sandwich. €

Café Restaurant La Noria
Die sonnige Terrasse ist toll, um einen Fruchtsaft oder Minztee zu trinken. Woanders isst man besser. €

Mezzanine
Tapas und Wein auf einer kühlen Dachterrasse mit Blick auf Jnan Sbil. €€

VILLE NOUVELLE

LANGE ALLEEN UND ERSTKLASSIGE RESTAURANTS

Früher wurde die Ville Nouvelle von Travellern weitgehend ignoriert, aber das ändert sich gerade. In diesem Viertel findet man die jungen Talente der Stadt, die von den großen, hellen Räumen und dem entspannten Lebenstempo des Viertels angezogen werden. Junge Designer:innen und Kunstschaffende eröffnen Ateliers, und auf dem Boulevard Mohammed V. und dem Champ de Course haben sich neben Burgerläden, französischen Bistros und italienischen Pizzerien auch thailändische, japanische und koreanische Restaurants niedergelassen, die allesamt für gutes Essen sorgen.

Hier wird es auch immer grüner, ganz im Sinne des französischen Architekten Henri Prost, der Anfang des 20. Jhs. die breite, von Palmen gesäumte Avenue Hassan II., die Art-déco-Villen und die Regierungsgebäude des Viertels entwarf. Ein Spaziergang durch den Bezirk ist eine gute Möglichkeit, einen Eindruck vom modernen Fassi-Leben zu bekommen, und obwohl es noch nicht viele Sehenswürdigkeiten gibt, deutet viel darauf hin, dass dieses Viertel in den kommenden Jahren immer interessanter und lebendiger wird.

TOP TIPP

Wird einem die Medina zu viel, verspricht die Ville Nouvelle Ruhe und Entspannung. Das Viertel hat zwar nicht genug zu bieten, um sich dort einen ganzen Tag umzuschauen, aber ein morgendlicher Bummel mit einem Streetfood-Mittagessen oder ein Spaziergang am späten Nachmittag, gefolgt von einem Cocktail und einem Abendessen, sollte man sich durchaus gönnen.

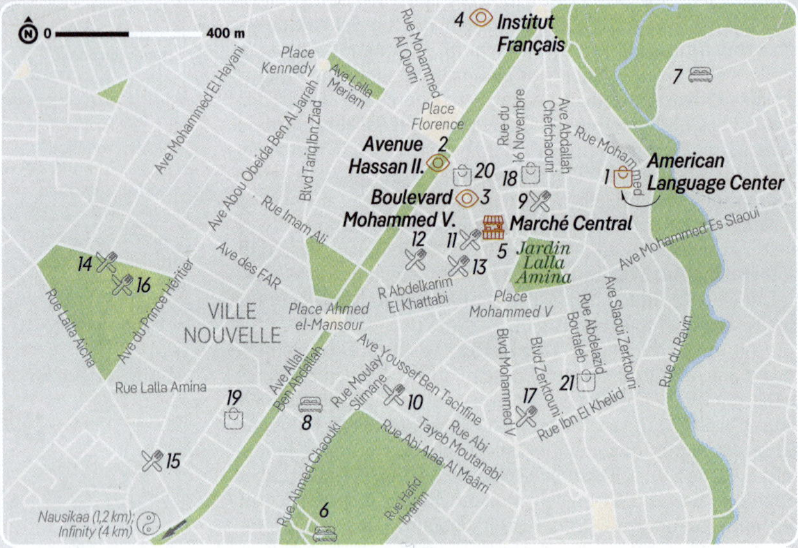

HIGHLIGHTS
1 American Language Center
2 Avenue Hassan II.
3 Blvd Mohammed V.
4 Institut Français
5 Marché Central

SCHLAFEN
6 Fes Marriott
7 Hotel Sahrai
8 Hôtel Volubilis

ESSEN
9 Ave Hassan Ouazzani
10 Bistrot des Saveurs
11 Café Marignan
12 Chez Adil
13 Cyrnos
14 Limone de Garda
15 Osawa
16 Sushi Iki Japones
17 Zagora

SHOPPEN
18 Babouche Barok
19 Fes Antiques
20 Maison Ben Cherif
21 Orientalist Art Gallery

Avenue Hassan II.

Avenue Hassan II.

MAROKKANISCHE NÄCHTE

Die Abende in der Ville Nouvelle sind geprägt von Familien, die an der palmengesäumten Hassan II. spazieren gehen, von Kindern, die in Brunnen planschen, und von Cafés, in denen der Klatsch des Tages ausgetauscht wird. Obwohl die alten Art-déco-Villen größtenteils von Hochhäusern und Bürogebäuden verdrängt wurden, ist die Café-Kultur auf der Straße immer noch lebendig und lädt an lauen Abenden zum Flanieren ein. Am lebhaftesten ist der Abschnitt von der Place Florence bis zur Medina. In der Nähe befinden sich auch das Institut Français, in dem häufig kulturelle Veranstaltungen und Kunstausstellungen stattfinden, und das American Language Center (S. 286), das eine ausgezeichnete Buchhandlung und Sprachkurse anbietet.

Boulevard Mohammed V.

ENTSPANNT UND ZUNEHMEND SCHICK

Der Boulevard Mohammed V. wurde im europäischen Stil als kommerzielles und kulturelles Zentrum der Stadt erbaut und beherbergt Modeketten, Cafés und Boutiquen, die lokale Hautpflegemarken und Feinkostprodukte verkaufen, entlang gestutzter Orangenbäume und einigen schönen, wenn auch verblassenden Art-déco-Gebäuden. Der Marché Central ist das Herzstück der Stadt. Die laufenden Renovierungsarbeiten an der Allee und den umliegenden Straßen deuten auf eine große Zukunft hin.

Institut Français

Marché Central

DIE FRISCHESTEN ZUTATEN

Der Marché Central wurde vom französischen Architekten Albert Laprade entworfen, der auch das Bab Bou Jeloud und das Dar Batha Museum gebaut hat, und ist der Lebensmittelpunkt der Ville Nouvelle. Die Vorliebe der Einwohner:innen für gutes Essen hat den Ort zu einem Zentrum der Cafés und Restaurants gemacht. An jedem Morgen füllen die Menschen hier ihre Körbe mit frisch geerntetem Obst und Gemüse, fangfrischem Fisch und frisch geschlachteten Hühnern, ehe sie sich am Blvd Mohammed V. bei Gebäck und teuflisch starkem Kaffee treffen.

LECKER ESSEN IN DER VILLE NOUVELLE

Ave Hassan Ouazzani
In einer Reihe kleinerer Arbeiterkantinen werden Frühstücks-*bissara*, Knoblauchspiegeleier und Tajines mit Rippchen angeboten. €€

Cyrnos
Legendäre *maâkouda* mit scharfer *harissa*-Salsa (Chilipaste). €€

Chez Adil
Über Holzkohle gegrillte und mit Salz und Kreuzkümmel bestreute *brochettes* (Lammspieße). €€

Café Marignan
Ab 18 Uhr gibt's kostenlose Tapas und Flag Spéciale (das lokale Bier). €€

Bistrot des Saveurs
Kaltgepresste Säfte und tolle Salate. €€€

PICTURE PARTNERS/SHUTTERSTOCK ©

Hamam-Seife und Henna

MEHR IN DER VILLE NOUVELLE

Eine Klasse für sich

ES DEN EINHEIMISCHEN GLEICHTUN

Da immer mehr Geld in die Erneuerung der Ville Nouvelle fließt, lassen sich mehr und mehr hippe Jungunternehmer:innen mit neuen, innovativen Ideen hier nieder und sorgen für Aufbruchstimmung.

Studiert man dort nicht gerade Arabisch, hat man das **American Language Center** wahrscheinlich nicht auf dem Schirm. Aber sowohl einheimische als auch internationale Studierende wissen, wie großartig die hauseigene Buchhandlung ist und dass das hübsche Gartencafé einen hervorragenden Kaffee serviert. Hinter dem Marché Central entwirft und produziert **Babouche Barok** edle, handgefertigte Lederpantoffeln, darunter auch eine mit Fleece gefütterte Version für den Winter, die von marokkanischen Berühmtheiten geliebt und in den besten Geschäften des Landes und zunehmend auch im Ausland verkauft werden. Vor einem Besuch sollte man online einen Termin vereinbaren (babouchebarok.ma).

SCHLAFEN IN DER VILLE NOUVELLE

Hôtel Volubilis
Unterkünfte im Motel-Stil um einen großen Swimmingpool und einen Garten herum. €€

Fes Marriott
Kettenhotel mit komfortablen Zimmern, riesigem Pool und weitläufigen Gärten. €€€

Hotel Sahrai
Elegantes Hotel mit Infinity-Pool, Givenchy-Spa und drei Restaurants. €€€

Das **Maison Ben Cherif** am Boulevard Mohammed V. ist ein legendäres Geschäft für Heimtextilien. Es besteht seit mehr als einem Jahrhundert und ist bekannt für hochwertige Stoffe, darunter Seide, Wolle und Baumwolle, und außergewöhnliche Handwerkskunst in einer schillernden Auswahl an Farben, Mustern und Texturen. Die Standardbreite beträgt etwa 160 cm, und die Stoffe werden als Meterware verkauft. Man sollte also mit Maßangaben ausgestattet sein, sofern man zu Hause ein neues Polsterprojekt in Angriff nehmen will. **Fes Antiques** ist ein süßer Kuriositätenladen, in dem es von Specksteinstatuen im Art-déco-Stil, Glasfiguren, Bronzelaternen im Stil von Ludwig XV. und größeren Möbelstücken nur so wimmelt (und die alle verschickt werden können). Die **Orientalist Art Gallery** verfügt über eine interessante Sammlung zeitgenössischer Werke, von denen viele die Stadt selbst zeigen.

Marokkanisches Wohlgefühl

SO GEHT HAMAM

In der Medina gibt's zahlreiche Hamams. Jene, die im Wesentlichen von Einheimischen genutzt werden, sind eher einfach (und nicht immer super sauber), in Hamams, die auf Traveller ausgerichtet sind, nimmt man sich oft nicht die Zeit, die eigentlich angemessen wäre. Am besten fragt man Einheimische, welches Hamam in der Ville Nouvelle angesagt ist, da die Badehäuser in diesem Viertel Angehörige der anspruchsvollen Mittelklasse bedienen, für die nur das Beste gut genug ist.

In Hamams der mittleren bis gehobenen Kategorie wird erwartet, dass man sich auszieht, wobei es okay ist, die Unterwäsche anzubehalten. Die meisten Einrichtungen stellen Papierunterwäsche, einen Bademantel und -schlappen. Zu Beginn legt man sich in einem heißen Raum (irgendwo zwischen finnischer Sauna und einem türkischen Dampfbad) auf eine Marmorplatte. Hier wird man etwa 10 Minuten lang allein gelassen, damit sich die Poren öffnen, bevor man mit *sabon beldi* (traditioneller schwarzer Olivenölseife) eingeschmiert wird. Diese wird anschließend mit einem Peeling-Handschuh, *kessa* genannt, abgeschrubbt, um abgestorbene Haut und Toxine zu entfernen. Sollte es einem zu grob werden, sagt man „*bshwiya*", was „sanft, bitte" bedeutet. Als Nächstes folgt eine Tonmaske für Haare und Körper, und zum Schluss wird mit Shampoo, Spülung und Duschgel die Reinigung abgeschlossen.

Die Behandlung dauert unterschiedlich lang, von 45 Minuten bis hin zu zwei Stunden, gefolgt von einer anschließenden Ruhezeit. Am Ende fühlt man sich wie neugeboren – und bereit für ein Nickerchen!

HIGHLIGHTS INTERNATIONALER KÜCHE

Zagora
Angesagtes französisches Bistro mit Köstlichkeiten wie Thunfisch-Carpaccio mit Zitrusfrüchten und Steak Frites mit kräftigem marokkanischen Rotwein. €€

MB
Cocktailbar und gehobene mediterran-marokkanische Küche. Beliebter Treffpunkt hiesiger Fashionistas. €€€

Limone de Garda
Großartige Pizza aus dem Holzofen, hausgemachte Pasta und leckeres Safran-Risotto. €€

Sushi Iki Japones
Gäste von nah und fern genießen hier authentisches Sushi, hausgemachten Tofu und fantastische Tempura. €€€

Osawa
Knusprig gebratenes koreanisches Huhn, Nudeln und feuriges Kimchi. €€

GUTE HAMAMS IN DER VILLE NOUVELLE

Nausikaa
Mittelklasse-Hamam mit traditionellem Dampfbad, Peeling und Massage. €

Infinity
Bietet Hamam, Massagen, Gesichtsbehandlungen und Body Wraps. €€

Vichy Thermalia Spa Hotel
Heiße Quellen gegen Rückenschmerzen, Atemwegsprobleme und für Erholung pur; etwa 30 Minuten von der Ville Nouvelle entfernt. €€

MITTLERER ATLAS

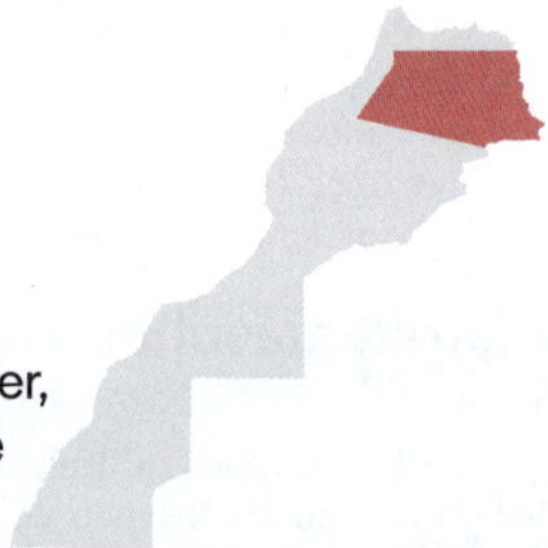

MEDINAS, MÄRKTE UND NATIONALPARKS

Die Königsstadt Meknès, duftende Zedernwälder, uralte Berberstädte und spektakuläre römische Ruinen: Das alles kann man im Mittleren Atlas erkunden.

Nach dem ganzen Trubel in Fès kann man sich in Meknès wunderbar erholen. Die Sehenswürdigkeiten sind nicht weniger prachtvoll, und die Geschichte ist nicht weniger faszinierend, aber die Königsstadt fühlt sich ein bisschen weniger entdeckt an.

Der Mittlere Atlas im Norden Marokkos verfügt zwar nicht über die spektakulären, bekannten hohen Gipfel des Hohen Atlas, aber wer sich die Zeit nimmt, die wenig besuchte Region zu erkunden, wird mit hübschen Berberdörfern belohnt, in denen Frauen ihre Geschichte in Wolle weben, sowie mit tollen traditionellen Märkten, auf denen Hirten in aller Ruhe ihren Geschäften nachgehen, und mit eindrucksvollen römischen Ruinen, die einen in eine längst vergangene Zeit zurückversetzen.

Die Region hat jede Menge Überraschungen zu bieten: Entdecke ein Bergdorf im Herzen des Mittleren Atlas und die einzigartigen Höhlenwohnungen in Bhalil, plaudere mit den Kunsthandwerker:innen von Sefrou oder schalte einen Gang runter und tauche in das Alltagsleben der Einheimischen von Moulay Idriss Zerhoun ein.

In duftenden Zedernwäldern verstecken sich schelmische Berberaffen, kurvenreiche Straßen führen zu unterirdischen Höhlen, und man kann auf abgelegenen Waldwegen oder auf Wein- und Geniesserpfaden wandern, ohne auf andere Tourist:innen zu treffen. Anschließend lässt man den Tag in einem der charmanten lokalen Gästehäuser bei frisch zubereiteter Forelle und hausgemachtem Käse ausklingen.

DIE WICHTIGSTEN ZIELE

MOULAY IDRISS ZERHOUN
Marokkos heiligste Pilgerstadt. S. 304

AZROU
Der Mittlere Atlas als Mikrokosmos. S. 307

SEFROU
Ein ruhiges Berberstädtchen mit einem tollen Markt. S. 317

TAZEKKA-NATIONALPARK
Abseits der Touristenpfade durch Höhlen klettern und wandern. S. 320

MEKNÈS
Eine authentische Königsstadt. S. 294

Links: Sefrou (S. 317); oben: Tazekka-Nationalpark (S. 320)

Moulay Idriss Zerhoun, S. 304
Sich in Marokkos heiligster Stadt unter die Einheimischen mischen und jahrhundertealte Traditionen erleben.
Meknès, S. 294
Die beeindruckende Königsstadt wurde gerade für mehrere Millionen restauriert.
Azrou, S. 307
Einen traditionellen Souk im Mittleren Atlas besuchen, die Berberaffen beobachten und im Aspen Marokkos Skifahren.
Souq El Arba du Rhurb
Mechra Bel Ksiri
Sidi Slimane
Sidi Kacem
Bab Tiouka
Zaggota
Oued Sebou
Moulay Yacoub
Moulay Idriss Zerhoun
Fès
Volubilis
N13
Meknès
Mausoleum von Moulay Ismail
A2
Sefrou
N8
N4
Imouzzer Kandar
Boufakrane
Aït Yahya Ou Hassine
El Hajeb
Dayet Aoua
Dayet Ifrah
N13
Ifrane
Ifrane-Nationalpark
Azrou
Michlifen
Guigou
Aït Hamza
Oulmes
Ain Leuh
Guigou
Timahdite
MITTLERER ATLAS
Aguelmous
0
50 km

Erste Orientierung

Jenseits von Meknès bedecken Eichen- und Zedernwälder das flache Mittlere Atlasgebirge und bilden ein perfektes Wanderterrain mit guten Verbindungen zwischen den Marktstädten und Berberdörfern.

Sefrou, S. 317

In den Alltag der Berber in Sefrous kleiner Medina eintauchen und die Höhlenwohnungen von Bhalil besuchen.

Tazekka-Nationalpark, S. 320

Majestätische Zedern- und Eichenwälder sowie eine faszinierende Flora und Fauna treffen auf das größte Höhlensystem Nordafrikas.

AUTO & TAXI

Mit einem eigenen Fahrzeug kann man den Mittleren Atlas am besten erkunden, ohne dass man erst ein *grand taxi* suchen und darauf warten muss, dass es voll besetzt ist. *Grands taxis* fahren in kleinere Städte und Dörfer wie Sefrou, Bhalil, Imouzer Kandar und Ain Leuh.

BUS

Zahlreiche Busse verkehren zwischen den größeren Ortschaften im Mittleren Atlas und den Städten Fès, Ifrane, Azrou und Taza.

ZUG

Züge der marokkanischen Bahngesellschaft (ONCF) verkehren stündlich zwischen Fès und dem Bahnhof Al-Amir in Meknès (40 Min.). Von dort kann man mit einem *petit taxi* zur Medina von Meknès und zum Place el-Hedim fahren.

Perfekte Tage

Wer Zeit hat, taucht tiefer in diese wunderschöne Region ein, um mehr über ihre reiche Geschichte zu erfahren, ihre Küche zu genießen und die wilden Pfade der Nationalparks zu erkunden.

SAIKO3P/SHUTTERSTOCK ©

Volubilis (S. 302)

Wenig Zeit

● Man fährt direkt nach **Volubilis** (S. 302) und besichtigt die beeindruckenden römischen Mosaike. Wer nur sehr wenig Zeit hat, besichtigt bei einem Tagesausflug von **Fès** (S. 259) aus die besten Sehenswürdigkeiten in **Meknès** (S. 294) und **Moulay Idriss Zerhoun** (S. 304).

● Wer dem Trubel in **Fès** (S. 259) für ein oder zwei Nächte entfliehen möchte, steigt in ein *grand taxi* und fährt in die Pilgerstadt **Moulay Idriss Zerhoun** (S. 304), um dort das authentische marokkanische Leben kennenzulernen. Oder man fährt nach **Azrou** (S. 307) und beobachtet Berberaffen in der frischen Bergluft im **Ifrane-Nationalpark** (S. 309).

Beste Reisezeit

Von Januar bis März ist Skisaison, und im Frühling sind die Wälder am schönsten. Im Sommer strömen die Städter auf der Suche nach kühleren Temperaturen in die Region.

FEBRUAR

Die Pisten im marokkanischen Skigebiet **Michlifen** (S. 313) hinuntersausen.

MAI

Ein guter Zeitpunkt, um die Wanderwege im **Ifrane-Nationalpark** (S. 309) rund um Azrou zu erkunden, bevor die Menschenmassen im Sommer kommen.

JUNI

Sefrou (S. 317) erwacht beim alljährlichen Kirschfest zum Leben und feiert Natur und Kultur.

Eine Woche zum Erkunden

Fährt man von **Fès** (S. 259) aus in Richtung Westen, gelangt man zu der unterschätzten Königsstadt **Meknès** (S. 294) mit ihren imposanten Festungen, kunstvollen Monumenten und entspannten Souks. In **Moulay Idriss Zerhoun** (S. 304) kann man in das authentische marokkanische Leben eintauchen und frische Produkte direkt von den Bauernhöfen genießen, bevor man auf traditionelle Art mit dem Esel nach **Volubilis** (S. 302) reitet.

Fährt man in Richtung Süden, kann man den Kunsthandwerker:innen und dem schönen Markt in der multikulturellen Berberstadt **Sefrou** (S. 317) einen Besuch abstatten und in **Bhalil** das Leben in Höhlenwohnungen kennenlernen (S. 319), bevor man den **traditionellen Souk am Dienstag in Aznou** (S. 308) und die talentierten Weber:innen in **Ain Leuh** (S. 312) besucht.

Länger Zeit

Auf mehrtägigen Touren können Wanderer und Mountainbiker abgelegenere Täler im **Ifrane-Nationalpark** (S. 309) erkunden oder die Höhlen im **Tazekka-Nationalpark** (S. 320) besichtigen. Oder man verbringt seine Zeit damit, Bio-Käse in der **Domaine de la Pommeraie** (S. 315/316) und ausgezeichnete Weine in der **Domaine de la Zouina** (S. 301) zu verkosten.

Im Winter kann man die Pisten im **Skigebiet Michlifen** (S. 313) hinuntersausen und das verschneite **Ifrane** (S. 313) und den **Ifrane-Nationalpark** (S. 309) erkunden. Von dort gelangt man – vorbei an **Erfoud** (S. 163) – in nur sechs Stunden Richtung Süden, nach **Merzouga** (S. 165), wo man mit dem Board die Sanddünen von **Erg Chebbi** (S. 166) hinunterfahren kann.

JULI

Das International Festival of World Traditional Music findet in **Volubilis** statt (der Termin kann variieren; Foto).

AUGUST

Bei der **Moussem von Moulay Idriss Zerhoun** strömen jede Menge Pilger in die gleichnamige Stadt.

SEPTEMBER

Eine gute Zeit für einen Besuch im **Tazekka-Nationalpark** (S. 320), solange es noch warm genug ist, um in den Naturpools zu schwimmen.

OKTOBER

Die Moussem von Sidi ben Aïssa findet außerhalb der Medina von **Meknès** (S. 298) statt.

MEKNÈS

Der Berberstamm der Meknassa ließ sich hier erstmals im 9. Jh. nieder und taufte die Stadt „Meknès". Im 17. Jh. machte der legendäre Sultan Moulay Ismail Meknès zur Hauptstadt, wodurch sie zur dritten Königsstadt Marokkos wurde. Die Stadt steht im Schatten ihres berühmten Nachbarn Fès und wirkt ruhiger und kleiner, aber hier kann man das authentische marokkanische Leben inmitten der Überreste derd imposanten Festungsanlagen erleben.

Zum Zeitpunkt der Recherche wurden 55 Stätten in Meknès gerade nachhaltig restauriert, darunter auch die prächtigen Bauwerke Bab el-Mansour und Heri es-Souani. Das Projekt ist Teil einer landesweiten Initiative unter der Schirmherrschaft König Mohammeds VI., bei der die Regierung und verschiedene Expert:innen aus Architektur, Wissenschaft und Handwerk zusammenarbeiten, um seit langem bestehende Restaurierungsfehler zu beheben. Damit sollen sowohl die Lebensqualität der Bewohner:innen der Medina als auch die Besuchererlebnisse für Tourist:innen verbessert werden.

TOP TIPP

Auf dem überdachten Lebensmittelmarkt mit farbenfrohen Auslagen voller lokaler Produkte kann man die berühmten Oliven sowie Trockenfrüchte und aromatische Gewürze der Region probieren.

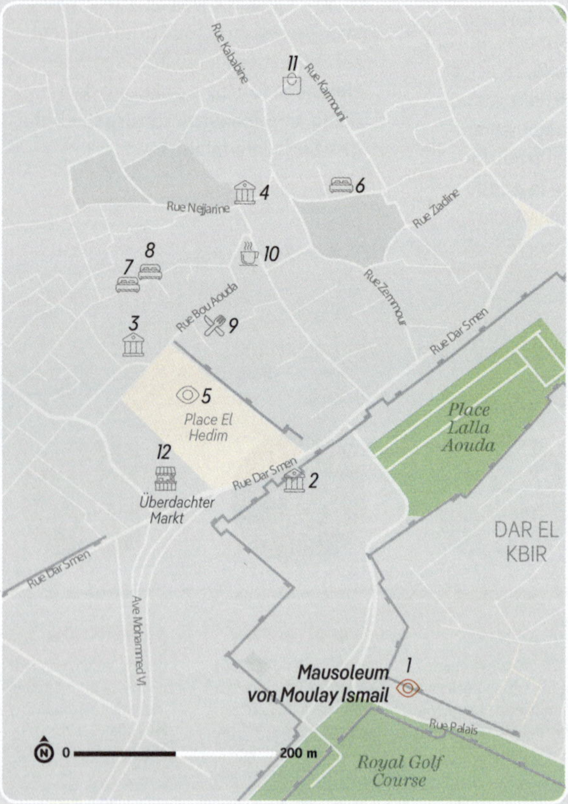

HIGHLIGHTS
1 Mausoleum von Moulay Ismail

SEHENSWERTES
2 Bab El Mansour
3 Dar Jamai
4 Medersa Bou Inania
5 Place El Hedim

SCHLAFEN
6 Riad El Ma
7 Riad Le Petit Ksar
8 Ryad Bahia

ESSEN
9 Restaurant Ya Hala

AUSGEHEN & NACHTLEBEN
10 Coffe Shop Meknes

SHOPPEN
11 Coin des Artisans
12 Marché Couvert

SARAH GILBERT/LONELY PLANET ©

Damaszenerstahl

Die immer mehr aussterbende Kunstform des Damaszenerstahls

NUR IN MEKNÈS

Versteckt auf den Souks von Meknès kann man eine filigrane und zunehmend schwindende Kunstform entdecken. Bei der Damaszenerkunst (*damasquinerie* auf Französisch) wird ein geometrisches oder arabisches Muster in Metall geätzt und mit Gold- oder Silberdraht eingelegt. Ein paar Städte in Spanien, Japan und Indonesien stellen noch Damaszenerstücke her, aber in Marokko findet man sie nur in Meknès.

Die genauen Ursprünge sind unklar: Manche sagen, dass die Kunstform auf das Römische Reich zurückgeht, andere, dass sie aus Damaskus stammt, daher der Name. Vielleicht entstand die Bezeichnung auch aufgrund der Ähnlichkeit mit den kunstvollen Mustern des Seidendamast. Man nimmt jedoch an, dass die Kunstform von jüdischen Handwerkern aus Syrien nach Spanien (insbesondere nach Toledo) und von dort im 13. Jh. nach Meknès gebracht wurde.

In der kleinen Damaszenerwerkstatt Coin des Artisans von Abdellah kann man sehen, wie aufwändig die Herstellung von Schalen, Armbändern etc. ist und wie viel Teamarbeit dahintersteckt. Ein Schmied formt das Metall, ein anderer raut die Oberfläche auf und schwärzt es im Holzfeuer, bevor Abdellah mit einem kleinen Meißel schmale Rillen in das Metall schlägt und mit einem winzigen Hammer Silberfäden einarbeitet.

KUNSTHANDWERK IN MEKNÈS

Damaszenerstücke sind nicht das einzige Kunsthandwerk, für das Meknès berühmt ist, man findet auch Schmiedearbeiten (als Militärstadt unter der Herrschaft von Moulay Ismail wurde sie für die Herstellung von Waffen bekannt), Stickereien mit Berbermotiven und die berühmten Holzschnitzereien, die überall zu sehen sind: in Palästen und Moscheen, am imposanten Königstortor Bab el-Mansour und im Inneren des Palastes Dar Jamai. Die Schnitzereien sind so kunstvoll, dass sie an feinste Kalligraphie erinnern. Man findet sie auch auf den *mashrabiyas* (Sichtschutzelemente aus Holz vor den Fenstern), auf denen winzige Holzstücke ein offenes Gittermuster bilden, darunter Rauten, Sterne oder Achtecke, die das Licht hereinlassen und neugierige Blicke fernhalten.

ÜBERNACHTEN IN MEKNÈS

Ryad Bahia
Dieser liebevoll renovierte Riad ist mit Antiquitäten eingerichtet und verfügt über Terrassen voller Pflanzen. **€€**

Riad El Ma
Der romantische Riad hat einen schön begrünten Innenhof mit plätscherndem Brunnen und eine Dachterrasse mit einem kleinen Pool. **€€**

Riad Le Petit Ksar
Der wunderschöne Medina-Riad ist mit vielen schimmernden *zellij* (Fliesenmosaiken), geschnitzten Holzarbeiten und kunstvollem Stuck verziert. **€€**

SPAZIERGANG

Die Highlights der Königsstadt

Moulay Ismails Königsstadt ist durch uneinnehmbare Mauern, Türme und Befestigungen von der Medina getrennt. Bis zu seinem Tod im Jahr 1727 hatte er eine 45 km lange Stadtmauer mit 20 Toren und mehr als 50 Palästen bauen lassen. Heute gibt es vier wichtige Sehenswürdigkeiten innerhalb der Stadtbefestigung, die zwar schon lange keine Verzierungen mehr aufweisen, aber immer noch einen Eindruck von der großartigen Planung des Herrschers vermitteln.

1 Mausoleum von Moulay Ismail

Die letzte Ruhestätte von Moulay Ismail erstrahlt nach einer langwierigen Restaurierung in neuer und eines Sultans würdigen Pracht. Die Innenhöfe mit prächtigen Marmorbrunnen, schimmernden *zellij*, bemalten Zedernholztüren mit restaurierten goldenen Verzierungen, die im Sonnenlicht glänzen, filigranen Stuckarbeiten und duftenden Zedernholzdecken muss man unbedingt gesehen haben. Nichtmuslime dürfen nur in die Eingangshalle und die vorderen Innenhöfe – es lohnt sich aber, einen Blick in den prächtigen Eingang zur Grabstätte zu werfen. Dort fallen zwei ziemlich unpassende Uhren auf. 1698 wollte Moulay Ismail die Tochter von König Ludwig XIV. heiraten. Sie lehnte ab, aber der französische Sonnenkönig schickte dem Sultan stattdessen zwei Standuhren, die noch heute funktionieren.

2 Koubbat as-Sufara und Habs Qara

Auf der anderen Straßenseite des Mausoleums von Moulay Ismail, innerhalb der Mauern der ursprünglichen Königsstadt, war die Koubbat as-Sufara mit ihren beein-

Heri es-Souani

TOLOBALAGUER.COM/SHUTTERSTOCK ©

druckenden *zellij*-Fliesen einst der Empfangssaal für ausländische Botschafter. Hier ließ die UNESCO die Weltkulturerbe-Plakette anbringen, als die Stadt 1996 diesen Titel erhielt. Darunter befindet sich ein unterirdisches Netzwerk von Räumen, das als Habs Qara (Kara-Gefängnis) bekannt ist und von dem man heute annimmt, dass es als Lebensmittellager diente, obwohl einige Fremdenführer immer noch behaupten, dass es ein Gefängnis für christliche Sklaven war.

Der 2 km lange Fußweg vom Mausoleum zum nächsten Stopp, der Kornkammer, kann bei Hitze recht mühsam sein. Man fährt also lieber mit einer *calèche* (Pferdekutsche) oder mit dem Taxi. Wer dennoch lieber läuft, folgt vom Mausoleum der Straße nach Süden, vorbei am Haupteingang des Königspalastes zum eigentlichen Eingang der Kornkammer.

3 Heri es-Souani

Moulay Ismail betrachtete diesen Komplex aus dem 18. Jh., der die Kornkammern und die Ställe des Königs umfasst, als eines seiner besten architektonischen Projekte. Die höhlenartigen, gewölbten Lagerräume wurden für den Fall einer Belagerung oder einer Dürre mit Vorräten gefüllt und durch ein System von unterirdischen Wasserkanälen, die aus einer Zisterne gespeist wurden, kühl gehalten. Im Westen befinden sich die dachlosen Überreste der Ställe für 12 000 Pferde.

4 Agdal Basin

Neben den Kornkammern erstreckt sich das Agdal-Becken, ein riesiger, von Steinen gesäumter See. Es wurde im 18. Jh. erbaut und diente einst als Wasserreservoir für die Gärten des Sultans sowie als Vergnügungssee. Das Becken war ursprünglich von hohen Mauern umgeben und wurde von einem komplexen Aquädukt-System gespeist. Der See lädt immer noch zu einem netten Spaziergang ein, und die Torbögen der Kornkammer spiegeln sich auf dem ruhigen Wasser.

LOCAL TIPP: EINE MODERNE KÖNIGSSTADT

Bouchra Jamai, professioneller Guide und Leiterin des Riad Bahia

Meknès verströmt die Pracht einer ehemaligen Königsstadt, und zugleich herrscht auch eine spannende moderne Atmosphäre. Die Stadt wurde zwar wegen ihrer islamischen und europäischen Architektur aus dem 17. Jh. zum UNESCO-Weltkulturerbe erklärt, lebt aber nicht in der Vergangenheit. Im Gegensatz zu anderen ehemaligen Königsstädten ist die Stadt nie mit Tourist:innen überfüllt, sondern hier kann man das authentische marokkanische Leben kennenlernen. In der Medina mit Dutzenden kleinen Geschäften, die alles – von Gewürzen bis zu Teppichen – verkaufen, kann man sich leicht zurechtfinden. Die Stadt ist auch eine der preiswerteren Königsstädte, da die Souks hier noch sehr auf Einheimische ausgerichtet sind.

Bab el-Mansour

Dann wird das Metall mit einem Stein poliert, um alle rauen Kanten zu entfernen, und ein zweites Mal gebrannt, bevor es erneut mit saurem Zitronensaft poliert wird, um das Silber zum Glänzen zu bringen. Das fertige Produkt ist praktisch unverwüstlich und muss nur gelegentlich mit Olivenöl eingerieben werden. Mittlerweile führt Abdellahs Sohn die Tradition in einer kleinen Werkstatt in der Nähe fort.

Die Medina von Meknès erkunden

VON *BAB* ZU *BAB*

Der erste Stopp auf der Tour durch Meknès ist das riesige **Bab el-Mansour**, das vielleicht herrlichste aller Königstore, das der Sohn von Moulay Ismail 1732 bauen ließ. Das architektonische Meisterwerk ist mit üppigen *zellij* und Inschriften verziert. Die zwei weißen korinthischen Marmorsäulen sollen aus Volubilis (S. 302) geplündert worden sein. Das 16 m hohe Haupttor aus Holz steht selten offen, und am oberen Rand lobt eine arabische Inschrift das Bauwerk selbstbewusst: „Ich bin das schönste Tor Marokkos. Ich bin wie der Mond am Himmel. Auf meiner Vorderseite stehen Reichtum und Wohlstand geschrieben."

ESSEN IN MEKNÈS

Ryad Bahia
Auch Nichtgäste können hier einen Tisch reservieren und köstliche Salate, Tajines und Gebäck genießen. **€€**

Restaurant Ya Hala
In dem familiengeführten kleinen Restaurant gibt's authentische marokkanische Gerichte. Da alles frisch zubereitet wird, muss man etwas Geduld mitbringen. **€€**

Coffe Shop Meknes
Wer Lust auf eine gute Tasse Kaffee hat, sollte dieses winzige Café in der Medina aufsuchen. **€**

Das Herz der Medina ist der **Place el-Hedim.** Die Kasbah, die dort einst stand, wurde von Moulay Ismail zerstört, damit das Bab el-Mansour besser zur Geltung kam. Besonders am Abend ist hier jede Menge los: Familien schlendern umher, sitzen in den Cafés und lauschen den Geschichtenerzählern und Musikern auf der Miniaturversion des Jemaa El Fna in Marrakesch.

An der Nordseite des Place el-Hedim befindet sich der Palast **Dar Jamai.** Nach seiner Restaurierung ist er heute schöner als je zuvor. Er ist ein Meisterwerk der marokkanischen Architektur mit *zellij*-Verzierung, filigranen Stuckdekorationen, geschnitzten und bemalten Zedernholzdecken und einem schattigen andalusischen Garten mit Zitrusbäumen. Der Palast wurde 1882 von der mächtigen Jamai-Familie, der zwei Wesire des Sultans Moulay al-Hassan I. angehörten, erbaut. Seit 1920 befindet sich in dem Palast ein Museum. Es wurde als Nationalmuseum für Musik wiedereröffnet und präsentiert mit Instrumenten, Kostümen und Tänzen – von der traditionellen Tanzform der Berber, *ahidous*, bis zu dem jüdisch-marokkanischen *chaabi* und dem subsaharischen Gnaoua – verschiedene Musikrichtungen aus dem ganzen Land.

Die **Medersa Bou Inania** gegenüber der Grand Mosquée wurde 1358 fertiggestellt und ist ein Musterbeispiel für die prachtvolle Innenausstattung aus der Merenidenzeit. Zwar nicht so üppig wie ihre Namensverwandte in Fès, verfügt sie jedoch über alle klassischen marokkanischen Stilelemente: die *zellij*-Verzierung, die filigranen Stuckdekorationen und die geschnitzten Zedernholzdecken. Man kann die Unterrichträume, das Dach und sogar den Hamam besichtigen.

Am westlichen Rand des Place el-Hedim befindet sich der **Marché Couvert** (Markthalle), wo die Einheimischen einkaufen. Wer dachte, es gibt nur grüne oder schwarze Oliven, wird hier eines Besseren belehrt: Es gibt Pyramiden von prallen Oliven in allen Größen und Farben, einfach, gefüllt und mit Kräutern oder feurigen Chilis gemischt. Es duftet nach den bunten Gewürzmischungen, die man für Tajine-Gerichte verwenden kann, und nach Trockenfrüchten aller Art. Für Naschkatzen gibt es Stände, die sich unter dem Gewicht der süßen Köstlichkeiten aus Sesam, Mandeln, Datteln und Pistazien biegen. Wer zart besaitet ist, sollte den Bereich mit den Fleischwaren meiden.

Für eine Führung von *bab* (Tor) zu *bab* und darüber hinaus kann man den hervorragenden einheimischen Führer Bouchra Jamai (0661815237/bouchra_jamai@yahoo.com) kontaktieren.

WER WAR MOULAY ISMAIL?

Moulay Ismail wurde 1645 als Sohn eines Nachfahren des Propheten Mohammed und einer schwarzen Sklavin geboren und war der am längsten regierende marokkanische Sultan (55 Jahre). Der „Blutrünstige" feierte 1672 seine Thronbesteigung, indem er alle ermorden ließ, die sich seiner Herrschaft widersetzten. Er brachte den größten Teil Marokkos unter seine Kontrolle, unterwarf die Berberstämme, befreite Tanger von den Briten und entriss den Spaniern den Großteil ihres marokkanischen Territoriums. Dann zog er sich in seine Königsstadt zurück und hinterließ die Gründung des modernen Marokkos als sein Vermächtnis. Er war nicht nur Kriegsherr, sondern auch ein eifriger Liebhaber; mit über 500 Frauen seines Harems zeugte er angeblich über 800 Nachkommen!

Medersa Bou Inania

UNTERWEGS VOR ORT

Die Medina erkundet man am besten zu Fuß oder man macht eine *calèche*-Tour (Pferdekutsche) durch die Königsstadt. Es gibt auch jede Menge *petits taxis*. CTM-Busse fahren in die größeren Städte, darunter Fès, Marrakesch, Casablanca und Taza (zum Tazekka-Nationalpark). Vom Bahnhof Al-Amir fahren Züge nach Fès. *Grands taxis* fahren nach Moulay-Idriss, Sefrou, Ifrane und Azrou.

Rund um Meknès

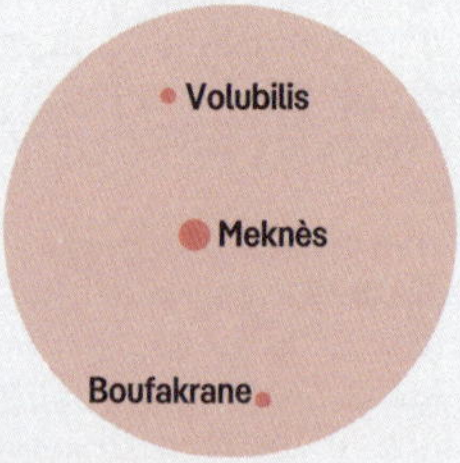

Das Highlight der Region Meknès ist neben den hervorragenden Weingütern Volubilis die am besten erhaltene archäologische Stätte Marokkos.

Die römischen Ruinen von Volubilis (einer der entlegensten Vorposten des Römischen Reiches) liegen in einer fruchtbaren Ebene. Im 3. Jh. v. Chr. ließen sich karthagische Händler hier nieder. Um 25 v. Chr. wurde die Stadt annektiert; in ihrer Blütezeit zählte sie ca. 20 000 Menschen. Die Römer setzten einen Berberkönig ein, aber Angriffe von benachbarten Berberstämmen veranlassten die Römer dazu, Volubilis 280 n. Chr. aufzugeben. Danach lebten dort Berber, Griechen, Juden und Syrer, bis das große Erdbeben von Lissabon die Stadt 1755 zerstörte.

Die fruchtbaren Böden und das gemäßigte Klima der Region Meknès sind ideal für den Weinanbau, der auf die Phönizier zurückgeht und von den Römern und Franzosen weitergeführt wurde.

TOP TIPP

Am besten übernachtet man in Moulay Idriss Zerhoun und fährt gegen Abend nach Volubilis, wenn sich die Hitze und die Menschenmassen verflüchtigt haben und die untergehende Sonne die Ruinen in goldenes Licht taucht. Oder man fährt früh am Morgen, bevor die Reisegruppen eintreffen.

Medusa-Mosaik, Haus des Orpheus in Volubilis (S. 302)

NICSCURRY/SHUTTERSTOCK ©

Château Roslane

Ein Gläschen Gris probieren

VERKOSTUNG MAROKKANISCHER WEINE

Marokkanische Weine sind in den letzten 20 Jahren immer besser geworden. Der von den Römern begonnene und von den Franzosen weitergeführte Weinbau erfuhr nach der Unabhängigkeit einen Einbruch, wurde aber seither mit immer mehr Rebflächen und Marken wiederbelebt. Die meisten Weinberge liegen in der Gegend um Meknès, wo es feuchte Winter und viel Sonne gibt. Die schweren, felsigen Ton-Kalk-Böden und Höhenlagen von 580 bis 800 m bieten optimale Anbaubedingungen.

Die Weinproduktion in Marokko ist eigentlich ein Widerspruch in sich. Alkohol ist im Islam *haram* (verboten) und nur in wenigen Supermärkten und Geschäften zu bekommen. Trotzdem werden rund 90 % des in Marokko hergestellten Weins im Land selbst getrunken – und das nicht nur von Tourist:innen.

Etwa 20 km südlich von Meknès wurde die **Domaine de la Zouina** (domainezouina.com, Verkostungen nach Terminvereinbarung) Anfang des 20. Jhs. von den Franzosen gegründet. In den frühen Nullerjahren wiederbelebt, bietet das Weingut heute Besichtigungen und Verkostungen der preisgekrönten Weine (Volubilia und Epicuria) an, bei denen man viel über die Geschichte des marokkanischen Weins und das inzwischen fast biologisch bewirtschaftete Weingut erfährt.

Wer keine Zeit für ein Mittagessen hat, sollte das „La Zouina"-Paket buchen, das eine Verkostung von vier Weinen umfasst: zwei Rotweine – einen Syrah und einen Cabernet Sauvignon –, einen Rosé und einen marokkanischen Gris, der sich zwischen Weiß- und Roséwein bewegt, zusammen mit würzigem Ziegenkäse, getrockneten Früchten und preisgekröntem Olivenöl.

CHÂTEAU ROSLANE

Les Celliers de Meknès Château Roslane (roslaneboutiquehotel.com) ist das erste Weingut Nordafrikas, das als *château viticole* eingetragen wurde, und der älteste und größte Weinproduzent Marokkos. Nach einer Besichtigung kann man ein Mittag- oder Abendessen mit lokalen Speisen und vier Spitzenweinen genießen: einen roten und einen weißen AOC-Wein (Appellation d'Origine Contrôlée), den einzigen Sekt Marokkos und einen Dessertwein. Es gibt auch ein elegantes Boutiquehotel umgeben von üppigen Gärten, das mit modernen marokkanischen Teppichen und Textilien eingerichtet ist und Balkone mit Blick auf die Weinberge bietet. Zu den Wellness-Behandlungen wird Wein gereicht, und wer schon immer mal in einem Weinfass baden wollte, sollte sich die Suite gönnen.

Über diesen QR-Code kann man ein Zimmer in dem Hotel buchen:

UNTERWEGS VOR ORT

Volubilis liegt eine 40-minütige Fahrt von Meknès und eine zehnminütige Fahrt von Moulay Idriss Zerhoun entfernt. Vom Institute Français in Meknès fährt man mit einem *grand taxi* nach Moulay Idriss Zerhoun und gelangt von dort mit einem anderen *grand taxi*, zu Fuß oder auf einem Esel weiter nach Volubilis. Eine Altenative ist ein privater Fahrer. Zum Weingut fahren keine öffentlichen Verkehrsmittel. Man muss also ein *grand taxi* oder einen privaten Fahrer mieten.

ANDREAS ZEITLER/SHUTTERSTOCK ©

PRAKTISCHES
Erw./Kind 70/30 Dh
Tägl. 8.30 Uhr–Sonnenuntergang

BESTE SEHENSWÜRDIGKEIT

Volubilis

Der Anblick eines Triumphbogens, der sich aus den fruchtbaren, mit Olivenhainen übersäten Ebenen des Mittleren Atlas erhebt, ist schon spektakulär genug, aber das Erstaunlichste an Marokkos wichtigsten römischen Ruinen und der UNESCO-Welterbestätte sind die vielen wunderschönen erhaltenen Mosaike, die von einer jahrhundertealten Lebensweise erzählen.

NICHT VERPASSEN

- Triumphbogen
- Decumanus Maximus
- Haus der Venus
- Haus des Orpheus
- Haus des Dionysus und der vier Jahreszeiten
- Haus der Aufgaben des Herkules
- Haus des Ephebos

Haus des Orpheus

Das edelste und größte der Wohnhäuser (1 auf der Karte) verfügt über drei spektakuläre Mosaike. Eins zeigt Orpheus, wie er mit dem Spiel seiner Laute Tiere zähmt. Das Esszimmer ziert ein Delfinmosaik, das Glück symbolisiert. Besondere Beachtung verdient der Hamam: Er ist mit einem Caldarium (Dampfsauna), einem Tepidarium (Trockensauna) und einem Frigidarium (Abkühlungsraum) ausgestattet und verfügt über ein Solarium.

Galienus-Thermen

Neben dem Haus des Orpheus liegen die Reste der Galienus-Thermen (2). Man erkennt noch gut die ausgeklügelte Fußbodenheizung dieser römischen Bäderanlage. Gegenüber befanden sich einst die Gemeinschaftslatrinen. Hier konnten die Bürger ihr Geschäft verrichten oder auch einfach nur schwatzen.

Das Kapitol, die Basilika und das Forum

Das Kapitol (3), die Basilika (4) und das 1300 m² große Forum (5) liegen wie üblich etwas erhöht. Das Kapitol – Jupiter, Juno und Minerva geweiht – stammt aus dem Jahr 218 n. Chr.; nördlich schließen sich die Basilika und das Forum an. Auf den rekonstruierten Säulen der Basilika nisten oft Störche: Sie sind das Wahrzeichen von Volubilis. Im Forum sieht man lateinische Inschriften auf Sockeln, auf denen früher Statuen standen.

Haus des Ephebos

Westlich des Triumphbogens steht das Haus des Ephebos (6), das nach der Bronzeskulptur benannt ist, die hier entdeckt wurde und heute in Rabat zu sehen ist. Den Bankettsaal ziert ein buntes Mosaik von Bacchus, den römischen Gott des Weines und der Ekstase, in einem von Panthern gezogenen Wagen.

Der Triumphbogen

Das Zentrum der Stätte bildet der marmorne Triumphbogen (7), der 217 n. Chr. zu Ehren des Kaisers und seiner Mutter erbaut wurde. Ursprünglich stand ein Bronzewagen darauf, der 1755 beim Erdbeben von Lissabon zerstört wurde. Fehler bei der Rekonstruktion 1932 wurden in den 1960er-Jahren korrigiert.

Haus der Aufgaben des Herkules

Die Mosaike stellen die zwölf Aufgaben des Herkules (8) dar. Mehrere seiner Heldentaten soll er in Marokko begangen haben, darum war er damals eine populäre Gestalt.

Haus des Dionysus & der vier Jahreszeiten

Das Haus (9) liegt etwa auf halbem Weg zum Decumanus Maximus. Das Mosaik, das Dionysos bei der Entdeckung der schlafenden Ariadne zeigt, ist eines der schönsten der Stätte.

Haus der Venus

Das Haus war die Residenz (10) König Jubas II. und beherbergt zwei besonders schöne Mosaike: Die Entführung des Hylas durch die Nymphen ist eine erotische Komposition mit zwei schönen Nymphen, die Hylas, den Liebhaber des Herkules, von seiner Arbeit fortlocken. Das zweite zeigt den Jäger Actaeon, der Diana, die jungfräuliche Göttin der Jagd, im Bad beobachtet hatte und sie ihn zur Strafe in einen Hirschen verwandelte.

Wer es eilig hat, sollte einen Guide engagieren. Am Eingang der Stätte warten offizielle Guides, die gute einstündige Führungen für 300 Dh anbieten. Am besten fragt man nach jemanden, der die eigene Sprache spricht.

TOP TIPPS

- Es gibt keinen Schatten, und die Sonne kann im Sommer heftig sein, also einen Hut und viel Wasser mitbringen.
- Die schönste Kulisse bietet sich im Frühling, wenn die Wildblumen blühen.
- Die beste Zeit für einen Besuch ist entweder am frühen Morgen oder am späten Nachmittag.
- Die Stätte verfügt über gute Informationstafeln auf Englisch, Französisch und Arabisch. Falls man sie auf eigene Faust erkunden möchte, sollte man mindestens zwei Stunden einplanen.

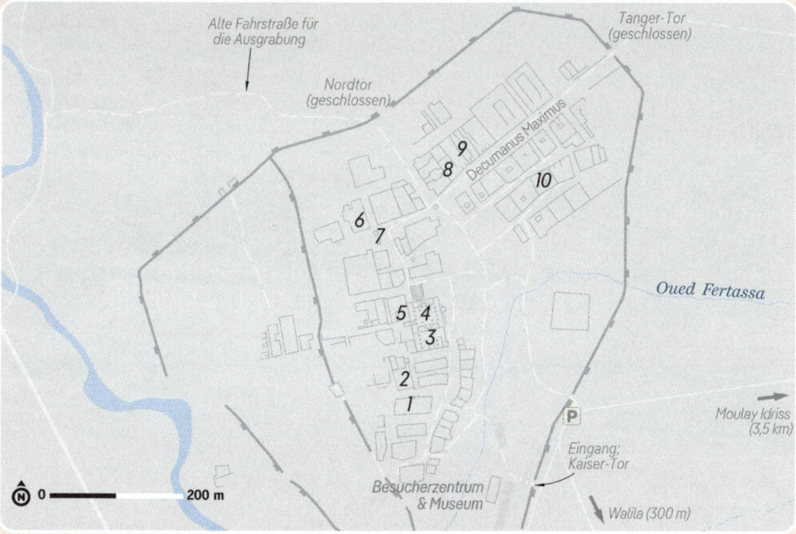

MOULAY IDRISS ZERHOUN

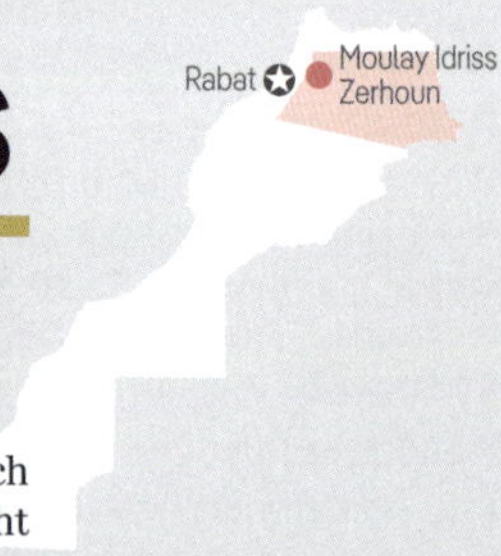

Die weiß getünchte Stadt Moulay Idriss Zerhoun thront malerisch auf zwei Hügeln. Die meiste Zeit des Jahres ist die Stadt recht beschaulich, doch im August wird sie von Pilger:innen überschwemmt, die Moulay Idriss I. bei der größten *moussem* (Fest) Marokkos mit *tbouridas* (Kavallerieangriffe mit Musketenfeuer), Märkten und Musik feiern.

Moulay Idriss war ein Urenkel des Propheten Mohammed und Marokkos erster islamischer Führer. Ende des 8. Jhs. musste er aus Mekka fliehen. Er ließ sich in der Nähe von Volubilis nieder und sorgte dafür, dass die Einheimischen zum Islam konvertierten. Somit war die Idrissendynastie geboren. Es ist immer noch ein heiliger Ort für Muslime, und es heißt, dass diejenigen, die sich die Hadsch (die Pilgerfahrt nach Mekka) nicht leisten können, stattdessen fünf Pilgerfahrten nach Moulay Idriss unternehmen. Bis 1912 durften Nichtmuslime die Stadt nicht betreten.

Die stimmungsvollen Ruinen des römischen Volubilis liegen zwar ganz in der Nähe, aber in der Stadt selbst gibt es nur wenige traditionelle Sehenswürdigkeiten. Hier kann man in das traditionelle Leben Marokkos eintauchen.

TOP TIPP

Man kann auf einem Esel zu den Ruinen von Volubilis reiten. Der rund einstündige Ritt führt durch Olivenhaine und an Schafherden vorbei (organisiert durch die Pension Dar Zerhoune).

Moulay Idriss Zerhoun

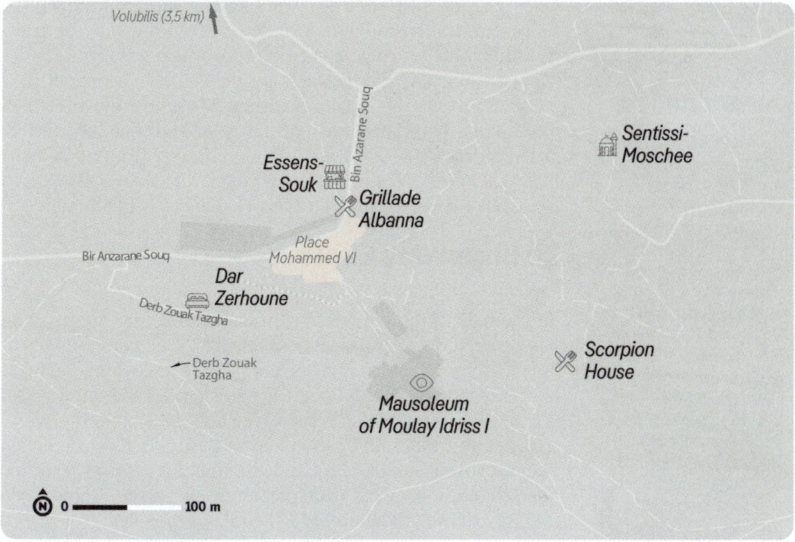

Moulay Idriss Zerhoun wie die Einheimischen

MAROKKANISCHES ALLTAGSLEBEN

Die Hauptattraktion der Stadt ist das **Mausoleum des Moulay Idriss I**. Ein Blick in den prächtigen Eingang lohnt sich definitiv. Wer nicht nur die größten Sehenswürdigkeiten abhaken möchte, sollte eine Führung mit Hajiba vom **Dar Zerhoune** (darzerhoune.com) machen, um in das authentische Leben der Einheimischen einzutauchen.

Sie geht mit den Besucher:innen zum **Souk**, wo die Einheimischen frisches Obst und Gemüse und noch gackernde Hühner bei ihren Lieblingsständen kaufen, wie schon vor Jahrhunderten – heute jedoch kann man Bestellungen im Voraus per WhatsApp aufgeben. Dann geht es weiter zu einer Olivenpresse, wo die Einheimischen, ihre Oliven zu Öl verarbeiten lassen oder es einfach in 5-Liter-Flaschen kaufen. Anschließend besucht man einen Gemeinschaftsofen, in dem handgekneteter und geformter Teig zu goldenem *khobz* (Brot) gebacken wird.

Während der Führung kann man Hajiba wirklich alles fragen. Warum marokkanische Frauen immer noch in öffentliche Hamams gehen, obwohl sie zu Hause eine heiße Dusche haben.

WARUM ICH MOULAY IDRISS ZERHOUN LIEBE

Sarah Gilbert, Autorin

Nach der hektischen Medina von Fès wirkt Moulay Idriss Zerhoun wie eine Oase der Ruhe, mit gemütlichen Straßen und toller Aussicht. Die Ebenen um Volubilis lassen erahnen, wie dieser Vorposten des Römischen Reiches vor Jahrtausenden ausgesehen haben könnte. Ein Frühstück mit *msemen* (Fladenbrot) oder *harcha* (Grießbrot) auf der Dachterrasse des Dar Zerhoune und ein Mittagessen im Scorpion House machen das Erlebnis perfekt.

ESSEN & ÜBERNACHTEN IN MOULAY IDRISS ZERHOUN

Dar Zerhoune
Die hübsche Pension, die auch Nicht-Gästen offensteht, lockt mit marokkanischen Gerichten auf der Dachterrasse. **€€**

Scorpion House
Hier kann man sich ein frisch zubereitetes Festmahl bei herrlicher Aussicht gönnen. Es ist auch für Vegetarier geeignet, aber unbedingt vorher einen Tisch reservieren. **€€€**

Grillade Albanna
Das belebte Grillrestaurant ist wie die ganze Stadt für seine *kefta* (Hackbällchen) bekannt, die hier mit Salat und frischem Brot serviert werden. **€**

SCORPION HOUSE

Bei einem gemütlichen Mittagessen im Scorpion House kann man den Blick über die Dächer der Stadt, das mit Kacheln verzierte Mausoleum und die grünen Ebenen bis nach Volubilis schweifen lassen. Das Restaurant von Mike Richardson, dem Besitzer der berühmten Cafe Clocks (das erste befand sich in Fès), liegt hoch oben auf einem Hügel. Im Lauf der Jahre hat er dem Haus seinen eigenen Stempel aufgedrückt und es mit Retro-Möbeln, Flohmarktfunden, subsaharischen Artefakten und marokkanischen Textilien eingerichtet. Das Mittagessen wird auf einer mit Pflanzen gesäumten Terrasse oder in einem mit Kunstwerken geschmückten Salon serviert und ist ein wahres Festmahl: *kefta* vom Holzkohlegrill (eine Spezialität von Moulay-Idriss), Sardinen aus Larache mit Chermoula, Gemüse-*bastillas* und eine Auswahl an marokkanischen Salaten der Saison, abgerundet mit einem sephardischen Kuchen aus Orangen und Mandeln.

Oder wie sich die Café-Kultur im Lauf der Jahre verändert hat. Cafés sind traditionell eine Domäne der Männer, aber mittlerweile geht auch sie gerne in ein Café, um sich mit ihren Freundinnen zu treffen oder einfach nur die Leute zu beobachten.

Dann geht's vorbei an der **Sentissi-Moschee**, die angeblich das einzige zylinderförmige Minarett in Marokko hat, zurück zu ihrem Haus, wo sie Tee und Kekse serviert und noch mehr über das Leben der Frauen im heutigen Marokko erzählt, vom Heiraten bis zur Arbeit, von Mitgiften bis zu Scheidungen.

Zu Ehren des Esels

DAR ZERHOUNES ESELTAGE

Wer jemals durch eine der schmalen Gassen der Medina von Fès geschlendert ist und „Balek! Balek!" („Geh aus dem Weg!") hörte, sah vielleicht einen Esel, der sich mit geflochtenen Tragekörben voller Häute aus den Gerbereien oder Säcken mit Gewürzen oder Stoffballen seinen Weg bahnte.

In ganz Marokko sind Esel ein fester Bestandteil des täglichen Lebens, vor allem auf dem Land. Sie sind vierbeinige Taxis, die Menschen und Gepäck transportieren, sie tragen Steine, Erde und Eisen auf Baustellen, sie ziehen Pflüge auf den Feldern und transportieren die Ernte. Esel sind geduldig, fleißig und treu, werden aber leider nicht immer gut behandelt.

In den Hügeln von Moulay Idriss Zerhoun liegt die Pension Dar Zerhoune, die jeden Monat einen **Eseltag** veranstaltet. In Zusammenarbeit mit der gemeinnützigen Tierschutzorganisation American Fondouk in Fès kommen dann Tierärzte hierher, um die Esel aus Moulay und den umliegenden Dörfern zu untersuchen und die Besitzer:innen in der Pflege der Tiere zu schulen. Man kann den Ärzten bei der Arbeit zusehen, etwas spenden oder auch einen Eseltag sponsern.

Im Juni gibt es für die Esel im Dorf Beni Ammar einen freien Tag, um die Tiere und ihren Beitrag zur Gesellschaft mit einem Fest zu feiern. Rund 20 Esel nehmen dann an einem 1 km langen Rennen teil, bevor sie bei einem einzigartigen Schönheitswettbewerb, bei dem sie mit bunten Kunstblumen geschmückt vor einer Jury auftreten, nicht nur ihr gutes Aussehen, sondern auch ihre Verbundenheit mit ihren Besitzer:innen unter Beweis stellen.

ARBEITSESELN HELFEN

Wer in Fès ist, sollte die Tierschutzorganisation American Fondouk (S. 375), die sich für ein besseres Leben der Esel, Maultiere und Pferde in der Medina von Fès einsetzt, und ihre Kliniken und Ställe besuchen.

UNTERWEGS VOR ORT

Moulay Idriss Zerhoun erkundet man am besten zu Fuß. Taxis fahren nach Volubilis und zurück; man kann auch auf Eseln hinreiten (in der Pension Dar Zerhoune buchen) und mit dem Taxi zurückfahren. *Grands taxis* nach Moulay Idriss Zerhoun fahren in Meknès vor dem Institut Français ab. In Moulay Idriss Zerhoun starten die Taxis von einem Stand am unteren Ende der Hauptstraße. Wer nach Fès will, muss über Meknès fahren. Der einheimische Taxifahrer Hamid El Bouzidi (0663292629) bietet Fahrten nach Fès, zum Flughafen, nach Meknès, zu den Weingütern und anderen Zielen an.

AZROU

Die alte Berberstadt Azrou liegt umgeben von bewaldeten Hängen im Herzen des Mittleren Atlas. Azrou (Großer Fels) wurde nach der isolierten Felsnase benannt, die am westlichen Stadtrand steht.

Die Stadt liegt an einer Kreuzung. Die eine Straße führt Richtung Nordwesten nach Meknès und Richtung Südosten nach Errachidia; die zweite Straße führt Richtung Nordosten nach Fès und Richtung Südwesten nach Marrakesch. Dadurch ist die Stadt sowohl ein Verkehrsknotenpunkt als auch ein wichtiges Handelszentrum.

Die großen Besuchermagneten sind die vom Aussterben bedrohten Berberaffen, die nach Zedern duftenden Waldwege des Ifrane-Nationalparks und der Souk am Dienstag, auf dem man nur selten Tourist:innen antrifft. Das kühlere Klima, die beschauliche kleine Medina und das entspannte Leben hier sind perfekt, um sich von der Hektik der ehemaligen Königsstädte zu erholen.

TOP TIPP

Man sollte unbedingt das moderne Kulturzentrum der Stadt (kostenloser Eintritt) gegenüber des Felsens besuchen, wo Schautafeln die Geologie, Wirtschaft, Ethnologie und das kulturelle Erbe des Mittleren Atlas erläutern und u.a. traditionelle Trachten, Kunsthandwerk, Heilpflanzen, Fossilien ausgestellt sind.

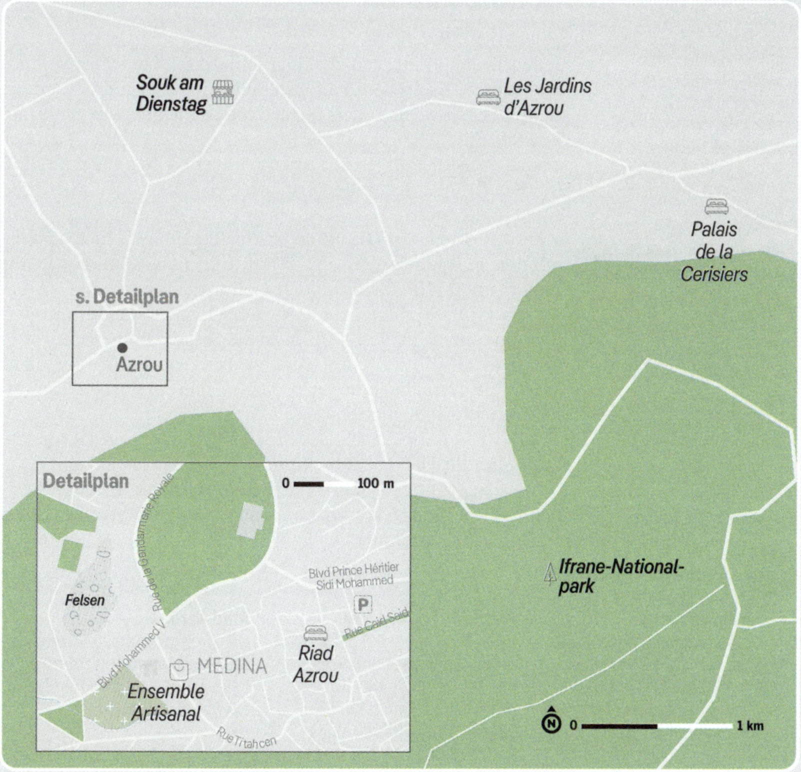

DAS KLOSTER VON TIOUMLILINE

Ganz unverhofft stößt man im Wald um Azrou auf das verlassene **Kloster von Tioumliline**. Französische Benediktinermönche kamen 1952 hierher und gründeten eine Schule, eine Krankenstation mit kostenloser medizinischer Versorgung und ein Heim für Waisenkinder. Die Mönche lernten Arabisch und Tamazight, und das Kloster wurde zu einem wichtigen Teil der Gemeinschaft und zu einem Ort, an dem Menschen aller Glaubensrichtungen zusammenkommen konnten. 1968 wurde es geschlossen und dem Verfall überlassen. 2010 wurde hier Xavier Beauvois' eindringlicher französischer Film *Von Menschen und Göttern* gedreht, der auf der Entführung und Ermordung von sieben französischen Trappisten-Mönchen in Algerien im Jahr 1996 basiert. Heute arbeiten verschiedene Organisationen gemeinsam mit den Menschen vor Ort am Wiederaufbau von Tioumliline. Der Bergführer Saleh Boudaoud lebt auf dem Gelände und führt Besucher:innen gern herum.

Zedernbäume in der Nähe von Ifrane (S. 313)

Schafe kaufen

EIN TRADITIONELLER MARKT IM MITTLEREN ATLAS

Jeden Dienstagmorgen strömen Hunderte von Menschen auf Maultieren, Eseln, Motorrädern und Fahrrädern in das ruhige Bergdorf. Noch vor Tagesanbruch rollen Pickups mit ihrer blökenden Fracht oder mit Bergen von Kartoffeln aus Meknès, aromatischen Orangen aus Agadir, scharfen Zwiebeln und duftenden Kräutern aus den fruchtbaren Tälern des Mittleren Atlas in die Stadt.

Azrous **Souk am Dienstag** erstreckt sich auf einer großen, offenen Ebene nördlich der Stadt, und eine Symphonie aus Blöken und Mähen kündigt den Viehmarkt schon lange an, bevor man ihn überhaupt sieht. Auch Esel, Ziegen und Kühe werden auf dem Souk verkauft, aber die Schafe sind eindeutig in der Überzahl und oft in Gruppen von vier, sechs oder mehr Tieren zusammengebunden, sodass sie wie ein riesiges Tier mit mehreren Köpfen aussehen.

Man kann dabei zusehen, wie Hirten in *djellabas* (Kapuzenmänteln) die Tiere begutachten, sich ihre Zähne ansehen und sie anstupsen, bevor ein intensives Verhandeln um den Preis beginnt. Ist man sich einig geworden, wird ein einzelnes Schaf

ÜBERNACHTEN IN AZROU

Les Jardins d'Azrou
Eine entspannte Pension mit toller Aussicht auf die Berge und kreativen Gerichten, darunter Schweizer Käsefondue und Pilze aus der Region. **€€**

Palais de la Cerisiers
Hotel im alpinen Stil mit wunderschöner Aussicht, Swimmingpools und einem Restaurant mit gehobener Küche; einige Zimmer haben einen Kamin. **€€€**

Riad Azrou
Das preisgünstige, traditionelle Riad befindet sich in zentraler Lage in der Nähe des Hauptplatzes von Azrou. **€**

einfach über die Schulter geworfen; zwei Schafe werden auch mal schnell an den Beinen weggezogen, und größere Gruppen werden geschickt zum Parkplatz getrieben.

Wer kein Schaf auf dem Souk gekauft hat, sollte sich unbedingt das **Ensemble Artisanal** ansehen. In dem kleinen Kunsthandwerksareal gibt's mehrere Geschäfte und Werkstätten von Kunsthandwerker:innen, die qualitativ hochwertige Teppiche, Lederwaren sowie Stein- und Zedernholzschnitzereien zu fairen Festpreisen anbieten. Das Areal liegt direkt hinter dem Kulturzentrum vor dem Felsen.

Zwischen turmhohen Zedernbäumen spazieren

DURCH DEN IFRANE-NATIONALPARK WANDERN

Von Azrou und Ifrane gelangt man in die herrlichen Zedern- und Eichenwälder des **Ifrane-Nationalparks** mit seinen einfachen bis mittelschweren Wanderwegen.

Der 500 km^2 große Park mit Höhenlagen von 1300 bis 2400 m ist zwar flacher als der benachbarte Toubkal-Nationalpark (S. 114), aber seine facettenreichen Ökosysteme, die von natürlichen Seen, Quellen und Flüssen gespeist werden, beherbergen mehr als 1000 Pflanzenarten, darunter Atlas-Zedern, Algerische Eichen, immergrüne Steineichen, Spanischer Wacholder und See-Kiefern.

Außerdem sind hier 140 seltene Vogelarten, 30 Reptilien- und Amphibienarten und 37 Säugetierarten zu Hause, von denen der berühmteste der Berberaffe ist, ein einzigartiger Primat, der seit 2008 auf der Roten Liste der IUCN steht und als gefährdet eingestuft ist.

Auf der Wanderroute 3M Squared Loop Trail (auch Monkey Trail genannt) hat man gute Chancen, die frechen Makaken zu sehen. Er ist auch für Trailrunner und Mountainbiker geeignet, da er im Schatten von hohen Eichen und Zedern liegt. Mit einem spezialisierten Bergführer wie Saleh Boudaoud (0643031867/ salehboudahoud@gmail.com) bleibt man nicht nur auf dem richtigen Weg, sondern erhält auch einen Einblick in die Flora und Fauna des Parks und in die Bedrohungen, denen die Makaken ausgesetzt sind.

Neben Wanderungen (von einfachen Halbtagestouren bis hin zu einer dreitägigen Wanderung von Ain Leuh zur Quelle von Oum-er-Rbia) kann man sich mit ihm auch auf die Spuren der Berberaffen begeben und mit dem Mountainbike (auch mit dem E-Bike) um die Seen (S. 314) oder über das Agdal-Plateau mit Panoramablick über Azrou fahren.

MAISON DE LA CÉDRAIE

Dieses umweltfreundliche Museum (maisondelacedraie.ma) gegenüber dem Picknickplatz im Wald von Moudmame ist der majestätischen Zeder gewidmet, mit einem hoch aufragenden Exemplar als Herzstück und interaktiven Exponaten für alle Altersgruppen. Das 80 km südlich gelegene UNESCO-Atlaszedern-Biosphärenreservat beherbergt 75 % der weltweiten Atlaszedern, und die Seen Afenourir und Tifounassine fallen unter die Ramsar-Konvention. Ziel des Museums ist es, Einheimische und Tourist:innen auf unterhaltsame Weise über die wichtige Rolle der Zedernwälder für das Ökosystem und die Kultur der Region aufzuklären, einschließlich der dort lebenden Wildtiere, von Wildschweinen über Rehe und Servale bis hin zu einer Vielzahl von Vögeln.

Mehr Informationen findet man unter dem folgenden QR-Code:

WO MAN AFFEN SEHEN KANN

Affenwald
Ein beliebter Treffpunkt der Berberaffen. Sie wissen, dass die Menschen hier anhalten, um sie zu füttern.

Moudmame
Moudmame (bedeutet "Weißdorn") ist ein Picknickplatz im Wald etwas außerhalb der Stadt und der Ausgangspunkt für mehrere Wanderungen.

Cèdre de Gouraud
Hier steht eine riesige abgestorbene Zeder, und man trifft auf viele Affen. Aber Vorsicht, sie erwarten, gefüttert zu werden.

ATLAS PARC AVENTURE

Im **Atlas Parc Aventure** (atlasparcaventure.com) kann man den Wald aus der Affenperspektive betrachten und an einer Seilrutsche durch die Zedern sausen. Darüber hinaus gibt es viele weitere Herausforderungen für alle Altersgruppen, darunter ein Seilgarten, Schaukelbrücken und Baumklettern, alles nach internationalen Sicherheitsstandards gebaut. Es gibt auch einen Kinderspielplatz, und es wird Bogenschießen und ein Abendessen mit köstlichen italienischen und marokkanischen Gerichten unter freiem Himmel angeboten. Die Berberaffen sind hier oft anzutreffen und das nicht nur wegen der besten Pizza im Mittleren Atlas. Sie lieben es, über die Klettergerüste zu turnen, auf der Seilrutsche zu laufen und anschließend in einer Hängematte zu chillen. Der Park liegt zehn Gehminuten östlich des Maison de la Cédraie (S. 309) und verfügt über einen Parkplatz.

Mit dem folgenden QR-Code kann man sein Abenteuer planen:

Berberaffe

Berberaffen aufspüren

NICHT DIE AFFEN FÜTTERN

Berberaffen sind einzigartige Primaten, die einst in Europa und Nordafrika lebten, heute aber nur noch in kleinen Gebieten in nördlichen Gebirgen, einschließlich Mittlerer Atlas und Rif-Gebirge, zu finden sind. Etwa 80 % der weltweiten Population lebt in Marokko, 50 % davon im **Ifrane-Nationalpark**.

Die robusten Makaken können eisige Kälte und sengende Hitze ertragen und leben in großen matriarchalischen Gruppen von etwa zwölf bis 60 Tieren. Ihre größte Bedrohung sind die Menschen. Ihr natürlicher Lebensraum ist zunehmend durch Abholzung und Klimawandel bedroht, und obwohl die Wilderei dank der Arbeit von Naturschutzgruppen zurückgegangen ist, werden jedes Jahr immer noch viele junge Makaken illegal als Haustiere verkauft, vor allem nach Europa. Gruppen in Stadtnähe werden leider regelmäßig gefüttert, was die Tiere anfällig für Fettleibigkeit, Stress und Krankheiten macht.

Mit Saleh Boudaoud kann man die Affen in einem abgelegenen Gebiet des Parks aufspüren. In kleinen Gruppen wandert man leise in einem 5 km langen Dreieck durch den Wald, bis man eine wilde Gruppe auf Nahrungssuche in ihrem natürlichen Lebensraum entdeckt und folgt ihr zu Fuß mit dem Fernglas, um ihrem Rufen, Schreien und Grunzen zu lauschen.

Nach dem Mittagessen nähert man sich einer an Menschen gewöhnten Affengruppe und studiert ihre faszinierenden Gesichtsausdrücke und Verhaltensweisen, von der emsigen Körperpflege bis hin zu babysittenden Großvätern und Jungtieren, die den Wald als Spielplatz nutzen.

UNTERWEGS VOR ORT

Das Zentrum von Azrou kann man zu Fuß erkunden, aber zum Markt, zum Zedernwald und nach Ain Leuh kommt man nur mit einem Fahrzeug. Der *grands-taxis*-Stand liegt hinter der Moschee. CTM-Busse fahren regelmäßig vom eigenen Busbahnhof nach Ifrane und täglich in große Städte wie Meknès, Fès, Casablanca und Marrakesch. Andere Busse fahren am *gare routière* (Busbahnhof) ab.

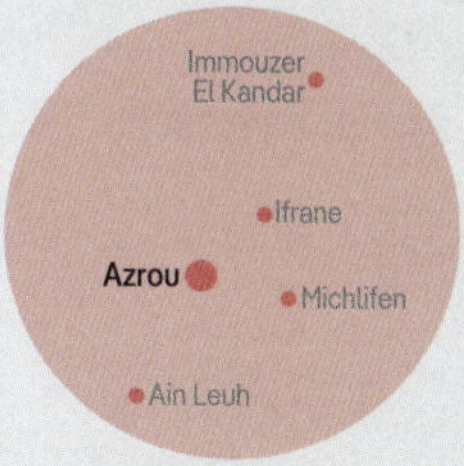

Rund um Azrou

Rund um Azrou gibt es Waldwege, kulinarische Köstlichkeiten und Outdoor-Abenteuer zu entdecken – also entschleunigen und den Mittleren Atlas genießen.

Der Mittlere Atlas ist eine Hochburg der Imazighen und hat für jeden etwas zu bieten. Es gibt hübsche Dörfer, in denen Frauen die begehrten Teppiche mit gewagten geometrischen Stammesmotiven weben, und wöchentlich stattfindende Souks, zu denen *djellaba*-tragende Hirten kommen, um ihre Geschäfte abzuwickeln.

Feinschmecker finden in den fruchtbaren Tälern preisgekrönten Bio-Käse, schwarzen Trüffel, Honig, der nach Frühlingsblumen schmeckt, und eine Fülle von Früchten, die zu pikanten Marmeladen verarbeitet werden.

Für Naturliebhaber und Abenteuerlustige gibt es im Sommer Wander-, Rad- und Laufwege, die sich an Zedern vorbei- und um herrliche Seen schlängeln. Im Winter kann man auf den Pisten des Mittleren Atlas Ski, Snowboard und Schlitten fahren.

TOP TIPP

Mit einem Mietwagen kann man in seinem eigenen Tempo schwerer zu erreichende Orte erkunden.

Ifrane (S. 313)

ARTISAN PROJECT

Artisan Project wurde 2011 von der palästinensisch-amerikanischen Textildesignerin Nina Mohammad-Galbert gegründet, die von Kalifornien nach Fès zog. Seit mehr als einem Jahrzehnt arbeitet das Unternehmen mit den Weberinnen von Ain Leuh zusammen und verbindet uralte Techniken mit modernem Design, um filigrane handgeknüpfte Wollteppiche und maßgeschneiderte Decken herzustellen. Bei einem *boucherouite*-Projekt (Flickenteppich) werden verschiedene Fertigkeiten kombiniert und als ökologische Alternative Naturfarben verwendet. Das Projekt ist am Wohlergehen der oft unsichtbaren Weberinnen ebenso interessiert wie an der Zusammenarbeit mit ihnen bei der Herstellung von Teppichen, und hilft bei der Beschaffung von Geld für die Renovierung des Gebäudes der Kooperative und bei ihrer Gesundheitsversorgung. Die hochwertigen Produkte haben einen stolzen Preis und sind in dem kleinen Atelier von Artisan Project in Fés nur nach Vereinbarung eines Termins käuflich zu erwerben (artisan-project@gmail.com).

SARAH GILBERT/LONELY PLANET ©

Teppichknüpfen in Ain Leuh

Die Weberinnen von Ain Leuh

TRENDSETZENDE WEBERINNEN

Die Weberinnen der **Cooperative Tisseuses de Ain Leuh** waren immer schon Trendsetterinnen. Als die Kooperative 1979 gegründet wurde, war sie eine der ersten, die offiziell anerkannt wurde. Heute gelten ihre *hanbel*-Teppiche (Flachgewebe) als einige der besten in ganz Marokko.

Textilien sind tief in der Kultur der Berber verwurzelt, und für jeden Haushalt wird zuerst einmal etwas gewebt. Wenn ein Paar früher heiratete, hatte es vielleicht nichts, um die Wohnung einzurichten, aber es war immer Wolle vorhanden, um eine warme Decke oder einen zotteligen Teppich herzustellen.

Die Schafe werden im Mai geschoren, und die Wolle wird zum Fluss gebracht und gewaschen, bevor sie getrocknet und geklopft wird, um den Staub zu entfernen. Dann wird sie gekämmt und kardiert und anschließend zu einem dicken Garn gesponnen. Die Frauen färben die Wolle mit saurem Traubensaft, um sie farbecht zu machen.Dann wird sie noch einmal mit Seife und Essig gewaschen, damit die Farben nicht ausbluten.

Die Weberinnen bereiten den hölzernen Webstuhl mit besonders feiner Wolle vor, um die vertikale Kette zu erzeugen, und

DREI WANDERROUTEN VON AIN LEUH AUS

Lac Ouiouane
Das Ramsar-Gebiet liegt fünf Stunden zu Fuß oder 35 Autominuten Richtung Süden von Ain Leuh entfernt.

Lac Afenourir
Eine vierstündige Wanderung über den Vulkansee und das Ramsar-Gebiet, mit spektakulärer Landschaft und erstklassiger Vogelbeobachtung.

Quellen bei Oum-er-Rabia
Dreitägige Wanderung über Zaouia Ifrane und den Ouiouane-See, Übernachtung in gîtes (Hütten) oder Wildcamping.

markieren dann die Mitte. Ihre Entwürfe werden nicht auf Papier gezeichnet, sondern, wie ihre Webkunst, von Generation zu Generation weitergegeben – wie etwa die Umrisse der Säge, mit der sie Baumstämme zersägen, oder die Fußabdrücke eines Berberlöwen.

Für einen großen handgeknüpften Teppich arbeiten oft mehrere Frauen am selben Webstuhl. Man kann sich einen der zum Verkauf stehenden Teppiche aussuchen oder die Frauen mit der Gestaltung des eigenen Traumteppichs beauftragen.

Marokkos kleine Schweiz

DIE ALPEN VON IFRANE

Während ausländische Reisende nach Marrakesch und Fès strömen, um in den Trubel einer mittelalterlichen Medina einzutauchen, besuchen marokkanische Tourist:innen gern die Stadt **Ifrane**.

Mit der Höhenluft, der alpinen Architektur, den gepflegten Gärten und den makellosen Straßen kommt man sich gar nicht wie in Marokko vor, sondern eher so, als wäre ein Teil der Schweiz in den Mittleren Atlas gezogen.

Ifrane wurde 1929 von den Franzosen als Rückzugsort für einflussreiche Ausländer:innen gebaut, und während seiner Herrschaft zog sich König Hassan II. gern hierhin zurück. Die Stadt verströmt immer noch ein wohlhabendes, europäisches Flair, und alles ist ein bisschen teurer. Es gibt hübsche Cafés im französischen Stil und Al Akhawayn, eine der besten Universitäten des Landes, die von der jungen marokkanischen Elite besucht wird.

Die Anziehungskraft für Stadtbewohner:innen liegt auf der Hand: Ifrane ist umgeben von Seen und Wäldern und das ganze Jahr über kommen die Menschen wegen der frischen Bergluft, der Frühlingsblumen, des Forellenfischens, der Picknickplätze am Seeufer, der Wanderwege in den Hügeln und der zahlreichen Wintersportmöglichkeiten her.

Auf der Fahrt durch die Stadt sollte man sich unbedingt den Steinlöwen in dem Park vor dem Hôtel Le Chamonix südlich des Stadtzentrums ansehen. Das Wahrzeichen von Ifrane soll von einem italienischen oder deutschen Soldaten während des Zweiten Weltkriegs geschnitzt worden sein, um an den letzten wilden Berberlöwen zu erinnern, der in einem nahe gelegenen Wald getötet wurde.

Marokkos Pisten hinunterfahren

SKIFAHREN IM MITTLEREN ATLAS

Obwohl man „Skifahren" und „Marokko" eigentlich nicht miteinander in Verbindung bringt, liegt etwa 19 km von Ifra-

DER BERBERLÖWE

Dass die marokkanische Fußballnationalmannschaft „Löwen vom Atlas" genannt wird, ist eine Hommage an die Berberlöwen, die früher in dieser Region lebten. Die furchterregenden Katzen, die in den blutigen Gladiatorenkämpfen des Römischen Reichs die Hauptrolle spielten und von Sultanen als Luxuspräsente verschenkt wurden, wurden in freier Wildbahn bis zu ihrer Ausrottung gejagt. Man geht davon aus, dass der letzte 1942 in Marokko erlegt wurde. Etwa 100 dieser genetisch unterschiedlichen Großkatzen leben noch in Zoos auf der ganzen Welt, darunter auch die „königlichen Berberlöwen" des Königs in Rabat. Obwohl die Zahl der Tiere durch selektive Züchtung zunimmt und ein ehrgeiziges Projekt zur Auswilderung der Tiere in Planung ist, wird die Umsetzung wohl noch eine Weile dauern.

SKI FAHREN IM HOHEN ATLAS

Wer die höchste Skipiste in Afrika hinunterfahren möchte, muss nach Oukaimeden (S. 133) im Ourika-Tal, deren höchster Punkt auf 3200 m liegt.

ÜBERNACHTEN RUND UM IFRANE

Michlifen Resort & Golf
Das luxuriöseste Hotel im Mittleren Atlas mit goldenem Holz, Steinen aus der Region und Designer-Möbeln. €€€

Le Gîte du Barrage
Die kleine familiengeführte Pension liegt sehr idyllisch in Zaouia Ben Smin, 12 km von Ifrane entfernt. €

Le Gîte Dayet Aoua
Ein herrlich rustikales Haus im Chalet-Stil auf einem weitläufigen Gelände am anderen Ende des Sees. €€

AUTOTOUR: SEENRUNDFAHRT

Am nördlichen Rand des Ifrane-Nationalparks kann man mit dem Auto oder dem Mountainbike an drei schönen Seen entlangfahren. Die Straße zieht sich 60 km lang durch die Landschaft. Wer kein Fahrzeug hat, kann in Ifrane ein *grand taxi* für eine Tagestour mieten. Der eigentliche Reiz besteht darin, zwischendurch auszusteigen, am Seeufer entlang zu spazieren und die Landschaft zu genießen, auch wenn die Seen aufgrund des Mangels an Schnee und Regen in letzter Zeit im späten Frühjahr oft ausgetrocknet sind. Der Weg zu den Seen ist 17 km nördlich von **1 Ifrane** auf der N8 ausgeschildert. Die Fahrt beginnt mit dem **2 Dayet Aoua**, einem der beliebtesten Seen Marokkos. Er liegt auf einer Höhe von 1460 m und hat bei hohem Wasserstand eine Fläche von ca. 140 km^2.

An den Wochenenden kommen Familien zum Picknicken her oder um sich ein Tretboot zu leihen. Unter der Woche ist es menschenleer. An dem von Wäldern umgebenen See leben viele Vogelarten, auch Enten und Stelzvögel wie prächtige Kammblässhühner im Frühjahr, Flamingos und Kraniche im Winter sowie Waldwasserläufer, die wiederum Raubvögel wie Rote Milane anlocken. In den Schilfgebieten leben Kuh- und Graureiher, in den Bäumen am südöstlichen Ende des Sees Spechte, Baumläufer und Kleiber.

Hinter dem Dayet Aoua führt die P5016 zuerst nach Osten und dann auf die P7237. Richtung Süden geht's zum **3 Dayet Ifrah**, einem der größten Seen in der Gegend, und zum kleineren **4 Dayet Hachlaf**, der auf einer Höhe von 1530 m liegt und von immergrünen Steineichenwäldern umgeben ist. Die P7237 führt dann wieder auf die R707, die weiter nach Nordwesten verläuft und wieder auf die N8 trifft.

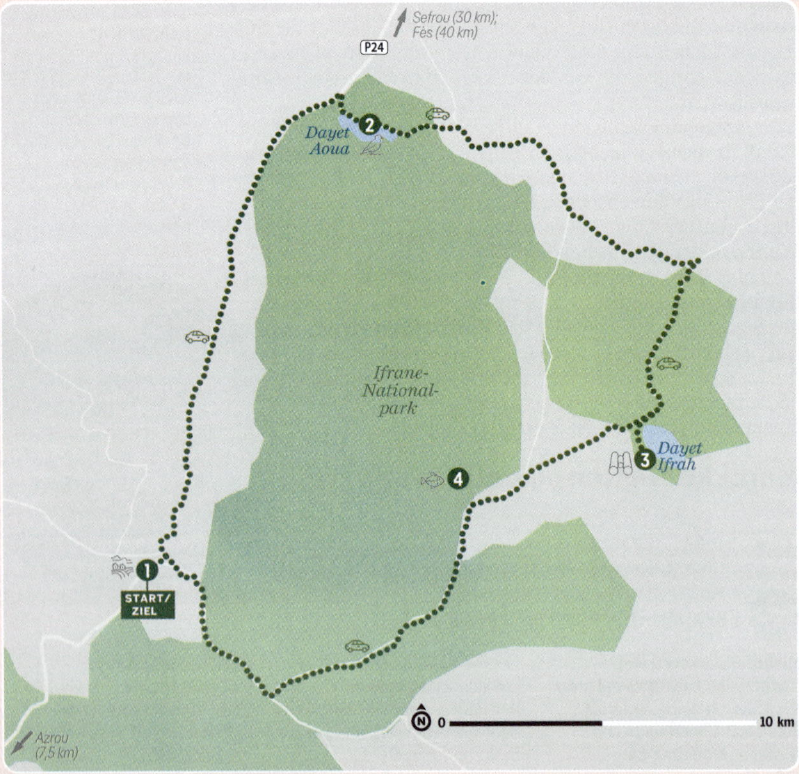

ZAKARIYAA ALLAOUI/SHUTTERSTOCK ©

Dayet Aoua

ne und 26 km von Azrou entfernt das kleine Skigebiet **Michlifen**. Man darf natürlich nicht die Alpen oder Aspen erwarten, aber wenn die Schneegötter gnädig sind, kann man hier beim Skifahren, Snowboarden, Schneeschuhwandern, Langlaufen oder Schlittenfahren viel Spaß haben.

Ifrane hält den Rekord für die niedrigste jemals aufgezeichnete Temperatur in Afrika (-23,9 °C im Jahr 1935), und in der Region liegt fast fünf Monate im Jahr Schnee. Die beste Zeit zum Skifahren ist von Mitte Dezember bis etwa Ende März, aber in manchen Jahren kann der Schnee bis Mitte April reichen.

Das Skigebiet wird gut gepflegt, Schneepflüge befreien die Straßen vom Schnee, und zwei neue Skilifte bringen Skifahrer:innen zu den leichten und mittelschweren Pisten auf 1880 bis 2060 m Höhe. Auf die Pisten strömen die Menschen von weit her, wenn es stark geschneit hat. Eine weitere kleine Skistation befindet sich am Jbel Hebri, 11 km südwestlich, mit einer mittelschweren Piste.

Wer bereit ist, sein Après-Ski-Budget zu sprengen, bucht ein Zimmer im Michlifen Resort & Golf (michlifen.com), einem Fünf-Sterne-Resort mit gehobener Alpenchalet-Atmosphäre. Hier kann man sich beim Wandern, Radfahren, Golfspielen und Reiten aktiv betätigen oder einfach nur am Außenpool entspannen und sich im großen Wellnessbereich verwöhnen lassen.

Ein Käsefestmahl

DER GESCHMACK DES MITTLEREN ATLAS

Obwohl es in Marokko Hunderte von Ziegen und Schafen gibt, ist das Land nicht für seinen Käse bekannt. Aber die **Domaine**

TRAIL DES CÈDRES

Das auf 1650 m Höhe gelegene Ifrane ist seit langem ein beliebter Ort für das Höhentraining professioneller marokkanischer Langstreckenläufer, und auch Trailrunning wird in der Region immer beliebter. Der Trail des Cèdres findet nun schon zum 14. Mal statt und führt im Juni durch die Zedernwälder über eine Strecke von 84 km, die in drei Etappen (36 km, 26 km und 22 km) aufgeteilt ist. Die Teilnehmerzahl ist auf 500 begrenzt. Der Lauf führt über felsige Hochebenen, vorbei an Ziegenherden, und es gibt Seile, die helfen, einige der Berge zu erklimmen, die für die Berberaffen kein Problem darstellen. Abends gibt es Minztee, Musik und ein geselliges Abendessen in einem mit Teppichen ausgelegten Berberzelt, das Kraft für den nächsten Tag spendet.

ESSEN RUND UM IFRANE

Foodie
Keine Lust mehr auf Tajines? Dieses Diner im amerikanischen Stil serviert große Burger, Popcorn-Chicken-Nuggets und von Hand geschnittene Pommes. **€€**

Café Restaurant La Paix
Beliebt bei Einheimischen und Travellern wegen seiner internationalen Gerichte und der guten Auswahl an Gebäck. **€€**

Restaurant Les Truites
Der Name ist Programm: Das Hotel mit Restaurant in Immouzer El Kandar ist auf frische Forellen aus der Region spezialisiert. **€€€**

UNTEN AUF DEM BAUERNHOF

Bei einem Besuch in der **Domaine de la Pommeraie** kann man noch mehr der Köstlichkeiten des Mittleren Atlas probieren, da der Besitzer Tarik jede Menge Produkte aus der Region serviert. Man beginnt den Tag mit selbstgemachten Marmeladen, z.B. mit Zitrone oder Bitterorange, und zum Abendessen gibt's gegrillte Forelle und Ziegenkäse-Tajine mit Gemüse aus dem Bio-Garten. Tarik züchtet erfolgreich schwarze Trüffel, und in der Trüffelsaison kann man mit der Hilfe von Hunden auf die Suche nach den duftenden Pilzen gehen. Auf Wunsch nimmt er Besucher:innen mit auf eine Wanderung durch die Berge zu versteckten Höhlen, die als Kühllager genutzt wurden. Auf dem Weg teilt er gern sein Wissen über die Berberkultur. Während der Erntesaison im November kann man Safran pflücken oder ihn als Tee oder in einer Tajine mit Huhn genießen.

SARAH GILBERT/LONELY PLANET ©

Domaine de la Pommeraie

de la Pommeraie, ein idyllischer 10,5 ha großer Bauernhof in der Nähe von Immouzer El Kandar, produziert mithilfe uralter Berbertechniken erstklassigen *fromage*. Und wie bei einem guten Wein kommt es auf das Terrain an: Die Ziegen ernähren sich von duftenden Kräutern, Luzernen, Weizen, Bohnen und Linsen, und diese Aromen übertragen sich auf den Käse.

Wer eine Gourmetverkostung bei Tarik Lechkar, dem sympathischen Besitzer des Bauernhofs, bucht (mindestens 24 Stunden im Voraus, domainedelapommeraie.com), wird durch den aromatischen Garten geführt, lernt die Ziegen kennen (man darf sogar versuchen, sie von Hand zu melken) und kann eine Auswahl an saisonalen Bio-Käsesorten probieren.

Je nach Jahreszeit können bis zu 15 Käsesorten auf der Speisekarte stehen – beispielsweise ein weißer und cremiger Jben du Douar, der nur 48 Stunden gereift ist, oder der über 21 Tage gereifte Berbere Cedre, der hervorragend zu dem handgepressten Olivenöl des Bauernhofs passt, oder der Kandri, der so bröckelig wie griechischer Feta ist, aber ein ausgeprägteres Ziegenkäsearoma hat.

Der 25 Tage gereifte Tomette Caprina gehört zur Familie der Camemberts, während der Le Vert d'Atlas dem Roquefort ähnelt. Sein Schimmel wird jedoch grün statt blau. Dazu gibt es frisch gebackenes Brot aus dem Holzofen und große Oliven.

Wer in einem der drei rustikalen Zimmer mit Gartenblick und Kamin übernachtet, wird von Vogelgezwitscher geweckt und mit einem erstklassigen Frühstück mit Omelett mit schwarzem Trüffel (in der Saison), Tariks Honig (seine Bienen leben in der Nähe von Azrou) und cremigem Ziegenkäse verwöhnt.

UNTERWEGS VOR ORT

CTM-Busse verkehren zwischen Fès, Meknès, Azrou und Ifrane. *Grands taxis* warten ebenfalls am Busbahnhof. Nach Ain Leuh kommt man am besten mit einem eigenen Fahrzeug oder man teilt sich ein *grand taxi* von Azrou aus. Für die Seenrundfahrt braucht man ein eigenes Fahrzeug oder man mietet ein *grand taxi.*

SEFROU

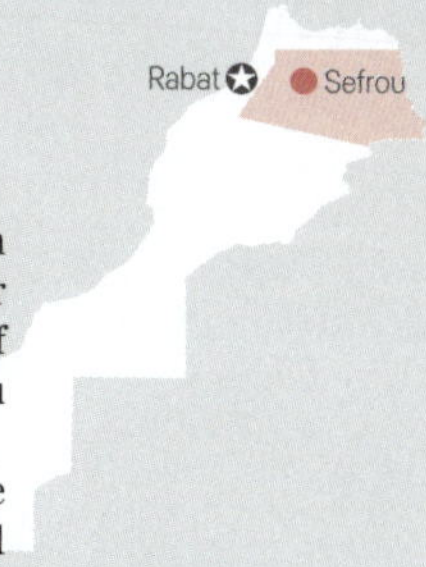

Der Schein kann trügen: Das Berberstädtchen Sefrou mit seinem Markt ist älter als Fès. Moulay Idriss II. lebte hier, während er den Bau von Fès überwachte. Sefrou war auch eine Station auf den Karawanenrouten, die menschliche Fracht von Timbuktu zum Mittelmeer brachten.

Jedes Jahr im Juni findet hier drei Tage lang das trubelige Kirschfest statt. Das älteste Fest Marokkos gibt es seit 1920 und wurde 2013 von der UNESCO zum Kulturerbe ernannt. Im Mittelpunkt steht die Krönung der Kirschkönigin, zu der marokkanische Frauen von Nah und Fern anreisen, um an dem Schönheitswettbewerb teilzunehmen. Außerdem gibt es Paraden, *tbouridas*, traditionelle *ahidous*-Musik mit Tanz und jede Menge saftige Kirschen.

In der übrigen Zeit des Jahres wirkt die kleine Medina wie aus der Zeit gefallen. Man kann über den Souk Haddadine spazieren, Schmieden bei der Arbeit zusehen, und die zu Werkstäten umgebauten *fanadiq* (Gasthäuser) erkunden. In einem Café am Flussufer lässt sich das bunte Treiben gut beobachten.

TOP TIPP

Auf einer interaktiven Tour mit Culture Vultures kann man die Kunsthandwerker:innen von Sefrou besuchen und anschließend im nahegelegenen Bhalil in einer Höhlenwohnung übernachten.

Musiker

BA KOUCHA/SHUTTERSTOCK ©

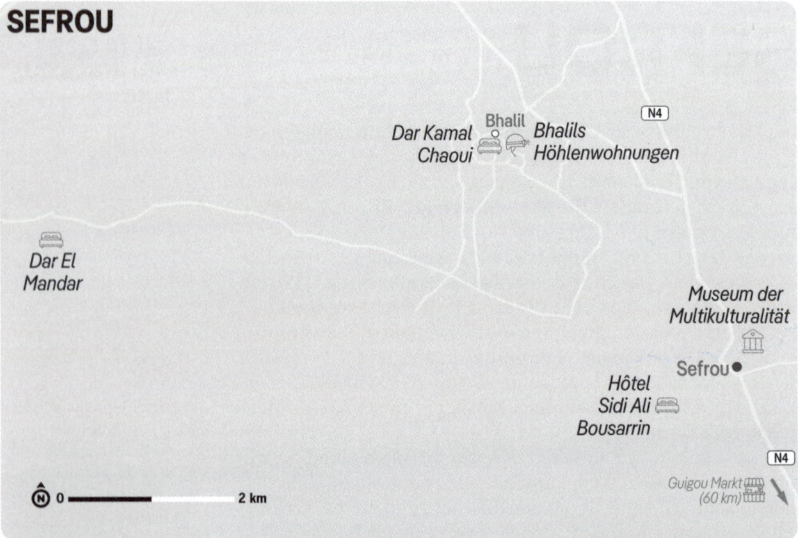

LOCAL TIPP: WIESO SEFROU?

Jess Stephens, Künstlerin und Kulturkoordinatorin

Wieso Sefrou? Es steckt voller Geschichte. Groß genug, um sich zu verirren und Entdeckungen zu machen, und klein genug, um auch die grüne Umgebung zu erkunden: Ebenen mit Olivenhainen und den Bergen im Hintergrund. Im Herzen der Stadt trifft man auf das alltägliche Leben in Kunsthandwerkstätten, Schneidereien und Suppenküchen. Sefrou bietet viele Anreize, die neugierig machen, und empfängt seine Gäste herzlich.

Eine Führung mit Culture Vultures

SEFROUS KUNSTHANDWERKER:INNEN TREFFEN

Auf einer Kunsthandwerkführung mit **Culture Vultures** (culturevultures.ma) trifft man die Kunsthandwerker:innen der Stadt und kann zusammen mit einem Guide die winzigen, versteckt in den verwinkelten Gassen der Medina liegenden Werkstätten besuchen. Die Führer:innen des Kulturveranstalters, der in einem *funduq* (Herberge) in Sefrou untergebracht ist, sehen sich selbst eher als Vermittler:innen, die dabei behilflich sind, mit den Kunsthandwerker:innen in Kontakt zu treten – die Unterhaltung führt man selbst.

Die Führung folgt keinem festen Ablauf. Man schaut Kunsthandwerker:innen beim Weben, Schneidern, Sticken und Schmieden zu und plaudert mit ihnen über ihre Arbeit und ihr Leben.

Vielleicht besucht man Hassan, der seit 40 Jahren als Schneider arbeitet. Die Herstellung eines handgefertigten Kaftans dauert sieben Tage, aber wie viele Kunsthandwerker:innen, die seit Jahren an ihren Fähigkeiten feilen, ist er von der Konkurrenz durch billigere, maschinell hergestellte Kopien bedroht.

Oder man schaut bei Abdel vorbei, der seit 45 Jahren Quasten, z. B. zur Verzierung von Kapuzen der traditionellen *djellabas*, von Vorhängen, Tischdecken oder für den *majdoul* (Kaftan-

ÜBERNACHTEN RUND UM SEFROU

Hôtel Sidi Ali Bousarrin
Das preisgünstige Hotel etwas außerhalb von Sefrou hat einfache Zimmer, aber eine herrliche Aussicht von der Terrasse. **€**

Dar El Mandar
Der Bauernhof, der zu einem idyllischen Boutiquehotel umgewandelt wurde, hat sieben schicke und moderne Zimmern und einen Pool zum Faulenzen. **€€€**

Dar Kamal Chaoui
Die reizende Pension in Bhalil mit vier Zimmern ist wunderschön eingerichtet, und die Mahlzeiten sind gesellige Zusammenkünfte. **€€**

gürtel) – herstellt. In Sefrou gibt es nur vier Personen, die dieses Handwerk ausüben – zweien von ihnen hat er es beigebracht.

Hinter der abblätternden Holztür von Youssefs winziger Werkstatt ertönt ein ständiges Klappern, während er das komplizierte Fadennetz auf dem ausgeklügelten Webstuhl bearbeitet, den er selbst gebaut hat. Mohammed hingegen sitzt den ganzen Tag wie ein Yogi im Schneidersitz und meißelt und schnitzt die traditionellen Holzpflüge der Region.

Die Halbtagestour beginnt mit einem Besuch im **Museum der Multikulturalität**, das Jess Stephens von Culture Vultures als „ein kleines Museum mit einer großen Botschaft" beschreibt. Sefrou veranschaulicht die Multikulturalität Marokkos, indem es die Beiträge von Römern, Juden, Arabern und Muslimen hervorhebt.

Das Leben der Höhlenbewohner:innen

DIE HÖHLENWOHNUNGEN VON BHALIL BESUCHEN

Das friedliche und malerische Berberdorf **Bhalil** hat mehr zu bieten, als man auf den ersten Blick sieht. Die durch den Atlantik in einem Berg entstandenen **Höhlenwohnungen** gehen bis ins 4. Jh. zurück und wurden jahrhundertelang von Schäfern bewohnt. Die Höhlenbewohner:innen von heute haben sie in geräumige Salons mit Steinwänden verwandelt, die die sengende Sommerhitze abhalten.

Latef Abdellaoui, ein Tischler und Künstler, hat seine Wohnung in eine wahre Aladin-Höhle verwandelt. In seinem Laden, der gleichzeitig als Atelier dient, stapeln sich zahlreiche Flohmarktfunde – von einem Bild von Che Guevara bis zu alten 45er-Jahre-Schallplatten marokkanischer Schlagersänger – neben seinen lebhaften Gemälden auf Holzresten, die vom Leben der Einheimischen erzählen.

Wer durch die engen Straßen läuft, entdeckt Latefs Werke an den Wänden, und einheimische Frauen plaudern vor ihren Türen, während sie die geknüpften Fadenknöpfe herstellen, die für *djellabas* verwendet werden. Fadenknopfherstellung ist eines der Kunsthandwerke, für das die Stadt bekannt ist.

Der in der Gemeinde sehr engagierte Kamal Chaoui kennt die versteckten Ecken von Bhalil am besten und zeigt sie Besucher:innen gern. Seine gleichnamige Pension ist mit einheimischer Kunst und genialen Neuerfindungen von Haushaltsgegenständen gefüllt, und die Abendessen sind sehr gesellig.

Er bietet zahlreiche authentische Exkursionen an, darunter Spaziergänge durch das Dorf, Wanderungen in die Berge, um die Flora und Fauna zu entdecken, sowie ins 5 km entfernte Sefrou und zum **Sonntagsmarkt in Guigou**.

LOCAL TIPP: DEN MARKT IN GUIGOU ERKUNDEN

Kamal Chaoui, professioneller Fremdenführer und Besitzer des Dar Kamal Chaoui

Ich bringe die Besucher:innen gern in das touristenfreie Guigou mit seinem authentischen Berbermarkt, etwa 60 km südlich von Bhalil entfernt. Auf dem Weg kann man bei der uralten Methode der Kalkherstellung und bei der Zwiebelproduktion zusehen, die in dieser Region so wichtig ist. Wie die Zwiebeln angepflanzt, wie sie geerntet und gelagert werden, wie sie die Arbeiter auswählen und wieviel dafür bezahlt wird. Wir kommen früh in Guigou an, um den Viehmarkt zu besuchen, wo wir die Männer beobachten können, die die besten Schafe aussuchen oder stattliche Schafböcke verkaufen. Es gibt auch einen Teppich-Souk ohne Zwischenhändler. Die Teppiche werden von einheimischen Frauen hergestellt und verkauft, wenn sie das Geld brauchen.

UNTERWEGS VOR ORT

Sefrou und Bhalil kann man am besten zu Fuß erkunden. Es gibt regelmäßige Busverbindungen nach Fès und Sefrou, und von dort fahren *grand taxis* (Sammeltaxis) nach Bhalil oder Richtung Südwesten nach Azrou über Immouzer El Kandar.

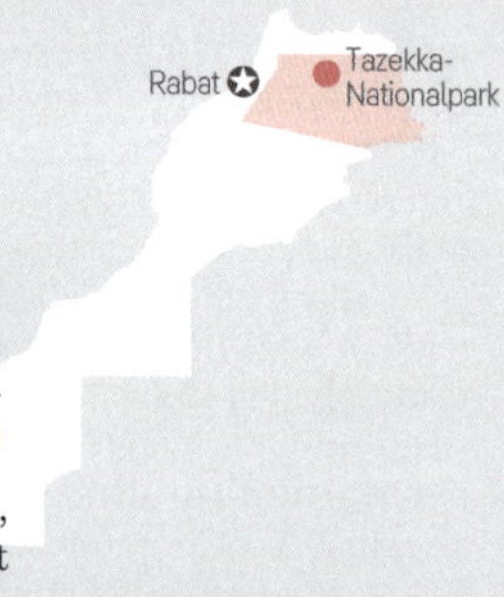

TAZEKKA-NATIONALPARK

Mit seinen hoch aufragende Zedern, immergrünen Steineichen, duftenden Thujawäldern und sanft geschwungenen Hügeln ist der Tazzeka-Nationalpark ein wahres Wanderparadies, dennoch wird er von den meisten Marokkoreisenden übersehen. Der kleine Nationalpark wurde 1950 gegründet, um einige der unberührtesten Wälder Nordafrikas zu schützen. Der Park ist von 6,8 auf 120 km^2 angewachsen.

Hier gibt es rund 600 Pflanzenarten, mehr als 30 Säugetierarten, von denen viele selten und endemisch sind, sowie 83 Vogelarten, darunter den Habichtsadler.

Durch den Park verläuft ein 78 km langer Rundweg, der herrliche Ausblicke bietet und an den Gouffre de Friouato, dem Seebett Dayet Chiker mit seinen kleinen Bauerndörfern und den Wasserfällen von Ras el-Maa vorbeiführt.

TOP TIPP

Eine der Hauptattraktionen des Parks, die Höhlen von Gouffre de Friouato, waren zum Zeitpunkt der Entstehung dieses Reiseführers geschlossen, aber es gibt noch weitere Höhlen, die man erkunden kann – am besten mit einem lizenzierten Führer.

Tazekka-Nationalpark

WIRESTOCK CREATORS/SHUTTERSTOCK ©

Atlashirsch

Unter der Erde, über der Erde

TAZEKKAS HÖHLEN UND WANDERWEGE ERKUNDEN

Tazekkas **Gouffre de Friouato** soll die tiefste Höhle Nordafrikas sein und möglicherweise auch sein umfangreichstes Höhlensystem. Er wurde 1935 erstmals erforscht, aber seine vollständige Größe ist immer noch unbekannt. Speläologen haben das Höhlensystem bis auf eine Tiefe von 300 m erforscht, sie vermuten aber, dass 500 m tiefer noch mehr Kammern liegen.

Er ist über mehr als 500 Stufen (mit Treppengeländer) zu erreichen, die zum Boden der Höhle führen. Dort muss man sich zunächst durch ein Loch zwängen, dann beginnt die Erkundung der faszinierenden Höhlenkammern voller spektakulärer Stalaktiten und Stalagmiten, die weitere 200 Stufen tiefer liegen.

Solange der Gouffre de Friouato geschlossen ist, kann man andere Höhlen wie die **Bouslama-Höhle**, die unter hohen Steineichen versteckt liegt, besichtigen. Sie ist leicht zugänglich, mit einem schmalen Eingang, der sich zu einer Höhle mit einem kristallklaren See und wunderschönen Stalaktiten, Stalagmiten und Vorhängen erweitert. Oder **Chaara**, ein unterirdischer Fluss, der sich über mehr als 7500 m erstreckt.

Im Park führen diverse Wander- und Mountainbikerouten durch Schluchten und an Wasserfällen entlang. Der 1,4 km lange Le Liège ist der kürzeste und einfachste Weg zum Wandern und Radfahren. Die bekannteste Route ist die 17 km lange La Cedraie, die auf ca. 500 Höhenmetern mit Blick über das Rif-Gebirge und den Mittleren Atlas durch majestätische Zedernwälder führt. Younes El Kassmi (facebook.com/Tazekkaparkclub) ist ein Höhlenforscher und Bergführer aus Taza, der Höhlenwandern, Canyoning, Klettern und vieles mehr organisiert.

TAZEKKAS EINZIGARTIGE TIERWELT

In dem abwechslungsreichen Gebiet des Tazekka-Nationalparks lebt eine Vielzahl seltener endemischer Säugetiere. Eines der seltensten Tiere ist der Berberhirsch, auch Atlashirsch genannt, der einzige Hirsch, der in Afrika heimisch ist. Atlashirsche wurden 1994 mit nur acht Exemplaren im Park wieder angesiedelt – heute gibt es mehr als 70 Tiere. Auch die allesfressenden Berberwildschweine, die wilden Vorfahren der Hausschweine, durchkämmen die Wälder des Parks auf der Suche nach Futter. Die Berberschafe, auch als Aoudad bekannt, die in den felsigen Bergen Nordafrikas beheimatet sind, wurden ebenfalls wieder angesiedelt. Weitere Säugetiere im Park sind das Atlashörnchen, der Nordafrikanische Igel, der Goldschakal, der Fischotter und das Kamm-Stachelschwein.

UNTERWEGS VOR ORT

Es gibt mehrere Zugänge zum Park, und da es keine Begrenzungen gibt, kann man ihn überall betreten. Im Park gibt es keine öffentlichen Verkehrsmittel. Wer also über kein eigenes Fahrzeug verfügt, muss sich in Taza, der nächstgelegenen Stadt, etwa 90 Minuten Richtung Nordosten von Fès, oder in Fès direkt ein *grand taxi* für den Tag mieten.

Oben: Napoleons Hut (S. 361); rechts: Kitesurfer, Dakhla (S. 349)

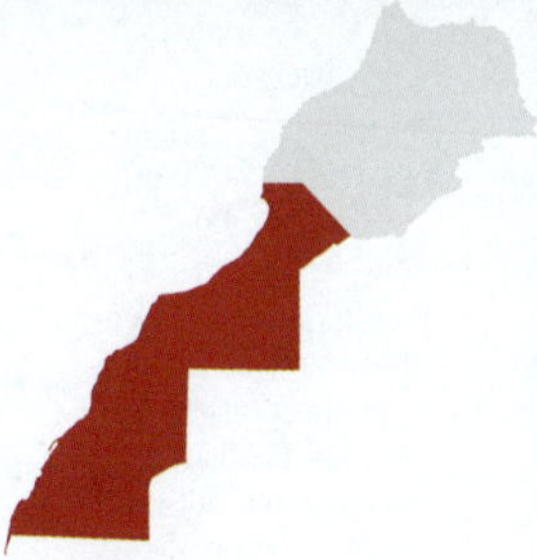

SÜD-MAROKKO

GANZJÄHRIGE URLAUBSSTIMMUNG

Sonniges Klima und 1200 km Küste: Südmarokko ermöglicht einen endlosen Sommerurlaub.

2020 versprach König Mohammed VI. insgesamt 2 Mrd. Dh für die Erholung des Tourismus nach der COVID-Pandemie. Und dazu noch 6 Mrd. Dh für die Verbesserung und Entwicklung von Agadir (größte Stadt der Region) als nationales und internationales Touristenziel.

So geht es in Südmarokko nun schnell voran: Es entstehen neue Hauptstraßen, Flugrouten, Luxusresorts, Grünflächen und touristenfreundliche Schilder in mehreren Sprachen. Der Tourismus boomt an der Küste, deren Südteil keine Nachsaison kennt.

Im Winter locken die Sonne und die Atlantikwellen nicht nur viele Surfer:innen, sondern auch ausländische Urlauber:innen. Im Sommer zieht es marokkanische Tourist:innen aus den nördlichen Großstädten in den Süden.

Der viele Sonnenschein ist ideal für die regionalen (Zitrus-)Fruchtplantagen – ebenso für Trips zu den Bergen und Dörfern des Anti-Atlas. Die Schattenseite: Trockenheit und Regenmangel stellen viele Einheimische täglich vor Probleme.

Trotz Modernisierung ist Südmarokko von Bodenständigkeit und einer gewisser Langsamkeit geprägt. Eventuell resultiert dies auch aus der einzigartigen Kombination von starkem Traditionsbewusstsein und Gemeinschaftssinn. Abseits der Strände lassen sich Kunsthandwerker beim Anwenden uralter Techniken beobachten. Zudem kann man sich hier unter die Amazigh in den Bergen mischen, Argan-Wälder erkunden, endemische Tiere erspähen und ins schlichte Fischerleben eintauchen. Und in der weiten, friedvollen Sahara warten Begegnungen mit Nomaden.

DIE WICHTIGSTEN ZIELE

AGADIR
Strandleben in der Großstadt. **S. 328**

TAGHAZOUT
Fischer, Surfer:innen und Luxus. **S. 337**

SIDI IFNI
Entspanntes Küstenleben mit spanischem Touch. **S. 344**

DAKHLA
Wüste, Meer und paradiesische Natur. **S. 349**

ANTI-ATLAS
Bergrefugien und malerische Wanderwege. **S. 358**

Taghazout, S. 337
Traditionelle Fischerdörfer treffen auf die globale Surfer-Gemeinde. Luxushotels, stilvolle Restaurants und Strandbars neben Imbiss- und Fischverkäufern.

Agadir, S. 328
Küsten-Metropole mit geschäftigem Fischereihafen. Liegt zwischen Stränden mit Urlaubsorten und einem Flickenteppich aus Feldern, Tälern und Naturschutzgebieten.

Anti-Atlas, S. 358
Uralte und atemberaubende Bergregion. Wanderwege, Panoramastraßen, Radrouten, Klettern, historische Felskunst und friedvolle Landgemeinden.

Sidi Ifni, S. 344
Frühere spanische Kolonialstadt mit entsprechenden Spezialitäten und ländlicher Atmosphäre. Relaxen in einer herrlich einsamen Region mit wunderbar wilden Küstenabschnitten.

Dakhla, S. 349
Paradies für Wassersport- und Naturfans. Einzigartige Traumlage auf einer 40 km langen Halbinsel am Rand einer azurblauen Lagune.

Erste Orientierung

Südmarokko (über ein Drittel der Landesfläche) bietet riesige Entfernungen mit ganz verschiedenen Erlebnissen. Die vorgestellten Ziele lassen sich einzeln oder individuell kombiniert besuchen.

Taroudant

AUTO & MOTORRAD

Ein Auto bietet maximale Flexibilität beim Erkunden von einsamen Stränden, Dörfern und Panoramarouten. Die meisten Straßen sind gut in Schuss und recht verkehrsarm. In der Region Dakhla empfehlen sich Jeeps (leicht ausleihbar) für sandige Offroad-Abenteuer.

BUS

Die staatlichen Gesellschaften CTM und Supratours betreiben gut organisierte Fernbusnetze. Ihre komfortablen Busse verkehren zwischen den meisten Groß- und Kleinstädten. Dort gibt's jeweils viele günstige Lokalbusse und Taxis.

FLUGZEUG

Im riesigen Südmarokko sind Inlandsflüge beliebt: Zwischen dem Norden und dem Süden verkehren keine Züge. Die verlässlichen Linienflüge von Royal Air Maroc und Air Arabia sind teils recht günstig (je nach Verfügbarkeit).

Perfekte Tage

An der endlosen Küstelinie mit vielen Stränden herrscht ein entspanntes Lebenstempo. Mit etwas Planung lassen sich in der Nähe leicht Berglandschaften, Naturschutzgebiete, uralte Stätten und ländliche Gemeinden entdecken.

Taghazout (S. 337)

Kurztrip

● In **Taghazout** (S. 337) frühstückt man am Atlantik und beobachtet die Fischer beim Anlanden ihres Tagesfangs. Wer das Wellenreiten ausprobieren möchte, bucht einen Kurs bei einer der vielen regionalen Surfschulen. Alternativ kann man die farbenfrohen Dorfstraßen erkunden und der 5 km langen Strandpromenade nach **Tamraght** (S. 339) folgen. Dort gibt's Mittagessen: Auf einem Fischmarkt etwas kaufen, dann würzen und grillen lassen. Anschließend fährt man entlang der Küstenstraße nach **Agadir** (S. 328) und erkundet den **Souq Al Had** (S. 330). Zum Schluss geht's per Seilbahn hinauf zur Altstadt, um den Rundumblick auf Agadir und den herrlichen Sonnenuntergang über dem Meer zu genießen.

Beste Reisezeit

Der Sommer in Südmarokko ist heiß. Zum Glück weht an der Küste eine kühle Brise und macht die sonnigen Strände angenehm.

JANUAR

Neujahrsfeste der Amazigh (12. Jan.) mit Fokus auf traditioneller Küche.

FEBRUAR

Tafraoute (S. 360) feiert den Höhepunkt der Mandelblüte (meist Ende Feb.).

APRIL

Super zum Beobachten vieler verschiedener Zugvogelarten im **Souss-Massa-Nationalpark** (S. 331).

Mehrere Tage Zeit

● Nach dem ersten Tag in Taghazout und Agadir geht's landeinwärts, um Amazigh-Dörfer, Bergpfade und das **Paradiestal** (S. 343) voller Dattelpalmen zu erkunden. Die folgende Fahrt führt weiter ins Landesinnere zum hübschen Städtchen **Taroudant** (S. 335) vor den Gipfeln des Hohen Atlas. Hier besichtigt man die uralte Medina und übernachtet in einem Riad.

● Am nächsten Tag geht's durch das landwirtschaftliche Herz der Region zum **Souss-Massa-Nationalpark** (S. 331) mit seltenen und endemischen Tierarten. Nach dessen Erkundung erfolgen Zwischenstopps in den zauberhaften Fischernestern **Tifnit** (S. 331) und **Sidi R'bat** (S. 331) am Rand von Küstendünen.

Eine Woche Zeit

● Für tieferes Eintauchen in die Region fährt man vom Nationalpark aus weiter nach **Tiznit** (S. 348): Die Amazigh-Marktstadt ist vor allem für ihren Silberschmuck berühmt. Dann geht's entlang der malerischen Küstenstraße nach **Mirleft** (S. 346) und zum spanisch geprägten **Sidi Ifni** (S. 344).

● Nun rufen die Berge: Quer durch's Land auf nach **Tafraoute** (S. 360) und zum **Anti-Atlas** (S. 358). Hier wandert oder klettert man am **Jbel Lkest** (S. 359), erkundet die **Aït-Mansour-Schluchten** (S. 360), bewundert Felsbilder und relaxt in einem traditionellen Amazigh-Homestay. Bei mehr Zeit empfiehlt sich dann ein Flug ab Agadir, um die Lagune und die Strände von **Dakhla** (S. 349) zu besuchen.

JULI

Musiker bzw. DJs aus Marokko und aller Welt beim Timitar-Festival im Zentrum von **Agadir** (S. 328).

AUGUST

Hauptsaison an der Südküste durch die Sommerferien in den nordmarokkanischen Großstädten.

OKTOBER

In **Dakhla** (S. 349) steigt ein Event der GKA Kite World Tour. Mit steigender Atlantik-Dünung startet die Surfer-Saison in **Taghazout** (S. 337).

NOVEMBER

Taliouine (S. 363) feiert die Safran-Ernte.

AGADIR

Agadir kombiniert gerasterte Innenstadtstraßen mit Wohnvororten und einem sichelförmigen Strand. Die größte Stadt der Region Souss-Massa ist ein beliebtes Touristenziel mit Stränden, ganzjährigem Sonnenschein, Golfplätzen, Nachtleben und Unterkünften für jeden Geldbeutel. Nach seiner weitflächigen Zerstörung durch ein Erdbeben (1960) wurde Agadir wieder aufgebaut – größtenteils im brutalistischen Stil, der heute von modernen Apartments und Baumalleen durchbrochen wird. Staatliche Fördermittel haben Zentrumsvierteln wie Talborjt neues Leben eingehaucht. Für einen Blick von oben empfiehlt sich eine Seilbahnfahrt hinauf zur Altstadt. Der Hauptstrand mit Promenade und Jachthafen ist ein lokaler Besuchermagnet. Das Spektrum der stadtweiten Einkaufsmöglichkeiten reicht von traditionellen Souks und Mainstream-Modeläden bis hin zu Designer-Boutiquen. Familien, Gourmets und Golfer kommen gleichermaßen auf ihre Kosten. Und die zahlreichen regionalen Schutzgebiete begeistern Naturfans.

TOP TIPP

Zu Sonnenuntergang werden die Strände der Region Agadir lebendig. Bei Spaziergängen kann man sich dann prima unter Einheimische mischen, die im Meer baden und Fußball auf dem Sand spielen. Während des wöchentlichen Freitagsgebets (13–15 Uhr) wird's ruhig in der Stadt: Fast alle Einrichtungen haben dann geschlossen.

Agadir

LINKS: SAVVAPANF PHOTO/SHUTTERSTOCK ©, RECHTS: SAIKO3P/SHUTTERSTOCK ©

SEHENSWERTES
1 Agadir Marina
2 Agadir Medina Polizzi
3 Jardin Ibn Zaiton

AKTIVITÄTEN, KURSE & TOUREN
4 Accrobranche Souss Park
5 Agadir Bowling Lounge
6 Crocroparc
7 Parkids

SHOPPEN
8 Kasbat Souss
9 Marché Municipal
10 Souq Al Had

Kasbah von Agadir Oufella (S. 333)

LECKERE SARDINEN

Für Fischfans empfiehlt sich eine kurze Fahrt nach Anza: Der kleine Vorort in Agadirs Norden beherbergt neben einem beliebten Surferstrand auch mehrere Fabriken für Fischkonserven. Sardinen sind in diesem Landesteil der Hauptfang. Die Einheimischen grillen sie am liebsten fangfrisch über Holzkohle – gewürzt mit Olivenöl, Salz und Zitronensaft. Mitunter wird das Fischfleisch auch zu Bällchen *(kefta)* gerollt und in Sandwiches serviert. Cafés in Anza und am Hafen servieren Sardinen. Am besten wie die Einheimischen mit den Fingern essen: So lassen sich die Gräten leichter finden und entfernen.

Strand & Hafen

SANDIGE ZEHEN & SALZHALTIGE LUFT

Am Hügel über dem Hafen- und Strandbereich prangt die Losung „Gott, Land, König". Der Hauptstrand ist ganzjährig belebt – vor allem im Sommer, wenn marokkanische Tourist:innen aus den nördlichen Großstädten nach Agadir kommen. Im Winter locken die Strandresorts europäische Kälteflüchtlinge mit Pauschalangeboten inklusive Unterkunft, Essen, Golf und Wellness an. Die 10 km lange Strandpromenade mit vielen Cafés und Eisdielen lässt sich leicht zu Fuß erkunden. Alternativ empfiehlt sich eine Sightseeing-Tour mit Le Petit Train (45 Min.). An der Promenade warten auch Leihfahrräder und Fahrten mit Pferdekutschen. Am Strand erwarten die Gäste Liegestühle, Kamelritte und Jetskis.

Der Hafen besteht aus drei Bereichen: Von der malerischen **Agadir Marina** mit Läden, Apartments, Restaurants und Ufercafés fällt der Blick auf vorbeifahrende Boote. Deren Eigentümer kann man am Anleger nach kurzen Rundfahrten über die Bucht fragen. Im betriebsamen Handelshafen machen Container- und Kreuzfahrtschiffe fest. Der große Fischereihafen ist normalerweise nicht zugänglich, kann bei echtem Interesse aber eventuell trotzdem besichtigt werden (vor Ort nachfragen). Zum Recherchezeitpunkt wurden die originalen Fischstände am Hafeneingang gerade durch eine neue Fisch-Markthalle mit Restaurant ersetzt. Sardinen sind der regionale Hauptfang. Die Auktionen am Nachmittag sind teils sehr turbulent und geruchsintensiv.

Souks, Kasbahs & versteckte Boutiquen

SHOPPEN BIS ZUM UMFALLEN

Obststände auf dem Souk

Agadir beheimatet viele talentierte Kunsthandwerker, die mit den traditionellen Methoden ihrer Vorfahren arbeiten. Auf den Souks gibt's geschnitzte Holzmöbel, Keramiken, Webwaren und verschnörkelten Berber-Schmuck. Man sollte auch Ausschau nach diversen neuen, eigenständigen Boutiquen halten .

Ein unterhaltsamer Ort zum Shoppen und Feilschen unter Einheimischen: Der **Souq Al Had** (Blvd Abderrahim Bouabid; Mo geschl.) mit zwölf Zugängen und ca. 6000 Ständen ist der größte und bekannteste Basar der Stadt. Wer ihn auf demselben Weg wieder verlassen will, sollte sich den gewählten Eingang merken. Auf den größtenteils überdachten Ständen des Sonntags-Souks stapeln sich z. B. *djellabas* (Umhänge mit Kapuzen), Laternen und Handys. Dazu gibt's leckeres Straßenessen. Nachmittags und am Wochenende ist stets am meisten los.

Wer kleinere Märkte bevorzugt, besucht den **Marché Municipal**. Der brutalistische Bau (innen fast so hässlich wie außen) beherbergt vor allem Stände mit Feinkost und Souk-Leckereien

ÜBERNACHTEN IM RIAD IN AGADIR

Riad l'Etoile d'Agadir
Hübscher, heller Riad mit Dachpool. Super Lage in Talborjt; keine Kinder unter zwölf Jahren. **€€**

Riad les Chtis d'Agadir
Charaktervolle Budget-Empfehlung mit farbenfrohen Zimmern im Stadtzentrum. **€**

Riad Villa Blanche
Kleines Luxus-Boutiquehotel mit 28 eleganten Zimmern, Spa und Spitzenrestaurant. **€€€**

und es ist einer der wenigen Orten, an denen man in der Stadt frische Blumen kaufen kann.

Der **Kasbat Souss** in Bensergao ist ein übersichtlicher Kunsthandwerks-Souk mit entspannter Atmosphäre. Attraktive Boutiquen verkaufen hier Überwürfe, Rattankörbe, Kerzen, Glaswaren und Schmuck. Die anwesenden Töpfer und Weber präsentieren stolz ihr jeweiliges Handwerk und erfüllen auch individuelle Wünsche. Die benachbarte **Agadir Medina Polizzi** (eine Replik von Agadirs originaler Kasbah) lässt sich leicht erkunden. Sie kombiniert ein paar Boutiquen mit einem Potenzial für viel mehr.

Mainstream-Läden mit Festpreisen sind eine weitere Möglichkeit. Die **Agadir Marina** ist prima fürs Frustshoppen (z. B. nach Notwendigkeiten des modernen Lebens). Luxuriöse Designer-Boutiquen wie Nola und L'Echappée Belle sind im Trendviertel **Talborjt** zu finden.

Auf Safari in Souss-Massa

WILDE NATUR & SELTENE VÖGEL

Der **Souss-Massa-Nationalpark** (gegr. 1991; 330 km^2) überrascht mit schönen Landschaften, Tiersichtungen und Naturschutzprojekten. Er schützt wichtige Zugvogel-Futterplätze, bietet Habitate für seltene endemische Arten und vermittelt einen Eindruck von der afrikanischen Savanne.

Der Park besteht aus drei separaten Schutzgebieten: Der Bereich **Rokein** liegt am nächsten zur Stadt (15 km weiter südlich). Seine sanfte Hügellandschaft mit Eukalypten und Argan-Bäumen beheimatet Mendes-Antilopen, Dorkas-Gazellen und Strauße. Durch Rokein sind Autotouren mit einem Guide (obligatorisch) möglich. Unterwegs kann man an beschatteten Aussichtspunkten nach Wildtieren spähen und den Blick auf die Umgebung genießen.

Weiter südlich in Richtung Tifnit liegt der Bereich **Arrouais**. Dessen Eingang ist ab Rokein mittels einer kurzen Fahrt durch Obstplantagen und Dörfer erreichbar. Hiesige Hauptattraktion ist der große Bestand von eindrucksvollen Oryx-Antilopen. Durch Arrouais führt eine gewundene Straße zu den Dünen beim idyllischen, zauberhaften Fischernest **Tifnit** mit ein paar Strandhäusern. Mit Allradantrieb kann man den Küstendünen weiter bis zu den Buchten und Fischerhäusern von **Douira** und **Sidi R'bat** folgen. An einem breiten und wilden Strandabschnitt mit Dünen stehen hier zwei Hotels.

Von Sidi R'bat aus ist der dritte Parkbereich namens **Massa** leicht erreichbar. Am Fluss Massa gibt es einen Fußpfad mit Aussichtspunkten zur Beobachtung der ca. 600 lokalen Zug- und Standvogelarten. Darunter sind z. B. Flamingos, Kormorane,

LOCAL TIPP: ESSEN IN AGADIR

Shiraz Ksaiba ist Mutter von drei Kindern und Mitgründerin von Amayour Surf & Yoga. Ihre Tipps zur internationalen Küche in Agadir und fürs Mittagessen mit oder ohne Nachwuchs: *amayoursurf.com, instagram.com/amayoursurf*

Habak Korean
Schlichtes Lokal mit freundlichem Personal. Leckeres koreanisches Straßenessen, Ramen-Nudeln und frisch gekochte Tagesgerichte. **€**

Agadir Medina Coco Polizzi
Terrassen-Restaurant mit Freilufttischen und Blick auf einen gut gepflegten Kinderspielplatz. Überraschend gute Tajines. **€€**

Dar Chouaya
Einfaches Grillrestaurant (u. a. supertolle Steaks) neben einem Tajine-Lokal. Nahe dem Souq Al Had. **€**

Little Italy
Selbstgemachte Pasta und großartige Weine. Super für ein leckeres Mittagessen. **€€**

CAFÉS IN AGADIR

Friends Eatery & Coffee House
Freundliches Café mit diversen Bohnenmischungen und Aufbrühmethoden. **€**

Patisserie Tafernout
Frisch gebrühter Kaffee und leckere Backwaren (z. B. selbstgemachte Kekse) im französischen Stil. **€**

Caramel
Hier treffen sich stilvolle Einheimische auf einen Kaffee vor der Arbeiten oder zum Brunch am Wochenende. **€€**

Reiher und farbenfrohe Enten. Tagsüber hat man vor Ort auch Chancen auf die Sichtung von seltenen und skurril aussehenden Waldrappen. Diese bewegen sich frühmorgens und -abends von der Küste weg und sind dann schwerer zu erspähen.

SOUSS-MASSA-NATIONALPARK BESUCHEN

Durch die Bereiche Rokein und Arrouais kann man selbst fahren, muss sich dabei aber von einem Parkranger oder offiziellen Guide begleiten lassen. Die Alternative ist ein Guide mit eigenem Jeep. Verlassen der Straße, Stören von Tieren und Hinterlassen von Müll sind streng verboten. Massa lässt sich auch selbstgeführt zu Fuß erkunden. **Amazigh Immersion** (amazigh-immersion.com) informiert über Guides. Für den Massa-Bereich kann man den einheimischen Führer Lahcen über das Hotel La Dune (Sidi R'bat) anheuern.

Agadir mit Kindern

FAMILIENSPASS

Marokkaner lieben Kinder. Agadir weckt die kindliche Abenteuerlust mit zauberhaften Souks, der Seilbahnfahrt hinauf zur uralten Kasbah, Sandstränden, Wellen und Kamelritten. Hinzu kommen die Eindrücke, Gerüche und Geräusche einer anderen Kultur. Weitere familienfreundliche Optionen im Stadtbereich:

Der **Crocroparc** ist ein Paradies für Krokodil- und Reptilienfans: Sein botanischer Garten beherbergt Nilkrokodile und andere Arten. Zudem gibt es hier ein Escape the Room Game gegen die Uhr, bei dem man im Team eine Reise durch Marokko absolviert. Unterwegs sind Hinweise zu finden, Codes zu knacken und Rätsel zu lösen.

Der kinderfreundliche **Petit Train** verkehrt entlang der Strandpromenade (tgl. ab 9.15 Uhr, 40 Min.). Dieser offene Touristenzug ist super, um sich bei langsamer Fahrt zu orientieren und das Strandleben zu beobachten. Tickets gibt's bei einem weißen Kiosk (Blvd 20 Août) nahe den Jardins des Oiseaux.

Der **Jardin Ibn Zaiton** (gratis) und der **Agadir Medina Polizzi** haben jeweils anständige Kinderspielplätze. Im Restaurant am Polizzi-Spielplatz können Eltern mit Blick auf ihren Nachwuchs entspannen.

Im **Accrobranche Souss Park** kann man u.a. Bäume erklimmen und an Kletterkursen für verschiedene Alters- bzw. Erfahrungsstufen teilnehmen (telefonische Reservierung erforderl.). Hobby-Rennfahrer bevorzugen potenziell die Kartbahn von **Agadir Karting**.

Die **Domaine Villate Limoune** verkauft Tagestickets für ihren Zoo mit 250 Tierarten. Zum selben Gelände gehört der Strandclub Monkey Beach mit Restaurant und großem Pool.

Bei Schlechtwetter unterhält der Indoor-Spielplatz **Parkids** kleinere Kinder (max. zwölf Jahre) mit Rutschen, Trampolins und Bällebädern. Ältere Kinder und deren Eltern können sich mit der Zehn-Kegel-Bahn der altmodischen **Agadir Bowling Lounge** vergnügen.

UNTERWEGS VOR ORT

Festpreistaxis vom Flughafen Agadir in die Stadt (200 Dh) starten vor der Ankunftshalle. Manche davon verfügen nicht über Kindersitze oder Rücksitze mit Sicherheitsgurten (ggf. vorab entsprechend bestellen). Neue Fuß- und Radwege machen Agadir nun erkundungsfreundlicher. Die staatlichen Busgesellschaften CTM und Supratours benutzen Agadirs *gare routière* (Busbahnhof). Tickets für die Taxis am davor befindlichen Stand können online im Voraus gekauft werden.

Die Fahrkarten für die Regionalbusse von Alsa sind bar beim Einsteigen zu bezahlen. Die Stadt lässt sich sehr gut mit orangefarbenen *petits taxis* erkunden. Diese kann man auf der Straße heranwinken oder an Taxiständen mieten. *Petits taxis* dürfen nur im Stadtzentrum fahren. Für längere Trips außerhalb davon gibt's weiße *grand taxis* (Sammeltaxis; gegen Aufpreis auch privat mietbar). Selbstfahrer finden in der Stadt leicht Parkplätze (meist gratis).

STADTSPAZIERGANG: TALBORJT

Das staatlich finanzierte Stadtentwicklungsprogramm für Agadir (2020–2024) macht sich bereits in Form von sanierten Straßen, grünen Gärten, öffentlichen Einrichtungen und Kulturzentren bemerkbar. Talborjt und andere *quartiers* im Zentrum lassen sich nun leicht zu Fuß erkunden. Los geht's an der zauberhaften **1 Lebanon-Moschee** mit ihrem majestätischen Minarett. Jenseits der Av des FAR erkundet man dann den hübschen **2 Jardin de Olhão** mit Tropenpflanzen, Wasserspielen und interessanten Bauten. Vorbei am Institut Français führt der Weg nun nach links in die Av du Prince Moulay Abdallah. Nahe der Post erinnert hier die **3 Mur de Souvenir (Erinnerungsmauer)** mit arabischen Inschriften an die Erdbebenopfer der 1960er-Jahre. In der zauberhaften **4 Librairie Al Mouggar Livres** gibt es interessante Bücher über Marokkos Kunst und Kultur. Nächste Station ist der 1,6 ha große **5 Jardin Ibn Zaidoun** (Mo geschl.; Fahrräder und Hunde verboten) mit Grünflächen, schattigen Sitzgelegenheiten, Springbrunnen, Eukalypten und einem Kinderspielplatz.

Zum Recherchezeitpunkt wurde die benachbarte Rue de la Foire gerade in eine neuen Baumallee umgewandelt. Unter den Cafés und Patisserien an ihren Rändern ist auch das **6 Cafe Tafernout,** das zu den besten der Stadt zählt. Von hier aus geht's entlang der Av Hassan II. (strammer Fußmarsch/orangenes *petit taxi* 20/5 Min.) zur **7 Seilbahnstation**. Die Bahn schwebt hinauf zur Altstadt mit der ursprünglichen **8 Kasbah Agadir Oufella.** Ganz oben lockt hier ein Rundumblick über Agadir und das Umland. Die Rückfahrt findet idealerweise zu Sonnenuntergang statt.

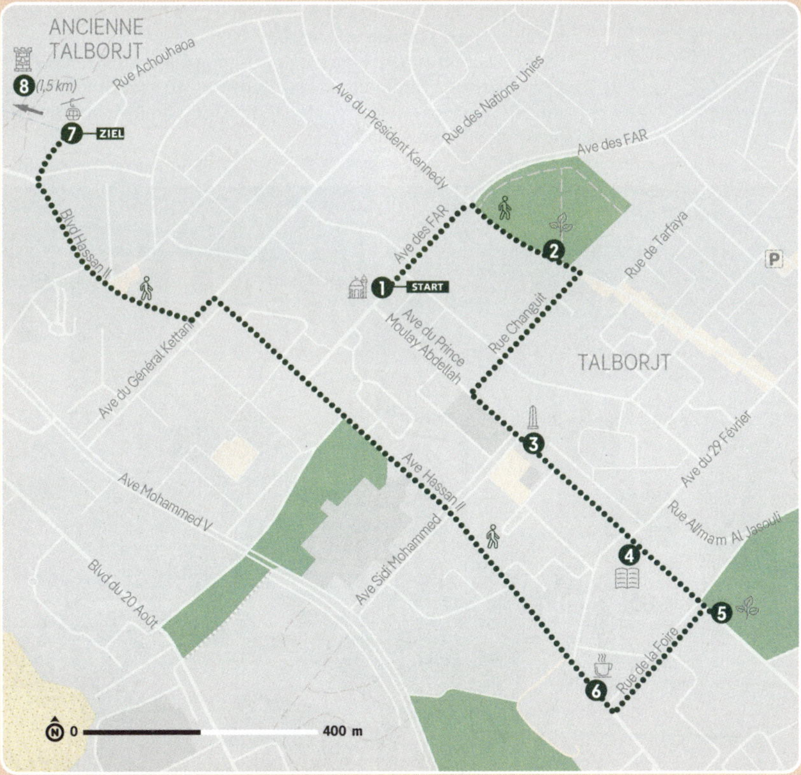

Rund um Agadir

Umgeben von Bergplateaus, archäologischen Stätten und Zitrusfrucht-Plantagen in Tälern lockt Taroudant mit seiner uralten Medina.

Taroudant zählt zu Marokkos ältesten Städten. In kleinerem Umfang bietet es denselben historischen Charme, der viele Touristinnen und Touristen nach Marrakesch lockt. Statt hektischem Sightseeing ist hier Genießen angesagt: gediegenes Erkunden der Medina, Bummeln durch die Souks, Besichtigen der örtlichen Gerberei und Teepausen.

Taroudant ist das Zitrusfrucht-Zentrum der Region. Angesichts der Trockenheit sind die umliegenden Obstplantagen ein verblüffender Anblick. Eindrucksvoll ist auch der Claudio-Bravo-Palast, der vor allem Kunstfans begeistert.

Die Stadt ist zudem eine super Ausgangsbasis für Wanderungen: Afensou, Tamaloukte, das Cedrats-Tal, Tioute Palmeraie und die archäologische Stätte Igiliz sind von hier aus jeweils per Tages-Trek erreichbar.

TOP TIPP

Bis auf Straßenessen und Cafés gibt's in der Stadt nur wenige Möglichkeiten für Hungrige. Wer Wert auf hochwertigere Küche legt, sollte daher eine Bleibe mit Hausrestaurant wählen: Die meisten örtlichen Hotels bieten Tagesmenüs an.

Stadtmauer, Taroudant

TUPUNGATO/SHUTTERSTOCK ©

Medina, Taroudant

Medina-Spaziergang & inspirierende Kunst

TAROUDANT ZU FUSS ODER AUF RÄDERN ERKUNDEN

Rosafarbene Stadtmauern (7 km) umgeben das Gassengewirr von **Taroudant**. Im 16. Jh. wurden sie vom Saadi-Sultanat errichtet. Komplett intakt sind heute aber nur noch die Wälle von Taroudants Medina. Diese haben neben neun Toren auch 130 Türme und zählen landesweit zu den am besten erhaltenen Bollwerken aus Stampflehm. Die Anlage lässt sich leicht zu Fuß erkunden (2 Std.), was am besten spätnachmittags stattfindet. Alternativ besichtigt man die Mauern zu Sonnenuntergang per Fahrrad oder *calèche* (Pferdekutsche; jeweils 1 Std.).

Der **Souq Arabe** (großer Souk) und der **Souq Berbère** im Inneren der Medina sind beide klein und übersichtlich. Neben den üblichen Basarwaren gibt es hier auch ein paar versteckte Juwelen. Auf der belebten **Place Assarag** im Zentrum gibt es Geldautomaten, Cafés, Saftbars und Sitzbänken unter Bäumen.

Außerhalb der Medina liegt der **Complexe el Kasbah** nahe der historischen Kasbah und der Touristeninformation. Hier gibt's ein Gartenrestaurant mit schattigen Freilufttischen. Am Eingang zur renovierten **Gerberei Dar Al Dabbagh** (Bab Targhount) warten Guides. In deren Begleitung erfahren Besucher:innen alles über die arbeitsintensive Naturgerbung von Tierhäuten.

LOCAL TIPP: SHOPPEN IN TAROUDANT

Zahia Belli ist Mitinhaberin des Boutique-Riads Dar Zahia in Taroudant. Ihre örtlichen Shopping-TipPlätze: *darzahia-taroudant.com, instagram.com/darzahia*

Galerie Lichir
Faszinierender Antiquitätenladen im Grand Souq. Lieblingsadresse von Schickimickis, Präsidenten und Angehörigen von Königshäusern.

Mohamed Mouyel
Interessante Gewürze und Handwerksprodukte (z.B. schöne Löffel aus Zitronenbaumholz) im Grand Souq (Entrée Assarag).

Abderhamane's
Skulpturen, Kristalle, Fossilien und grüne Keramiken aus Tamegroute zu fairen Preisen. Bei Afriquia an der Straße nach Agadir.

Sonntags-Souk
Belebter, bunter Landmarkt mit frischem Obst und Gemüse.

RIAD-UNTERKÜNFTE MIT HAUSRESTAURANTS IN TAROUDANT

Dar Tourkia
Ruhiger Riad innerhalb der alten Stadtmauern. Mit Pool und hübschem Garten. **€€**

Dar Zahia
Ruhiges, grünes, gemütliches und kühles Refugium im Herzen der Medina. **€€**

Palais Oumensour
Eleganter, aber erschwinglicher Luxus-Riad mit Pool, Spa, mehreren Terrassen, entspannter Atmosphäre, Profi-Service und Spitzenküche. **€€**

RUND UM TAROUDANT: BESTE LÄNDLICHE UNTERKÜNFTE

Gite Talbourine Toughmart
Homestay bei Igiliz. Buchung spätestens eine Woche im Voraus bei Inhaber Khadija (0674915203). €

Gite Mentaga
Schlichte, traditionelle Berghütte mit herrlicher Aussicht und erholsamer Atmosphäre. Akzeptiert auch Tagesgäste: Beim Erkunden der umliegenden Bergdörfer kann man hier auch nur für Tee und Tajine einkehren. €

Claudio Bravo Palace
Dieses ländliche Paradies mit Charme, Ruhe und künstlerischem Flair bietet ein palastartiges Landleben. €€€

Kasbah, Tioute

Am Ende der Führungen kann man etwas kaufen oder eine Spende da lassen.

Rund 13 km nördlich von Taroudant gibt der **Claudio-Bravo-Palast** einen spektakulären Einblick in das Leben des chilenischen Malers Claudio Bravo. Dieser gefeierte Vertreter des Hyperrealismus kam 1972 nach Marokko und baute hier sein Traumanwesen samt Wohnhaus und Atelier. Seit Bravos Tod beherbergt das Gelände (72 ha) auch ein Hotel, ein Museum, einen botanischen Garten und ein Mausoleum. Per Führung (Reservierung erforderl.) kann es besichtigt werden. Bei einer Tour mit Mittagessen lassen sich die örtliche Idylle und die umliegende Berglandschaft am besten genießen.

Plateaus, Gipfel & Palmeraies

AUF ZU ERKUNDUNGEN

Taroudant liegt zwischen dem Hohen Atlas im Norden und dem Anti-Atlas im Süden. Dies macht es zum prima Ausgangspunkt für Tageswanderungen oder längere Bergabenteuer.

Ein beliebtes Tagesziel ist die **Tioute Palmeraie** rund 37 km südöstlich von Taroudant. Die frühere Oase (Tioute Oasis; heute ausgetrocknet) ist nun eine *palmeraie* mit Palmenhainen und ein paar Cafés, die Tajines servieren. Durch Felder geht's hier hinauf zu einer **Kasbah** mit schöner Aussicht. Der einheimische Guide Abdallah Mamane (0672185624) erweckt die *palmeraie* zum Leben.

Alternativ kann man z. B. ab Taroudant nordwärts in den Hohen Atlas hineinfahren. Dörfer wie **Tamaloukte** oder **Affensou** sind hier perfekte Tagesziele für Wanderer, die gemütlich Tee mit Einheimischen trinken wollen. Das entlegene Plateau **Tichka** mit dem Berg Amendach (3335 m) ist mittels eines längeren Treks mit Zelten in der Natur erreichbar.

Etwa 38 km südlich von Taroudant ist **La Vallée des Cedrats** nach der Zitronat-Zitrone (Cedrat) benannt: Diese Früchte wachsen entlang des Flusses am Schluchtgrund. Das Tal erstreckt sich zwischen Tamsguinsift und Asadds (einfache Strecke 1½ Std.).

Rund 70 km von Taroudant entfernt ist **Igiliz** eine tolle Attraktion für Archäologiefans: Die mittelalterliche Siedlung aus dem 12. Jh. wurde 2004 wiederentdeckt und wird seitdem intensiv restauriert. Im Marokkos Geschichte spielte Igiliz eine wichtige Rolle als Festung, Refugium und Wallfahrtsort. Heute finden hier bahnbrechende Lehrgrabungen der islamischen Archäologie statt. Das umliegende Arghen-Tal kombiniert viel Kultur und Geschichte mit ruhigen Wanderpfaden und einfachen Übernachtungsmöglichkeiten.

Die bekannteste Panoramafahrt der Region führt über den Gebirgspass Tizi n'Test (S. 138) nach Marrakesch.

UNTERWEGS VOR ORT

Die Region lässt sich einfach mit Mietwagen, Privat- oder Sammeltaxi erkunden.

TAGHAZOUT

Taghazout mit seinen traditionellen, weiß-blauen Booten und sandigen Straßen gilt heutzutage als sehr schick – nicht ohne Grund: Seit 2021 haben an der hiesigen Bucht gleich sieben Luxus-Resorts eröffnet – begleitet von neuen Cocktailbars, Themenkaufhäusern und Barista-Cafés für jeden Touristengeschmack.

Doch trotz des mondänen Touchs hat sich das verschlafene Fischerdorf seinen Charme und Gemeinschaftsgeist bewahrt. Sein Gassengewirr führt hinunter zum Sandstrand, dessen Promenade von vielen Cafés gesäumt wird. Treffpunkt der Einheimischen ist der Dorfplatz, auf dem schlichte Imbissstände u. a. Minztee und Tajines verkaufen.

Der Surfer-Tourismus prägt die Gegend: In Taghazout und dessen Nachbardörfern Tamraght und Aourir wird das Lebenstempo vom Rhythmus der Gezeiten bestimmt. Das lockt viele Besucher:innen hierher, die ins Surfer-Leben eintauchen wollen.

TOP TIPP

Wer ein All-Inclusive-Hotel oder ein Pauschalpaket mit Surfen gebucht hat, sollte sich die Gegend trotzdem auf eigene Faust anschauen: Vor Ort gibt's günstige Taxis und Busse. Die regionalen Pfade lassen sich leicht und sicher zu Fuß oder mit dem Fahrrad erkunden. Der einheimische YouTube-Kanal **MorAcro** liefert Lokalinfos.

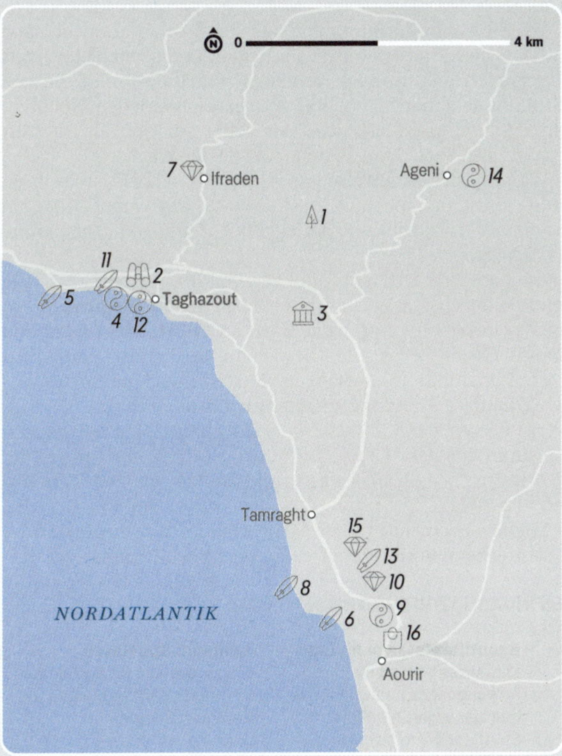

SEHENSWERTES
1 Biosphäre Arganeraie
2 Skatepark Taghazout
3 Targant

AKTIVITÄTEN, KURSE & TOUREN
4 Amouage Taghazout
5 Anchor Point
6 Banana Point
7 Beautiful Massage Ait Bihi
8 Devil's Rock
9 Kalananda Tamraght
10 La Petite Palmeraie Tamraght
11 Mysteries
12 Surf Berbere
13 Surf Lovers Morocco
14 Tamazirt by Amayour
15 Tamraght Spa House

SHOPPEN
16 Bab Taghazout

SALVADOR AZNAR/SHUTTERSTOCK ©

Surfshop

TAGHAZOUT: BESTE YOGA STUDIOS

Surf Berbere
Kurse auf einer schönen und sonnigen Dachterrasse. Vor allem für Sonnenuntergangs-Yoga mit Meeresrauschen zu empfehlen.

Amouage Taghazout
Großartiges, sonniges Indoor-Yogastudio mit Meerblick und Fußbodenheizung für den Winter. Lehrer, Räumlichkeiten und Ausrüstung vom Feinsten.

Kalananda Tamraght
Hölzernes *shala* (Yogastudio) in einem Garten. Kombiniert Yoga (Kurse, Lehrer-Training, Workshops) mit Ayurveda-Beratungen und Kursen in Permakultur.

Tamazirt by Amayour
Preisgekröntes Berg-Refugium mit hübschem Yogastudio und grandiosem Rundumblick auf die Berge.

Surf-Paradies

PERFEKTE WELLEN

Ob Neulinge in der Brandung oder Profis auf der Suche nach atlantischen Monsterwellen: Die Region Taghazout bietet etwas für Surferinnen und Surfer aller Erfahrungsstufen. An den Straßen sieht man hier überall Ausrüstungsverleiher, Neoprenanzüge und alte Mercedes-Taxis voller Surfbretter. Die Luft riecht nach Salz, Sonnencreme und Surfer-Wachs.

Während der Hauptsaison im Winter (Okt.–April) ist die Brandung stark und konstant. Die kleineren, wärmeren Wellen im Sommer (Mai–Sept.) sind perfekt für Anfänger und entspannte Longboarder.

Die örtlichen Surfspots sind generell leicht zugänglich. Die breiten Beach Breaks der sandigen **Bucht von Taghazout** eignen sich ideal für Anfänger. **Banana Point**, **Mysteries** und **Devil's Rock** (jeweils Reef bzw. Point Breaks) sind perfekt für fortgeschrittene und erfahrene Surferinnen und Surfer. Die spektakuläre Brandung am **Anchor Point** ist die Basis für diverse Events, die Marokko in der internationalen Surferszene berühmt gemacht haben. Darunter sind z. B. ein Turnier der World Surf League (meist Feb.) und Afrikas allererste Surf-Expo (seit 2022).

Mit dem boomenden Surfer-Tourismus ist auch die Anzahl der entsprechenden Unterkünfte, Surfschulen und anderen Ange-

HAMAMS & MASSAGEN IN TAGHAZOUT UND UMGEBUNG

La Petite Palmeraie Tamraght
Reines Damen-Day-Spa im oberen Bereich von Tamraght. Hamam-Anwendungen, Massagen und Gesichtsbehandlungen.

Beautiful Massage Ait Bihi
Eiinfaches Spa mit Hamam-Anwendungen und wohltuenden Massagen in Ait Bihi. Shuttles ab Taghazout.

Tamraght Spa House
Luxuriöses Spa mit traditionellen Hamam-Anwendungen für Herren und Damen.

STADTSPAZIERGANG: TAGHAZOUT & TAMRAGHT

Die intensive Atmosphäre an der Bucht von Taghazout lässt sich am besten zu Fuß erleben. Zuerst beobachtet man an Taghazouts **1 Fischereihafen** das Anlanden des Tagesfangs. Gen Süden geht's dann zur hübschen **2 Strandpromenade** (5 km; Taghazout–Tamraght). Der befestigte, von Bäumen gesäumte Pfad verläuft zwischen einem langen Sandstrand und mehreren Luxushotels. An seinen Rändern gibt es auch Toiletten, Sitzbänke, Freiluft-Fitnessstudios und Kamel- bzw. Pferderitte. Auf dem **3 Tawenza-Platz** vor einem Skatepark finden oft spontane Events statt.

Nach der Ankunft in Tamraght erklimmt man die bunten Stufen zur Spitze des **4 Teufelsfelsens**, der direkt ins Meer hineinragt. Ansonsten gibt's hier Surfschulen, Seafood-Restaurants und Cafés mit Meerblick. Diese servieren ganztägig Frühstück, Crêpes und Eisbecher.

Die Promenade endet in Tamraght. Entlang der Küste kann man jedoch zum **5 Banana Point** laufen, um von oben auf Surfer:innen und Aourir zu schauen. Nun der sandigen Straße landeinwärts folgen (vorbei am Friedhof): Jenseits der Hauptstraße führt sie bergauf und nach links. Nun passiert man die örtliche Schule, eine traditionelle Patisserie, das moderne Barista-Café Hey Yallah, einen Gemeinde-Brotofen und den Dorf-Souk. Hinter der Moschee führt die Straße zum Dorfzentrum mit weiteren Cafés und Themenkaufhäusern hinunter. Dort säumen auch die meisten anderen örtlichen Einrichtungen die sandige Hauptstraße namens **6 Rue de la Mosquée**, die ironischerweise auch *Champs-Élysées* genannt wird.

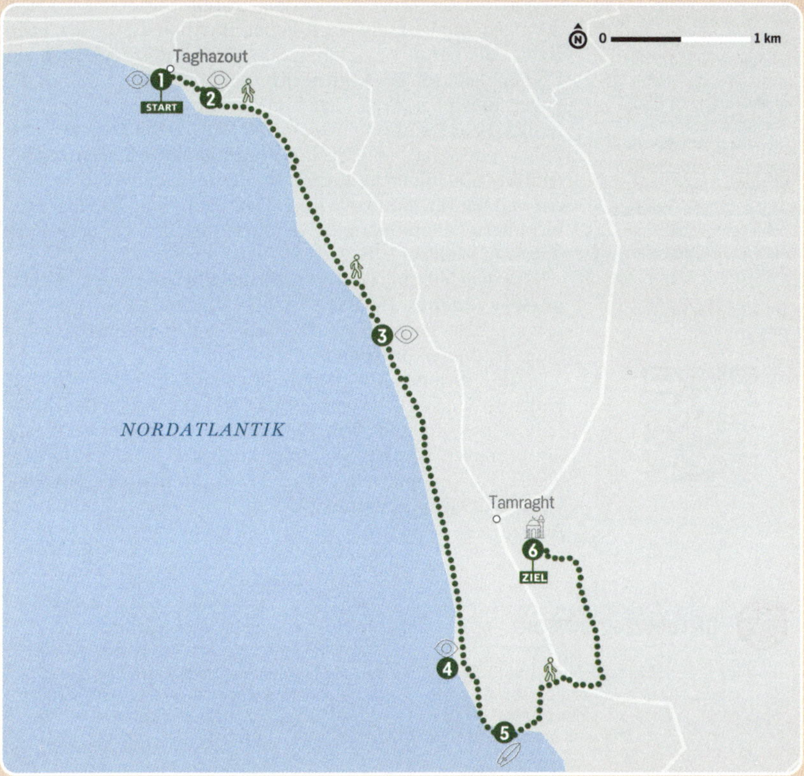

bote stark gewachsen. So gibt's hier nun viele Surfer-Camps mit ähnlich erschwinglichen Pauschalpaketen (eine Woche inkl. Vollpension) für Gästegruppen. Bei längeren Aufenthalten empfiehlt sich **Surf Lovers Morocco**: Das Familienunternehmen der Gebrüder Regragui besteht aus professionellen Surferinnen, Surfern und Surflehrern. Neben Kursen gibt's hier auch geführte Touren zu persönlichen Lieblingsspots der Inhaber.

Der Surfer-Tourismus geht mit einer florierenden Yoga-Szene einher: Bei Kursen in Studios und auf sonnigen Dachterrassen kann man sich hier nach dem Wellenreiten dehnen, seine Balance verbessern oder sein Ying-Yang in Einklang bringen. An der Küste und in nahen Bergdörfern oberhalb von Taghazout finden zudem beliebte, einwöchige Yoga-Klausuren statt.

STRASSENHUNDE

Die Straßen und Strände von Taghazout und den umliegenden Dörfern beheimaten viele Straßenhunde. Viele Einheimische lieben und füttern diese Mitbewohner ihrer Gemeinden. Sterilisierte und geimpfte Exemplare tragen Ohrmarken. Gemeinnützige Organisationen wie **Moroccan Animal Aid** (moroccoanimalaid.com) kümmern sich vor Ort um die Tiere (u.a. mit Sterilisation/Kastration, Pflege, veterinärer Behandlung inkl. Notfallhilfe rund um die Uhr). Die Website informiert über die Arbeit der Organisation und deren Möglichkeiten für Freiwillige. Zudem liefert sie auch Kontaktinfos zum Melden von leidenden Tieren.

QR-Code für weitere Infos

Auf festem Boden

ALTERNATIVEN ZUM SURFEN

Ursprünglich war Taghazout fast nur für Surferinnen und Surfer interessant. Seit ein paar Jahren gibt's hier aber nun auch diverse Optionen außerhalb des Wellenreitens:

Zu jedem marokkanischen Frühstück gehört die Nussbutter *amlou*. Eine Hauptzutat der lokalen Spezialität ist Arganöl. Dieses berühmte Regionalprodukt dient kulinarischen und kosmetischen Zwecken. Gewonnen wird es aus den heiligen Nusskernen der Früchte des Argan-Baums. Diese endemischen, dornigen und langsam wachsenden Hartholz-Gewächse überziehen die ganze Umgebung. So gehört Taghazout auch zur UNESCO-Biosphäre **Arganeraie** (2,5 Mio. ha).

Wer alles über Argan-Produkte erfahren will, besucht am besten das erste Argan-Museum der Welt: Das **Targant** an der Bucht von Taghazout erweckt den Argan-Baum und dessen Bedeutung u.a. mit einer interaktiven Führung zum Leben. Hinzu kommen Verkostungen, Koch-Workshops und Vorführungen in puncto Ölherstellung. Der Museumsladen verkauft auch Argan-Produkte.

Nahe dem Museum erstreckt sich der herrlich gelegene **Skatepark Taghazout**. Hoch droben über der Bucht kann man hier prima den Sonnenuntergang genießen und einheimische Skater beim Trainieren beobachten.

Die interessanten Kunsthandwerker der Region betreiben u.a. Läden an den Straßen von Tamraght und Taghazout. Der Kunsthandwerker-Komplex **Bab Taghazout** in Aourir bietet einzigartige Souvenirs aus lokaler Produktion (z.B. Schmuck, Rattanwaren und Keramiken im Amazigh-Stil). Freundliche, ländliche Obst- und Gemüsemärkte gibt's in Tamraght (Di), Alma und Aourir (jeweils Mi).

UNTERWEGS VOR ORT

Die Buslinie 32 bedient regelmäßig die Route Agadir–Taghazout (über Aourir und Tamraght). Vor Ort gibt's günstige Taxis und Mietwagen (bei längerer Leihdauer: vorab die Preise für Abholen und Abgeben am Flughafen ermitteln). Fahrräder lassen sich in den Dörfern ausleihen, E-Bikes an der Hauptstraße in Aourir. Souk to Surf bietet Regionalshuttles an.

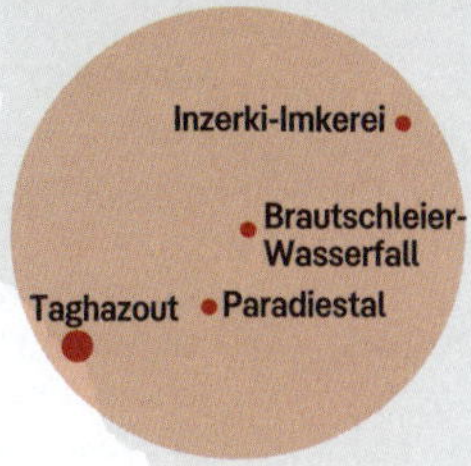

Rund um Taghazout

Wer die Region intensiver erkunden will, fährt entweder zu den Bergen und Tälern im Landesinneren oder folgt der malerischen Küste gen Norden.

Genug von Strand und Surfen? Dann empfehlen sich die Atlas-Berge und eine herrliche Küstenfahrt gen Norden.

Landeinwärts lockt das Paradiestal mit Wandermöglichkeiten und vielen Dattelpalmen. Noch weiter landeinwärts liegt die Bergregion rund um Imouzzer des Ida Outanane mit einem Wasserfall (bei genügend Regen), einzigartiger Natur und faszinierender Kultur. Für ein besonders intensives Erlebnis unternimmt man hier am besten eine geführte Wandertour.

Wer lieber an der Küste entlangfährt, begibt sich nach Imsouane: Dort warten ein grandioser Meerblick, ruhige Buchten, die wilden Strände von Tamri und die Sanddünen von Le Petit Desert. Mit seiner weiten Bucht und seiner extrem langen Brandungslinie ist Imsouane seit Kurzem auch ein populäres Surfer-Paradies.

TOP TIPP

Warme Kleidung einpacken: Im Winter ist es in den Bergen deutlich kühler als an der Küste (im Sommer gilt das Gegenteil).

Paradiestal (S. 343)

AUTOTOUR: MEER, DÜNEN & WEITE BUCHTEN

Nördlich von Taghazout führt die Fahrt durch malerische Fischernester, Küstenstädtchen und Urlaubsorte. Das erste Dorf ist **1 Imi Ouaddar** mit dem Resort Paradis Plage, einem langen Strand, einem tollen Fischmarkt und Strandrestaurants. In einer Landschaft voller Argan-Bäume passiert man dann die Dörfer Aghroud und Desert Point sowie diverse Surfspots.

Kurz vor dem Dorf **2 Tamri** bietet sich ein toller Blick auf den wilden Strand. Surferinnen und Surfer können hier super die aktuelle Brandung beurteilen. Die geschützte Flussmündung mit vielen Vogelarten erfreut Naturfans. Im Dorf selbst gibt's ein paar Einrichtungen und sogar eine eigene Bananensorte.

Rund 20 km hinter Tamri weist ein Schild den Weg zu den **3 Timlalin-Dünen** alias *Le Petit Desert*. In dieser großartigen Landschaft trifft die Wüste direkt auf den Atlantik. Man kann sich hier im Sandboarden versuchen oder einfach den Panoramablick genießen.

Nach weiteren 30 km erreicht man das Fischerdorf **4 Imsouane**, das nun ein Surfer-Mekka ist. Zwei super Surfspots sind hier vom Zentrum aus zu Fuß erreichbar. Örtliche Hauptattraktion ist die lange, weite Magic Bay mit ihrem Sandstrand – perfekt zum Sonnenbaden, Schwimmen und Surfen. Der boomende Surfer-Tourismus hat dem Dorf viele neue Boutiquehotels, Cafés, Surfschulen und Ausrüstungsverleiher beschert. Den Rückweg sollte man idealerweise kurz vor der Dunkelheit antreten: Der Sonnenuntergang über dem Meer macht die Fahrt besonders schön.

Wer den Trip mit dem Besuch einer Surfschule kombinieren will, wendet sich am besten an **Surf Therapy Morocco** (surftherapy-morocco.com): Hier gibt's u. a. Tagesausflüge inklusive Surfunterricht, Sandboarden und Shuttles.

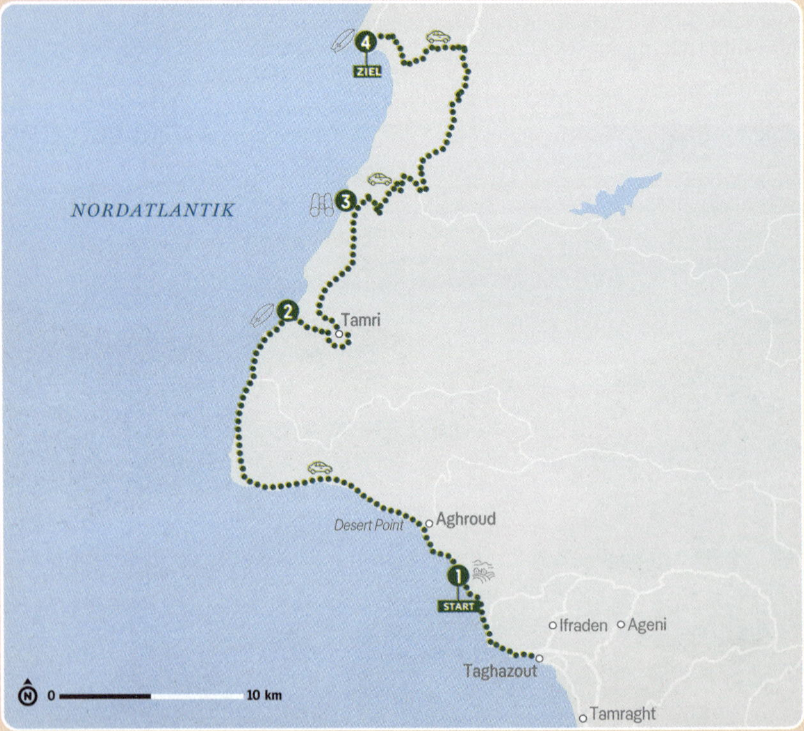

TOMMASOPARDINI/SHUTTERSTOCK ©

Imsouane

Saubere Bergluft & Talblick

ERLEBNISSE IM LANDESINNEREN

Die Atlas-Berge liegen nur 30 km von der Küste entfernt. Ab Aourir schlängelt sich die malerische P1001 durch eine Landschaft mit Dörfern, Palmen und schroffen Felsen zum **Paradiestal.** Unterwegs verkaufen kleine Direktvermarkter *amlou*, Honig und Argan-Produkte am Straßenrand und die **Inzerki-Imkerei** bietet das angeblich größte Bienenhaus der Welt.

Wer Wert auf Ruhe im Paradiestal legt, sollte gleich nach Sonnenaufgang loswandern, denn dann sind mehr Vogelstimmen zu hören. Doch auch bei Hochbetrieb lassen sich die Wanderwege durch die großartige, ursprüngliche Landschaft genießen. Bei ausbleibendem Regen leidet die natürliche Schönheit des Tals, während die Hauptoase trocken liegt.

Hinter dem Paradiestal führt die P1001 weiter landeinwärts und bergauf. Dabei lässt sie die Palmenhaine hinter sich: Nahe der Ortschaft Imouzzer des Ida Outanane beginnt eine Berglandschaft mit hohen Kiefern, buschigen Olivenbäumen und Wildblumen (im Frühling). Hier bestellt man sein späteres Mittagessen beim Hotel des Cascades und läuft oder fährt dann zum **Brautschleier-Wasserfall** (4 km), wo ein Felsbecken und eine nette Aussicht warten. Auch wenn der Wasserfall heutzutage oft trocken liegt: Die Landschaft ist trotzdem wunderschön. Anschließend gibt's dann Mittagessen auf der malerischen Hotelterrasse.

Entlang der P1001 gibt's diverse kleine Hotels mit Aussicht, Pools, Restaurants und schlichten Zimmern mit eigenen Bädern. **Amazigh Hike and Yoga** organisiert halbtägige und längere Wanderungen durch die Region.

WARUM ICH DIE BUCHT VON TAGHAZOUT LIEBE

Sally Kirby, Autorin

Hier kann ich warmes Brot bei traditionellen Gemeindeöfen kaufen und es in Arganöl, Honig oder *amlou* aus regionaler Produktion dippen. Etwas weiter die Straße runter verkauft eine Patisserie im französischen Stil z.B. frische Butter-Croissants, *pain au chocolat* und leckere Crêpes. Käufe auf lokalen Fischmärkten kann man sich würzen und grillen lassen, um sie dann mit Meerblick zu verspeisen. Zu besonderen Anlässen werfen wir uns in Schale, um Sushi-Teller und Cocktails im eleganten Morimoto zu genießen. Auch toll: Der Gezeitenrhythmus bestimmt die Surftage. Und es besteht keinerlei Druck, etwas schnell zu tun. Insgesamt animiert die Bucht von Taghazout so zu bestmöglichem Lebensgenuss.

SURF-SCHULEN IN DER BUCHT VON TAGHAZOUT

Dihya
Surfschule unter weiblicher Leitung mit Angeboten rein für Frauen: Privat- und Gruppenkurse plus einwöchige Aufenthalte mit Surfen und Yoga.

Surf Maroc
Eine der ältesten örtlichen Surfschulen, die immer noch sehr gut ist. Sie bietet auch Leihausrüstung und geführte Touren an.

Shaka Surf
Personalisierter Unterricht in Kleingruppen. Gemäß dem Firmenmotto: einfach und übersichtlich.

SIDI IFNI

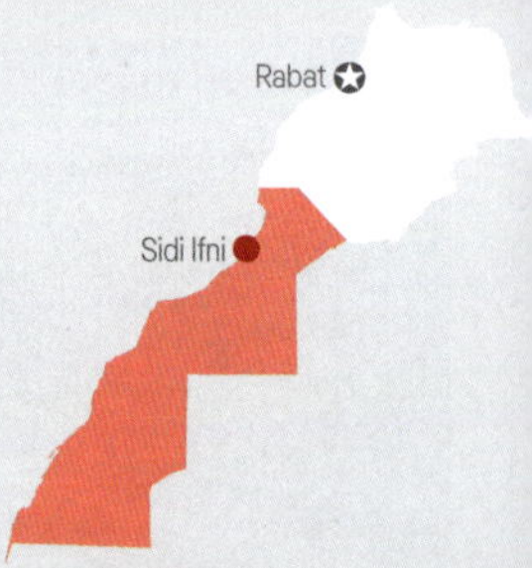

Genug von Menschenmassen? Dann auf zur ruhigeren, windigen Südküste mit ihren wilden Stränden. Hinter Tiznit führt die malerische, verkehrsarme Küstenstraße auf der Route Aglou–Mirleft–Sidi Ifni gen Süden – vorbei an Klippen und donnernden Wellen auf der einen Seite und Hügeln voller Kakteen auf der anderen. Ein langsames Lebenstempo prägt diese Region: Weniger Tourismus und Entwicklung, dafür mehr Gefühl für Raum und Zeit.

Als regionales Verwaltungszentrum beherbergt Sidi Ifni neben einem Fischereihafen auch diverse Behörden. Zudem ist die Stadt eine beliebte Zwischenstation von Wohnmobil-Tourist:innen. Spanisch beeinflusste Küche trifft hier auf einen Mix aus marokkanischer und Art-déco-Architektur. Das benachbarte Mirleft ist ein ruhiges Fischerstädtchen mit nicht allzu wilden Surfer-Wellen im Winter und guten Bedingungen für Gleitschirmflieger. Im Sommer warten hier verschiedene Buchten und Strandhäuser auf Sonnenanbeter.

TOP TIPP

Zu Sonnenuntergang erwacht Sidi Ifnis Promenade. In Mirleft fährt man am besten hinauf zu den Brugruinen, um die goldene Stunde über der Stadt zu genießen. An der Plage de Legzira bettet sich die sinkende Sonne scheinbar in einem natürlichen Felsbogen zur Ruhe.

SEHENSWERTES
1 Cine Avenida
2 Jardin Alhourya
3 Place Hassan II
4 Twist Club

ÜBERNACHTEN
5 Hôtel Suerte Loca
6 Ifni Surf
7 Logis La Marine

ESSEN
8 Marché Municipal
9 Nomadsee
5 Suerte Loca

SALLY KIRBY/LONELY PLANET ©

Straße bei Sidi Ifni

CORNFIELD/SHUTTERSTOCK ©

Rathaus, Sidi Ifni

Plätze, Art-déco-Stil & spanische Überraschungen

VERSTECKTE SCHÄTZE ENTDECKEN

Sidi Ifni wird oft als „atlantisches Tor zur Sahara" bezeichnet. Die ruhige Stadt mit großem Fischereihafen dient meist als Zwischenstation auf dem Weg in die Wüste. Oder als Alternative zu belebteren Zielen an der Atlantikküste.

Sidi Ifni bietet viele Überraschungen: Erst 1969 wurde es von Spanien an Marokko zurückgegeben. Der spanische Einfluss zeigt sich u. a. an den Straßenschildern, Speisekarten und weißblauen Gebäuden.

Das übersichtliche Terrain lässt sich leicht zu Fuß erkunden. Der zentrale Strand und die Promenade ermöglichen schöne Spaziergänge. Gleiches gilt für die Umgebung der **Place Hassan II.** mit großartigen Gebäuden wie dem Gerichtshof oder dem früheren Palast. Nahe dem **Marché Municipal** relaxen Einheimische in Straßencafés. Auf dem Weg dorthin kann man die schräge Art-déco-Architektur des **Twist Club** und des **Cine Avenida** bewundern. Wer beim Bummel dann mal eine Pause braucht, kann sich im schattigen **Jardin Alhourya** erholen.

Während der Siesta am Nachmittag haben einige örtliche Einrichtungen geschlossen – eine gute Gelegenheit, um etwas frische Luft an der **Plage de Legzira** zu schnuppern. Dieser schöne Sandstrand bietet ein paar Cafés, eine Surfschule und steile Klippen in Ockertönen. Dazu ein höchst fotogener Felsbogen (der zweite ist inzwischen zusammengebrochen), der zu Sonnenuntergang in einem tiefen Dunkelrot erstrahlt.

SIDI IFNI: BESTE SEAFOOD-RESTAURANTS

Suerte Loca
Erschwingliche spanisch-marokkanische Küche in toller Lage. Dazu farbenfrohe Räumlichkeiten, freundliche Atmosphäre und Livemusik. **€€**

Nomad
Stimmungsvolles Lokal mit maurischem Dekor. Leckerer Fisch, Paella mit viel Seafood und verführerische Desserts. **€€**

Marché Municipal
Quelle für Frischfisch, den man sich im benachbarten Restaurant würzen und grillen lassen kann. **€**

ÜBERNACHTEN IN SIDI IFNI

Hôtel Suerte Loca
Schlichte Zimmer mit schräger Einrichtung (inkl. bunter maurischer Fliesen). Prima Lage in der Nähe des Strands und lokaler Restaurants. **€**

Logis La Marine
Pension am Meer mit freundlichem Personal und netten Gemeinschaftsbereichen. Grandioser Meerblick in manchen Zimmern. **€€**

Ifni Surf
Sauberes, freundliches Hostel. Spezialisiert auf Pauschalpakete mit Surfen (optional inkl. Sahara-Jeeptour). **€**

AUTOTOUR: DIE KÜSTE BEI MIRLEFT

Mirleft verteilt sich entlang einer schroffen Küstenlinie. Der kompakte Ortskern ist leicht zu Fuß erkundbar. Die versteckten Buchten und Klippenwanderwege lassen sich aber am besten mit einem eigenen Fahrzeug erreichen.

Los geht's an der **1 Plage Tamhrouchte**: perfekt für einen langen Strandspaziergang bei Ebbe und Brandungsblick an der Felszunge. Die örtliche Surfschule M Spot bietet Kurse und Leihausrüstung für Wellenreiter aller Erfahrungsstufen. Der Rückweg zum Dorf passiert die **2 Plage Sidi Mohammed Ben Abdellah** mit einer einzigartigen und fotogenen Felsformation.

Nun nordwärts weiterfahren und von den Klippen auf die **3 Plage Aftass** mit dem versteckten Café Between Rock's hinunterschauen. Die Route führt dann durch das Dorf zum Hauptstrand namens **4 Plage Imin Turga**. Hier kann man surfen, schwimmen (Vorsicht: Strömungen!).

Außerhalb des Dorfs verläuft die Küstenstraße nordwärts durch Sidi Boulfdail zum Gleitschirm-Zentrum **5 Nid D'Aigle**. Interessierte können die Profi-Paraglider:innen beobachten oder selbst einen Tandemsprung (50 €) unternehmen.

Anschließend im Bereich der nahegelegenen **6 Greenwave Ecolodge** parken und den Strand nordwärts zu den Sanddünen entlanglaufen. Bei der Rückfahrt gen Süden nach Mirleft folgt man dessen Hauptstraße mit blau-weißen Steinbogen und rollt dann hinauf zu den **7 Burgruinen**: Ein prima Plätzchen für den Blick auf den Sonnenuntergang und die stetig wachsende Stadt. Die Tour endet im freundlichen **8 Hotel Abertih**, wo sich Einheimische und Tourist:innen an der Bar treffen.

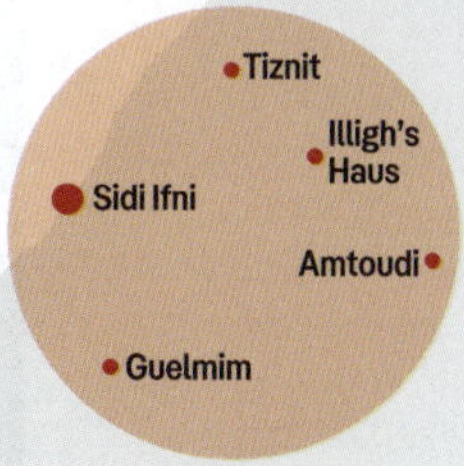

Rund um Sidi Ifni

Ob gen Norden oder Süden: Ein kleines Stück landeinwärts warten die kulturellen und historischen Highlights der Region.

Abseits der atlantischen Brandungsstrände locken Einblicke in die außergewöhnliche Welt der Wüstennomaden, die die Stadt Guelmim bevölkern. Diese kombiniert wiederum Marokkos größten Kamelmarkt mit dem Naturwunder der Oase Tighmert.

Droben im Norden ist Tiznit ein netter Zwischenstopp für Besucher:innen, die sich für die Kultur der Amazigh interessieren: Hier gibt's ein Museum, eine alte Moschee und Silbermärkte. Die freundliche, historische und nur leicht modernisierte Marktstadt ist leicht zu Fuß erkundbar: Ihr Großteil liegt innerhalb der 5 km langen Medina-Mauern. Für Geschichtsfans lohnt sich potenziell eine Fahrt hinaus zum Kornspeicher Amtoudi und zu Illighs Haus.

TOP TIPP

Guelmims Kamelmarkt (Souk du Dromadaire) findet freitags statt. Der örtliche Flughafen bietet Verbindung nach Casablanca und zu den Kanaren.

Kamelmarkt, Guelmim

AZEDINE/SHUTTERSTOCK ©

Blaue Quelle

Stadt-Souks statt Atlantik-Brandung

WIEVIEL KOSTET EIN KAMEL?

Rund 50 km südöstlich von Sidi Ifni lässt sich das auf Marokkos größtem Kamelmarkt in **Guelmim** herausfinden. Das „Tor zur Sahara" war früher ein bedeutender Handelsposten auf der Karawanen-Route nach Timbuktu. Dank städtischer Einrichtungen und einem Marjane-Supermarkt kann man sich hier auch heute noch prima mit Vorräten eindecken – und gleichzeitig am Wüstenrand ins Sahara-Leben hineinschnuppern. Die Oase **Tighmert** gleich südlich von Guelmim ist in Südmarokko angeblich die älteste ihrer Art.

Für die typische Atmosphäre einer traditionellen Amazigh-Marktstadt empfiehlt sich ein Tag in **Tiznit**. Rund 70 km nordöstlich von Sidi Ifni kombiniert dieses Kultur- und Handelszentrum ein schnelleres Lebenstempo mit interessanten Sehenswürdigkeiten. Darunter ist z. B. die **Blaue Quelle**, um deren Entdeckung sich viele verschiedene Legenden ranken. Nach dem Vorbild von Moscheen in der Sahelzone ragen Holzpfähle aus dem Minarett der benachbarten, uralten **Grande Mosquée**. In deren Nähe liegt das **Tigmmi-n'-Tamazirt-Museum** mit Wechselausstellungen. Das stimmungsvolle Freilufttheater der Stadt erwacht während des *Yennayer* (Neujahrsfest der Amazigh) zum Leben. Durch enge Straßen geht's zum El-Mechouar-Platz. Unterwegs kann man die funkelnden Schaufenster-Auslagen des uralten **Jüdischen Souks** und des **Silberschmuck-Souks** (jeweils lokale Wahrzeichen) bewundern.

Außerhalb von Tiznit warten historische, gut erhaltene Gebäude auf Architektur- und Geschichtsfans: Rund 50 km von der Stadt entfernt liegt **Illighs Haus** in Richtung Anti-Atlas. Etwa 150 km östlich von Sidi Ifni findet man mit **Amtoudi** einen der intaktesten Kornspeicher Marokkos.

RUND UM SIDI IFNI: BESTE UNTERKÜNFTE MIT POOLS

Nid D'Aigle
Pension mit herrlicher Aussicht, sauberen Zimmern, Hausrestaurant und großartigem Horizontpool. Am Klippenrand neben dem Gleitschirm-Startplatz. **€€**

Greenwave Ecolodge
Öko-Lodge mit angenehm einsamem Vibe und Ganzjahres-Pool am Strand in der Nähe der Dünen. **€€**

Riad Janoub
Einladendes Refugium mit funkelndem Pool, Landschaftsgarten, luxuriösen Suites und erholsamer Ruhe. Im Herzen von Tiznit. **€€**

UNTERWEGS VOR ORT

An der südlichen Atlantikküste haben es Selbstfahrer leicht: Auf den gut gepflegten Hauptrouten findet man sich schnell zurecht. Die staatliche Busgesellschaft CTM verkehrt zwischen den regionalen Städten (Sidi Ifni–Guelmim ca. 25 Dh, 45 km). Für lokale Kurzstrecken gibt's Privat- und Sammeltaxis (*grands taxis*).

DAKHLA

Dakhla lockt mit menschenleeren Stränden, Sahara-Charme, einzigartiger Natur, leckerer Regionalküche und jeder Menge Wind- bzw. Wassersport: Die Stadt liegt auf der sandigen Halbinsel Rio de Oro, die 40 km weit in den Atlantik hineinragt. An deren Ostrand erstreckt sich eine funkelnde Lagune mit blauem Wasser, während windige Meeresstrände den Westrand säumen.

Ganz im Süden ist Dakhla die marokkanische Stadt mit der geringsten Distanz zu Nouadhibou in Mauretanien. Das örtliche Wüstenklima wird durch kühle Meeresströmungen entschärft. Dies macht Dakhla ganzjährig zum beliebten Outdoor-Ziel.

Das übersichtliche Zentrum vermittelt einen authentischen und freundlichen Eindruck vom lokalen Leben. Die Bucht von Dakhla bietet viele Naturerlebnisse (inkl. Tierbeobachtungen). Die konstante Brise macht die Gegend zum Magneten für Wind- bzw. Wassersportfans. Kurz außerhalb der Stadt warten die Wüste, einsame Strände und Offroad-Abenteuer.

TOP TIPP

Eine 2022 sanierte Autobahn macht Fahrten auf der Route Agadir–Dakhla (1200 km) nun stressfreier, schneller und sicherer. Alternativ empfehlen sich Linienflüge ab Casablanca, Agadir und Laayoune.

Strand von El Moussafir

SEHENSWERTES
1 Dracheninsel
2 La Dune Blanche

AKTIVITÄTEN, KURSE & TOUREN
3 La Crique Sensoria Spa
4 La Sarga
5 Ocean Vagabond Lassarga
6 Oum Labouir
7 Le Palais Rhoul & Spa
8 Pointe D'Or
9 Sahara Sailing
10 Source Asmaa
11 Zola Spa and Salon

ÜBERNACHTEN
12 Dunes de Dakhla
13 Kite House Dakhla
14 Lagon Energy
15 Oasis212
16 Westpoint Dakhla

ESSEN
17 Cafe Ntifi
18 Cafe Terassa
19 Gladys

AUSGEHEN & FEIERN
siehe **16** Back-of-a-Van Cafe
20 Vasano

Dakhla-Stadt erkunden

STADTLEBEN AUF DER HALBINSEL

Als vielfältige und schnell wachsende Region zieht die Dakhla-Halbinsel gleichsam Investoren, Arbeitskräfte und Tourist:innen an. In den letzten 20 Jahren hat sich ihre Bevölkerungszahl fast

ESSEN IN DAKHLA

Cafe Terassa
Freundliches Café an der Lagune. Beliebt für sein Frühstück sowie später am Tag für Seafood, Pizza and Paella. **€**

Cafe Ntifi
Schlichtes Lokal mit einfachen, günstigen Tagesgerichten im marokkanischen Stil. **€**

Gladys
Rein von Damen geführtes Restaurant mit marokkanischer Hausmannskost (inkl. Tajines). **€**

verdoppelt (2023: ca. 200 000 Ew.). Unter den vielen interessanten Entwicklungsprojekten ist z. B. der Atlantikhafen, der Marokkos größter Hafen werden soll. So wachsen auch das Stadtzentrum und dessen Angebote sehr schnell, um dem Zufluss von Geld und Menschen gerecht zu werden.

Touristinnen und Touristen machen um Dakhla-Stadt meist einen Bogen. Falls nicht, entdecken sie ein Stück lokales Leben abseits vom Strand: Im Süden der Halbinsel kann man hier wunderbar in die moderne Sahara-Kultur eintauchen, sich unter die Einheimischen mischen und regionale Köstlichkeiten probieren (z. B. frische Austern, Eintopf mit Kamelfleisch, Minztee mit viel Zucker). Bei einem Stadtbummel lassen sich hübsche Plätze, Großbank-Gebäude, eine Moschee, eine katholische Kirche und schmale Gassen voller bunter Textilien entdecken. Auf dem überdachten Souk kann man Obst (inkl. Datteln), Gemüse und Blatttee im Sahara-Stil erstehen.

Das regelmäßige Straßenraster endet am Lagunenufer. Hier findet man Cafés mit überdachten Freiluftterrassen und Blick aufs Wasser. Nach Sonnenuntergang erwachen die Promenade und die Plätze nahe dem Cafe Terassa zum Leben, was tolle Möglichkeiten zum Leutebeobachten bietet: Die Kleidung der Einheimischen reicht von bunten *melhfas* (leichte Damenkleider im Sahara-Stil), blauen Tuareg-Gewändern und *djellabas* bis hin zu Surfer-Klamotten oder Business-Anzügen. Dakhla ist eben vielfältig.

Ein kostbares Ökosystem im stetigen Wandel

NATURWUNDER ENTDECKEN

Eine örtliche Hauptattraktion ist die herrliche Natur: Weit abseits von großstädtischer Umweltverschmutzung und noch relativ weit weg von den üblichen Touristenrouten erstreckt sich hier unberührte Wildnis rund um die **Lagune.**

Deren Sand und türkisfarbenes Wasser ändern ihre Farbtöne gezeitenbedingt jede Stunde auf spektakuläre Weise. Bei Ebbe sind dann trockenliegende Bereiche per Jeep erreichbar. Dies gilt z. B. für die eindrucksvolle **Dracheninsel**: Die Silhouette des mit Muscheln bewachsenen Felsens erinnert an ein schlafendes Reptil. Gleichsam besuchen und erklimmen kann man **La Dune Blanche**: Die malerische Sanddüne ändert ständig ihre Form.

Bei Flut werden die beiden Naturwunder zu Inseln in türkisblauem Wasser. In diesem Fall geht's per Kajak, Stehpaddelbrett oder Boot dorthin. Lokale Hotels und Dakhla Explorer Tours organisieren Kajaktrips.

DIE WESTSAHARA

Dakhla wird mitunter im „umstrittenen Territorium der Westsahara" verortet. Dieses stand früher unter der Kontrolle Spaniens. Nach dessen Rückzug auf Geheiß der UN (1975) kämpften Marokko, Mauretanien und die regionalen Nationalisten der Polisario Front (SADR) bis 1991 um das Gebiet. Seit dem Waffenstillstand werden 75 % des Terrains von Marokko und 25 % von der SADR kontrolliert. Für die meisten Marokkaner gehört die Westsahara kompromisslos zu Marokko. Die UN und die SADR sind nach wie vor anderer Meinung. Zum Recherchezeitpunkt gab es keinerlei regionale Unruhen. Dennoch sollte die aktuelle Sicherheitslage vor einem Besuch ermittelt werden.

UNTERKÜNFTE FÜR KITESURFER:INNEN IN DAKHLA

Westpoint Dakhla
Schickes Öko-Resort für Fans von Wellen und Sonnenuntergängen. An der Westküste nahe dem Surfspot Oum Labouir. **€€€**

Kite House Dakhla
Erschwingliche Pension im Herzen der Halbinsel. Top für Kitesurfer:innen, die mehrere Spots besuchen wollen. **€€**

Lagon Energy
Surfer-Camp in super Lage an der Lagune. Bei Flut geht's vom Bungalow aus direkt ins Wasser. **€€€**

Rund 35 km nördlich von Dakhla-Stadt lädt die einzigartige **Source Asmaa** zu Bädern in schwefelhaltigem Thermalwasser ein.

Unabhängig von der Erkundungsmethode immer beachten: Die Lagune ist ein empfindlicher Lebensraum, der u. a. Delfine, Flamingos und Zugvögel beheimatet. Somit sollten sich Jeepfahrer unbedingt an die etablierten Routen halten. Idealerweise bucht man gleich eine geführte Tour der Naturfans und -schützer von **Dakhla Rovers**. Die umliegende Wüsten-Mondlandschaft ermöglicht dagegen freien Allrad-Spaß.

Bei viel Wind

SEGEL SETZEN

Nordwinde blasen ganzjährig über die Halbinsel (März–Sept. am stärksten und konstantesten). Dies schafft ideale Voraussetzungen für Wassersport mit Windantrieb. So kommen hobbymäßige wie professionelle Kiteboarder, Windsurfer, Kite- und Wingfoiler aus aller Welt hierher. Als Krönung des Ganzen steigt jeden Herbst ein internationales Kitesurfing-Turnier.

Die flache Lagune bietet perfekte Bedingungen für Anfänger und Tempo-Junkies – sowie die Chance mit Delfinen entlangzuflitzen oder mit Flamingos zu fliegen. Die Atlantikküste und anderen Teile der Halbinsel erfordern dagegen mehr Erfahrung. Dies gilt z. B. für **La Sarga** im Süden oder **Oum Labouir** an der Westküste.

Passend zu den Top-Bedingungen in herrlicher Natur gibt's vor Ort diverse hervorragende Unterkünfte und Wassersport- bzw. Surfschulen unter professioneller Leitung. Am Nordrand der Lagune sind Pauschalpakete mit Vollpension und hauseigenen Kitesurf-Kursen im Angebot. Hier kann man vom Strandbungalow aus direkt auf den Sand hinauslaufen und starten. Eine andere Zielgruppe sind erfahrene Individualsportler, die verschiedene Spots erkunden wollen. In dem Fall empfehlen sich Apartments und Pensionen im Zentrum der Halbinsel (z. B. im Wohngebiet Hay el Kassam).

Wiederum andere Touristinnen und Touristen wollen die Action nur bequem vom Segelboot aus verfolgen. Dann hilft **Sahara Sailing** mit kürzeren und längeren Lagunentouren per Katamaran oder Jolle. Diese beinhalten z. B. Strandgrillen oder Sandbank-Picknicken.

Bei wenig Wind

ALTERNATIVER BRETTSPORT

Kitesurfer lieben den Wind, der auf der Lagune für ordentliches Gleittempo sorgt – aber andererseits auch nicht jeden Tag aus-

LOCAL TIPP: CAFÉS IN DAKHLA

Mohamed Ali Beqqali ist ein marokkanischer Kitesurfing-Champion und lebt in Dakhla. Seine Tipps für Kaffee vor einem Tag auf dem Wasser:

Cafe Terassa
Sonniges Stadtcafé direkt an der Lagune. Stets freundliche Atmosphäre, super Frühstück und leckere Crêpes. €

Vasano
Stilvoller Mix aus sonnigem Café und komfortablem B&B im Stadtzentrum. Leckeres Frühstück, Kaffee und Säfte plus schnelles WLAN und freundliche Inhaber. €

Mobiles Café bei Oumlabouir (Westpoint-Parkplatz)
Seit der COVID-Pandemie ist dies ein landesweiter Trend: mobile Cafés in Form von Vans mit Espresso-Maschinen im Heck. In diesem Fall ideal für einen Americano vor oder nach dem Surfen. €

WELLNESS-ZENTREN & DAY-SPAS IN DAKHLA

La Crique Sensoria Spa
Hamam- und Wellness-Anwendungen (inkl. Massagen, Gesichtsbehandlungen) vom Feinsten. Im Luxushotel La Crique.

Zola Spa and Salon
Erschwinglicher Wellness- und Schönheitssalon im Stadtzentrum. Bietet u. a. Hamam-Anwendungen, Gesichtsbehandlungen und Nagelpflege an.

Le Palais Rhoul & Spa
Wellness-Zentrum mit Süßwasser-Pool, Fitnessstudio, Massagen und traditionellen Hamam-Anwendungen. Akzeptiert auch Tagesgäste.

SKALLI PHOTOGRAPHY/SHUTTERSTOCK ©

Dracheninsel (S. 351)

reichend kräftig weht. Und nicht für alle Meeresfans der Hauptgrund für einen Trip nach Dakhla ist. Denn auch Surfer:innen, Stehpaddler:innen, Sand- und Wakeboarder:innen kommen hier voll auf ihre Kosten.

Nach einer Erfahrung in Taghazout hegen manche Surferinnen und Surfer den Wunsch nach ruhigeren und natürlicheren Spots. Diesen erfüllt Dakhla als vergleichsweise unbekannteres Suferparadies: Von Oktober bis März sorgen hier weniger Wind und die Atlantikdünung für Top-Bedingungen. An der Südspitze der Halbinsel ermöglicht der Righthand-Break **La Sarga** phänomenal lange Gleitfahrten über Sandgrund. Wer das erleben will, kann hier gratis parken. Bei Bedarf sind die Einrichtungen der örtlichen Surfschule Ocean Vagabond Lassarga kostenpflichtig nutzbar. Nach der Arbeit surfen Einheimische zu Sonnenuntergang am Spot **Oum Labouir** neben dem Westpoint Dakhla. Wer unberührte Wildnis liebgt, begibt sich am besten zum menschenleeren **Pointe D'Or** (nur per Jeep erreichbar) mit weichem Pulversand. Bei Lust auf weiter entfernte Surfabenteuer empfiehlt sich die weite Bucht von **Arish**: Etwa 30 km nördlich der Halbinsel warten hier eine lange Brandungslinie und blaue Fischerboote im traditionellen Stil.

Weitere regionale Möglichkeiten für Brettsportler:innen sind Stehpaddeln auf der Lagune und Sandboarden bzw. -surfen an Wüstendünen. Spaß bei Windstille bringt auch Wakeboarden hinter einem Motorboot oder im Dakhla Attitude Cable Park.

TEE IN DER SAHARA TEE

Eine eventuelle Chance auf ein traditionelles Teeritual à la Sahara sollte man unbedingt nutzen. Die Wüstenbewohner trinken ihren Minztee mit viel Zucker aus kleinen Gläsern. Im Bereich von Dakhla sind Tankwagen mit Regenwasser unterwegs: Wasser ist hier ein kostbares Gut und wird als Delikatesse für die Zubereitung echten Sahara-Tees verkauft. Die Wüstentrips von Dakhla Explorer Tours beinhalten jeweils ein Teeritual.

YOGASTUDIOS IN DAKHLA

Ocean Vagabond Lassarga
Belebende Morgenkurse und entspannende Sonnenuntergangs-Sessions (Yin-Yoga) in einem Studio am Strand.

Lagon Energy
Indoor-Morgenkurse plus Sonnenuntergangs-Sessions (Yin-Yoga) am Strand.

Oasis 212
Bietet u.a. *Hatha-*, *Pranayama-* und Meditationskurse im Rahmen seines Wellness-Programms an.

Adlerbussard

DAKHLA: ÜBERNACHTEN IN DER WÜSTE

Dunes de Dakhla
Resort mit 30 Zelten in den Dünen, das einen Vorgeschmack auf die Wüste bietet (10 Min. ab der Lagune). **€€€**

Oasis212
Lodge mit Sahara-Vibe – trotz Lage an der Lagune. Schlägt Kapital aus zwei natürlichen Elementen: Meer und Wüste. **€€€**

Dakhla Rovers
Bietet Kleingruppen eine individualisierte Wüstencamp-Erfahrung tief in den Dünen. Das faszinierende Terrain wird mit passionierten Experten erkundet. **€€€**

Örtliche Spas und hoteleigene Wellness-Angebote machen brettsteife Körper mit entspannenden Massagen und Hamam-Anwendungen wieder geschmeidig.

Die Wüste lebt

FREIER KOPF IM LEEREN RAUM

Die Region Dakhla liegt tief in der Sahara – einer Wüste, in der Trinkwasser ein höchst kostbares Gut ist. Eine kurze Autofahrt von Lagune und Atlantik entfernt locken hier diverse Outdoor-Erlebnisse mit jeder Menge Sand und Sternen. Darunter sind z. B. das Kennenlernen der einzigartigen Wüstennatur, zauberhafte Teerituale im Beduinen-Stil oder Zelten in den Dünen. Also auf in die Sahara mit ihren uralten Bräuchen!

Der beruhigende Blick auf die leere Sandlandschaft macht schnell den Kopf frei und hilft so bei der Selbstfindung.

Wer die Sahara zusammen mit Experten erkunden will, wendet sich am besten an das italienische Ehepaar Nico und Martina: Die beiden Inhaber von Dakhla Rovers sind erfahrene Abenteurer und Tauchlehrer sowie leidenschaftliche Naturkundler (Martina hat einen Doktortitel in Meeresbiologie). In der Region Dakhla und der Westsahara bieten sie diverse Öko-Touren an, z. B. Tagestrips mit Fokus auf der örtlichen Natur und Kultur, Vogelbeobachtungen im Ramsar-Gebiet bei Dakhla-Stadt oder zwei- bis viertägige Jeepausflüge durch die Wüste. Zusätzlich auch längere Individualtouren mit Beobachten von Tieren (z. B. Fenneks, nordafrikanische Sandkatzen). Dakhla Rovers engagiert sich zudem sehr stark für einen möglichst nachhaltigen Tourismus in der Region Dakhla.

UNTERWEGS VOR ORT

Der Großteil von Dakhla lässt sich am besten per Mietwagen erkunden. Offroad-Abenteuer durch die Wüstenlandschaft und zu bestimmten Lagunenbereichen erfordern Allradantrieb. Alternative: Über lokale Hotels und Veranstalter können begleitete Jeeptouren für Kleingruppen gebucht werden.

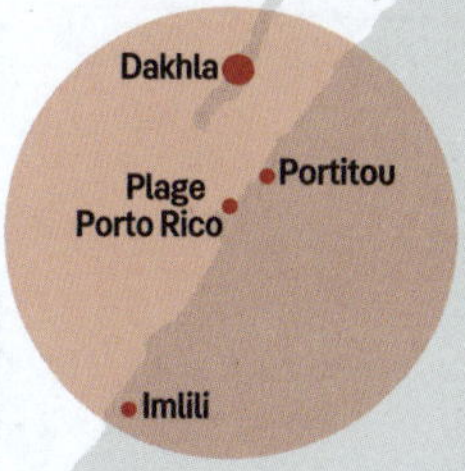

Rund um Dakhla

Lust auf schnurgerade Straßen in der Einsamkeit? Eine Autotour nach bzw. ab Dakhla bietet ein paar interessante und ungewöhnliche Zwischenstopps.

Dank umfangreicher Autobahnsanierung zwischen Dakhla und Tiznit ist die Fahrt nach Agadir (1200 km; ca. 15 Std. plus Zwischenstopps) nun viel stressfreier, schneller und sicherer. Diese Route war früher so holprig, dass sie praktisch nur von Jeeps und Rallye-Fahrzeugen benutzt werden konnte. Nach der Sanierung steht sie nun auch Individualreisenden mit eigenem Auto oder Wohnmobil offen. Wer es gern langsamer angehen lässt, plant genügend Zwischenstopps ein – z. B. im spanisch angehauchten Bergbau- und Militärstandort Laayoune, im wüstentypischen Tan Tan mit eigenem Strand oder im Fischereihafen Tarfaya. Unterwegs sind auch Abstecher zum Khenifiss-Nationalpark und zu Regionalstädten wie Smara möglich. Die langen Distanzen und die regelmäßigen Polizeikontrollen erfordern von Selbstfahrern genügend Geduld.

TOP TIPP

Genügend Fotokopien von Reisepass und Führerschein (jeweils inkl. aller Details) mitführen: Diese werden an Kontrollpunkten von der Polizei einbehalten.

Laayoune (S. 357)

HENRYK SADURA/SHUTTERSTOCK ©

YOUNES D/SHUTTERSTOCK ©

Imlili

Einsamkeit & Abenteuer

GEN SÜDEN FAHREN & TAUCHEN

Rund 100 km südlich von Dakhla empfängt das Nest **Imlili** die wenigen Tourist:innen in einer herrlich öden Sandlandschaft mit Ebenen, Oasen und gewellten Dünen. In der abgeschiedenen Gegend (nur per Jeep erreichbar) warten Geisterdörfer, viele Naturbecken und winzige Salzwasserfische. Per Abenteuer-Tagestrip taucht man hier voll in die Wüste ein.

Während der Rückfahrt nach Dakhla empfiehlt sich ein Zwischenstopp an der **Plage Porto Rico**: Bei wenig Betrieb ist der abgeschiedene Strand am Nördlichen Wendekreis ein malerischer Ort zum Relaxen und Nachdenken. Smaragdgrünes Wasser funkelt hier am Rand von weißem Pulversand.

Wer seinen Seelenfrieden lieber unter Wasser findet, begibt sich zum einzigartigen, aber wenig bekannten Tauchspot **Portitou**: Rund 80 km von Dakhla entfernt ist hier Sporttauchen in der Sahara möglich. Der Tauchclub Mayorca Dakhla auf der Halbinsel organisiert entsprechende Tagestrips inklusive Leihausrüstung und Shuttles (für Details siehe Facebook-Seite).

LOCAL TIPP: EMPFEHLUNGEN VOM BÜRGER MEISTER

Erragheb Hormatollah ist Dakhlas Bürgermeister. Ein paar der ruhigen Orte, an denen er sich mit der Natur verbindet:

La Pointe D'Or
Menschenleerer Strand (nur per Jeep erreichbar) mit einem markanten Felsen. Ideal fürs ungestörte Surfen und Angeln.

Porto Rico
An ruhigen Tagen herrlich einsam und perfekt für ein Mittags-Strandpicknick in schöner Umgebung.

Arish
Liegt nördlich der Halbinsel und ermöglicht Surfen auf einer von Nordafrikas längsten menschenleeren Brandungswellen.

UNTERWEGS VOR ORT

Abseits der befestigten Regionalstraßen braucht man Allradantrieb. Alternativ empfehlen sich die begleiteten Trips von lokalen Tourfirmen.

AUTOTOUR: VON GUELMIM NACH DAKHLA

Bei einem Faible für leere Straßen empfiehlt sich die Route Guelmim–Dakhla. Vom Kamelhandelszentrum **1 Guelmim** geht's gen Süden zur staubigen Stadt **2 Tan Tan** zwischen Anti-Atlas und Sahara-Plateau. Hier kann man ins alltägliche Wüstenleben eintauchen. Die Berge l'Ouarkiz und Zini lockern die Gegend etwas auf. Der Kasbah-Nachbau Ksar Tafnidilt mit Zimmern und Stellplätzen ist eine nette Option für Jeepfahrer. Der windige Strandort **3 El Ouatia** in der Nähe erwacht in den marokkanischen Sommerferien kurz zum Leben.

Der **4 Khenifiss-Nationalpark** mit der **Naila-Lagune** ermöglicht Bootstrips und Vogelbeobachtungen. Über 200 km führt die N1 nun weiter südwärts nach **5 Tarfaya**. Der aktive Fischereihafen wurde 1975 berühmt, als Hassan II. den Grünen Marsch organisierte. Bei diesem marschierten 350 000 unbewaffnete Zivilisten in die damalige Kolonie Spanisch-Sahara ein, um das Gebiet für Marokko zurückzugewinnen. Heute findet man hier neben dem Tarfaya-Windpark (zweitgrößter in Afrika) auch das Musée Saint-Exupéry mit Einblicken in die Geschichte der alten *aéropostale*-Route.

Nach weiteren 100 km erreicht man mit **6 Laayoune** die sogenannte „Hauptstadt der Sahara". Dieser Militär- und Bergbaustandort beherbergt eine der ertragreichsten Phosphatminen der Welt. Nach noch einmal 200 km kommt die Küstenstadt **7 Boujdour** mit einem Fischereihafen, einem Leuchtturm und Sandstränden in Sicht.

Die letzten 300 km entlang der menschenleeren Küste führen schließlich nach **8 Dakhla**. Auf der Halbinsel Rio de Oro warten hier ein paar von Marokkos besten Möglichkeiten für Wind- bzw. Wassersportler.

ANTI-ATLAS

Der Anti-Atlas ist ein Juwel aus Bergen, Tälern und ländlichen Gemeinden. Sein Westteil ist leicht ab Agadir erreichbar, wirkt aber dennoch wie eine ganz andere Welt: Malerische Dörfer verstecken sich hier in Bergfalten aus rotem Granit und Quarzit. Bei der kurvigen Fahrt durch den Jbel Lkest und anderen örtlichen Bergketten passiert man hoch aufragende Gipfel und Pässe mit Panoramablick. Das Ameln-Tal und die Tafraoute bieten Felsformationen (u.a. Haufen aus Granitbrocken) und uralte Felsbildern. Hinzu kommen zahllose Wander-, Kletter- und Radrouten sowie idyllische Täler voller Dattelpalmen (z.B. Targua n'Touchka oder die Aït-Mansour-Schluchten).

Optionen bei mehr Zeit: Weiter drinnen im Anti-Atlas liegt die Saffran-Anbauregion rund um Taliouine, wo auch Wanderrouten durch das Jbel-Siroua-Gebiet beginnen. Noch weiter östlich lockt das abgeschiedene Tata.

TOP TIPP

Das Museum im **La Maison Traditionelle** (Oumesnate) bietet ein authentisches, lehrreiches und interaktives Kulturerlebnis: Das traditionelle Amazigh-Wohnhaus (liebevoll restauriert) beherbergt die private Artefakt- und Trachtensammlung des Eigentümers. Gäste der benachbarten Pension kommen gratis hinein.

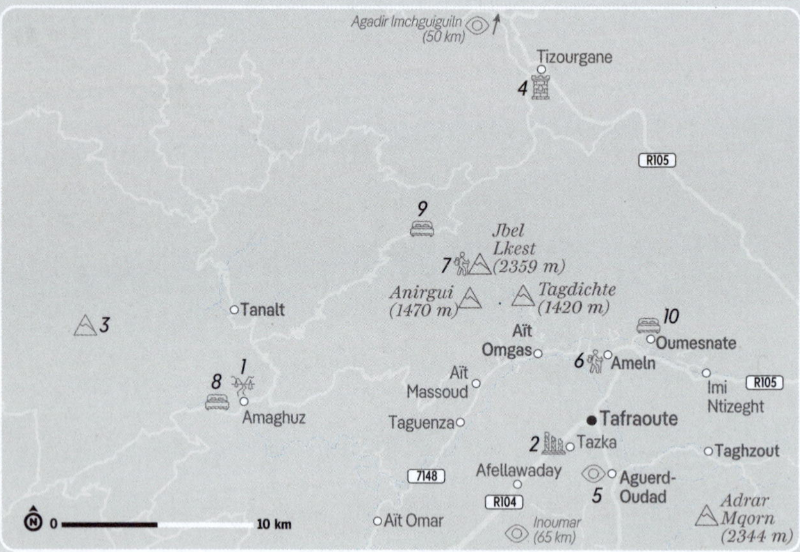

SEHENSWERTES
1 Amaghoz-Tal
2 Gazellen-Reliefs
3 Jbel Adad Medni
4 Kasbah Tizourgane
5 Napoleons Hut

AKTIVITÄTEN, KURSE & TOUREN
6 Ameln-Tal
7 Jbel Lkest

ÜBERNACHTEN
8 Dar Ajgal
9 Ksar Rock Gästehaus
10 La Maison Traditionelle

WITR/SHUTTERSTOCK ©

Ameln-Tal

Die Qual der Wahl

EIGENE WEGE GEHEN

Wandern ist eine touristische Hauptattraktion des Anti-Atlas. Die hiesigen Pfade sind aber so zahlreich, dass selbst auf den beliebtesten Routen meist kaum etwas los ist. Das Erstellen eines eigenen Trekking-Plans ist daher ein reizvoller Teil des Abenteuers: recherchieren, Ziele grob festlegen, gut vorbereiten und bei Bedarf lokale Guides engagieren. Am besten geht man von den bekanntesten Pfaden aus, ist vor Ort aber stets offen für Neuentdeckungen: Selbst die erfahrensten Guides finden hier immer wieder neue Routen. Bereits die reine Anwesenheit in der Region ist für Outdoorfans höchst attraktiv. Atemberaubende Aussichtpunkte lassen sich hier aber keinesfalls nur per Langstrecken-Trek finden: Dies ist auch direkt am Straßenrand möglich.

Die regionalen Pfade sind sehr unterschiedlich. Am **Jbel Lkest** (2359 m) gibt's ein paar anstrengende Routen (jeweils 10 km) mit steilen Anstiegen. An den sonnigen Südhängen des **Ameln-Tals** kann man von Dorf zu Dorf laufen. Kürzere und leichtere Wege (4–6 km) warten im friedvollen, malerischen **Amaghoz-Tal** sowie im **Jbel Adad Medni**. Im Schutz von Felsen wachsen

WANDERKARTEN & -GUIDES

Das dünne Taschenbüchlein *16 Walks in the Anti-Atlas* (Don Sargeant) ist ein praktischer Wanderführer für die Region. Ebenso nützlich ist die beiliegende Karte mit klar eingezeichneten Routen bzw. Straßen. Jedoch sind die örtlichen Wanderpfade mangelhaft markiert. Wer einen ortsansässigen Guide bevorzugt, ist mit Ibrahim Inknjtaoun (0696276037) oder Rachid (0611161209) gut beraten.

Die Region ist auch ein wahres Paradies für Kletterer, die bei **Climb Tafraout** (climb-tafraout.com) hilfreiche Infos finden.

LÄNDLICHE UNTERKÜNFTE IM ANTI-ATLAS

La Maison Traditionelle Oumesnate
Im Almental bietet dieses charmante Gasthaus ein einzigartiges Kulturerlebnis. **€**

Dar Ajgal
Ruhiger Rückzugsort im Amaghoz-Tal. Sauber, frisch und komfortable, mit freundlichem Personal und einem kleinen Pool. **€€**

Ksar Rock Gästehaus
An der Nordseite des Jbel Klest gelegen bietet diese familiengeführte Auberge gemütliche Unterkünfte. In der Saison ist hier viel los. **€**

AUTOTOUR: FELSEN, TÄLER & HISTORISCHE STÄTTEN

Entlang der malerischen R105 geht's zum **1 Ameln-Tal** auf der Ostseite des Bergmassivs Jbel Lkest. Über Oumesnate mit dem La Maison Traditionelle führt die Straße weiter nach Tafraoute. Am letzten Kreisverkehr kurz vor dieser Ortschaft schaut man rechts auf eine Felsformation namens Löwenkopf.

Nun in **2 Tafraoute** an der Hauptstraße parken und das Städtchen zu Fuß erkunden. Vor Ort gibt's ein paar Einrichtungen und Pensionen. Die freundlichen Einheimischen helfen Touristinnen und Touristen gern mit Karten und Unterkunftstipps. Zudem empfehlen sie auf Wunsch auch die Teppich-, Fossilien- und Keramikläden von Bekannten.

Anschließend der R107 zum Dorf **3 Aguerd-Oudad** mit prachtvollen Villen und Straßenlaternen folgen: Im Geburtsort von Marokkos aktuellem Premierminister (Aziz Akhannouch) findet man auch die markante Felsformation „Napoleons Hut".

Durch eine atemberaubende Landschaft führt die R107 dann gen Südosten zu den **4 Aït-Mansour-Schluchten**. Hier an der Auberge Aït Mansour Hanan parken und der Dattelpalmen-Allee durch die steile Schlucht folgen, wo einen ein optisches Wechselspiel aus Licht, Schatten und roten Erdtönen erwartet. Ein Berber-Omelett im Café am Parkplatz empfiehlt sich.

Entlang der R107 geht's schließlich zurück nach Tafraoute – idealerweise so, dass man die **5 Bemalten Felsen** zu Sonnenuntergang besucht. Ein belgischer Künstler bepinselte die riesigen Granitbrocken im Jahr 1984 zu Ehren seiner Frau. Der idyllische Ort vereint Natur und Kunst. Hier kann man seine Tageserlebnisse prima Revue passieren lassen.

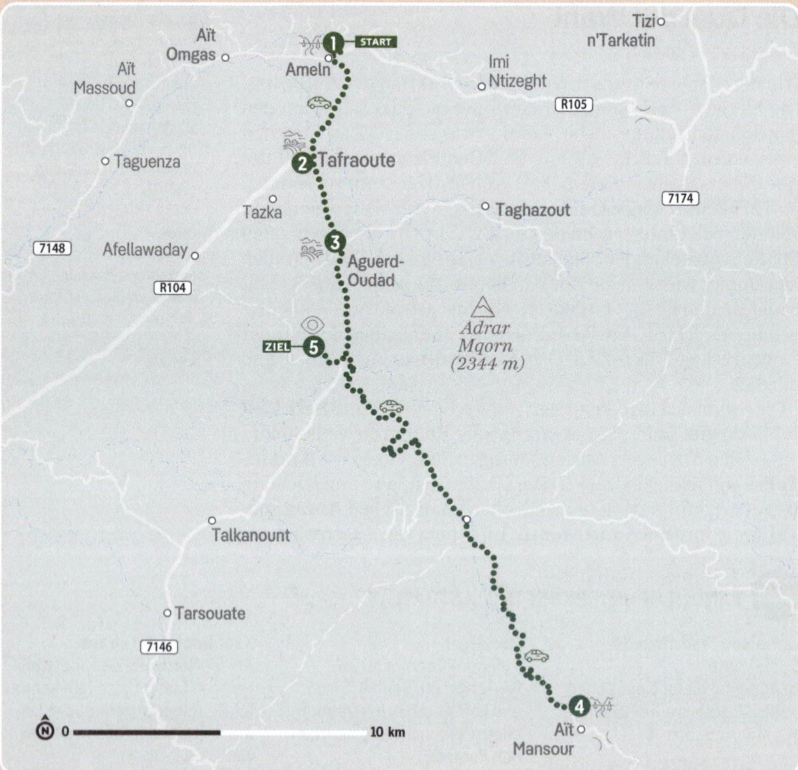

dort jeweils auch die endemischen **Drachenbäume**. Die Amazigh erachten die fotogenen Gewächse (einheimischer Name *ajgal* bzw. „schwer erreichbar") als heilig und schützen sie entsprechend: Der rote Baumsaft wird für medizinische Zwecke verwendet.

Unter den kürzesten Pfaden ist z. B. die Route Tafraoute-Tazekka (2 km), die zu zwei prähistorischen Felsreliefs von **Gazellen** führt. Der anstrengende Aufstieg an **Napoleons Hut** (20 Min.) belohnt einen mit toller Aussicht auf die umliegende Felslandschaft.

Historische Kornspeicher & Kasbahs

ZEITREISE AUF BERGPÄSSEN

Interessante Kornspeicher *(igoudars)* verteilen sich über den ganzen Anti-Atlas. Aufgrund der versteckten oder erhöhten Lage bemerkt man sie beim Vorbeifahren aber oft nicht. Die gemeinschaftlich genutzten Bauten dienten den regionalen Amazigh-Gemeinden früher auch als Festungen.

Einer der größten Kornspeicher in der Region Agadir heißt **Inoumar**. Die befestigte und wunderbar erhaltene Anlage liegt rund 80 km außerhalb der Stadt bei Ait Baha. Bei der Anfahrt ab Agadir entlang der R105 verändert sich die atemberaubende Landschaft mit jeder Kurve: Zwischen steilen Berghängen führt die Straße zu mondartigen Hochebenen und Tälern voller Argan-Bäume hinauf.

Der Besuch eines gut erhaltenen Kornspeichers entspricht einer Zeitreise durch das alte Marokko: Die Amazigh-Gemeinden benutzten die Speicher einst zur sicheren Aufbewahrung von wertvollen Gütern (z. B. Korn, Öl, Datteln). Die großen Vorratskammern mit schweren Holztüren und stabilen Schlössern wurden direkt in den Fels geschlagen. Bis heute hat jeder Kornspeicher einen Schlüsselwächter *(aamin)*, der als Sicherheitsbeauftragter fungiert und auch Touristinnen und Touristen einlässt (Anwesenheit des jeweiligen *aamin* vorab ermitteln).

Der **Agadir Imchguiguiln** nahe dem Inoumar-Speicher zählt mit seinen 750 Jahren zu den ältesten *igoudar* der Gegend. Viele andere Kornspeicher in Souss-Massa sind kaum besucht. Was einen Teil ihres Reizes ausmacht: Man hat des Gefühl, etwas zu entdecken, das seit Jahrhunderten im Verborgenen schlummert.

Agadir Imchguiguiln

KASBAH TIZOURGANE

Dieser befestigte, schön restaurierte Kornspeicher aus dem 13. Jh. thront auf einer großen Felsnase. Der zauberhaft friedvolle Bau beherbergt auch eine Pension und ein Restaurant. Er bietet einen grandiosen Rundumblick auf die umliegenden Berge und ist eine super Ausgangsbasis für Trips zu seinen regionalen Pendants. Das Personal gibt entsprechende Empfehlungen und hilft beim Organisieren solcher Exkursionen. Wanderer und Kletterer steigen ebenfalls gerne hier ab: Die Pfade und Kletterrouten am Jbel Lkest liegen direkt vor der Haustür. Die Rezeption führt ein praktisches Verzeichnis mit Erfahrungen von Gästen. Darin stehen viele Infos zu bekannten und neuen Kletterrouten, die von anderen Travellern entdeckt worden sind.

UNTERWEGS VOR ORT

In der Region sind keine brauchbaren öffentlichen Verkehrsmittel vorhanden. Erkundungen (inkl. Sehenswürdigkeiten) sollten daher mit einem eigene Auto unternommen werden. Die Route zwischen Tafraoute und den Bemalten Felsen ist bei Radlern überaus beliebt. Nahe dem Hotel Salama in Tafraoute ist ein Drahtesel-Verleih. Hinweis: Man sollte daher die Distanzen vorab realistisch einschätzen und genügend Zeit für malerische Zwischenstopps einplanen.

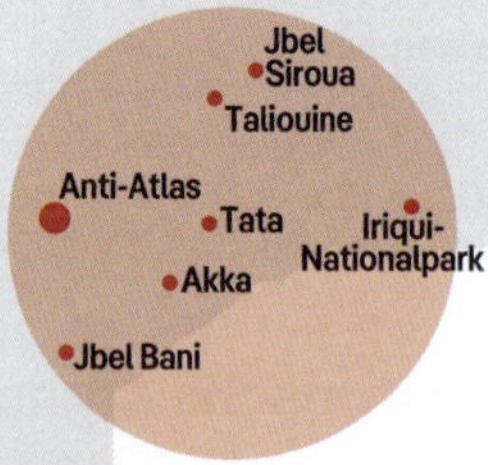

Rund um den Anti-Atlas

In den entlegenen Bereichen des Anti-Atlas warten Safran, Vulkangipfel, wochenlange Treks und felsige Wüstenlandschaften.

Das Nest Taliouine und dessen hügelige Umgebung sind vor allem für den Anbau von Safran bekannt. Dessen Ernte wird hier jeden Herbst mit einem Fest gefeiert. Das Dorf ist auch eine prima Ausgangsbasis für Wandertouren: In der Nähe erhebt sich der erloschene Vulkan Jbel Siroua mit vielen Routen.

Östlich von Tafraoute erreicht man schließlich Tata nahe der Grenze zu Algerien. Das abgeschiedene Marktstädtchen am Fuß des Jbel Bani ist ein beliebter Startpunkt für Outdoor-Abenteuer mit Camping in der Wüste. In den nahegelegenen Oukas warten ein paar von Marokkos schönsten Felsbildern. Noch weiter östlich lockt der Iriqui-Nationalpark.

TOP TIPP

Felskunst-Fans recherchieren am besten selbst und folgen dann den ermittelten GPS-Koordinaten: Die Stätten sind schwer zu finden und kaum ausgeschildert.

Iriqui-Nationalpark

Safranhändler, Taliouine

Einsamkeit & anspruchsvolle Treks

IM TIEFEN ANTI-ATLAS

Inmitten von Hügeln lebt das traditionelle Amazigh-Dorf **Taliouine** hauptsächlich vom Safran-Anbau, wo rund 90 % des marokkanischen Safrans herkommen. Bei einem Besuch der **Cooperative Souktana de Safran** erfährt man mehr über dieses kostbare und heilkräftige Gewürz. In der Nähe ist zudem der einsame **Jbel Siroua** (3304 m) mit diversen Routen für erfahrene Wanderer, wie z. B. eine anspruchsvolle einwöchige Rundroute, die jede Menge Einsamkeit bietet. Die Hänge und der Gipfel des erloschenen Vulkans bieten eine Traumaussicht auf die umliegenden Täler. In Taliouine, Tafraoute und Taroudant gibt's alles Nötige für Trekker (Guides, Maultiere, Leihausrüstung, Tourveranstalter).

Abgeschieden und einsam verläuft auch die **Straße nach Tata** in ca. 160 km Entfernung zu Tafraoute und Taroudant. Felsformationen, Mineralien und archäologische Stätten machen die Gegend zudem in geologischer bzw. historischer Hinsicht interessant.

In Tata starten viele Wandertouren zum **Jbel Bani**, der als einer der letzten Anti-Atlas-Ausläufer an die Sahara-Sandwüste grenzt. Hier empfehlen sich Abstecher zu den regionalen *palmeraie* (Palmenhainen). Ein lohnenswertes Ziel ist auch **Akka** mit seinen befestigten Kornspeichern und prähistorischen Felsreliefs (darunter ein paar der intaktesten Beispiele in ganz Marokko).

Noch weiter östlich schützt der **Iriqui-Nationalpark** seit 1994 die regionalen Feuchtgebiete, wo man in der Saison Wasserzugvögel beobachten kann. Vom Park aus sind Allrad-Abenteuer zu den Erg-Chigaga-Dünen (S. 173) in der Sahara möglich.

SAFRAN

Safran wird aus den roten Blütennarben von violetten Herbstkrokussen gewonnen. Diese zarten Blumen wachsen auf Feldern im Umkreis von Taliouine. Nach dem Pflücken von Hand werden die Narben (jeweils drei pro Pflanze) entfernt. Die Ernte ist sehr arbeitsintensiv.

Qualitätsmerkmale von echtem Safran: Die besten Varianten sind dunkelrot. Beim Einlegen von ein paar Fäden in heißem Wasser (15 Min.) bleiben diese intakt und färben das Wasser gelb. Zudem riecht echter Safran erdig und schmeckt bitter.

UNTERWEGS VOR ORT

Außerhalb von Tafraoute gibt's nur wenige öffentliche Verkehrsmittel. Am besten fährt man selbst oder nutzt *grands taxis*. CTM-Busse bedienen die Route Taroudant–Taliouine (100 km).

PRAKTISCHES

Die wichtigsten Informationen für die perfekte Reise nach Marokko im Überblick. Nützliche Tipps, Tricks und Hintergründe zur Orientierung und Vorbereitung.

Traditioneller Minztee (S. 34)

Ankunft

Die meisten Marokko-Tourist:innen fliegen nach Casablanca, Marrakesch oder Fès. Züge verbinden Casablancas Flughafen mit dem Zentrum (30 Min., alle 30 Min.). Direkt zu den jeweiligen Medinas geht's auch von den Flughäfen Marrakesch-Menara (ca. 20 Min.) und Fès–Saïss (ca. 30 Min.). Ab Tarifa (Spanien) schippern Fähren nach Tanger (ca. 1 Std.).

WLAN

Im Großteil des Landes gibt's gutes WLAN. In entlegenen Wüsten- und Bergregionen sind Hotspots aber oft rar. Darum das Datenvolumen vor dem Start ausreichend aufstocken!

Bargeld

Wechselstuben für den Marokkanische Dirham gibt's an Flughäfen und in den Zentren von Großstädten. Marokkanische Banken haben Geldautomaten. Außerhalb größerer Städte sind die Geräte aber meist weniger verlässlich.

SIM-Karten

Roaming-Gebühren vermeiden: Maroc Telecom und Orange verkaufen Prepaid-SIM-Karten jeweils vor Ort über firmeneigene Läden. Beide Unternehmen sind auch an den Flughäfen von Casablanca und Marrakesch vertreten.

Einreise

Tourist:innen aus EU-Ländern und der Schweiz können sich 90 Tage lang visumfrei in Marokko aufhalten. Hierfür muss der Reisepass ab Einreisedatum noch mindestens sechs Monate lang gültig sein.

Vom Flughafen in die Stadt

	Marrakesch	Casablanca	Fès
ZUG	-	30 Min. 42 Dh	-
BUS	40 Min. 30 Dh	-	40 Min. 4 Dh
TAXI	20 Min. 70 Dh	40 Min. 250 Dh	30 Min. 120 Dh

SICHERHEITSKONTROLLEN: ZEIT SPAREN

Vor allem in der Hauptsaison kann es ziemlich lange dauern, bis man an marokkanischen Flughäfen durch die Sicherheitskontrolle kommt. Die Wartezeit lässt sich aber etwas verkürzen: Am besten einen Platz im vorderen Flugzeugteil buchen, um zuerst aussteigen zu können. In Marrakesch und Casablanca gibt's zudem die Option für eine schnellere Sicherheitskontrolle (6 €; bei der gewählten Fluglinie mitbuchen). Das lohnt sich, da dort jeweils immer viel Betrieb herrscht. Im Fall von Fès wird die Bevorzugung zwar von Fluglinien verkauft, vor Ort aber kaum umgesetzt.

Unterwegs vor Ort

Die guten Zugverbindungen im Land werden durch Fernbusse zu beliebten Zielen ergänzt. Kleinere Städte und entlegene Ecken besucht man per *grand taxi* oder Mietwagen.

REISEKOSTEN

Mietwagen
Ab 300 Dh/Tag

Tanken
Ca. 14,55 Dh/l

Mietwagen
Ab 290 Dh

Zugticket Tanger-Marrakesch
ab 355 Dh

Busse

In Marokko gibt's zwei verlässliche Fernbusfirmen mit komfortablen Fahrzeugen. Die größere davon heißt CTM und steuert die wichtigsten Tourismusziele an (Marrakesch, Fès, Rabat, Tangier, Casablanca, Chefchaouen). Supratours bedient die Route Marrakesch–Essaouira.

Grands Taxis

Grands taxis ermöglichen kürzere wie längere Trips zu Kleinstädten und Dörfern. Normalerweise teilen sich drei bis vier Reisende ein Fahrzeug und bezahlen ein paar Dirham pro Nase bzw. Platz. Wer zwei Plätze für sich bucht, reist bequemer. Achtung: Viele Chauffeure fahren sehr riskant!

TAXIFAHRTEN BEZAHLEN

Kleine Scheine (20 Dh) und Münzen bereithalten: Kreditkarten werden nicht akzeptiert.

PETITS TAXIS

Petits taxis für maximal drei Personen haben je nach Ort eine andere Farbe (Marrakesch: ockergelb, Fès: rot). Sie warten an Ständen mit blauen Schildern und lassen sich auch einfach auf der Straße heranwinken. Mitfahren können jeweils Personen, die in dieselbe Richtung wollen. Die Insassen teilen sich dann den Fahrtpreis. In immer mehr Städten müssen die Chauffeure nun offiziell ihre Taxameter benutzen, halten sich aber nicht immer daran (vor allem in Marrakesch). Darum immer auf Einschalten des Gebührenzählers bestehen oder den Fahrtpreis vorab aushandeln!

UNBEDINGT BEACHTEN

In Marokko gilt Rechtsverkehr.

60

Die zulässige Höchstgeschwindigkeit beträgt 60 km/h innerorts, 120 km/h auf Autobahnen.

Bußgelder sind direkt vor Ort und bar zu bezahlen.

Private Shuttles

Die meisten Hotels und Pensionen bieten stressfreie Shuttles zum/vom Flughafen an. Bei ausreichend großem Geldbeutel sind Chartertrips mit Fahrer auch eine entspannte Option für Erkundungen: So kann man seine Route samt Zwischenstopps maximal flexibel planen.

Zug

Zwecks Platzgarantie empfehlen sich Reservierungen. Der kleine Aufpreis für die 1. Klasse bringt mehr Komfort (Klimaanlage bzw. Heizung und mehr Platz). Über den Großteil des Jahres gibt's mobiles Bord-Catering mit Snacks, Mineralwasser und Heißgetränken (Hinweis: nicht während Ramadan und Eid).

Mietwagen

In Marokkos Großstädten sind die Straßen oft extrem verstopft. Die Landstraßen sind teils in schlechtem Zustand und erlauben nur langsames Fahren. Die Hauptstraßen und Autobahnen sind aber generell gut und recht verkehrsarm. Wichtig: Autos nur bei seriösen Anbietern mieten und immer Vollkasko-Versicherung mitbuchen!

Geld

WÄHRUNG: DIRHAM (DH)

Bargeld

An marokkanischen Flughäfen gibt's Wechselstuben und immer mindestens einen Geldautomaten in der Ankunfthalle. Jeweils viele Automaten findet man in den Zentrumsbereichen von größeren Städten. In Vororten und Kleinstädten sind die Geräte mitunter leer.

Kreditkarten & digitales Bezahlen.

Hotels, Restaurants, Cafés und Tourismusläden in größeren Städten akzeptieren Kreditkarten sowie zunehmend auch digitales Bezahlen (z. B. per Apple Pay). In Kleinstädten, Dörfern und ländlichen Gebieten braucht man unbedingt Bargeld (z. B. für Unterkünfte, Restaurants, alle Läden). Taxifahrer und viele private Chauffeure bevorzugen ebenfalls Bares.

WIEVIEL KOSTET …

Ein Hotel-Poolpass
200–750 Dh

Der Hammam-Zugang (mittelteuer)
150–200 Dh

Ein Museumsticket
20–30 Dh

Ein *petit taxi* (Kurzstrecke)
10–15 Dh

WIE … Feilschen

Die meisten Tourist:innen wollen heute nicht mehr feilschen. In traditionelleren Medinas (z. B. Fès) wird das aber immer noch erwartet. Vorgehensweise: Maximalpreis für sich selbst festlegen und diesen nicht überschreiten. Dabei aber immer fair zu den Händler:innen sein! Wer dann noch lächelt und höflich ist, wird Spaß haben und kann Entgegenkommen erwarten.

Trinkgeld

Trinkgeld ist in Marokko nicht obligatorisch, aber stets willkommen. In Cafés und nach Taxifahrten wird die Rechnung meist auf den nächsten vollen Dirham-Betrag aufgerundet. Gepäckträger in Hotels freuen sich ebenfalls über eine Aufmerksamkeit (10–20 Dh). Bei Guides und Restaurantpersonal sind 10 % angemessen.

LOCAL TIPP

Trotz aller Modernisierung: In Marokko dominiert weiterhin das Bargeld, wobei kleine Einheiten besonders wichtig sind: Hier braucht man immer genügend Münzen und kleine Scheine (z. B. für Taxis, Trinkgeld, Snacks, Straßenimbisse).

GUTE AUSSICHTEN

Marokkos Wirtschaft wächst (Erwartung für 2023: 3,1 %). Trotz kürzlicher Inflation sind die Grundbedarfs-Preise (z. B. für Butangas, Mehl, Zucker) dank staatlicher Subventionierung stabil geblieben. Parallel versprechen Fortschrittsgeist und infrastrukturelle Modernisierung eine bessere Zukunft für Marokko: Der Eisenbahn-Plan soll bis 2040 über 4000 neue Gleiskilometer für normale und Hochgeschwindigkeitszüge schaffen. Im Rahmen der nationalen Hafenstrategie entstehen bis 2030 sechs neue Häfen, während vier vorhandene erweitert werden. In den Augen der EU hat Marokko nun einen „fortgeschrittenen Status", was mehr ausländische Investitionen in Aussicht stellt.

Übernachten

Luxuriöse Riads

Eins der größten Marokko-Highlights sind Übernachtungen in Riads. Bei diesen handelt es sich meist um prachtvolle Häuser mit Gärten, in denen Zitrusfrucht-Bäume und Wasserquellen (z. B. Springbrunnen) zu finden sind. Vom Reichtum der Inhaber zeugen z. B. kunstvolle Stuckelemente, glänzender *tadelakt* (handpolierter Kalkputz), vergoldete Holzintarsien und komplexe Fliesenmosaike.

Traditionelle Dars

Dars ähneln Riads, sind aber vergleichsweise schlichter gestaltet. Hierbei handelt es sich um traditionelle Häuser mit offenen Innenhöfen, die mit Stein, Marmor oder *zellige* (bunte, geometrische Fliesenmosaike) ausgelegt sind. Die Höfe sind traditionell leer, werden aber von vielen Pensionen nun als Aufenthalts- oder Restaurantbereich genutzt. Typisch für *dars* sind auch steile Treppen, kunstvolle Fenstergitter aus Schmiedeeisen und eine unschlagbare Aussicht vom Dach.

Kasbahs

Kasbahs sind architektonische Schätze in Südmarokkos Bergdörfern und Oasen: Oft auf Hügelspitzen wachen diese gewaltigen Bauten aus Stampferde über die ganze Umgebung. Sie stammen aus der Zeit der Feudalherrschaft und ähneln eher Burgen als Palästen.

PREIS FÜR EINE ÜBERNACHTUNG

Riad-Suite
2500–7500 Dh

domatia-Zimmer
750–1500 Dh

Wüstenzelt
400–2500 Dh

Ländliche Unterkünfte

Vor allem dank immer mehr Ruhe suchender Urlauber:innen erlebt Marokkos Agrotourismus aktuell einen Aufschwung. Diesbezüglich gibt's hier nun ein paar der weltweit attraktivsten Bleiben. Darunter sind z. B. Strandhäuser am windigen Atlantik, Weingüter mit schlossartigen Hauptgebäuden oder *auberges* im französischen Stil, die in den Bergen mit Outdoor-Aktivitäten (z. B. Wandern, Reiten) aufwarten.

Wüstencamps

Per Jeep oder Kamel geht's zu Marokkos Wüstencamps. Deren Spektrum reicht von belebten Zeltreihen mit knisternden Lagerfeuern bis hin zu Luxus-Lodges in einsameren Dünengebieten. Zu den zauberhaften Camp-Highlights zählen z. B. der Anblick der Milchstraße am nächtlichen Wüstenhimmel oder der blutrote Sonnenaufgang über dem Sandmeer.

AIRBNB-BOOM

Wer Bares sparen und optional sein Darija (marokkanisches Arabisch) verbessern will, sollte bei Airbnb nach marokkanischen Homestays schauen. Für vergleichsweise mehr Geld gibt's dort z. B. auch Zimmer mit Reinigungsservice und hervorragender einheimischer Hausmannskost oder großartige Villen mit riesigen Pools. Und das jeweils für einen Bruchteil des Standardpreises in Europa oder den USA. Für Familien und Reisegruppen bietet Airbnb potenziell ein besonders gutes Preis-Leistungs-Verhältnis.

Reisen mit Kindern

Marokkaner:innen sind traditionell Familienmenschen: In diesem Land der altmodischen Familienwerte gelten Kinder als Segen. So wird hier auch touristischer Nachwuchs liebkost, mit Süßigkeiten verwöhnt und per *carossa* (Straßenkarren) herumgefahren. Die Einheimischen betrachten spielende Kids mit nachsichtigem Lächeln und laden Familien vielleicht sogar zum Couscous am Freitag ein.

Aktivitäten

Marokko ermöglicht viele märchenhafte, aber erschwingliche Abenteuer. Ein paar der besten Optionen (z. B. Spaziergänge durch labyrinthartige Medina-Straßen). In Riads kann man wie eine Königsfamilie übernachten. Und egal ob Faible für römische Geschichte oder feudale Periode: Die vielen historischen Stätten bieten weitere Unterhaltung.

Essen

Bei Streetfood-Abenteuern können abenteuerlustige Kindergaumen z. B. *maâkouda* (Kartoffelpuffer), Grill-Sandwiches mit *merguez* (scharfer Wurst) oder pikante *babbouche* (Schnecken) probieren. Bei konventionellerem Essverhalten empfehlen sich marokkanische Klassiker wie *harira*-Suppe, *kefta* (Fleischbällchen), Eier-Tajine und schlichter Couscous. Ansonsten gibt's in Marokko auch viele internationale Favoriten (u. a. Pizza, Pasta, leckeres Eis).

HITS FÜR KIDS

Seitenwagen-Tour in Marrakesch (S. 96)
Die größten Geheimnisse der Roten Stadt per Motorrad mit Seitenwagen entdecken.

Sandboarden in der Petit Desert (S. 342)
Spaßige Adrenalinkicks auf Dünen im Sahara-Format.

Wandern in Essaouira (S. 186)
Outdoor-Spaß mit Berberlands erleben.

Versteckspiele in Chefchaouen (S. 236)
Verirren im mittelalterlichen Straßengewirr mit kobaltblauen Gebäuden.

Reiten in Fès (S. 279)
Mit Bio et Bois über Berg und Tal galoppieren.

Jugendliche

Marokko-Trips mit Teenager:innen erfordern etwas Planung: Historische Stätten und spektakuläre Landschaften sind eventuell nur kurz von Interesse. Generell bewahrt Abwechslung den Reisefrieden. So besucht man am besten verschiedenartige Ziele und lässt den Nachwuchs ein paar Aktivitäten selbst auswählen.

Einrichtungen

Spezielle Einrichtungen für Kleinkinder sind in Marokko rar: Wie die Locals muss man hier improvisieren. Gelegentlich gibt's Wickeltische. Viele Einheimische wärmen auch gern mal Babyflaschen für Tourist:innen auf. Größere Städte haben potenziell Spielplätze.

VORBEREITUNG AUF MAROKKO

Marokko ist ein aufregendes Reiseziel: Von Medina-Erkundungen bis hin zu Kamelritten in der Wüste warten hier überall spannende und faszinierende Abenteuer – was aber auch zu einer gewisse Überforderung führen kann. Etwas Vorbereitung ist daher sehr sinnvoll. So sollte man seinen Kids auch etwas über die Grundzüge des Islams (z. B. 5 Gebete/Tag, Ramadan-Fasten) erzählen. Zudem bringt man ihnen idealerweise etwas Darija bei (z. B. *salam alaykum*/hallo, *shukran*/danke, *la*/nein). Kleinere Städte wie Essaouira, Meknes oder Chefchaouen sind vergleichsweise ruhiger und übersichtlicher.

Sicher reisen

VERSICHERUNG

Eine gute private Reisekrankenversicherung ist in Marokko ein absolutes Muss: Normale europäische Krankenversicherungskarten gelten vor Ort grundsätzlich nicht. Und selbst bei ernsthaften Notfällen ist die Behandlungsgebühr hier stets vorab zu entrichten. Zusätzlich empfiehlt sich Versicherungsschutz in puncto Verlust, Diebstahl, Verzögerung und Stornierung.

Drogen

Marokko bestraft Besitz und Konsum von allen illegalen Drogen sehr streng. Und die hiesigen Gefängnisse sind alles andere als angenehm! 2021 wurde der medizinische Cannabis-Konsum per Regierungsbeschluss legalisiert. Jeglicher Freizeitkonsum ist aber weiterhin strikt verboten – auch in der bekannten Anbauregion rund um Chefchaouen (Rif-Gebirge).

Leitungswasser

Nach den Standards der Weltgesundheitsorganisation und des marokkanischen Gesundheitsministeriums ist das Leitungswasser in den Großstädten sicher trinkbar. In Küstenstädten (z. B. Essaouira, Taghazout, Agadir) sieht das aber anders aus. Wer auf Nummer sicher gehen will, konsumiert nur gefiltertes Leitungswasser.

HITZEBEDINGTE GESUNDHEITSPROBLEME

Zwecks Vermeidung empfiehlt sich während der heißesten Hochsommerstunden eine Siesta: Genug trinken, eine Kopfbedeckung tragen und am Pool abkühlen.

NOTFALLVERSORGUNG

Die folgenden *cliniques* (Krankenhäuser; Websites jeweils franz.) behandeln Tourist:innen bei Notfällen. Die meisten örtlichen Taxifahrer kennen die Adressen. Achtung: Ohne Versicherung sind die Behandlungen immens teuer!

Clinique Le Marrakech (cliniquelemarrakech.ma)

Clinique Internationale Al Badie Fés (cibmaroc.com)

CIM Santé (Casablanca, Rabat and Tangier) (cimsante.com)

Abzocke

Mancherorts (vor allem in den Medinas von Fès und Marrakesch) sind bis heute viele Abzocker:innen aktiv. Häufigste Masche: Junge Männer drängen sich als Guides auf – mit der Behauptung, dass die voraus liegende Straße gesperrt sei. Sie verlangen dann einen hohen Betrag und werden wütend, wenn man diesen nicht bezahlt. Solche „Angebote" am besten höflich ablehnen und einfach weiterlaufen!

TIPPS FÜR ALLEINREISENDE FRAUEN

Alleinreisende Frauen sollten sich unauffällig kleiden, abends Taxis und tagsüber Züge nehmen. Fürs Essen empfehlen sich Lokale, die von vielen Einheimischen oder Ausgewanderten besucht werden. Zum Übernachten wählt man am besten ruhige Refugien. Weibliche Guides sind zu bevorzugen. Bei unangenehmer Aufdringlichkeit nicht aggressiv reagieren: Stattdessen ruhig entfernen und nach Hilfe suchen (die sich meist schnell findet).

Essen, Trinken & Feiern

Etikette & Essenszeiten

In traditionellen Restaurants essen die Einheimischen mit den Fingern. Wer dazu eingeladen wird, sollte nur seinen rechten Daumen und Zeigefinger benutzen. Aber zuerst auf angebotenes Brot warten: Dieses dient optional als „Löffel". Die Essenszeiten (morgens, mittags, abends) entsprechen größtenteils ihren europäischen Pendants.

KULINARISCHES

Bastilla Pikant-süße Pastete mit *warqa* (Blätterteig)
Beghrir Pfannkuchen mit schwammartiger Textur
Bissara Ackerbohnen- oder Schälerbsen-Suppe mit Kreuzkümmel, Olivenöl und Paprika
Briouat Zigarrenförmiges oder dreieckiges Gebäck mit verschiedenen Füllungen
Brochette Kebab
Chermoula Kräuter-Marinade mit Knoblauch und Gewürzen
Harira Herzhafte Tomatensuppe mit Kichererbsen und Lammfleisch
Harissa Scharfe Chili-Paste
Hut Fisch
Jiben Frischkäse aus Ziegen- oder Kuhmilch
Kefta Fleischbällchen
Khlii Trockenfleisch-Streifen (gepökelt mit Fett, Salz, Gewürzen)
Maâkouda Kartoffelpuffer
Mechoui Langsam geröstetes Lammfleisch
Melawi Lockeres Pfannen-Fladenbrot
Smen Fermentierte Butter
Tajine Berühmter marokkanischer Eintopf (im kegelförmigen Tontopf gegart)
Tanjia Schmortopf mit Pökelfleisch und eingelegten Zitronen
Tfaya Karamellisierte Zwiebeln und Rosinen mit Zimt (Garnierung für Couscous)

Wo?

Straßenimbisse sind meist kleine Straßen- und Marktstände (mittags & abends).

Kantinen sind einfache Arbeiterlokale mit herzhaften Gerichten (z. B. Bohnen, Linsen, Tajines; meist nur mittags)

Cafés tischen teils auch internationale Klassiker auf (z. B. Burger, Pommes, Sandwiches, Salate).

Bistros servieren französisch-marokkanische Küche mit gutem Preis-Leistungs-Verhältnis. Oft von Ausgewanderten geleitet.

Riads kredenzen gehobene Hausmannskost à la Marokko im romantischen Ambiente.

Hotels Servieren Spitzenküche (meist marokkanisch und international) sowie in der Regel auch Alkohol.

WIE... Kaffee bestellen

Minztee gilt als bekanntestes marokkanisches Getränk. Heute stehen die meisten Einheimischen aber auf Kaffee. Dieser Kult begann am Anfang des 20. Jhs. mit rein männlichen Besucher:innen von französischen Cafés. Heute ist er landesweit allgegenwärtig: Cafés in den *villes nouvelles* (modernen Großstadtvierteln) haben auch viele weibliche Gäste (in den Medinas aber immer noch weniger). Auf einer sonnigen Caféterrasse beginnt der Tag sehr angenehm. Die meisten Locals bestellen einen *nus-nus* (Kaffee/Milch 50/50 %), *kahwa kahla* (schwarz, stark und dickflüssig) oder *kahwa maatra* (mit scharfen Gewürzen). Für Bohnen zum Mitnehmen empfehlen sich gute eigenständige Röstereien wie Bloom Coffee oder Bacha Cafe in Marrakesch. In Fès besucht man am besten Drink & Smile (Talaa Kebira): Hier wärmt heißer Sand die dampfenden Kaffee-Kupferkessel.

PREISE FÜR ESSEN & TRINKEN

nus-nus
10–15 Dh

kleine Portion
maâkouda
10 Dh

eine Schüssel
bissara oder *harira*
10 Dh

Tajine für eine Person (Kantine)
30 Dh

Burger (Bistro)
90–120 Dh

Bier (Kneipe)
30–50 Dh

Cocktail (Hotel)
120–150 Dh

WIE... Tajines essen

In Marokko werden Tajines niemals mit Couscous serviert und kaum mit normalem Besteck gegessen (Ausnahme: manche Tourismusrestaurants). Tajines sind nach den kegelförmigen Tontöpfen benannt, in denen sie garen. Die zahllosen Varianten kombinieren z. B. Fleisch (Hähnchen, Lamm, Rind) mit saisonalem Gemüse, Trockenfrüchten und Nüssen. Es gibt aber auch Versionen, die aus Fisch und Gewürzen oder rein aus Gemüse bestehen. Unabhängig von den jeweiligen Zutaten gilt: Die besten Tajines werden in traditionellen Tontöpfen und idealerweise über Holzkohle gekocht. Manche Restaurants bereiten die Gerichte heute in Schnellkochtöpfen zu und servieren sie lediglich in Tongefäßen. Es lohnt sich aber, nach dem Original zu suchen. Solche Lokale sind an den typischen Holzkohleöfen vor der Tür zu erkennen. Wie isst man Tajines? Direkt aus dem Topf mittels *khobz*: Die runden Fladenbrote dienen als Löffel für die Fisch-, Fleisch- oder Gemüsebrocken. Zudem saugen sie die leckere Brühe auf. *Bismillah*!

Mittagessen am Freitag

Couscous besteht aus Hartweizengrieß (wie Pasta) und ist als Einzelgericht nach dem Freitagsgebet sehr beliebt. Sein Tamazight-Name („schön rund") bezieht sich auf die feinen Kügelchen. Traditionell gibt's dazu sieben verschiedene Gemüsesorten und optional ein Stück Hähnchen- oder Lammfleisch. Vermischt mit Zucker, Zimt und Trockenfrüchten ist Couscous auch ein beliebtes Dessert.

BARS & NACHTLEBEN

Wer im Urlaub unbedingt abends trinken oder abtanzen will, muss seinen Marokko-Trip entsprechend planen: Waschechte Bars und Kneipen sind landesweit rar. Viele örtliche Hotels schenken aber Alkohol aus. Kaschemmen am zwielichtigeren Ende der Palette schenken billiges Bier an einen freundlichen Gästemix aus Prostituierten und Freiern aus.

Marrakesch ist insgesamt eine Ausnahme: Hier gibt's immer mehr trendige Bars im europäischen Stil (z. B. Kabana Rooftop, S. 58; Barometre, S. 106). Diese beglücken eine glamouröse Mischung aus jungen Locals, Ausgewanderten und Travellern mit guten Cocktails, Tapas und Sushi-Rollen. Marrakesch ist auch das beste Pflaster für Klub-Besuche: Beispielsweise im Theatro oder Babouchka wird hier bis zum Morgengrauen gefeiert.

In Casablanca ist Rick's Café (S. 203) ein Klassiker für gut gemixte Martinis. In konservativeren Städten wie Fès empfehlen sich Hotelbars und Dachterrassen für Sundowner oder Abenddrinks bei cooler Musik. Im Hotel Sahrai (S. 286) ist am Wochenende immer ordentlich was los. Die besten waschechten Discos liegen aber meist etwas außerhalb der Stadt. Le Club House engagiert die angesagtesten marokkanischen DJs und veranstaltet jeden Abend einen anderen Event. Für sichere Hin- und Rückfahrt am besten vorab einen vertrauenswürdigen Privatchauffeur anheuern: Zu später Stunde sind normale Taxis oft nicht zuverlässig aufzutreiben.

Verantwortungsbewusst reisen

Reisen & Klimawandel

Nicht zu ignorieren: Jede Reise verursacht klimaschädliche Emissionen. Lonely Planet fordert daher alle Traveller auf, nachhaltig zu reisen und ihren CO2-Fußabdruck möglichst gering zu halten. Über zahlreiche Online-Kohlenstoffrechner (z. B. resurgence.org/resources/carbon-calculator.html) lässt sich die Emissionsmenge pro Trip einschätzen. Diese kann dann oft proportional in Spendenbeträge an internationale Klimaschutz-Initiativen umgerechnet werden. Auch viele Fluglinien und Buchungsportale bieten diese Möglichkeit, die Lonely Planet weiterhin für alle Reisen der Angestellten nutzt. Dennoch ist uns bewusst, dass das mehr Schadensminderung als Lösung ist.

Bewusst shoppen

Die Tourismuskrise durch die COVID-19-Pandemie hat Marokkos Kunsthandwerker hart getroffen. Tiefe Einblicke in deren Tradition und Lebensart geben nachhaltig arbeitende Tourfirmen wie Fez Artisan Visit (S. 275).

Wasser sparen

2022 erlebte Marokko die schlimmste Dürre seit 40 Jahren. Das lehrreiche Mohammed VI. Water Civilization Museum (Marrakesch) informiert Besucher:innen über einfallsreiches Wasser-Management und innovative Projekte.

Dar **Si Hmad** (darsihmad.org) Bahnbrechendes Projekt im Südwesten, das Nebel in sauberes Trinkwasser für arme Gemeinden in den Regionen Sidi Ifni und Agadir verwandelt.

Flaschen samt Verschlüssen aufheben: Müllsammlende wissen etwas damit anzufangen. Plastiktüten auf Märkten ablehnen und Textilien aus Recycling-Lumpen oder Garnresten kaufen.

Selbstversorgende profitieren von Marokkos zahllosen Frischwaren-Märkten und unterstützen die dortigen Händler mit ihren Käufen. Essenserwerb bei lokalen Kantinen und Imbisswagen hilft ebenfalls den Einheimischen.

AMAL (amalnonprofit.org) Tolles Projekt, das entrechtete Marokkanerinnen mittels gastgewerblicher Ausbildung in Arbeit bringt. Einen guten Eindruck davon vermitteln die traditionellen marokkanischen Kochkurse.

Das American Fondouk besuchen

American Fondouk (fondouk.org) wurde 1927 gegründet: Damals gab es in der Medina von Fès noch rund 40 000 Packtiere. Bis heute kümmert sich die Organisation gratis um die Gesundheit der Vierbeiner. Sie freut sich über Besucher:innen und bietet ehrenamtliche Möglichkeiten für Tierärzte.

Pate eines Jarjeer-Maultiers werden

Jarjeer (jarjeer.org) Rund 25 km außerhalb von Marrakesch kümmert sich dieses Zentrum (gegr. 2014) um hilfsbedürftige Arbeitsesel und -maultiere. Besucher:innen, Spenden und Tierpatenschaften sind hier stets willkommen.

Frauen-Kooperativen unterstützen

In Marokkos politischer und sozialer Agenda ist die Stärkung von Frauenrechten ein wichtiges Ziel. Jedoch gibt's hier auch unseriöse Frauen-Kooperativen. Vor Besuchen empfehlen sich daher Recherchen zu Entlohnung und Arbeitsbedingungen.

Kleine Unterkünfte wählen

Glamouröse Großhotels füllen ganze Seiten in Hochglanz-Reisemagazinen. Kleine Pensionen mit fünf oder sechs Zimmern sind aber meist nachhaltiger: Aufenthalte kommen direkt den Einheimischen zugute.

Amazigh-Frauen leiten eine landwirtschaftliche Kooperative (cooperative toudarte.com), die Gäste mit Frühstück und Bio-Produkten auf der Basis von Arganöl verwöhnt.

In mehreren marokkanischen Regionen boomt nun die Bio-Landwirtschaft. Viele dieser Bauernhöfe vermieten auch Gästezimmer inklusive Essen.

80 %

Marokko hat große Fortschritte in puncto Wasserkraft, Solar- und Windenergie gemacht: Zwei Drittel seines Stroms stammen nun aus nachhaltigen Quellen. Bis 2050 soll der Anteil auf 80 % steigen.

INFOS IM INTERNET

worldpackers.com
Zahlreiche Optionen für Öko-Freiwillige in ganz Marokko.

national-parks.org/morocco
Infos zu Marokkos Nationalparks.

Project Soar (projectsoar.org) Stärkt junge Marokkanerinnen u. a. mit Sport und Softskill-Training (z. B. in Selbstbewusstsein oder Menstruationshygiene) für die Zukunft. Besuche und Spenden willkommen.

LGBTIQ+-Traveller

In Marokko gelten Homosexualität und alle LGBTIQ+-Aktivitäten als unmoralisch. König Mohammed VI. hat zu mehr gesellschaftlicher Offenheit und Toleranz aufgerufen. Dennoch sind hier auch heterosexuelle Zuneigungsbekundungen in der Öffentlichkeit weiterhin stark verpönt (jegliche Extravaganz ohnehin). Auf dem Spartacus Gay Travel Index belegte Marokko im Jahr 2023 den 177. Platz unter 202 Ländern.

Rechtslage

Gleichgeschlechtlicher Sex ist in Marokko illegal: Gemäß § 489 des Strafgesetzbuchs gibt's dafür Gefängnisstrafen (6 Monate–3 Jahre) plus Bußgeld (1500 Dh). Dies gilt jeweils für zwei Marokkaner:innen oder eine:r Marokkaner:in und eine:r Ausländer:in – aber nicht für zwei Ausländer:innen. Dennoch verhält man sich am besten landesweit so diskret wie möglich. Crossdressing wird als unmoralisch und generell als Anzeichen für Homosexualität betrachtet. Lesbischsein gilt in Marokko als praktisch nicht existent.

LGBTIQ+-FREUNDLICHE STÄDTE

In seiner Zeit als Internationale Zone (1923–56) war Tanger ein recht tolerantes Pflaster, das u. a. von Truman Capote, Paul Bowles und Kenneth Williams besucht wurde. Ein kleiner Teil davon klingt bis heute nach. Marrakesch hat eine Straße nach seinem homosexuellen Adoptivsohn Yves Saint Laurent benannt. Casablanca hat sogar ein paar offizielle LGBTIQ+-Bars.

PRIVATREISEN

Out Adventures (outadventures.com) Der szenespezifische Reiseveranstalter verspricht einen tollen Marokkotrip: Er bereitet Tourteilnehmenden ein optimales Erlebnis, gibt Bekleidungstipps und stellt überall einen herzlichen Empfang sicher. Parallel gibt's noch andere Anbieter dieser Art.

Vorsicht, Falle!

2020 verhielt sich eine Social-Media-Influencerin besonders verachtenswert: Sie forderte ihre Follower auf, die Identitäten von homosexuellen Familienmitgliedern und Bekannten öffentlich zu machen. Daraufhin wurden viele Betroffene von ihren Familien bzw. sozialen Umfeldern geächtet und teils sogar misshandelt. Mindestens ein Opfer nahm sich das Leben. Nachahmungstäter:innen sind bis heute gelegentlich auf LGBTIQ+-Dating-Apps aktiv.

LGBTIQ+-ORGANISATIONEN

Die NRO **Kif-Kif** (kifkif.info) kämpft seit 2004 in Spanien für LGBTIQ+-Rechte in Marokko. **Nassawiyat** (wörtl. „feministisch"; nassawiyat.org) tut vor Ort dasselbe und engagiert sich auch für sichere Szene-Refugien. **MALI** (Rabat; facebook.com/MALIMaroc09) kämpft nicht nur gegen sexuelle Diskriminierung und Gewalt gegenüber Frauen, sondern auch für mehr LGBTIQ+-Rechte. Die **Moroccan LGBT Community** (facebook.com/TheMoroccanLGBTCommunity) zielt auf die Legalisierung von Homosexualität in Marokko ab.

Reiseverzicht?

Trotz seiner konservativen Ausrichtung ist Marokko potenziell ein tolles Ziel für LGBTIQ+-Reisende: Hier leben viele Szene-Angehörige, während das Toleranzlevel langsam steigt. Dennoch sollte man stets seinen Gaststatus in einem anderen Kulturkreis beachten.

Barrierefrei reisen

Für Reisende mit eingeschränkter Mobilität, Seh- oder Hörfähigkeit ist Marokko bis heute ein schwieriges Ziel. Aktuell macht das Land aber deutliche Fortschritte bei der Barrierefreiheit.

Barrierefreie Sehenswürdigkeiten

Dazu zählen z. B. Casablancas prachtvolle Hassan-II.-Moschee, Marrakeschs belebter Nachtmarkt an der Djemaa El Fna oder Tangers Corniche mit ihrer erfrischenden Meeresluft.

Am Flughafen

Die meisten marokkanischen Flughäfen bieten recht gute Barrierefreiheit (inkl. Toiletten, Rollstuhlrampen). Air Arabia und Royal Air Maroc helfen mit entsprechenden Services (rechtzeitige Reservierung erforderl.).

Übernachten

Viele Hotels in Villes nouvelles haben barrierefreie Zimmer, Aufzüge und ebenerdig gelegene Restaurants. Riads in Medinas sind auch eine Option, wenn sie über ebenerdige Zugänge und Innenhofzimmer verfügen.

WEITERE INFOS

Morocco Accessible Travel (*moroccoaccessibletravel.com*) Spezialfirma für ein- bis zweiwöchige Touren, die auch Mobilitätshilfen (inkl. Rollstühle) verleiht. Im Angebot sind z. B. Atlas-Überquerungen, Kamelritte in der Wüste oder Fahrten mit Heißluftballonen.

Handi Oasis (*handioasis.com*) Kleines Spezialhotel für Reisende mit Handicap: Zimmer, Dachterrasse und Pool sind komplett barrierefrei.

ZAUBERHAFTES MARRAKESCH

Marrakeschs Terrain ist größtenteils flach. Dies ermöglicht recht leichtes Erkunden der Medina und der bekanntesten Sehenswürdigkeiten (z. B. Jardin Majorelle, Saadi-Grabmale, Bahia-Palast, Medersa Ben Youssef).

Nahverkehr

Marokkanische Züge und Busse sind nicht barrierefrei. Viele Nahverkehrsstationen haben keine Aufzüge bzw. nur Rolltreppen. Die Straßenbahnen in Rabat und Casablanca haben flachere Türbereiche und sind für Personen mit eingeschränkter Sehfähigkeit recht gut zugänglich.

Zukunftsaussichten

Der **marokkanische Hilfsverband für Menschen mit Down-Syndrom** (amsat.ma) bildet Betroffene als Küchenchefs und Kellner:innen aus. Zu diesem Zweck betreibt er in Rabat mehrere Restaurants (geöffnet jeweils 12–14 Uhr).

Viele örtliche Firmen betreiben barrierefreie Fahrzeuge für Stadt- und Überlandfahrten. Tamaris Golden Tours (taxidumaroc.com/transport-for-people-with-reduced-mobility-in-morocco) ist auf barrierefreie Shuttles zu den wichtigsten Sehenswürdigkeiten spezialisiert.

KAMPF GEGEN BENACHTEILIGUNG

Menschen mit Handicap werden in Marokko oft stigmatisiert, von ihren Familien ausgegrenzt und von Arbeit bzw. Bildung ausgeschlossen. Gegen diesen Zustand kämpfen Initiativen wie HandiPro: Die Online-Jobbörse vermittelt gezielt Einheimische mit Handicap.

Ramadan in Marokko

Lohnt sich ein Marokko-Trip während des Ramadan? Definitiv ja: Diese Periode zählt potenziell zu den interessantesten und festlichsten Besuchszeitpunkten!

Nach dem neunten Monat des islamischen Kalenders beginnt der Ramadan in Saudi-Arabien offiziell mit der ersten Sichtung des Sichelmonds. Aufgrund des Mondzyklus startet die Fastenzeit in Marokko meist einen Tag später.

Alle erwachsenen Musliminnen und Muslime ohne körperliche Einschränkungen sind zur Einhaltung des Ramadan verpflichtet. Für die meisten Gläubigen ist das Fasten nicht nur eine religiöse Vorschrift, sondern eine tiefere Form der spirituellen Einkehr bzw. Meditation: Es soll die Seele reinigen und größere Nähe zu Allah bringen – kombiniert mit einem Gefühl des Friedens und der Gelassenheit. Arbeiten während des Ramadan gilt als Gebetsform. So glauben viele Musliminnen und Muslime, dass z. B. Kunsthandwerker:innen und Dichter:innen dann ihre besten Werke schaffen.

Während des täglichen Fastens (Sonnenaufgang–Sonnenuntergang) verzichten gläubige Musliminnen und Muslime auf Essen, Trinken, Zigaretten und andere körperliche Genüsse. Auf die letzte Mahlzeit vor Sonnenaufgang (*suhoor*) folgen Morgengebete und Bekenntnisse zur Wohltätigkeit. Diese ist ein wichtiger Teil der Ramadan-Kultur: Die meisten Musliminnen und Muslime spenden dann Geld, Essen und andere Notwendigkeiten an Bedürftige.

Iftar

Kanonenschüsse signalisieren das Ramadan-Ende und den Beginn des *iftar* (Fastenbrechen): Diese Mahlzeit wird fast immer im Familien- und Bekanntenkreis eingenommen, um den Gemeinschaftsgeist zu stärken. Nach dem Vorbild des Propheten Mohammed beginnt sie traditionell mit Datteln und Wasser. Darauf folgt eine herzhafte *harira*-Suppe (Tomaten, Zwiebeln, Safran, Koriander; oft plus Linsen, Kichererbsen, Lammfleisch) mit *chebakia* (in Honig getauchtes Sesam-Gebäck). In modernen Haushalten gibt's dann eventuell auch noch Avocado- oder Dattel-Smoothies sowie *r'fissa* -Hähncheneintopf mit Linsen und Bockshornklee (serviert auf Streifen aus dünnen *trid*-Pfannkuchen). Oder gar Sushi, Tacos oder Pizza. Insgesamt ist das *iftar* ein fröhliches Ereignis, bei dem sich Mitmachen auf Einladung sehr lohnt.

Souks am Abend

Mit dem Ende der Fastenzeit beginnt die Geselligkeit. Dann bieten die Abendmärkte ein glitzerndes Spektakel: Die Läden verkaufen Spielzeug und Krimskrams, während Straßenstände die Luft mit Gewürz- und Grillfleischduft anreichern. Parallel erklingt traditionelle Musik. Und die Einheimischen bleiben lange wach. Insgesamt prima für stimmungsvolles Bummeln.

DAS TARAWIH-GEBET

Das *tarawih* ist ein spezielles Ramadan-Gebet, das abends nach dem *isha* (letztes Tagesgebet) stattfindet. Seine 20 *rakats* (Gebetseinheiten) werden in Moscheen unter der Leitung der jeweiligen Imame gesprochen. Wer die besondere Atmosphäre erleben will, hält sich zur entsprechenden Zeit nahe der Koutoubia-Moschee (Marrakesch), Hassan-II.-Moschee (Casablanca) oder Mohammed-V.-Moschee (Tanger) auf: Dort strömen jeweils zahllose Gläubige in religiöser Einigkeit auf die Straße.

Kurz & Knapp

ÖFFNUNGSZEITEN

Cafés Oft 9–23 Uhr (teils auch 24 Std.)

Restaurants Meist 12–14.30 & 19–22.30 Uhr

Rauchen

Marokko ist ein Land des blauen Dunstes: Fast 25 % aller einheimischen Männer rauchen. Junge hippe Bargäste (Männer wie Frauen) in Marrakesch und Casablanca qualmen ebenfalls häufig – ältere Marokkanerinnen dagegen kaum. Öffentliche Gesundheitskampagnen gibt's hier nur begrenzt. Viele Bars und Restaurants gestatten das Rauchen.

Toiletten

Öffentliche Toiletten gibt's außerhalb marokkanischer Großstädte kaum. Vorhandene Örtchen sind oft nicht sauber.

GUT ZU WISSEN

Zeitzone
Westeuropäische Zeit (WEZ; Winter/Sommer MEZ -1/-2 Std., -1 Std. während des Ramadans)

Landesvorwahl
212

Notruf
Polizei 190
Rettungsdienst 150

Bevölkerung
38 Mio.

Strom 220 V/50 Hz

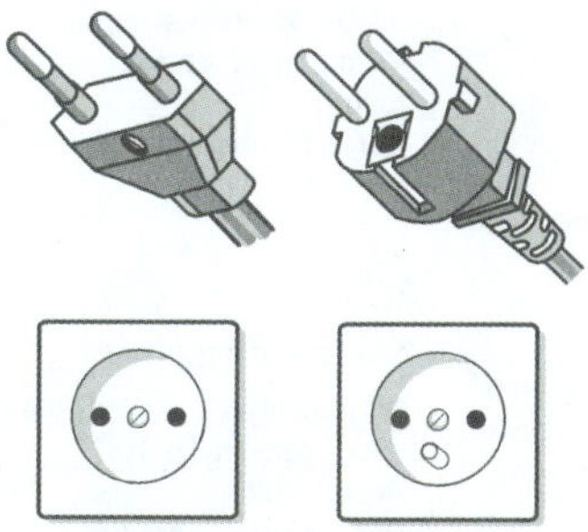

Typ C 220 V/50 Hz

Typ E 220 V/50 Hz

FEIERTAGE

Die Tourismussaison geht ca. von Ostern (April) bis Mitte oder Ende Oktober. Öffentliche Feiertage an Sonntagen werden nicht auf andere Tage verlegt (Ausnahme: 1. Mai).

Neujahr 1. Januar

Dreikönigstag 6. Januar

1. Fastensonntag Februar

Griechischer Unabhängigkeitstag 25. März

Karfreitag 7. April 2023, 29. März 2024, 18. April 2025

Ostersonntag 16. April 2023, 5. Mai 2024, 20. April 2025

Tag der Arbeit (Protomagia) 1. Mai

Pfingstmontag (Agiou Pnevmatos) 5. Juni 2023, 24. Juni 2024, 9. Juni 2025

Mariä Himmelfahrt 15. August

Ochi-Tag 28. Oktober

1. Weihnachtsfeiertag 25. Dezember

2. Weihnachtsfeiertag 26. Dezember

Sprache

Mit der Amtssprache Arabisch kann man sich landesweit verständigen. Tamazight ist im Rif- und Atlas-Gebirge zu hören. Die meisten Amazigh sprechen zumindest etwas Arabisch. In den Großstädten wird bis heute auch Französisch gesprochen. Dieser Sprachführer verwendet für die Darstellung arabischer Ausdrücke bzw. Sätze das lateinische Alphabet und ein vereinfachtes Aussprachesystem. Vokale:

a wie in „Nähe“
aa wie in „Vater“
ai wie in „Kaiser“
ay wie in „Hey“
e wie in „Bett“
ii wie in „Bier“ (nur weicher)
i wie in „Mitte“
o wie in „Boot“
uu wie in „Mut“
ow wie in „Bau“
u wie in „Butter“

Alle Konsonanten werden einzeln ausgesprochen. Ein Apostroph (’) steht für einen Glottisverschluss (wie am Anfang von „Oh-oh!“). Wichtige Konsonanten:
dh wie das engl. „th“ in „this“
gh Kehllaut wie beim deutschen „r“
h ein stark geflüstertes „h“
kh wie das „ch“ in „Koch“
q ein starker, kehliger „k“-Laut

Nützliches

Hi Labaas (zwanglos)
Bikheer (Antwort)
Guten Tag Assalaamu alaykum (höflich)
Wa alaykum ssalaam (Antwort)
Auf Wiedersehen Bsslaama/ma’a ssalaam
Ja liyeh
Nein La
Bitte ’Afak/’afaki/’afakum (m/w/Pl.)
Danke Shukran
Entschuldigung Smeh/semhii/semhu liiya.
Wie heißen Sie? Asmiitek?
Ich heiße ... Smiitii ...
Sprechen Sie Deutsch/Englisch?
Wasch kat’ref almanya/negliiziiya?
Ich verstehe nicht Mafhemtsch

Unterwegs

Wo ist ...?
Fiin kayn ...?
Wie lautet die Adresse?
Ashnuu huuwa l’unwan?
Bitte schreiben Sie die Adresse auf
Kteb l’unwan ’afek
Bitte zeigen Sie mir das auf der Karte
Werri liya men l kharita ’afak

Uhrzeit & Datum

Wieviel Uhr ist es? Shal fessa’a?
Morgen fessbah
Nachmittag fel’shiiya
Abend ’shiiya
Gestern lbareh
Heute lyoom
Morgen ghedda

Notfall

Hilfe! ’Teqnii!
Gehen Sie weg! Siir fhalek!
Ich bin krank Ana mreed
Rufen Sie einen Arzt! ’Ayyet ’la shii tbiib!
Rufen Sie die Polizei! ’Ayyet ’la lbùliis!

Essen & Ausgehen

Was würden Sie empfehlen?
Shnuu tansahni nakul?
Prost! Bsaha!
Das ist hervorragend!
Had shshi ldiid bezzef!

ZAHLEN

1	wahed
2	jooj
3	tlata
4	reb’a
5	khamsa
6	setta
7	seb’a
8	tmenya
9	tes’ood
10	’ashra

BEITRÄGE ANS DEUTSCHE

Algebra, Kaffee, Gitarre, Monsun, Orange, Safari, Sofa, Zucker, Tarif, Null ...

DARIJA

Das marokkanische Arabisch (Darija) ist ein Mix aus Modernem Standard-Arabisch (MSA) und dessen klassischem Vorläufer. Zudem ist es stark von freien Entlehnungen aus und Mischwörtern mit anderen Sprachen (vor allem Französisch) geprägt. Vor Ort ist Darija die Alltagssprache.

Schilder

MSA ist die Schriftsprache aller Publikationen und Schilder (wie in allen arabischsprachigen Ländern).

Zahlen

Marokko verwendet normale westliche Zahlensymbole statt der arabischen Pendants.

Tamazight-Glossar

Die Tamazight sprechen drei Hauptdialekte. Diese zählen auch zu den Erkennungszeichen ihrer ethnischen Untergruppen.

Hallo La bes darik/darim (m/f)
Hallo (Antwort) La bes
Auf Wiedersehen Akayauun arbii
Bis später Akranwes daghr
Bitte Barakalaufik
Danke Barakalaufik
Ja Yah
Nein Oho
Entschuldigung Samhiy
Wie geht's? Meniik antgiit?
Gut, danke La bes, lhamdulah
Gut lifulkii/iishwa
Schlecht (Khaib) iighshne
Essen Teeremt
Maultier Aserdon
Schlafplatz Kra lblast mahengane
Wasser Arman

WO WIRD MODERNES STANDARD-ARABISCH GESPROCHEN?

In ganz Nordafrika, auf der Arabischen Halbinsel und Teilen des Nahen Ostens. Regionale Dialekte werden aber nicht überall verstanden.

313 Mio. sprechen Arabisch weltweit

33 Mio. sprechen marokkanisches Arabisch (Darija)

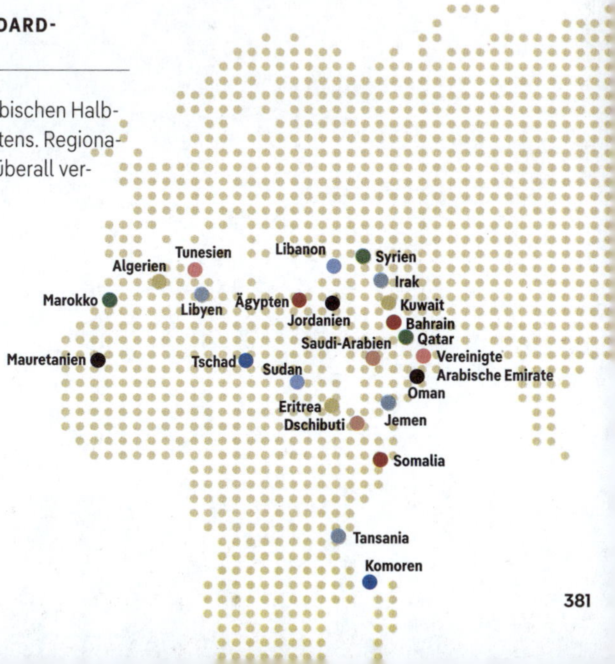

STORYBOOK

Mit sechs Reportagen tief in den marokkanischen Alltag eintauchen.

Kamelkarawane, Erg Chebbi (S. 166)

DIE GESCHICHTE MAROKKOS IN 15 ORTEN

Nach einer Kolonial- und Dynastiegeschichte ist Marokko in der Gegenwart angekommen, jetzt ist die Zeit für „Maghreb", diesen Begriff, mit dem die Marokkaner:innen ihre Nationalität bezeichnen. Dies zeigt sich in der globalen Präsenz des Landes in Bereichen wie Sportevents, Kultur, Politik und nachhaltiger Energieentwicklung. Von Sally Kirby

MAROKKOS INDIGENE IMAZIGHEN mussten in verschiedener Hinsicht die Vorherrschaft der Römer, Araber und Europäer ertragen. Aber dennoch sind sie ihren Traditionen und Überzeugungen treu geblieben und heißen diejenigen willkommen, die ihre Werte teilen. Mehrere Dynastien brachten dem Land Wohlstand, Bildung und eine einzigartige Architektur, was auch heute noch unter König Mohammed VI. – dem 23. Herrscher der Dynastie der Alawiden – der Fall ist.

Historisch gesehen ist es eine Zivilisation, die zwischen Machtkämpfen und Stammeskonflikten schwankte. Heute ist das Königreich Marokko ein souveränes und zukunftsorientiertes Land, das sich seiner Rolle, Stärke und bedeutenden geografischen Lage bewusst ist. Toleranz, Akzeptanz und Werte prägen ein stabiles Land, dessen Bevölkerung für Verlässlichkeit, Frieden und Tradition steht. Die meisten scheinen sich darüber zu freuen, dass der König und seine Regierung über das Land herrschen und vertrauen dem allumfassenden Motto, Gott, dem Land und dem König zu dienen.

Marokkos Modernisierung geht zügig voran, es werden führende Rollen in Bereichen wie erneuerbare Energien übernommen, es wird aber auch Wert auf die Wahrung der Kultur gelegt. Obwohl in diesem Land Familie und Glaube an erster Stelle stehen, nähert man sich der internationalen Welt und bleibt diskussionsbereit, trifft aber Entscheidungen, die auf lokaler Ebene in Kraft treten.

1. La Maison Traditionelle

ZURÜCK ZU DEN WURZELN

Die ersten Einwohner:innen Marokkos waren die Imazighen, deren Name grob mit „freiem Volk" übersetzt werden kann. Die Römer meinten, sie stammen von den Berbern, den „Barbaren", ab. Die indigene Bevölkerung lebte im Landesinneren und in den Bergen und war mit dem Land tief verbunden. In dem privat zusammengetragenen Maison Traditionelle, einem Amazigh-Museum nahe Tafraoute, erfährt man alles über ihre Traditionen und wie mehrere Generationen und Tiere unter einem Dach zusammenlebten – was auch heute noch in einigen Gegenden der Fall ist. Die Amazighen sind bekannt für ihre Gastfreundschaft, Stärke und Familienwerte: Großmütter ziehen Kinder groß, ältere Kinder kümmern sich um jüngere. Wer nach Imazigh-Kriegerinnen wie al-Kahina googelt, wird herausfinden, wie zäh, geachtet und unbesiegbar Imazigh-Frauen sind. *S. 359*

2. Volubilis & andere römische Ruinen

VERBREITUNG DES LATEINISCHEN ERBES

Die Imazighen stießen auf die Römer, als diese versuchten, Marokko (ca. 40 n. Chr. als

Mauretanien bekannt) zu erobern, das schließlich die westlichste Provinz des Römischen Reichs wurde. Dieses römische Erbe ist in vielen archäologischen Stätten im Norden des Landes zu sehen. Die Ruinen von Volubilis sind heute UNESCO-Weltkulturerbe und ein sehr gut erhaltenes Beispiel einer großen römischen Kolonialstadt. Die feinen Geschmacksknospen der Römer sorgten durch die Produktion von Olivenöl und den Weinanbau für Wohlstand und Luxus. Die Römer, die nicht in der Lage waren, die Hochburg der Amazighen und die schon bei deren Vorfahren bestehende Verbindung zu diesem Land zu bezwingen, mussten letztlich nach dem Eintreffen der Araber abziehen. *S. 302*

3. Fès

DIE NASE IN BÜCHER STECKEN

Fès wurde 789 von Idris I., einem Nachfahren von Prophet Mohammed, gegründet. Im späten 7. Jh. brachten islamische Eroberer und Reisende ihren Glauben, ihre Sprache und ihre Kultur nach Marokko. Ein Beispiel ist die Kairaouine-Bibliothek in Fès, die die älteste der Welt sein soll. Die ursprünglich als Moschee 859 von Fatima al-Fihri gegründete Bibliothek war das führende Bildungszentrum in der Blütezeit des Islams. Auch heute noch wird Fès als kulturelles und spirituelles Zentrum des Landes angesehen. Obwohl die Stämme gegen die islamischen Eroberer rebellierten, akzeptierte die Amazigh-Bevölkerung schließlich den Islam, da sie feststellte, dass deren Glauben letztendlich ihrem eigenen glich. *S. 259*

Badi-Palast (S. 88)

4. Marrakesch

SAHARA IN DER STADT

Im 11. Jh. entstand die erste Amazighen-Dynastie Nordafrikas. Das Reich der Almoraviden erstreckte sich von Südspanien bis in Teile des subsaharischen Afrikas. Einer der Almoravidenherrscher, Yusuf ibn Taschfin, heiratete Zaynab an-Nafzawiyyah, die für ihre Schönheit, ihren Verstand und ihre Intelligenz bekannt war, und wurde in der Almoravidendynastie einflussreich. Yusuf ließ Marrakesch für seine Frau errichten und so wurde die Stadt die neue Hauptstadt der Almoraviden. Die Almoraviden bauten die Lehmziegelmauern und ein unterirdisches Bewässerungssystem der Stadt, auf dem sich noch heute die *palmeraie* (ein grüner Palmenhain) befindet, die den Saharastamm an ihre Wurzeln in der Wüste erinnert. *S. 46*

5. Igiliz

EINE AKROPOLIS FEIERT IHR COMEBACK

Das auf einer Höhe von 1354 m gelegene Igiliz ist eine strategisch angelegte Akropolis, die einen unglaublichen Rundumblick über den Antialtas bietet. Die Geschichte dieser Ruinen aus dem 12. Jh. steht in Zusammenhang mit Muhammad ibn Tumart, einem puritanischen geistlichen Führer, der von den Amazighen abstammte. Igiliz gilt als Wiege des Almohaden-Reichs – ein Amazighen-Bund, der ein islamisches Reich in Nordafrika und Spanien schuf (1130–1269). Wie viele historische Stätten in Marokko wurde auch diese in der offiziellen Geschichte vergessen. Heute bildet sie aber den Fokus eines archäologischen Restaurierungsprogramms, das einen Einblick in das Leben unter der Almohaden-Herrschaft ermöglicht. *S. 336*

6. Badi-Palast

DIE EROBERER ZURÜCKDRÄNGEN

Im 16. Jh. wurde Marokko von zahlreichen Eroberungsversuchen heimgesucht. Die osmanischen Eindringlinge konnten zurückgedrängt werden, sodass Marokko zu den wenigen nordafrikanischen Ländern gehört, die nicht unter osmanischer Herrschaft standen. Später musste sich Marokko dann mit europäischen Führern auseinandersetzen, die das Christentum einführen wollten. Der Badi-Palast war zu dieser Zeit ein gewaltiges Bauwerk. Der Sultan al-Mansur ließ ihn in Marrakesch errichten, um dort seinen Sieg über die Portugiesen in der Dreikönigsschlacht (1578) zu feiern. Aufgrund dieser historischen Niederlage hatten die Portugiesen keinen König mehr, wurde Marokkos Ansehen in Europa gestärkt und Europas Herrschaft in Marokko endete nach drei Jahrhunderten. *S. 88*

7. Saadiergräber

DIE GOLDENEN JAHRE BEWAHREN

Jede Dynastie brachte etwas anderes nach Marokko. Die Dynastie der Saadier hatte sich in Fèz, Marrakesch und Agadir niedergelassen und sorgte viele Jahre für Ruhm, Bildung und Reichtum. Ihr Vermächtnis sind die Saadiergräber, die Medersa Ben Youssef und der Badi-Palast in Marrakesch. Zu den Saadiergräbern zählen 60 Gräber von Saadier-Sultanen, die hier über zwei Jahrhunderte beigesetzt wurden. Nach der Entmachtung der Saadier wagte Moulay Ismail es nicht, die Grabstätten zu zerstören, und versteckte sie hinter Mauern. Sie waren lange in Vergessenheit geraten und wurden erst 1917 auf topografischen Luftbildaufnahmen der Franzosen wiederentdeckt. *S. 87*

8. Mellah, das jüdische Viertel

EINE PRISE SALZ

Unter der Herrschaft der Saadier von 1511 bis 1659 trafen jüdische Gemeinschaften in Marokko ein und kümmerten sich um den Zucker- und Salzhandel. Ziemlich große jüdische Viertel wurden in den Medinas von Marrakesch, Essaouira und Fès geschaffen. Diese Viertel wurden als *mellahs* bekannt, abgeleitet von dem arabischen Wort für „Salz". Sie stehen für Pluralität und Toleranz in Marokko, Orte, in denen jüdische und muslimische Gemeinschaften nebeneinander bestehen und die Kultur und Religion des jeweils anderen respektieren. Als Israel gegründet wurde, wanderten viele marokkanische Jüdinnen und Juden aus. Bis heute besteht eine starke Verbindung zwischen Marokko und Israel. *S. 84, 183 und 280*

9. Meknès

GROSSE MONARCHEN HINTERLASSEN IHREN FINGERABDRUCK

Meknès, die einstige Königsstadt, gehört zu Marokkos schönsten historischen Städten. Die Paläste, Gärten und Mauern wurden Versailles nachempfunden. Berichten zufolge sollen Versklavte mit dem Bau fast 50 Jahre lang beschäftigt gewesen sein. Es heißt, dass dieses riesige Monument für den Willen und die Entschlossenheit des damaligen Herrschers Moulay Ismail steht, der 55 Jahre (1672–1727) lang regierte. Er begründete die islamische Monarchie der Alawidendynastie, die bis heute an der Macht ist. Er herrschte mit eiserner Hand, sorgte für Ordnung, und durch die Einführung von Architektur und Militärtechniken nahm der Einfluss der Franzosen zu. *S. 294*

10. Tanger

EIN BLICK IN DEN KULTURELLEN SCHMELZTIEGEL

Angesichts der Lage an der Nordwestspitze Afrikas, an der Straße von Gibraltar, ist es nicht verwunderlich, dass Tanger seit der Antike bei rivalisierenden Mächten heiß begehrt war. Rom, Karthago, Portugal, Spanien, Frankreich, das Vereinigte Königreich und andere wollten Herr sein über Tanger. Im 20. Jh. wurde die Stadt zur internationalen Zone erklärt und von europäischen Mächten verwaltet. So wurde die Stadt eine Oase für unterschiedliche Kulturen, Religionen und Nationalitäten. Nach der Unabhängigkeit Marokkos in 1956 wurde Tanger wieder marokkanisch. Durch eine Vielzahl von Investitionen im 21. Jh. stiegen die zuvor abnehmenden Vermögen nach Jahrzehnten wieder, aber die Reste der Vergangenheit bestehen noch immer und schaffen einen berauschenden Mix, der seinesgleichen sucht. *S. 218*

11. Rabat

SCHICKE STRASSEN UND SITZ DES KÖNIGS

Bei einem Bummel durch die grünen Parks und über die breiten Prachtstraßen (ähnlich den Pariser Boulevards) ist der französische Einfluss in der politischen Hauptstadt des Landes schnell zu erkennen. Marokko wurde 1912 französisches Protektorat. Es wurde europäisches Lernen und Denken eingeführt, in Rabat wurden Studien- und Kulturzentren gegründet, u. a. die Mohammed-V.-Universität und das marokkanische Nationaltheater. Während im Zweiten Weltkrieg in Europa heftige Kämpfe stattfanden, isolierte sich Marokko, und als Frankreichs Position schwächer wurde, wurde Marokkos Unabhängigkeitsbestreben stärker. Dies führte 1956 dazu, dass Marokko unabhängig und Mohammed V. König wurde. Bis heute ist die Stadt der offizielle Sitz des derzeitigen Königs Mohammed VI. *S. 191*

Saadiergräber (S. 87)

12. Tarfaya

SCHRITTE IN RICHTUNG FRIEDEN UND BEFREIUNG

Als Hassan II. 1975 im nationalen Radio eine friedliche Demonstration ankündigte, schaffte es das Fischereidorf Tarfaya in die Geschichtsbücher. Etwa 350 000 unbewaffnete marokkanische Freiwillige zogen in die frühere spanische Sahara und versammelten sich mit Flaggen und Kopien des Korans in Tarfaya. Nach dem Tod des spanischen Führers Franco verzichteten die Spanier 1976 schließlich auf dieses Territorium. Widerstand gegen Marokkos Besitz der Westsahara besteht noch immer in Form der Frente Polisario und anderer Mitglieder der internationalen Gemeinschaft. Hassan II. steht für progressive Werte und die Förderung der Liberalisierung. *S. 357*

13. Place Mohammed V.

ALLE MACHT DEM VOLK

Im Arabischen Frühling 2011 fanden in ganz Marokko (hauptsächlich) friedliche Demonstrationen statt – gefordert wurden wirtschaftliche und politische Reformen. In Casablanca versammelte sich die Bevölkerung auf der Place Mohammed V. und forderte konstitutionelle Reformen und ein Ende der Korruption in der Zentralverwaltung. Dieser symbolträchtige Platz, errichtet 1920 von den Franzosen, ist jetzt das Verwaltungszentrum der Stadt mit Gericht, Zentralbank und Postamt. Das Volk wurde gehört, der lokalen Regierung wurde mehr Macht verliehen, neue Gesetze wurden eingeführt – u. a. eine aktualisierte „Mudawana", die den Frauen mehr Rechte verleiht – und die Kultur der Imazighen fand mehr Anerkennung. *S. 205*

14. Kasbah Oufella

DIE SÜDKÜSTE OHNE RUINEN

Es hat einige Zeit gedauert, die Verwüstungen des Erdbebens abzuschütteln, das Agadir im Februar 1960 erschütterte. 60 % der städtischen Infrastruktur wurden zerstört und ein Drittel der Bevölkerung kam ums Leben. Ein Sprung ins Jahr 2022: Die erste High-Tech-Seilbahn des Landes verkehrt jetzt zwischen den Ruinen der Altstadt, der Kasbah Oufella, und der neuen Stadt. Agadir hat noch immer große Pläne hinsichtlich der Verbesserung von Infrastruktur und den Tourismuseinrichtungen. In dem Badeort Taghazout Bay, das in der Nähe gelegen ist, wurden 2023 sechs neue, große internationale Hotels eröffnet. *S. 333 und 338*

15. Piratengefängnis

AHOI!

Die ehemalige Hauptniederlassung der berühmt-berüchtigten Salé Rovers, einer Gruppe barbarischer Piraten, befindet sich in erstklassiger Lage mit Blick über den Atlantik. Auf einem Spaziergang durch die Anlage mit Friedhof, Befestigungsmauern und Bollwerk erfährt man alles über die zwielichtige Vergangenheit einer Stadt und ihren Aufstieg als unabhängiger Piratenstaat im 17. Jh. Damals war Salé das Piratenzentrum, ein Paradies für barbarische Piraten, deren Wirkungsbereich bis in den Nordatlantik reichte. Gefangene u. a. aus dem weit entfernten England wurden nach Marokko gebracht und mussten als Versklavte auf Schiffen und in Harems arbeiten. *S. 197*

Weintrauben, Essaouira (S. 180)

BARTOSZ LUCZAK/SHUTTERSTOCK ©

MAROKKOS WEIN-RENAISSANCE

Nach Jahrtausenden der Kultivierung erlebt der marokkanische Wein endlich seine große Zeit. Von Tara Stevens

WAHRSCHEINLICH DENKT MAN beim Wort „Wein" nicht direkt an Marokko, aber das Land kann auf eine lange Geschichte des Weinanbaus zurückblicken, die bis in die Zeit der Phönizier (ca. 800 v. Chr.) zurückreicht und unter römischer Herrschaft fortgesetzt wurde. Als im Jahr 680 der Islam in Marokko eingeführt wurde und 99 % des Landes konvertierten, war's das mit der hiesigen Weinindustrie – bis die Franzosen Anfang des 20. Jhs. das Land zu ihrem Protektorat machten und die alten Reben wiederbelebten.

Die Saat geht auf

Anders als in Europa, wo die Reblaus im 19. Jh. die meisten Weinstöcke des Kontinents vernichtete, gediehen die marokkanischen Reben bestens unter warmer Sonne auf der fruchtbaren Erde der Ebenen um Meknès, der wichtigsten Weinbauregion des Landes. Um die Verluste im eigenen Land auszugleichen, exportierten die Franzosen einen großen Teil des Mosts nach Frankreich und in andere europäische Länder. In den 1990er-Jahren nahm sich König Hassan II., der 1952 sein Studium an der Universität Bordeaux abgeschlossen hatte, des marokkanischen Weinanbaus an, was 1998 schließlich zur ersten Appellation d'Origine Contrôlée (AOC) des Landes führte, und zwar für den Coteaux de l'Atlas Premier Cru (die Bezeichnung AOC bescheinigt, dass der Wein in einem bestimmten Gebiet erzeugt wurde). Marokkanische Weine begannen, sich einen Namen zu machen, und das Land verfügt heute über 14 anerkannte Weinbauregionen, die rund 50 Mio. Flaschen pro Jahr produzieren.

Marokkanische Weine sind vielfältig; kultiviert werden u. a. die Rebsorten Cabernet Sauvignon, Grenache, Merlot, Syrah und Tempranillo für Rotweine und Chardonnay, Grenache Blanc, Sauvignon, Viognier und Sauvignon Blanc für Weißweine. Das einzigartige Klima Marokkos – heiße Tage und kühle Nächte – und die vielfältigen Böden des Landes (von Sand über Kalkstein bis hin zu Lehm) schaffen einen unverwechselbaren Terroir und bieten ideale Bedingungen für interessante Weine.

Neue Namen

Trotz des faszinierenden Terroirs waren die angebotenen Weine bis vor 20 Jahren meist einfache Tafelweine. Doch in den späten 90er-Jahren und den Nullerjahren tauchte eine Reihe junger französischer Winzer:innen auf, die den Regeln und Vorschriften

ihrer eigenen AOCs entkommen wollten und bereit waren, ihr Wissen zu teilen und den marokkanischen Weinen ihren Stempel aufzudrücken.

Alles begann mit dem ältesten Weingut Marokkos, Thalvin – Domaine Ouled Thaleb. Es wurde 1926 gegründet und produziert dank der Vision des Winzers Alain Graillot aus dem Rhônetal einen der berühmtesten Weine des Landes, den Tandem (auf anderen Märkten auch Syrocco genannt). Graillot, ein Pionier der interventionsarmen Weinherstellung, entdeckte das Weingut während eines Radurlaubs mit seiner Frau und kam mit den Eigentümern über die gemeinsame Leidenschaft für Syrah ins Gespräch. Sie kamen sofort überein, einen Syrah du Maroc zu kreieren, einen saftigen, pflaumigen, brombeerreichen Wein mit Noten von Veilchen und schwarzem Pfeffer. Obwohl Graillot 2019 verstarb, lebt sein Erbe weiter. Das Weingut stellt auch den äußerst beliebten S de Siroua und einen spritzigen Médaillon Sauvignon Blanc her.

Etwa zur gleichen Zeit, als Graillot im Norden seine Magie entfaltete, geschahen auch weiter südlich, etwa 20 km landeinwärts von Essaouira, spannende Dinge. Der französische Winzer Charles Mélia, der sich Mitte der 1990er-Jahre in der französischen Region Châteauneuf-du-Pape einen Namen gemacht hatte, gründete Val d'Argan. Er lehnte potenzielle Lagen in Chile und Argentinien ab und wählte ein kleines Stück Land wegen der kühlenden Atlantikbrise aus. Er bepflanzte die Weinberge mit Sorghum, um sie vor der heftigen marokkanischen Sonne zu schützen, und bearbeitete das Land mit Kamelen, was ihm schließlich die Zertifizierung als erstes marokkanisches Bio-Weingut einbrachte. Seine Weine unterscheiden sich deutlich von denen weiter nördlich: Sie sind blumiger und, vom Terroir geprägt, mit einem Hauch Salinität.

DAS EINZIGARTIGE KLIMA MAROKKOS – HEISSE TAGE UND KÜHLE NÄCHTE – UND DIE VIELFÄLTIGEN BÖDEN DES LANDES (VON SAND ÜBER KALK BIS HIN ZU LEHM) SCHAFFEN EINEN UNVERWECHSELBAREN TERROIR UND BIETEN IDEALE BEDINGUNGEN FÜR INTERESSANTE WEINE.

Marokkanischer Weinberg

CAVAN-IMAGES/SHUTTERSTOCK ©

Das Herz des Weinanbaus

Meknès im Norden Marokkos ist nach wie vor das Herz der Branche und Sitz des größten Weinkonglomerats des Landes (Les Celliers de Meknès), das jährlich ca. 30 Mio. Flaschen Wein produziert. Das meiste, was in den Regalen von Carrefour (der einzigen Supermarktkette in Marokko, die Alkohol verkauft) zu finden ist, ist zwar ziemlich langweilig, aber es gibt auch Ausnahmen, insbesondere das Vorzeigeweingut Château Roslane. Dieses stellt den ausgezeichneten Les Coteaux de l'Atlas Chardonnay – eine Mischung aus Cabernet Sauvignon, Merlot und Syrah im Bordeaux-Stil – und einen süffigen Wein mit dem Namen La Perle du Sud her.

Auch starke Neulinge finden ihre Fans. Der katalanische Winzer Albert Costa wurde als Berater für die Entwicklung der Weine von Château Roslane hinzugezogen und kreierte aus dem Zayane-Weinberg Azayi. Wie in Kalifornien und Frankreich mischt auch hier der eine oder andere Prominente mit: Der französische Schauspieler Gérard Depardieu erzeugt auf seinem Weingut Les Deux Domaines die kräftigen Rotweine Lumière und Eclipse.

Les Celliers de Meknès produziert vielleicht den meisten Wein Marokkos, aber wie in anderen Weinbauländern lohnt es sich auch hier, nach kleineren Boutique-Marken Ausschau zu halten. Ebenfalls in der Region Meknès liegt die Domaine de la Zouina, die 2002 von den französischen Chateau-Besitzern Gérard Gribelin und Philippe Gervosonare gegründet wurde. Sie stellen die mehrfach preisgekrönten Volubilia und Epicuria sowie ein Olivenöl der Spitzenklasse her. Der Newcomer Domaine de Baccari produziert den Première de Baccari Cuvée Rosée, einen Rosé, der so traumhaft ist, dass er auf den Weinkarten einiger der besten Restaurants in Paris steht. In dem winzigen Dorf Had El Brachoua, zwischen Casablanca und Rabat gelegen, produziert der Winzer Jacques Poulain von La Ferme Rouge die hervorragenden und doch erschwinglichen Weine Le Blanc, Le Gris und Le Rouge. Der weiße Clos Hermitage, eine Mischung aus Viognier, Grenache Blanc und Clairette von der Domaine des 3 Cavaliers, ist wunderbar komplex, mit dem Aroma reifer Pfirsiche und Aprikosen, und ein fabelhafter Begleiter zu einer Tajine mit Huhn, eingelegten Zitronen und Oliven.

Die perfekte Paarung

Wegen ihres Geschmackprofils sind marokkanische Weine wie geschaffen zur Essensbegleitung. Es gibt frische, leichte Gris (ein heller Roséwein), Weißweine, deren Noten von subtilen Zitrusfrüchten bis hin zu reifen tropischen Früchten und gerösteten Nüssen reichen, Roséweine, die nach Pfeffer schmecken, und fruchtbetonte Rotweine mit dem Geschmack von Schokolade und Kaffee – man wird garantiert einen Wein finden, der perfekt zu den marokkanischen Gerichten passt.

Wein & islamisches Marokko

Wie verträgt sich die marokkanische Weinindustrie mit der konservativen islamischen Kultur des Landes, in der Alkohol eigentlich verpönt ist? Der Verkauf von Wein ist in vielen Teilen des Landes eingeschränkt, selbst in Städten wie Fès. Doch in Casablanca, Rabat und Marrakesch trinken die Marokkaner:innen genauso gern ein Glas Wein zum Essen wie ihre französischen Kolleginnen und Kollegen. Die marokkanische Regierung hat die Bedeutung der Weinindustrie für die Wirtschaft des Landes erkannt und Maßnahmen ergriffen, um ihr Wachstum zu fördern, darunter finden sich steuerliche Anreize, finanzielle Unterstützung für Weinkellereien und zaghafte Schritte zur Entwicklung des Weintourismus.

Val d'Argan bietet Verkostungen und Besichtigungen von Weingütern an, es gibt auch ein anständiges Restaurant mit regionaler Küche und ein kleines B&B, falls man sich verwöhnen lassen und übernachten möchte. Die Weinkeller von Château Roslane sind ebenso beeindruckend wie die Weingüter in Frankreich, Spanien und Italien, und ein Boutique-Hotel und ein Restaurant mit gehobener Küche bieten die Möglichkeit, tief in die Welt der Weine einzutauchen. Die Domaine de la Zouina hat sich von den Haciendas inspirieren lassen und bietet Verkostungen an, bei denen der Wein mit lokalem Käse, Schokolade oder einem mehrgängigen Mittagessen kombiniert wird. In allen Fällen ist eine Reservierung ratsam.

Die Zukunft

Die marokkanische Weinindustrie erlebt derzeit eine Renaissance, und es ist an der Zeit, dass Weine von hier bei Wettbewerben weltweit Preise und Auszeichnungen gewinnen. Investitionen in moderne Technologien und Techniken zur Verbesserung der Qualität und Konsistenz der Weine in Verbindung mit ehrgeizigen Eigentümer:innen, die Gastwinzer:innen aus der ganzen Welt einladen, treiben den Wandel voran. Das aufkeimende Interesse an der Herstellung einzigartiger, ökologischer und terroirgeprägter Weine deutet auf eine vielversprechende Zukunft hin, und es ist nur eine Frage der Zeit, bis Marokko zu einem ernsthaften Akteur auf der Weltbühne des Weinbaus wird.

Gemüse-Tajine mit Wein

Tajines, Jemaa el-Fna (S. 52)

ESSBARE GESCHICHTE

Hinsetzen, zurücklehnen, Besteck in die Hand… es wartet der Genuss einer der verführerischsten Küchen der Welt. Von Tara Stevens

MAN STELLE SICH ERBSENSUPPE VOR, die mit Olivenöl beträufelt und mit etwas Salz und Kreuzkümmel fein gewürzt ist, oder den Duft von Orangenblüten, der einem von buttrigem Couscous entgegenweht, in dem sich Stücke von Safranhuhn verbergen. Man stelle sich ein Abendessen vor, das mit jeder Menge Schüsseln duftender Salate und Vorspeisen beginnt, gefolgt von einer zartschmelzenden Lammhaxe, die mit nach Zimt duftenden karamellisierten Zwiebeln überhäuft wurde, oder eine knusprige, mit Zucker bestäubte Pastete, die mit Ras el-Hanout aromatisierter Taubenbrust gefüllt ist. Man stelle sich halbmondförmiges, mit Marzipan gefülltes Gebäck vor und dunkle Kirschen, die mit einem dampfenden Glas Minztee serviert werden, der mit Rosenblättern garniert ist und das Ende einer Mahlzeit signalisiert. All diese Gerichte sind nur ein kleiner Vorgeschmack auf die sinnliche Natur der marokkanischen Küche.

Internationale Einflüsse

Die moderne marokkanische Küche hat zahlreiche Einflüsse erfahren: Amazigh, Arabisch, Afrikanisch, Mediterran, Jüdisch und Französisch. Das Essen reiste mit den Nomadinnen und Nomaden in die Paläste, aus ruhigen Dörfern in hektische Metropolen und über Land, über das Meer und durch die Wüste.

Um die marokkanische Küche richtig zu verstehen, muss man Jahrtausende zurückgehen. Die frühesten Bewohner:innen des Landes waren nomadische Amazigh-Stämme, deren Ernährung hauptsächlich aus Getreide wie Gerste und Weizen sowie aus Hülsenfrüchten wie Linsen, Kichererbsen und Favabohnen bestand. Sie verwendeten Wildkräuter wie Thymian und Oregano sowie herzhaftes Grünzeug wie *bakkoula* (Malve), die auch heute noch in der marokkanischen Küche genutzt werden. Fleisch wurde nur zu besonderen Anlässen verzehrt oder wenn Schafe oder Ziegen starben.

Imazighen & Araber

Den Imazighen sind einige der bekanntesten marokkanischen Gerichte zu verdanken, darunter der Couscous, der traditionell am Freitag (dem heiligen Tag der Muslime) gegessen wird, die *harira*, eine herzhafte Suppe aus Tomaten, Linsen und Kichererbsen, die typischerweise zum Fastenbrechen im Ramadan auf den Tisch kommt, und die Tajine, die in einem Tontopf mit konischem Deckel über Holzkohle gekocht wird, der den gleichen Namen trägt. Zum Backen von Brot wurden – und werden immer noch – Gemeinschaftsöfen verwendet. In ländlichen Gegenden sind die Öfen kuppelförmig und aus verdichtetem Lehm und Stroh gebaut, in den Städten wird in großen Öfen für die ganze Nachbarschaft gebacken.

Als die Araber im 7. Jh. kamen, brachten sie neue Techniken und vor allem eine Vielzahl von Gewürzen wie Zimt, Safran und Kümmel mit. Im 12. Jh. stand Marokko unter der Herrschaft der Almohaden, die das Konzept der Verschmelzung von Süßem und Herzhaftem einführten, ein Geschmacksprofil, das die Grundlage für die beliebtesten Gerichte der heutigen marokkanischen Küche bildete. Man denke nur an Rindfleisch mit Pflaumen und an Lamm mit Quitten. Als sich Marokko im 15. und 16. Jh. zu einem Handelszentrum entwickelte, nahm die Küche richtig Fahrt auf.

Iberische Zutaten, französische Finesse

Spanische und portugiesische Eroberer, die an der marokkanischen Küste zahlreiche Stützpunkte unterhielten, brachten neue Zutaten wie Tomaten, Kartoffeln und Paprika mit, die die Köche auf neue Gedanken brachten. Das Ergebnis waren einige der bekanntesten Gerichte des Landes wie *zalouk* (rauchiger Auberginen- und Tomatensalat) und *taktuka* (langsam geschmorte und gewürzte Paprika), die heute regelmäßig und überall auf dem Speiseplan stehen.

Etwa zur gleichen Zeit, nachdem die katholischen Könige zwischen 1609 und 1614 die Muslime aus der Region vertrieben hatten, geriet Marokko unter den Einfluss der andalusischen Küche. Dies fiel mit dem Aufstieg der Saadier-Dynastie im 17. Jh. zusammen, was eine verfeinerte und luxuriöse Küche zur Folge hatte. Mit Fès als Hauptstadt läuteten die Saadier eine neue Ära der höfischen Küche ein, die manchmal auch als Fassi-Küche bezeichnet wird. Sie zeichnete sich durch reiche und komplexe Aromen, langsames Garen und die reichliche Verwendung von Kräutern, Gewürzen, Trockenfrüchten, Nüssen und Aromastoffen wie eingemachten Zitronen und Oliven aus und veredelte auf geniale Weise einfache Zutaten zu außergewöhnlichen Gerichten.

Als 1912 die Franzosen kamen, trugen auch sie ihren Teil bei, vor allem in Form von Patisserie, Eiscreme, Wein und der Vorliebe für Restaurantbesuche (die es davor nicht gab – denn was würde dies über die kulinarischen Fähigkeiten der eigenen Frau oder Mutter zuhause aussagen?). Durch den aufkommenden Tourismus passten die Restaurants die Speisen den (vermeintlichen) Vorlieben der neuen Gäste an, was leider in der Regel zu einem mittelmäßigen Repertoire führte (zu süßes Rindfleisch mit Pflaumen, geschmackloser Couscous). Großartige Gerichte wie Huhn *r'fissa*, ein Eintopf mit Linsen und Bockshornklee, der oft zur Halbzeit des Ramadan gegessen wird und Müttern, die gerade entbunden haben, als Stärkung dient, waren nirgends mehr zu bekommen.

Moderne marokkanische Küche

Ein paar Jahrzehnte später drückten Marokkaner:innen, die von ihrem Studium oder ihrer Arbeit im Ausland zurückkehrten, der marokkanischen Küche ihren eigenen Stempel auf, ebenso wie Ausländer:innen, die auf der Suche nach Sonne und einem entspannten Lebensstil nach Marokko kamen. Heute vermischen die Restaurants zunehmend marokkanische Aromen mit globalen Einflüssen, bleiben aber immer mit einem Fuß fest auf ihrem Heimatboden – und sie legen Wert auf frische, regional bezogene und saisonale Zutaten. Auch in der Diaspora wächst eine neue marokkanische Küche heran, mit Köchen wie Mourad Lahlou, der in San Francisco mit Enten-*bastilla* Furore macht; Faycal Bettioui nutzt seine marokkanischen Wurzeln, um im Restaurant Zur Krone in Deutschland Michelin-Sterne-Gerichte zu kreieren, und Hassan M'souli aus Sydney hat das von der Kritik hochgelobte Kochbuch *Make it Moroccan* verfasst.

Eine Renaissance der marokkanischen Küche dürfte das Land auch als eines der weltweit führenden kulinarischen Reiseziele bekannt machen. Vier marokkanische

Restaurants stehen auf der Liste der 50 weltbesten im Nahen Osten und Nordafrika: La Grande Table Marocaine, Sesamo und +61 in Marrakesch sowie Iloli in Casablanca. Laufend werden neue, wunderbare Restaurants eröffnet. Es gab nie einen besseren Zeitpunkt, Marokko zu besuchen und die Küche selbst auszuprobieren.

Was man wo isst

Das Rifgebirge an Marokkos traumhaft schöner Mittelmeerküste ist bekannt für Brot, Käse und Honig. Das Brot, *khobz al tawa* genannt, wird aus Weizen- und Gerstenmehl hergestellt und auf heißen Kohlen gebacken. Es passt perfekt zu einem Weißkäse namens *j'ben*, der aus Ziegenmilch oder einer Mischung aus Kuh- und Ziegenmilch hergestellt wird. Man sollte beide Varianten zum Frühstück probieren – beträufelt mit marokkanischem Honig.

Entlang der marokkanischen Atlantikküste findet man Städte wie Oualidia – berühmt für Austern und Hummer – und Essaouira und Agadir, wo frischer Fisch das A und O ist. Jeder Koch und jede Köchin hat eine eigene Interpretation von Chermoula, dem typischen Gewürz der Region, das frische Kräuter wie Koriander und Petersilie mit Knoblauch, Zitronensaft, Kreuzkümmel und Paprika kombiniert. Wer Fisch einmal auf diese Weise angerichtet probiert hat, wird ihn nie wieder anders essen wollen.

In den Ebenen zwischen Fès und Meknès stehen Olivenhaine und Weinstöcke, aus denen einige der besten Öle (das native Olivenöl extra aus Noor und Meknès muss man kosten!) und ausgezeichnete Weine gewonnen werden. Die Region südlich von Essaouira und im Antiatlas ist bekannt für ihr Arganöl. Es kann in süßen und herzhaften Gerichten verwendet werden und eignet sich besonders gut zum Anrichten von Salaten oder zum Beträufeln von gegrilltem Gemüse.

HEUTE VERMISCHEN DIE RESTAURANTS ZUNEHMEND MAROKKANISCHE AROMEN MIT GLOBALEN EINFLÜSSEN, BLEIBEN ABER IMMER MIT EINEM FUSS FEST AUF IHREM HEIMATBODEN – UND SIE LEGEN WERT AUF FRISCHE, REGIONAL BEZOGENE UND SAISONALE ZUTATEN.

Frische Austern, Oualidia (S. 211)

RUSLANKPHOTO/SHUTTERSTOCK ©

Marrakesch ist der Hotspot des Landes, was neue Restaurants angeht, und es ist die Heimat einiger der traditionellsten Gerichte Marokkos. *Tanjia*, nicht zu verwechseln mit Tajine, wird in einem Tontopf im Feuer eines Hamam gegart, manchmal mit Rind- oder Lammfleisch, manchmal auch mit Kamelfleisch.

In der Wüste werden frisches Obst und Gemüse rarer, dafür gibt es häufiger Fleisch, das oft langsam in einer glühend heißen Sandgrube gegart und in *taguella*, ein Fladenbrot aus Gersten- oder Weizenmehl, gefüllt wird.

Während des Ramadan wird die erste Mahlzeit des Tages, *suhoor* genannt, in der Regel vor Sonnenaufgang eingenommen. Sie besteht aus nahrhaften Zutaten, frischen Früchten und Säften, die den Körper während des gesamten Fastentages mit Flüssigkeit versorgen. Nach Sonnenuntergang wird das Fasten mit einer Mahlzeit namens *iftar* gebrochen. Los geht's meistens mit Datteln und Milch, gefolgt von *harira* mit *chebakia* (einem süßen, in Sirup getränkten Sesamgebäck), *msemen* (einem quadratischen, gefalteten Pfannkuchen) und *harcha* (einem groben Grießbrot), serviert mit Honig, Käse oder Marmelade. Es folgen Spieße, Tajines oder *bastillas*, und zum Schluss gibt es haufenweise süßes Gebäck und Obst.

Bank al-Maghrib, Casablanca (S. 201)
MITZO/SHUTTERSTOCK ©

ARCHITEKTONISCHE ABENTEUER

Neben geometrischen *zellij*-Fliesen, aufwendig geschnitzten Türbögen und beeindruckenden *zouak*-Decken gibt es noch andere Architektur-Formen. Von Mandy Sinclair

ZU ZEITEN DES FRANZÖSISCHEN PROTEKTORATS in Marokko florierten in Europa Art déco und Jugendstil. Mit dem Eintreffen internationaler Architektinnen und Architekten kamen diese Stilrichtungen auch nach Casablanca, wenn auch oft mit lokalem Einfluss. Diese architektonische, auch neo-maurisch genannte Stilrichtung ist eine Mischung aus europäischem Art déco und Jugendstil mit marokkanischen Elementen, z. B. *zellij*-Fliesen für Fassaden, aufwendig geschnitzter Gipsputz und mehr.

Casablancas Innenstadt ist ein schönes Beispiel für die Architektur des 20. Jhs. in Marokko. In Zeiten des Protektorats (1912–1956) bezeichnete General Lyautey die Stadt als das Wirtschaftszentrum des Landes. In der Folge erfuhr sie ein bedeutendes Wachstum, da die Landbevölkerung und internationale Ortsansässige die Möglichkeit wahrnahmen und nach Casablanca zogen. Der Hafen wurde erweitert und überall entstanden neue Stadtviertel. Die architektonischen Reste von Casablancas Wirtschafts- und Bevölkerungsboom sind noch heute sichtbar.

Nur ein paar Schritte von der Ancienne Medina (Alte Medina) entfernt, entwickelte sich in den Jahren des Protektorats das Verwaltungszentrum, das heute als Place Mohammed V. bekannt ist. Der Platz wird beherrscht von Marokkos Zentralbank, der Bank al-Maghrib, die im neo-maurischen Stil errichtet wurde. Die rautenförmigen Motive an der goldenen Fassade ähneln denen von Beni-Ouarain-Teppichen, darüber befinden sich Muster, ähnlich denen an Minaretten aus der Zeit der Almohaden-Dynastie.

Auf der anderen Straßenseite steht das Postamt mit seiner blau-grün gefliesten Fassade, schönen *zellij*, Marmor-Briefschlitzen (mit gut sichtbaren Ortsangaben) und grünen Dachziegeln. Auch dieses Gebäude wurde im neo-maurischen Architekturstil errichtet. Die Medaillons außen am Gebäude sollen an die bedeutende Rolle erinnern, die die Stadt einst für Luftpostdienste spielte.

Vom Hauptplatz abgehende Nebenstraßen sind gesäumt von Geschäfts- und Wohnhäusern. Eine riesige Steinkrone toppt das Gebäude mit dem passenden Namen La Princière (dt. „Fürstliches"). An der Place du 16 Novembre in der Nähe befinden sich zahlreiche architektonische Perlen. Von besonderem Interesse ist das Tazi-Gebäude

mit Jugendstil-Kiefernzapfen, die an den Ecken der geometrischen Stützen für einen dekorativen Touch sorgen, und mit farbenfrohen *zellij*-Mosaiken, die den Fensterrahmen des weiß gestrichenen Gebäudes ein paar Farbtupfer verleihen. Das wie ein Ocean-Liner aussehende Äußere und die Treppen im Inneren des Bendahan-Gebäudes (1935) sind Beispiele für das Subgenre namens Stromlinien-Moderne. Marmorfußböden mit geometrischen Mustern schmücken die Lobby, durch eine geometrische Acht-Punkte-Halterung aus Glas und Schmiedeeisen scheint Tageslicht. Die Motive um die Beleuchtungskörper entsprechen denen, die am Gebäudeäußeren zu sehen sind.

Open-Air-Architekturmuseum

Der Boulevard Mohammed V. ist ein wahres Architekturmuseum unter freiem Himmel. Beide Seiten dieser Straße, die früher auch die Champs-Élysées von Casablanca genannt wurde, sind von weiß gestrichenen Häusern aus den 1910er- und 1920er-Jahren gesäumt. Die prächtigen Gebäude sind mit traditionell marokkanischen Elementen wie farbenfrohen *zellij* und Spitzen ähnelnden Stuckarbeiten sowie mit Art-déco-Motiven verziert.

Angesichts der Theater im Herzen der Stadt und der sich im Bau befindlichen Apartmentblocks ist es verständlich, dass Hotels – das Hotel Transatlantique (1922) mit seinen Stuckarbeiten rund um den prachtvollen Eingang im Art-déco-Stil, das Hotel Volubilis (1920) im Jugendstil und das Art-déco-Hotel Lincoln (1916; z. Zt. Umbauarbeiten) – Reisende beherbergen möchten und dass eine neue Bewohnerschaft in dieser boomenden Stadt auf die Fertigstellung neuer Wohnungen in diesem Viertel wartet.

Casamemoire (casamemoire.org), eine in Casablanca ansässige Denkmalschutzorganisation, öffnet während der jährlich stattfindenden Tage des offenen Denkmals verschiedene Gebäude, um die Aufmerksamkeit auf die architektonischen Perlen aus dem 20. Jh. zu lenken.

Auf den Spuren des Modernismus

Mitte des 20. Jhs. kamen weltweit neue Stilrichtungen auf, die schließlich auch ihren Weg nach Marokko fanden. Nachdem das Land unabhängig geworden war, gründete Elie Azagury, einer der ersten modernistischen Architekturschaffenden Marokkos, die Group of Moroccan Modern Architects (GAMMA). In dieser Zeit wurde die Architektur Marokkos durch aufkommende internationale Stilrichtungen beeinflusst.

Internationale Stilrichtungen wie Brutalismus, der für die Verwendung von Rohmaterialien und monochromatischen Farbtönen bekannt ist, wurden mit einem marokkanischen Touch versehen. Brutalistische, vorwiegend aus Sichtbeton bestehende Gebäude wurden in Marokko oft angestrichen (z. B. weiß in Casablanca oder pinkfarben in Marrakesch). In Rabat und Casablanca, den administrativen und wirtschaftlichen Hauptstädten, gibt es zahlreiche brutalistische Gebäude – Universitäten, Schulen und Regierungsgebäude –, die zu Beginn der Unabhängigkeit schnell gebaut wurden. Anders ist in Marokko aber, dass diese Häuser manchmal mit glasierten Fliesen geschmückt sind, wie etwa das Post-Sortier-Zentrum (1979) in Casablanca.

Die symmetrischen Linien und der schlanke Minimalismus des Modernismus hielten Einzug in den Bau von Villen und Hotels, die schließlich im ganzen Land auftauchten. In der modernistischen Villa Suissa (1947), die von Jean-Paul Zevaco und Paolo Messina entworfen wurde, befindet sich nun eine Außenstelle der französischen Café-Kette Paul mit dem rundlichen Marmorkamin, an dem man Kaffee schlürfen kann. Im ersten Stock erinnern eine schicke Bar mit Barhockern à la Gaudi an frühere Zeiten. Vom Gartenbereich aus ist das raumschiffartige Äußere in seiner ganzen Pracht zu sehen.

Die Gruppe Mémoire des Architectes Modernes Marocains (MAMMA) schützt die Architektur aus der Zeit nach der marokkanischen Unabhängigkeit und hat 2019 einen brutalistischen Casablanca-Stadtplan erstellt. Einige Stätten auf dem Plan sind für die Öffentlichkeit zugänglich, u. a. der Straßenmarkt von Agadir von Jean-Francois Zevaco, in dem der Handel durch ein Betonplattendach vor dem Wetter geschützt wird. Die Karte kann man online und in ausgewählten Geschäften in ganz Marokko kaufen (mammagroup.org/moderncasablancamap).

Zu den weiteren Privatvillen, die zu besonderen Anlässen besichtigt werden können, zählt die Villa Camembert (1962), die aufgrund ihres runden Designs auch als Villa Ronde bekannt ist. Der deutsche Architekt Wolfgang Ewerth verwendete für dieses runde Haus, das von der Hauptstraße aus zu sehen ist, die fünf architektonischen Punkte von Le Corbusier. Ein Teil des Hauses wird von Stützen getragen, es weist eine freie Grundrissgestaltung, einen Dachgarten und vertikale Fenster an der ganzen Fassade auf.

Die Ateliers Vincent Timsit (1952), ein weiterer, nicht immer für die Öffentlichkeit zugänglicher Industrieraum von Zevaco, lohnt den Besuch wegen seines modernistischen Äußeren. Strategisch angeordnete, getönte Fenster ermöglichen die Luftbewegung (und Sonnendurchlässigkeit), da die Büroangestellten einst an ihren Schreibtischen in der Nähe saßen. Eine Wendeltreppe aus Beton führt zu den Büros im ersten Stock.

Der Modernismus breitete sich dann auch außerhalb Casablancas aus. Einige bemerkenswerte Beispiele dieses Stils wurden von Abdeslem Faraoui und Patrice de Mazières entworfen, die angesichts der wachsenden Tourismusindustrie im Land modernistische Hotels bauten.

Ein Touri-Zentrum

Ähnlich den anderen *villes nouvelles* im ganzen Land, wuchs auch Marrakeschs Viertel Gueliz in Zeiten des Protektorats. In der Folge des steigenden Ansehens der Stadt als Touri-Ziel entstanden Kinos und Theater, und zu diesen Gebäuden gehört u. a. der von Serge Escharavil entworfene Ciné-Palace (1926), dessen Art-déco-Fassade noch heute bewundert werden kann. Das Restaurant Bagatelle (1949) auf der anderen Straßenseite hat eine Jugendstildecke sowie eine Sammlung alter Abrisszettel, Fotos und Erinnerungsstücke, mit denen die ganze Wand vollgekleistert ist. Das für diese Zeit typische Koutoubia Hotel (1930er-Jahre) vermischt Marokkanisches und Jugendstil mit Neo-Maurischem.

DER BOULEVARD MOHAMMED V. IST EIN WAHRES ARCHITEKTURMUSEUM UNTER FREIEM HIMMEL. BEIDE SEITEN DIESER STRASSE, DIE FRÜHER AUCH DIE CHAMPS-ÉLYSÉES VON CASABLANCA GENANNT WURDE, SIND VON WEISS GESTRICHENEN HÄUSERN AUS DEN 1910ER- UND 1920ER-JAHREN GESÄUMT.

Blvd Mohammed V., Casablanca (S. 201)

GARY YIM/SHUTTERSTOCK ©

Die Hauptgeschäftsstraße, die Ave Mohamed V., wurde für den Handel mit niedrigen Gebäuden im Art-déco-Stil entworfen. Die Arkadengänge sollten Schutz vor der Sonne bieten. Zu den marokkanischen Elementen zählen quadratische *zellij*-Fliesen außen an den Eingängen und schmiedeeiserne Türen in den gleichen geometrischen (für *zellij*-Fliesen typischen) Formen, die oft an Wänden von Palästen zu sehen sind.

Die Architektur heute

Die marokkanische Architektin Aziza Chaouni arbeitet mit Hilfe eines Zuschusses der Getty-Stiftung zusammen mit dem Eigentümer des Sidi Harazem Thermalbads am Erhalt der Anlage. Das nahe Fès gelegene Bad wurde 1960 von Jean-François Zevaco entworfen. Die Bemühungen zeigen die doppelte Herausforderung, denen sich Architekturfans in Marokko stellen müssen: Altes schützen und gleichzeitig Neues errichten.

Apropos neu: Das in Casablanca ansässige Atelier Rachid Andaloussie Architecte steht für beachtliche Gebäude im ganzen Land, u. a. dem Kunsthandwerkskomplex Azemmours, dem Grand Théâtre de Casablanca (2019) im Stadtzentrum und Rabats Nationalbibliothek. In Marrakesch haben die französischen Architekten Karl Fournier und Olivier Marty vom Studio KO mit handwerklichem Können und Geschick u. a. mit dem preisgekrönten Musée Yves Saint Laurent (2017) sowie dem Interieur des Grande Café de la Poste und des Heure Bleue Hotel in Essaouira ihren Fingerabdruck hinterlassen.

Unterdessen hat sich die Stararchitektin Zaha Hadid in Rabat mit dem weißen, raumschiffartigen Grand Théâtre de Rabat (2020) verewigt. Der angrenzende Bou-Regreg-Fluss soll sie inspiriert haben.

Lampenherstellung, Marrakesch (S. 46)

(FOTO VON CREATIVE TOUCH IMAGING LTD./NURPHOTO VIA GETTY IMAGES)

MADE IN MAROKKO

Begeisternde Kunsthandwerker:innen, bescheidene Werkstätten und jahrhundertealtes Handwerk geben dem Einkaufen vor Ort eine ganz neue Dimension. Von Mandy Sinclair

NICHTS ZU TUN MIT den Kaufhäusern der westlichen Welt und dem Onlinehandel hat das wuselige, inspirierende Gebiet rund um Marrakeschs Medina mit all den Souks. In dieser Gegend hat jedes Handwerk seinen eigenen Souk (Markt), einen autarken Handwerksbereich.

Die Souks sollte man früh besuchen, bevor das Gewimmel in den Straßen zu groß wird. Außerdem kann man dann die Handwerker:innen beobachten, die auf dem Weg in ihre Werkstätten einen Frühstücksstopp einlegen. An einer kleinen Ecke der Medina, nur einen Katzensprung vom Lederviertel entfernt, verkauft ein Mann *bissara*. Diese Bohnensuppe wird aus einem großen Topf in Schalen umgefüllt und mit ein paar Spritzern Olivenöl versehen. Normalerweise gibt's heißen Tee und den melodischen Klang des Korans im Hintergrund gratis dazu. Es ist eine beliebte Frühstückslocation für die in der Gegend arbeitenden Handwerker:innen.

Ganz in der Nähe befinden sich der Souq Smata, das Schuhmacherviertel, und der Souq Cherratine, das Lederquartier. Täglich (außer freitags) treffen sich auf den Ledermärkten Lederschmiede und -schmiedinnen auf der Suche nach Häuten für Schuhe und Taschen. Ballen mit Innenfutter für die Taschen und Schuhsohlen sind auch nur ein paar Schritte weit weg. Unweit der Medersa Ben Youssef trocknen kurzlich gefärbte Häute in der Sonne. Messerschleifer:innen schärfen stumpfe Werkzeuge im Handumdrehen. Alle Geschäfte und Dienstleistungen liegen in der Nähe.

Am Spätvormittag ist die Gegend im Hektik-Modus. Den Arbeitenden in den kleinen Werkstätten werden Kannen voller Tee geliefert, auf den Fernsehern sind Nachrichten oder ein Fußballspiel zu sehen. Um die Mittagszeit bereiten Ladeninhaber:innen Gemüse und Fleisch vor, das sie dann in einer Tajine über einer Gasflasche neben dem Laden garen. In der Zwischenzeit verkaufen Frauen, die auf ihren (ebenfalls in den Souks hergestellten) Rattan-Stühlen sitzen, Brot, das sie auf ihren kleinen Holztischen ausgebreitet haben – ein problemlos zu transportierender „Laden".

In diesen Geschäften, die sich in den schmalen Gassen in Marrakeschs Medina verstecken, kaufen Einheimische, Expats und Riad-Besitzer:innen alles, was sie für ihre Wohnungen oder Gästehäuser benötigen. Auch Traveller besuchen die Souks auf der Suche nach dem perfekten Souvenir. Sie ver-

bringen dort oft Stunden, bewundern die ausgestellten Waren, begutachten Webwaren und streichen über die Oberflächen von Holzschachteln mit Perlmuttintarsien.

Und wo wir gerade von Souvenirs sprechen, zu sternförmigen Windlichtern zusammengeschweißtes satiniertes Glas und perfekt unperfekt in verschiedene Formen und Größen gehämmerte Windlichter sind ein magisches Fotomotiv. Und dann gibt es auch noch die Teppiche, die in allen nur erdenklichen Farben die Wände der Teppichläden im Souq Zrabi, dem Teppich-Souk, schmücken. Die leicht an ihren Rautenmustern zu erkennenden, cremefarbenen Beni-Ouarain-Teppiche kommen aus dem Mittleren Atlas. Taznakht-Teppiche erkennt man an ihren rautenförmigen und dreieckigen Mustern in Blau-, Orange- und Rottönen und anhand von drei unterschiedlichen Webstilen: Flachgewebe, Stickerei und Knoten.

Exklusive Händler:innen bieten ihrer Kundschaft an, nach ihren Vorstellungen gefertigte Teppiche herzustellen. Anschließend weben Frauen die Teppiche dann per Hand an ihren Webstühlen. Der zeitliche Rahmen kann sehr unterschiedlich sein, so kann es Monate dauern, bis man den eigenen maßgeschneiderten Teppich in den Händen hält.

Die Teppiche erscheinen riesig, wenn sie aber zusammengelegt sind, kann man sie oft als Handgepäck mit ins Flugzeug nehmen.

Moderne Designs für den modernen Gebrauch

Wer in den Souks von Marrakesch handgefertigte Waren entdeckt, die zum heimischen Dekor passen, sollte ernsthaft über den Kauf nachdenken. Glücklicherweise scheinen die Handwerker:innen in Marrakesch auf Trends eingestellt zu sein und stellen Produkte her, die internationale Traveller für ein paar Dirhams gern als einzigartiges Souvenir mit nach Hause nehmen. Wie wär's z. B. mit aus Wolle gewebten Pompomdecken, die in Genossenschaften außerhalb der Stadt oder auch in kleinen Werkstätten in der Medina hergestellt werden? Die Farbkombinationen und Stile der warmen Winterdecken wechseln ständig, um mit Design-Trends Schritt zu halten.

Die im Lederviertel angebotenen aufwendig bestickten, knallbunten Ledertaschen werden traditionell von Amazigh-Männern in ländlichen Gegenden benutzt. Mit etwas Glück kann man Handwerker:innen bei der Herstellung der Ledertaschen über die Schultern schauen. Sie sind aber nur selten anzutreffen, und man kann nur hoffen, dass sie ihre Fähigkeiten an die nächste Generation weitergeben, und zwar nicht nur in einer Werkstatt in der Altstadt.

Farbenfrohe Illustrationen der unterschiedlichen Branchen und Berufe – Yogalehrer:innen, Psycholog:innen und Rechtsanwält:in-

Souk Semmarine (S. 62), Marrakesch

nen – sind unvergleichliche Souvenirs. Sie sind überall in der Medina erhältlich. Manchmal stolpert man auch über einen Kunstschaffenden bei der Arbeit, eine gute Gelegenheit, direkt eines der Werke abzukaufen.

Im Souq Seffarine (Kupferwaren-Souk) hämmern junge Männer solange auf Metalltabletts herum, bis sie wieder in ihrem Originalzustand sind und verkauft werden können. Andere Schmiede und Schmiedinnen stellen aus Kupferblech Windlichter her. Sie geben gern ihre Werkzeuge weiter, sodass Interessierte selbst Hand anlegen können und einen Eindruck davon bekommen, wie anstrengend diese Arbeit ist.

In einer anderen kleinen Werkstatt mitten im Souq Haddadine (Metall-Souk) kann man Kunstschaffende dabei beobachten, wie sie mit einem Beitel Verzierungen in feuchte Gipsputzfliesen schnitzen. Neugierige bleiben oft stehen und bewundern die Arbeiten. Derartige von Hand hergestellte Produkte sind vorwiegend in älteren Häusern und Palästen zu sehen. Interessierte können sich hier eine Fliese für zu Hause kaufen oder ihre eigenen Vorstellungen realisieren lassen. Unbedingt Preis und Lieferdatum vorab vereinbaren.

IN DIESEN GESCHÄFTEN, DIE SICH IN DEN SCHMALEN GASSEN IN MARRAKESCHS MEDINA VERSTECKEN, KAUFEN EINHEIMISCHE, EXPATS UND RIAD-BESITZER:INNEN ALLES, WAS SIE FÜR IHRE WOHNUNGEN ODER GÄSTEHÄUSER BENÖTIGEN. AUCH TRAVELLER BESUCHEN DIE SOUKS AUF DER SUCHE NACH DEM PERFEKTEN SOUVENIR.

Souq Smata, Marrakesch (S. 46)

A.PUSHKIN/SHUTTERSTOCK ©

Jetzt aber ran an die Arbeit

Beim Bummel durch die Medina von Marrakesch hat man bestimmt viele farbenfrohe zum Kauf angebotene *babouches* (Pantoffel) gesehen. Einer dieser Läden versteckt sich in unmittelbarer Nähe des Souk Semmarine auf einer der Hauptdurchgangsstraßen des Souks. Das weitläufige Geschäft bietet Pantoffel in allen Regenbogenfarben aus Glatt- und Wildleder an. Wenn man der Versuchung erlegen ist, kommt der schwerste Teil: Welche Farbe sollen die Troddel haben?

In den Ateliers d'Ailleurs (ateliersdailleurs.com) lernt man in halbtägigen Workshops, die traditionelle Schuhherstellung besser anzuerkennen und zu verstehen. In den Workshops, die in dem Geschäft und Studio des Handwerkers stattfinden, müssen angehende Schuhmacher:innen die Ärmel hochkrempeln. Unter der Aufsicht des Schuhherstellers Youssef lernt man, eigene *babouches* zu entwerfen. Schließlich verlässt man die Werkstatt mit einem Paar bunten, selbst gemachten Schuhen.

Los geht's mit der Wahl der Farbe des Leders und der Größe. Dann werden Muster zugeschnitten und das Leder, aus dem die neuen Schuhe hergestellt werden sollen, wird gedehnt. Youssef passt auf und hilft beim Zusammennähen der einzelnen Teile. Es ist aber der Job der Teilnehmenden, die Schuhe zu formen – eine echte Kraftanstrengung.

Der Workshop dauert drei Stunden, vielleicht auch länger, wenn man die Teepause (mit marokkanischem Gebäck) mitrechnet. Währenddessen kommen Leute in das Geschäft, die sich von den Farben an den Wänden im Ateliers d'Ailleurs angezogen fühlen, fragen nach den Preisen der Pantoffel – und haben mit Sicherheit keine Ahnung, wie viel Arbeit in deren Herstellung steckt, ganz zu schweigen vom Material. Aber das kann man von den Teilnehmenden nicht mehr behaupten.

Außer um die Laufkundschaft müssen sich die Geschäftsleute oft auch um die Erledigung der Großhandelsaufträge und den Versand ins Ausland kümmern. Das soll uns daran erinnern, dass das, was wir in den Souks sehen, nur ein Prozentsatz dessen ist, was ins Ausland versandt wird.

Nachdem man die eigenen *babouches* hergestellt hat, hat man vielleicht Lust bekommen, im Ateliers d'Ailleurs an einem *tadel-*

akt-Workshop teilzunehmen. Die samtigen, handpolierten *tadelakts* (Kalkputzplatten) schmücken die Wände in vielen Riads (Pensionen) in der Medina – oft in allen Farben, von helltürkis bis strahlendgrau. Die Workshop-Teilnehmenden lernen, ihre (behandschuhten) Hände direkt in die Kalklösung zu stecken und auf die Oberfläche von Schmuckkästchen zu schlagen, die sie letztendlich mitnehmen werden. Zuvor muss aber die Oberfläche geglättet und sichergestellt werden, dass keine Beulen oder Lücken vorhanden sind. Dann wird sie mit der berühmten schwarzen Seife poliert, die oft auch benutzt wird, um die Haut vor einem Besuch im Hammam geschmeidig zu machen.

Präzision und Geduld im *zellij*-Workshop

Wer mit der Schuhherstellung nichts am Hut hat, kann in einem halbtägigen Workshop seine Fähigkeiten bei einer Koryphäe der *zellij*-Kunst testen (zu buchen über Ateliers D'Ailleurs). Mit Werkzeug und bunten Fliesen bestückt lernt man, die Stücke einzuritzen, um die grandiosen geometrischen Muster auf den Mosaik-Fliesen zu schaffen. Es erfordert viel Geduld, nur ein einziges Stück des Puzzles herzustellen, das schließlich riesige Flächen großer Paläste in der Medina schmückt. Wer es professionell erlernen will, benötigt mehrere Monate, um jeden einzelnen Schritt der Herstellung zu beherrschen. Nur dann kann man die Hoffnung hegen, ein Glanzstück zu schaffen, das man nicht nur in Palästen, sondern auch in Privathäusern, auf Tischplatten und an Springbrunnen bewundern kann.

Um diese Kunst wirklich schätzen zu können, sollte man Marrakeschs Musée des Confluences oder die Medersa Ben Youssef besuchen. Wer mit der Hand über eine Wand voller *zellij* streicht, spürt jede kleine Rille. Man wird erneut verblüfft sein über die Vorstellungskraft, Kunst und Ausdauer der Menschen, die diese Werke schaffen.

Wer ein *zellij*-Souvenir haben möchte, sollte zu Khalid Efassi in den Souq Medersa gehen, dem einzigen *zellij*-Künstler auf der Straße. Khalid sitzt auf dem Fußboden inmitten von Artikeln, die er zum Verkauf anbietet: Untersetzer, Beistelltische, Hausnummern mit *zellij*-Mustern in unzähligen Farben. Auf dem Boden um ihn herum liegen knallbunte Fliesen, die nur darauf warten, perfekt geformte *zellij* zu werden. Manchmal hämmert er schnell ein Herz aus, das er netterweise denjenigen schenkt, die seine kleine Werkstatt besuchen. Auf Wunsch hergestellte Stücke wie *zellij* mit Hausnummern werden oft recht schnell gefertigt, Beistelltische mit bestimmten Farbmustern könnten länger dauern. Der Fantasie für die individuellen Stücke sind keine Grenzen gesetzt.

Glatthämmern

Wer Metallarbeiten bevorzugt, nimmt über Ateliers D'Ailleurs an einem Workshop bei Mohammed teil. Mohammed stellt Ornamente für kleine Boutiquen in der ganzen Stadt her. Fotos und Urkunden an den Wänden würdigen seine Arbeiten. Sein Ausstellungsraum ist vollgestopft mit herrlichen Designs und einmaligen Stücken. Im Rahmen der Workshops bearbeiten die Teilnehmenden ein Metallstück mit dem Hammer und formen es in eine Schale. Es ist eine kleine Meisterleistung, die vor allem Arme und Ohren auf die Probe stellt. Aber das Ergebnis – ein kleines, in der Medina von Marrakesch handgefertigtes Schälchen – ist es wert.

Diese Workshops und Handwerker:innen wie Mohammed stehen für ein Kunsthandwerk und eine Lebensweise, die immer gefragter werden. In einer Welt, in der vieles in Massen und in Fabriken in fernen Ländern produziert wird, geht die Beziehung zu den Menschen, die die Waren herstellen, die wir mit nach Hause nehmen, verloren. Das billigste Produkt gewinnt immer, wodurch der Markt für handgemachte Artikel schrumpft und der Lebensunterhalt der Kunsthandwerker:innen bedroht ist. Und das Ergebnis? Traditionelle Handwerkskunst geht verloren.

Das wirft auch die Frage auf, inwiefern man in den Souks um den Preis handeln sollte. Wie beharrlich sollte man für ein einzigartiges Souvenir aus Marokko feilschen, vor allem wenn man weiß, dass für die Herstellung kunsthandwerkliches Wissen und besondere Fähigkeiten erforderlich sind? Was bedeutet ein erheblich niedrigerer Preis für die Hndwerker:innen? Wer an einem Workshop teilgenommen hat, kennt die Antwort.

***Zellij*, Musée des Confluences (S. 68) in Dar El Bacha, Marrakesch**

DAS ALLEINSEIN GENIESSEN

Die Wüste mit ihren wandernden Dünen und Kamelkarawanen gehört zu den faszinierendsten Orten dieser Welt. Von Sarah Gilbert

IN DER HEUTIGEN hyper-vernetzten Welt gibt es nur wenige Orte, an denen man wirklich abschalten kann. Die Wüste ist einer dieser Orte. Man sollte sich vom Camp etwas entfernen, nicht so weit, dass man verloren geht, aber weit genug, um die Wüste für sich allein zu haben und um auf eine vom Wind geformte Düne kraxeln zu können. Dann sollte man sich hinsetzen, die Stille auf sich wirken lassen und zuschauen, wie die letzten Sonnenstrahlen den Sand golden, orange, rot und lila färben, bevor die Silhouette der Dünen schwarz wird und erste Sterne aufblinken.

Wüsten definieren sich nicht durch Sand, sondern durch einen Mangel an Niederschlag. Die Sahara ist die drittgrößte Wüste der Welt nach der Antarktis und der Arktis. Und Marokko wird durch seine Geographie definiert. Die zerklüfteten Gipfel des Hohen Atlas ziehen sich diagonal durch das Land. Südlich davon befinden sich Oasen und Wüste, die mit einem als *hamada* bekannten Mix aus sonnengebleichtem Sand und Felsen beginnt und in einem Sandmeer endet, das sich bis zum Atlantik im Westen und über die algerische Grenze hinaus im Osten erstreckt.

Von oben links im Uhrzeigersinn: Tamariske in der Sahara; Sijilmassa; Wüstenfuchs; Sahara-Dünen

Und genau in diesem rauen, kompromisslosen Gebiet begannen die Transsaharakarawanen ihren Geschäften nachzugehen. Zwischen dem 7. und dem 14. Jh. zogen sie mit ihrer Fracht aus Gold, Salz, Gewürzen, Elfenbein und Versklavten über ein Streckennetz von Norden nach Subsahara-Afrika.

Und all das geschah dank der Kamele aus Arabien. Kamele sind für die Wüste besser geeignet als Pferde, sie benötigen kaum Wasser und können schwere Lasten über lange Strecken transportieren. Auf einem Dromedar über die Dünen zu schaukeln, ist noch immer die beste Art, die Wüste zu entdecken.

Für Menschen war Wasser auf ihren Expeditionen lebenswichtig, und Oasen entwickelten sich dort, wo kleine grüne Spitzen von Palmen durch die gelbbraune Erde drangen. Heute sind die Reste der einst prächtigen Handelstadt Sijilmassa von Sand bedeckt und nur Ruinen eines verzierten Tors deuten auf ihre Bedeutung im 8. Jh. hin, als der Ort ein Stopp für Karawanen mit bis zu 12 000 Kamelen war. Sie zogen gen Süden zu den Salzminen im heutigen Mali und weiter nach Ghana und Niger, wo ein Pfund Sahara-Salz eine Unze afrikanisches Gold wert war.

Bedeutend für die Wüstenarchitektur ist die einer Festung ähnelnde Kasbah aus Lehm. Die Zufluchtsorte für Möchtegern-Banditen in Gegenden, in denen es im Sommer heiß und im Winter eiskalt ist, bestehen aus kleinen Räumen, die um Höfe angeordnet sind. Die Tiere lebten unten, die Handelnden oben.

Sie waren aber nicht nur ein Schlafplatz, sondern ein Ort für kulturellen Austausch. Innerhalb der Mauern mischten sich Menschen verschiedener Sprachen, Bräuche und Religionen, die Geschichten, Essen und Waren austauschten. Die Wüstenkultur ist noch immer lebendig in Oasenstädten wie Zagora (mit dem Schild „Timbuktu, 52 Tage") und Amezrou, wo afrikanische, muslimische, jüdische und berberische Glücksbringer aus Metall weiterhin von Hand hergestellt werden.

Flora und Fauna

Außerhalb der Oasen, wo im Sommer die Temperaturen tagsüber um die 50 °C erreichen, bietet die anscheinend unfruchtbare Landschaft einer überraschenden Vielfalt von Pflanzen und Tieren einen Lebensraum.

Spitze Tamarisken und die dornige Acacia haben schmale Blätter, durch die die Verdunstung verringert wird, und lange Wurzeln. Die Palmen in den Oasen liefern Holz für Häuser, Blätter für die Dächer, Seile, Körbe und Matten sowie Datteln, die reich an Ballaststoffen und Antioxidantien sind. Wüstenbewohner:innen glauben, dass jemand, der sich in den Dünen verirrt hat, mit Wasser und sieben Datteln pro Tag überleben kann.

Es gibt auch schwer zu entdeckende Säugetiere. Der Fennek (Wüstenfuchs) hat riesige, fledermausähnliche Ohren, über die er die Hitze ableitet. Er lebt unter der Erde und jagt nachts Springmäuse oder Wüstenmäuse, die dank ihrer langen Beine über die Dünen hopsen. Die kleine Sandkatze mit eher nomadischem Verhalten hat ein cremefarbenes Fell, das die Hitze ableitet, und fellbesohlte Pfoten, damit sie nicht im Sand versinkt.

Die Wüste ist auch die Heimat von Nomadenvölkern, Kamel-, Ziegen- und Schafzüchter:innen. Alles, von den Zelten, die traditionell aus schwarzem Ziegenhaar hergestellt werden, bis zu ihren funktionellen Besitztümern und ihrem Essen, entspricht einem genügsamen Leben. Als Nahrungsmittel dienen u. a. Fleisch, Milch und Käse von ihren Tieren und *madfouna* (arabisch, „eingegraben"), eine Nomadenpizza, die traditionell im Saharasand gegart wird. Nach altem Rezept wird der ausgerollte Teig über einer Füllung aus bspw. Fleisch, Eiern, Nüssen und Gewürzen ausgebreitet und festgedrückt. Ein Loch im Sand wird mit Steinen ausgelegt, darin wird ein Feuer angezündet, auf das der Teig gelegt und mit Sand bedeckt wird. Wenn eine Dampfwolke entsteht, ist die Pizza fertig. Bevor man sie aber essen kann, muss die schwarze Kruste abgekratzt werden.

Der Schriftsteller Paul Bowles war der Meinung, dass Menschen sich verändern, wenn sie eine Zeit lang in der Wüste leben. In *Their Heads are Green and Their Hands are Blue: Scenes from the Non-Christian World* (1963) schrieb er: „... wer dort war und die wahre Einsamkeit erfahren hat, dem ist nicht mehr zu helfen. Wer von dem riesigen, leuchtenden, stillen Land verzaubert ist, für den gibt es kein anderes Land, und keine andere Umgebung kann dieses äußerst zufriedenstellende Gefühl, inmitten von etwas Absolutem zu existieren, erzeugen."

Daran hat sich kaum etwas geändert. Sobald die Sandpiste zu einem Asphaltweg wird, klingeln die Handys, aus den Radios dröhnt Musik. Dann wünscht man sich zurück in die Wüste mit ihrer wilden Schönheit.

REGISTER

A

B

C

Verweise auf Karten **000**

Verweise auf Karten **000**

Verweise auf Karten **000**

T

U

V

W

Verweise auf Karten **000**

„Aus massiver Bronze gegossen und von kunstvollen Zinnen umgeben: Die Tore des Königspalastes (S. 281) stellen die Wochentage dar, wobei das größte in der Mitte ausschließlich vom Monarchen benutzt wird."

TARA STEVENS

„Eine Legende erzählt, dass einer armen Frau und ihrem Sohn die Gastfreundschaft von einer reichen Familie verweigert wurde, woraufhin Gott beleidigt war und die Familie unter den Sandhügeln des Erg Chebbi vergrub (S. 166)."

SARAH GILBERT

LINKS: TODAMO/SHUTTERSTOCK ©, RECHTS: EVENFH/SHUTTERSTOCK ©

ÜBER DIESES BUCH

Lonely Planet Global Limited
Digital Depot, Roe Lane (off Thomas Street)
Digital Hub
Dublin 8
D08 TCV4
Ireland

Verlag der deutschen Ausgabe:
MAIRDUMONT
Marco-Polo-Str. 1
73760 Ostfildern

www.lonelyplanet.de, www.mairdumont.com, lonelyplanet-online@mairdumont.com

Marokko

6. deutsche Auflage Februar 2024 übersetzt von *Morocco*, November 2023, Lonely Planet Global Limited

Deutsche Ausgabe © Lonely Planet Global Limited, Februar 2024

Fotos © wie angegeben 2023

Printed in China

Redaktion: Hannah Biller, Annegret Gellweiler, Dr. Birgit Gläser, Sophie Härter, Guido Huß, Susanne Junker, Cosima Kroll, Olaf Rappold, Katrin Schmelzle, Lisa Spägele, Stephanie Ziegler (red.sign, Stuttgart)

Übersetzung: Tobias Ewert, Derek Frey, Sonja Hofmann, Gabriela Huber Martins, Marion Matthäus, Dr. Christian Rochow

FSC® www.fsc.org MIX Paper from responsible sources FSC® C124385

Dieses Buch wurde auf FSC® zertifiziertem Papier gedruckt. FSC® ist ein internationales Zertifizierungssystem für nachhaltigere Waldwirtschaft. Das Holz für diese Papier kommt aus Wäldern, die verantwortungsvoller bewirtschaftet werden.